Karl Heinrich Schaible

Geschichte der Deutschen in England

von den ersten germanischen Ansiedlungen in Britannien bis zum Ende des 18. Jahrhunderts

Karl Heinrich Schaible

Geschichte der Deutschen in England
von den ersten germanischen Ansiedlungen in Britannien bis zum Ende des 18. Jahrhunderts

ISBN/EAN: 9783742863553

Hergestellt in Europa, USA, Kanada, Australien, Japan

Cover: Foto ©ninafisch / pixelio.de

Manufactured and distributed by brebook publishing software (www.brebook.com)

Karl Heinrich Schaible

Geschichte der Deutschen in England

GESCHICHTE

DER

DEUTSCHEN IN ENGLAND

VON DEN

ERSTEN GERMANISCHEN ANSIEDLUNGEN IN BRITANNIEN BIS ZUM ENDE DES 18. JAHRHUNDERTS.

VON

KARL HEINRICH SCHAIBLE.

MEDICINAE ET PHILOSOPHIAE DOCTOR; EMERITUS EXAMINATOR DER UNIVERSITÄT LONDON; EMERITUS PROFESSOR DER ROYAL MILITARY ACADEMY WOOLWICH; FELLOW, LICENTIATE, EMER. EXAMINATOR UND EMER. MITGLIED DES COUNCIL DES COLLEGE OF PRECEPTORS LONDON ETC.

Coelum, non animum mutant, qui trans mare currunt.

STRASSBURG.
VERLAG VON KARL J. TRÜBNER.
1885.

DEN

DEUTSCHEN IN ENGLAND

WIDME ICH

VON DER ALTEN HEIMAT AUS DIES WERK.

IN ERINNERUNG

DER DREISSIG JAHRE DIE ICH UNTER IHNEN GELEBT

UND ZUM

ANDENKEN AN UNSERE LANDSLEUTE,

WELCHE IM VERLAUF VERGANGENER JAHRHUNDERTE IN JENEM GASTLICHEN LANDE GELEBT UND GEWIRKT.

KARL HEINRICH SCHAIBLE.

Einleitendes Vorwort.

Es ist in den letzten Jahrzehnten von deutscher Feder Manches Interessante über die Deutschen in England erschienen, aber fast ausschliesslich mit besonderer Hinsicht auf die neuere Zeit. Zwei Studien über die germanischen Einwanderungen in Britannien, eine kurze historische Skizze des Hansischen Stahlhofs in London, eine kleine Schrift über die Geschichte der protestantisch-deutschen Kirchengemeinden in England,[1] biographische und literarische Notizen über einige deutsche Sprachlehrer und ihre Sprachbücher in England im 18. Jahrhunderte, sind nebst einer Biographie von Samuel Hartlib, die einzigen historischen Schriften über die früheren Generationen der Deutschen in England, die mir bekannt sind und welche ich, theils im Texte meiner Arbeit, theils in der Liste der von mir benutzten Werke am Ende des Buches angegeben habe. Bei Weitem reicher ist die Literatur über die Deutschen, die in den letzten Jahrzehnten in England lebten. Von ihr hoffe ich später einmal sprechen zu können.

Mein Wunsch von der Wirksamkeit der Deutschen, die in vergangenen Jahrhunderten in England gelebt, mehr zu erfahren, veranlasste das allmählige Entstehen dieser Arbeit.

---

[1] Im Jahre 1798 publicirte Gottlieb Burckhardt, Prediger an der lutherischen Kirche in der Savoy, London, eine „Kirchengeschichte der deutschen Gemeinden in London“, welche mir nicht bekannt ist. Es ist dies wohl das älteste Werk, welches speciell über Deutsche in England handelt.

Den grössten Theil derselben verfasste ich zuerst in Form von einzelnen Vorlesungen, welche ich seit 1873 in grösseren Zwischenräumen, im Londoner deutschen Athenäum gehalten habe. Die einzelnen Kapitel dieses Buches waren anfangs unabhängige Abhandlungen. Der Umstand dieses allmähligen Entstehens des Buches und der zuerst getrennten Behandlung des Stoffes, ohne Einhaltung historischer Reihenfolge, wird vielleicht als Entschuldigung für den Mangel an einem Guss, an Zusammenhang unter den einzelnen Kapiteln angenommen werden.

Es war lange mein Plan eine Geschichte der Deutschen in England bis zur Gegenwart zu schreiben, ich musste denselben aber einstweilen in Folge meiner Uebersiedlung nach Deutschland aufgeben, da mir die nöthigen Quellen zu einer weiteren Ausführung hier nicht zu Gebote standen. Ich bin mir wohl bewusst, dass ich mit der gegenwärtigen Arbeit etwas Unvollständiges liefere, dass ich in den Staatsarchiven, in den Archiven der alten Gelehrten- und Handelskorporationen Englands und Schottlands, in denen von Oxford und Cambridge, im Temple u. a. noch Material dazu hätte finden können. Aber zu ferneren mühevollen Forschungen auf dem so zu sagen unabsehbaren Felde fehlten mir, als ich noch in Mitte aufreibender Berufsarbeiten in London lebte, die nöthige Musse und in Deutschland die erforderlichen Quellen. So entschloss ich mich denn, anstatt die Herausgabe der Arbeit ad Calendas Graecas zu verschieben, oder, je nach Umständen, sie auf Nimmerwiedersehen zu verschliessen, sie jetzt in ihrer gegenwärtigen unvollständigen Form erscheinen zu lassen. Vielleicht könnte gerade in dieser Zeit, wo eine Erkaltung zwischen Deutschland und England eingetreten, ein Bild des langen Zusammenwirkens beider stammverwandter Länder zu besserem gegenseitigen Verständniss beitragen helfen. Mangel an gegenseitigem Kennen und Verstehen, Missverständnisse sind sehr oft die Ursache der Entzweiungen, der Kämpfe zwischen Völkern gewesen. Es sollte daher ein jeder hochherzige, philanthropische Schriftsteller und besonders der Publicist sich zur hohen und edeln Aufgabe setzen, anstatt, wie es leider bisher in jedem Lande geschah, Land gegen Land zu erbittern, zu gegenseitigem Hasse aufzureizen. Missverständnisse aufzuklären, zur Versöhnung der Völker beizutragen. Wenn er in diesem Geiste wirkt, erhebt der Publicist seinen Beruf zum edelsten der menschlichen Gesellschaft.

Ich gab in den ersten Kapiteln nicht nur eine Skizze des Lebens und Wirkens einer Zahl hervorragender Deutscher in England, sondern suchte auch die Folgen eines solchen Wirkens zu beleuchten und zu diesem Zwecke ein Bild der politischen und religiösen Beziehungen zwischen Deutschland und England zu entwerfen. In den Kapiteln über die Tudors und theilweise in dem über die Stuarts hielt ich es für angemessen in eine kurze Erörterung der allgemeinen reformatorisch-politischen Bewegungen der Zeit einzugehen, um das Verständniss der politisch-religiösen Beziehungen zwischen England und Deutschland zu erleichtern, da meine Arbeit nicht für Geschichtsforscher, sondern für einen weiteren Leserkreis bestimmt ist. Gern hätte ich den in dem ersten und grössern Theile der Arbeit befolgten Plan noch in den letzten Kapiteln ausgeführt, aber in Folge schon angegebener Umstände konnte ich die dazu nöthigen Nachforschungen nicht anstellen. Ich musste mich daher in den letzten Kapiteln auf biographische Skizzen beschränken, hoffe indess später im Stande zu sein den letzten Theil zu vervollständigen und ein Bild der Beziehungen zwischen England und Deutschland im 18. und 19. Jahrhundert, mit biographischen Skizzen hervorragender Deutscher in England bis zur Gegenwart zu entwerfen. Biographische Skizzen von Deutschen welche in England in diesem Jahrhunderte lebten und noch leben, halte ich für sehr wünschenswerth. Vieles von dem was ausgezeichnete Landsleute in England in den letzten Jahrzehnten gethan, ist nicht nur ihren Landsleuten in der alten Heimat, sondern selbst den meisten Deutschen in England völlig unbekannt. Manche sind schon hinübergegangen und dürften noch hinübergehen, von deren Wirken und Schaffen in weiteren Kreisen absolut nichts bekannt ist, manche trefflichen Vertreter Deutschlands ruhen noch nicht lange in englischer

Erde, deren Namen selbst schon vergessen sind oder in kurzer Zeit vergessen sein werden. Ich halte es daher für eine heilige Pflicht ihr Andenken zu bewahren.

Er war mir in vorliegendem Bande hauptsächlich darum zu thun ein übersichtliches Bild des Lebens und Wirkens der Deutschen in England zu entwerfen. In Anbetracht der fast unerschöpflichen Masse des Stoffes war dies gerade keine kleine Arbeit, und es wäre mir leichter gewesen anstatt eines, eine Reihe von Bänden zu produciren. In Folge der Beschränkung und Kompression des Stoffes musste die Form allerdings leiden und war ich gezwungen die biographischen Skizzen in etwas sehr gedrängter Kürze zu geben, um den Gesammtüberblick nicht zu stören. Manches Interessante musste daher ausgelassen werden, wofür ich auf die angegebenen Quellen oder auf grössere biographische Werke verweise. In den biographischen Angaben hob ich hauptsächlich die Thätigkeit der Angeführten in England hervor und von Männern, deren grössere biographische Werke erwähnen, beschränkte ich mich nur auf ihre Wirksamkeit in England. Ich fand es für wünschenswerth auch noch solche Deutsche von Auszeichnung kurz anzuführen, welche sich nicht bleibend, sondern des Studiums wegen daselbst aufhielten, oder daselbst in ihrem Berufsfache arbeiteten. Es wäre für mich eine grosse Genugthuung, wenn meine Arbeit Andere anregen würde, Manches darin vorkommende weiter auszuführen, wenn in der Art, wie mein Freund Friedrich Althaus bei Samuel Hartlib gethan, darin angeführte und nur skizzirte Deutsche für ausführlichere Biographien ausgewählt würden.

Die grosse Verschiedenartigkeit des Materials dieser Arbeit, welches nur durch eine weitumfassende Lektüre und mühselige Forschung herbeigeschafft werden konnte, machte es mir bei meinen schwachen literarischen Kräften unmöglich, daraus ein abgerundetes, einheitliches und gefälliges Ganzes zu bilden. Von vielen Landsleuten konnte ich nur Weniges, von vielen nichts als ihre Anwesenweit in England oder höchstens ihre Promotion an den Universitäten, ihre vereinzelte literarische oder künstlerische Wirksamkeit anführen. Dennoch konnte ich solche kaum in meiner Skizze übergehen. Es war daher in gewissen Abtheilungen meiner Arbeit eine abgerissene, lexikalische Form nicht zu vermeiden, welche dem Leser allerdings wenig Anziehendes bietet, aber doch manchem Forscher vielleicht von Interesse sein dürfte. Zudem musste ich den Wünschen meiner Landsleute in England Rechnung tragen, für die meine Arbeit ganz besonders bestimmt ist und denen es erwünscht sein muss von den früheren Generationen ihrer Berufsgenossen in England zu erfahren. Ich habe daher vorgezogen, die gefälligere Form möglichst grosser Vollständigkeit zu opfern.

Ich habe bei der Ausarbeitung dieses Buches eine ziemlich grosse Anzahl von in Deutschland wohl wenig oder gar nicht bekannten Quellen benutzt und hoffe daher darin Vieles mitzutheilen, was bisher wenig oder gar nicht bekannt gewesen und daher nicht ohne Interesse sein dürfte. Das anderen älteren Werken entnommene Material habe ich grossentheils nicht in Form von Citaten angeführt, was bei einem populären Werke wie dieses, wohl nicht verlangt werden kann. Bei wichtigen Angaben habe ich stets auf den Autor, von dem sie herstammen, verwiesen. Für Solche welche noch nähere Studien über manches im Buche Gesagtes zu machen wünschen, gebe ich als Anhang der Arbeit eine besondere Liste der hauptsächlichsten von mir benutzten oder konsultirten Werke mit Hinweisung auf die Kapitel, in welchen sie benutzt wurden. Insbesondere gebe ich im Anhang einige Stellen von klassischen Autoren, auf die im I. Kapitel einige meiner Angaben über die ersten germanischen Ansiedlungen in Britannien theilweise gegründet sind. Ihre Anführung in der Anordnung meiner Arbeit hätte diese nicht nur überladen, sondern möglicherweise die nicht klassisch Gebildeten abgeschreckt. Die Belege der Richtigkeit meiner Angaben, so wie die weitere Ausführung derselben, die ich hier nur in grösster Abkürzung geben konnte, können leicht gefunden werden, besonders in den mit alphabetischem Personen- und Sachindex versehenen englischen Werken.

Ein Deutscher, welcher den Muth hat als Schriftsteller vor das Publikum zu treten, würde sich unter gewöhnlichen Umständen lächerlich machen, wenn er sich wegen mangelhafter Sprachform seines Werkes entschuldigen wollte. Und doch wage ich es dafür um Nachsicht zu bitten. Ein dreissigjähriger Aufenthalt in England hat, trotz aller meiner Anstrengungen mir meine Muttersprache rein zu erhalten, dennoch seinen Einfluss, sowohl auf Satzbildung als auch auf den Gebrauch gewisser Wörter und Redensarten gehabt und hat mir meinen ehedem reicheren deutschen Wörtervorrath etwas gekürzt, den ich erst allmählig wieder zurückgewinne. Von der heutigen deutschen Orthographie nicht zu reden, welche geeignet ist jeden nach langer Abwesenheit Heimkehrenden verwirrt zu machen und in der ich meine gänzliche Unwissenheit hier eingestehe. Sollte ich aber mit der Veröffentlichung dieser Arbeit warten, bis ich mich wieder vollständig in meine deutsche Sprache eingelebt haben würde? Dies wäre für einen alten bemoosten Burschen, wie ich, eine zu grosse Geduldsprobe gewesen. Ich wagte es und hoffe auf die gütige Nachsicht meiner Leser. Es dürfte zudem der englische Charakter des Buches, das nur in England und mit Benutzung englischer Quellen geschrieben werden konnte, für mich sprechen. Bei der Ausarbeitung und Veröffentlichung dieses Werkes leiteten mich keine andern als deutsch-patriotische Gefühle. Dasselbe konnte mir in meiner englischen Berufsstellung in London von keinerlei Nutzen sein, es hat mich vielmehr von andern dringenden Berufsarbeiten abgehalten. In der Heimat aber habe ich keinen andern Wunsch als den Herbst meines Lebens in Ruhe und erträglicher Gesundheit zu verbringen.

Beim Druck dieses Buches stellten sich mir noch andere Schwierigkeiten in den Weg. Viele der in England von mir benutzten Werke sind hier nicht zu haben. Manches Interessante konnte ich vor Veröffentlichung nicht noch einmal prüfen und war ich in Folge dessen gezwungen auszulassen.

Meine Arbeit ist in erster Reihe für meine Landsleute in

England bestimmt, für welche sie mehr Interesse haben muss als für das grössere deutsche Publikum, welchem England fremder ist. Ein Hauptzweck den ich bei der Bearbeitung des Buches vor Augen hatte, war das Andenken manches längstvergessenen wackeren Deutschen zu retten, meinen Landsleuten diejenigen Deutschen vorzuführen, welche in alten Zeiten ihrem Geburtslande in der Fremde Ehre gemacht haben. Zugleich wollte ich meinen Landsleuten in England zeigen, wie viele ihrer Vorgänger in allen Zweigen der Wissenschaften, der Künste, des Gewerbes und Handels vor ihnen daselbst nützlich gewirkt haben und damit das Bewusstsein ihrer nationalen Bedeutung heben und stärken. Sie werden in der Geschichte ihrer Landsleute finden, dass dieselben für ihre Erfolge in England ihrem Geburtslande zu Danke verpflichtet waren, welches sie für ihre Laufbahn in der Fremde ausgerüstet hat. Die heutigen Deutschen in England brauchen übrigens nicht an das Vaterland erinnert zu werden. Es gibt unter ihnen verhältnissmässig viel weniger unpatriotische Deutsche als in der alten Heimat und es wäre vielleicht gut, wenn man alle schlechten Deutschen in Deutschland auf einige Zeit in's Ausland, besonders in das stark nationale England schicken könnte. Ihr eigenes schwaches Nationalgefühl würde durch den Kontakt mit dem starken englischen erstarken und sie würden gewiss wieder als bessere Deutsche heimkehren.

Engländern, welchen dies Buch in die Hände fallen sollte, dürfte es zeigen, dass die Deutschen ihr Gastrecht nicht missbraucht, dass diese wacker und energisch an der Entwickelung ihres Gemeinwesens mitgearbeitet haben. Die Engländer dürfen darauf stolz sein, dass so viele tüchtige, ausgezeichnete Deutsche ihr Land aufgesucht, ihm treu gedient, im englischen Leben aufgegangen sind. Es ist gerade dieses ein Beleg des grossen, fremde Nationalitäten absorbirenden und assimilirenden Charakters Englands.

Nachfolgende Arbeit ist im Geiste aufrichtiger Liebe zu England geschrieben. Nach dreissigjährigem Aufenthalt in London haben mich gesundheitliche Rücksichten gezwungen, in meine liebe, alte Heimat zurückzukehren, für die ich stets die alte, warme Sohnesliebe genährt habe. Ich schied aber mit herzlichem Dank und mit einer nie erkaltenden Liebe für das Land, das mich gastlich aufgenommen, mir eine Heimstätte und einen Wirkungskreis geboten.

Heidelberg, im Juni 1885.

Karl Heinrich Schaible.

Inhaltsverzeichniss.

Seite.

III. Kapitel.

IV. Kapitel.

V. Kapitel.

VI. Kapitel.

VII. Kapitel.

VIII. Kapitel.

Seite.

IX. Kapitel.

X. Kapitel.

GESCHICHTE DER DEUTSCHEN IN ENGLAND.

Kapitel I.

Germanen in Britannien vor und unter den Römern. Deutsche unter den Angelsachsen und Normannen.

§ 1.

DIE ERSTEN GERMANISCHEN ANSIEDLUNGEN IN GROSSBRITANNIEN

Die nationale Verbindung zwischen Deutschland und England begann viel früher, als man gewöhnlich annimmt. Cäsar schon fand den grössern Theil der sogen. „Home und Midland Counties" in Besitz von Belgiern, die er selbst als der deutschen Nationalität angehörig bezeichnet: „Das Innere Britanniens — sagt er — wird von solchen bewohnt, die in der Insel eingeboren sind; die Seeküste aber ist in Besitz von Einwanderern vom Lande der Belgae." [1]

Aber nicht nur in Britannien, sondern auch in Irland wohnten zur Zeit der Römerherrschaft Germanen. Erst später wurden von den Hebriden aus durch skandinavische Heere die skandinavischen Königreiche von Dublin, Waterford und Limerick in Irland gegründet. Nach Ptolemaeus wohnten Kauken, auch

---

[1] Noch jetzt ist bei Weitem der grösste Theil des heutigen Belgien von Flamländern, d. h. Germanen bewohnt.

Kuken genannt, an der Ostküste Irlands, am Flusse Libnius (Liffey) mit der Hauptstadt Eblana (Dublin). Die Kauken aber waren Sachsen, die auf beiden Ufern der Weser wohnten, von den Römern in Cauci majores und minores getheilt. Die deutschen Kauken preist Tacitus als eines der mächtigsten und edelsten Völker Germaniens, das sein Ansehen mehr durch seine Gerechtigkeit als Gewalt erhielt. Der Name kommt von kuken, kuick, quick, d. h. schnell, lebendig. Südlich von den Kauken, ebenfalls an der Ostküste Irlands, waren die Menapier mit der Stadt Menapia, dem heutigen Wexford und dem Flusse Modona (Slaney). Der Mutterstamm aber, von dem diese Menapier kamen, wohnte in Belgien im sogen. Germania parva der Römer, zwischen Maas und Rhein. Die irischen Menapii werden bei Caesar als zu den belgischen gehörend erwähnt. Sie waren nach Ptolemaeus mit den irischen Kauken conföderirt und er zählt sie zu den Franken. Auch auf der Insel Anglesey in Wales waren Menapier. Der alte Name von Anglesey war Monabia und Mona. Ebenso kommt der Name der Insel Man von Mona, alt Monaeda.[1]

Der Hauptsitz der deutschen Belgae in Britannien war erst Kent[2] und Surrey, dann zog er sich in gerader Linie durch das Land und umfasste die jetzigen Grafschaften Middlesex, Hertfordshire, Essex, Berskhire, Wiltshire und Hampshire. Die Männer von Kent hiessen Caut-waren (dies Wort findet sich in den Gesetzen von Wittred) latinisirt Cantuarii. Das Wort War oder Wer bezeichnete unter den Germanen einen freien Mann, wehr- und waffenfähig. Die Bezeichnung besteht noch im Worte Baron. Auf dieselbe Weise wurden folgende deutsche Stammnamen gebildet: Ripuarii, Chattuarii, Chasuarii, Amsivarii, Baioarii oder Bajuwarii, Angivarii, Vidivarii. So sagte man auch im Angelsächsischen: Lunden-waren d. h. die Londoner, Rom-waren d. h: die Römer, (Lye, Gloss. Saxo-Gothico-Latinum).

Die germanischen Belgier in England, verschieden von den

---

[1] Vergl.: Mon Ort in Schweden, Moen Dorf in Belgien, Mönau Dorf in Preussen, Mons Dorf in Oldenburg. Mon bezeichnet im Norwegischen eine Fläche, eine Ebene, besonders längs eines Wasserlaufes.

[2] Wie sich das Bewusstsein der Muttercolonie in Kent bis auf den heutigen Tag fortgepflanzt hat, hatte ich selbst die Gelegenheit zu beobachten. Als ich bei Sevenoaks, dem Centrum von Kent, mich einmal mit einem alten Kentishman unterhielt, sagte er von Einem, der aus einer der Grafschaften herstammte: Oh, he is no Englishman, he only comes from one of the shires. (O, er ist kein Engländer, er kommt nur von einer der Grafschaften.)

Briten, welche nur Viehzucht trieben und zum Theil von Jagd und Fischfang lebten, waren treffliche Ackerbauer und pflanzten Getreide in grossem Massstabe. Sie verstanden nach Plinius, Tacitus und Diodor die Bodencultur in hohem Grade. Die Dichtigkeit der Bevölkerung, die grosse Anzahl der Gebäude und die Menge des Viehs setzte die Römer in Erstaunen. Sie hatten Kupfer- und Eisengeld und selbst Goldmünzen. An den Achsen ihrer Kriegswagen (Esseda, i. e. Sitz) waren furchtbare, trefflich gehärtete Sensen befestigt. Ihre Kleidung umhüllte, wie bei den Germanen, die ganze Person und wurde durch einen Gürtel zusammengehalten und durch Metallketten verziert.

In diesen s. g. belgischen Districten Englands findet sich heute noch das germanische Erbfolgerecht, genannt „Gavelkind", d. h. gieb allen Kindern gleiche Erbtheile. Mit wenigen Ausnahmen besteht dieses Erbrecht, das schon vor Römerzeiten daselbst geherrscht, heute noch in Kent, während im grössten Theil Englands das von den Normannen stammende feudale Recht der Erstgeburt vorherrscht. In einigen Gegenden von Kent aber herrscht von Alters her das allemannische Erbrecht vor, das im Schwarzwald und in der Schweiz besteht, wonach der jüngste Sohn Anspruch auf Haus und Hof hat.

Also schon sehr lange vor den Römern und während der römischen Occupation hat der germanische Zufluss in Britannien stattgefunden. Tacitus hält selbst die Caledonier für Germanen. Er sagt von ihnen: „rutilae comae, magni artus Germanicam originem asseverant." Gegen ihren germanischen Ursprung wird ihre ehemals keltische Sprache eingewendet. Wo steht aber der Beweis, dass die Südschotten nicht schon zur Zeit von Tacitus einen germanischen Dialekt sprachen wie heute? Zudem hat der bekannte schottische Ethnologe Dr. Beddoe, mittels zahlreicher Schädeluntersuchungen nachgewiesen, dass in Schottland heute noch gälisch sprechende Völkerschaften rein germanischen Ursprunges sind, während umgekehrt, Völkerschaften keltischen Ursprunges germanische Dialekte sprechen. Gerade so ging es germanischen Stämmen, die lange vor den Franken in Gallien einwanderten, wie z. B. den Treverern, welche ihre Muttersprache verloren, die aber Tacitus „ambitiosi circa Germanicam originem" nennt. Ptolemaeus führt nördlich vom Distrikte der englischen Belgier, deutsche Stämme an, u. a. Gadini. Zur Vermehrung der deutschen Ansiedlungen in diesem Lande haben wohl auch die deutschen Truppen beigetragen, welche stets einen grossen Theil der römischen Heere ausmachten. Schon

Agricola hatte in England die deutschen Cohorten der Usipii. Die römischen Truppen wurden sehr oft zugleich Colonisten und gründeten vollständige Niederlassungen mit Städten und Ortschaften.

Während der römischen Occupation, zwischen 43 und 78 n. Chr. bis zwischen 402 und 420, werden schon Sachsen in Britannien als Feinde erwähnt und zwar im Norden. Ammianus Marcellinus sagt, dass n. Chr. 264 „die Picten, Sachsen. Scoten und Attacoten die Briten im Norden stets angriffen."

Im 3. Jahrhundert werden andere germanische Feinde im Herzen des Landes angeführt. Mamertinus „Panegyrikus auf den Kaiser Maximian I." sagt (etwa 300 n. Chr.), dass die römische Armee in London selbst ein feindliches Heer von Franken besiegt habe.

Mit zur frühen Germanisirung Englands hat, trotz der späteren Erfolge von Constantius Chlorus, der Aufstand von Carausius, einem fränkischen Menapier, beigetragen, der in Britannien, i. J. 286 bis 293, die kaiserliche Macht an sich riss, sowie von dessen Nachfolger Allectus. Da die Gewalt von Carausius und Allectus vorzüglich auf der germanischen Bevölkerung ruhte, so bemühten sie sich letztere zu verstärken. Sie regierten mit fränkischen Kriegern und waren in Allianz mit den Sachsen. Durch sie wurde das germanische Element in Britannien consolidirt. Carausius war, wie gesagt aus fränkischem Stamm. Es gelang ihm in Britannien so festen Fuss zu fassen, dass der römische Kaiser Maximian ihn 289 als Kaiser in Britannien anerkennen musste. Nur die entschiedene Machtentwickelung der germanischen Bevölkerung in Britannien sicherte diesen Erfolg. Von dieser Zeit an datirt das Dasein Britanniens als eine unabhängige germanische Macht; denn die römische Herrschaft wurde nie wieder vollständig hergestellt. Besonders charakteristisch ist dabei, dass Britannien bei diesem seinem ersten Auftreten auch sogleich als eine Seemacht eintrat.

Im Jahre 306 starb Constantius in York in Britannien und Constantinus der Grosse, sein Sohn, übernahm mit Hilfe seines Verbündeten Eroc, „Königs der Allemannen" die römische Regierung. Es war also damals selbst eine beträchtliche allemannische Bevölkerung in Yorkshire. Es erhellt hieraus, dass dieser Allemannenkönig eine mächtige Stellung gehabt haben muss, um als Alliirter Konstantins auftreten zu können. So heisst es auch in Ammianus Marcellinus dass Fraomarius vom Kaiser Valentinian I. von Mainz nach

Britannien versetzt wurde, um den Allemannen, die an Zahl und Macht sehr zugenommen hatten, als Tribun vorzustehen. Man erkennt die schwäbisch-allemannische Eigenthümlichkeit noch jetzt an manchen Ortsnamen in Yorkshire u. a. der Stadt Sheffield, vom allemannischen Plural Schäf, also Schäf-feld, englisch sheep-field. Besonders ausgeprägt hat sich jene Eigenthümlichkeit auch im heutigen Dialekt und im Charakter der Yorkshiremen. Diese haben eine grosse Charakterähnlichkeit mit dem Allemannen in Baden und der Schweiz, sie sind sparsam, zäh, ausdauernd, tapfer und sehr unabhängig.

Dass die Sachsen schon viel früher in Britannien waren, als gewöhnlich angenommen wird, ersieht man auch aus der „Notitia Dignitatum Utriusque Imperii", einer der Zeit zwischen der Regierung von Valens und Honorius angehörigen Liste (364—423), welche der Jurisdiktion der Grafen des „Sächsischen Ufers" in Britannien erwähnt: „Sub dispositione viri spectabilis Comitis Littoris Saxonici per Britanniam". Eine Würde die heute noch unter dem Titel: „Warden of the Cinque Ports" besteht, damals aber neun Häfen in sich begriff mit Brancaster in Norfolk und Pevensey in Sussex. Schon auf der römischen Karte der Insulae Britannicae heisst die Seeküste von der Insel Wight im Kanal bis in die Nähe von Dover „Littus Saxonicum", also im Oceanus Britannicus und Gallia gegenüber.

Es war demnach schon in der 2. Hälfte des 4. Jahrhunderts eine anerkannte sächsische Bevölkerung in Britannien, die sich vom Flusse Wash bis nach Southampton erstreckte.

Die Stämme, oder die Conföderation germanischer Stämme, wurden jedoch von den Römern manchmal verwechselt und sind in Germanien selbst noch sehr unbestimmt. Eins ist aber gewiss, dass Sachsen, Franken, Allemannen, Sueven und germanische Belgier, schon sehr frühe in Britannien wohnten, verstärkt durch Einwanderer und durch römisch-germanische Truppen, die bekanntlich zahlreich auf der Insel waren. Die oben angeführte „Notitia" erwähnt unter dem Comes Litt. Saxon. folgender, als germanische Cohorten: Die Tungricani, in Dubris (Dover) stationirt; die Tungri zu Borcovicum (offenbar aus dem deutschen Burg und Wick gebildet); die Turnacenses zu Lemanus (Lymne); die Batavii, zu Procolitia.

Nach dem Rückzuge der Römer aus Britannien (402—420), dauerten die germanischen Einwanderungen, die in den letzten zwei Jahrhunderten der römischen Herrschaft sehr zugenommen hatten, fort und allmählig wurde der grössere Theil Britanniens von ihnen in Besitz genommen, wohl gerade wie Nordamerika von den Europäern. Die späteren Einwanderer fanden in Britannien schon eine alte germanische Bevölkerung, an die sie sich anlehnen konnten. Die Tradition von der ersten Invasion Britanniens durch die Sachsen unter Hengist und Horsa[1] nach Rückzug der Römer und von der durch sie begründeten germanischen Macht gehört daher unter die Mythen oder bezieht sich nur auf eine einzelne Expedition sächsischer Krieger.

Die allmählige Besitznahme des noch britischen Theiles von Britannien konnte den Germanen wenig Mühe machen, denn die römische Occupation hatte die Briten ganz entnervt. Die nördlichen Briten, angegriffen von den Scoten und Picten, sandten nach Abzug der Römer an Aetius den denkwürdigen Brief, betitelt: „Das Stöhnen der Briten". „Wir wissen nicht" — sagen sie — „wohin fliehen. Verfolgt von den Barbaren bis an die See, und von der See auf die Barbaren zurückgeworfen, bleibt uns nur die Wahl zwischen zwei Todesarten: entweder erschlagen zu werden mit dem Schwert, oder verschlungen von den Wellen". Sie flohen wie scheues Wild und überliessen das Land dem Feinde. Die Römer konnten ihnen nicht mehr helfen.

Während die Sachsen schon zur Römerzeit erwähnt werden, findet sich der Namen der Angeln vor dem Rückzuge der Römer nie erwähnt. Die Einwanderung derselben in grösseren Massen wird in die letzte Hälfte des 5. Jahrhunderts gesetzt. Ob dies richtig, steht dahin. Dass sie gegen Ende des darauffolgenden Jahrhunderts schon völlig daselbst etablirt waren, beweist das Datum der Briefe von Gregor an St. Augustin und Bischof Etherius vom J. 597 (Bede, Hist. Eccl. I.). Die Angeln wohnten ursprünglich, nach Tacitus, Ptolemaeus und Strabo, zwischen der Weser und Elbe im östlichen Theile des heutigen Hannover, waren ein rein germanischer Stamm und gehörten zu der Conföderation, die gewöhnlich Sachsen-Conföderation genannt wird. Sie erstreckten sich wahrscheinlich vor der Zeit des Ptolemaeus über die Elbe hinaus, bis in das südliche Schleswig, und die gegenwärtige Landschaft Angeln, an der Schlei, ist offenbar das übriggebliebene Nordende des Angelstammes in Deutschland. Man hat oft angenommen, dass die anglische Einwanderung in Britannien von der heutigen kleinen Landschaft

[1] Hengist u. Horsa sollen Bezeichnungen sächsischer Schlachtzeichen sein, die man auf die Feldherrn übertrug!

Angeln ausging. Selbst wenn es keine historischen Beweise gegen solche Annahme gäbe, so reicht schon die Unmöglichkeit der Annahme hin, dass die in den ältesten Zeiten schon dicht bevölkerten anglischen Theile Britanniens von dieser kleinen Landschaft aus colonisirt wurden. Ebenso nichtig sind die Bemühungen Mancher, die anglische Sprache zu einer skandinavischen zu stempeln. Germanen von Rasse, sprachen die Angeln eine reingermanische, keine skandinavische Sprache. Selbst die Sprache der nördlicheren Landschaft Angeln ist heute noch germanisch. Das angelsächsische Gedicht Beowulf, das bekanntlich im alten Stammsitz der Angeln spielt, zeigt die Angeln in innigem Verkehr mit den Kauken, die, wie erwähnt, an der Weser wohnten. Die Angeln, die von der Elbmündung aussegelten, liessen sich in den ihnen nächstgelegenen Ländern Brirанniens, in Norfolk, (Nord-Volk) und Suffolk (Süd-Volk) nieder, früher Ost-Angeln genannt, während mit Ausnahme des ältesten britisch-germanischen Staates „Kent" die viel älteren südlichen Staaten sich sächsisch nannten: Ostsachsen (Essex), Mittelsachsen (Middlesex), Südsachsen (Sussex), Westsachsen (den ganzen Süden mit Devonshire bis Cornwall enthaltend). Als die Angeln in Britannien einwanderten, fanden sie bereits eine zahlreiche germanische Bevölkerung in Britannien vor. Wären sie, wie man oft irrthümlich annimmt, die ursprünglichen germanischen Einwanderer gewesen und hätten sie hier eine keltische, durch 400 jährige Römerherrschaft latinisirte Bevölkerung angetroffen, so hätte sich hier, wie durch die Einwanderung der Longobarden in Italien, der Franken in Gallien, der Gothen in Spanien, nothwendig eine romanische Sprache gebildet, während wir im Angelsächsischen einen der ursprünglichsten und reinsten germanischen Sprachstämme haben. Wie es kam, dass allmählig das Wort „sächsisch" schwand und das Wort „anglisch" vorherrschte, ist schwer zu sagen, besonders da die Angeln selbst zur Sachsenconföderation gehörten. Als Bezeichnung der Sprache jedoch, lebte das Wort „sächsisch" Saxon eine Zeit lang fort, bis es dann auch hier dem Wort „anglisch" weichen musste. Eigenthümlich ist, dass, wie vor mehr als einem Jahrtausend, bis zum heutigen Tage die keltischen Hochschotten, die Iren und die Kymren von Wales die Engländer noch „Sachsen" (Sassanach) und ihre Sprache „sächsisch" nennen, während die germanischen Nachbarn der Kymren letztere bis jetzt noch „Welsh" d. h. wälsche betiteln, ein Namen den sich die Kymren so wenig geben, als Franzosen und Italiener. Da aber die Bezeichnung „wälsch" nur von Germanen im Süden ausschliesslich auf Gallier und Italiener angewandt wurde, so möchte man auch solche südgermanische Ansiedler und Grenznachbarn der Kymren vermuthen, die mit den Wälschen in Gallien und Italien ehedem in Berührung gekommen waren.

Als Egbert, König vom südlichen Westsachsen (Wessex), ein sächsisches und kein anglisches Reich, i. J. 827, die ganze sächsische Heptarchie vereinigte, nannte er sie Aengla-Land und der Name blieb. Es geschah dies vielleicht aus politischen Rücksichten, gerade wie nach der Vereinigung Schottlands mit England man die vereinigten Königreiche Grossbritannien nannte.

Es war der sächsische Süden und nicht Ostangeln, der die andern Theile politisch, wie auch ethnologisch-sprachlich überwältigte. Trotz der Verschiedenheit der in Britannien eingewanderten germanischen Stämme stellte sich allmählig eine Homogenität, namentlich in der Sprache heraus. Um solches zu bewirken musste eine Basis vorhanden sein, die stark genug war alle verschiedenartigen Einflüsse zu bewältigen, so dass sich die Sprache in ihrer uralten Reinheit und Formenvollständigkeit erhielt. Die Basis gab das sächsische Element. Diesen Sieg hätten die Sachsen nicht davontragen können, wenn sie nicht selbst im Lande eine uralte Wurzel geschlagen hätten, wenn sie nicht schon von Uralters im Lande eingesessen gewesen wären.

Es ist von einigen englischen Gelehrten schon behauptet worden, dass das teutonische Element in England vorzugsweise skandinavisch und nicht deutsch-germanisch wäre. Dass in Schottland wie auch in den nördlichen Grafschaften Englands skandinavische Niederlassungen stattfanden ist nicht zu leugnen. Es ist aber gewiss, dass die grosse Masse teutonischer Ansiedler in England nicht von dem damals noch vielmehr als jetzt dünnbevölkerten Skandinavien, sondern von dem dicht bevölkerten Germanien kam. Die Skandinavier zudem kamen als Abenteurer, meistens ohne Familie, wie die Normannen in Nordfrankreich, welche in der 3. Generation schon ihre Nationalität verloren hatten. Ebenso wäre es den in Britannien einfallenden Nordmännern gegangen — ja es ist ihnen in vielen gälischen Theilen Schottlands so gegangen. Die vorhergehenden historischen Belege reichen wohl hin die Frage der germanischen Colonisation Britanniens in ihr richtiges Licht zu stellen. Ein anderer Beweis ist noch der sprachliche, in den ich mich aber hier nicht einlassen kann. Die angelsächsische Sprache ist eine durchaus germanische und keine skandinavische. Sie enthält sogar Wörter die in Deutschland selbst nur in den Gegenden heute noch vorkommen, aus denen, wie ich gezeigt habe, die Angel-Sachsen kamen. Ich will davon nur ein bezeichnendes Beispiel geben. Das Wort häwen, häven, heven (Grimm D. Mythologie II. p. 582) findet sich nur in Niedersachsen und Westfalen, von letzterem Lande. bis Holstein, Meklenburg und Pommern, aber weder in Holland noch in Dänemark, Friesland, Skandinavien. In Westfalen und Niedersachsen braucht man häven und himmel, im Oberdeutschen nur letzteres, im Angelsächsischen aber nur ersteres: hëofen, neuenglisch heaven. Dieses so alltägliche Wort allein zeigt woher die grössere Masse deutscher Colonisten Englands kam und da sich das ausschliesslich niedersächsische Wort selbst im hohen Norden, in Northumberland, als Ortsnamen Heofenfeld findet, so kann man daraus auf sächsische Niederlassungen im Norden schliessen. (Grimm l. c. III p. 81). Man hat in letzterer Zeit von Seiten englischer Gelehrten eine ganz besonders auffallende nahe Verwandtschaft zwischen dem Niedersächsischen Meklenburgs und dem Angelsächsischen gefunden, was auf eine starke Einwanderung auch von Meklenburg hindeutet. Diese Verwandtschaft zeigt sich unter anderm auch in der Aussprache vieler Wörter, wie u. a. die des englischen Wortes plough, (der Pflug) plau ausgesprochen wird, wie heute noch in gewissen Gegenden Meklenburgs und Pommerns. Auch scythe, besser sythe (Sense) wird in diesen Gegenden heute noch mit dem verlorenen zischenden th-Laute ausgesprochen. Das heutige Meklenburg wurde von den germanischen Varinen (Varni, Werini) bewohnt, wo ihr Stammnamen sich in dem des Flusses Warnow und in den Städtenamen Waren, Warnow, und Schwerin erhalten hat. Nach den Varinen werden in England heute noch viele Orte benannt, von denen später die Rede sein wird.

Wie die Sprache, so deuten auch viele englischen Gebräuche, Aberglauben, Reste heidnischer Volksfeste nach Norddeutschland und selbst Süddeutschland. Der Maitanz mit Jack in the Green kommt auch in Schwaben vor. Das uralte englische Maifest mit dem Lord of the May und Lady of the May, und der Kampf zwischen Sommer und Winter, nebst dem Maypole, sind niedersächsische Feste. Der Lord of the May ist der Maigraf (Grimm D. Mythologie p. 694 u. 695).

Es würde meine Arbeit zu sehr ausdehnen, wenn ich mich noch in angelsächsische Mythologie und Sage einliesse. Ich will nur in Kürze einiger Punkte erwähnen, die theils auf die Heimat der germanischen Einwanderer, theils auf die Zeit ihrer Ankunft hindeuten.

Balder war ganz besonders ein Gott der Sachsen und nicht der Skandinavier. Nach diesem Gotte sind mehrere Lokalitäten in England benannt: u. a. Balders-Wood in New-Forest im Süden, Balderton bei Newark im Norden etc.

In Grimm's „Angelsächsischen Stammtafeln" (Grimm D. Myth. III. p. 381) findet sich ein Gott Casera, Caseras oder Casser, als Sohn Wodans genannt, welcher, der Sage nach, Wälschland beherrschte. Hier hat die sächsische Sage aus dem lateinischen Caesar einen Casere gebildet und an einheimische Könige geknüpft. Unmöglich hätten die Sachsen diesen Gott Caesar aus Deutschland mitgebracht, wenn das Datum der Einwanderung derselben, wie es die Geschichten geben, richtig wäre. Caesar war angeblich in Britannien 54 vor Christi und die Sachsen sollen nach den meisten heutigen Geschichtschreibern 449 nach Christi eingewandert sein. Die Anwesenheit der Sachsen aber zur Zeit Caesars erklärt die Adoption desselben durch letztere, die sonst nach einem Verlauf von 500 Jahren rein unmöglich gewesen wäre.

Fin wird als Herrscher über die Friesen im „Travellers Song" (53) genannt. Die kentische Genealogie hat den Namen Fin ebenfalls bewahrt, was auch auf friesische Einwanderung in Kent deutet. Fin kommt zudem im angelsächsischen Gedichte Beowulf neben Hengest, einem Hauptnamen der Kenter vor. Der irische Namen Fin deutet auf Germanen in Irland. In Kent regierte auch im Jahre 691 ein Swaebhard (Haigh „Runic Monuments of Kent" p. 102), und in kentischer Geschichte kommt ein Thunor vor. Thunor und Thonar aber ist sächsisch, Thor ist skandinavisch (Haigh l. c. p. 90).

§ 2.

DEUTSCHER URSPRUNG ENGLISCHER ORTSNAMEN.

Die Ortsnamen sind oft die ältesten Beweise der Nationalität und der Urgeschichte eines Volkes. Das Studium derselben ist daher von hohem historischem Werthe. Die Bedeutung eines einzigen Namens wirft oft ein Licht auf die Geschichte eines Volkes und seiner Wanderungen.

Wenn wir gar keine geschichtlichen Angaben über die Einwanderung der Germanen in Grossbritannien besässen, so würden die Masse germanischer Ortsnamen und die grosse Anzahl solcher Ortsnamen, die man, oft mit geringen Veränderungen, in England, Deutschland und den Niederlanden zugleich findet, schon den genügenden Beweis über die Herkunft der Bewohner Englands liefern.

Die Ortsnamen in England, wie unter allen teutonischen Stämmen, bestehen meistens aus zwei Theilen. Das erste Glied ist ein beschreibendes Wort, welches sich auf besondere historische Thatsachen oder Umstände, oder auf Thiere, Pflanzen, Personen, Mineralien und oft auch auf altgermanische Götter bezieht, wie die englischen Ortsnamen Wednesbury, Thorsby, Balderswood, Balderton im Norden (Balder war ein ausschliesslich sächsischer Gott), ferner Theydon, Tudhoe, Tuddenham etc., oder es kann auch nur ein Adjektiv sein. Das zweite Glied bezeichnet, vermittels eines allgemein passenden Wortes, entweder die natürlichen Züge des Landes, der Niederlassung oder Nachbarschaft z. B. Hügel, Berg, Fluss, Feld etc., oder irgendwelche Menschenwerke, wie Stadt, Burg u. s. w. Das erste Glied ist gewöhnlich Präfix um Ortschaften zu unterscheiden die ähnliche Lagen haben, z. B. Staple-ford, Brad-ford, Tunbridge, Ux-bridge, Notting-ham, Birming-ham. Zuweilen aber sind Ortsnamen mit einem einzigen Worte gegeben, z. B. Ford, Holt, Bath, Wells. Die Ortsnamen, die mit ing, deutsch ingen, ham deutsch heim, ton deutsch den, ford deutsch furt, hurst deutsch horst und hurst etc. endigen, sind in England gerade wie in Deutschland, von Namen von Volksstämmen, Familien oder Individuen abgeleitet, eine interessante Uebereinstimmung.

Es würde mich zu weit führen, wenn ich näher in diesen interessanten Gegenstand eingehen, wenn ich die Abstammung aller englischen Ortsnamen erklären und eine Liste derer geben wollte, die ihresgleichen in Deutschland und den Niederlanden finden. Die deutschen Colonisten in England verfuhren wohl wie die von Nord-Amerika. Wenn sie eine alte römisch-keltische Stadt vorfanden, so behielten sie in vielen Fällen allerdings den alten Namen mehr oder weniger entstellt. Selbst keltische Fluss- oder Gebirgsnamen behielten sie, wie die englischen Ansiedler in Amerika indianische Namen beibehielten, wie im heutigen Baden noch viele keltische Fluss-, Berg- und Ortsnamen vorkommen, u. a. Kniebis = Kniabis, das im Irischen „weisser Berg“ heisst. Wenn sie aber einen Platz fanden, der einige

Aehnlichkeit mit dem in der alten Heimat zurückgelassenen hatte, so gaben sie ihm den heimischen Namen. In vielen Fällen benannten sie neugegründete Heimstätten zur Erinnerung an solche in ihrer alten Heimat. So wurden Oxford, alt Oxenford an der Themse nach Ochsenfurt an der Oder genannt, Hereford bei Wales nach Herford in Westfalen, und auf ähnliche Weise Mansfield, Wansbeck, Munden, Wisbeck und hundert andere, die ihre Mutterortschaften in Deutschland oder den Niederlanden haben. Die Namen von London und Dover auch, von denen der erste auf vielfache Art erklärt worden ist, finden ihre Repräsentanten jenseits der Nordsee. Das Wort Lunden findet sich in Norddeutschland, wie auch in den Niederlanden in Form von: Lunden, Lundenburg, Londelinsart, Londer-zeel etc. London ward von den Angelsachsen Lunden-wic und Lundenburh genannt. Das Wort Dover finden wir in Dôver-den (den ist Endsylbe und heisst Wald, Abhang) bei Bremen und in Dovre-fjeld in Schweden (Fjeld heisst Fels, Hügel). Der Name Lunden sowie noch andere germanische Ortsnamen in Kent und anderen Gegenden finden sich schon zur Zeit der römischen Occupation vor. Manche sind aber verschwunden, unter andern die von Ptolemäus erwähnte Stadt Bremenum.

Aber das Studium englischer Ortsnamen beweist nicht nur ihren meistentheils germanischen Ursprung, es wirft auch noch ein Licht auf die Anwesenheit und die Niederlassung gewisser germanischer Stämme. Es deutet ferner an, dass die deutschen Einwandererzüge Colonisten enthielten, die verschiedenen Stämmen angehörten. So findet man dieselben Familiennamen, und in Folge dessen die nach ihnen benannten Ortsnamen, in Gegenden, die nach bisheriger Ansicht von verschiedenen germanischen Stämmen bewohnt waren. Man kann daraus nicht nur auf enge Verwandtschaft der verschiedenen Stämme schliessen, sondern vielmehr annehmen, dass die germanischen Expeditionen nach Grossbritannien aus Mannschaften bestanden, in welchen verschiedene Stammesglieder sich gemischt vorfanden, dass Britannien allmählig durch Einwandererzüge von Germanien colonisirt wurde, wie Amerika. Ich will zum Beleg meiner Ansicht einige Beispiele anführen. Viele Ortschaften Englands tragen Namen von selbst südgermanischen Stämmen. So finden wir in Swaffham in Norfolk, in Swavesey in Cambridgeshire, den Stammesnamen der S c h w a b e n (Swaefas). Die Ortsnamen Almonsbury in Yorkshire und Allmondsbury in

Gloucesteshire, letzteres mit altsächsischen Festungswerken, bezeichnen den Stamm der Allemannen. Die Anwesenheit der Sachsen und Friesen finden wir in vielen Ortsnamen wie Frisby, Saxby in Leicestershire. Cassiobury heisst der Sitz der Earls of Essex in Hertfordshire, dem sogenannten „Home Country" und scheint vom Stamme der Chasuwaren herzukommen, die an der oberen Weser wohnten. Es gab Chassuaren (Cassii) in der Zeit des Caractacus in England. In Lincolnshire deutet Bardney auf Longobarden. Kattenniederlassungen finden wir in zahlreichen und von einander sehr entfernten Ortsnamen wie Chat-ham(Kent). Chat-burn (Lancastershire), Chat-hill (Yorkshire), Catton-road (Yorkshire), Gadshill (Kent), Chetsford und anderen Orten. Von dem allemannischen Stamme der Scudingen kommt Shuttingham in Warwickshire. An die Rugier erinnert Rug-by (Warwickshire). Ruge-ley (Staffordshire), an die Sitonen: Sid-cup (Kent), Sutton (Surrey). Sydenham (Kent), an die Varinen, auch Werini und Varni genannt: War-wick, Warring-ton (Lancashire), War-minster (Wiltshire). Verney, Warburton, Ware (Herts), Wareham (Dorsetshire), Warcop, Warley, Warlingham, Warnham, Warnpoint, Wherneth. Wharton, Wharram, Farringdon, Farington, Faringdon, Farnborough, Farnham, Farningham, Farnley, Farnworth, Farnsfield[1]: an die Gothen erinnert: Gotham (Kent). Die Marsacii in Holland sind durch Mars-ton vertreten, die holländischen Sturii in Stourbridge und Stourton, die Swartones in Swarton, die Gainas in Gainsborough, die Kuken in Cuxton (Kent). Sonderbar wäre, wenn diesen Kuken die Londoner den Spitznamen zu verdanken hätten, welche ihnen die Einwohner der Provinz geben, nämlich: Cockney. Die Kuken, die selbst bis Irland vordrangen, sassen an der Themse, wo zu Zeiten der Römer eine Stadt Bremen war. Sie wohnten wie erwähnt, in Germanien zwischen Weser und Elbe und Cux-haven bezeichnet dort ihre Anwesenheit. Jedenfalls brauchen sich die Londoner ihrer nicht zu schämen. Sie hiessen Kuken von kuken (pl. kukene oder kukne) d. h. lebendig, rührig.

Nicht nur Ortsnamen, selbst heute noch existirende englische Familiennamen bezeichnen germanische Stämme. Ich gebe hier eine kleine Liste solcher: Allen, Allan, Almon, Allman, Frith, Freeth, — Catt, Cater, Gadon, Caton, Chadwich (Katten) —

---

[1] In vielen Wörtern hat f im Englischen denselben Laut als v im Deutschen, z. B. full (voll), father (Vater), four (vier), fowl (Vogel) etc.

Hasal, Hessel, Hessey — Swaffe, Swabey — Gato, Goding (Guthones) — Cax, Cux, Cox, Chaucer (Kuken) — Fleming — French, Frengge, Frank, Frankland (Franken) — Saxe — Lambart, Lambert (Longobard) — Kimber, Kimbal, Kemple, Cumber, Chambers, (Cimbri, Cambrivi) — Duton (Teuton), Ditmars, Titmarsh, Ditmar — Markman (Marcomanne) — Sutton, Sitton, Sithen (Sittones) — Scything, Scyting (vom allemannischen Namen der Scudingen) — Spalding vom Stamm der Spalden etc. Den altsächsischen Namen Billung (ein Billung war Herzog von Sachsen unter Otto I.) finden wir in der Form von Billing als Familien- und Ortsnamen — Billingboro, Billingham, Billingshurst — in sächsischen und anglischen Districten.

Auch die Bezeichnungen grösserer Landschaften, Länder und Inseln sind germanischen Ursprunges und einige von ihnen deuten auf germanische Stämme. Manche wollen selbst den Namen Scotland von Scyting herleiten, sowie den Namen des Berges Skiddaw bei Keswick in Cumberland. Letzteres, wie auch Cumberland, wurde von Cimbri, Cambri, Sicambri (Kämpfer) abgeleitet. Mona wurde die jetzige Insel Angelsea im Westen von Wales und die Insel Mann im irischen Meere genannt und Mona ist ein alt-niederländischer Provinzialname. In Ptolemäus finden sich folgende germanische Inselnamen Britanniens: Mona, Menapia, Ricnea, Vectis.

Vectis, Vecta ist der lateinische Namen der Insel Wight. Die Bewohner der Insel hiessen ehemals Witi, Wytlander, was dasselbe sein soll als Jüten, welche ehedem auch Vitae oder Wichtae genannt wurden. Die Insel Wight nannten die Angelsachsen: Waitland, Weithland und Wichtäa. Insel hiess im Angelsächsischen Äa. Bemerkenswerth ist folgende Stelle in Fabricius (Lib. 1. de origine Saxonum): „Witi è patria diversis migrârunt temporibus, alii in Britanniam unâ profecti, alii Rheno transmisso partem occupârunt Helvetiae, postea dicti Suiti, seu Suiceri, quam sedem, et quod nomen nostra tempestate ad huc retinent, nec in alia de Witis Beatus Rhenanus est sententia". (Robert Sheringham, „De Anglorum Gentis Origine" p. 37. 1670.)

Die Grafschaft Lincolnshire ist nach der Stadt Lincoln so genannt. Die Römer nannten die Stadt: Lindum Colonia. Der Name Lind und die sächsische Ortssylbe um sind aber deutsch und sind ein fernerer Beweis des germanischen Charakters dieser nordischen Grafschaft zur Zeit der Römer. Wie in Deutschland so gibt es in England manche germanische Ortsnamen mit Lin oder Lind beginnend als: Linby, Linley, Lindley, Linlithgow, Linton, Lindal, Lindfield, Linslade. Linthwaite. Die Grafschaft Lincolnshire wurde von Wilhelm dem Eroberer im „Domesday Book“ Lindesig genannt und in sogenannte thrithings (Dreitheile, wovon das heutige riding) eingetheilt. Diese drei Gaue hiessen: Lindsey (d. h. Insel von Lindum), Holland (Hollandia cismarina) und Chetsteven, modern Kesteven. Das letztere Wort scheint mir ursprünglich Chets-isteven gewesen zu sein. Chets, wie viele andere ähnliche scheint Chatten zu bezeichnen. Die Endsylbe „even“ findet sich in germanischen Stammnamen wie: Ist-ävonen. Die Chatten gehörten nach Plinius. zu dem Stamme der „Istävonen“. So könnte Chetsteven verkürzt sein von Chets-isteven. In obigem Gau Holland gibt es einen Ort genannt Coleswegen (gleich Nymwegen). Der Dialect des Gaues Holland ist nach Freeman (E. A. Freeman, Macmillan's Magazine Aug. 75) die englische Schriftsprache geworden. Es war die Sprache in der Hereward, der Chronist von Peterborough schrieb.

Es würde diesem Kapitel eine ungebührliche Länge geben, wenn ich die Erklärung von Orts- oder Provinzialnamen noch weiter führen würde, denn viele Namen lassen Ableitung von deutschen zu. Die Menai-Straits in Wales wurden, wohl mit Recht, von den Menapiern abgeleitet. Selbst der so oft erklärte Name des Flusses Themse (sprich Thäms), lateinisch Thamisia wurde in Verbindung mit Ems. mit Artikel „the“ Ems, lateinisch Amisia gebracht. Ob mit Recht, will ich hier nicht näher untersuchen. Jedenfalls ist diese Erklärung die wahrscheinlichste von allen bisher gegebenen. Der Name der Provinz Kent hat sich von der Zeit der Römer bis heute erhalten. Kent, lateinisch Cantium, kommt offenbar aus dem niederdeutschen Kant, Kante, was See-Küste bedeutet. Die Römer fanden diese Bezeichnung schon vor als sie nach England kamen, ein Beweis der Nationalität der Cant-waren zu jener Zeit schon. In Kent landeten wohl die meisten Einwanderer die vom Cimbrischen Meere her kamen, wie ehedem die Nordsee vom Cimbrischen Chersones bis Flandern hiess.

Ueberall, nicht nur auf historischem oder sprachlichem Gebiete, sondern auch auf topographischem Gebiete kommt man auf alten germanischen Boden, auf eine alte germanische Bevölkerung, deren Auswanderung fast tausend Jahre währte, die Anfangs von Belgien und Holland, dann hauptsächlich von dem Lande zwischen Ems und Elbe ausging. Nur die echt germanische Nationalität der Anfangs belgischen, später sächsischanglischen Auswanderer machte es möglich, dass sie sich so bald und so leicht mit einander verschmelzen und ein homogenes Ganze bilden konnten.

Ich habe mich in Obigem auf England und auf Einwanderung germanischer Stämme beschränkt, ohne auf skandinavische Spuren hier einzugehen, deren man viele schon im Norden Englands, selbst in Irland, besonders aber in Schottland und den schottischen Inseln vorfindet. Nebst den germanischen Menapiern und Kauken waren Skandinavier in Irland. Man kann heute noch auf der Insel Jona das Grabdenkmal eines irischen Skandinavenkönigs mit dem Segelschiff im Wappen sehen. Nicht nur in Niederschottland, ja selbst in den östlichen Hochlanden, im nördlichen Sutherland, mit der Hauptstadt Thurso (von Thor), wo die Skandinavier sich in grösseren Massen ansiedelten, sondern auch auf den sogen. Hebriden, den Inseln im atlantischen Ocean und selbst im Centrum des östlichen Hochschottlands waren skandinavische Niederlassungen, von denen fast Alle mit der Zeit die gälische Sprache angenommen, obwohl der Ortsnamen sehr oft skandinavisch blieb. Die Ursache des Verschwindens der norwegischen Sprache war wohl dieselbe, durch die die Normannen in der Normandie und die Franken in Gallien die ihrige so rasch verloren. Sie kamen in den meisten Fällen als Krieger und Eroberer, ohne Frauen, heiratheten Eingeborene und schon die nächste Generation verlor sich unter den Besiegten. Professor Munch in Christiania behauptet, dass noch im Jahre 1472 die Einwohner der Hebriden kirchlich abhängig von Norwegen gewesen wären. Die skandinavische Abstammung eines Theils der gälisch sprechenden Bevölkerung Schottlands hat Dr. Beddoe, der bekannte schottische Ethnologe durch sorgfältige Untersuchungen dargethan. Viele der Inselnamen im atlantischen Ocean sind nicht nur skandinavisch, sondern auch deren Bevölkerung hat einen auffallend germanischen Typus, obwohl sie gälisch spricht, so z. B. die Inseln Skye, Islay, Colonsay, Fladda (engl. flat d. h. flach) Staffa und Jona. In Colonsay zeigt schon die Endsylbe den skandinavischen Ursprung. Staffa, berühmt durch die Fingalsgrotte, ist skandinavisch und heisst die Stab-Insel von den ihr eigenthümlichen basaltischen Säulen. Jona, die berühmte Insel St. Columban's, lange Zeit der Friedhof irischer, skandinavisch-irischer, schottischer Könige und Häuptlinge, ja selbst norwegischer Könige und Priester, hiess ursprünglich Ee d. h. die Insel. Ee, ey, ay und oe bedeuten im Skandinavischen Insel. Dann wurde später das keltische shona (stummes s) i. e. heilig, selig angehängt: die heilige Insel.

Ich habe schon erwähnt, dass auch der Name der Insel Man[1] ursprünglich germanisch ist und von den Menapiern hergeleitet wird, gerade wie mitten im keltischen Wales der höchste Berg nebst einem keltischen einen sächsischen Namen hat: Snowdon (don = Düne) so auf der Insel Man, wo der höchste Berg Snac-Fell heisst. Fell ist wohl das skandinavische fjeld = Berg. Auch die Stadt Ramsey auf Man ist germanisch. Die Insel Man hatte nach der menapischen Periode skandinavische Könige, von denen ein Abkömmling ebenfalls auf Jona ruht mit einer Galeere und ausgespannten Segeln auf dem Grabmale, dem Wappen der norwegischen Fürsten von Man. Dasselbe Wappen trägt das alte Haus Lorne, welches jetzt mit dem von Argyll verbunden ist. Auch die auf Jona noch übrigen sehr alten Steinkreuze, (ehemals gab es daselbst 360 solcher hohen Kreuze) sind mit alten eingehauenen Runenzügen verziert.

Auf Jona gab es ehemals die berühmten sogen. „black stones of Jona", d. h. schwarzen Steine von Jona, auf welchen Hochlandhäuptlinge einen Eid schwuren zur Betheuerung von Verträgen und Allianzen. Ganz ähnliche Steine finden sich heute noch auf den skandinavischen Orkney Inseln.

Auf der Insel Mull heisst ein grosses Vorgebirge Burg, das in pyramidalischer Form 2000 Fuss aus dem Meere steigt. Das Duart-Castle, in sehr wichtiger Lage am Eingang zweier Seen, ehemals Dewart, soll ebenfalls skandinavischen Ursprungs sein. Im Westen der Hochlande, wo viele Seen und Baien den Ausgang in den Ocean bilden, findet man auf Inseln und am Ufer des Hochlandes skandinavische Ortsnamen.

§ 3.

GERMANISCHE ALTERTHÜMER IN ENGLAND.

Viele der in England gefundenen germanischen Alterthümer werfen ein Licht auf die Anwesenheit deutscher Stämme in diesem Lande. So wurde im Jahre 1857 in der Themse ein langes einschneidiges Schwert gefunden, mit einer Reihe von Runen auf der einen Seite der Klinge. Früher schon hat man vier andere ähnliche Schwerter gefunden. Alle sind als eine Waffe der Franken bekannt.

[1] Mona ist ein altniederdeutscher Provincialname.

Von den Sueven findet man unter den Alterthümern zahlreiche Spuren. Busennadeln mit Runen und Stammeszeichen tragen die Initiale „Swaef", den Nationalnamen der Jutings.

Im Jahre 1843 wurde bei Nordendorf, nördlich von Augsburg, eine alte Begräbnissstätte entdeckt. Die darin gefundenen zahlreichen suevischen Reliquien sind den in alten Begräbnissstätten von Kent [Haigh „the Runic Monuments of Kent" p. 80 u. 83] gefundenen sehr ähnlich, die Waffen der Männer und Ornamente der Frauen sind ziemlich dieselben wie die der germanischen Eroberer von Kent. „Evidently" — sagt Haigh — „the people of Swabia and of Kent had art traditions in common."

Die Eroberer Schwabens — ehedem Rhaetia prima — die Sueven, „gens longe maxima et bellicosissima Germanorum omnium", wohnten früher jenseits der Elbe an dem Ufer der Ostsee. Ihre Fortschritte in der Kunst waren grösser als die der Sachsen und Angeln in England und der Franken in Deutschland. Die vielen Aehnlichkeiten der Reliquien von Kent und der Insel Wight mit denen von Schwaben deuten auf einen gemeinsamen Ursprung [Haigh: l. c. p. 89].

Aber nicht allein in Kent und auf der Insel Wight, auch im nördlichen Yorkshire (z. B. bei Seamer), in Derbyshire (zu White Lowe bei Winster). [Haigh: p. 98] und an andern Orten findet man Ueberreste welche die Anwesenheit von Sueven in England bezeugen. Unter alten Grabmonumenten in diesem Lande zeichnen sich, wie in Deutschland, die suevischen Gräber durch Reliquien aus die durch schönen Kunststyl die anderer germanischer Stämme bei Weitem überragen.

Ein fernerer Beweis des Ursprungs der germanischen Einwohner von Kent ist die Runenschrift. Die Runenschrift der Allemannen bietet eine wichtige Hilfe, die kostbarste aller kentischen Runenreliquien auf einem Schwertgriffe von Gilton Kirchhof zu lesen [Haigh: l. c. p. 94]. Die Endsylbe icu — Indic. praes. 1. Sing. des Verbs ican (beifügen, vergrössern, verlängern) — auf gewissen kentischen Runen, sowie andere grammatikalische Formen sind charakteristische Formen des Althochdeutschen, des Altsächsischen sowie auch der Dialekte von Kent und selbst des nördlichen Northumberland. [Haigh l. c. p. 97]. Auch auf alten Münzen findet man bei den Runen Aehnlichkeit zwischen englisch-germanischen und allemannischen Buchstaben.

Die Geschichte sowohl, als die Lokalnamen, die Alterthümer, die Runen deuten auf die germanische Abkunft der Bewohner

Englands. Gerade wie Kent in seinen Runen und Alterthümern die Anwesenheit von verschiedenen germanischen Stämmen: Angeln, Sachsen und auch Sueven bietet, so ganz England. Man darf daher mit Sicherheit annehmen, dass sich bei der Eroberung und allmähligen Colonisation Britanniens verschiedene germanische Stämme zusammenschaarten, und dass skandinavische Ansiedelungen nur im hohen Norden zu suchen sind.

§ 4.

BEZIEHUNGEN ENGLANDS UND DEUTSCHLANDS IN DER ANGELSÄCHSISCHEN ZEIT (827—1066).

Das angelsächsische England war lange Zeit eine germanische Colonie und in steter Verbindung mit dem Mutterlande. Diese Verbindung dauerte auch später fort als Aenglaland einen vom Mutterlande unabhängigen Weg nahm, als die Einwanderung von Colonisten von Deutschland aufgehört, als England für die Deutschen ein fremdes Land geworden.

Lange Zeit waren die englische und deutsche Sprache und Sitten einander sehr ähnlich. Von Aenglaland, welches das Christenthum zuerst kennen gelernt, kamen zahlreiche christliche Missionäre und selbst Missionärinnen nach der alten Heimat um daselbst die neue Religion zu verbreiten. Der erste christliche Bischof der Deutschen war ein Inselsachse, aus Wessex gebürtig, ursprünglich Winfried geheissen, später Bonifacius. Diese Inselsachsen predigten in Deutschland. Der Unterschied zwischen dem Altsächsischen und dem Angelsächsischen war ein geringer. Aber selbst das Althochdeutsche war den Missionären leicht. Die beiden Sprachen unterschieden sich damals nicht viel mehr als heute zwei englische Dialekte. Dieser Umstand musste natürlich sehr zum Erfolg der Missionäre beitragen. Die sogen. Abjurationsform, welche Bonifacius den bekehrten Deutschen vorsagte und das Glaubensbekenntniss, welches die Bekehrten ihm bei der Taufe nachsagen mussten, sind uns in den Briefen von Bonifacius erhalten und obwohl deutsch, nicht mehr verschieden vom reinen Angelsächsischen, als zwei Dialekte letzterer Sprache. Das was die Angelsachsen zur Bildung ihrer Stammesgenossen in der alten Heimat thaten, ist nicht zu berechnen, denn die Missionäre brachten nicht nur die christliche Religion, sondern auch humane Bildung, die durch ihre Klöster in alle Schichten des Volkes drang.

Bis zur normännischen Eroberung kamen die Deutschen nicht als Fremde nach England. Die vom Norden hiessen die „Vettern von Altsachsen“. Sie waren weniger Fremde als die Männer von Wales und Cornwall. Von der Eroberung an. fingen aber die Deutschen an ein fremdes Element in der englischen Gesellschaft zu bilden und beide Nationen wurden einander fremde Nationen.

Die meisten Deutschen welche Aenglaland besuchten nachdem die Einwanderungen aufgehört und dieses ihnen schon als ein ausländisches Gemeinwesen galt, gehörten vorzugsweise dem Handelsstande an. Der gelehrten Deutschen. die damals alle dem geistlichen Stande angehörten, gab es daselbst nicht viele. Man nannte die deutschen Kaufleute und Seefahrer im 10. Jahrhundert in England Kaisermannen. D r Handel zwischen der Themse und den gegenüber liegenden deutschen Küsten bestand jedenfalls schon seit den frühesten Einwanderungen Deutscher in England. Lange vor Entstehung der Hansa bestand zweifelsohne eine Corporation deutscher Kaufleute am Ufer der Themse. Unter dem König Aethelred II. (978—1016) wurden die Deutschen aus den Landen des Kaisers, die mit ihren Schiffen nach England kamen, auf gleichen Fuss mit den Engländern gesetzt. Der Ursprung und die Ursache der hohen Privilegien, welche die Deutschen schon in den ältesten Zeiten vor allen andern Nationen in England genossen. sind in Dunkel gehüllt. Jahrhunderte lang durften die Deutschen fast allein Grund und Boden in England besitzen.

Nicht gering war der Einfluss den Karl der Grosse, der Gründer des deutschen Reiches auf dem Festlande, auf die Stammverwandten in England übte. Er zog viele Inselsachsen nach seinem Hofe, Gelehrte und Edle. Egbert, der Stifter eines einheitlichen germanischen Reiches in England, empfing seine politischen Anschauungen am fränkischen Hofe. Offa, der Mercier, stand in freundschaftlichem Verkehr mit Karl.

Als später die Altsachsen in Deutschland mit ihren Fürsten an die Spitze Deutschlands traten, erwachten in Neusachsen wieder die alten Gefühle der Stammverwandtschaft und die Vermählung Otto's des Grossen mit einer Enkelin Alfreds des Grossen ist das erste Beispiel der später so häufig vorkommenden ehelichen Verbindungen englischer und deutscher Fürstenhäuser.

§ 5.

DEUTSCHE IN ENGLAND IN DER ANGELSÄCHSISCHEN PERIODE.

Zu dieser Zeit bestand die deutsche Bevölkerung in England und besonders in London, wie schon gesagt, meistens aus Kaufleuten, ihren Buchhaltern, den zu ihren Faktoreien gehörigen Handwerkern, Kriegern und Seeleuten. Wohl mögen unter den Mönchen, unter den Studenten der zu jener Zeit berühmten Schulen Aenglalands und wohl auch unter den Lehrern nicht wenige Deutsche gewesen sein, besonders unter den erstgenannten. Aber die Berichte über jene Zeiten sind sehr spärlich und damals war der Deutsche von dem Inselsachsen dem Namen nach nicht zu unterscheiden. Es sind uns jedoch einige Namen von Deutschen erhalten worden, welche sich in der angelsächsischen Zeit in England Rang und Würde erwarben. Ehe ich jedoch in das Leben dieser Männer eingehe, muss ich wiederholen, dass zu dieser Zeit das was man Niederlande nannte nicht die heutigen Niederlande, sondern ganz Niederdeutschland in sich begriff und dass damals Holland und Flandern eben so gut zu Deutschland gehörten und sich selbst dazu rechneten als Westfalen und Hannover. Die Trennung und Entfremdung derselben vom Mutterlande ist modern. So lange also Holländer und Flamländer Deutsche waren, zählen sie zu den Deutschen. Dasselbe gilt von Lothringen, das zu dieser Zeit als Herzogthum, in Ober- und Niederlothringen zerfiel, Brabant und Luxemburg in sich begriff und zur deutschen Gauverfassung gehörte.

Unter den fremden Gelehrten, die König Alfred (871—903) nach England lud, waren zwei Mönche: der Flamländer Grimbald und Johann genannt von Corvei. Grimbald kam auf Alfreds Wunsch nach England. Nach seiner Ankunft wurde er von ihm zum Abt des neuen Klosters zu Winchester ernannt, wo er nach der Sachsenchronik, 903 starb. Grimbald soll Professor an der Universität Oxford gewesen sein. Um das Jahr 886 soll in der Universität grosser Streit entstanden sein zwischen den alten Gelehrten und den neuen von Alfred berufenen, nämlich Grimbald und seinen Freunden; worauf König Alfred selbst nach Oxford kam und Frieden herstellte. Aber Grimbald, der die Kirche von St. Peter in dieser Stadt gebaut, war so angeekelt von der Zanksucht seiner Collegen, dass er sich in sein Kloster nach Winchester zurückzog. Die alte Krypte in St. Peters

Kirche in Oxford, die Grimbald als seine letzte Ruhestätte bauen liess, besteht noch und heisst Grimbald's Krypte.

Die Heimat von Alfreds anderem sogen. Mess-Priester oder Presbyter, Johann, ist nicht genau bekannt. Asser, ein Bischof Alfreds und der Geschichtschreiber von Alfreds Leben, also gleichzeitig mit ihm, sagt, dass er, in „Alt-Sachsen“ geboren, von da nach Corvei ging, wo er Mönch wurde. Corvei, im Herzogthum Sachsen, war ein Kloster das von Gelehrten Sachsens sehr besucht wurde. Er wurde daher Johann von Corvei genannt. Interessant ist Asser's Bezeichnung von Johanns Geburtslande. Er nennt ihn nämlich: „altsächsischen“ Geschlechts (ealdsaxonum genere). Alfred machte Johann zum Abt von Athelney, ein Kloster das, nach Asser, mit fränkischen Mönchen gefüllt gewesen sein soll, von denen einer, aus Rache für eine eingebildete Injurie oder Strenge, zwei Bravos gedungen, die Johann ermordeten.

Während der dänischen Kriege, in der ersten Hälfte des 11. Jahrhunderts, flüchteten sich die englischen Fürsten und der Clerus oft nach den Niederlanden, was zu einer innigen Verbindung zwischen diesen Ländern und England führte und der Mangel an eingebornen Gelehrten in Folge der Kriege, wurde in England wieder durch die Ankunft von Niederdeutschen und andern Deutschen ersetzt. Unter letzteren war Withmann, Teutonicus genannt, welcher 1016 zum Abt von Ramsey ernannt wurde. Withmann war berühmt durch seine Gelehrsamkeit und die Strenge seiner Sitten. Sein Versuch unter seinen Mönchen und Studenten eine rigoröse Disciplin einzuführen, führte bald zu heftigen, unerbaulichen Streitigkeiten. Der Abt brachte, 1020, seine Klage vor den Bischof der Diöcese, Ethelric, der, nach einer ruhigen Untersuchung der Sache, sein Urtheil zu Gunsten der Mönche sprach, worauf Withmann sein Kloster in Aerger verliess und eine Pilgerfahrt nach Jerusalem unternahm. Nachdem er ein Jahr abwesend gewesen, kehrte er nach England zurück, und der neue Abt von Ramsey, der nach seiner Abreise erwählt worden war, machte sich bereit ihm sein Amt einzuräumen. Aber Withmann weigerte sich sein früheres Amt wieder zu übernehmen. Er zog sich in grosser Demuth in eine kleine Zelle zu Northeye zurück, in einer einsamen Gegend der Nachbarschaft, wo er noch etwa 26 Jahre gelebt und mit dem Nöthigsten von der Abtei versehen worden sein soll. Er starb etwa 1047.

In der Zeit von Eadnoth, dem ersten Abte von Ramsey,

wurden die angeblichen Reliquien von St. Ivo. einem persischen Heiligen, der am Ende des 6. Jahrhunderts gepredigt und gestorben, und dessen Namen in der jetzigen Stadt St. Ives erhalten ist, von Slepe bei Huntingdon nach Ramsey gebracht. Withmann, der nun den Namen Andreas angenommen hatte, hatte bei seiner Reise durch Griechenland die grosse Achtung bemerkt, die diesem Heiligen daselbst erwiesen wurde, der nach dem Volksglauben in seinem eigenen Kloster dort und nicht in England begraben war, und hatte das Material zu seinem Leben gesammelt, das er nach seiner Rückkehr nach England schrieb. Withmann soll ebenfalls eine Beschreibung seiner Reise nach Jerusalem verfasst haben.

Unter Eduard dem Confessor kamen zwei niederdeutsche Geistliche nach England, die man damals noch zu den Altsachsen rechnete. Der eine war Folcard, der nach seiner Ankunft in England Mönch im Kloster St. Augustins in Canterbury wurde. Dies war etwa 1066. Bald nach der normännischen Eroberung wurde er, 1068, von Wilhelm dem Eroberer zum Abte von Thorney gemacht. Nachdem er 16 Jahre die Stelle bekleidet, legte er sie in Folge eines Streites mit dem Bischof von Lincoln nieder. Folcard, wie die meisten Gelehrten, die den Schutz Eduards des Confessors genossen, war besonders als der Autor der Leben und Wunder von Heiligen berühmt, deren er mehrere schrieb.

Hereman, ein anderer Niederländer, war Kaplan von Eduard dem Confessor und einer der bedeutendsten fremden Geistlichen, die Eduard berief. Im Jahre 1045 machte ihn letzterer zum Bischof von Wilton. Da ihm seine Stelle nicht genug eintrug, um sie mit Würde zu bekleiden, so ernannte ihn Eduard, auf seine Bitte, auch zum Abt von Malmsbury. Die Mönche aber widersetzten sich seiner Ernennung, und unterstützt vom Grafen Godwin, dem erklärten Feinde der Fremden, musste der König die Ernennung zurückziehen. Hereman zog sich von seinem Bischofssitze nach der Heimat zurück, kam aber nach 3 Jahren wieder nach England und erhielt von Harold unterstützt, im Jahre 1049, den Bischofssitz von Sherborne. Er wurde auserwählt, Aldred, Erzbischof von York, nach Rom zu begleiten. Daselbst war er bei dem, in jenem Jahre von Papst Leo IX. berufenen, Concil gegenwärtig und hielt bei dieser Gelegenheit eine Rede über die blühende Lage der englischen Kirche. Er war einer der wenigen Prälaten, die nach der Eroberung ihren Bischofssitz behielten und Wilhelm verlegte seinen Bischofssitz von Sherborne nach Salisbury. Er starb in hohem Alter, bald nachdem er den Grundstein zur schönen Kathedrale dieser Stadt gelegt, nach der Sachsenchronik im Jahre 1077.

Giso, ein Lothringer, war ebenfalls einer der Kapläne Eduards des Confessors. Im Jahre 1060 ernannte ihn Eduard zum Nachfolger von Bischof Duducus, einem Alt-Sachsen, im Bisthum von Wells, und im folgenden Jahre begleitete er Aldred, Erzbischof von York, und Walter, Bischof von Hereford, nach Rom auf einer Mission vom Könige und wurde vom Papst Nicolaus mit Ehren aufgenommen. Als Giso fand, dass sein Bisthum durch den Earl Harold eines grossen Theils seines Vermögens beraubt worden war, so war er schon im Begriffe gegen Harold die kirchliche Excommunikation auszusprechen, als Eduard starb und Harold den Thron bestieg. Dieser nahm Giso in seine Gunst und versprach Vergütung, die aber erst nach der Eroberung gemacht wurde. Auch er wurde vom Eroberer in seiner Stelle gelassen, während die angelsächsischen Prälaten entfernt wurden. Nachdem er das Bisthum 28 Jahre geführt, starb Giso, 1086, und wurde in seiner eigenen Kirche bestattet. Giso war ein gelehrter Mann. Es besteht noch eine von ihm geschriebene Skizze über sich selbst, die wahrscheinlich die Einleitung eines verlorenen grösseren Werkes über seine Kirche war.

Mit Hereman kam noch Goseline von den Niederlanden 1058 nach England. Er war ein sehr gelehrter Mann und Sänger, und besuchte viele Klöster und Bisthümer in England um Material für seine Lebensbeschreibungen englischer Heiligen zu sammeln, ward Mönch in Canterbury, 1098, und starb bald darauf. Seine Gönner waren die Erzbischöfe Lanfranc und Anselm. Letzterem widmete er die Uebersetzung von St. Augustin. Seine Hauptwerke bestehen in Beschreibungen der Leben und Wunder Heiliger.

Es ist noch hier eines Adalard, vom Jahre 1006, zu erwähnen, welcher als einer der frühesten Biographen von St. Dunstan bekannt ist, der ihn wahrscheinlich mit herüber von den Niederlanden gebracht. Er schrieb dessen Leben auf Aufforderung des Erzbischofs Alfheh von Canterbury.

Oben Genannte sind Leute die hohe Stellungen in England inne hatten. Es sind wohl noch manche Deutsche zu dieser Zeit in Amt und Würde in England gewesen, wie u. a. der oben genannte Duducus, von dem man nichts weiss als dass er Alt-Sachse gewesen, aber es ist unmöglich solches nachzuweisen, einmal weil die Aufzeichnungen und Manuscripte jener Zeit nur in geringer Zahl erhalten sind, dann weil derselbe Namen unter Angelsachsen, Altsachsen, Franken und andern Deutschen in derselben Form und oft zu derselben Zeit, und verschiedenen Personen angehörig, vorkommt. So z. B. lebte in England ein Presbyter Namens Willibald, der das Leben von Bonifacius schrieb, das allen späteren zu Grunde gelegt wurde. Dieser Willibald, der als Fremder angeführt wurde, und zuerst mit Bonifacius in Deutschland lebte, kam erst später nach England, und wird oft mit dem Angelsachsen Willibald, einem Vetter von Bonifacius, verwechselt.

§ 6.

BEZIEHUNGEN ENGLANDS UND DEUTSCHLANDS IN DER NORMÄNNISCHEN PERIODE. (1068—1154.)

Die intime Verbindung zwischen Aenglaland und Deutschland hörte mit der normännischen Eroberung auf. Jetzt kamen Schaaren gallischer Mönche und Abenteurer, die in England Stellen und Würden suchten und erhielten. Uebrigens war in der letzten Zeit der Sachsenherrschaft die Anzahl der Fremden, die in England angestellt wurden, so gross, dass sie oft die Indignation der Eingeborenen erregte. Im Allgemeinen aber war der gutmüthige Inselsachse eher zu gastlich gegen die Fremden zur Sachsenzeit, und diese verdienten es wohl mehr, da sie der besten Klasse angehörten und als Freunde und nicht als Unterdrücker kamen. Anders war es unter den Normannen. Diese begünstigten das Fremde aus Politik und durch sie wurden die Sachsen niedergedrückt, versklavt, und ihre germanischen Institutionen abgeschafft. Die Sprache der herrschenden Klassen, der Geistlichen, der Gebildeten war jetzt normännisch-französisch.

In Folge der fürchterlichen Unterdrückung der Sachsen durch die Normannen und ihre fremden Söldner, bildete sich ein Fremdenhass in England aus, der lange über die erste Veranlassung desselben hinauslebte, und in Form von Antipathie in leichtem Grade theilweise noch lebt.

Die Eroberung Englands durch die Normannen hatte in diesem Lande grosse Folgen. Es war eine Zeit der Unterdrückung und Gewaltsamkeit, während welcher der grössere

Theil des englischen Volkes in einen Zustand von äusserstem Elende, Unwissenheit und Sklaverei gebracht ward. Unter dem zersetzenden Einflusse des Normännischen erlitt das von Bürgern und Bauern gesprochene Angelsächsische allmählig und im Verlauf der Zeit, solche Umwandlungen, dass es nach und nach eine neue Sprache ward. Als Schriftsprache verschwand das Sächsische fast ganz. Das Normännisch-französische nahm dessen Stelle ein. Der hohe und niedere Clerus der Angelsachsen, mit wenigen Ausnahmen, selbst die angelsächsischen Mönche wurden aus ihren Stellen geworfen und durch Fremde, meist durch Normannen und Franzosen ersetzt. Die Eroberung Englands hatte einen Zweck und Folgen, die sehr oft ganz übersehen worden sind. Die Angelsächsische Kirche, mit ihren Weltpriestern, von denen viele verheirathet waren, war den Päpsten im ganzen 11. Jahrhundert ein Aergerniss gewesen. Die normännische Eroberung wurde daher vom Papste als ein Sieg des Katholicismus angesehen. Daher hatte die Verdrängung der Weltpriester einen politischen und religiösen Zweck. Sie wurden alle durch Mönche und zwar fremde Mönche ersetzt. In einem italienischen Reisebericht über England: „Relatione Dell' Isola D'Inghilterra etc.", etwa 1500 wahrscheinlich vom Secretär des venedischen Gesandten Francesco Capello und erst 1847 von der Camden Society zum ersten Male publicirt, findet sich (S. 53) folgende merkwürdige Stelle: „Ich finde in den normännischen Geschichten, dass, als König Wilhelm, der erste dieses Namens, Herzog der Normandie, im Begriffe war zur Eroberung Englands aufzubrechen, er dafür Papst Alexander II. die Huldigung (d. h. den Lehnseid) leistete. Aber die englischen Geschichten erwähnen dieser Thatsache nicht; und es ist eine vergessene Sache (e tal cosa è scordata)".

Die Sprache der Gelehrten Englands in dieser Zeit war das Lateinische, das allerdings in der letzten Zeit der angelsächsischen Herrschaft gesunken war, und durch die Normannen wieder gehoben wurde. Nebst den lateinischen Schriftstellern, die beinahe alle theologische Gegenstände behandelten, traten in dieser Zeit in England die Trouvères auf, Lieder- und Romanzendichter, deren Sprache französisch war, und die fast alle in der Normandie oder Frankreich geboren waren.

Die normännisch-französische Sprache konnte jedoch nicht auf dem germannischen Boden Englands Wurzel fassen und erstarb nach und nach, bis sie endlich zwischen 1300 und 1400 der alten Landessprache wieder wich und letztere wieder auf dem Schauplatze erschien. Sie ward allerdings in ihrem Exile verändert, so verändert, dass sie die germanischen Schwestern fast nicht mehr erkennen konnten. Sie hatte zahlreiche französisch-normännische Wörter in sich aufgenommen, zahlreiche sächsische verloren, und an den Sprachformen hatte das Messer der Zeit abgeschnitten. Trotz alledem aber war das Englische immer noch eine germanische Sprache, in Charakter und Grammatik.

Es dürften wohl einige Worte über die ehemaligen Bezeichnungen der Angehörigen deutscher Nationalität hier nicht ohne Interesse sein.

Die Bezeichnung „deutsch", von thiudisks, gothisch thiuda, d. h. Volk, und thiudiska, landsmännisch, von demselben Volke, von unsern Leuten, findet sich schon in der Bibel von Ulfilas († 388), wo das Griechische ἐθνικῶς, zum Volke gehörig, mit thiudisks übersetzt ist. Aber lange vor Ulfilas wurde das Wort gebraucht um das deutsche Volk zu bezeichnen. Strabo, der römische Geograph, der am Anfang der Regierung von Kaiser Tiberius (im Jahre 19) lebte, nennt die Sprache der Gothen in den griechischen Provinzen: Theotiscum Sermonem. Das Wort Germanus, das auf verschiedene Weise erklärt worden ist, könnte die lateinische Uebersetzung des deutschen thiudisks zu sein, denn germanus ist ein altlateinisches Wort, welches eine thiudisks ähnliche Bedeutung hat. Als Bezeichnung des deutschen Volkes kommt das Wort „deutsch" in mehreren alten Schriftstellern vor. Der Chronist Freculphus (9. Jahrhundert) spricht von Nationes Theotiscae. In demselben Sinne kommt das Wort in noch älteren Schriftstellern vor, u. a. in Claudianus [im Jahre 395] in seinem „De Bello Getico" in Form von „Tethys" und noch früher in „Pharsalia" von Lucanus als „Teutates".

Obwohl die Deutschen sich gegenseitig mit Stammes- und Bundesnamen bezeichneten wie Franken, Sueven, Sachsen, so haben sie sich wahrscheinlich Fremden gegenüber Deutsche genannt. Nachdem Karl der Grosse die deutschen Stämme zum ersten Male in einen Körper vereinigte, nahmen sie wohl den Namen als Nationalnamen an. Franco-Theotistic hiess die Sprache derjenigen Franken, die einen Theil Galliens unterjochten im

Gegensatz zum Romance, der Sprache des unterjochten Volkes und Mutter des modernen Französischen. Ludwig der Deutsche, war der erste der als deutscher König herrschte.

Unter den Angelsachsen wurden die Deutschen in lateinischen Manuscripten theils Germani theils Teutonici genannt. Withmann, Abt von Ramsey in England, wird 1016 mit dem Beinamen Teutonicus erwähnt. In angelsächsischer Sprache dauerten noch die Stammnamen fort und die im Norden Deutschlands wohnenden Sachsen wurden oft von ihren Vettern den Inselsachsen auch Altsachsen genannt. Uebrigens kommt in Bede's Hist. Lit. im angelsächsischen Text schon das Wort Germanie im Sinne von Deutschland vor.

Nach der normännischen Eroberung wurden auch in England die Deutschen mit einem deutschen Stammnamen bezeichnet, den die gallisirten Franken von ihren deutschen Nachbarn auf ganz Deutschland übertrugen. Die Deutschen hiessen nun „Alemanns“ und Deutschland: Allemeine, Allemaigne, selbst Ermayne. Letztere Bezeichnung findet sich in Langland's „Piers the plowman“ (1377). Diese Bezeichnungen überdauerten die Existenz der normännisch-französischen Sprache, kommen oft in den Manuscripten des sogen. Early English, ja noch in Shakespeare vor.

Aber neben dem lateinischen Germania und Germanus, dem normännisch-französischen Allmaine und Allemanns, bestand die Bezeichnung deutsch „dutch“ im Volk bis in die neueste Zeit fort. Heute bezeichnet das Wort dutchman einen Holländer. Aber ehedem, noch im vorigen Jahrhunderte theilweise bezeichnete es alle Deutschen, Holländer eingeschlossen. Zum Unterschiede von den Niederländern sagte man später auch High-dutch und High-dutchland.

Ueber die politischen Beziehungen Deutschlands und Englands zur Zeit der normännischen Herrschaft (1066–1154) ist wenig zu sagen. Eine Familienverbindung verdient etwa Erwähnung, nämlich die Verheirathung von Mathilda, Tochter von Henry II. (Beauclerc) mit dem deutschen Kaiser Heinrich V. der 1125 starb. Mathilde heirathete zum zweiten Male Geoffrey Plantagenet, dem sie einen Sohn gebar der später als Henry II. den englischen Thron bestieg.

§ 7.

AUSGEZEICHNETE DEUTSCHE IN ENGLAND WÄHREND DER NORMÄNNISCHEN PERIODE.

Die Gelehrten des 10., 11. und 12. Jahrhunderts waren, wie überall, so auch in England, fast ohne Ausnahme Priester, besonders Mönche. In den Schriften, die von ihnen auf die Gegenwart gekommen sind, sind die Autoren meistens nach dem Ort, wo sie ihre Würde bekleidet, oder nach dem Kloster, wo sie schrieben, benannt, selten nach der Heimat oder Nationalität. Letztere ist daher sehr oft ein Geheimniss.

Wenige der Schriftsteller und Gelehrten dieser Jahrhunderte sind auf die Nachwelt gekommen und selbst von manchen der Besten und Angesehensten ist das Geburtsland unbekannt geblieben. Aus diesen Gründen muss die Liste deutscher Männer von Bedeutung, die zu dieser Zeit England bewohnten, sehr arm ausfallen.

Im Jahre 1079 wurde Robert, ein Deutscher aus Lothringen, vom Eroberer zum Bischof von Hereford an der Grenze von Wales ernannt. Robert war gelehrt in Naturwissenschaften und Mathematik und lehrte eine Zeit lang in Flandern. Der Eroberer brachte ihn nach der Eroberung mit sich nach England. Er liess sich Anfangs in Worcester nieder, wo ihn der ehrwürdige Angelsachse Bischof Wulstan zum Priester weihte. Robert blieb sein ganzes Leben auf dem Fusse innigster Freundschaft mit Wulstan. Der tyrannische Lombarde Lanfranc, vom Eroberer zum Erzbischof von Canterbury gemacht, weihte Robert zum Bischof von Hereford. Während der ewigen Fehden auf der Grenze von Wales war die Kathedrale von Hereford fast in einen Haufen Ruinen verwandelt worden und Roberts erste Sorge war sie wieder aufzubauen, wozu er die Kathedrale von Aachen zum Muster nahm. Wulstan war der letzte angelsächsische Prälat und schliesst und beginnt eine geschichtliche Periode. Er wurde 1062, also etwas über 4 Jahre vor der Eroberung, Bischof von Worcester. Die neuen normännischen Geistlichen, unter ihnen Lanfranc, bemühten sich auch ihn zu entfernen. Aber er genoss die Gunst des Eroberers und blieb auf seinem Posten bis zu seinem Tode im Jahre 1095. Mit dem Sachsen Wulstan war Robert, der Lothringer, wie schon erwähnt, auf sehr vertrautem Fusse, brachte seine Mussezeit mit ihm zu und man erzählt eine rührende Geschichte von beiden welche in allen Fällen ihre warme Freundschaft bekundet. Als Wulstan auf seinem Sterbebette lag, träumte Robert, der bei Hof war, dass sein Freund ihm erschien, um ihm sein nahes Ende mitzutheilen und ihn zu bitten nach Worcester zu eilen, um ihn vor seinem Tode noch einmal zu sehen. Robert folgte der Bitte, aber als er beinah das Ende seiner Reise erreicht hatte, sah er Wulstan wieder im Traum, der ihm ankündigte, dass er schon gestorben wäre. Er fügte bei, dass Robert sich auf seinen eigenen Tod vorbereiten sollte, da er ihn nicht lange überleben würde und dass, als Zeugniss der Wahrheit seiner Voraussagung, er ein Geschenk zur Erinnerung an seine Freundschaft erhalten würde, das er sofort als Todeszeichen erkennen sollte. Nachdem Robert seinem Freunde die letzten Pflichten erwiesen, bestieg er sein Pferd um abzureisen. Da kam der Prior von Worcester ihm Wulstans Lieblingskappe anzubieten, mit Lammeswolle gefüttert. Er erkannte das Zeichen, das Wulstan ihm angekündigt, ging bald darauf nach Hereford und starb einige Monate darauf. Robert war einer der Prälaten, die zu dem Könige gegen Erzbischof Anselm hielten. Anselm, ein Italiener, war der hartnäckige Kämpe für die weltliche Macht der Bischöfe von Rom, die damals um sich griff und welcher die englischen Könige Anfangs widerstanden, obgleich ihnen Rom zur Eroberung Englands behilflich gewesen.

Robert galt als einer der ausgezeichnetsten Naturforscher des letzten Theiles des 11. Jahrhunderts. Er zeichnete sich als Astronom aus. Seinen Ruhm verdankte er in grossem Masse der abgekürzten Ausgabe der Chronologie des deutschen Marianus Scotus, eines Mönches, der zuerst die Widersprüche zwischen den Kalkulationen von Dionysius Exiguus in den Daten der heiligen Autoren beobachtete, und der die grosse Arbeit unternommen hatte, die Werke früherer Chronographen zu collatiren, corrigiren und ordnen. Das Werk erschien 1082 und Robert erhielt davon eine Copie und unternahm es abzukürzen und zu vervollkommnen. Er that dies mit grosser Gewandtheit und mit Scharfsinn. Die alten Bibliographen schreiben Robert nebstdem noch einige theologische Werke zu, insbesonders einige Commentare über Theile der heiligen Schrift, ein Werk über die Bewegung der Sterne, ein anderes über den Computus, und eine Sammlung mathematischer Tabellen.

Herebert, der ebenfalls den Beinamen Lothringer trug, war Sohn des obengenannten Robert. Wilhelm Rufus lud ihn nach England ein und machte ihn zum Abte von Ramsey im

Jahre 1087. Herebert wurde bald sehr reich und 1091 kaufte er vom Könige für tausend Pfund das Bisthum von Thetford für sich selbst und die Abtei von Winchester für seinen Vater den Bischof Robert. Da Robert von Bischof Wulstan erst nach seiner Ankunft in England die Priesterweihe erhielt, und Herebert schon 1087 Abt von Ramsey war, so kann er nicht als der Sohn eines Priesters angesehen werden. Priesterehen waren übrigens in diesem Jahrhunderte noch sehr häufig, trotz des im J. 1074 ergangenen Verbots von Hildebrand gegen die Ehen der Priester, ein Verbot, das den heftigsten Widerstand erregte. Zur selben Zeit hatte Hildebrand ein Verbot gegen die Simonie erlassen und Herebert, der durch seinen Kauf Scandal erregt hatte, ging nach Rom, wo er Absolution erhielt. Er war nämlich sehr reich. Im Jahre 1094 verlegte er den Bischofssitz von Thetford nach Norwich, baute daselbst die Kathedrale, gründete ein Kloster, alles auf seine eigenen Kosten, baute fünf Pfarrkirchen in seiner Diöcese, zwei in Norwich und die andern zu Elmham, Lynn und Yarmouth. Er starb 1119 und wurde in seiner Kathedrale in Norwich bestattet. Herebert soll ein Mann von grosser Gelehrsamkeit gewesen sein. Er schrieb Predigten und Abhandlungen, Briefe und Schulregulationen. Aber die meisten seiner Schriften gingen verloren.

Von anderen Gelehrten und Würdenträgern deutschen Ursprungs in England in dieser Periode ist wohl wenig bekannt. Ob der deutsche Harduvinus, welcher den berühmten John von Salisbury in der Mathematik und Naturlehre unterrichtet, je in England gelebt, habe ich nicht ermitteln können.

Unter dem Hause der Plantagenets, das von 1154 bis 1485 den Thron Englands innehatte, wurden sowohl die politischen als auch commerciellen Beziehungen zwischen England und Deutschland wieder reger und vielseitiger. Bald entstand der Hansabund mit seiner bedeutenden Faktorei im Stahlhof in der City von London, und seinem regen deutschen Leben daselbst.

Der Hauptzweck dieses Kapitels ist zu zeigen, dass die allgemein angenommene Lehre von der Eroberung Englands durch Hengist und Horsa ein Mythe ist, und dass die ersten Germanen lange vor der angeblichen Invasion obiger Führer, die auf das Jahr 449 festgesetzt wird, in der That fast tausend Jahre vor dieser Zeit nach Britannien wanderten und einen beträchtlichen Theil davon colonisirten. Ich wollte ferner beweisen, dass die Masse der Eroberer Englands von Germanien und nicht, wie oft behauptet wurde und wird, von Skandinavien kam. Der bekannte englische Philologe Robert Gordon Latham behauptet sogar, dass die Engländer reinere Germanen wären, als die heutigen Deutschen. Sicher ist jedenfalls, dass kein deutscher Stamm die physischen und moralischen Eigenschaften der alten Germanen in solchem Grade besitzt als der englische. Kein deutscher Stamm hat, so viele altgermanische Sitten, Gebräuche, Institutionen bewahrt als letzterer.

Ich konnte nur wenige der ersten Pioniere der zweiten deutschen Einwanderungsperiode auffinden, nachdem England aufgehört von deutschen Einwanderern colonisirt zu werden. Sie waren von einer andern Klasse als die alten deutschen Kolonisten. Die wenigen eminenten Landsleute, welche im Zwielicht jener fernen Zeit noch zu erkennen sind, gehören dem Priester- und Gelehrtenstande an. Sie waren die Pioniere der zweiten deutschen Einwanderung, die unter den Plantagenets, Tudors u. Stuarts stets zunahm und unter dem Hause Braunschweig-Hannover so grosse Dimensionen angenommen hat.

Fünfhundert Jahre vor Christus begannen die Deutschen England aufzusuchen, und heute noch, bald nach 2400 Jahren dauert diese Wanderung fort, obwohl in anderer Weise als Anfangs. Mehr als irgend ein anderes europäisches Land, besitzt England eine ganz besondere Anziehungskraft für Deutsche. Es hat übrigens dieses keine Ursache, seine letzteren gebotene Gastfreundschaft zu bereuen. Tausende von Deutschen aller Klassen, Gelehrte, Künstler, Krieger, Kaufleute, Techniker, tüchtige Arbeiter, haben im Verlauf von Jahrhunderten ihrer Adoptivheimat, zu ihrem Nutzen und Frommen, Kopf oder Hand gewidmet, Manche haben ihr selbst das Leben geopfert. An vielen dieser ausgewanderten Söhne hat die alte Heimat einen unersetzlichen Verlust erlitten. Allerdings hat auch mitunter ein unwürdiger, unwillkommener deutscher Gast den englischen Boden betreten. Aber die Zahl solcher Gäste verschwindet in nichts, wenn verglichen mit dem Heere wackerer Deutschen in England, von denen selbst Manchen eine Ruhestätte, oder ein Denkmal in Westminster Abtei, dem Ruhmestempel Englands, gewährt worden ist. Ein Holbein, ein Herschel, ein Händel, deren Gebeine in England ruhen, wiegen allein schon eine Legion auf.

Kapitel II.

Deutsche in England unter den Plantagenets. (1154—1485.)

§ 1.

POLITISCHE UND RELIGIÖSE BEZIEHUNGEN ENGLANDS UND DEUTSCHLANDS.

Zur Zeit der Plantagenets begann das Stammesgefühl zwischen England und Deutschland wieder zu erwachen. Dieses Gefühl offenbarte sich in der Wiederanknüpfung politischer, religiöser und kaufmännischer Beziehungen.

Die religiösen Beziehungen zwischen den zwei Ländern, die unter den Angelsachsen sehr lebhaft waren und Schaaren von Inselsachsen als Missionäre nach Deutschland anzogen, hörten unter den Normannen fast ganz auf, fingen aber unter den Plantagenets, in Folge päpstlicher Uebergriffe und Wickliffe's Lehren in Oxford, wieder lebhafter zu werden an, bis sie zur Zeit der Reformation ihren höchsten Grad erreichten.

Aber selbst vor der Zeit antipäpstlicher Politik und Wickliffe'scher Lehren findet man schon Spuren religiöser Beziehungen zwischen England und Deutschland. Im Jahre 1159 wurden etwa 30 Deutsche entdeckt, wahrscheinlich von der Secte der Cathari.[1] welche Lehren aussäten, die den angenommenen Meinungen und dem orthodoxen Gottesdienst widersprachen. Sie wurden von einer Synode zu Oxford einer Untersuchung unterworfen und gaben durch ihren Pastor Gerard einen befriedigenden Bericht über ihr n. Glauben an die Dreieinigkeit, aber über Taufe, Abendmahl, Ehe und katholische Einheit sprachen sie Ansichten aus, die der katholischen Religion zuwiderliefen. Sie weigerten sich ihre Lehren zu widerrufen, wurden gegeisselt, gebranntmarkt und in Mitte der Kälte des Winters hinausgeschickt um

[1] „Catari (für Cathari) dicuntur a cato, quia osculantur posteriora cati, in cujus specie ut dicunt, apparet eis Lucifer.“ [Alanus ab insulis († 1202) contra Valdenses].

Mit dem von Kater abgeleiteten Ketzer wurden die Waldenser schon bezeichnet. Man warf im Mittelalter religiösen Reformern Teufelskultus vor, mit Anbetung des Teufels in Gestalt eines Bockes oder Katers. — (Grimm, Mythologie, II, p. 891. Anm.)

elend umzukommen, indem Jedermann verboten ward, ihnen Hilfe, Schutz und Obdach zu gewähren. Diese Behandlung ertrugen sie mit dem Geist christlicher Märtyrer, indem sie beim Dahinziehen sangen: „Selig sind die, welche der Gerechtigkeit halber verfolgt werden, denn ihnen ist das Himmelreich.“ Die Cathari führten ein heiliges Leben, verwarfen Anbetung der Heiligen, Fegefeuer etc. (Baxter: Church-History of England. p. 296.)

Henry II[1] (1154) in Streit mit der nach weltlicher Universalherrschaft strebenden Kirche Roms, suchte nicht nur die alten sächsischen Institutionen wieder als Waffen hervor, sondern sah sich auch nach Bundesgenossen im Auslande um. Er verheirathete zu diesem Zwecke seine Tochter mit dem Welfen, Heinrich dem Löwen. In demselben Geiste suchte Richard Löwenherz mit allen Mitteln die Wahl seines Neffen Otto zum römischen König zu befördern. Als dieser ebenfalls mit Rom in Streit gerieth, vereinigte er sich mit König John, genannt Lackland d. h. ohne Land, der ebenfalls mit Innocenz III. im Strausse war. Das Bündniss erlitt aber einen empfindlichen Schlag bei Bouvines. Als allmählig die Staaten und Städte Flanderns, Hollands, Frieslands, der Nord- und Ostsee sich zu Reichthum und Selbstständigkeit in dieser Periode entwickelten, finden wir stets England mit Flandern, Brabant, Holland. Geldern, Jülich, Köln, Nieder-Sachsen im Bunde.

Anfangs trafen die Interessen des englischen Hauses und der Welfen zusammen. Später aber, als die Weltstellung des sächsischen Hauses aufgehört, schaute sich England unter der anfangs schwachen Regierung von Heinrich III., zum Schutze gegen Frankreich, nach einem Bündnisse mit dem süddeutschen Hause der Staufer um. Im Jahre 1225 machte man zum ersten Male diesem Hause Eröffnungen. Die Unterhandlungen in Köln und Frankfurt führten aber damals zu nichts, da Friedrich II. noch einem französischen Bündnisse den Vorzug gab. Zehn Jahre später jedoch, als Friedrichs Stellung sich wesentlich geändert hatte, vermählte sich letzterer mit Isabella, der Schwester des englischen Heinrich. Aber diese Verbindung blieb ohne grossen Erfolg für beide Völker. Als des Kaisers bitterer Kampf mit Rom bald losbrach, leistete ihm sein Schwager keinen Beistand. Eine englisch-deutsche Verbindung gegen Rom hätte damals

---

[1] Zu folgender historischen Skizze entnahm ich manches Interessante den vortrefflichen Abhandlungen in Reinhold Pauli's „Bilder aus Alt-England“, ein Werk, das ich dem Studium Aller empfehle.

schon die päpstliche Macht gebrochen. Statt dessen suchte die englische Krone Zuflucht in Rom gegen ihre Reichsstände. Ein Jahrzehnt später war die staufische Macht gebrochen.

Nachdem die Staufen gefallen, erscheint ein englischer Fürstensohn als König von Deutschland, der Kandidat der welfischen Partei, Richard von Cornwall (1257), Bruder von Henry III. Obwohl Richard keinen Einfluss auf Deutschland übte, so war sein Einfluss in England zu Gunsten der Deutschen durchaus nicht gering, und der deutsche Handel dieser Zeit verdankte ihm in England grosse Privilegien. Nebstdem zog Richard deutsche Bergleute vom Harz nach England, um sie in seinen reichen Zinngruben und Kupferminen in Cornwall zu verwenden.

Edward I. (1272) suchte Anfangs seinen Schwager Alonso X. von Castilien, dessen Mutter eine Tochter König Philipps von Schwaben war, und der von den dissentirenden Reichsfürsten gewählt worden, in seinen Ansprüchen auf die Krone Deutschlands zu unterstützen. Bald aber (1276) nähert sich Edward dem neugewählten Kaiser Rudolf von Habsburg und beide traten in Unterhandlungen wegen eines Heirathsbündnisses zwischen den Häusern Plantagenet und Habsburg. Rudolfs Sohn, Hartmann, sollte nämlich mit Edwards Tochter Johanna sich vermählen, und am 2. Januar 1278 wurde der einleitende Vertrag in London gezeichnet. Diese Heirathspläne scheiterten aber in den Fluthen des Rheins, wo, 1281, der 18jährige Hartmann sein Leben verlor, in der Nähe von Breisach. Edward und Rudolf blieben auch nachher in freundlichem Verkehr. Rudolf verwendete sich u. a. bei Edward zu Gunsten Lübecks und dessen Hansagenossen an der Ostsee gegen Erich von Norwegen. Aber der Einfluss Süddeutschlands und dessen Beziehungen zu England waren gering im Vergleiche mit denen des nördlichen Theiles des Reiches, früherer sowohl als späterer Zeiten. Erst nach langem Zeitraum, als der erste Tudor (1485) mit Maximilian I. gemeinsame Politik macht, scheinen die Familien beider Länder sich wieder verbinden zu wollen.

Ganz anders sind die Beziehungen, welche schon in alten Zeiten sich zwischen England und Norddeutschtand gestalteten. Gemeinsame Politik oder politische Heirathen waren nie die Triebfeder derselben, sondern Stammesgenossenshaft und Verkehr. Die Städte der norddeutschen Hansa, noch ehe sie zu ihrem Bunde zusammengetreten, führten die verwandschaftlichen Beziehungen zu den englischen Sachsen fort.

Wie vom Norden Deutschlands die Emigration sich zuerst nach Britannien wandte, so ging auch die Colonisation der wendisch-lettischen Länder der Ostsee von dort aus. Dazu hat die Verpflanzung des Ordens der Deutsch-Ritter nach dem Norden nicht wenig beigetragen. Der Meister dieses Ordens, der grosse Staatsmann und Reichsfürst Hermann von Balk, Freund des Plantagenets Henry III., besuchte den englischen Hof, wo er, (1235), mit Erfolg um die Hand Isabellas im Namen des deutschen Kaisers warb. Er wurde in England auf das Ehrenvollste empfangen und wahrscheinlich durch seinen Einfluss hat England hundert Jahre lang den deutschen Ordensrittern in Preussen eine Jahresrente von vierzig Mark[1] als Beisteuer für ihr Werk entrichtet. Die englischen Sympathien für dasselbe lebten fort und wurden von Richard von Cornwall und mehr noch von Edward I. (1272) gehegt. Die grossen von Henry III. (1216) und Edward I. (1272) dem Orden ertheilten Privilegien werden auch bald von den kaufmännischen Unterthanen der Hochmeister Hartmann von Heldrungen und Konrad von Feuchtwangen getheilt. Hanseaten und Preussen treffen auf dem grossen Weltmarkte zu London als sogen. Easterlings, d. h. Osterlinge, in fester Vereinigung zusammen.[2]

Nebst dem Handelsverkehr bestand aber noch ein anderer religiösen Charakters zwischen England und den Ostseeprovinzen. Englische Ritter zogen zur Erfüllung ihrer Gelübde und Stillung ihres Thatendurstes auf denselben Wegen nach Preussen, den ihre kaufmännischen Landsleute einschlugen. Man bezeichnete in England diese Kreuzfahrt nach Preussen mit dem deutschen Worte „Reise". Chaucer entwirft in seinem „Ritter" ein anmuthiges Bild einer solchen Reise. Viele englischen Ritter und Knappen sind dem Deutsch-Orden gegen die Ungläubigen zu Hilfe gezogen.

Im 14. Jahrhunderte entstanden zwischen England und der Hansa Streitigkeiten, da letztere die Engländer von der Ostsee auszuschliessen suchte. Nach Schlichtung dieses Zwistes (1388) findet sofort ein englischer Kreuzzug nach der Ostsee in grossem Style statt. Ein königlicher Prinz, Earl Henry of Derby, der älteste Sohn des Duke John of Lancaster, der sich

---

[1] Mark bezeichnete in England keine Münze, sondern war, wie heute Sterling, die Werthbezeichnung eines Gewichts. Vom 12. Jahrhunderte an war der Werth der Silbermark in England 160 pence, oder 13 Shillings 4 pence.

[2] Im liber Custumorum zu Billings-gate unter Henry III. wird des sogen. „Bygholt" (d. h. Bretter) von Riga und der Stokfische von **Pruz** i. e. Preussen erwähnt.

später auf den Thron schwingt, unternimmt (1390), eine solche Fahrt. Sein mütterlicher Grossvater, Duke Henry of Lancaster, war schon 1352 in Preussen gewesen. Derby fuhr auf einigen preussischen Schiffen an der Spitze von mehreren hundert Mann, Rittern und Söldnern nach Danzig. Von da ging er nach Königsberg und in demselben Sommer nahm er an den Kämpfen gegen Polen und Litthauer, und an der Belagerung von Wilna Theil. Erst nach Ostern des folgenden Jahres zogen die Engländer wieder nach Hause. Als der Prinz, zehn Jahre später, als Henry IV. den Thron bestieg, hat er bei den oft ernsten Händeln zwischen Kaufleuten von England und denen der Ostseeländer, grosse Kenntniss der preussichen Zustände an den Tag gelegt.

So hatten Handel und religiöse Begeisterung einen Wechselverkehr zwischen England und dem deutschen Norden aufrecht erhalten, lange ehe das Band durch Blutsverwandtschaft regierender Häuser enger geknüpft ward. Aber, wenn Engländer im Nordosten mit den Deutschen gegen Letten und Polen kämpften, so fochten Deutsche unter englischen Bannern gegen Franzosen. So befand sich u. a. der Burggraf Albrecht der Schöne von Nürnberg, ein Stammvater der Zollern, unter den deutschen Rittern, welche Edward III. seine Siege über Frankreich erfechten halfen.

Edward III. (1327), thatendurstig und ruhmbegierig, beanspruchte nach Aussterben der Capetinger gegen das Haus Valois den Thron von Frankreich. Zu diesem Zwecke suchte er Bundesgenossen in den Niederlanden und Deutschland. Soldverträge wurden geschlossen u. a. mit Hennegau, Brabant, Geldern, Jülich, Berg und einer grossen Anzahl kleinerer Reichsgebiete. Im Juli 1337 kam es zu Frankfurt auch mit den Bevollmächtigten des deutschen Kaisers zum Abschluss. Letzterer verpflichtete sich bis November 2000 Lanzen wohlgerüstet ins Feld zu stellen, wogegen Edward, der Schwager Kaiser Ludwigs IV., bis zu 300,000 Goldgulden auf Dortrecht anwies. Ludwigs ältester Sohn, der Markgraf von Brandenburg, der von Meissen, sowie sämmtliche Anhänger der bairischen Politik in Deutschland, traten bei. Mit Nassau, sowie mit süddeutschen Fürsten und Herren, den Grafen von Teck und ihren Nachbarn, wurde ebenfalls verhandelt.

Im Juli des nächsten Jahres begab sich Edward mit einem kriegsfertigen Gefolge nach Antwerpen, wo er viele Besuche von Fürsten und Botschaftern aus dem Reiche empfing. Von da brach der englische Hof mit grossem Gefolge auf um zum Besuche des Kaisers den Rhein hinauf nach Koblenz zu fahren. In Köln, wo anderthalb hundert Jahre vorher ein anderer englischer König, Richard Löwenherz aus der Gefangenschaft eintraf, und von der Stadt glänzend empfangen ward, wurde Rast gemacht. Schon seit uralten Zeiten hatten Beziehungen zwischen dem englischen und kölnischen Handel und den beiderseitigen Universitäten bestanden. Edward spendete unter andern reichen Geschenken, auch 67 Pfund, 10 Schilling für die Dombaukasse, eine Summe, die heute fünfzehnmal mehr betragen, also 1000 Pfund gleichkommen würde. Er steht wohl der erste in der über mehr als 500 Jahre sich erstreckenden Liste der Förderer des Dombaues!

Am 31. August kamen die Schiffe mit Edward und Gefolge in Koblenz an wo sie Kaiser Ludwig erwartete. Der Kaiser hielt gerade Reichstag und die Beschlüsse desselben betrafen vorzüglich den Krieg gegen Frankreich von Seiten des Reichs, auch indirekt den von Frankreich gefangen gehaltenen Papst, und die gesetzliche Regelung der Reichsverfassung, den unerträglichen Eingriffen der Curie gegenüber. Zum Schluss ernannte Ludwig seinen Schwager Edward noch zum Vikar oder kaiserlichen Stellvertreter für alles Reichsgebiet auf dem linken Rheinufer, um ihm zur Ausführung seines Krieges und seiner Bündnisse mit Reichsfürsten die kaiserliche Autorität zu geben. Kaiser und König trennten sich am 7. September und letzterer zog wieder nach Antwerpen.

Aber Edward fand bald, dass ein zuverlässiges Bündniss mit dem damaligen deutschen Reiche unmöglich war. Viele der unter seinem Reichsvikariate stehenden Fürsten gehorchten nicht, ja einige waren sogar französisch gesinnt. Zudem wirkten in Deutschland französische und päpstliche Intriguen. Der Feldzug, den Edward gegen Frankreich mit seinen deutschen Bundesgenossen eröffnete, nahm ein unrühmliches Ende, denn der päpstlich-französische Einfluss hielt die Verbündeten auseinander. S c h o n d a m a l s w a r d a s R e i c h e i n m o r s c h e s G e b ä u d e. Luxemburg-Böhmen, und Oestreich, beeinflusst vom Papst, traten dem Kaiser Ludwig überall in den Weg und entfremdeten ihm die Vasallen. Dieser zog sich vom englischen Bündnisse zurück. Aber viele der niederdeutschen Reichsfürsten hielten fest zu Edward, und als dieser am 24. Juni 1340 den denkwürdigen Seesieg von Sluys über ein viel grösseres von Franzosen und Italienern bemanntes Geschwader erkämpft, singt Jan der Klerk von Gent, ein begeisterter Anhänger der Allianz der alten Stammverwandtschaften: „Alles was deutsche Zunge redet, frohlocket bei dieser Siegesbotschaft“.

Ohne Erfolg zu Lande zog Edward nach fast zweijährigem Aufenthalte in Antwerpen nach Westminster zurück. Aber im Jahre 1346 brach er von Neuem und allein gegen Frankreich auf, landete in der Normandie, machte einen kühnen Marsch durch Nordfrankreich, erfocht den glänzenden Sieg bei Crecy und nahm später Calais. Diese Siege erregten wieder in den niederländischen und selbst süddeutschen Gauen allgemeines Frohlocken. Obwohl die Kriege Edwards fortan nur mit englischem Kriegsvolk geführt wurden, so fochten manche deutsche Herren, u. a. ein Graf von Holstein, unter Edwards Fahnen.

Nach dem Tode Kaiser Ludwigs (1347) forderte dessen Sohn, der Markgraf von Brandenburg, seinen Onkel Edward III. von England auf, sich zum römischen König wählen zu lassen. Aber Edward wollte mit dem morschen Reiche nichts mehr zu thun haben.

Edward hatte durch Kriege und enorme Subsidiengelder an deutsche Reichsfürsten seine Kasse so sehr erschöpft, dass er vor Abreise von Antwerpen seine Krone dem Kurfürsten von Trier, die der Königin und andere Krönungsjuwelen bei Kölner Bürgern verpfänden musste. Deutsche Kaufleute indessen halfen dem Könige wieder seine Kasse füllen, welche deutsche Fürsten leeren halten.

Wie in den vorhergehenden Jahrhunderten, so dauerten auch im fünfzehnten, nebst den kaufmännischen, politische und religiöse Beziehungen zwischen England und Deutschland fort. Schon im J. 1380 kamen im Gefolge Anna's von Böhmen, erste Gemahlin von Richard II. und Tochter Kaiser Karls IV., viele wissbegierige Deutsche in England an und begaben sich nach Oxford, da zu studiren. Die Königin Anna beschützte selbst Wickliffe und seine Lehren, ja sie nahm sich sogar der verurtheilten Genossen des ermordeten Rebellen Wat Tyler an und erhielt, ihrer Tugenden und Güte wegen, vom Volke den Namen „good Queen Anne“. Sie starb kinderlos 1394. Ihre reformatorischen Ideen hatten ohne Zweifel grossen Einfluss auf die späteren Ereignisse in Böhmen. Die gelehrten Begleiter Anna's fanden in Oxford, wo Wickliffe lehrte, sowie in ganz England die Gemüther in grosser religiöser Aufregung. Enthusiastische Männer, wie der Ritter Hieronymus von Prag, Niklas Faulfisch u. A., waren bald von der Kraft und Reinheit der englisch-reformatorischen Bewegung durchdrungen, und Wickliffe's wichtigste Schriften waren an der Prager Universität bekannt, schon ehe er in seiner Rectorei zu Lutterworth seine Augen schloss.

Auch engliche Anhänger Wickliffe's hielten sich zur Zeit in Prag auf.

Ein noch erwähnenswerthes Ereigniss des Anfangs dieses Jahrhunderts war der Besuch des abenteuerlichen Kaisers Sigismund, der im April 1416 nach England kam, um zwischen diesem Lande und Frankreich zu vermitteln. Er wurde vom Hofe und Volke mit dem grössten Pompe empfangen. Sigismund war der erste deutsche Kaiser, der die Insel betrat. Sein Secretär Eberhard Windeck, aus Mainz, kann in seiner noch existirenden Reisebeschreibung (v. Pauli l. c.) nicht Worte genug finden um alle Pracht und Herrlichkeit zu schildern. „Do mein ich werlich" — sagt er u. A. — „das nie ein mensch einen konig oder fursten noch ein menschenpilde kosperlicher enpfahen habe, denn der konig von Engellant den romischen konig Sigismunde." etc. Er beschreibt den Zug gegen „Lundenn" und preist u. a. „die zal der edeln zarten schonen frauen, auf das allerkostlichste berait." Siegmund wohnte im königlichen Palast zu Westminster. Am 4. Mai eröffnet Henry V. das Parlament, das eigens bis zur Ankunft Siegmunds ausgesetzt war, in Gegenwart des deutschen Königs in der grossen Westminsterhalle. Zahllose Feste fanden zu seiner Ehre statt, er wurde Ritter des Hosenbandordens, und Henry hielt ihn absichtlich lang zurück. Er blieb vier Monate. Am 15. August unterzeichneten beide Fürsten zu Canterbury ein Schutz- und Trutzbündniss gegen Frankreich, aus dem ebensowenig wurde, als aus dem früheren zwischen Edward und Kaiser Ludwig. Das deutsche Reich war verrottet, der Kaiser machtlos, die Fürsten hatten kein Nationalgefühl und dachten nur an ihr eigenes Interesse. Reichlich beschenkt kam Siegmund wieder beim Concil zu Konstanz am 17. Januar 1417 an. Unterwegs verkaufte und versetzte er die schönen englischen Geschenke, denn er war stets arm wie eine Kirchenmaus. Als er, 1437, starb, sind in allen englischen Kathedralen Messen für seine „arme Seele" gelesen worden.

§ 2.

HANDELSBEZIEHUNGEN ZWISCHEN ENGLAND UND DEUTSCHLAND UNTER DEN PLANTAGENETS.

Englische Gilden, Hanshäuser, der Hansebund.

Das Wort Gild kommt von Geld und bezeichnet Bezahlung, Beitrag, Tribut.

Die Gilden bestanden in England schon in den angelsächsischen Zeiten und finden sich in den Gesetzen von Ina (688—725) und von Alfred (871—901) erwähnt und definirt. Ihr Ursprung verliert sich im Zwielicht des Alterthums. Die meisten derselben entstanden aber im 13. Jahrhundert.

Die Gilden waren im Mittelalter die organisirte Volkskraft gegen Uebergriffe des Feudaladels und der Geistlichkeit. Die alte englische Gilde war eine Anstalt lokaler Selbsthilfe, welche zu einer Zeit, als keine Armengesetze bestanden und als in den Klöstern nur die Aermsten Hilfe suchten, theilweise die heutigen Unterstützungsvereine und Wohlthätigkeitsgesellschaften vertrat, nebst dem aber ein höheres Ziel verfolgte. Denn während sie alle Klassen zusammenband, zum Zwecke gegenseitiger Unterstützung und Wohlfahrt, vernachlässigte sie die Ausübung und Formen der Gerechtigkeit und Moral nicht. Die alte englische Gilde hatte demnach, was den Zweck betrifft, Manches mit dem späteren Freimaurerbunde gemein.

Solche Gilden ruhten alle auf demselben Grundsatze, selbst wenn sie in ihrem Wesen religiöse, politische, oder nur sociale Vereine waren; sie waren Brüderschaften zwischen Mensch und Mensch, Eidgenossenschaften. In ihnen erkennt man den Keim jener Eidgenossenschaften, die in den Zeiten der tiefsten feudalen Nacht, der priesterlichen und feudalen Tyrannei edlen Widerstand leisteten und die Wiegen der Volksfreiheit waren. Das religiöse Element in diesen Gilden war nicht ihr Zweck. Priester gehörten oft dazu, aber als Privatleute. Die Vereine waren reine Laienvereine, ihr Zweck war ein weltlicher, nämlich ihre Mitglieder in den Stand zu setzen ihre Pflichten gegen ihre Nächsten zu erfüllen, als freie Männer in einem freien Staate. Viele Gilden hatten zwar salarirte Kapläne, dies änderte aber ihren Zweck so wenig als der Kaplan des Lord Mayor von London den des Mayoramtes. Es gab aber Gilden, z. B. die der Annunciation in Cambridge, welche alle Priester ganz ausschlossen. Andere schlossen sie von der Leitung der Geschäfte aus.

Solche Gesellschaften fanden sich in England in derselben Nachbarschaft und waren verschieden von Handelsgesellschaften. Sie waren, wie gesagt, weltliche Brüderschaften, deren Zweck privater und individueller Schutz und gegenseitige Hilfe war. Sie beschränkten sich daher gewöhnlich auf denselben Bezirk. Sie waren über ganz England verbreitet und bestanden in und neben der Bürgerschaft. Es bestand zwischen den Gilden und den Bürgercorporationen der Gemeinden eine enge Verbindung. Jedermann gehörte zu irgend einer Gilde und mit der Bevölkerung vermehrten sie sich. Allerlei Volksklassen bildeten Gilden. Wir finden im alten England unter zahlreichen Andern z. B. die „der jungen Studenten“, „der Pilger“, „der armen Leute“. Die Gilden bedurften keiner königlichen Licenz.

Bemerkenswerth ist, dass die Frauen in den Gilden eben so zahlreich waren als die Männer. Kaum fünf von fünfhundert bestanden nicht gleichzahlig aus Frauen, wie Männern. Ledige, sowie verheirathete Frauen gehörten dazu und halfen bei der Gründung mit. Sie hatten viele derselben Pflichten und Ansprüche als die Männer. Die Brüder und Schwestern hatten ein besonderes Costüm, eine sogen. Livery, die sie, nach Vorschrift, bei vorgeschriebenen Gelegenheiten trugen.

Da die Gilden sehr stark an Mitgliederzahl und sehr zahlreich waren, so war ihr Einfluss gross. Die höchsten Personen des Staates traten ihnen oft bei und man fand in ein und derselben Brüderschaft alle Klassen vertreten, von den Höchsten bis zu den Niedrigsten. Ein Beispiel hiervon ist die St. Georg's Gilde in Norwich. Die Corpus Christi Gilde in York zählte 14,850 Mitglieder.

Die eben genannte St. Georg's Gilde in Norwich entstand erst später im Jahre 1385. In ihr fanden sich Mitglieder aller Klassen und Stände zusammen und zwar in grosser Zahl. Unter ihnen findet man in einer alten Urkunde von obigem Datum, nach den Satzungen und Privilegien, in der Mitgliederliste eine grosse Zahl Frauen, ledig und verheirathet, fünf Bischöfe, einen Grafen, eine Anzahl Ritter, Magister, Herren mit Dominus bezeichnet, Geschäftsleute und Handwerker. In dieser Liste finden sich auch deutsche Namen. Norwich war stets von vielen Deutschen bewohnt. Als Dominus ist aufgeführt ein Nicolaus Noth, Rektor von Tasbury, als Alderman ein Reginald Berle, ein süddeutscher Name, ferner ein Clemens Rasch, Augustin Bangge, Thomas Sweyn, Rheder, ein Johann Ringger, ein Bartholme Braun, Johann Busch, eine Alicia Feith, ein Johann Hardele, letzterer als „Fremason“ (Freimaurer) bezeichnet. Manche andere Namen sind offenbar deutsch, aber die englische Schreibart derselben gestattet nicht, sie als solche bestimmt anzuführen, besonders plattdeutsche Namen.

Nebst den socialen Brüderschaften, bildeten sich aber auch Gilden, deren Zweck ein besonderer war. Es waren dies die Gewerbegilden, die später vom Parlament anerkannt waren und besondere Patente (Charters) mit Privilegien hatten. Während die socialen Gilden ausschliesslich auf der breiten Basis brüderlicher Hilfe und moralischen Anstandes, ohne Unterschied des Ranges, Berufes, Geschlechtes und mit einer grossen Varietät von Zwecken errichtet wurden, so theilten die Gewerbegilden zwar dieselben Grundsätze mit ihnen, waren aber nebstdem zum Vortheil der Mitglieder als Geschäftsleute gebildet und zur Regelung ihres Gewerbes. Nebst dem gab es Gilden, die weder gänzlich social noch rein gewerblich waren, und zu diesen scheinen die sogen. Merchant-Gilds gehört zu haben, deren Gesetze einen gewerblichen, aber auch geselligen Charakter haben. Die Merchant-Gilds waren Brüderschaften zum Schutz kaufmännischer Interessen. Sie bestanden in Städten. Merkwürdige Bestimmungen findet man in Bezug auf die drei alten sogen. Craft-Gilds von London: denen der Esterlings, Sattler und Weber in Herberts Livery Companion (Vol. I p. 10—17), dann in Madox: Firma Burgi (p. 26), ferner im Liber Costumorum von London (part. I, p. 416). Die oben genannte Gild der Esterlings war die der baltisch-deutschen Kaufleute.

Bemerkenswerth ist das Vorkommen des Wortes Hans oder Hanse in Verbindung mit den Kaufmannsgilden. Das Wort Hanse findet sich in alten Urkunden in Verbindung mit Haus d. h. hanse-house. Solche „hanse-houses“ fanden sich in vielen Städten Englands in Verbindung mit Merchant-Gilden und waren wahrscheinlich die Hauptquartiere der periodischen grossen Messen, die daselbst stattfanden. Schon ein Charter (Patent) von König John, 1199, gibt den Bürgern von York eine sogen. Merchant-Gild und Hanses und die Stadt Preston leitet ihre Merchant-Gilde mit einer „hanse“ bis zu dem Jahre 1175 unter Henry II. zurück. Unter Richard I. (1189) entstand die Merchant-Gild von Winchester, unter John (1199) die von Great Yarmouth, Dunwich u. a. Orten, alle mit hanses. In dem, von der Zeit von Henry II. datirenden sogen. „Costumal of Preston“ ist das Wort „Gild-mercatory“ zugleich mit „Hanse-Customs“ erwähnt (with hanse and other customs and liberties belonging to such Gild) und an einer andern Stelle heisst es „Gild and Hanse“. In dieser Urkunde ist der genannten „Gild and hanse“ der ausschliessliche Verkauf im Orte zugesichert. „Eine Hanse“ — sagt Brady „on Boroughs“ — „scheint eine Gesellschaft gewesen zu sein, ausschliesslich zum Zwecke gebildet im Inlande und in der Fremde Handel zu treiben“.

Die genannten Hanschäuser waren wahrscheinlich, wie gesagt, Hauptquartiere der grossen Verkäufe oder Messen, wo Ausgangs- und Eingangszoll erhoben wurde. Eine Statute von

Edward III. (1369) befiehlt: „Dass die Stapelplätze der Wollstoffe, Fliesse und Lederartikel des englischen Reiches in besonders bezeichneten Orten sein sollten und dass keine obiger Artikel das Reich verlassen dürften, ehe sie an die vorgeschriebenen Stapelplätze gebracht, daselbst gewogen, und von Zollbeamten gesiegelt und bescheinigt worden, nachdem der Zoll entrichtet worden ist."

Ich habe mich in eine längere Erörterung über „hanse" eingelassen um zu zeigen, dass dies Wort schon sehr frühe in England, schon in der Mitte des 12. Jahrhunderts in Verbindung mit Handelsgilde vorkam. Das Wort das in England und Deutschland in derselben Bedeutung vorkommt, soll altdeutsch sein und „einen zur wechselseitigen Hilfe geschlossenen Bund" bedeuten.

Die Gewerbgilden und Kaufmannsgilden bestanden in England noch lange fort und bestehen theilweise aber in anderer Form heute noch. Aber die socialen Gilden wurden durch eine Akte von Edward VI. unterdrückt, ihr Vermögen confiscirt und selbst die Namen vieler sind heute vergessen.

Unsere deutsche Hanse hatte nicht nur in London, sondern in zahlreichen Städten des Innern von England feste Sitze mit Hanse-Häusern und Gild-Privilegien. Ich habe Obiges über die englischen socialen und gewerblichen Gilden etwas ausführlich behandelt, um ein Bild der Zeiten zu entwerfen, in denen die deutsche Hanse sich in England festsetzte. Ich will nun noch eine Skizze der englischen Colonie dieses merkwürdigen Bundes geben. Für gründlichere Studien desselben verweise ich auf Lappenbergs berühmtes Werk hierüber „Geschichte des Hansischen Stahlhofes zu London" und auf Paulis: „Bilder aus Alt-England, s. v. der Hansische Stahlhof in London".

In der zweiten Hälfte des 12. Jahrhunderts nahm der erste Plantagenet, Henry II., die Kaufleute aus Köln mit ihrem Hause in London und den darin liegenden Waaren in seinen besonderen Schutz, und erlaubte ihnen ihren Rheinwein für denselben Preis zu verkaufen, als der französische Wein verkauft wurde.

Als später Richard Löwenherz (1189—1199), auf der Heimreise von seiner Gefangenschaft in Köln von den Bürgern einen warmen Empfang erhielt, erliess er ihnen, zum Danke, auf immer die Jahresrente von zwei englischen Shillings, die sie für ihre Gildhalle zu London zu entrichten hatten. Diese Halle der Kölner Kaufleute war die sogen. „Hall of the Danes". Hier hielten sie ihre Versammlungen.

In den Tagen Richards von Cornwall schlossen die norddeutschen Städte ihren Bund (1241) und ihm verdankte die Hansa ihre Anerkennung in England. Schon König John (1199) hatte die Bremer ausdrücklich mit denselben Privilegien zugelassen, wie die Kölner. Ihnen folgten jetzt die Hamburger, die Leute von Lübeck, bald darnach der Vorort der Hanse, die von Rostock, Wismar, Stralsund, Greifswald.

Im Jahre 1260 wurde allen Deutschen gemeinsam von Henry III. ein grosser Freibrief ausgestellt: „allen Kaufleuten von Allemannien, die das Haus zu London besitzen, welches die deutsche Gildhalle heisst, die Aula Teutonicorum, Hall of the Teutons, bei Dowgate“.

Im Jahre 1282 erhielten die Kaufleute der Hanse von „Almaine“ nachdem sie die alte Pflicht früherer deutscher Handelscorporationen, die sie Anfangs verweigerten, nämlich das Londoner Stadtthor „Bishopsgate“ in Stand zu halten und wenn nöthig, zu vertheidigen, angenommen, die alten Privilegien und das alte Recht einen eigenen Alderman zu haben, der aber Bürger der City sein musste und vor dem Mayor und den Aldermen der City einen Diensteid zu leisten hatte.

Von nun an wohnten die Kaufleute vom Rhein und die von der Nord- und Ostsee beisammen und genossen gemeinschaftlich die grossen, an ihre Gildhalle geknüpften Vorrechte. In ihrer Thätigkeit kamen ihnen die Engländer von damals nicht gleich. Sie betrieben fast ausschliesslich den Speditionshandel von allen Ländern Europas, Nord und Süd. Ein bedeutender Aufschwung ihres Handels fand später, zu Anfang der Regierung Edward's III. statt, Schwagers des deutschen Kaisers.

Erst im Laufe des 14. Jahrhunderts, als die englische Seefahrt es mit jeder andern der Welt aufzunehmen beginnt, geräth sie mit der Missgunst und dem Argwohn, mit denen die Hansa sie von der Ostsee auszuschliessen sucht, in Conflikt. Die daraus entstehenden Streitigkeiten dauerten bis über das Ende des Mittelalters hinaus, und haben nicht wenig zum Untergange der Hansa beigetragen. Im Jahre 1388 kam es zu einem Handelsvertrag zwischen England und Preussen zu Marienburg. Einstweilen blieb der Vortheil des Monopols auf Seiten der Ostseeländer, bis die Vorgänge des 15. Jahrhunderts, als der Orden der Deutsch-Ritter unter Polens Botmässigkeit sank, und England in den Rosenkriegen sich zerfleischte, die Handelsverhältnisse gänzlich umgestalteten.

Eward III. hatte durch Kriege und enorme Subsidiengelder

an deutsche Reichsfürsten seine Kasse so sehr erschöpft, dass er, wie schon erwähnt wurde, die Juwelen der Königin und die Kronjuwelen bei Kölner Bürgern verpfänden musste. Im Jahre 1342 waren die Juwelen verfallen und Edward war nicht im Stande sie zu lösen. Da einigten sich die deutschen Hansagenossen des Stahlhofs in London mit den Kölnern, liessen die Schuld und die Pfänder auf sich übertragen, streckten dem Könige neue Summen vor, und stellten ihm seine Reichsjuwelen zurück, als er ihnen den Wollzoll in mehreren der vornehmsten Häfen und mehrere Zinngruben in Cornwall, nebst andern einträglichen Regalien, auf eine Reihe von Jahren in Pacht gab. Die Hansen wussten ohne Zweifel geschickt zu speculiren, es wirkte dabei aber auch die patriotische Gesinnung einem englischen Fürsten gegenüber mit, den sie, obwohl vom deutschen Reiche im Stich gelassen, gleichsam als Vorkämpfer Deutschlands gegen französische Eroberungspläne betrachteten, deren Ziel schon damals die Eroberung von ganz Flandern war.

Auf diesem Wege gelangte die deutsche Hansa auf den Gipfel ihrer hohen Privilegien, die allerdings oft den Neid und Hass der Eingeborenen erregen mussten. Die zeitgemässe Hilfe, die sie bei obiger Gelegenheit und nachher noch öfters Edward leistete, erwarb ihr, nebst oben erwähnten Privilegien, noch das Monopol die Wolle und das Leder, die einträglichsten Erzeugnisse Englands, nach den ihr allein von Edward gestatteten Häfen Flanderns auszuführen, eine Politik, welche die Hansa und zugleich die Flamländer gewann. In Flandern wurde damals die Wolle in Zeuge verarbeitet, welche dann weiter exportirt, den Rhein hinauf geführt wurden. Dieses Monopol bereicherte die Hansa und Häuser wie die von Tidemann von Limberg, der Gebrüder Reule, der Clippings u. A. hatten damals eine Bedeutung in London, wie gegenwärtig zwei andere Häuser deutscher Abkunft, die von Rothschild und Baring. Als Pfand hatten die Hansen sogar die Verwaltung der Ausgangszölle in den Hafenstädten. Obiger Tidemann erhielt auf eine Reihe von Jahren die kostbarsten Zinngruben in Cornwall überwiesen.

Immer von Neuem konnte Edward bis zu 30,000 Pfund Sterling bei obigen Häusern aufnehmen; Summen, deren damaligen vollen Werth wir heute nur durch eine Multiplikation mit 15 erhalten. Es sind daher die grossen Schlachten des „Schwarzen Prinzen“, die Siege von Crecy und Poitiers in nicht geringem Masse mit Hilfe deutschen Fleisses und deutschen Kapitals gewonnen worden. Allerdings waren die Deutschen nicht spröde und liessen sich so grosse Dienste durch grosse Privilegien belohnen.

Der Anfang des 15. Jahrhunderts ist, wie überhaupt, so auch in England, der Höhepunkt hanseatischer Macht. Bald aber trat eine Wendung ein. Unter den verschiedenen Ursachen des Verfalls hat nicht am wenigsten der exclusive Egoismus der Hansa beigetragen. Der Handel und Unternehmungsgeist Englands nahm damals einen Aufschwung. Er wollte in den Ostseehäfen denselben Vortheil geniessen, den man in England den Hansen bot. Dagegen widersetzten sich die letzteren. Es kam nach und nach zu ernsten Feindseligkeiten und einem bitteren Seekrieg, zur Verfolgung der Hansen in London und zur drohenden Vernichtung ihrer Niederlassung. Da suchte das Haus der Gemeinen eine Ausgleichung anzubahnen. Endlich brachte Edward IV., welcher, aus dem Reiche durch eine lancasterische Faction verjagt, mit Hilfe hanseatischer Seefahrer siegreich zurückgekehrt war, im Jahre 1474 den Frieden zu Utrecht zu Stande, in welchen allen Theilen Genugthuung geschah.

Nach dem Frieden von Utrecht blieben die Hanseaten fast ein ganzes Jahrhundert in dem ferneren Genuss ihrer modifizirten Privilegien und ihres Besitzes. Es war dieses die Zeit der Entdeckung von Amerika. Die Kolonisation Amerikas durch Spanier, Portugiesen, Franzosen und Engländer, die Eröffnung anderer Handelswege, wie noch andere, theils schon erwähnte Ursachen, trugen zu dem Verfalle der Hansa bei. Diese hatte sich zudem überlebt, und hielt blind an dem Buchstaben ihrer exclusiven Handelspolitik fest. Sie kam damit in Kollision mit der energischen Königin Elisabeth, die 1598 die deutschen Gildgenossen aus dem Stahlhofe vertrieb. Man gab ihnen aber später denselben zurück, als sie sich bequemten, den englischen Kauffahrern anderswo dieselben Rechte einzuräumen, die sie in England genossen.

Der Ursprung des Namens S t a h l h o f ist dunkel. Mit Stahl steht es wohl nicht in Zusammenhang. Die Engländer nannten ihn nicht „steelyard“, sondern „stillyard“. Hallam („Europe during the Middle-Ages“, p. 620) spricht von den Merchants of the „staple“ die Henry IV. £ 4000 vorschossen. Könnte S t a h l nicht von s t a p l e i. e. Stapel, Markt, Emporium, Niederlage kommen? Die damit verbundene Taverne. welche von Engländern höchsten Ranges besucht wurde, hätte mit gutem Rechte Still-Haus genannt werden können, da viele dahin gingen, ihren Durst mit Rheinwein zu stillen. Lie Lage des Stahlhofes war sehr günstig bis zur Zeit, wo, in Folge der Entdeckung Amerikas, für den transatlantischen Seehandel grössere Schiffe gebaut werden mussten. Da der Stahlhof etwas oberhalb der London-Brücke lag, so mussten seine Schiffe durch die vermittelst einer Zugbrücke geöffnete Mitte der Brücke fahren. Die grösseren Schiffe konnten aber nicht mehr durchkommen. Die Niederlassung der Hansa reichte vom Flusse weit landeinwärts bis an die Thames-Street. Sie nahm die Stelle der heutigen London-Brauerei und vielleicht einen Theil der Cannon-Street Station ein. Es steht heute noch, nicht weit von dem Bogengange obiger Station in Thames-Street ein Wirthshaus mit einer goldenen Traube, wie es in Deutschland Brauch ist, das an der Stelle der alten Rheinweinkneipe des Stahlhofs zu stehen scheint. Dr. Pauli sah am Hause noch einen Schild auf dem „Steelyard“ stand. Der Stahlhof war im 14. und 15. Jahrhunderte ein stattlicher Bau, mit mehreren Stockwerken, drei Pforten, eine Festung mit starken Ringmauern umgeben und auf dem Dache wehte der Doppeladler des Reiches. Diese Ringmauern dienten ihm theils gegen den missgünstigen, rauflustigen Pöbel, und bei einer Gelegenheit gegen die Rebellen Wat Tyler's welche im Jahre 1381, die andern Fremden, besonders die Flamländer in Massen in der City erschlugen.

Der innere Stahlhof bestand aus einer Reihe verschiedenartiger Gebäude: Wohnungen, Geschäftsräumen, Läden, Magazinen, Häfen, Werften und einem Garten zu Erholung und Spielen. Es lagen die Natur- und Kunstprodukte des Nordens und Südens, alle Handelsartikel der damals bekannten Welt daselbst aufgespeichert. Die schon erwähnte Taverne wurde besonders im 15. und 16. Jahrhundert viel von Engländern bebesucht um Rheinwein zu trinken und Ochsenzunge, Lachs und Caviar zu speisen. Geschäftsleute nicht nur, sondern auch die vornehme Welt, Bischöfe, Edelleute, Staatsmänner, Lordkanzler, fanden sich in der Weinstube des Stahlhofs ein. Lustspiele der Zeit von Königin Elisabeth und Jacob I. erwähnen derselben. „Lasst uns nach dem Stahlhof gehn und Rheinwein trinken“ sagt Einer in „Pierce Pennelisse“. In einem Stücke von Webster heisst es: „ich lade Euch ein ihn diesen Nachmittag im rheinischen Weinhause im Stahlhofe zu treffen; kommt und lasst Euch einen deutschen Kuchen und ein Fässchen Caviar wohl schmecken!“

Die wirklichen Mitglieder der Stahlhofgenossenschaft waren die Meister, die allein in den Versammlungen Stimmrecht hatten.

Jedes Jahr wurde ein Aeltermann von ihnen aus ihrer Mitte gewählt, der mit zwei Amtsgehilfen und einem Ausschusse von neun Mitgliedern die Verwaltung führte. In diesem Ausschusse sassen rotationsweise Vertreter aller Hansestädte. Die Zucht und Disciplin der im Stahlhof lebenden Meister und Gesellen, die nicht verheirathet sein durften, war sehr streng, fast klösterlich. Sie mussten u. A. auch ihre Waffen stets in gutem Stande haben, denn sie waren, wie oben erwähnt wurde, verbunden ein Thor der City, das sogen. Bishopsgate, in dauerhafter Wehr zu halten, zu bewachen und mit ihren eigenen Leuten zu vertheidigen. Im Jahre 1282 übernahmen die Hanseaten, diese Aufgabe, wohl als ererbte Pflicht älterer deutscher Handelscorporationen. Das Thor, ein Werk deutscher Baukunst, zierten die Statuen König Aelfreds und seines Eidams, des Earl Aethelred von Mercia und eines Bischofs, welche von oben herabschauten und an die sächsischen Zeiten erinnerten. Die Stahlhofgenossen, von den Engländern Easterlings,[1] d. h. Osterlinge genannt, von Osten, galten in noch vielen andern Dingen als Bürger der Stadt London und nahmen an allen öffentlichen Festen und Aufzügen Theil, wo sie unmittelbar hinter den City-Beamten von ihren Vorständen und Meistern geführt, einherritten.

Der grosse Brand Londons, 1666, legte auch den Stahlhof in Asche. Der neuerbaute Stahlhof war viel bescheidener und kleiner. Die Hansa hatte sich schon überlebt und die Stellung der fremden Kaufleute war seit Cromwells grossen, handelspolitischen Massregeln eine ganz andere geworden. Allmählich vermietheten ihn die Stahlhofgenossen stückweise an Londoner Kaufleute und benützten nur einen kleinen Theil davon. Erst im Jahre 1853 haben die Erben der Hansa, Lübeck, Hamburg und Bremen den Stahlhof an englische Spekulanten verkauft.

Da nach dem Stadtbrande nicht alle der früher sehr zahlreichen kleinen Stadtkirchen wieder aufgebaut werden sollten, so kamen der damalige Vorsteher und die Meister des Stahlhofes bei Charles II. um eine Kirche ein. Diese Bitte ward gewährt, und 1673 erhielten sie die nah gelegene Dreifaltigkeitskirche zum Wiederaufbau. Diese ist, mit Ausnahme der deutschen Hofkapelle, die Mutterkirche der deutschen protestantischen Kirchen in London, da die älteste, in Austin friars, mit der Zeit eine niederländische geworden ist.

---

[1] Das moderne englische Wort „Sterling“ mit seinen verschiedenen Bedeutungen, stammt von Easterling.

§ 3.

EINIGE AUSGEZEICHNETE DEUTSCHE IN ENGLAND UNTER DEN PLANTAGENETS.

Die Zahl der Deutschen, die sich in dieser Periode theils bleibend, theils längere Zeit in England aufgehalten, war jedenfalls nicht gering. Wenige nur sind in noch bestehenden Dokumenten der Zeit verzeichnet und die zerstreut aufgemerkten Namen derselben aufzusuchen und in ein Ganzes zu vereinigen, wäre eine sehr mühsame Arbeit, die mir früher meine Berufsgeschäfte in England und jetzt mein Aufenthalt in Deutschland nicht gestattet hätten. Ich muss mich daher mit wenigen Namen begnügen.

Von den Deutschen die in dieser Periode in England wohnten, gehörten die meisten dem Kaufmannsstande und den damit zusammenhängenden Gewerben an. Solche die über diese Näheres zu erfahren wünschen, muss ich auf Lappenbergs schon citirte Geschichte verweisen, denn der Raum dieser historischen Skizze gestattet mir nicht, Listen von Landsleuten hier anzuführen, über deren Lebensgeschichte wenig oder nichts bekannt ist. Einiger jedoch will ich Erwähnung thun, da sie einen Einfluss, ja in einigen Fällen einen grossen Einfluss auf die commerciellen und politischen Beziehungen zwischen England und Deutschland hatten. So vor Allem Arnold Thedmar, der schon in der ersten Hälfte des 13. Jahrhunderts in London lebte und wirkte. Er war der Sohn eines Bremers und von mütterlicher Seite Enkel eines Kölners Namens Arnold von Grevinge, der sich etwa 1170 in London niederliess. Arnold Thedmar, in England geboren, war einer der 26 Aldermen der Stadt London und zugleich Aeltermann und Vorstand der deutschen Gildhalle. Er stand zum römischen Könige Richard von Cornwall in freundschaftlichen Beziehungen, und hat ohne Zweifel die bedeutenden Privilegien seiner Landsleute aus den deutschen Städten befürwortet.

Als unter Edward I. (1282) zwischen den Kaufleuten der Hansa von „Almaine" und den Bürgern von London der erwähnte Rechtsstreit ausbrach, weil erstere sich weigerten, das Bischofsthor in Stand zu halten und zu vertheidigen, so kam man endlich zu einem Vergleiche und zu einem neuen Vertrage, der im Namen der Hansamitglieder von folgenden deutschen Kaufleuten unterzeichnet ward: Gerard Merbode, damals Alderman der Hansa, Ludolph de Cussard auch Cusfelde genannt, Bürger von Köln, Luder de Dunevare, Bürger von Tremonde. John de Areste, Bürger von Tremonde, Bertram de Hamburgh, Bürger von Hamburg, Godescale de Hudendale, Bürger von Tremonde und John de Dole, Bürger von Münster. Durch Eingehen in den Vertrag erhielten sie für die Hansa die oben erwähnten Privilegien. (V. „Liber Albus“ von John Carpenter, Common Clerk und Richard Whittington, Lord Mayor von London, compilirt im Jahre 1419).

Ueber den Einfluss und die hohe Stellung der grossen deutschen Kaufherrn Tidemann von Limberg, der Gebrüder Reule, der Clippings, welche Edward III. enorme Summen zur Führung seiner Kriege gegen Frankreich vorschossen, und dadurch zu der Befreiung der Niederlande von französischen Eroberungsplänen beitrugen, habe ich schon gesprochen. Kein Deutscher hat seitdem einen so ausserordentlichen Einfluss in England gehabt.

Auch einiger deutscher Frauen will ich an dieser Stelle noch gedenken. Mit der liebenswürdigen Philippa von Hennegau,[1] Gemahlin Edwards III. (1328) und Mutter des „schwarzen Prinzen“, Richard II., kam ihre Landsmännin Philippa Roet, welche als Gattin Chaucers, dem berühmten Dichter eine Jahresrente brachte und ein angenehmes und sorgenfreies Leben bereitete. Catharine Swynford, die jüngere Schwester Philippa Roets, war erst die Erzieherin des Prinzen John, Herzogs von Lancaster, später seine Geliebte, und schliesslich seine Gemahlin und Stammesmutter der Regenten aus dem Hause Tudor. Der Philippa, Mutter des schwarzen Prinzen, wird die Wahl des deutschen Motto's „Ich dien“ und des früher damit verbundenen „Houmout“ (hoher Muth) zugeschrieben. „Ich dien“ erscheint zuerst im Schilde des schwarzen Prinzen, und erst später ward es Motto der Prinzen von Wales.

Fromme deutsche Wallfahrer kamen in den guten alten Zeiten wohl in grosser Zahl nach England, denn der heilige Thomas A'Becket in Canterbury, war ein Heiliger ersten Ranges und verrichtete mächtige Wunder. Er heilte von allen möglichen Krankheiten und verschaffte kinderlosen Gatten Kinder.

[1] Hennegau stand mit Deutschland seit der Frankenherrschaft in inniger Berührung. Im Jahr 1337 kam die Provinz unter die Herrschaft des Kaisers Ludwig von Baiern. Später, 1477, fiel sie dem Hause Habsburg zu. Philippa stand in innigen Beziehungen zu Deutschland.

Seine Kirche war eine der reichsten der Welt, die Einnahmen von den Pilgern waren enorm und mancher Deutsche hat dort gebetet und gezahlt, bis Henry VIII. dem lukrativen Geschäfte ein Ende machte. Unter den deutschen Wallfahrern ist ein edler Böhme, Herr Leo von Rozmital zu erwähnen, der „zum lieben Herrn Sant Thomas von Kandelberg“ zog, wo er sich mit seinem literarischen deutschen Begleiter von den dortigen Mönchen recht tüchtig anlügen liess. Er besuchte auch den Hof Edwards IV. Nicht lange vor Rozmital kniete der deutsche Kaiser Sigismund vor den Gebeinen des heiligen Thomas.

Von der Kriegerkaste kamen zweifelsohne sehr viele Kämpen zu dieser Zeit nach England, die an den Kämpfen gegen Frankreich Theil nahmen und auch solche, welche zur Hansaniederlassung gehörten. Schon die Verpflichtung an der Vertheidigung der City Theil zu nehmen, veranlasste die Hansa ohne Zweifel stets eine Zahl deutscher Kriegsleute in London in ihren Diensten zu halten. Unter denen, die unter der Fahne Englands fochten, wurde schon der Burggraf Albrecht der Schöne, von Nürnberg, genannt, der Stammvater der Zollern. Ein anderer wackerer Kämpe war der zu seiner Zeit berühmte Isern Hinrik (1317—1382), (v. Hamburgische Geschichten und Sagen von Dr. Otto Benecke), Graf von Schauenburg-Holstein, Gerhards des Grossen Sohn, ein ritterlicher Mann von ungemeiner Körperstärke und Festigkeit, der durch Kriegsmuth schon in jungen Jahren, als er gegen die Dänen und unter dem schwedischen Könige gegen die Finnen zog, berühmt geworden war.

Man nannte ihn darum den „Isern Hinrik“ und diesen Beinamen hat er bewährt, als er in den Kriegsdiensten des Königs von England in der Schlacht bei Crecy (1346) unter andern Heldenthaten auch den König von Frankreich gefangen nahm (nach Andern den von Böhmen), indem er mit zwei Rittern in den feindlichen Haufen sprengte, mit der Linken den König bei dessen goldenen Halskette fasste und herauszog, während er mit der Rechten die Trabanten niederhieb.

In Folge dieser That wurde er einer der obersten englischen Kriegshauptleute und mit Ehren überhäuft als er nach England zurückkehrte. Die grossen Auszeichnungen zogen ihm Neider und Feinde zu, die ihm Hinterhalte stellten, aus denen er sich aber immer durch Kühnheit herauszuziehen verstand.

Des Königs Ohr war zwar gegen die Verläumdungen taub, die Hinriks Neider gegen ihn ausstreuten. Aber die Königin gewannen sie damit, dass sie ihr vorredeten, er sei Keiner von hohem Adel und nur ein deutscher Abenteurer. Sie liess darum in des Königs Abwesenheit eine Probe zu, von der die Gegner hofften, dass sie ihn verderben würde. Es hiess nämlich damals, dass ein Löwe keinen echt- und rechtgeborenen Fürsten und Herrn verletze. Nun liessen sie heimlich in der Nacht den grossen Löwen aus dem Zwinger, dass er im königlichen Burghofe umhergehe. Als nun Isern Hinrik des Morgens in der Dämmerung, wie er zu thun pflegte, aufstand um frische Luft zu schöpfen, und ohne Wehr und Waffen in den Hof trat, da sprang ihn der Löwe grimmig an und brüllte. Isern Hinrik aber blickte ihn fest an, hob die Faust etwas gegen ihn und sprach mit ernster Stimme: „Bis stille, bis stille, du frevelicher Hund!“ Und sogleich legte sich der Löwe still und demüthig zu des Grafen Füssen, der ihn dann in seinen Zwinger gehen hiess. Hierauf liessen ihn seine Feinde in Ruhe.

Eine andere Geschichte erzählt, dass er einst, als er mit vielen Vornehmen vor dem Gitter des Löwen gestanden, freiwillig zu dem Löwen in den Käfig gegangen und gesagt: „Ist Jemand unter Euch, von so gutem Adel als ich, der thu mir's nach!“ Darauf habe er dem Löwen seinen Kranz, den er des Hoffestes wegen getragen, auf's Haupt gelegt, sei dann langsam wieder hinausgegangen und habe gesagt: „Wer von Euch meines Adels ist, der hole mir meinen Kranz wieder.“ Aber Keiner wollte ihn holen.

Trotz der Anhänglichkeit des Königs und dessen Bitten, verliess Isern Hinrik England wieder. Nach vielen Thaten in Italien, wohin er gegangen, zog er heim nach Holstein. Die Krone, die ihm die Schweden angeboten hatten, nahm er nicht an. Das Volk erzählte sich viel von seinen Ritterfahrten und Heldenstücken. Ein Zwingthurm der Hamburger Festungswerke wurde ihm zu Ehren Isern Hinrik genannt. Von ihm schreibt sich noch heute die hier und da übliche alte Redensart in Hamburg, mit der man einen festen, unerschrockenen Mann bezeichnet:

„He iss'n rechten isern Hinrik.“

Zur selben Zeit als Isern Hinrik in Frankreich kämpfte, diente ebenfalls ein tapferer deutscher Offizier im Heere Edwards III. (1344). Es war dies Frank von der Halle. Er stand an der Spitze einer kleinen englischen Besatzung in Auberoche in der Gascoyne, welche bis zum Aeussersten gegen ein übermächtiges französisches Belagerungsheer aushielt. Obgleich bis zum Aeussersten getrieben, antwortete Ritter Frank auf die Aufforderung die Festung zu übergeben: „Nie, eher sterben wir unter ihren Trümmern.“ Die Festung wurde bald darauf von den Engländern entsetzt.

Weitere Nachforschungen würden ohne Zweifel obige kurze Liste deutscher Krieger, die unter den Plantagenets fochten, bedeutend verlängern. In historischen Dokumenten finden sich wohl noch manche Deutsche verzeichnet. So finden wir in Hunter's Historical Tracts, Agincourt (p. 34) unter denen, die im Heere von Henry V. in der Schlacht von Agincourt (1415) eine hervorragende Stelle als Banneret und Knight einnahmen, auch den Namen eines Deutschen: Sir Hertuk von Clux.

Ich schliesse diese Liste mit einem Landsmanne der weder unter englischer Fahne focht, noch sich lange in England aufhielt, sondern nur einen vorübergehenden Besuch machte. Seine Persönlichkeit ist aber so interessant, dass man mir seine Aufführung verzeihen wird. Es war dies Ritter Georg von Ehingen, geb. 1435, einer der berühmtesten Männer seiner Zeit. Er war zuerst am Hofe Sigismunds von Oestreich und dann Kammerherr Albrechts, Herzogs von Kärnthen. Müde des Hoflebens ging er nach Rhodus, einen Zug der Tempelritter gegen die Muselmänner mitzumachen, reiste, da der Zug verschoben ward, allein durch Syrien, Palästina, nach Egypten und kehrte 1454 nach Deutschland zurück. Das Jahr darauf zog er mit Georg Ramsiden und einem kleinen Gefolge westwärts. Die kleine Truppe von Abenteurern besuchte zuerst den Hof Karls II. von Frankreich, dann den von Réne, ging dann nach Navarra und endlich zu Alfonso von Portugal, der gerade Krieg mit den Saracenen führte und desshalb seinen kriegerischen Gästen eine warme Aufnahme zukommen liess. Ehingen, welcher Kriegs-Hauptmann in dem portugiesischen Heere wurde und seine deutschen Kameraden und Gefährten, machten alle Gefahren des Feldzuges mit, der sieben Monate dauerte und der durch einen Zweikampf von Seiten zweier feindlicher Kämpen geendet wurde. Ehingen trat für die Portugiesen in die Arena und nach hartem Kampfe erschlug er seinen muselmännischen Gegner. Von Alfonso mit Ehren beladen, nahmen die deuschen Ritter sodann den Weg nach Castilien und nachdem sie gegen die Mauren in Granada mitgefochten, kehrten sie nach Portugal zurück, zogen durch Nordspanien, schifften sich in einem französischen Hafen ein und kamen nach Grossbritannien. Hier besuchten sie den Hof des englischen und schottischen Königs. Sie kehrten 1457 nach Deutschland zurück. Ehingen hinterliess einen Reisebericht der in Deutschland unter den ersten Büchern der neu erfundenen Buchdruckerkunst publizirt wurde.

§ 4.

DEUTSCHE STUDENTEN IN ENGLAND.

Deutscher Trinkzuruf.

Obgleich wir über den Besuch englischer Universitäten in dieser Periode von Seiten Deutscher keine Berichte haben, so ist doch als sicher anzunehmen, dass nicht wenig deutsche Gelehrte und Studenten sich daselbst aufhielten. Ich habe in der Einleitung dieses Kapitels erwähnt, dass schon im Jahre 1159 eine Sekte Deutscher, Cathari genannt, in England ihre Lehre predigten. Im 14. Jahrhunderte, als Wickliffe in Oxford lehrte, zogen viele Deutsche dahin, u. a. die schon erwähnten Hieronymus von Prag und Niklas Faulfisch und die Deutschen in Oxford brachten Wickliffe's Lehren nach Prag und gaben den Anstoss zu der ersten reformatorischen Bewegung in Böhmen.

Es waren, wie bekannt, zu damaliger Zeit die Studenten an allen Universitäten in Nationen oder Landsmannschaften getheilt. An englischen und schottischen Universitäten gab es auch eine *deutsche* Nation, was auf einen zahlreichen Besuch deutscher Studenten hinweist. An der Pariser Universität gab es vor 1169 eine sogen. englische Nation, welche aber nach 1430 mit der dortigen *deutschen Nation* vereinigt wurde. Diese deutsche Nation in Paris begriff, nebst den deutschen, nicht nur die englischen sondern auch die schottischen Studenten in sich. In Folge dessen musste zwischen den deutschen, englischen und schottischen Studenten eine engere Verbindung und Kameradschaft entstehen. Ich möchte gerade in dieser Kameradschaft den Ursprung eines Trinkwortes und Trinkgebrauches suchen die lange in England bei Hohen und Niedern galten.

Nigellus Wirecker, ehemals Student in Paris, einer der geistreichsten englischen Schriftsteller des 12. Jahrhunderts, welcher in seinem Werke „Speculum Stultorum“, einer Satyre gegen die

Tollheiten seiner Zeit, besonders die damalige Corruption der Mönche geisselte, gibt darin eine Beschreibung des tollen, ausgelassenen Lebens der englischen Studenten in Paris. Er sagt u. a.

Dona pluunt populis, et detestantur avaros;
Fercula multiplicant, et sine lege bibunt
Wesheil et Drincheil, nec non persona secunda,
Haec tria sunt vitia quae comitantur eis. etc.

(Uebersetzung)

Reichlich spenden sie Gaben, Knauser sie gründlich hassen,
Enorm ist ihr Appetit, und sie trinken ohne Schranken
Sich Wesheil und Drincheil zu; und kosen mit der Grisette —
Essen, Trinken und Lieben — dies sind ihre drei Fehler.

Nebst Wessheil und Trinkheil war auch Gutheil ein im Mittelalter üblicher Trinkruf. Obige Worte Wesheil und Drincheil stehen im lateinischen Text und sind deutschen nicht englischen Ursprungs. Durch die englischen Studenten in Paris ist der Trinkruf wohl schon früh nach England gekommen, denn auch in England war dieser Ruf schon sehr früh im Gebrauch, und von dem Worte kommt das modern - englische wassail (Trinkgelag), to drink wassail, d. h. Gesundheit trinken. Giraldus Cambrensis (geboren 1146) gibt wie Wirecker in seinem „Speculum Ecclesiae“ ein Bild des ausschweifenden Lebens der Mönche seiner Zeit, und unter anderm auch des starken Trinkens derselben. Dabei erwähnt er an mehreren Stellen obiger Trinkrufe Wesheil und Drincheil. Daraus geht hervor, dass diese damals in England allgemein waren. Wesheil hiess so viel als ich trinke dir vor und Drincheil ich trinke dir nach. Im Speculum von Giraldus finden sich noch andere längere Trinksprüche in Form von Frage und Antwort, die alle von den Mönchen in „sächsischer“ Sprache gesprochen wurden. Daraus dürfte man schliessen, dass schon zur Zeit des ersten Plantagenets im 12. Jahrhunderte, die Volkssprache unter Geistlichen wieder gang und gäbe war. Es kommt in oben erwähntem Speculum von Giraldus, folgende Stelle vor.

„König Henry II. (1154—1189) hat auf der Jagd seinen Weg verloren und wird von einem Abte bewirthet, welcher ihn für einen aus des Königs Gefolge hält. König und Abt trinken sich tapfer zu“.

„Abbas autem, ut militis animum exhilararet, ipsumque sibi placabilem magis efficeret, calices ei crebros de potu electo more Anglicano propinari fecit. Ipsem et quoque, quotinus ad melius potandum militem provocaveret et efficacius invitaret, loco Weisheil ait ei „Pril". Ille vero ignorans quid respondere deberet, edoctus ab abbate pro Drincheil respondit ei „Wril"; et sic provocantes ad invicem et compotantes, cum monachis et fratribus assistentibus et servientibus, ingeminare Pril et Vril et alternatim saepius, usque noctis ad horam profundioris inculcare non destiterunt". [J. S. Brewer's Ausgabe von Giraldus Cambrensis. London 1873. p. 213.]

Ein anderes Bild alter monastischer Trinksprache in England findet sich einige Seiten nach obiger Stelle, wo ein Mann einige Cistercienser lustig trinkend antrifft:

Talem provocationem ad bene potandum, Anglico more, necnon et Anglice tanquam Wesseil proponentes audivit:

„Loke nu frere
Hu strong ordre is here";

et responsionem hanc quasi loco drincheil: —

„The, la ful amis,
Swide strong ordre is dhis",

cum capitis quoque non seria quidem sed tanquam irrisoria concussione. Quod et Latinis verbis sic exponi potest: „Vide frater quia fortis est hic ordo nimis": et responsio: „Vere intolerabilis est hic ordo, frater, et importabilis".

Aus Obigem ergibt sich, dass das deutsche Wesheil und Drincheil, beim Vor- und Nachtrinken, das Nigellus Wirecker im Jahre 1170 in Paris unter englischen Studenten hörte, zur selben Zeit auch in England ein üblicher Trinkruf war, möglicherweise von Paris nach England gebracht.

Unter den Plantagenets bildete der Kaufmann das wichtigste Element der in England wohnenden Deutschen, und die Hansa spielte daselbst eine einflussreiche Rolle. Unter den Tudors trat eine andere Klasse Deutscher an ihre Stelle. Aber der deutsche Kaufmann bildete nach wie vor eine der wichtigsten Klassen der englisch-deutschen Colonie. Allerdings sind das mittelalterliche Monopol und die Privilegien der Hansa verschwunden und ist freie Concurrenz an ihre Stelle getreten. Trotz alledem aber fand und findet man in der ersten Reihe grosser City-Häuser nicht wenig deutsche. Obwohl sie nicht mehr, wie früher, eine geschlossene Brüderschaft bilden, obwohl sie jetzt isolirt dastehen, so haben die deutschen Kaufleute ihr vaterländisches Gefühl nicht nur bewahrt, sondern auch durch Gründung mancher trefflicher deutscher Anstalten in England bewährt.

— —

Kapitel III.

Deutsche in England unter den Tudors. Henry VIII. (1509—1547).

§ 1.

BEZIEHUNGEN ZWISCHEN ENGLAND UND DEUTSCHLAND UNTER HENRY VIII.

In der zweiten Hälfte des 15. Jahrhunderts beginnt eine Periode, denkwürdig durch eine Reihe weltgeschichtlicher Ereignisse, welche auf die Entwicklung der Menschheit den grössten Einfluss hatten.

Das Wiedererwachen der klassischen Studien spielte im 15. und 16. Jahrhundert eine sehr grosse Rolle in der Entwicklung des Geistes. Nicht nur die klassischen Sprachen und Literaturen, auch die alten Institutionen, die Ansichten, und die Philosophie der Alten, entflammten die Bewunderung der europäischen Menschheit, die bisher in den erstickenden Banden der Theologie gelegen. Vom philosophischen und politischen Standpunkte war das klassische Alterthum Europa im 15. Jahrhundert bei weitem überlegen. Das Studium der klassischen Sprachen hat daher auf die grössten Geister jener Zeit einen unberechenbaren Einfluss geübt, es hat ihre confusen Ideen geklärt, ihre Sprache verfeinert und sie vom scholastisch - theologischen Banne befreit. Es hat aber noch mehr als dieses gethan. Es hat eine Schule freier Denker in's Leben gerufen, welche zuerst in dieser Periode auftritt und die besten Männer Europa's in einem Bund vereinigte. Aus dieser freien geistigen Bewegung ging zuerst die Reformation hervor und später jede Art geistiger und politischer Entwicklung in Europa.

Im Jahre 1442 erfand ein Deutscher ein Culturmittel, dessen Wirkungen unberechenbar sind. Guttenberg erfand die Buchdruckerkunst mit beweglichen Typen. Im Jahre 1492 entdeckte Columbus eine neue Welt und brachte dadurch eine Revolution in Handel und Wissenschaft hervor. Im Jahre 1517 begann in Deutschland eine kirchliche Bewegung, die bald die Welt in Bewegung setzen sollte und die den Gedanken und das Gewissen von unerhörter Sklaverei erlöste. Diese Kirchenbewegung erreichte bald auch die Ufer Englands und begann im Jahre 1534 ihre ersten Wirkungen zu zeigen. Auf die Beziehungen Englands und Deutschlands hatten die Erfindung Guttenbergs und die That Luthers keinen geringen Einfluss.

In den ersten Decennien des 16. Jahrhunderts zeigten sich die Wirkungen der wunderbaren Erfindung Guttenbergs. Diese setzte nicht nur alle Nationen in gleichzeitigen Besitz ihrer gegenseitigen Entdeckungen, sie hatte auch einen unberechenbaren Einfluss auf die Kirchenreform. Der Originaltext des neuen Testaments wurde eifriger studirt und seine Publication durch Erasmus, zugleich mit den ersten Bewegungen der deutschen Reformation (1517) bezeichnen die Grenzmarke einer neuen Aera in der literarischen sowohl als theologischen Geschichte Europa's. In England wurden durch Erasmus Werk und Bemühungen die klassischen Studien von Neuem gepflegt, besonders und zuerst in Cambridge, wo Erasmus öfters gewohnt und gelehrt.

Die Entdeckung Amerikas hatte übrigens für den deutschen Handel in England keinen günstigen Einfluss. Die Hansa erhielt dadurch einen Schlag von dem sie sich nicht wieder erholte. Die geographische Lage Englands machte von nun an dieses Land zum Hauptsitz des nordeuropäischen Handels, den es Deutschland und den Niederlanden entzog. Man baute grössere Schiffe für den überseeischen Handel und bald konnten diese durch den engen Durchgang der alten London-Brücke den deutschen Stahlhof nicht mehr erreichen. Die Hansa hatte längst ihre Blütezeit hinter sich und trat in das Greisenalter ein. Von Henry VIII. wurde sie übrigens noch begünstigt und als 1531 das Parlament ein neues Gesetz hinsichtlich neuer Zölle verkündigte, wurden die Hanseaten für frei davon erklärt.

Die Reformation fand England nicht unvorbereitet, wie man oft wähnt. Allerdings ward unter den Tudor-Königen die Freiheit des Volkes sehr unterdrückt und war die Constitution des Landes weniger mächtig als in früherer oder späterer Zeit. Aber dennoch hatte die Nation noch einen grossen Einfluss und selbst der tyrannische Henry VIII. konnte und durfte nicht ohne sein Parlament regieren, so ergeben und dienstfertig sich dieses auch zeigen mochte.

Henry VIII. hat zwar die englische Reformation eingeleitet. Er war aber kein Apostel derselben, handelte nicht aus religiöser Ueberzeugung, und was er that war nur halb. Er wurde in seinem reformatorischen Vorgehen vom Widerstand der Kirche und von auswärtiger Politik beeinflusst. Er war zweimal mit Karl V. gegen Franz I. und zweimal mit Franz gegen Karl verbündet. Letzteres Bündniss war übrigens nicht gegen Deutschland gerichtet, sondern gegen Karls Pläne einer spanischen Universalmonarchie.

Obwohl in England die Geistlichkeit und die höheren Klassen fanatische Papisten waren, obschon die leitende Universität Oxford römisch bis in's Mark war, so fand sich damals in England der Boden für eine Reformation vorbereitet. Wäre dies nicht der Fall gewesen, so hätte das Machtwort selbst eines Despoten wie Henry nie ausführen können was es that. England war nie römisch im Geiste gewesen wie Italien und Spanien. Vor der normännischen Invasion war das Land, Volk und Clerus so anglikanisch, dass der Papst des Eroberers Pläne beförderte und dessen Sieg als den seinigen feierte.

Kaum war der Volksgeist, nach langer, drückender Fremdherrschaft wieder erwacht, so regte sich auch wieder der Geist religiöser Freiheit im Volke. Schon im 12. Jahrhundert trat Nigellus Wirecker als ein Vorgänger unseres Sebastian Brand auf, und geisselte mit scharfem Spotte die Priester und Mönche und ihr ausschweifendes Leben. Im 14. Jahrhundert erschien auf englischem Boden der erste christliche Reformator, Wickliffe, der Morgenstern der Reformation genannt. Seine Lehren theilte bald der grössere Theil Englands, und sie begreifen die meisten Lehren der späteren Reformation in sich. Seine Bibelübersetzung war die erste in eine europäische Volkssprache. Seine Ansichten und Lehren wurden von der Universität Oxford, welche von deutschen Studenten besucht wurde, nach Deutschland gebracht und in Prag gelehrt. Es lag in der Gewalt eines Mannes damals schon in England eine kirchliche Reformation anzuregen. Dieser Mann war der äusserst energische Plantagenet Henry V. Dieser kriegerische Fürst aber, anstatt sich der Bewegung anzuschliessen, erklärte ihr den Krieg und es gelang ihm sie zu unterdrücken. Schon Henry IV., der erste Regent vom Hause Lancaster, bedurfte der Hilfe des Clerus um sich gegen eine starke Opposition auf dem Throne zu halten. Er wandte sich daher aus Politik gegen Wickliffe. Aus demselben Grunde handelte wohl Henry V. Es ist aber als sicher anzunehmen, dass der Geist Wickliffe's noch lange nachher fortwirkte und dass die deutsche Reformation in England einen längst vorbereiteten Boden fand. Huss war ein Schüler und Nachfolger von Wickliffe, Luther war ein Nachfolger von Huss.

Es ist eine merkwürdige Coincidenz von Namen, dass Wickliffe Rector einer Pfarrei war und 1384 daselbst starb und begraben ward, deren Namen Lutterworth ist, deutsch: Lutterwerth.

Henry VIII., trotz seiner vielen und grossen Fehler, hat übrigens Grosses für England gethan und für Deutschland wäre es damals ein unschätzbares Glück gewesen, wenn es, statt des spanischen Karls V., einen Henry VIII. gehabt hätte. Jahrhunderte von Elend wären ihm erspart worden.

§ 2.

REFORMATORISCHE BEWEGUNG IN ENGLAND UNTER HENRY VIII.

Das Jahr 1517 kann in Deutschland als das Geburtsjahr der deutschen Reformation betrachtet werden. Es war in diesem Jahre als Luther seine Thesen an der Schlosskirche zu Wittenberg anschlug. Diese That fuhr wie ein Blitzstrahl in das morsche Gebäude des Papstthums. Der Boden war längst schon beackert und gepflügt und bereit den Samen aufzunehmen. Die Gelehrten und Gebildeten Deutschlands schlossen sich, mit wenigen Ausnahmen, wie ein Mann der Bewegung an, Alles was freidenkend war, stellte sich unter ihre Fahne und so entstand bald eine Volksbewegung die bis in die höchsten und niedrigsten Schichten des Volkes drang.

Nicht so in England. England seufzte zur Zeit unter einem gewaltthätigen Tudor, der die Rechte und Freiheiten des Volkes mit Füssen trat, unterstützt von den durch und durch römisch gesinnten Klassen des Adels und der Gelehrten. Das Volk neigte sich wohl zur Reformation, der alte Geist der Unabhängigkeit war keineswegs erstorben, aber der Despotismus liess einstweilen, wie ein scharfer Frost, die Saat nicht aufkeimen.

Henry VIII. war zur Zeit, als die deutsche Reformation ausbrach, 26 Jahre alt, genusssüchtig, träge, gewaltthätig, voll von Aberglauben. Er war ein grosser Verehrer wunderthätiger Heiligenbilder und ging einmal mehrere Meilen baarfuss zum Bilde unserer lieben Frau von Walsingham, in Norfolk, welche grosse Mirakel verrichtete, und schenkte ihr ein kostbares Halsband. Die Heiligen machten anfangs unter seiner Regierung glänzende

Geschäfte. Der heilige Thomas Becket erhielt in einem Jahre Gaben im Werthe von mehr als tausend Pfund Sterling, was heutzutage mehr als zehntausend Pfund gleich wäre, während der Heiland an seinem Altare in derselben Kathedrale zu Canterbury leer ausging.

Henry trat Anfangs als Kämpe des Papstthums auf, schrieb ein Buch zu dessen Gunsten, wofür er vom Papst den Titel: „defensor fidei" erhielt, den merkwürdiger Weise er sowie alle protestantischen Monarchen Englands bis heute beibehielten. Dafür ward er von Luther gezüchtigt. Später, im Jahre 1525 schrieb Luther an Henry und suchte ihn wegen seiner groben Antwort auf Henry's Buch zu beschwichtigen. Luthers Entschuldigung aber war der Art, dass sie Henry noch mehr aufbrachte. Er sagte u. a. dass er gehört, dass das Buch, worauf Henry damals sehr stolz war, nicht von ihm wäre, sondern von Cardinal Wolsey, den er „Angliae Pestem" nennt. Henry gab Luther eine sehr scharfe Antwort, vertheidigt sein Buch und wirft Luther Unbeständigkeit, Leichtfertigkeit und Immoralität vor, wegen seines incestum matrimonium mit einer Nonne.

Inzwischen waren aber Luthers Lehren nach England gedrungen und waren heimlich an vielen Orten angenommen worden. Ihre Wirkung war derart, dass selbst die Unwissenden bald anfingen die Lehren der Kirche zu kritisiren. So half damals Luther den englischen Boden für die folgende Reformation bereiten. Man machte (1525) einen Versuch, die Bibel dem Volke zugänglich zu machen. Es erschien die englische Uebersetzung derselben von Tindal, Joy u. A. Aber da dies ohne Genehmigung des Königs geschehen, so wurde das Buch öffentlich verbrannt.

Henry wurde Reformator auf eine eigene Weise. Er war seiner Frau, Katharina von Arragonien, überdrüssig geworden und wollte sich von ihr scheiden lassen. Der zartfühlende, fromme Mann konnte mit Katharina aus plötzlich erwachten Gewissensskrupeln nicht mehr leben. Katharina war nämlich die Wittwe seines 1502 schon verstorbenen Bruders. Henry fühlte, dass er gegen die Vorschriften der Religion gefehlt indem er die Wittwe seines Bruders zur Frau nahm und dass er gegen sein Gewissen handeln würde, wenn er sie länger behielte. Er hatte zwar mit Katharina in zwanzigjähriger Ehe gelebt und die Tochter beider, Mary, war schon erwachsen. Aber Katharina war 1483 geboren und näherte sich den fünfziger Jahren, Henry war acht Jahre jünger.

Der Papst verweigerte Henry die Ehescheidung, nicht aus

religiösen Gründen, sondern weil Katharina dem mächtigen, gut katholischen spanischen Hause angehörte, eine Tante des Kaisers Karl V. war.

Henry legte seine Ehescheidungsfrage den theologischen Fakultäten der Universitäten vor. Die katholischen Doktoren in Paris beschlossen, nach vielen Versammlungen, Disputationen, Widerlegung gemachter Objektionen, und wohl in Folge eines äusseren Druckes von Franz I., dass Henry berechtigt wäre, sich zu trennen. Die katholischen Theologen von Köln, Löwen gaben keinen Bescheid. Oxford und Cambridge, damals streng katholisch, sprachen sich für die Trennung aus. Die französischen Universitäten Orleans, Angiers, Bourges, Toulouse, die italienischen von Padua, Bologna, Bononia und die meisten andern sprachen sich alle (1530) für die Ehescheidung aus. Von den deutschen protestantischen Universitäten sprach sich nur Wittenberg dafür aus.

Henry sandte Agenten nach Deutschland um dort die Ansichten der hervorragendsten protestantischen Theologen für sich zu gewinnen. Unter diesen gelang es ihm, einige zu überreden, dass sie seinen Schritt billigten. Diese hatten aber mehr den Gewinn eines so mächtigen Fürsten für die Sache der Reformation als das religiöse Gebot im Auge.

Zu den Agenten Henry's in dieser Sache gehörte Simon Grynaeus, Professor des Griechischen in Basel. Er war beauftragt die Ansichten deutscher und schweizerischer Theologen über die Rechtmässigkeit der Ehe mit des Bruders Wittwe zu sammeln. Grynaeus sandte Henry Gutachten über seine Ehescheidung (1531) von Zwingli, Oecolampadius, Phrygio, Bucer, Capito, Hedio, Matthias u. A. Zwingli und Oecolampadius waren der Ansicht, dass Henry's Heirath, als ungesetzlich aufzulösen wäre. Bucer und Capito dachten anders. Ersterer sagte, dass das jüdische Gesetz in Leviticus nicht binde. In einem Briefe an Henry erläutert Grynaeus die verschiedenen Ansichten der befragten Theologen, von denen die Einen die Heirath mit des Bruders Frau als ungesetzlich und ungültig erklären, andere als ungesetzlich, doch zu gestatten, sofern der Gatte keine Gewissensbisse habe.

Im Allgemeinen waren die Lutheraner gegen die Trennung. Unter den protestantischen Fürsten war nur einer dafür, der Herzog von Sachsen. Hervorragende Männer wie Luther, Melanchthon, Jonas und viele Andere waren entschieden dagegen.

Melanchthon hat in einem Briefe an Grynaeus sich entschieden gegen die Trennung ausgesprochen. In einem Schreiben an Bucer (Nov. 8. 1531) theilt Melanchthon letzterem mit, dass er seine Ansicht über die englische Controverse, nämlich die Ehescheidung, Grynaeus mitgetheilt und sich dagegen ausgesprochen habe. Die Worte Melanchthons sind so interessant, dass sie verdienen bekannter zu werden. Er sagt u. a.:

„Ich kann die Trennung nicht empfehlen, wo die Ehe dem Gesetze Gottes nicht zuwider ist. Die, welche verschieden denken, übertreiben im höchsten Grade das göttliche Gesetz, und geben ihm eine ungebührliche Tragweite. Ich, im Gegentheil, möchte, in politischen Dingen, die Autorität des Richters vermehren, die wahrlich von keinem geringen Gewicht ist: und es gibt viele Dinge, die, kraft solcher Autorität gesetzesmässig werden, deren Gesetzlichkeit anders bezweifelt werden dürfte. — Wenn der König über diesen Punkt gehörig belehrt würde, so würde sein Gewissen sicherlich beruhigt sein. Was mich betrifft, so will ich nichts mit der Sache zu thun haben."

„Die Rolle", sagt Baxter in seiner „Church History" — „welche die protestantischen Theologen Deutschlands in dieser Scheidungsfrage spielten, ehrt ihre Ueberzeugungstreue. In ihrer Meinung galt natürlich die päpstliche Dispensation für nichts. Aber, als sie die Frage ruhig in Erwägung zogen, so konnte sie nicht einmal die Hoffnung, einen so mächtigen Monarchen wie Henry für sich zu gewinnen, bewegen, von ihrer Ueberzeugung einen Schritt zu weichen. Mit geringer Schattirung von Meinungsverschiedenheit stimmten sie zwar darin überein, die Ehe mit eines Bruders Wittwe als gegen Gottes Willen zu betrachten, ausgesprochen durch sein positives Gesetz. Aber die Meisten von ihnen, welche das mosaische Gesetz als für Christen bindend ansahen, glaubten nicht, dass es von so wesentlich moralischer Natur wäre, um eine so eingegangene Ehe, besonders nach Jahren von Conhabitation, ungültig zu machen."

Achtzehn Monate waren schon (1527) in fruchtlosen Unterhandlungen mit Papst Clemens VII. vergangen. Henry liess dem Papst drohen, dass er sich den deutschen protestantischen Fürsten anschliessen würde, wenn er seine Ehescheidung nicht anerkennen würde. Aber der Papst verweigerte sie. Die päpstliche Entscheidung über diesen Punkt hing ganz von Kaiser Karl V. ab. Der englische Theologe Thomas Cranmer, der sie in Rom betrieb, verlegte daher seinen Sitz nach Deutschland. Hier, obgleich er keinen Erfolg in der Angelegenheit seines Königs hatte, wurde er mit den Führern und dem Charakter der lutherischen Reformation bekannt. Seine Erfahrungen am Sitz des Papstthums und dessen Gegner, setzte ihn in den Stand in der religiösen Bewegung seines eigenen Landes eine wichtige Rolle zu spielen. Vom kaiserlichen Hofe wurde er 1532 als Primas nach Canterbury berufen. Durch seine anfangs heimliche Heirath mit Osiander's Nichte hatte er sich bis zu einem gewissen Grade mit der Reformation identificirt.

Nachdem Henry mehrere Jahre mit unglaublicher Ausdauer seine Scheidung betrieben, verlor er endlich die Geduld. Er war im Jahre 1532 schon heimlich verheirathet. Lord Herbert of Cherbury sagt in seiner „History of England under Henry VIII.", dass die hohe Schwangerschaft seiner geheimen Gattin Anna Boleyn ihn zwang, diese Heirath baldigst veröffentlichen zu lassen. Im Jahre 1533 wurde der Erzbischof von Canterbury, der nachmals berühmte Cranmer, bewogen, die Trennung auszusprechen, worauf noch eine Parlamentsakte folgte, welche dekretirte, dass in Zukunft keine Berufung mehr an den Papst gemacht und demselben keine Erstlinge und Peterspfennige bezahlt werden sollten. Papst Clemens antwortete auf diesen Schritt mit der Exkommunikation Henry's, worüber dieser so aufgebracht wurde, dass er bald eine andere Akte durch das Parlament gehen liess, worin er sich selbst zum Haupte der Kirche von England erklärte und sich selbst die Annaten und Erstlinge, sowie die Ernennung aller Bischöfe zuerkannte. (1534). Auf die Vernichtung der päpstlichen Autorität folgten bald einige Anordnungen in Dogma und Ritus, die Aufhebung der Klöster, Einführung der englischen Bibel in den Kirchen. Aber die sieben Sakramente der römischen Kirche, die Ohrenbeichte, Messe und das Cölibat der Priester verblieben.

Dies waren die Ursachen, Anfänge und Grenzen der ersten reformatorischen Bewegung in England unter Henry. So ist die Ehescheidungsfrage das Glöcklein gewesen, das die Lawine in Bewegung setzte. So gelangte Henry Schritt für Schritt in einen Pfad, der unter Edward und Elisabeth zu einer vollständigen Reformation führte.

Henry fing nun an die Werke der deutschen und schweizerischen Reformatoren zu studiren. Interessant ist zu lesen, wie der gekrönte Reformator seine religiösen Studien betrieb. In einem Briefe an seinen Freund Capito (1537), der ihm eine dem Könige gewidmete Abhandlung gesandt hatte, erzählt

Cranmer, wie Henry sich mit dem Inhalt und Werth der ihm gesandten Werke bekannt machte. Cranmer bat Lord Cromwell, Grosssiegelbewahrer, der, nach Cranmers Aussage, mehr als irgend Einer zur Reformation der Religion und des Clerus beigetragen, mit ihm den König an Capito's Schrift zu erinnern. Henry liess Capito 100 Kronen dafür schicken. „Der König" — sagt Cranmer — „der ein sehr scharfer, wachsamer Beobachter ist, ist gewohnt Bücher dieser Art, welche ihm präsentirt werden, und die er zu lesen die Zeit nicht hat, einem seiner Lords zum Durchlesen zu geben, von dem er den Inhalt nachher kennen lernt. Dann gibt er das Buch einem Andern, der in seiner Denkweise dem ersten gerade entgegengesetzt ist. Wenn er ihre Ansichten kennen gelernt hat und weiss was sie loben und tadeln, gibt er endlich seine eigene Meinung über dieselben Punkte. Dies that er auch mit seinem (Capito's) Buch. Er stimmte mit Manchem überein, mit Manchem nicht, besonders nicht mit seinen (Capito's) Ansichten über die Messe." Henry war für ihre Beibehaltung.

Schon vor seiner Lossagung von Rom, 1532, hatte Henry dem „Speaker" des House of Commons erklärt, „dass er gefunden hätte, dass der Clerus seines Reiches nur halb ihm unterthan, oder kaum so viel wäre, da jeder dem Papste von Bischof oder Abt bei Amtsantritt geschworene Eid dem Eid der Treue gegen den König Eintrag thue, dieser Widerspruch sei aufzuheben". Das Parlament, das in allem Henry sekundirte, schaffte zwei Jahre später, nachdem beide Eidesformeln vorgelesen worden waren, die päpstliche Autorität ab. Die Unterthanenpflicht gegen den Papst veranlasste Henry bald energische Massregeln zu ergreifen. Eine der ersten reformatorischen Thaten Henry's, nachdem er sich zum Papst Englands erklärt hatte, war die Aufhebung der Klöster, weil man mit Recht fürchtete, dass die religiösen Orden den Feinden des Landes, die England von Aussen bedrohten, Hilfe leisten würden. Die Ordensbrüder rechtfertigten diese Massregel. Sie gingen ins Ausland, predigten in der christlichen Welt über ihre Verfolgung, die Barbarei des Königs und hetzten gegen ihr Vaterland. Mönche haben kein Vaterland. Allerdings hat eine solche Gewaltmassregel selbst unter milden Regierungen ihre grausame, herbe Seite. Um so mehr war dies der Fall unter dem gewaltthätigen Henry. Im Jahre 1539 jagte er alle Nonnen und Mönche aus ihren Klöstern, liess diese niederreissen, verwandelte einige der ersten Monasterien in Schulen und zog die Klosterbesitzungen an sich. Drei der reichsten Aebte, die von Glastonbury, Reading und Colchester, liess er, wegen Betheiligung an einer päpstlichen Verschwörung, vor ihren eigenen Klöstern aufhängen. Nonnen und Mönche wurden ihres Standes beraubt. dabei aber blieben sie Mönche und Nonnen auf des Königs Befehl, zu ewiger Keuschheit verpflichtet. „In England gibt es in dieser Zeit" — so schreibt John Hooper, später Bischof und Märtyrer an Bullinger in Zürich — „wenigstens 10,000 Nonnen, von denen keine heirathen darf. Die gottlose Messe, die schändliche Ehelosigkeit des Clerus, die Anrufung der Heiligen, die Ohrenbeichte, Fasten und Anderes, wurden nie vorher so hoch geehrt als jetzt."

Es wurde schon erwähnt, dass im Jahre 1525 eine in Köln unter der Leitung von Tindal und Ray gedruckte englische Uebersetzung des neuen Testaments von Tindal erschien und die auf Henry's Befehl verbrannt wurde. Henry, der später als er den Reformator spielte, selbst eine Bibel versprochen, beauftragte nun Cromwell, Vice-Regent, mit der Oberaufsicht einer Uebersetzung der Bibel und Richard Grafton mit dem Drucke.[1] Letzterer bat, weil es damals in England an gutem Papier mangelte, die Bibel Lateinisch und Englisch in Paris drucken zu dürfen, mit der Licenz von Franz I. Die Bibel wurde nun mit Henry's Erlaubniss in den Kirchen dann auch durch eine besondere Akte in Familien eingeführt, ganz in einer Weise die ihn charakterisirt. In einem Gesetz „Act for the advancement of the true religion and the abolishment of the contrary" war bestimmt, dass jeder nobleman und gentleman die Bibel in seinem Hause lesen durfte; und dass adelige Frauen und gentlewomen, auch höhere Kaufleute (merchants) sie selbst lesen dürften; aber kein Mann oder Weib unter diesen Rangstufen. [Lord Herbert of Cherbury, l. c. p. 614].

Eine papistische Verschwörung unter der Leitung des Cardinals Pole (1538) that mehr Henry auf dem Wege der Reformation weiter zu treiben, als Bücher, Rathschläge und Conferenzen. Den Tag nach der Entdeckung der Verschwörung erklärte Henry, dass sein Gewissen ihn nun antreibe die Reformation mehr als je zu befördern.

Im September 1538 fand eine Conferenz zwischen deutschen Protestanten und englichen Theologen in London statt. Henry VIII. beabsichtigte damals nicht nur ein Bündniss gegen den Papst zu schliessen, sondern auch ein gemeinschaftliches Glaubens-

[1] Im Jahre 1539 erschien eine neue und verbesserte Ausgabe der englischen Bibel, von Cranmer herausgegeben.

bekenntniss aufzusetzen. Aber Henry bestand auf Lehren, welche die Deutschen verwarfen, u. a. Beibehaltung der Privatmessen, des Priestercölibats, der Verweigerung des Kelches für Laien und so kam es zu keiner Einheit. Die englischen Theologen und Bischöfe waren in ihren Ansichten getheilt. Zum Lutherthum neigten sich u. a. hin die Bischöfe von Canterbury, Ely, Salisbury, Worcester, Hereford, Rochester, St. Davids; an den alten Lehren und Riten hingen die Bischöfe von York, London, Durham, Winchester, Chichester, Norwich, Carlisle. Zwischen ihnen spielte Henry den Moderator.

Schon vor dieser Conferenz waren manche deutsche protestantische Theologen nach England gekommen. Im Jahre 1534 kam u. a. Johann Aepinus, Hauptlehrer der Kirche zu Hamburg, als Abgeordneter, auf Henry's Einladung, um mit ihm über religiöse Angelegenheiten zu berathen. Wiederholt drang Henry auf Conferenzen, die aber immer erfolglos blieben, denn zur Ehre der Deutschen muss man bekennen, dass sie stets fest an ihren Grundsätzen hingen. Mit Henry war eine Einigung unmöglich. Er war kein Reformator von Herzen. Melanchthon besonders wurde oft und dringend von Henry eingeladen, er kam aber nicht. Der eifrige englische Reformator Dr. Barnes, der im Jahre 1540 auf Henry's Befehl mit mehreren Andern verbrannt wurde, liess Melanchthon durch Aepinus, dem er schrieb, warnen nicht eher zu kommen, als bis er von ihm (Barnes) einen Brief erhalte, sonst setze er sich Gefahr aus. Der arme Barnes schrieb diesen Brief als er, wegen seines Glaubenseifers, im Fussblock zur Strafe lag. Auch Luther rieth Melanchthon ab nach England zu gehen. In einem Briefe an den Churfürsten sagte er: „Vom König Henry ist nichts zu hoffen: seine Gesandten in Wittenberg gestanden seine Unbeständigkeit zu, und Anton Barnes sagt, dass Religion und Gottesdienst von ihm missachtet würden.“

Luther hatte Recht. Bald trat in der anglikanischen Kirche wieder eine Reaction ein. Schon im Jahre 1534 verordnete Henry die Abschaffung eines Gesetzes von Richard III., das die freie Einfuhr jeder Art von Büchern erlaubte. Auch durfte, zum Vortheil englischer Buchbinder, kein Buch von dem Continente gebunden von Buchhändlern oder Fremden eingeführt werden. Im Jahre 1543 ging er noch weiter. Es war dies zur Zeit als er wieder einmal mit Kaiser Karl V. einen Bundesvertrag geschlossen. Im Artikel X dieses Vertrages heisst es: „Weil viele, skandalöse, ketzerische Bücher in Uebersetzungen verbreitet werden, so wird bestimmt, dass kein in englischer Sprache geschriebenes Buch, in Deutschland oder in des Kaisers Staaten gedruckt und verkauft werde, sowie auch kein in deutscher Sprache geschriebenes Buch in England, bei Gefängnissstrafe gegen Verkäufer und Drucker, mit Verbrennen solcher Bücher".

Zur selben Zeit, 1542 43, kamen ähnliche Verordnungen heraus. „Alle theologischen Bücher, die gegen die im Jahre 1540 verkündeten Lehren verstiessen, mussten vernichtet werden, u. a. Tindals Bibelübersetzung. Kein Drucker oder Buchhändler durfte solche verbotene Bücher drucken oder verkaufen: Niemand durfte englische Bücher oder Schriften im Besitze behalten, die gegen das Sakrament des Altars, oder für die Anabaptisten waren, oder solche, welche durch des Königs Proklamation abgeschafft wurden. Es durften keine Annotationen oder Einleitungen in die Bibel oder das neue Testament in englischer Sprache erscheinen. Die Bibel durfte in keiner Kirche in englischer Sprache gelesen werden. Keine Frauen, Handwerker, Lehrlinge, Taglöhner, Bedienten, noch Feldarbeiter, durften das neue Testament in englischer Sprache lesen. Nichts durfte gelehrt oder verfochten werden, das des Königs Instruktionen zuwiderlief. Und wenn ein Geistlicher irgend etwas predigte, lehrte oder behauptete, was des Königs Instruktionen oder Bestimmungen zuwiderlief, so musste er vorerst widerrufen, das zweite Mal abschwören und ein Reisbündel tragen, und das drittemal wurde er als Ketzer verurtheilt und verbrannt, mit Confiskation seiner Habe."

Der engliche Papst liess auf seine Worte bald Thaten folgen. Der arme Dr. Barnes, Prediger, Freund Melanchthons, der in Deutschland studirt hatte, war schon früher, im Juli 1540, bald nachdem er für Melanchthon den Warnbrief geschrieben, mit andern Predigern verbrannt worden. Sein Protest auf dem Scheiterhaufen erschien zur Zeit in deutscher Sprache. Etwa zur selben Zeit war der bekannte Gegner Luthers, Johann Eck von Ingolstadt, wegen Umtriebe in anderer Richtung, in England hinter Schloss und Riegel. Henry liess diesen aber wieder los. Henry opferte nur die Guten, Unschuldigen und Frommen. Er liess zu dieser Zeit alle Geistlichen hängen, die heiratheten, oder die ihre Weiber behielten und nicht verstiessen, welche sie nach einem früheren Statute geheirathet hatten. Cranmer, der Primas von England, der 1532 eine Verwandte des Theologen Osiander in Nürnberg geheirathet, schickte seine deutsche Frau nach Hause, denn sein Herr und Meister, dem es leicht war eine Frau loszuwerden, hätte sonst auch ihn nicht verschont. Nebst Geistlichen wurden auch Laien bestraft, weil sie zu Ostern nicht das Abendmahl nahmen, oder nicht an die Transsubstantiation glaubten, nicht beichteten, nicht Messe hörten, Unterlassungen, wofür Viele den Scheiterhaufen zu besteigen hatten.

Die Reaction in der englischen Reformation begann im Jahre 1539 in Folge der Bemühungen des unheilvollen Gardiner, des Mephistopheles der englischen Reform, unterstützt von Longland und Tunstall. Bezeichnend ist der Ausruf eines Franzosen, welcher der Hinrichtung der protestantischen Märtyrer Barnes, Garrett und Jerome beiwohnte. „Guter Gott“! — rief er in Schrecken aus — „in was für einem Lande leben diese Leute! Auf der einen Seite hängt man die Papisten, auf der andern verbrennt man die Antipapisten“.

Es war zu erwarten, dass unter einem solchen Reformator, wie Henry, viele englische Reformatoren in's Exil gingen oder gehen mussten. Viele derselben gingen nach Frankfurt. Einer unter ihnen, Miles Coverdale, im Exile als Michael Anglus bekannt, später (1551) Bischof von Exeter, wurde Director einer Lateinischen Schule in Bergzabern, bei Weissenburg, wo er verschiedene religiöse Werke vom Deutschen in's Englische übersetzte und so von Deutschland aus auf die mittleren und niederen Klassen in England keinen geringen Einfluss übte.

Henry's religiöse Politik, denn so muss man sie nennen, wurde durch die stets wechselnden politischen Constellationen Europa's beeinflusst. Einmal war er verbündet mit Franz, das andere Mal mit Karl und ein Bündniss mit letzterem brachte stets eine religiöse Reaction in England mit sich. Im Jahre 1543 verband er sich mit Karl. Im Jahre 1546 erneuerte er dies Bündniss, aus Furcht vor Franz I. und kam dadurch in ein Abhängigkeitsverhältniss vom Kaiser. Der König, die Meisten der leitenden Persönlichkeiten, die Mehrheit der englischen Bischöfe wünschten die Gunst des Kaisers mit allen Mitteln zu erhalten. Man suchte die Freundschaft der deutschen Protestanten nur aus dem Grunde zu erhalten, um ihre Mithilfe für einen Krieg gegen Frankreich zu gewinnen. Anders aber war die Stimmung unter der Masse des englischen Volkes, unter den echten Freunden der Kirchenreform in England. Diese hofften auf eine Niederlage des Kaisers. John Hooper, damals Flüchtling in Strassburg, später Bischof und Märtyrer, schreibt von da im Jahre 1546 an Bullinger in Zürich: „In England würde ein Religionswechsel eintreten, im Falle der Kaiser besiegt würde. Sollte aber der Kaiser siegen, so wird Henry die Messe beibehalten, der er letzten Sommer (Juni 1546) vier Reformer auf dem Scheiterhaufen opferte". „Die Bischöfe, Doctoren, Theologen" — berichtet Peter Martyr, Professor in Oxford, an Bucer in Strassburg, — „erwarten, mit wenigen Ausnahmen, Hilfe von Kaiser Karl in England selbst und hoffen, dass er gegen die protestantische Agitation in ihrem eigenen Vaterland bald auftreten werde." Wer von uns denkt hierbei nicht unwillkürlich an ähnliche Wünsche in unseren Tagen in unserem eigenen Vaterlande? Doch Henry wurde bald darauf von einem abgerufen, über den er keine Macht hatte, dem Tode.

§ 3.

HENRY VIII. UND DIE DEUTSCHEN FÜRSTEN.

Henry's auswärtige Politik richtete sich ganz nach seiner inneren Politik, nach den inneren und äusseren Feinden, nach dem Einflusse Roms und dem Widerstand der alten Kirche. Er unterhandelte bald mit den deutschen Protestanten gegen den Kaiser, bald mit dem Kaiser gegen die Protestanten, mit Franz I. von Frankreich gegen Kaiser Karl, mit Karl gegen Franz. Er schloss zwei Bündnisse mit Karl gegen Franz, zwei mit Franz gegen Karl. Alle diese Bündnisse waren, so hiess es, „auf ewig" geschlossen.

Es war damals die Zeit wo, wie später noch, ehrgeizige Fürsten mit Plänen zur Gründung einer europäischen Universalmonarchie begannen. Franz I., Henry IV., Louis XIV., der erste Napoleon wollten alle das Reich Karls des Grossen wieder herstellen, Italien und Deutschland erobern. Franz wollte Kaiser von Deutschland werden. Karl V. strebte nach einer spanischen Universalmonarchie und Henry hatte einmal, ehe er Reformator wurde, den Plan einer englisch-französisch-spanischen Monarchie. Rom, das selbst seit Hildebrand die Universalherrschaft erstrebte, eine Zeit lang besessen hatte, konnte begreiflicherweise solche Pläne der Fürsten, die seiner Macht verderblich werden würden, nicht billigen und suchte sie zu vereiteln, indem es bald mit einem, bald mit dem andern der ehrgeizigen Fürsten hielt.

Anfangs trat Henry VIII. oft als Vermittler zwischen Karl V. und Franz I. auf, hatte Zusammenkünfte mit beiden zur Besprechung allgemeiner Angelegenheiten. Beide machten Henry den Hof, sowie seinem einflussreichen Minister Wolsey, um die englische Allianz zu erhalten. Es wurde sogar zwischen Henry und Karl ein Plan zu einer eben angedeuteten Universalmonarchie gefasst, an dem Cardinal Wolsey grossen Antheil hatte. Henry's Tochter Mary war mit Karl verwandt, durch ihre Mutter, Katharina von Arragonien, Tante des Kaisers. Karl besuchte England ganz unerwartet (26. Mai) 1520. Durch seine Aufmerksamkeit gegen Henry und eine liberale Pension, die er dessen mächtigem Minister gab (es war damals Gebrauch fremden Staatsmännern Pensionen zu geben) löste er ihn von der französischen Allianz. Wolsey, der erst für Franz gewesen, war nun mit Leib und Seele für Karl, und nachdem durch seine Vorliebe für Karl eine Vermittelung mit Franz misslungen, schloss Wolsey in Brügge eine Allianz zwischen Henry und Karl gegen Franz (1521). Der nächste Plan war die Vermählung von Henry's Tochter Mary mit ihrem Vetter Kaiser Karl. Henry sollte König von England und Frankreich werden, und nach seinem Tode sollte Karl dessen Erbschaft antreten und so Europa, die Welt regieren und dann den Türken den Krieg erklären. Wolsey wurde Papst und hatte die Ausführung des Planes zu überwachen. [Edinburgh Review. April 1875.]

Aber diese in Windsor besprochenen Pläne sollten nicht erfüllt werden. Der Papst, von Karls Ehrgeiz erschreckt, verbündete sich mit Frankreich, die italienischen Städte thaten desgleichen und auch Henry VIII. sagte sich zuletzt (1526) los. Wolsey wurde nicht Papst. Henry brach mit dem Kaiser, mit dem Papst, mit Wolsey, mit seiner eigenen Frau, der Tante Karls, und stigmatisirte seine Tochter Mary, die zukünftige Königin der Welt als unehelich, liess den Cardinal Fisher und seinen römisch gesinnten Kanzler Sir Thomas More hinrichten und ernannte sich selbst zum Papst in England.

Einen grossen Einfluss auf Henry's Chamäleon-Politik und religiöse Massregeln hatten die damaligen politischen Constellationen Europas. Er schwankte stets zwischen den deutschen Protestanten, Karl V. und Frankreich. Frankreich war damals durch die Allianz mit dem England feindlichen Schottland ein sehr gefährlicher Feind Englands und Henry suchte daher Karls V. Gunst zu bewahren. Durch seine Ehescheidung von Karls Tante, verlor er aber diese Gunst auf lange Zeit. Karl that Alles in Rom die Scheidung zu hintertreiben. Henry suchte nun die Gunst von Franz I. und den deutschen Protestanten, die er durch eine Reformation nach seiner Art zu gewinnen hoffte. So balancirte er sich den ganzen letzten Theil seines Lebens hindurch. Hätte er die Einsicht und den Muth gehabt eine gründliche und aufrichtige Reformation in England zu befördern, mit den Deutschen ein gemeinschaftliches Glaubensbekenntniss, eine gemeinschaftliche Kirche einzuführen und einen aufrichtigen Bund zu schliessen, so wären die Folgen unberechenbar gewesen und Deutschland die schrecklichen Folgen der Religionskriege erspart worden.

Obwohl es zu dieser Zeit in den civilisirten Staaten Europa's noch keine permanenten Botschafterposten der Regierungen im heutigen Sinne gab und nur für gewisse Fälle ausserordentliche Gesandte gebraucht wurden, so hatten die Regierungen ihre politischen Agenten im Auslande, welche ihnen fleissig über Alles berichteten. Solche Agenten hatte Henry VIII. auch in Deutschland. Es waren dies nicht allein Engländer, sondern auch Deutsche, darunter sehr tüchtige Männer, durch die Henry stets über Alles auf's Genaueste und Fleissigste in Kenntniss gesetzt wurde. Selbst in den deutschen Heeren hatte Henry seine Agenten. Zur Zeit als die protestantischen Truppen (1546) gegen Karl V. im Felde waren, hatte er seinen „Herald" Somerset in Deutschland, der Jordano Bruno begleitete, den italienischen Märtyrer, als dieser von England zur protestantischen Armee reiste. Durch Somerset wurde Henry über Alles informirt. Es war dies zur Zeit als Henry mit Karl V. sein Bündniss erneuert hatte. Einer der tüchtigsten politischen Agenten Henry's in Deutschland war der deutsche Christoph Mundt, welcher bei Henry und nach ihm bei Elisabeth in hohem Ansehen stand. Er lebte in Strassburg, reiste aber oft in Deutschland und Frankreich und war sehr oft in England. Von ihm sind zahlreiche diplomatische Depeschen vorhanden. Es wird später noch von ihm die Rede sein.

Ich will nun die nicht leichte Aufgabe übernehmen, nochmals hier mit flüchtiger Skizze einen Ueberblick der stets wechselnden auswärtigen Politik Henry's, speciell Deutschland gegenüber zu entwerfen und ihn in allen seinen Transformationsscenen zu verfolgen. Die im Allgemeinen wenig bekannten Thatsachen entnahm ich der Correspondenz englischer und deutscher Reformatoren der damaligen Zeit und dem Werke: „England under Henry VIII." von Lord Herbert of Cherbury, welcher unter Henry und Elisabeth lebte.

Im Jahre 1521 schloss wie ich erwähnte, Henry ein Bündniss mit Karl V. gegen Franz I. von Frankreich. Aber das Bündniss zwischen beiden, ihre Freundschaft und politischen Pläne sollten nicht lange dauern. Henry wollte sich von seiner ersten Frau trennen und diese war Karls Tante. Der Kaiser suchte die Trennung zu vereiteln und der Papst, der damals auf Karls Hilfe zur Ausrottung des Protestantismus rechnete, wollte den Kaiser nicht verletzen. Unter andern Umständen hätte man sich in Rom gefälliger gezeigt. Die moderne Geschichte, die Trennung Napoleons von Josephine und Jerome's von seiner amerikanischen Frau beweisen, dass man in Rom nicht fest an der Lehre hängt, dass die Ehen im Himmel geschlossen werden.

Henry drohte dem Papste, dass, wenn er ihn nicht scheiden wollte, er sich den deutschen protestantischen Fürsten anschliessen würde, was auch geschah.

Im Jahre 1531 sandten die protestantischen Fürsten Deutschlands von Schmalkalden Briefe an Henry VIII. und Franz I., worin sie beiden über die Verhandlungen von Worms und Augsburg berichteten. und sie baten beim Kaiser zu wirken, um ein freies, allgemeines Concil zu berufen. Das darauffolgende Jahr (1532) nahmen die deutschen Fürsten den angebotenen Schutz von Franz I. an, welcher auch Henry's Beistand gewann. Henry schickte obigen Fürsten 50,000 Kronen „zur Vertheidigung und Erhaltung der Privilegien des Reiches". Einige Monate später (August 1532) hielt sich der Erzbischof Thomas Cranmer in des Königs Angelegenheiten in Italien und Deutschland auf. In Folge der Unterhandlungen mit den protestantischen Fürsten Deutschlands. erschienen auch im Jahre 1534 Deputationen in England, um über Katholicismus und Protestantismus zu disputiren, unter welchen Reformirte und eifrige Katholiken waren und im Winter 1535 befanden sich Abgesandte Henry's in Schmalkalden zum Zwecke einer politischen und religiösen Allianz mit den deutschen Protestanten. Es handelte sich wieder um Entwurf eines gemeinschaftlichen Glaubensbekenntnisses. Unter den englischen Gesandten war Edward Foxe, Bischof von Hereford. dessen Rede in Sleidan (IX. 188) gegeben ist. Er nannte darin den Papst den Antichrist. Diese freundschaftliche Annäherung beantwortete der neue Papst Paul III. durch eine Bulle mit Bannfluch gegen Henry worin er diesen in Acht erklärte. Henry fürchtete der Kaiser möchte den Beschluss des Papstes ausführen. da er sich von Karls Tante Katharina mit Gewalt getrennt und seine und ihre Tochter Mary für illegitim erklärt hatte.

Im folgenden Jahre (December 1536), nach Aufhebung der Klöster und in Mitte der Bekämpfung seiner Feinde im eigenen Reiche, sandte Henry wieder Foxe, den Bischof von Hereford nach Schmalkalden um die deutschen Protestanten zur Einigkeit in Lehre zu ermahnen, als das einzige Mittel Frieden im Innern und Hilfe von Aussen zu erlangen, wozu ihnen Henry seinen Beistand abermals durch Conferenz seiner Theologen mit den ihrigen anbot. „Die Gegner suchten Zwietracht zwischen ihnen zu säen und er biete ihnen seine Hilfe an". Aber die Deutschen antworteten, dass unter ihnen keine Theilung bestände, dass Alle an der Augsburger Confession fest hielten. Darauf wurde noch über das erwartete Concil gesprochen und einer unter ihnen ernannt, mit Bischof Foxe privat zu unterhandeln. In demselben Jahre als Henry durch sein entschlosseneres Auftreten die römische Religion in der That aufheben zu wollen schien, machten die protestantischen Fürsten den englischen Theologen, die zur Zeit noch in Schmalkalden waren, u. a. den Vorschlag: „Dass Henry die Augsburger Confession annehmen, mit ihnen ein Schutz- und Trutzbündniss schliessen und den Titel Patron und Vertheidiger des Bundes annehmen sollte." Zu gleicher Zeit war Henry mit Franz I. in eifriger Unterhandlung, der gerade einmal an eine Art französischer Reformation nach seinem Schnitte dachte und die Hilfe Melanchthons dazu zu gewinnen suchte. Henry's schon genannter politischer Agent in Deutschland, Christoph Mundt, war zu dieser Zeit in des Königs Auftrage am französischen Hofe und erstattete ihm Bericht über die Unterhandlungen zwischen Franz und den deutschen Protestanten ab. Keiner traute dem Andern. Franz konnte keineswegs wünschen, dass Henry einen grossen Einfluss in Deutschland gewinne, der seinen Absichten auf dieses Land störend in den Weg treten würde. Als Franz Melanchthon nach Frankreich einlud, erhielt Mundt von Henry den Auftrag diesem davon abzurathen und anstatt dessen ihn einzuladen. nach England zu kommen. Beide fremden Fürsten, und besonders Henry, suchten Melanchthon zu benützen, da zu dieser Zeit die deutschen Fürsten, um Freundschaft und Hilfe von Franz und Henry zu erlangen, zu einer Accommodation in Sachen der Religion geneigt schienen. Nach den Berichten von Mundt schien Henry eine hohe Meinung von Melanchthons Tugend, Gelehrsamkeit, Mässigung und Ernst gehabt zu haben, und er wünschte seine Gegenwart aufrichtig, entweder um eine Uebereinstimmung in der Lehre mit den Deutschen auszuarbeiten, oder, wenn dieses nicht gelingen sollte, die Religionsverschiedenheiten in beiden Ländern zu mässigen, wozu er den frommen und bescheidenen Melanchthon für fähig hielt. Dieser aber kam nicht.

Ich muss jedoch wieder auf die obengenannte Conferenz in Schmalkalden zurückkommen, wo über die Religionseinigung zwischen England und den deutschen Protestanten unterhandelt wurde. Cromwell, Henry's Minister, der eine solche Union wünschte, hatte den unglücklichen Gedanken, diesen Vorschlag dem Reichskanzler, dem Bischof von Winchester mitzutheilen, der gerade in Frankreich war und die Sache zu hintertreiben suchte. Dieser Bischof, den Henry wiederholt als Mittelsperson zwischen ihm und den Lutheranern brauchte, war Gardiner, welcher der Reformation im Herzen feindlich war und der unter Edward VI. seiner Stelle entsetzt und in's Gefängniss geworfen, von der katholischen Königin Mary, Philipp's von Spanien Gemahlin, aber wieder in sein Bisthum eingesetzt ward. Auf den Vorschlag eines oben erwähnten Bündnisses und seines Patronats liess sich Henry jedoch unter gewissen Bedingungen ein und bewilligte den deutschen Fürsten ein Subsidium von 100,000 Kronen und im Kriegsfalle das Doppelte. Seine Bedingungen waren, dass die Protestanten sich zuerst unter sich einigten, und dass dann eine gleiche Einigung in Lehre zwischen ihm und ihnen zu Stande gebracht werde, wozu er abermals eine Conferenz anglikanischer und deutsch-protestantischer Theologen vorschlug. Der Churfürst von Sachsen antwortete hierauf dass er mit seinen Verbündeten, die in Frankfurt tagten, berathen würde, und diese berichteten (April 24. 1536) dass sie sich entschlossen hätten Abgeordnete nach England zu schicken und dass sie in religiösen Fragen sich der Majorität fügen wollten. Darauf wurden einige sogen. „Oratoren“ bestimmt nach England zu gehen. Die verbündeten Städte erwählten dazu den berühmten Jakob Sturm von Strassburg und die abgeordneten Theologen waren Melanchthon, Bucer, Draco. Aber ihre Abreise wurde in Folge der Hinrichtung von Anna Boleyn aufgeschoben.

Als im Februar 1537 die deutschen Protestanten wieder in Schmalkalden zusammenkamen, um über gewisse Vorschläge des Kaisers zu berathen, sandte Henry seinerseits William Paget und den schon genannten Christoph Mundt dahin. Sie hatten den Befehl über Frankreich zu reisen, den Bischof Stephan Gardiner, den englischen Gesandten daselbst zu sehen, den französischen König zu sprechen, und in's Geheim zu reisen. Ihre

Instruktionen waren die deutschen Fürsten abzumahnen in des Kaisers Vorschläge einzugehen, und ihre Beschwerden an Henry und Franz zu richten. Henry fürchtete, dass der Kaiser mit den Protestanten Frieden machen, sich dann gegen ihn wenden und das zu berufende Concil gegen ihn gebrauchen würde.

Auf diese Weise benutzten damals, wie in späteren Jahrhunderten, fremde Fürsten unsere deutschen Fürsten zu selbstsüchtigen Zwecken.

Im März 1538 versammelten sich die Protestanten in Braunschweig. Henry sandte wieder Christoph Mundt mit Instruktionen dahin. Diese waren: 1) zu wissen, wer ihre Verbündeten wären: 2) zu erfahren ob ihre Verbindung für allgemeine Vertheidigung, oder nur auf religiöse Angelegenheiten beschränkt wäre: 3) eine definitive Antwort zu erhalten, ob sie wie sie versprochen hatten, eine grosse Legation mit Melanchthon nach England schicken wollten. Sie antworteten, dass sie ihre Gelehrten sehr nöthig brauchten, dass sie von Henry zuerst wissen wollten, was ihm in ihrer Confession missfiele, nannten dann ihre Verbündeten und erklärten, dass ihr Bund nur für religiöse Angelegenheiten wäre. Um jedoch einen Vertrag zu beschleunigen, sandten sie Franz Burkard, Vice-Kanzler des Churfürsten von Sachsen, Georg von Boyneburg, einen hessischen Edelmann, Gesandten des Landgrafen von Hessen, und Friedrich Myconius, Superintendenten der Kirche von Gotha, um mit den englischen Theologen in London über ein Bündniss gegen den Papst und ein gemeinschaftliches Glaubensbekenntniss zu berathen. Die erste Abtheilung der Berathung, worin die Hauptpunkte der christlichen Lehre erklärt wurden, endete mit Erfolg. Die Eintracht ward aber zerrissen, als sie an die Missbräuche und die Verderbniss der Kirche kamen. Sie remonstrirten gegen verschiedene Missbräuche in England, u. a. das Abendmahl unter einerlei Gestalt für die Laien, die Privatmessen, das Priestercölibat, und erklärten, dass die deutschen Protestanten sich dazu nie herbeilassen würden. Vice-Regent Cromwell und Erzbischof Cranmer unterstützten die deutschen Protestanten, aber Andere opponirten, besonders Tonstall der Bischof von Durham, welcher den König mit Beweisgründen gegen die der Deutschen versah. Henry, der sich auf seine Fertigkeit in der Disputation nicht wenig einbildete,[1] vertheidigte selbst

[1] Henry war in höchstem Grade eitel. Als im Jahre 1515 die venedischen

hartnäckig „als gut und gesetzlich“ die Punkte, welche die Deutschen reformirt haben wollten. Im September reisten diese unzufrieden und in ihren Erwartungen getäuscht nach Hause. Henry aber hatte die Hoffnung immer noch nicht aufgegeben, die Deutschen für seine Reform zu gewinnen.

Im Februar 1538 wurden in einer Versammlung der protestantischen Fürsten in Frankfurt die Vorschläge des Kaisers berathen. Dahin sandte Henry wieder seinen Agenten Christoph Mundt mit Thomas Paynell. Er stellte sich beleidigt, dass sie ohne sein Wissen, mit dem Kaiser unterhandelten, wollte die Bedingungen wissen und ob sie ihrer Lehre treu zu bleiben vor hätten. Darauf kamen Burkard und Andere (April 23. 1539) im Namen der Fürsten nach England, und brachten Instructionen mit, worin erklärt wurde, dass eine Pacification ungewiss, ja unwahrscheinlich wäre, dass sie an der Augsburger Confession festhalten würden, dass sie aber mit Bedauern gehört, dass Henry so streng gegen die Gegner der kirchlichen Missbräuche verfahre, die ihre Gesandten das Jahr vorher reformirt wissen wollten. So lange Henry so verführe, könnte aus einer Sendung gelehrter Männer, die er so sehr wünschte, nichts werden. Sie hätten schon genug discutirt und würden ihre Theologen nicht nach England schicken um ihre angenommenen Grundsätze zu verleugnen. Zugleich schrieb Melanchthon (1. April) einen Brief an Henry (betitelt: Sermo etc. Capiti Anglicae Ecclesiae, post Christum supremo.) worin er ihn ermahnte „seine begonnene Reformation zu vollenden, und nicht auf die zu hören, welche sie dadurch hindern möchten, dass Ceremonien und indifferente Dinge als Hauptsachen und zu streng vorgeschrieben würden; daher ersuche er den König seine letzte Proclamation zu mildern, welche den Empfehlungen der deutschen Protestanten zuwider wäre“. Alles dieses hatte aber auf den halsstarrigen Henry keinen Effekt. Im Gegentheil, er verdoppelte seine Strenge gegen eine gründlichere Reformation. Der englische Theologe, der Henry mit allen Mitteln abhielt, sich enger an

Gesandten mit dem König den Mai-Tag auf Shooters hill bei Woolwich feierten, trat Henry, nachdem er sich vorher als Reiter producirt, in ihre Laube und fragte: „Ist der König von Frankreich (Franz I.) so gross als ich? Ist er ebenso stämmig? Was für Schenkel hat er?“ Worauf er sein Wamms aufknöpfte und die Hand auf seine Hüfte legend, sagte: „Schaut einmal! Und ich habe auch tüchtige Waden zu meinen Schenkeln.“ — (Rye: England as seen by Foreigners. p. XLV.)

die deutschen Protestanten anzuschliessen und zu Hause selbst gründlicher zu reformiren, war der wiederholt angeführte Gegner der Reformation, Bischof Gardiner.

Als die deutschen Protestanten, eine Einigung mit dem Kaiser für unmöglich haltend, sich in Arnstett in Thüringen (Nov. 9. 1540) versammelten, um über ihre Vertheidigung zu berathen, schickten sie wieder Gesandte an Henry. Dieser liess sich mündlich auf ein Bündniss ein, verlangte aber wieder eine Disputation über die schon erwähnten Punkte: Priesterehe, Abendmahl und Messe, „die von ihrer Seite irrig aufgefasst wären". Er verlangte abermals eine Gesandtschaft mit Melanchthon, um über obige Punkte wieder zu discutiren. Geschähe dieses, so wollte er in ein enges Bündniss mit ihnen treten. Aber die Deutschen beharrten fest auf ihrer Augsburger Confession. Die Verhandlung endete im darauffolgenden April (13.) für den Augenblick mit einem Beschlusse, die Argumente des Königs, hinsichtlich obiger Glaubensartikel, schriftlich zu beantworten, die Antwort ihm in Form eines Briefes zu senden und deren Abschaffung oder Reform wieder zu verlangen.

Nachdem sich Henry der armen Anna Boleyn (1536) auf kürzerem Wege entledigt, als seiner ersten Gattin, und seine dritte Frau Jane Seymour im Kindbett verloren, suchte er sich eine vierte. Man hatte ihm erst Christiana, Herzogin von Mailand, eine dänische Prinzessin von grosser Schönheit empfohlen. Der deutsche Maler Hans Holbein, Henry's Hofmaler, wurde nach den Niederlanden gesandt, wo sich Christiania zur Zeit aufhielt, sie zu malen. Er malte sie in drei Stunden, und der König, als er das Bild gesehen, schien geneigt, aber Karl V. verhinderte die Sache, ja er suchte selbst diese Schönheit dem Herzog von Orleans, Sohn von Franz I., dem alten Freunde Henry's, zu kuppeln. Der einflussreiche Cromwell suchte daher für Henry eine andere Frau. Er rieth ihm zu einer politischen Ehe. Der Herzog von Cleve konnte dem damaligen Feinde Henry's, dem Kaiser, als Nachbar der Niederlande am meisten schaden. Der Herzog war zugleich der Schwiegervater des Churfürsten von Sachsen. Eine Heirath mit einer Prinzessin von Cleve musste Henry daher in engere Verbindung mit den deutschen Protestanten bringen. So veranlassten politische Gründe Henry's Heirath mit Anna von Cleve, der Schwester von Sibilla, Churfürstin von Sachsen. Die gute Anna sprach keine andere Sprache als deutsch, so dass sie mit ihrem zukünftigen Gemahl nicht einmal sprechen konnte. Henry aber dachte an die Gefahr von Seiten des Kaisers und schickte Nicholas Wotton Dr. der Rechte, als Agent nach Cleve. Anna war nicht schön, sprach nur deutsch, verstand keine Musik, aber sie konnte, wie Wotton berichtet „in ihrer Sprache lesen und schreiben und gut nähen". Der Hofmaler Hans Holbein wurde nun abermals (1539) als Brautmaler abgeschickt. Er malte sie so schön, dass sich der König entschloss, sie zu heirathen. Friedrich von der Pfalz, Gesandte der Herzöge von Cleve und Sachsen, unter andern Dulcius, Franz Burkard, Vice-Kanzler des Churfürsten von Sachsen, reisten (1539) nach England und im Dezember kam Anna, begleitet von den Commissären des Herzogs von Cleve: Olesleger, Kanzler von Cleve, und Hobsteden. Henry kam ihr am Neujahrsabend incognito und verkleidet bis Rochester entgegen. Aber ihr Anblick machte einen solchen Eindruck auf ihn, dass er, wie er selbst sagte, „bedauerte, dass sie je nach England gekommen und mit sich zu Rathe ging, wie er abbrechen könnte." Er fürchtete jedoch die Folgen und besonders den Herzog von Cleve in des Kaisers Arme zu treiben. In Anbetracht dieser Folgen entschloss er sich in den sauren Apfel zu beissen und Anna zu heirathen. Cromwell, der die Heirath befürwortet hatte, da er stets eine Allianz mit den deutschen Protestanten wünschte, hatte später theuer dafür zu zahlen, dass er seinem Herrn keine angenehmere Braut verschafft. Anna war früher dem Sohne des Herzogs von Lothringen versprochen worden. Aber Henry's eigner Staatsrath, darin der Erzbischof von Canterbury und der Bischof von Durham, erklärte, dass, wenn nichts als Sponsalien zwischen Anna und dem Lothringer gewechselt worden wären, eine Renuntiation von Seiten Anna's genügend wäre. Nachdem sie eine verlangte Erklärung vor den Lords gegeben, sagte Henry zu Cromwell, „dass es jetzt kein Mittel mehr gäbe, und er seinen Nacken in das Joch stecken müsste". Die Aussicht auf eine Conföderation mit den deutschen Fürsten half ihm noch die Pille verschlucken und er vermählte sich mit Anna in Greenwich. Als am Tage nach der Hochzeit Cromwell zu ihm kam und ihn fragte, ob er sie jetzt lieber hätte, sagte er: „Nay, much worse: for that he having found by some signs that she was no maid, he had no disposition to meddle with her." Aber äusserlich that er desgleichen als liebte er sie. Der Augenblick war gefährlich. Wegen der Feinde von Aussen und der grossen Anzahl Unzufriedener in England fand er es für rathsam, seine Leibgarde zu vermehren. Er wartete seine Zeit ab mit Anna zu brechen. Ihr Aeusseres zog ihn nicht an, sie konnte nicht mit ihm sprechen, sie konnte ihm nicht singen und spielen und zudem vollzog ihr Bruder, der Herzog, einige Artikel des Heiraths-Vertrages nicht. Bald holte Henry wieder den Verlobungskontrakt zwischen Anna und dem Sohn des Herzogs von Lothringen hervor. Anna, gutmüthig und nicht so hochherzig als die spanisch-habsburgische Katharina, liess sich ruhig trennen und mit dem Titel „des Königs adoptirte Schwester" pensioniren. Sie verliess England nicht. trotz ihrer unwürdigen Behandlung (1540). Der Grieche Nicander Nucius,[1] der eine griechische Reisebeschreibung schrieb, worin er, nebst Deutschland, auch England schildert, war etwa 1545 in England und gibt in seinem Werke folgende curiose Gründe der Trennung Henry's von Anna an: „Die Ursache, warum er sie verstiess, soll folgende sein. Es ist gebräuchlich unter den Deuschen ihre Töchter zu verloben. Der zu Verlobende nähert sich und bringt seine Hüfte — nicht die nackte — im Angesichte Aller, als Zeichen des gebildeten Vertrages. nahe an die Hüfte der Verlobten. Dies ist bei ihnen der Modus der Verlobung. Sie hatte nun lange vorher eine Ceremonie dieser Art mit einem deutschen Edelmanne durchgemacht. Darauf repudiirte sie Henry." Offenbar hatte Nicander Nucius diese angeblichen Gründe in London gehört. Thomas Cromwell verlor in Folge jener Heirathsgeschichte Henry's Gunst und im Jahre 1540 sein Leben. An Cromwell verlor die Reformbewegung ihren Hauptführer. Sein Lieblingsplan einer engen Verbindung der englischen und deutschen Protestanten, an dem er stets arbeitete. brachte ihn zuletzt auf's Blutgerüst. Sein grösster Feind, der streng katholische Herzog von Norfolk, benutzte Henry's Unzufriedenheit über die von Cromwell empfohlene deutsche Heirath mit Anna von Cleve und brachte ihn mit falschen Anschuldigungen zum Sturze.

In demselben Jahre (1540) kam Pfalzgraf Friedrich nach England um von Henry Hilfe zur Wiedereinsetzung seines Schwiegervaters, des Königs von Dänemark zu erlangen und zugleich eine Geldsumme von 600,000 Dukaten.

Im Jahre 1541 sandte Henry Bischof Gardiner und Sir Henry Knevet zu einer vom Kaiser berufenen Versammlung

[1] „Travels of Nicander Nucius" edited by J. A. Cramer, Camden Society, 1841. — Es ist dies ein höchst interessanter Reisebericht. Von grossem Interesse ist u. a. Nicander's Beschreibung aus eigener Anschauung, der Entstehung und der Lehren der Reformation in Deutschland, ferner die Charakteristik der Anabaptisten.

zu Worms.[1] Diese lavirten daselbst zwischen den Protestanten und Katholiken und machten beiden Versprechungen. Es ist daher nicht überraschend, dass 1543 Henry sich seinem alten Freunde und Feinde Kaiser Karl V. wieder näherte und mit ihm ein Bündniss schloss, „einen ewigen Frieden und Trutz und Schutz gegen ihre gegenseitigen Feinde“. Der Feind war damals Franz I.

Da im Jahre 1545 Henry und Karl V. sich wieder entzweiten, so benutzten die deutschen Protestanten diesen Umstand um einen Frieden zwischen Henry und dem Franzosenkönige Franz I. zu Stande zu bringen. Sie sandten zu diesem Zwecke Baumbach und den Historiker Johann Sleidan nach England, die jedoch, nachdem sie mehrere Monate unterhandelt, im Januar 1546 unverrichteter Sache zurückkehrten.[2]

Die ganze Zeit hat der jeder Reform feindliche Gardiner Bischof von Winchester, Henry's Gunst besessen und als Unterhändler gewirkt. Gegen Ende des Jahres 1545 war er mit Thirlby Bischof von Westminster bei Karl V. in Flandern. Gardiner ging von da in Henry's Auftrag nach Deutschland, um zu berichten, was da vorging, denn im Januar 1546 kamen die Protestanten in Frankfurt a. M. zusammen, wo sie über ihre Vertheidigung gegen den Kaiser beriethen. Henry wollte für alle Eventualitäten in Fühlung mit den deutschen Protestanten bleiben und sie nicht in die Arme von Franz I. treiben.

Zur Zeit des Reichstages von Regensburg (1546), wo der Bischof von Westminster als Henry's Agent anwesend war, als die deutschen Protestanten energische Massregeln von Karl V. fürchteten, ward Pfalzgraf Philipp, Neffe des Churfürsten Friedrich nach England geschickt (März), um Hilfe zu suchen. Er soll zugleich als Bewerber um die Hand der Prinzessin Mary gekommen sein, jedoch ohne Erfolg. Giordano Bruno führte für Philipp die politischen Angelegenheiten. Henry schlug u. a. als Bedingungen vor: „dass man ihn durch eminente, wohlinstruirte Agenten, über die Stärke, sowie die übernommenen Dienstleistungen jedes Mitgliedes des Bundes instruire; dass Henry den ersten Platz darin einnehme; dass derselbe „League Christen“ i. e. „Christliche Liga“ heisse; dass kein neues Mitglied

---

[1] Eigentlich kein Reichstag, sondern Religionsgespräch. Damit in Verbindung steht der Reichstag zu Regensburg 1541.

[2] Ueber Baumbach's und Sleidan's Korrespondenz siehe Baumgarten: Sleidan's Briefwechsel p. 79 ff.

ohne Henry's Zustimmung in denselben treten dürfe; dass Henry in den Versammlungen drei Stimmen gegen zwei jedes andern Fürsten habe.“ Er schlägt wieder eine Conferenz in seiner Gegenwart, von gelehrten Theologen von beiden Seiten vor, mit der Bibel, der primitiven Kirche und den allgemeinen Concilien vor fünf bis sechs hundert Jahren als Basis. Man solle daher mit den mit dem Abschluss des politischen Bundes beauftragten Commissären, die Namen von zehn bis zwölf theologischen Abgeordneten schicken, von denen er etwa sechs auswählen würde. [Herbert of Cherbury l. c. p. 723, 724].

Die deutschen Protestanten antworteten hierauf (März 27.), dass, wenn ihnen Henry 100,000 Kronen schicken wollte, sie seine Freundschaft der von Franz I. vorzögen, der gerade in demselben Augenblicke mit ihnen unterhandelte. Diesen Vorschlag aber wies Henry zurück, da sie ihm für das Verlangen kein Aequivalent boten. Er fuhr jedoch fort mit dem Pfalzgrafen zu unterhandeln, um durch die Protestanten Franz I. abzuhalten. Soldaten in Deutschland zu werben, um mit Hilfe dieser das von Henry eroberte Boulogne wieder zu erwerben, sowie auch um die Protestanten an der Betheiligung am Concil zu Trient zu verhindern. Aber, wegen der Entfernung Englands, gaben die deutschen Fürsten nicht viel auf Henry's Rath, wenn nicht begleitet von Geld. Henry seinerseits fürchtete täglich einen Krieg mit Franz I., und wollte daher mit Karl nicht brechen. Karl stand schlecht mit dem Papst, den er nicht leiden konnte. Der Bruch Henry's mit dem Papst, so lang ersterer nicht zu einer gründlicheren Reformation schritt, hielt den Kaiser daher von einem Bündniss mit Henry nicht ab.

In demselben Jahre (1546) suchten die deutschen Protestanten abermals Geld-Hilfe bei England und Frankreich, die inzwischen Frieden gemacht hatten. Henry aber entschuldigte sich wieder, verlangte bessere Informationen und machte einstweilen nur Versprechungen. Die Protestanten rüsteten damals gegen den Kaiser und zogen in's Feld.

In diesem Jahre erneuerte Henry wieder sein Bündniss mit Karl V. Letzterer remonstrirte mit Henry (September), dass dieser mit den deutschen Protestanten unterhandelte. Henry aber leugnete jeden beabsichtigten Beistand derselben und entschuldigte sich mit Karl's neuem Vertrag mit dem Papst und damit dass Karl mit seinen Gegnern Freundschaft geschlossen habe.

Nachdem Karl Ulm genommen, wo er überwinterte, und sich zur Fortsetzung des Krieges im Frühjahr vorbereitete,

6*

schickten die deutschen Protestanten. obgleich zur Zeit in Friedensunterhandlung mit ihm abermals, aber ohne Erfolg, Gesandte nach England und Frankreich, um Hilfe zu verlangen. Beider Reiche Könige aber starben bald nachher.

Ueber Henry's Charakter, welcher in alten wie in neuern Zeiten verschiedenartig beurtheilt worden ist, hat sein Zeitgenosse Lord Herbert of Cherbury [l. c. p. 744—748] ein ausführliches, strenges, aber gerechtes Urtheil abgegeben, welches der beschränkte Raum mir hier nicht anzuführen gestattet. Ich will mich daher hier auf das Urtheil beschränken, das einer unserer Zeitgenossen, der berühmte englische Kirchenhistoriker John A. Baxter über Henry gefällt hat.

„Henry hatte sich zuletzt" — sagt Baxter — „von Gardiner und dessen Genossen so weit abgewandt, dass er, wenn ihm ein längeres Leben zugemessen worden wäre, bald einen Schritt vorwärts in der Richtung der Reform gethan hätte. Einige römische Ceremonien waren abgeschafft worden und eine der Lage des Königreichs angemessene Sammlung kanonischen Rechts war auf dem Wege der Vorbereitung. Aber seine blutbefleckten Hände sollten den neuen Tempel des Herrn nicht aufbauen. Am Anfang des Jahres 1547 wurde er vor ein Tribunal gerufen, vor welchem er in seiner letzten Lebenszeit gezittert. Er wurde in Windsor unter beispiellosem römischem Gepränge bestattet, begleitet von der Lobrede des römischen Prälaten Gardiner, dessen Bibel-Text war: „Blessed are the dead which die in the Lord". Henry's Popularität, trotz der Makel womit er seinen Namen befleckte, lässt auf den Besitz grosser und edler Eigenschaften schliessen, welche die dankbare Bewunderung der Nachwelt erzwungen hätten, wenn sie nicht unter dem Einflusse zügelloser Leidenschaften gewesen wären. Ohne stehende Armee, ohne Mittel, die mächtige Klasse in Furcht zu halten, welche seinen Vorgängern die Bedingungen vorgeschrieben hatte, unter denen sie ihr Scepter führen durften, erzwang er sich, so lang er lebte, unbeschränkten Gehorsam und vielseitiges Lob als Furcht oder Hoffnung auf Gunstbezeigung, die Zunge des Verleumders, und des Schmeichlers nicht mehr beeinflussen konnte. Dafür dass er die drei grossen Schranken im Wege des Fortschrittes — Papstthum, Mönchthum und biblische Ignoranz — niedergerissen, lasset ihm die Ehre empfangen, welche Solchen gebührt, die, wenn auch aus selbstsüchtigen Beweggründen, das öffentliche Wohl befördert haben. Aber lasset uns ihn nicht mit einem Werke identificiren, welches seinen Gedanken fern lag, dem seine gewaltige Energie sogar bis zuletzt Widerstand leistete. Sehen wir ihn als ein Werkzeug der Vorsehung an, auserwählt zur Anbahnung späteren Fortschrittes, als einen unabsichtlichen Pionier der Reformation".

§ 4.

FRANZ I. VON FRANKREICH UND DIE DEUTSCHEN FÜRSTEN.[1]

Die Schwäche des deutschen Reiches hatte schon lange die Blicke Frankreichs nach dem Rhein gezogen. Lange schon waren deutsche Fürsten auf der linken Rheinseite im Bunde mit französischen Königen. Frühe schon strebten diese die flandrischen Niederlande zu erwerben. Ludwig XI. (1483) zieht das Herzogthum Burgund ein, gegen dessen Herzog Karl er die Schweizer und den Herzog von Lothringen aufreizt. Vergebens verlangte es später Karl V. als sein rechtmässiges Eigenthum zurück. Unter Ludwigs XI. Nachfolger Karl VIII. (1498) beginnt das Bestreben Frankreichs in Italien sich Gebiete zu erwerben und Franz I. hegt Vergrösserungspläne in diesem Lande wie in Deutschland. Sein Sohn Henri II. nimmt Metz, Toul und Verdun dem deutschen Reiche ab. Louis XIV. schreitet selbst über den Rhein. Die erste französische Republik erobert das ganze linke Rheinufer. Der Jakobiner St. Just, Robespierre's Freund, ging sogar soweit, die Verpflanzung aller deutschen Bewohner des linken Rheinufers in's Innere von Frankreich und Ansiedlung von Franzosen am Rhein vorzuschlagen. Napoleon I. rückt bis an die Elbe und bereitet mit der Bildung seiner Vasallenstaaten des Rheinbundes die spätere Einverleibung derselben mit Frankreich vor. Sein Plan war die Wiederherstellung des Reiches Karls des Grossen, mit dem Unterschiede, dass der Schwerpunkt des Reiches nicht, wie unter Karl in deutschem Lande, sondern auf gallischem Boden liegen sollte, dass die Deutschen, deren Sprache Napoleon verachtete, zu französisiren wären.

Nach Napoleon I. lebte die Tradition der Eroberungspläne in der Richtung Deutschlands unter den Bourbonen fort und Charles X. stipulirte in einem geheimen Vertrag mit Russland die Wiedereroberung des linken Rheinufers, dem Zaren von Russland Ostpreussen garantirend. Unter Louis Philippe, unter

[1] England under Henry VIII. By Lord Herbert of Cherbury. 1643.

der Republik von 1848 lebten dieselben Tendenzen fort und zwar unter allen Klassen, allen politischen Parteien. Die nach dem Staatsstreiche von Napoleon III. exilirten Franzosen, Republikaner und Socialisten waren alle für die Wiedereroberung des linken Rheinufers. Die erste Frage in Geographiebüchern der französischen Elementarschulen war: „Welches sind die natürlichen östlichen Grenzen Frankreichs?“ Darauf folgte als Antwort: „Der Rhein, von seinen Quellen bis zu seiner Mündung.“ So war der ganzen Jugend des Landes das Verlangen nach der Eroberung des Rheines schon frühe eingeimpft.

Unter Napoleon III. wurde später aber nicht mehr der Rhein als eine sogen. natürliche Grenze Frankreichs betrachtet. Es galt dies bald als eine veraltete Lehre. Es wurde. besonders in Militärschulen, eine neue Grenz-Theorie gelehrt, die Theorie der sogen. „Région Française“. Von dieser Region war der Rhein nicht mehr die Grenze. Flüsse hiess es mit Recht sind Verbindungswege und keine Grenzen. Flussthäler sind Grenzen und das ganze Rheinthal, das rechte sowohl, als linke Rheinufer, gehörte zur französischen Region. Diese Theorie hätte Napoleon zur Geltung gebracht, wenn er im Jahre 1870 siegreich gewesen wäre. Er hätte damit die Träume aller Franzosen in Erfüllung gebracht. Nach der Kriegserklärung jauchzten selbst republikanische Exilirte in der Fremde und riefen: „hurrah, jetzt kriegen wir den Rhein!“ Ein deutscher Exilirter von hoher Stellung im Auslande, patriotisch deutsch und erbittert über diesen Chauvinismus, wurde von französischen Exilirten als ein Feind „de la vraie France“, d. h. Frankreichs mit dem Rhein, bezeichnet.

Auf Napoleon folgte die jetzige Republik. Auch diese — wenn sie auch jetzt nur von Wiedergewinnung Elsass-Lothringens spricht — hat die alte traditionelle Eroberungspolitik keineswegs aufgegeben, sie sieht Belgien als künftigen Besitz Frankreichs an, sie träumt von der französischen Region gerade wie das vorhergehende Kaiserreich. Gambetta, als er auf dem Gipfel seiner Macht stand, rief bei einem Bankette in einer Rede aus: „Frankreich kann nie gross genug sein; es kann der Bevölkerung nie genug haben. So oft die Zahl seiner Bürger vergrössert wird — sei es an den Thoren des Vaterlandes — oder in Ansiedlungen jenseits der See — so vermehrt sich die Erhabenheit seiner Stellung“. So sprach ein Republikaner, welcher sich im Geiste schon als künftiger Imperator Frankreichs sah, der mit dem Panslavisten Skobelew eine französisch-russische Allianz und die Zertrümmerung Deutschlands berieth. Dass Russland ein despotisch regirtes Land ist, störte den Republikaner Gambetta ebensowenig, als die allerchristlichsten Könige von Frankreich, Franz I. und Louis XIV. vor einem Bündniss mit den Türken zurückschreckten.

Doch, kommen wir wieder auf Franz I. zurück. Um seine Eroberungspläne gegen den Rhein zu fördern, wird er der Verbündete der deutschen Protestanten. Obgleich es eigentlich ausserhalb der Aufgabe dieser Arbeit liegt, halte ich es dennoch für zweckmässig hier eine flüchtige Skizze der damaligen französischen Intriguen mit deutschen Fürsten zu entwerfen, da sie einen Einfluss auf die Beziehungen zwischen Deutschland und England übten, Intriguen, welche in den folgenden Jahrhunderten fortdauerten und bis in dieses Jahrhundert hinein über Deutschland Elend, Schmach und Erniedrigung gebracht haben.

Während seiner ganzen Regierung spielte Franz I., der Candidat für die deutsche Kaiserkrone ein doppeltes Spiel. Er unterhandelte zugleich mit dem Papste, den protestantischen Fürsten Deutschlands und den Türken um sie je nach Gelegenheit zu benutzen. Im Jahre 1531 sandten die deutschen Fürsten einen Agenten an Franz, ihn um eine Consignation von 100.000 Kronen, die dieser vertragsmässig als Hilfe zu bezahlen hatte, sowie um Schutz und Hilfe und zur Wiedereinsetzung des Herzogs Ulrich von Würtemberg gegen Ferdinand I. zu ersuchen.

Im Jahre 1532 unterhandelte Franz mit den protestantischen Fürsten Deutschlands, für deren Sache er keinerlei Sympathie hatte, über ein Bündniss gegen den Kaiser „für die Vertheidigung der Rechte des Reiches“, und ermuthigte zur selben Zeit die Türken in's Reich einzufallen. In demselben Jahre flehten die deutschen Fürsten Franz I. und Henry abermals um Schutz an und Franz unterhandelte mit Henry darüber.

Dies hinderte aber Franz nicht das Jahr darauf (1533) dem Papst seinen Schutz und den Sitz in Avignon anzubieten, „da der Kaiser entschlossen wäre die Neuerung der Protestanten und die Verringerung der Macht des Papstes zu sanctioniren“. So schrieb der Schutzherr der deutschen Protestanten an den Papst. Dass seine Sympathie für die Protestanten in Deutschland nur eine Maske war, beweisen seine Verfolgungen der französischen Protestanten. Im Jahre 1534 verurtheilte er in seinem Reiche die Bekenner des Protestantismus zum Feuertode, aus Furcht die Reformation möchte seine Macht schwächen. Auf der andern Seite trat er in ein Bündniss mit den Feinden des Christenthums, den Türken, was die französischen Geschichtschreiber der Zeit eingestehen. Sein Bündniss mit den Türken schloss er in 1534. Er sandte insgeheim Monsieur de Forrest, einen Franzosen, zum türkischen Piraten Barbarossa und nach Constantinopel um dort um Beistand gegen den Kaiser nachzusuchen. Franz wurde, wie man sagt, aus Aufregung krank, weil sein Agent de Forrest auf seiner Rückkehr nach seinen Unterhandlungen mit den Türken, vom Herzoge von Urbino aufgefangen und der Vertrag dem Kaiser entdeckt ward.

Franz dachte allerdings auch einmal an eine Art Reformation nach seinem Schnitte, die seine Macht nicht schmälern könnte, einzig um die deutschen Fürsten zu gewinnen. Ja er lud (1536) selbst Melanchthon nach Frankreich ein. Sein Freund Henry VIII. hintertrieb aber die Annahme der Einladung. Als Franz aber sah, dass es keine Aussicht auf religiöse Einigung zwischen ihm und den deutschen Protestanten gab, so hielt er es für besser und sicherer beim Alten zu bleiben.

Während der ganzen Zeit aber blieb Franz stets in Fühlung mit den Türken. Sein Gesandter beim Sultan, de Forrest, unterstützte den Plan des Seeräubers Barbarossa Algier zu nehmen, um das mittelländische Meer zu beherrschen. Barbarossa bereitete (1537), ebenfalls unterstützt von Forrest, eine Expedition gegen Italien vor. Später wieder (1541) sandte Franz einen rebellischen Spanier Anton Rincon und einen Genuesen zu den Türken um mit ihnen zu unterhandeln.

Kaiser Karl V. und Henry kamen in ihrem Vertrage überein, Franz Vorwürfe zu machen, dass er die Türken zur Eroberung christlicher Länder ermuthigte, dass seine Schiffe mit den türkischen bei Castel Nuovo (1539) gegen den Kaiser stritten und den Türken zu Castel Nuovo verhalfen, wofür Karl, unterstützt von Henry, Schadenersatz verlangte.

Endlich fingen die deutschen Protestanten an Franz zu erkennen. Er erschien ihnen nicht mehr als ihr Freund, sondern als der allgemeine Feind des Christenthums, und sie wiesen von nun an seine Rathschläge ab. Als Franz (1541) sich zum Krieg gegen den Kaiser rüstete, veranstaltete der fromme, „älteste Sohn der Kirche", eine grosse Procession in Paris, um für Erfolg im Kriege zum Christengotte zu beten und sandte zu gleicher Zeit den Türken ein Geschenk von 600 Mark Silber und 500 reiche Gewänder mit der Bitte ihre Flotte gegen den Kaiser zu schicken. Er hoffte der Pirat Barbarossa und die türkische Flotte würden sein Landheer unterstützen.

Antoine Polin, später Baron de la Garde, Franzen's Agent

bei den Türken, reiste zweimal zu Soliman ihn zu bestimmen seine Seemacht gegen den Kaiser zu schicken. Soliman (1543) sandte Barbarossa mit dem Befehl ab sich mit Franz zu vereinigen. Zuerst nahm Barbarossa frisches Wasser zu Ostia ein, fünf Stunden von Rom, und jagte den Einwohnern solchen Schrecken ein, dass sie alle flohen. Aber Polin, der bei dem Piraten war, beruhigte sie. Dann fuhr Barbarossa nach Marseilles, wo die französische Flotte unter dem Herzog François de Bourbon, zu ihm stiess. Beide Flotten belagerten gemeinschaftlich die Stadt Nizza. Sie eroberten die Stadt, aber nicht das Schloss, welches aushielt. Als sie aber hörten, dass der Marquis de Guasto von Piemont gegen sie marschirte, zogen sie sich eiligst auf die Schiffe zurück, die Türken eine Anzahl Einwohner als Sklaven mit sich führend. Barbarossa überwinterte zu Toulon, zwischen Nizza und Marseilles. Auf die Nachricht dieser Begebenheiten war man in Rom so entrüstet, dass einige Cardinäle in einem öffentlichen Consistorium beantragten Franz den Titel „Christianissimo“ zu entziehen.

Trotz alledem hatte Franz die Stirne beim Reichstag in Speier den deutschen Protestanten sowie den Katholiken seinen Beistand heimlich anzubieten, nur in der Absicht, wie er selbst erklärte, Trennung und Kampf zu veranlassen. Während er mit den deutschen Protestanten noch 1546, ein Jahr vor seinem Tode, zu unterhandeln suchte, liess er in Meaux eine Anzahl Bürger, welche nach einer Privat-Reformation in der Religion strebten, verbrennen.

§ 5.

DEUTSCHE SOLDATEN IN HENRY'S DIENSTEN.

In alten Zeiten gab es unter den Germanen zwei Arten von Heeren. Für Volkskriege bestand der Heerbann, ein Aufgebot aller freien, wehrfähigen Männer, in Fällen von Invasion und Gefahr von Aussen. Der Heerbann bestand bis zur Zeit des Ausganges der Karolinger, dann verfiel er.

Neben dem Heerbann finden wir unter den alten Germanen das Gefolge oder Geleite (comitatus). Dies bestand im Anschliessen kriegslustiger, erbloser, Freier an einen mächtigen, tapfern Edlen, in dessen Gefolge zu dienen sie sich auf Leben und Tod verpflichteten. Es waren diese Heere welche auf auswärtige Abenteuer, Eroberungen in fremden Ländern auszogen.

Mit der Befestigung des Feudalismus, wozu diese erobernden Gefolge nicht wenig beitrugen, veränderte sich der Charakter der Heere. Im 10. Jahrhundert werden Krieg und Fehden mit Dienstmannen geführt, welche durch die Ehre des Waffendienstes ein bevorrechtigter Stand wurden, aus dem der hohe und niedere Adel hervorging. An die Stelle des Heerbannes traten nun die Feudal-Milizen. Diese bestanden aus den hohen und niederen Vasallen der Fürsten und den unter ersteren stehenden Lehensleuten. Auf Befehl des Fürsten rückte der Grundherr mit seinen unter seinem Commando stehenden Lehensleuten in's Feld.

Im 12. und besonders im 13. Jahrhundert kamen in Europa die Miethstruppen in Gebrauch. Die deutschen Bezeichnungen eines Kriegsmannes waren in diesen Jahrhunderten und lange Zeit später Landsknecht und Reiter. Ein Landsknecht war ein Fusssoldat im Gegensatze zu Reiter. Deutsche Landsknechte und Reiter fanden sich in aller Herren Länder. Kampflust, Lust nach Beute und Abenteuer und ungebundenem Leben trieben sie oft in's Ausland. Nicht selten stand der Landsknecht in fremden Heeren seinen Landsleuten in feindlichen Reihen gegenüber. Ein bekannter Kriegshauptmann brauchte nur seine Fahne irgendwo in Deutschland aufzupflanzen und die Werbetrommel rühren zu lassen und Schaaren zogen zu ihm um sich einreihen zu lassen. In erstaunlich kurzer Zeit war ein Heer auf den Beinen und auf dem Marsch einerlei wohin. Deutschland war damals das Gewächshaus europäischer Heere, wohin fremde Potentaten ihre Werbeagenten zu schicken pflegten. Die rasche Bildung solcher extemporisirter Heere ist wohl dadurch zu erklären, dass es damals verhältnissmässig wenig stehende Heere im modernen Sinne gab. Man warb Soldaten für gewisse Dienste und nach beendigtem Kriege entliess man sie wieder. Es gab in Folge dessen eine Menge gedienter Leute im Lande und beim ersten Trommelschlage wuchsen die Landsknechte so zu sagen aus dem Boden. Wie es aber möglich war eine Schaar in kurzer Zeit auszurüsten, darüber wird später die Rede sein. Die deutschen Landsknechte waren gesucht wegen ihres Muthes und ihrer Treue, so lang man ihnen gegenüber die Treue hielt. Geschah letzteres nicht, bezahlte man ihnen den bedungenen Sold nicht, so verstanden sie keinen Spass. Die Landsknechte waren im 16. Jahrhundert besonders in England sehr gesucht. Fremde Herrscher suchten sie nicht nur anzuziehen, sondern selbst sich gegenseitig zu entreissen.

Unter den Artikeln des Allianz-Vertrages, geschlossen 1522 zwischen Henry VIII. von England und Kaiser Karl V. kommt, unter andern, folgender vor:[1]

„Weil die Franzosen sehr viel Gebrauch von deutschen Soldaten machen. soll jeder der beiden Fürsten (Henry und Karl), um sie den Franzosen zu entziehen, so viel deutsches Fussvolk als möglich halten; und innerhalb zweier Monate nach dem Vertrage soll der Kaiser die kaiserlichen Edikte erneuern und verkünden. wodurch allen Deutschen, unter Androhung der Strafe der Rebellion und der Confiskation des Vermögens, der Dienst unter den Franzosen verboten werde. Und der Herzog von Lothringen soll ermahnt werden, keine Deutschen durch sein Land zu lassen um dem Könige von Frankreich zu helfen; im Fall er es thäte, würden ihn die zwei Fürsten als Feind ansehen".

Dieser Artikel im obigen Vertrage hielt jedoch die deutschen Landsknechte nicht ab unter dem Feinde ihres Kaisers, unter Franz I., gegen den erstern selbst zu dienen, denn im Jahre 1536 marschirte eine französische Armee mit „deutschem Fussvolke" gegen die kaiserlichen Truppen nach Piemont.

Im englischen Heere waren Landsknechte in grosser Anzahl. Als Henry VIII. (1545), mit dem Kaiser verbündet, gegen seinen alten Freund Franz I. Krieg führte, hatte er mehrere Compagnien sogen. Allmaînes in seinem Dienste. Auch deutsche Reiterei fand sich im Lager ein und wurde von Henry selbst gemustert. In einem verschanzten Lager vor Boulogne hatte der englische König 12,000 Landsknechte. Damit hatte er aber noch nicht genug. Er sandte Agenten nach Deutschland um noch einmal 10,000 Landsknechte und 4000 Reiter zu werben. Als diese aber nach Fleurines kamen, in der Grafschaft Liège. verlangten sie den versprochenen Sold. und als dieser nicht zur bestimmten Zeit ankam, so ergriffen sie die englischen Commissäre, kehrten um und liessen sie nicht abreisen, bis sie zufrieden gestellt waren.

Zur selben Zeit als die englische Armee in der Normandie Tausende von deutschen Soldaten enthielt, dienten Lands-

---

[1] England under Henry VIII., by Lord Herbert of Cherbury, p. 222 u. 223.

knechte eben daselbst auch in der Französischen. Im Jahre 1545/46 stand der Rheingraf mit 4000 Landsknechten im französischen Heere unter dem Oberbefehle des Marschalls de Biez in der Nähe von Fort Outreau bei Boulogne den Engländern gegenüber, welche bei dieser Gelegenheit geschlagen wurden. Um dieselbe Zeit wurde der Graf von Hertford und der Lord Admiral von England nach Frankreich mit einem Heere geschickt, in welchem 300 Clevner Mannschaft und 3000 Landsknechte unter dem Befehle Conrad Pfenning's waren. Der Graf von Hertford lagerte mit diesen zu Hambleteuse, zwischen Calais und Boulogne. Die Geschichtschreiber der Zeit berichten von einem englischen Lager bei Calais das damals, und später noch unter Edward VI., Almain-Camp hiess.

Es war nicht immer leicht diese deutschen Abenteurer in Ordnung zu halten. Bei einer Gelegenheit, als die Deutschen in grosser Masse im englischen Heer waren, empörten sie sich, aus welchem Grunde wird nicht berichtet, und wollten über ihre englischen Kameraden herfallen. Der Friede wurde aber wieder hergestellt.

Als im Jahre 1546 Henry VIII. mit den protestantischen Reichsfürsten unterhandelte, suchte er, wie ich angeführt, unter anderm auch diese zu bestimmen, Franz I. nicht mehr zu gestatten, Soldaten in Deutschland zu werben. Ich habe oben erwähnt, dass in demselben Jahre der Rheingraf mit deutschen Truppen im französischen Heere in der Normandie stand, die den Franzosen zum Siege verhalfen. Henry VIII. suchte wiederholt die deutschen Truppen für seine Dienste zu monopolisiren und gebrauchte sie nicht nur in Frankreich, sondern auch in England gegen die Schotten.

Aber auch in Schottland dienten Landsknechte. Mary Stuart, als sie noch in Schottland regierte, hielt eine deutsche Garde, und verlangte vom schottischen Parlamente, dass dieselbe den Schutz ihrer Person allein haben sollte, was das Parlament verweigerte.

Die Zahl der in fremden Diensten stehenden Landsknechte und Reiter ist erst zu würdigen, wenn wir die damals bei Weitem geringere Bevölkerung Deutschlands, die viel geringeren Verkehrsmittel und die Grösse der Heere in's Auge fassen. Man führte damals nicht mit solchen Massen Krieg wie heute und ein Heer von 20,000 Mann galt damals schon als ein bedeutendes.

Nebst deutschen Landsknechten hatte Henry VIII. auch

Spanier und Italiener, selbst Griechen in seinen Diensten, welche er gegen Frankreich und Schottland verwendete. Die griechischen Söldner waren vom Peloponesus und standen unter dem Befehl eines Thomas von Argos. Sie bestanden wahrscheinlich in leichter Reiterei, gewöhnlich Stradioten genannt, welche zu dieser Zeit von vielen europäischen Staaten gebraucht wurden.

§ 6.

RELIGIÖSE BEZIEHUNGEN ZWISCHEN ENGLAND UND DEUTSCHLAND ZUR ZEIT HENRY'S VIII.

Es entspannen sich unter Henry vielfältige Beziehungen zwischen englischen und deutschen Reformatoren, die sich unter den späteren Regierungen, besonders unter Elisabeth in Tausende von Fäden verzweigten.

Diese Beziehungen bestanden hauptsächlich in Korrespondenz, in Verbreitung, Lectüre und Uebersetzung deutscher Werke in England, in Berufung deutscher Gelehrter nach England und in dem Aufenthalte englischer Reformatoren in Deutschland.

Der Einfluss der Korrespondenz war kein geringer und dieselbe war, trotz der schwierigen und langwierigen Beförderung der Briefe, eine äusserst lebendige. Die bei weitem grösste Zahl der Briefe ist verloren gegangen, aber selbst das Wenige was uns erhalten, gibt uns einen Begriff von dem Einfluss und der grossen Wichtigkeit derselben.

Im Jahre 1846 veröffentlichte die „Parker Society“ 651 Original-Briefe von deutschen und englischen Reformatoren, von der Zeit Henry's bis zum Ende der Regierung von Elisabeth, welche sich wesentlich auf kirchliche Angelegenheiten in England und Deutschland beziehen und darum für die Geschichte der Reformation in England von grösster Wichtigkeit sind. Diese Briefe sind uns mit wenigen Ausnahmen in den Archiven von Zürich erhalten.

Die Korrespondenten waren meist Theologen. Es finden sich aber auch englische Staatsmänner und selbst gekrönte Häupter darunter, wie Eduard VI. und Elisabeth. Henry VIII. liess sich schreiben, schrieb aber nicht selbst. Unter den englischen Korrespondenten steht oben an Erzbischof Cranmer, dann finden wir Hooper, später Bischof, Partridge, Butler, Eliot, Finch, Traheron, Dr. Barnes, der Märtyrer, Hilles, Burcher, Warner, Knight. Unter den deutschen und schweizer Korrespondenten zu Henry's Zeit finden wir Bullinger von Zürich, Oecolampadius, Grynaeus, Melanchthon, Bucer, Vadian, Capito, Pellican, Aepinus, Gualter. Der fleissigste Korrespondent unter ihnen ist der Züricher Pastor Heinrich Bullinger, ein Reformator und Schriftsteller von erstem Range in seiner Zeit, welcher auf die Bildung englischer Reformatoren einen mächtigen Einfluss geübt, bei Allen ein gesuchter Rathgeber war.

Die Art und Weise wie damals die Korrespondenz zwischen England und dem mittleren und südlichen Deutschland vermittelt wurde, waren verschieden. Eines der wichtigsten Verbindungsmittel war die Frankfurter Messe. Dahin kamen Kaufleute von allen Gegenden Deutschlands, der Schweiz, Englands, ja ganz Europas mit Briefen, Büchern, Geldsendungen, Geschenken jeder Art, welche dann durch Andere von da nach ihrem Bestimmungsort gebracht wurden. Dies war die sicherste Art der Korrespondenz und für Geldzahlungen und Sendungen fast ausschliesslich die einzige. Obwohl auch andere Messen, wie die von Strassburg, benutzt wurden, so war das ganze Jahrhundert hindurch und noch viel länger die Frankfurter Messe die eigentliche Vermittlerin der Beziehungen zwischen England und Deutschland. In den Briefen dieser Zeit wird sie oft nur kurzweg „die Messe“ genannt: z. B. „ich werde das Geld, Buch oder den Brief nach „der Messe“ schicken“. Auf diese Weise war der Kaufmann ein höchst wichtiger Träger reformatorischer Ideen. Aber nicht nur Geld, Briefe und Bücher brachte der Kaufmann gratis von England nach Frankfurt und von da nach England. Er brachte von letzterem Lande auch Geschenke von grossem Gewicht, Wolltuch für Röcke und Hosen, Oxfordhandschuhe, damals berühmt, und Anderes. Im Jahre 1538 sandte Partridge an Dr. Bullinger in Zürich Tuch für zwei Paar Hosen, eines weiss, das andere schwarz, sechs Paar Oxfordhandschuhe „für Frau, Mutter, Bruder und Brudersfrau“. Die Deutschen und besonders die Züricher Reformatoren scheinen grosse Verehrer des englischen Tuches gewesen zu sein und sie bestellten sich oft Tuch von England, besonders schwarzes, aber auch hie und da weisses Wolltuch für Hosen. Damals verstand man in England das Färben der Wolle noch nicht. Die Ballen wurden meist ungefärbt nach Antwerpen gesandt, wo sie gefärbt und dann weiter befördert wurden. Oft und wieder oft erinnern die deutschen Korrespondenten ihre englischen Freunde an das bestellte Tuch und einmal bestellte ein Engländer, der ehedem in Zürich gewohnt, sogar einen Lebkuchen. Er wartete zwei Jahre auf den Kuchen, und dann erinnerte er den Freund „dass er noch darauf warte“.

Nebst den Kaufleuten wurden Briefe durch die grosse Anzahl reisender Studenten und Pastoren zwischen England und Deutschland befördert, und ein Brief ging oft durch mehrere Hände.

Es gab damals aber noch zwei andere Wege der Briefbeförderung. Die eine war durch sogen. Couriere, welche von Zeit zu Zeit gewisse Reisen zur Bestellung von Commissionen unternahmen. Es gab welche, die von England den Rhein hinauf reisten, andere in anderer Richtung. Briefe von Wichtigkeit gab man aber nur durch Treue und Zuverlässigkeit bekannten Courieren. Es gab unter diesen viele lustige, leichtfertige Brüder, welche Briefe liegen liessen, verschleuderten, ja selbst unterschlugen. Zahlreich sind die Klagen in den Briefen über die Unzuverlässigkeit solcher Leute und über Verlust vieler, wichtiger Briefe.

Eine andere Art der Briefbeförderung war per Post. Es bestand zu dieser Zeit schon eine Brief- und Packetpost und eine Pferdepost. Taxis hatte damals schon eine Pferdepost mit Pferden die als sehr schnell bekannt waren. Der französische Protestant Languet, ehemals Staatsminister von Churfürst August von Sachsen, schreibt im Jahre 1577 an den englischen Staatsmann und Krieger Sir Philipp Sidney: „Consulo ut scribas ad Joann. Baptistam de Taxis, qui stationariorum equorum procurationem habet in Belgio“.

Vom Oberrhein gingen die Briefe auf Privatwegen nach Speier, wo eine Post war, welche sie sodann weiter beförderte. Nebstdem wurden von Strassburg Briefe und grössere Packete durch Schiffsleute, Fuhrleute oder auch Couriere rheinabwärts nach Antwerpen befördert. Solche Sendungen kamen aber spät an. Schneller gingen die Briefe per Post, aber diese Sendungsart war theuerer. Ein Brief von Strassburg per Land-Post, eine englische Unze (i. e. 2 deutsche Loth) schwer, kostete 10 Kreuzer nach Antwerpen. Von Speier nach Antwerpen kostete er nur 5 Kreuzer. Zu Antwerpen nahm die Post für die Sendung eines Blattes Papier nach London zwei Stivers von Brabant und ebensoviel verlangte man bei Ankunft in London. Also kostete ein Blatt 4 Stivers von Antwerpen nach London. Um die heutigen Kosten der Briefsendung zu erhalten, muss man bei der Entwerthung des Geldes obige Summe mit mindestens 10 multipliciren. Demnach kostete ein Brief von Strassburg nach Antwerpen 100

Kreuzer und von da nach London 40 Stivers unseres heutigen Geldwerthes.

Es war die Zeit Henry's, als die englischen Gelehrten die lateinischen Lettern für Bücher und Handschrift anzunehmen begannen. Vor Erfindung der Buchdruckerkunst wurden die werthvolleren Manuscripte mit sogen. gothischen Buchstaben geschrieben. Dieselbe Schrift erhielt sich in den Druckerwerkstätten bis gegen Ende des 15. Jahrhunderts. Dann begannen in Italien und darauf in Frankreich die sogen. lateinischen Typen gebraucht zu werden. Längere Zeit gingen beide Druckschriften nebeneinander her, wie jetzt in Deutschland. Allmählich aber schwand die gothische Druckschrift in Italien, dann in Frankreich und später in England. Dasselbe Loos hatte die Handschrift. Die heutige deutsche Handschrift war ehedem auch in den ebengenannten Ländern gebräuchlich, sie war keine deutsche Schrift, wie man oft falsch wähnt, sondern allgemein europäische Currentschrift. Mit dem Erscheinen der lateinischen Druckschrift bildete sich allmählich in obigen Ländern eine ihr ähnliche Handschrift. In Deutschland hingegen lebte die alte Handschrift fort, die, wie gesagt, früher allgemein und nicht exclusiv deutsch war. Es war gerade die Zeit Henry's wo in England die neue Handschrift allmählich um sich griff. Im September 1531 schrieb Grynaeus, der Professor in Basel, welcher für Henry die Ansichten deutscher Theologen über seine Ehescheidung sammelte, an Bucer in Strassburg, dass er alle gesammelten Briefe in London vom Sekretär des Königs copiren lasse, nicht nur weil sie verschiedene, oft schwer zu lesenden Handschriften enthielten, sondern weil zu dieser Zeit in England die französische Schreibschrift Mode würde und der König die deutsche Handschrift nicht lesen könnte. Die Korrespondenz war damals nur in lateinischer Sprache, und die deutschen Gelehrten schrieben, verschieden von heute, lateinische Briefe in der noch üblichen deutschen Handschrift.

Es ist interessant und zugleich für uns heutige Deutsche betrübend, in den Korrespondenzen der schweizerischen und niederländischen Reformatoren zu finden wie sie sich im 16. Jahrhundert stets nur Deutsche nannten, von ihrem Deutschland sprachen und für Deutschland hofften und wirkten. Nicht wenig hat zur Entfremdung der Geister in der Schweiz und den Niederlanden, nebst den unseligen politischen Zuständen Deutschlands, der Streit der Lutheraner, Zwinglianer und Calvinisten über das Abendmahl beigetragen.

Ich will nun noch einige Worte über die englischen und deutschen Korrespondenten selbst zur Zeit Henry's sagen.

Von hohem Interesse sind die Briefe vom Erzbischof Cranmer — zwischen 1537 und 1555, wo er den Märtyrertod starb — an hervorragende deutsche Reformatoren, als Vadian in St. Gallen, Bullinger in Zürich, Wolfgang Capito, Johann A'Lasco, Albrecht Hardenberg, Martin Bucer, Philipp Melanchthon, Calvin, Conrad Hubert in Strassburg u. a.

Cranmer gewann die Gunst Heinrichs VIII., da er sich zu Gunsten der Trennung des Königs von Katharina von Arragonien aussprach. Im Jahre 1533 wurde er zum Erzbischof von Canterbury ernannt und als solcher spielte er eine Hauptrolle in der Trennung Englands von Rom. Im Jahre 1539 liess er eine englische Uebersetzung der Bibel und andere Werke veröffentlichen, die sich mehr oder weniger dem Protestantismus zuneigten. Nach Heinrich's Tode war er einer der Regenten des Königreiches und während der Regierung Edwards besass er grosse Autorität.

Cranmer war mit vielen deutschen Reformatoren theils persönlich, theils mit ihren Werken bekannt. Bis 1546 hielt er zu Luther in seiner Lehre über das Abendmahl, nachher aber zur Lehre von Oecolampadius und Zwingli. Ein hervorragender Zug in seinen reformatorischen Bestrebungen war die Bildung einer protestantischen Conföderation. In allen seinen zahlreichen Briefen an deutsche Reformatoren ermahnt er zur Eintracht und zu einmüthigem Handeln und warnt die deutschen Protestanten dass, wenn sie einander bekämpfen, sie zu Grunde gehen müssen. Schon 1537 sprach er obigen Wunsch nach Einheit der Protestanten in einem Briefe an Vadian aus. In einem Briefe, den er zehn Jahre später, 1548, an Johannes A'Lasco schrieb, lud er diesen nach England ein und setzte ihm die Gründe auseinander, warum er ihn zu sprechen wünschte. Seine Absicht, sagte er, wäre alle protestantischen Kirchen zu vereinigen, sich über Controversen zu verständigen, welche die protestantischen Kirchen zu ihrem Schaden auseinander hielten. Zu diesem Zwecke lud er die einflussreichsten Reformatoren nach England ein, da er in persönlicher Besprechung leichter die doctrinalen Controversen zu beseitigen dachte. Er hielt England für den günstigsten Boden für einen protestantischen Kongress, da in Deutschland zur Zeit das Interim (1548) herrschte. Viele deutsche Theologen kamen, aber manche der leitenden Personen kamen nicht. Cranmer schrieb daher wiederholt und dringend an Einige, besonders an Melanchthon, zu kommen. Cranmer's Plan war diesen Kongress zu einer Synode, zu einem Concil der ganzen protestantischen Kirche zu machen, zu einem Gegen-Concil des katholischen, das zur Zeit zu Trient sass. Dieses Concil sollte ein gemeinschaftliches Werk über die hauptsächlichen kirchlichen Lehren verfassen, für die ganze protestantische Kirche. In seinen Briefen an Melanchthon, Hardenberg, Bullinger, Calvin u. a. führt er seine Idee aus, weist auf die Gefahr der Meinungsverschiedenheit in der protestantischen Kirche, sowie auf die Nothwendigkeit einer einförmigen Lehre unter allen Protestanten hin. „Hätte diese Einigung" — schreibt er an Melanchthon — „früher stattgefunden, so hätte der Kaiser die jetzt gespaltene, protestantische Kirche zu stark gefunden, sie zu bekriegen".

Viele gelehrte deutsche Theologen kamen, wie erwähnt, auf Cranmer's Einladung nach England, wurden von ihm gastlich aufgenommen und in seinem Palaste beherbergt. Aber die leitenden Personen kamen nicht. Cranmer schrieb daher wiederholt an einige, besonders an Melanchthon, den er dringend bat „das Beispiel der Apostel nachzuahmen und zusammen Rathes zu pflegen", und ihm im Namen des Königs Ruhe, Sicherheit und Comfort in England bietet. In einem Briefe an Dr. Albrecht Hardenberg, Melanchthons Freund, sagt Cranmer, dass die englischen Reformatoren Melanchthon sehnsüchtig erwarteten und viel von seiner Anwesenheit in England zu jener kritischen Zeit hofften. Aber Melanchthon kam nicht.

Es ist nicht zu berechnen, welche Folgen eine Einigung der Häupter der Reformation gehabt hätte. Sie hätte möglicherweise die Reformation von ganz Deutschland, der Schweiz, den Niederlanden und vielleicht von Frankreich herbeigeführt. Schon im Jahre 1531 hatte der Churfürst von Sachsen das Anerbieten der Schweizer zurückgewiesen, mit den deutschen Protestanten in einen engern Bund zu treten. Die Ursache der Verweigerung war die Ansicht der schweizer Reformirten über das Abendmahl.

§ 7.

ENGLISCHE REFORMATOREN IN DEUTSCHLAND UND DEUTSCHE REFORMATOREN IN ENGLAND. EIN DEUTSCHER KÜNSTLER.

Unter der Regierung Henry's begann, wie erwähnt, ein reger persönlicher Verkehr zwischen deutschen und englischen

Theologen und Gelehrten. Viele Engländer reisten nach Deutschland und Deutsche besuchten England in beträchtlicher Zahl. Es war damals nicht wie heute, dass man sich mit seinem Reisekoffer Abends in England in den Eisenbahnwagen setzte und am Abend des folgenden Tages schon im Herzen Deutschlands war. Die Reise war damals sehr theuer, sehr langwierig, oft gefährlich, die Strassen waren schlecht und es gab deren wenige und die kleinen Segelschiffe, die damals über den Kanal fuhren, waren höchst uncomfortabel und die Wiege der Seekrankheit.

Wie viel Zeit ehemals eine Reise nach England beanspruchte, beweist folgender Reisebericht eines Engländers, welcher im Jahre 1549 aus dem Exile nach England heimkehrte. Der Bericht ist von dem nachherigen Bischof und Märtyrer John Hooper.

Am 28. März 1549 reiste Hooper, begleitet von dem jungen Züricher Stumpf, auf einem Segelschiffe von Basel den Rhein hinab. Am 29. kam er in Strassburg an „by the blessing of God safe and sound". Er blieb bis zum 2. April in Strassburg. An diesem Tage segelte er von da abwärts. Den ersten und zweiten Tag ging es gut. Wind und Strom waren günstig. Am Ende des zweiten Tages schlief er in einem Dorfe bei Speier, wo spanische Soldaten vorher Alles aufgegessen hatten und sie hungern mussten. Der dritte Tag verging gut, aber der vierte war voll von Gefahren. Wind, hohe Wellen und unkundige Schiffer machten, dass sie in grosse Gefahr kamen und nur mit Mühe und Gefahr landen konnten. Dies bewerkstelligten sie eine Stunde südlich von Mainz, wohin sie dann wanderten und wo Hooper im „Goldnen Schwan" wohnte. „Ich will nichts von den Wirthen von Strassburg bis Mainz sagen" — klagt er in einem Briefe an den Züricher Bullinger — „es sind barbarische Scythen, grobe, uncivilisirte Gothen".

Am 8. April reisten sie von Mainz ab und kamen „ohne Unglück" am 11. in Köln an. Sie hatten jedoch sehr stürmisches Wetter, in Folge dessen einige andere Schiffe mit Mann und Maus zu Grunde gingen. Am 18. April war Hooper in Antwerpen, nachdem er Köln am 14. verlassen hatte. Von da machte er einen kurzen Ausflug nach Brüssel wo gerade der spanische Hof war und wo er den daselbst gefangenen Churfürsten von Sachsen besuchen wollte. Er wurde aber vom wachhabenden spanischen General nicht zugelassen. Es waren damals noch andere gefangene deutsche Protestanten in Brüssel. Am 31. Mai schreibt Hooper von London nach seiner Ankunft, die er anmeldet. Er war wie erwähnt, am 28. März von Basel abgereist.

Die Reise von Süd- und Westdeutschland nach England war meist zu Schiffe auf dem Rheine. Es war dies die schnellste und billigste Reise. Man war zudem sicherer vor Raubrittern und Räuberbanden. Aber damals bot der Rhein noch viele Gefahren. Unterhalb Bingen waren es die Felsen, oberhalb die zahllosen Sandbänke und Untiefen, auf welchen viele Schiffe scheiterten.

Es dürfte an dieser Stelle die Angabe der Reiseausgaben zweier Reformatoren nach England vielleicht von Interesse sein. Im Jahre 1547 reisten die beiden italienischen Reformatoren Bernardin Ochinus und Peter Martyr, von denen der letztere später Professor in Oxford wurde, auf Kosten des englischen Staates nach England. Die Rechnung über ihre Reiseausgaben von Basel nach England wurde von John Abel, einem reformatorischen englischen Kaufmann und Geschäftsträger der englischen und deutschen Reformatoren, dem englischen Privy Council zur Zahlung vorgelegt und findet sich gedruckt in der Archaeologia (Vol. XXI. p. 471). Die ganze Summe, die ausbezahlt wurde, belief sich auf 126 Pfund Sterling, 7 Shillings, 6 Pence, wovon ein grosser Antheil übrigens für Kleidungsstücke und Bücher war. Um den heutigen Betrag der Ausgabe zu erhalten muss obige Summe mit 10 multiplicirt werden.

Unter den Engländern, welche unter Henry VIII. Deutschland besuchten, sind besonders John Hooper, Miles Coverdale und Barnes zu erwähnen. Sie mussten wegen ihren radikaleren reformatorischen Ansichten aus England fliehen um der Strafe zu entgehen. Hooper lebte besonders in Zürich. Später unter Edward VI. wurde er Bischof von Gloucester. Er war ein radikaler Reformator mit ganz deutscher Bildung, der die deutsche Sprache gründlich verstand und selbst seine kleine Tochter Rachel, ein Pathenkind des Zürichers Bullinger, nebst der Muttersprache, zur deutschen, lateinischen und französischen anhielt, Sprachen, die das Kind gut verstand. Hooper wurde unter Königin Mary verbrannt. Michael (oder Miles) Coverdale lebte eine Zeit lang in Tübingen, hatte aber später eine Pfarrei und lateinische Schule in Bergzabern, bei Weissenburg. Er war vom Herzog von Zweibrücken patronisirt. Später kehrte er nach England zurück, wurde Bischof von Exeter, entging unter Mary dem Märtyrertode durch die Flucht, kehrte aber unter Elisabeth aus dem zweiten Exile zurück. Er lehnte nun seine ehemalige Bischofsstelle ab und brachte den Rest seines Lebens als Wanderprediger zu. Auch er, wie Hooper, verdankte

Deutschland seine theologische Ausbildung. Er stand der lutherischen Gemeinde näher als Hooper, der zu den Zürichern hielt. Robert Barnes wurde unter Henry als Ketzer verhaftet. Nach zweijähriger Haft entwich er nach Deutschland, wo er Luther, Melanchthon und andere Reformatoren kennen lernte und vom Churfürsten von Sachsen patronisirt ward. In Folge der Verwendung von Anna Boleyn konnte er nach England zurückkehren und wurde selbst 1535 als Agent des Königs Henry nach Deutschland geschickt, wo er mit Bischof Fox und dem Archidiakonus Heath als englischer Abgeordneter zum Fürstencongress nach Schmalkalden ging. Henry sandte ihn nochmals nach Deutschland in Angelegenheit seiner Heirath mit Anna von Cleve. Aber 1540 wurde er durch des anti-reformatorischen Bischofs und Lord-Kanzlers Gardiner's Einfluss wegen Ketzerei auf Smithfield in London verbrannt.

Es würde mich zu weit führen, hier alle englischen Theologen anzuführen, welche zu dieser Zeit Deutschland besuchten. Die Zahl derselben ist beträchtlich und viele waren, wie u. a. Thomas Tybald, ein Vertrauensmann Erzbischof Cranmer's, sehr intim mit Gelehrten in Deutschland und dienten sehr oft zur Vermittelung wichtiger Briefe und Aufträge. Auch Zürich war zu dieser Zeit sehr viel von Engländern besucht, angezogen durch Bullinger, Gualter u. A. Auch darf hier nicht zu erwähnen vergessen werden, dass unter den englischen Protestanten, die nach Deutschland kamen, manche Kaufleute waren, welche nicht nur die Vermittler von Brief-, Geld- und Büchersendungen, sondern gebildete und eifrige Beförderer der Religion waren. Unter diesen verdient zu dieser Zeit besonders Richard Hilles erwähnt zu werden, welcher oft in Geschäften Deutschland bereiste und mit Reformatoren in langjährigem Briefwechsel in lateinischer Sprache stand. Seine Briefe sind sehr merkwürdig und interessant für die Geschichte jener Tage. Der gute Mann konnte sich aber, trotz häufigen Reisens, nie an deutsche Kost, deutschen Wein, deutsche Oefen und deutsche Winter gewöhnen, worüber er klagt. Nebst den seinigen, existiren noch andere, in gutem Latein geschriebene, theologische Korrespondenzen englischer Kaufleute mit deutschen Theologen. Manche gestanden zwar, dass das Lateinschreiben sie schwitzen machte. Einige correspondirten in deutscher Sprache.

Von grosser Wirkung waren in England die Werke deutscher Reformatoren, zu denen natürlich auch jene der Schweizer zu rechnen sind. Die Schweiz war damals ein wichtiges Centrum der deutschen Reformation und ward, wie die Niederlande, erst durch den westphälischen Frieden völlig unabhängig vom deutschen Reich. Die deutschen Werke wurden theils den englischen Theologen als Geschenke gesandt, theils brachten sie Buchhändler auf den englischen Markt. Unter diesen ist besonders der gelehrte Buchdrucker Froschover zu erwähnen, welcher in Oxford studirte. Capito, Cranmer's Freund, widmete, wie oben erwähnt ist, dem König Henry im Jahre 1537 ein Werk, wofür ihm Henry durch den oben erwähnten Thomas Tybald ein Geschenk zukommen liess. Im darauffolgenden Jahre widmete Bullinger dem Könige zwei Bücher, die von ihm sehr gut aufgenommen wurden und in England einen grossen Einfluss hatten. Auch in das Deutsche wurde vom Englischen übersetzt, unter andern das auf Henry's Befehl publicirte Werk „Order of Communion", welches der schon erwähnte nachmalige Bischof von Exeter, Miles Coverdale später in das Lateinische und Deutsche übertrug. Coverdale hatte, wie erwähnt wurde, acht Jahre in Deutschland als Exilirter gelebt und wurde nach Henry's Tod nach England zurück berufen.

Schon zur Zeit als Henry den ersten Schritt that, der ihn stets weiter auf dem Pfade der Reformation führte, kamen deutsche Reformatoren nach England, deren Anwesenheit von nicht geringem Einflusse auf die englische Kirchenfrage war, und von welchen Viele von ihrem Besuche an in stetem Verkehr mit den leitenden Reformatoren Englands blieben. Unter solchen Besuchen will ich nur einige hervorheben.

Eine merkwürdige Erscheinung war der Kölner Heinrich Cornelius Agrippa. Er war ein Mann der Feder und des Schwerts, er diente im Heere Kaiser Maximilians in Italien und wurde für seine Tapferkeit zum Ritter geschlagen. Er war zudem Doctor der Rechte und Medicin, vertraut mit vielen Zweigen der Wissenschaften und bewandert in acht Sprachen. Die Ungebundenheit seiner Feder verwickelte ihn in viele Missgeschicke, und durch öffentliche Vorlesungen zog er sich den Hass der Mönche zu. Ihre Verfolgungen zwangen ihn nach England zu gehen, wo er einen Commentar über St. Paul's Briefe schrieb. Darauf hielt er wieder Vorlesungen in Köln, und zog wieder mit Maximilian's Heer nach Italien. Es wäre unmöglich in das stets wechselnde Leben dieses Mannes an diesem Orte näher einzugehen. Bald schrieb er, bald kämpfte er, bald hielt er Vorlesungen, bald war er im Gefängnisse, bald auf der

Flucht, bald war er Theologe, Jurist, bald Leibarzt. Im Jahre 1529 erhielt Agrippa eine Einladung von Henry VIII. nach England, die er aber nicht annahm. Obwohl er kein Mann fester, entschiedener Grundsätze war, und mehr von der Art eines Erasmus, gehörte er, wie letzterer, zu den Männern, welche viel zur Verbreitung der Reformation beitrugen und mit frohlockten, als sie sahen, wie Luther das Eis brach, die Tyrannei der Mönche und Priester zertrümmerte. Sobald sie aber bemerkten wie die Dinge eine ganz andere Wendung nahmen, als sie gewünscht hatten, kehrten sie Luther den Rücken. Was Henry's Ehescheidung betrifft, so sprach sich Agrippa dagegen aus und drückte sich mit sehr starken Worten gegen diejenigen Priester aus, welche dieselbe billigten, insbesondere gegen die Sanction welche die Sorbonne in Paris der Ehescheidung gab, der er, in Nachahmung von Persius zurief: „Sagt, ihr Sorbonnisten, was hat Gold mit Gottesgelahrtheit zu thun?"

Ein Deutscher, der in der ersten Entwicklung der englischen Reformation keine unbedeutende Rolle gespielt, ist Simon Grynaeus, ein gelehrter Theologe, aus Hohenzollern und Freund und Schulkamerad Melanchthons. Nachdem er wegen seiner reformatorischen Grundsätze viele Verfolgungen erlitten, wurde er 1523 Professor des Griechischen, erst in Heidelberg, dann in Basel. Im Jahre 1531 kam er nach England auf die Einladung Heinrich's VIII., welcher ihm auftrug die Ansichten der deutschen und schweizer Theologen über seine Ehescheidung zu erhalten. Er brachte eine Empfehlung von Erasmus, der damals in Freiburg lebte, an William Montjoy und Sir Thomas More mit, welche ihn sehr freundlich aufnahmen. Grynaeus hielt erst, wie manche Andere, des König's Heirath für unüberlegt, meinte aber er sollte sie doch nicht auflösen und neigte sich zu dem Rathe, dass der König eine andere Frau nehmen sollte, „dabei die alte Königin behaltend". Grynaeus war Autor einer grossen Anzahl gelehrter, besonders philologischer Werke und erwarb sich durch seinen achtungswerthen, liebenswürdigen Charakter in England viele Freunde. Eines seiner Werke, eine Ausgabe Plato's, widmete er dem John More, dem Sohne des Kanzlers, als ein Zeichen seiner Dankbarkeit für die Gunstbezeigungen, die er von seinem Vater erfahren. Da folgende Briefstelle über den guten Sir Thomas More diesen in einem sehr liebenswürdigen Lichte erscheinen lässt, so wird es vielleicht von Interesse sein sie hier anzuführen:

„Es sind nun, wie Sie wissen", schreibt Grynaeus,

„drei Jahre, seit dem ich in England ankam, und auf die glückliche Empfehlung meines Freundes Erasmus, mit grosser Güte aufgenommen, mit noch grösserer bewirthet und mit der allergrössten entlassen wurde. Denn jener grosse und ausgezeichnete Mann, Ihr Vater, so eminent in hohem Range und edeln Talenten, gestattete mir, einer niedrigen und unbekannten Person (so gross war seine Liebe zur Literatur), die Ehre mit ihm in Mitte vieler öffentlicher und privater Angelegenheiten zu verkehren, gab mir einen Platz an seinem Tische, obgleich er der höchste Mann in England war, nahm mich mit sich wenn er zu Hofe ging und von da zurückkehrte und hatte mich stets an seiner Seite; ja er erkundigte sich auch mit äusserster Milde und Freimüthigkeit in welchen Einzelnheiten meine religiösen Grundsätze von den seinigen verschieden waren: und obgleich er fand, dass sie sehr weit aus einander gingen, war er dennoch so gütig mir in jeder Hinsicht beizustehen und selbst alle meine Auslagen zu zahlen. Er schickte mich ebenfalls nach Oxford mit einem Mr. Harris, einem gelehrten, jungen Herrn und empfahl mich der Universität mit solchem Nachdruck, dass beim Anblicke seines Briefes alle Bibliotheken mir offen standen und ich zur innigsten Vertraulichkeit mit den Gelehrten zugelassen wurde".

Dieses ist die Charakteristik von Seiten eines eifrigen Protestanten von einem Manne den Henry VIII. wegen Festhaltens am alten Glauben hinrichten liess.

Johann Aepinus oder Hoch war ein anderer berühmter deutscher Reformator, welcher zu dieser Zeit England besuchte. Er war ein Brandenburger und viele Jahre der erste Theologe der lutherischen Kirche in Hamburg, ja selbst in Norddeutschland. In Hamburg trug er sehr viel zur Einführung der Reformation bei. Im Jahre 1534 ward er, mit andern Abgeordneten protestantischer Fürsten Deutschlands, an Henry VIII. gesandt, welcher kurz vorher Unterhandlungen zu einer engern Verbindung mit ihnen, zum Kampfe mit dem Papstthum eröffnet hatte.

Unter den berühmten Deutschen, welche auf reformatorischer Mission nach England kamen, befand sich auch der vortreffliche J a k o b S t u r m, der grosse Gelehrte und Politiker von Strassburg, welcher in ganz Deutschland in hohem Rufe stand wegen seiner Weisheit und Rechtschaffenheit, der bei mehreren Reichstagen eine wichtige Rolle spielte und auch 1534 als Abgesandter nach England kam. Er war der Hauptbeförderer der Reformation in Strassburg, einer der Gründer der dortigen Elementar- und Gelehrtenschulen und der Beförderer von Sleidan's Geschichte der deutschen Reformation. Sleidan sagt von ihm: „Er war der Ruhm des deutschen Adels, wegen seiner trefflichen Eigenschaften und ausserordentlichen Gelehrsamkeit".

Zu der von Henry VIII. berufenen Conferenz in London kamen aber auch Gegner der Reformation. Unter diesen hebe ich zwei berühmte Deutsche hervor: Thomas Murner und Dr. Eck. Thomas Murner, der grosse deutsche Satyriker des 16. Jahrhunderts, ein Strassburger, von Kaiser Max 1506 als Dichter gekrönt, griff zwar die verderbten Geistlichen seiner Zeit der Art an, dass er sich viele Verfolgungen zuzog, er blieb aber eifriger Katholik und Gegner Luthers, gegen welchen er in seinem Kirchen- und Ketzer-Almanach Invektive schleuderte. Murner folgte der Einladung des englischen Königs, kam nach England und nahm an den Disputationen über Katholicismus und Protestantismus daselbst eifrigen Antheil.

Nebst Murner kam der bekannte Gegner der Reformation und Luthers, Johann Eck, aus Schwaben, Professor in Ingolstadt. Er wurde aber wegen seines Glaubenseifers bald auf König Henry's Befehl verhaftet, wusste sich jedoch wieder aus der gefährlichen Schlinge zu ziehen, die bereit war sich zu verengern.

Später, im Jahre 1546, kam der berühmte Historiker der deutschen Reformation Johann Sleidan, in Strassburg ansässig, nach England. Er wurde zur Unterhandlung über gewisse Angelegenheiten nach Frankreich und England geschickt. Im Jahre 1551 verschaffte ihm Erzbischof Cranmer von König Edward eine Ehrenpension von 200 Kronen jährlich, so viel als 60 Pfund Sterling.[1] Die Pension hatte zum Zweck, Sleidan in den Stand zu setzen, seine Commentare, mit denen er zur Zeit beschäftigt war, fortzusetzen und wozu ihn Cranmer zu ermuthigen suchte.

Rudolf Gualter von Zürich, einer der ersten Reformatoren seiner Zeit, und berühmt durch Werke, welche in England sehr grossen Einfluss hatten, besonders seinen Antichrist, ein Werk das in mehrere Sprachen übersetzt wurde, besuchte England zum ersten Male im Jahre 1535 in Gesellschaft des Engländers Nicolas Partridge, der in Zürich weilte, und studirte in Oxford. Gualter's Tagebuch über diese Reise ist

[1] Nach heutigem Geldwerth gleich 600 Pfund Sterling.

noch in Zürich erhalten. Er knüpfte in England intime Beziehungen zu englischen Theologen an, auf welche bald ein eifriger Briefwechsel folgte und lange wurde Gualter von den höchsten geistlichen Würdenträgern Englands über wichtige theologische Fragen und Streitfragen zu Rathe gezogen. Während seiner Studien in Oxford benutzte Gualter ganz besonders die dortige Bibliothek, welche damals viele fremde Gelehrten anzog und wurde 1535 in Oxford als Mitglied der Universität aufgenommen.

Zu den deutschen Besuchern Englands gehörte aber noch ein Mann, der zwar keinen Einfluss auf die englische Theologie übte, aber einen um so grösseren auf englischen Kunstsinn, der erste grosse deutsche Maler, welcher in England lebte und starb, Hans Holbein.

Es würde mich zu weit führen und von dem Zwecke dieser Abhandlung entfernen, wenn ich hier näher in die allgemein bekannte Geschichte Holbeins eingehen wollte, nach Albrecht Dürer des grössten deutschen Malers des 16. Jahrhunderts. In Augsburg geboren, zog Hans Holbein mit seinem Vater nach Basel, wo er die berühmten Holzschnitte zu Erasmus' Werk: „Das Lob der Narrheit" machte. Hans wurde mit Erasmus sehr befreundet und da sein Leben von einer bösen Ehehälfte verkürzt zu werden in Gefahr war, gab ihm Erasmus den Rath nach England zu gehen. Er befolgte diesen Rath, 1526, und England verdankt auf diese Weise Hans Holbein, sein Wirken und seine Schöpfungen auf dem Gebiete der Kunst — einer Xantippe.

Holbein brachte als Introduktion das von ihm gemalte Bild des Erasmus als Geschenk für den Lordkanzler Sir Thomas More. Dieser, welchem Erasmus unsern Künstler besonders empfahl, nahm Holbein in sein Haus auf, wo er ihn drei Jahre beschäftigte. Nach dieser Zeit lud More König Henry zu sich ein, nachdem er des Künstlers Bilder in einer Halle aufgehängt hatte. Der König, durch den Anblick der Gemälde erstaunt und überrascht, rief aus: „Lebt der Künstler noch? Ist er für Geld zu haben?" — Bald (1529) war Holbein im Dienste des Königs mit dreissig Pfund Sterling jährlich (nach damaligem Geldwerthe), einer Wohnung im Palaste und besonderer Bezahlung der für den König ausgeführten Arbeiten. Er malte nun eine grosse Anzahl von Bildern, von denen heute noch viele in englischen Gallerien und in Windsor Castle ausgestellt sind.

Holbein malte in England eine sehr grosse Anzahl vortrefflicher Porträts, unter andern die von Henry VII. und

Henry VIII., welche beide beim Brande des White-Hall Palasts zu Grunde gingen. Einmal jedoch hat Holbein mit einem Porträt schlechten Dank geerntet. Er hatte nämlich, die Henry VIII. zur Gattin empfohlene Anna von Cleve in des Königs Auftrag gemalt, aber so schön und reizend, dass Henry, der eigentlich zur Verbindung nicht recht geneigt war, beim Anblicke des Bildes sich sofort entschloss, sie zu heirathen. Aber sobald als Henry seine neue Gattin sah — er war ein Bewunderer der Schönheit — fand er die arme Anna keineswegs, wie Holbein sie ihm gemalt, fasste einen Widerwillen gegen sie, trennte sich bald wieder von ihr und nahm eine andere Frau. Holbein aber stand bei ihm in solcher Gunst, dass er ihm die Idealisirung der Anna von Cleve nicht nachtrug, was folgender Vorfall beweist, der Hans Holbein hätte sehr gefährlich werden können.

Ein Lord höchsten Ranges wollte den Maler eines Tages besuchen, gerade als er eine Figur nach dem Leben malte. Holbein liess seine Lordschaft bitten ein anderes Mal ihn mit seinem Besuche zu beehren. Der Edelmann nahm dieses als Beleidigung auf, stiess die Thüre auf und ging trotzig die Treppe hinauf. Holbein, der einen Lärm hörte, trat aus seinem Atelier und als er den Lord an seiner Thüre traf, gerieth er in heftigen Zorn und stiess ihn mit solcher Gewalt zurück, dass er die ganze Treppe hinabfiel. Er überlegte jedoch rasch was er gethan, entwich in Mitte des von ihm veranlassten Tumultes und begab sich eiligst zum König. Der sehr verletzte Edelmann war bald nach ihm da und nachdem er seine Klage vorgebracht, befahl der König dem Künstler um Verzeihung für sein Vergehen zu bitten. Dieses reizte den Edelmann aber noch mehr und er verlangte Holbein's Tod. Darauf erwiderte ihm der König mit strenger Miene: „Mein Lord, Sie haben nun nicht mit Holbein, sondern mit mir zu thun. Die Strafe, welche Sie auf irgend eine Weise als Rache gegen ihn ersinnen mögen, soll an Ihnen selbst vollzogen werden. Bedenken Sie gefälligst, mein Lord, dass ich, wenn es mir beliebt, sieben Lords aus sieben Bauern zu machen im Stande bin, dass ich aber nicht *einen* Holbein aus sieben Lords machen kann“.

Holbein malte in Oel, Wasserfarben, Fresco, Miniatur. Er besass einen ausserordentlich reichen Erfindungsgeist, sichtbar in einer grossen Menge von Zeichnungen, die er für Bildschneider, Bildhauer, Goldschmiede u. a. machte. Von seinen Arbeiten auf den verschiedenen Gebieten der Kunst näher zu sprechen, ist hier der Platz nicht. Es soll nur noch beiläufig erwähnt werden, dass Holbein dieselbe Eigenthümlichkeit hatte, welche Plinius von Turpilius, einem Römer erwähnt, er malte nämlich mit der linken Hand. Holbein starb an der Pest in London, 1554, in seiner Wohnung in Whitehall Palast, wo er von der Zeit an gewohnt als der König sein Patron wurde.

Unter einem der Porträts, das Holbein selbst im Alter von 45 Jahren darstellt, steht folgender Tetrastichus:

„Principe pictorum, magno qui gratus Erasmo,
Immensum crevit laus, Basilea,[1] tua.
Divisus nostro te suspicit orbe Britannus,
Holbeni, orbe uno laus tua stare nequit“.

Ein sehr schönes Thor im alten, später abgebrannten, White-Hall Palast wurde von Holbein entworfen und hiess Holbein-Gate.

§ 8.

DEUTSCHE STUDENTEN UND GELEHRTE IN OXFORD UND CAMBRIDGE ZUR ZEIT HENRY'S.[2]

Die beiden alten englischen Universitäten sind schon in früheren Zeiten von deutschen Gelehrten und Studenten besucht worden. Deutsche und böhmische Studenten hörten in Oxford die Lehren Wickliffe's und brachten sie nach Deutschland. Es existiren jedoch über die älteren Zeiten keine officiellen Berichte. Erst im Jahre 1691 veröffentlichte der Historiker und Alterthumsforscher Anthony Wood seine Athenae Oxonienses, eine biographische Skizze Gelehrter, Schriftsteller und geistlicher Würdenträger die in Oxford vom Jahre 1500 bis 1690 studirten. Die Athenae Cantabrigienses sind eine moderne Nachahmung von Wood's Werk und geben die Gelehrten von Cambridge. Auch sie beginnen erst mit dem Jahre 1500. Beide Werke geben keine vollständigen Listen aller Studenten und Graduirten, sondern nur solcher von einiger Auszeichnung. Da in früheren Zeiten die Orthographie eigener Namen unge-

[1] Als Holbein's Geburtsort wurde von Vielen und lange Zeit Basel angegeben, anstatt Augsburg, wo er 1497 geboren ward.

[2] Athenae Oxonienses, by Athony Wood. Athenae Cantabrigienses, by C. H. Cooper.

wiss war und oft wechselte, so ist es in vielen Fällen unmöglich deutsche Namen im englischen Gewande zu entdecken und manche Namen, deren Klang sehr deutsch, deren Nationalität aber nicht bestimmt angegeben ist, mussten hier ausgelassen werden.

Der erste Deutsche in der Liste von Oxford ist Erasmus von Rotterdam. Obwohl Niederländer von Geburt, lebte und lehrte er in Oberdeutschland und der Schweiz. Erasmus studirte in St. Mary's College in den Jahren 1497, 98 und 99 und im Jahre 1518 oder 19 hielt er Vorlesungen daselbst im Corpus Christi College. Er war dreimal in England. Das zweite Mal, 1506, studirte er in King's College Cambridge, wo er den Grad eines Baccalaureus und Doctor Theologiae erhielt. Er gehört demnach beiden Universitäten an, obwohl mehr Cambridge, wo er längere Zeit als Lehrer wirkte.

Im Jahre 1523 studirte in Oxford griechische Werke der wiederholt genannte Simon Grynaeus aus Schwaben, geboren 1493, Reformator und Freund Luther's und später Professor des Griechischen in Basel. Seine Bemühungen in König Henry's Ehescheidungsangelegenheiten sind schon erwähnt worden. Er starb schon 1541. Er war sehr gelehrt im Lateinischen, Griechischen, in der Philosophie und Mathematik, und von Erasmus sehr geschätzt und geliebt, der ihn in seinen Episteln erwähnt.

Eine interessante Persönlichkeit ist Nicolaus Kratzer, Cratzerus oder Krach, Karche, Chracher, Kratcher, Kratz, auf so verschiedene Weise findet man den Namen geschrieben. Der erstere ist der richtige. Kratzer war aus München und studirte in Köln und Wittenberg, wo er als Baccalaureus Artium Liberalium promovirte. Er kam nach England, wo ihn Fox, Bischof von Winchester, zum Fellow seines College Corpus Christi in Oxford erwählen liess. Er trat 1517 ein, las auf Befehl von Henry VIII. über Astronomie und wurde später von Cardinal Wolsey zu seinem mathematischen Lector ernannt. Im Jahre 1522 wurde er Baccalaureus und Magister Artium Liberalium in Oxford.[1] Er schrieb einige Werke, die noch in Manuscript in Oxford vorhanden sind u. a.: Canones Horopti:

---

[1] Die noch häufig anzuführenden zwei Grade in der sogen. Facultas Artium Liberalium in Oxford und Cambridge sind Baccalaureus Artium Liberalium und Magister Artium Liberalium, abgekürzt geschrieben: B. A. und M. A. Der letztere Grad entspricht dem deutschen Doctor Philosophiae, der an obigen Universitäten nicht besteht.

de Compositione horologiorum; compositio et utilitates quadrantis; de arte metrica sive mensurandi; compositio cylindri et aliorum instrumentorum mathematicorum; Scripta plura mathematica. Er construirte die alte Sonnenuhr auf einer Säule in St. Mary's South Kirchhof in High Street, Oxford, an welcher bald nachher die Verwerfung von Luther's Lehren von Seiten der Universität aufgehängt wurde. Kratzer war ein zu seiner Zeit berühmter Mathematiker. Er starb bald nach 1550 und nach seinem Tode kamen viele seiner Werke in Besitz des berühmten Mathematikers Dr. John Dee, und einige in den von Dr. Richard Forster, eines berühmten Arztes und Mathematikers. (Man findet mehr über Nic. Kratzer in Hist. et Antiq. Univ. Oxon. lib. I. p. 247 b. — lib. II. p. 35, b.)

Auch in Cambridge finden wir, wie in Oxford, wenige Deutsche zu dieser Zeit verzeichnet.

In Cambridge wird ein Mönch William angeführt, der 1524 Amanuensis von Tyndal in Hamburg war, ihn aber nach einiger Zeit verliess und nach Strassburg ging. Er soll später in Portugal als Ketzer verbrannt worden sein. Seine Nationalität ist nicht näher bezeichnet. Ebenso ungewiss ist die Nationalität eines Johann Erlich, obwohl der Name nicht englisch, sondern echt deutsch ist. Erlich kam 1497 von Eton College nach King's College, Cambridge, und ward Baccalaureus Artium Liberalium 1500—1501. Er war später Mayor von Cambridge (1511) und lebte noch 1535.

In der Oxford-Liste sind von dieser Zeit noch zwei Deutsche erwähnt: Johann Clement, einer der Lectoren von Cardinal Wolsey, der daselbst im Jahre 1519 zum Bacc. Art. Lib. ernannt wurde, und Peter Coloniensis Bacc. Art. Lib. der Universität Köln und Student der Medicin. Dieser wurde im Jahre 1513 zum Bacc. der Medicin in Oxford promovirt und in demselben Jahre kam er um den Doctortitel ein.

Leonard Bilson oder Bilsau wurde 1546 in Oxford zum Mag. Art. Lib. ernannt. Er war später Schuldirector in Reading und bekleidete hohe Würden in der englischen Kirche.

Der später berühmte Rudolf Gualter, senior, von Zürich, studirte in Oxford 1535, wo er die Bibliothek benutzte. Er wurde 1535 daselbst „incorporirt". Ein andrer Schweizer, Johann ab Ulmis (Ulmer) ward 1549 Bacc. Art. Lib. von Oxford.

Obwohl zur Zeit der ersten reformatorischen Bewegung in Deutschland Oxford und Cambridge wohl wenig von Deutschen besucht wurde, so ist doch anzunehmen, dass, ausser den obengenannten, sich noch Manche daselbst befanden. Die kirchlichen Wirren in England und besonders an den englischen Universitäten unter Henry VIII. mussten abschreckend wirken. Aber unter der Regierung Elisabeths und im 17. Jahrhundert nahm der Besuch der englischen Universität von Seiten der Deutschen in hohem Grade zu.

Kapitel IV.

Deutsche in England unter den Tudors. Edward VI. (1547—1553). Mary (1553—1558).

§ 1.

REFORMATORISCHE BEWEGUNG IN ENGLAND UNTER EDWARD VI.

Edward war ein junger Mann über dessen Geistes- und Herzensanlagen seine Zeitgenossen mit grosser Bewunderung und Verehrung sprechen, welcher der Reform von Herzen zugethan war und trotz seiner Jugend und kurzen Regierung in seinem Lande eine Wirksamkeit und einen Einfluss entfaltete, wie wenige Regenten vor und nach ihm. Er gründete neben seinen reformatorischen Arbeiten, viele edle und mildthätige Anstalten, besonders aber Schulen, die heute noch bestehen und blühen.

Zur Zeit seiner Thronbesteigung war Edward erst zehn Jahre alt. Während seiner Minderjährigkeit war die Regierung faktisch erst in der Hand des Herzogs von Somerset und nach ihm in der des Herzogs von Northumberland. Somerset war der Kirchenreformation sehr zugethan, er war der Patron der radikaleren Reformatoren, wie u. a. Hooper, später Bischof und Märtyrer. Nach Somersets, des ersten Ministers und Protectors Falle und nach seiner Abführung in den Tower fürchteten die Reformer eine religiöse Reaktion. Die Papisten hofften wieder und kämpften für ihre Herrschaft. Aber der königliche Rath bestand zum grössten Theile aus Mitgliedern, welche der Reformation günstig waren, wie u. A. der Marquis von Dorset und der Earl von Warwick, welche im Council grossen Einfluss hatten. Zudem wurde der junge König noch von seiner jüngeren Stiefschwester, der späteren Königin Elisabeth in seinen reformatorischen Plänen unterstützt. Elisabeth war sehr eifrig für die Reformation und nebst dem dass sie eine gründliche Kenntniss des Lateinischen und Griechischen hatte, galt sie für so gewandt im Argumentiren, dass sie Gegenargumente leicht und meist siegreich bekämpfte.

Kaiser Karl V. hatte die Hoffnung noch nicht aufgegeben sein Interim unter der Regierung Edwards in England eingeführt zu sehen und er drang im Jahre 1549 sehr energisch in die englischen Gesandten an seinem Hofe auf die Annahme der interimistischen Lehre in England. Aber den Plänen eines deutschen Kaisers arbeitete ein deutscher Theologe entgegen. Bucer, von Strassburg nach der Universität Cambridge berufen, welcher grosse Autorität und Achtung unter der Bevölkerung Englands und besonders Londons genoss, ward nämlich beauftragt, anstatt des Interims, eine Glaubensform aufzustellen, welche von der Regierung angenommen wurde.

Die Kriege mit Frankreich verursachten damals in England grosse Unruhe und die Stimmung der Engländer war in Folge dessen eine sehr gereizte gegen Frankreich, denn sie konnten den Versprechungen ihres Nachbars nicht mehr trauen. „Die Franzosen", schrieb im October 1548 der Engländer Burcher an Bullinger in Zürich von Strassburg aus, „bedrohen England mit Krieg. Wenn es eine Nation gibt, perfider als alle andern, so ist es die von Frankreich, welches ohne Zweifel zu irgend einer Zeit einmal die Belohnung für seine Perfidie empfangen wird."

Der Krieg mit Frankreich brach aus und England verlor in der Normandie (1549) durch Verrath erst zwei Festungswerke zwischen Boulogne und Calais, von welchen das eine Almain-Camp d. h. deutsches Lager hiess. Im Jahre darauf verlor England Boulogne und es blieb ihm auf dem Continent nur noch Calais. Für das Aufgeben von Boulogne verpflichteten sich die Franzosen sofort 400,000 Kronen und einen jährlichen Tribut an England zu bezahlen. Vermittels dieser Summe hoffte man allgemein in England, dass die Landesmünze erneuert und verbessert würde. Die Entwerthung des Geldes und die wachsende Theuerung des Lebens war damals allgemeine Klage in England. Eine königliche Proklamation vom 9. Juli 1551 setzte den Werth der 12 pence-Stücke, die nicht halb so viel werth waren, auf 9 pence herab und im August darauf wurden sie auf 6 pence reducirt. Das englische Geld war damals sehr schlecht und Edward gab Befehl besseres zu prägen, was aber erst durch Elisabeth ausgeführt wurde.

Am 9. März 1550 wurde der Frieden zwischen Frankreich. Schottland und England proclamirt. Schottland war damals stets mit Frankreich verbündet, was England in seiner kontinentalen Politik lähmte. Nebst der oben angegebenen stipulirten Kriegsentschädigung von Seiten der Franzosen hatten diese den Engländern, als Garantie für die Bezahlung, drei Geisseln zu stellen. Diese waren der Herzog von Enghien, der Marquis von Main und der Herzog von Montmorency.

Somit erlangte England mit Aufgeben von Boulogne den Frieden mit seinem gallischen Nachbarn, welcher den Engländern die Schotten in den Rücken zu schicken pflegte. Frankreich machte Frieden um bald desto ungestörter in Deutschland auftreten zu können. Kaum ein Jahr darauf erliess der König von Frankreich ein Manifest, welches die Gründe auseinandersetzte warum Frankreich die Waffen gegen den Kaiser ergriff. Darin legte sich der französische König den Titel „Protector der Freiheiten Deutschlands und seiner gefangnen Fürsten“ bei. Zum Schutze Deutschlands nahm er damals die Städte Toul, Verdun und Metz, und behielt sie. Erklärte nicht in unseren Tagen der dritte Napoleon den Krieg gegen Preussen, um Deutschland vom preussischen Joche zu befreien? Hätte er gesiegt, so wären abermals grosse Theile deutschen Landes zum Schutze gegen Preussen mit Frankreich vereinigt worden.

Der Papismus war zu dieser Zeit noch sehr mächtig in England. Er wurzelte fest unter der Landbevölkerung und besonders in Oxford. Schon damals waren die beiden Sitze der Erziehung, Oxford und Cambridge von einander verschieden. Oxford war der Sitz des Konservatismus, oft der Reaktion, wie es in unserer Zeit der Sitz des sog. Ritualismus, des Sacerdotalismus ist. Cambridge war damals, wie heute, der Sitz des Liberalismus, des Fortschrittes. Cambridge erzog die meisten der ersten Reformatoren. Im Jahre 1550 schreibt der junge J. Stumphius an Bullinger in Zürich über „die grausamen Ungeheuer, die Romanisten, mit denen Oxford wimmelt“. „Cambridge-Männer“ — schreibt der Engländer Burcher, 1551, — „waren nie so pervers als die von

Oxford. Die Studenten von Cambridge waren stets im Geruch der Ketzerei. Ihre Studien waren reineren Charakters, als in Oxford. Von dorther kamen Hooper, Cox, Cranmer und andere gelehrte Reformatoren." Zu dieser Zeit waren die Papisten noch die Mehrheit in England. Im Jahre 1549 brach Verschwörung unter ihnen in einen Aufstand aus, der sich über alle Theile Englands verbreitete und dessen Anstifter die römischen Priester waren. Der Aufstand wurde aber energisch unterdrückt. In Devonshire und Cornwall, wo zwei Priester die Führer der Rebellen waren, hielt er sich am längsten. Diese Rebellenschaar war sehr stark und beabsichtigte sogar einen andern König zu proclamiren. Aber auch sie ward zuletzt geschlagen und an drei bis viertausend Rebellen wurden getödet.

Zum Unglück für die Reformation in England brach schon jetzt unter den englischen Protestanten ein Streit aus, der später sich noch mehr entflammte, welcher heute noch in der englischen Kirche währt und damals die katholische Partei mit Hoffnung erfüllte. Der Zankapfel waren die katholischen Kirchengewänder, welche ein Theil der Anhänger der anglikanischen Kirche beibehalten und ein anderer entfernt wissen wollte. In späterer Zeit nahm dieser Streit noch grössere Dimensionen an. Er wurde aber schon im Jahre 1551 mit grosser Bitterkeit geführt und durch ihn wurde der Keim zum Entstehen der sog. Nonconformisten gelegt. Von den fremden Theologen in England stellte sich Johann A'Lasco allein auf die Seite der radikaleren Reformatoren, unter welchen Hooper eine hervorragende Stelle einnahm. Hooper und dessen Freunde und Anhänger wurden von Deutschland und besonders der Schweiz aus, vor Allen von Bullinger, ermuthigt und unterstützt. „Deine glänzenden Gaben", schreibt Hooper an Bullinger, „haben unsrer Kirche solchen Nutzen getragen, dass wir dir Alles verdanken". Die radikaleren Reformatoren siegten zu dieser Zeit.

In England, wie in Genf, Sachsen und andern protestantischen Ländern, zeigte sich der Protestantismus bald ebenso intolerant als der Romanismus. Es gab damals in England ziemlich viele Arianer, Marcioniten und Donatisten welche alle verfolgt und mit dem Tode bestraft wurden, gerade wie die Lutheraner die Calvinisten verfolgten und Calvin den Servetus mit Zustimmung der Schweizer Reformatoren verbrennen liess.

Ein grosses Hinderniss im Fortschritt der Reformation in England war der grosse Mangel an Geistlichen. „Die Ernte ist reichlich, aber es fehlt an Schnittern," schreibt Bucer 1549 an Hardenberg. Um dem grossen Mangel an gebildeten Geistlichen abzuhelfen, wandte man sich nach Deutschland und suchte mit allen Mitteln Deutsche zu gewinnen. Erzbischof Cranmer, Bischof Latimer drangen wiederholt in Briefen in deutsche Reformatoren, theils um sie zu bewegen zu kommen, theils um durch sie Andere zu veranlassen zu kommen. Man versprach den Ankömmlingen hohe Stellen nebst Reisegeld. Johann A'Lasco, Bucer und Fagius, beide letzteren von Strassburg, nahmen an, da sie durch das Interim gezwungen waren Deutschland zu verlassen. Bucer und Fagius erhielten Professuren in Cambridge. Beide kamen im Jahre 1549 in England an, starben aber bald darauf. Nach Bucer's Tode berief man zuerst Melanchthon, dann den deutschen Reformator Musculus und endlich Bibliander in Zürich nach Cambridge, welche jedoch alle ablehnten. An die Stelle von Fagius wurde Tremellius berufen. Der zu seiner Zeit berühmte und gelehrte Buchdrucker Froschover, welcher sich zu dieser Zeit in Oxford, wo er studirte, aufhielt, tadelt in einem Briefe an Gualter in Zürich (1551) die Engländer „dass sie Gelehrte von Deutschland anzögen, damit sie inzwischen selbst bequem leben könnten, während sie selbst doch sehr talentvolle Leute hätten. Deutschland bedürfte zudem seiner Männer selbst." Auch Fagius klagt von England aus über die geringe Anzahl von Mitarbeitern.

Auf diese Weise suchte man durch Anziehung deutscher Theologen in England die Reformation zu befördern. Nebstdem aber studirte man in England deutsche Werke. „Unsere Bischöfe und geistlichen Würdenträger", schreibt u. a. Hilles 1549 an Bullinger, „widmen euren d e u t s c h e n Theologen grosse Aufmerksamkeit und unterwerfen ihre Ansichten dem Gutachten derselben". Selbst der Gedanke und Plan, den Cranmer früher und auch zu dieser Zeit noch (1552) so eifrig betrieb, in England eine Versammlung protestantischer Theologen zu religiösen Berathungen zum Zwecke einer gemeinschaftlichen kirchlichen Lehre zu halten, ging von Melanchthon aus. (Jenkyns: Pref. to Cranmer, p. CIVI. etc.)

Die Amnestie, welche Edward bei seiner Krönung (1547) erliess, erlöste eine grosse Zahl englischer religiöser Flüchtlinge von ihrem Exile in Deutschland und der Schweiz.

Durch diese war ein sehr wichtiges Gegengewicht gegen die Bemühungen der Tausenden von Mönchen geboten, welche, aus den Klöstern gejagt, zu Priestern ernannt worden waren. und deren Einkünfte meistens von Seelenmessen und Absolutionsgeldern kamen.

Der Einfluss Deutschlands auf die Fortschritte der Reformation unter Edward lässt sich in Kürze in folgenden Worten resumiren.

1. Jede Pfarrei musste 1547 die „Paraphrase“ von Erasmus und den lutherischen Katechismus von Justus Jonas besitzen, welchen Cranmer selbst übersetzte und der in Form einer Pastoral-Adresse nützliche Lehren bot. Die Lehre und Disciplin der anglikanischen Kirche nahmen unter dem sogen. „Act for the Uniformity of Worship“ (1549) und durch die Veröffentlichung des „Book of Common Prayer“ beinahe die Form an, die sie heute noch haben. Privatmessen und Heiligen Bilder wurden abgeschafft.

2. Im Jahre 1548 wurde die eröffnende Ansprache des neuen anglikanischen Taufdienstes einer Sammlung entlehnt, welche der Erzbischof Hermann von Köln unter dem Titel „Simplex et pia Deliberatio“ 1545 herausgegeben. Die Schlussansprache und sog. Kollekte sind ebenfalls hauptsächlich vom Ritual Hermanns.

3. Im Jahre 1551 begann Cranmer die Glaubens-Artikel, ursprünglich 42 an Zahl, auszuarbeiten, welche heute noch, nach Kürzungen und unbedeutenden Aenderungen, fast ganz mit den 39 Glaubens-Artikeln der anglikanischen Kirche übereinstimmen und ein Compendium der anglo-katholischen Theologie bilden, und die jeder Geistliche zu befolgen hat. Bei der Ausarbeitung dieser Artikel, welche 1553 veröffentlicht wurden, hatte Cranmer ohne Zweifel die Augsburgische und Sächsische Confession vor sich, da sehr häufig die Ausdrücke identisch sind, insbesondere über die Erbsünde, den freien Willen, die Justifikation, und ohne Zweifel hat Melanchthon's Einfluss auf Cranmer dabei mitgewirkt. (Hierüber siehe Baxter: Church History: p. 417 ff.).

4. Im Jahre 1552 hatte in England die vermehrte Communikation mit deutschen und schweizer Reformatoren zur Revision der Liturgie in freier Richtung geführt. Cranmer bat Martin Bucer und Peter Martyr um ihren Rath hinsichtlich des sogen. „Service-book“ und dessen Revision. Viele ihrer Rathschläge wurden befolgt und nach zweijähriger Deliberation wurden sie mit andern in eine revidirte Liturgie aufgenommen.

Aber der Fortschritt einer gründlichen Reformation wurde durch den frühen Tod des gelehrten, eifrigen und guten jungen Königs aufgehalten.

§ 2.

ENGLISCH-DEUTSCHE KORRESPONDENZ ZUR ZEIT EDWARDS.

Der briefliche Verkehr zwischen Beförderern und Freunden der Reformation in England und Deutschland nahm unter Edward zu. Derselbe wurde, wie vordem durch reisende englische und deutsche Reformatoren, oder durch besonders zu einem gewissen Zwecke angestellte Sendboten, sowie auch durch regelmässig reisende Couriere befördert, welche, wie schon erwähnt, gewisse Reiserouten einhielten, wie z. B. von England den Rhein aufwärts nach der Schweiz.

Unter den englischen Korrespondenten dieser Periode fanden sich sehr hohe Persönlichkeiten. Edward VI. selbst trat als Korrespondent auf, ebenso Lady Seymour, der Herzog von Somerset, Lady Jane Grey, nebst Erzbischof Cranmer, den Bischöfen Hooper und Coverdale und andern hochstehenden Würdenträgern und Gelehrten der anglikanischen Kirche. Der Briefwechsel zwischen England, Deutschland und der Schweiz war ein äusserst lebhafter, besonders mit Melanchthon, Bullinger, Bucer, Fagius, Gualter, Stumphius und Musculus.

Viele der Briefe von beiden Seiten sind, nebst dem Inhalt auch noch stylistisch sehr interessant und in gutem Latein. So ist besonders die Korrespondenz von Jane Seymour, dritte Tochter des Protectors Somerset, welcher später enthauptet wurde, und die Edward VI. zur Gattin bestimmt war. Später war sie Ehrendame Elisabeths. Ein Brief von Lady Jane an Bucer und Fagius, von 1549, ist ein Zeugniss ihrer hohen klassischen Bildung. Der unglückliche Henry Grey, Herzog von Suffolk, Vater von Jane Grey, welcher 1554 enthauptet wurde, korrespondirte ebenfalls mit Bullinger, welcher ihm (1551) einen Band seiner Dekaden gewidmet. Lady Jane Grey, seine Tochter, schrieb Bullinger mehrere Briefe, die wahre Muster von Styl, Gelehrsamkeit und tiefer Frömmigkeit sind. In einem erwähnt sie mit Trauer des am 27 Februar 1551 in Cambridge erfolgten Todes von Bucer, „der“, wie sie schreibt, „sie ohne Ermüden belehrte, ihr Leben leitete und sie in allen Studien und Tugenden beförderte“.

§ 3.

EINFLUSS DEUTSCHER WERKE IN ENGLAND.

Der Einfluss deutsch-theologischer Werke in England war zweifach. Einmal wurden sie von Buchhändlern importirt und dienten den englischen Theologen theils zur Belehrung, theils als Hilfe bei ihren Kontroversen mit den Papisten. Dann aber trugen sie auch dazu bei durch Widmungen die Höchsten der englischen Nation für die Reformation zu gewinnen.

Zahllos und dringend sind die Bitten englischer Theologen an Deutsche und Schweizer, diesem oder jenem Lord ein Buch zu widmen, um ihn der guten Sache geneigt zu machen. Sie alle hier anzuführen wäre unmöglich. Daher nur wenige Beispiele.

Im Jahre 1549 bittet Bischof Hooper den Züricher Bullinger Werke von ihm dem Marquis von Dorset, den Herzögen von Somerset und Northumberland zu widmen. Er dringt in ihn Züricher Reformatoren zu bewegen doch eines ihrer Werke König Edward zu widmen, oder irgend einem Edelmanne von Rang und schon existirende Werke dem Könige zu senden. Diese Bitten wurden erfüllt. Bullinger widmete den Rest seiner Dekaden (1551) dem Marquis von Dorset. Ein anderes Mal bittet Hooper denselben Züricher Reformator König Edward ein neues Werk zu widmen und ihm (Hooper) baldigst alle seine Werke zu schicken. Hooper bat sogar sehr oft um Copien von Bullingers Manuskripten. Ebenso erwartet Bischof Cox sehnsüchtig Bullingers neue Werke, deren Hilfe in England sehr viel galt. Bullingers fünfzig Predigten, eingetheilt in fünf Dekaden, wurden später (1577) in's Englische übersetzt. Erzbischof Whitgift und die Bischöfe seiner Zeit betrachteten die Bibel und Bullingers Dekaden als eine hinreichende Bibliothek für einen Geistlichen.

Nebst obigen Dekaden wurden noch viele deutsche Werke in's Englische übersetzt. In den Jahren 1549 und 1550 wurden einige andere von Bullinger übertragen u. a. eines durch Thomas Caius, berühmter Gelehrter und Theologe, Schriftsteller und Head-Schoolmaster von Oxford, besonders bekannt als Lateiner und Grieche und intimer Freund des Marquis von Dorset. Auch ein Werk von Otto Wermullerus (Werdmüller) ward zu dieser Zeit von Miles Coverdale übersetzt unter dem Titel: „Spiritual and most precious pearl." Ferner erschien, 1550, die Uebersetzung eines Werkes von Zwingli über „die Pflichten eines guten Pastors". Sein „Antichrist" war nach den Briefen sehnsüchtig erwartet. Die Predigten von Bucer, welche gedruckt wurden als er noch in Strassburg wohnte, hatten damals schon grossen Einfluss in England, wie aus einem Briefe von Peter Martyr von Oxford zu ersehen ist. Bullingers Werk über die Sakramente ward 1551 in Oxford gedruckt und Peter Martyr schreibt dass „Bullinger durch seine Werke den Predigern nützliches Material liefere, welches sie stets zur Hand hätten."

Es würde zu weit führen die Liste der in England benutzten deutschen und schweizer Werke zu verlängern. Die Uebersetzungen derselben, die Verbreitung importirter deutscher Werke, deren Ankunft oft mit der grössten Sehnsucht erwartet und deren Sendung dringend verlangt wurde, über deren langes Ausbleiben die englischen Theologen in Briefen klagten, hatte in England in damaliger Zeit einen unberechenbaren Einfluss auf die Reformation.

§ 4.

BUCHHANDEL MIT DEUTSCHEN WERKEN UND DRUCK VON ENGLISCHEN WERKEN.

Schon sehr frühe wurden deutsche theologische Werke nach England gebracht, theils von englischen Geschäftsleuten, welche sie auf der Frankfurter Messe übernahmen, theils direkt von deutschen Buchhändlern selbst. Im Jahre 1540 schon wurde Froschover eingeladen Bücher nach England zu bringen, da sie daselbst zu dieser Zeit offen verkauft werden durften, was früher nicht der Fall gewesen.

Was nun den Druck englischer Werke betrifft, so wurden manche der theologischen in Deutschland und der Schweiz noch zu dieser Zeit gedruckt, obwohl die Buchdruckerkunst schon seit Caxton (1474) in England fest etablirt war.

Der erste englische Drucker Caxton lernte seine Kunst in Deutschland und den Niederlanden. Nach seinem Tode setzten fremde Drucker sein Werk in England fort. Unter diesen standen in erster Reihe Wilhelm von Mecheln und Wynkyn de Worde, beide Niederländer, der letztere einer der eminentesten von Caxton's Nachfolgern. Ein Zeitgenosse von de Worde und sein Mitarbeiter war Richard Pynson, ein Normanne. Aber einer der grössten von allen fremden Druckern in England war Peter von Trier, welcher seine Officin auf der Südseite der Themse errichtete, wo er lateinische Werke u. a. von Erasmus und Capito publicirte. Im Jahre 1525 war auch ein Drucker Namens Bryckmann als Verleger in London ansässig, welcher u. a. „Constitutiones Angliae" von dem 1446 verstorbenen Lyndewade. Bischof von St. Davids druckte. In den 30er Jahren des 16. Jahrhunderts hatte sich ein berühmter und geschickter Drucker Reyner oder Reginald Wolf, ein Schweizer, in London niedergelassen und wohnte in St. Paul's Churchyard, mit dem Zeichen des „Brasen Serpent". Er stand sehr in Gunsten von Henry VIII., Lord Cromwell, Cranmer und später Elisabeth. Er starb 1574. Auffallend ist, dass zur Zeit Edwards die Buchdrucker-Meister grossentheils Fremde waren.

Zudem dass ein grosser Theil der Buchdruckerei in England in den Händen Fremder war, wurden zu Eward's Zeiten viele englische Bücher im Auslande gedruckt. John Byrchman, ein Londoner Verleger und Freund Froschovers, welcher früher in Zürich weilte, liess manche seiner englischen Werke in Zürich drucken, und vermittelte nebstdem viele buchhändlerische Geschäfte zwischen englischen und deutschen Theologen. Dieser Byrchman sandte 1549 selbst einen Correktor von England nach Zürich zu Froschover, welcher zur Zeit ein englisches Buch für ihn druckte. Er bemühte sich Froschover zu bewegen, selbst die englische Bibel zu drucken, was Viele in England wünschten. Im Jahre 1550 ging Michael Reniger von England nach Zürich um den Druck der englischen Bibel daselbst zu besorgen. Dieser Reniger war Fellow vom Magdalene College in Oxford, von wo er 1553 unter Mary exilirt wurde. Später wurde er Kaplan der Königin Elisabeth und Präbendar von Winchester. John Hooper's „Declaration of the ten Holy Commandments of Allmygthye God" war schon 1548 ausser Landes gedruckt worden. Im Jahre 1551 sandte der Oxforder Professor Peter Martyr seine biblischen Commentare nach Zürich um sie dort drucken zu lassen. Der gelehrte Wolfius daselbst hatte sie durch die Presse zu besorgen. Ein anderes Werk von Peter Martyr, seine „Defence" gegen das Werk des Papisten Dr. Smith, wurde in demselben Jahre in Zürich gedruckt. Ich schliesse hiermit die bei Weitem nicht erschöpfte Liste von englischen auf dem Continente gedruckten Werken.

Warum England so lange hinter Deutschland, der Schweiz,

den Niederlanden, Frankreich und Italien in der Buchdruckerkunst zurück blieb, will ich hier nicht weiter untersuchen. Diese untergeordnete Stellung dauerte noch lange unter den Tudors und selbst den Stuarts fort. Es sollte aber eine Zeit kommen, wo die Druckerpresse Englands nicht nur in erster Reihe, ja selbst lange Zeit an der Spitze stehen sollte.

§ 5.

DEUTSCHE REFORMATOREN IN ENGLAND ZUR ZEIT EDWARD'S.

Die unter Henry begonnenen gegenseitigen Besuche von Seiten englischer und deutscher Reformatoren dauerten auch unter Edward ununterbrochen fort. Im Jahre 1550 besuchte Deutschland eine sehr interessante Persönlichkeit, welche, obwohl kein Reformator, dennoch keinen geringen Einfluss auf die Erziehung hoher englischer Personen, wie u. a. die der Königin Elisabeth gehabt. Es war dies Roger Ascham, welcher als Sekretär von Sir Richard Morissine, Gesandter zu Karl V. nach Deutschland kam. Ascham blieb drei Jahre in Deutschland und verfasste eine Abhandlung: „Report on the State of Germany", worin er u. a. auch die Hauptpersonen von Kaiser Karls Hofe beschrieb.[1]

Unter den hervorragenden deutschen Theologen, welche in dieser Zeit England besuchten, nimmt Bucer die erste Stelle ein.

Martin Bucer, aus Schlettstadt im Elsass, liess sich, nachdem er bittere Armuth und Verfolgungen ertragen, in Strassburg nieder, wo er die Hauptstütze der reformatorischen Bewegung wurde. In der Abendmahllehre neigte er sich mehr zu Zwingli und Calvin als zu Luther. Verfolgungen bewogen ihn eine Einladung des Erzbischofs Cranmer anzunehmen, nachdem er im Jahre 1548 eine Gratulationsepistel an die Engländer veröffentlicht hatte, als England zuerst die heilige Schrift annahm. Auch der berühmte Peter Martyr, zur Zeit Professor der Theologie in Oxford, bat Bucer dringend zu kommen, „weil diejenigen, welche kirchliche Ordnung und Regierung in England verstehen, so selten sind".

Bucer reiste mit Paul Fagius, der ebenfalls von Cranmer eingeladen war, in Begleitung des Strassburger Pastors Negelin.

---

[1] Siehe: Roger Ascham, sein Leben und seine Werke, von Dr. Alfred Katterfeld. Strassburg, Karl J. Trübner.

Sie reisten von Strassburg durch Lothringen, die Champagne nach Calais, damals noch englisch, wo sie von den Behörden gut empfangen und durch Peter Alexander im Namen Cranmers willkommen geheissen wurden. Dieser Peter Alexander von Arles, in Süd-Frankreich, wohnte seit 1547 mehrere Jahre in Cranmer's Familie, wurde Präbendar von Canterbury und Rector von Allhallows in Lombard Street, in der City von London. Unter Königin Mary floh er nach Strassburg, wo er Pastor der französischen Kirche unter Elisaberh aber wieder in seine Stelle eingesetzt wurde. In Calais mussten Bucer und Fagius vom 18. bis zum 23. April (1549) warten, bis sie überfahren konnten, denn die See war stürmisch und die Segelschiffe waren klein. Erst am 25., nach zweitägiger Fahrt, erreichten sie London. Sie wohnten, mit Begleitern, als Gäste bei Cranmer im erzbischöflichen Palaste zu Lambeth. Der Sohn von Fagius, welcher schon einige Zeit in England gewesen und gut englisch verstand, diente als Dolmetscher. Auch der König nahm die beiden Strassburger Reformatoren sehr gut auf.

Die beiden Freunde Bucer und Fagius reisten darnach zusammen nach Cambridge. Der Letztere sollte anfangs nach Oxford gehen, wollte sich aber von seinem Freunde nicht trennen. Bucer wurde vom König zum Professor der Theologie in Cambridge ernannt, mit schöner Wohnung und die Universität überreichte ihm das Diplom eines Doctor der Gottesgelehrtheit. König Edward hatte eine grosse Zuneigung zu ihm und bei einer Gelegenheit sandte er Bucer hundert Kronen, damals keine geringe Summe,[1] um einen deutschen Ofen zu kaufen, da er gehört hatte, dass Bucer sehr empfindlich für Kälte und das feuchte Klima wäre. Damals, wie noch heute, kannte man in England die Oefen nicht, man hatte Kaminfeuer in der Wohnung.

Bucer und Fagius wurden vom König und dem Erzbischof beauftragt, die heilige Schrift von Originalquellen in's Lateinische zu übersetzen und Erklärungen schwieriger Stellen zu geben. Ihre Arbeit sollte dann zum Gebrauche der Prediger des Volkes in's Englische übersetzt werden. Fagius sollte das alte Testament, Bucer das neue übernehmen. Aber ihr baldiger Tod vereitelte dieses wichtige Unternehmen.

Bucer's Gesundheit war untergraben, ebenso die seines treuen Freundes Fagius. Beide erkrankten ernstlich. Auf die

[1] Eine englische Krone hatte damals den Werth von 6 heutigen Shillings. Obige Summe betrug also 30 Pfund Sterling.

Nachricht ihrer Krankheit unternahmen die Frauen beider, welche zurückgeblieben, die lange, beschwerliche Reise nach England. Selbst Bucer's Kinder und Schwiegermutter wurden nachträglich von seiner muthigen Frau nach Cambridge geholt um dem Vater sein altes Heim wieder zu geben. Die Frau Bucer's war ehemals eine Nonne und gebar ihrem Gemahl 13 Kinder. Aber Bucer's geschwächte Gesundheit erlag dem damals äusserst ungesunden Klima von Cambridge, welches zur Zeit von Sümpfen umgeben war. Er starb am 27. Februar 1551 und wurde mit grossem Pompe bestattet. Drei Doctoren hielten beredte Leichenpredigten, die ganze Universität und über 3000 Bürger, folgten der Leiche nach St. Mary's Kirche in Cambridge. Alle beweinten seinen Tod. Viele Gelehrten verfassten Epitaphien zu seinem Lobe und legten sie auf sein Grab. Seine Autorität und Popularität war gross in England, besonders in London. Er war Autor von 75 Werken in deutscher und lateinischer Sprache. Unter der Regierung von Mary aber, 1554, wurde Bucer's Grab erbrochen, und wurden seine Knochen öffentlich verbrannt. Elisabeth stellte jedoch im Jahre 1560 sein Grabmal wieder her. In einem Briefe von 1552 schreibt Cranmer der Witwe Bucer's nach Strassburg mit höchst rührenden, zartfühlenden Worten über ihren verstorbenen Mann und theilt ihr mit, dass der König ihr 100 englische Mark[1] als Geschenk bestimmt habe. Die Universität Cambridge hatte ihr schon nach Bucer's Tod 100 Kronen und der König 100 Mark gegeben, nebst ihres Mannes halbjährlichem Gehalt.

Bucer war so reinen Charakters, dass er nie, selbst in jenen Tagen gewissenloser Verleumdung und Satyre, angegriffen wurde. Er war ein Mann des Friedens in einer Zeit des Krieges. Als Reformator fehlten ihm Luther's Muth, Melanchthon's Gelehrsamkeit und Calvin's Logik. Aber seine zahlreichen Werke zeigen Talent, Fleiss, energischen Wunsch Wahrheit und Frieden zu fördern. Sein Charakter wird folgendermassen von Bischof Burnet (1713) beschrieben:[2]

„Martin Bucer war ein sehr gelehrter, einsichtsvoller, frommer und gemässigter Mann. Er stand vielleicht keinem aller Reformatoren an Gelehrsamkeit nach, aber für Eifer, wahre Frömmigkeit und höchst aufmerksame Sorgfalt für Erhaltung der Ein-

[1] Die Mark war in England keine Münze, sondern eine Rechensumme und hatte den Werth von 13 Shillings und 4 englischen Pence.

[2] Ueber Bucer's Leben und Wirken in England ist Ausführlicheres zu finden in Cooper's „Athenae Cantabrigienses". Vol. I. p. 101 u. 540.

heit unter den Freunden der protestantischen Kirchen, nahmen Melanchthon und er, ohne dem Rest zu nahe zu treten, einen besonderen eigenen Rang ein. Er opponirte den Mitgliedern der papistischen Partei in Cambridge, welche, obwohl sie sich dem Gesetze fügten und so ihre Stellen behielten, dennoch auf dem Wege des Arguments, als ob es der Kontroverse wegen geschähe, oder in solchen Punkten, die nicht entschieden oder festgesetzt waren, sich bemühten, die Achtung, in der er stand, zu vermindern. Es fehlte ihm nämlich die natürliche Gabe der schnellen Redefertigkeit, die für eine Discussion nöthig ist, wovon sie Vortheil zu ziehen sich befleissigten. Daher rieth ihm Peter Martyr alle öffentlichen Discussionen zu vermeiden“.

Paul Fagius, Bucer's Freund und College, war aus Rheinzabern und hiess von Familie Buchlin. Er wurde Nachfolger seines Lehrers Capito als Pastor in Strassburg. Im Jahre 1549 kam er, wie erwähnt, mit Bucer nach England und nachdem er einige Zeit als Gast Cranmers theils im Lambeth-Palast London, theils in Croydon, der Sommerresidenz des Erzbischofs gewohnt, wurde er als Professor der hebräischen Sprache nach Cambridge geschickt. Ein Sohn von ihm war schon früher nach England gegangen und hielt sich in Canterbury und andern Orten auf. In Cambridge sollte Fagius die schon erwähnte Arbeit, nämlich die Uebersetzung des alten Testaments übernehmen. Aber sein baldiger Tod vereitelte den Plan. Er starb in Cambridge am 13. November 1550, ein Vierteljahr vor Bucer, am Fieber, welches damals in Cambridge sehr vorherrschend war, tief betrauert von allen Freunden der Gelehrsamkeit und Wahrheit. Sein Tod war ein schwererer Verlust für die Universität, zu einer Zeit wo, wie er selbst in einem Briefe nach Strassburg klagte, in England die Zahl der Mitarbeiter so gering war. Fagius hatte zwei Söhne, von denen einer von Erzbischof Cranmer erzogen wurde. Die Anzahl der Werke von Fagius beläuft sich auf etwa 20, von denen die meisten über die hebräische und chaldäische Sprachen handeln. Auch sein Grab, wurde unter Mary's Regierung entweiht, durch Elisabeth aber sein Andenken wieder geheiligt.[1]

Unter den Reformatoren, welche zu dieser Zeit England besuchten, verdient ein Mann hier genannt und charakterisirt zu werden, welcher zwar kein Deutscher von Geburt war, der aber lange in Deutschland wirkte und in England selbst mit der

---

[1] Ueber Fagius s. Cooper's „Athenae Cantabrigienses“ Vol. I. p. 95 u. p. 538.

Londoner deutschen Kirche in enger Verbindung stand. Es ist dies der treffliche Pole Johann A'Lasco, ein Freund von Melanchthon, Erasmus und vielen deutschen Reformatoren.

Schon im Jahre 1548 kam A'Lasco auf Einladung von Cranmer nach England und wohnte sechs Monate bei ihm. Er kehrte im Frühling 1549 nach Emden zurück. Aber die Einführung des Interims in Friesland veranlasste ihn, erst nach Bremen und Hamburg und von da nach England zu gehen, wo er im Frühjahr 1550 zum zweiten Male landete. Im Juli desselben Jahres wurde er von Edward VI. zum Superintendenten der deutschen Kirche in London ernannt. Die deutsche Kirche in London bestand damals grossentheils aus Niederdeutschen, von denen die Holländer und Flamländer nur eine Fraktion ausmachten, und zu deren Sprachgebiet nicht nur ganz Norddeutschland. sondern auch Westfalen und die Gegend von Köln rechneten. Vom Norden kamen früher bei weitem mehr Deutsche nach England als von Mittel- und Süddeutschland. Ueber A'Lasco's Beziehungen zur Londoner deutschen Kirche wird später die Rede sein. Er war ein Mann edeln Charakters und hatte keinen geringen Einfluss auf die englische Kirchenreform. Im October 1551 wurde eine Kommission ernannt, deren Aufgabe die Reform des kanonischen Rechts war. Diese Kommission bestand aus Bischöfen. Theologen, Juristen. Laien. und unter den Theologen sass auch A'Lasco.

Unter den deutschen Reformatoren zu dieser Zeit in England, welche mit Cranmer befreundet waren, befanden sich noch u. a. Justus Jonas. der Jüngere. welchen Cranmer (1549) mit Briefen an Melanchthon sandte, Martin Dryander von Zürich, der sich im Jahre 1549 in Cambridge aufhielt, Martin Micronius, Pastor in der von A'Lasco organisirten deutschen Gemeinde in London, ein Niederländer und sehr populärer Prediger, Immanuel Tremellius, nach dem Tode von Fagius Professor des Hebräischen in Cambridge. Rudolf Gualter, welcher 1535 in England studirt hatte und 1548 Oxford wieder besuchte, wo er seine Landsleute Johann Rudolph Stumpf und Johann ab Ulmis, die daselbst studirten, aufsuchte; ferner Augustin Bernher, ein anderer braver Schweizer, Schüler von Wolfius in Zürich. Bernher war im Haushalte von Bischof Latimer, dessen Predigten er mit einer Vorrede herausgab. Zur Zeit der Regierung von Mary leistete Bernher den Verfolgten und Märtyrern viele Dienste und wird oft in deren Briefen erwähnt. Robert Glover schreibt in seinem letzten Briefe vor seinem Märtyrertode an Frau und Kinder:

„Wie Christus seine Mutter Johannes empfahl, so empfehle ich euch in dieser Welt dem Engel Gottes. Augustin Bernher“. Bernher half das Leben von Bischof Jewel zur Zeit der Marianischen Verfolgungen retten. Zu dieser Zeit fungirte er als Pastor einer Gemeinde in London. Unter Elisabeth erhielt er eine Pfarrstelle in Sutton und starb daselbst in Frieden.

Die Zahl deutscher Theologen, welche unter Edward England besuchten, war beträchtlich und viele derselben fanden bei Cranmer gastliche Aufnahme. Dieses geht besonders aus einem Briefe Cranmer's an Melanchthon hervor, (Februar 1549), worin ersterer sagt „dass viele gelehrte und fromme Männer von Deutschland nach England gekommen wären, dass man täglich mehr erwartete, dass die deutschen Freunde, die gerade bei ihm wären, Melanchthon und mit ihm seinen Freund, Dr. Albert Hardenberg sehnlichst erwarteten“. Aber nicht nur Tisch und Bett bot der gute Cranmer seinen vielen deutschen Gästen, gar oft auch seine Börse. So finden wir in einem Briefe Cranmers an Melanchthon, 1552, u. a. eines Georg Major erwähnt, eines Schülers von Luther und Geistlichen in Eisleben († 1574), welchen Melanchthon an Cranmer empfohlen und dem Cranmer seine Unterstützung verspricht.

§ 6.

DEUTSCHE STUDENTEN IN ENGLAND ZUR ZEIT EDWARDS.

Als Bucer in Cambridge lehrte hatte er einen deutschen Sekretär Namens Martin Breme, welcher nach des erstern Tode im Corpus Christi College daselbst lebte. Im Jahre 1550 endete dieser eine Uebersetzung in das Lateinische von einem von Bucers Werken: „Martini Buceri, responsio ad antididagma Coloniense“. Das Manuskript findet sich noch in der Bibliothek des oben genannten College. Im Jahre 1551 wurde Breme Bacc. Art. Lib. von Cambridge.

Es mag hier noch der Curiosität wegen erwähnt werden, dass die frühesten Reformatoren sich oft in dem sogen. „White Horse“ einer Taverne in St. Benedict's in Cambridge zu geselliger Unterhaltung einfanden, u. a. Miles Coverdale, Warner. Diese Taverne hiess auch spassweise „Little Germany,“ was auf häufigen Besuch kneipender deutscher Theologen und Studenten schliessen lässt.

Vor seinem Vater war, wie oben erwähnt wurde, ein Sohn von Fagius in England, den Erzbischof Cranmer auf seine Kosten erziehen liess. Er verliess England 1552. Im Jahre 1549 kam der junge Johann Stumpfius später sogen. Antistes d. h. erster Prälat von Zürich. Er machte unter Hoopers Führung die in Kapitel III § 7 erwähnte Reise. Er studirte in Oxford und Hooper, welcher ihm seine Börse zur Benützung anbot, berichtete seinem Vater in Zürich. dass sich sein Sohn in Oxford gut aufführte. Dieses Zeugniss war nöthig da, in Folge nachtheiliger Gerüchte gegen den Sohn, der Vater dem Studenten zürnte. Im Jahre 1551 rief der alte Stumpf seinen Sohn zurück. Hooper bat ihn letzteren väterlich aufzunehmen. ihn wieder auf zwei Jahre zurückzusenden, da er ihn sehr gern hätte. Der Vater aber, ein strenger, alter Republikaner, wollte nicht dass sein Sohn als „ein Pensionär königlicher Gnade, d. h. als ein Stipendiat" in Oxford lebe. Trotz des Rathes Hooper's die Rückreise, weil es so spät im Jahre wäre, — es war im October 1551 — zu verschieben, war der junge Stumpf entschlossen die Reise „mit einigen andern Deutschen" zu riskiren. Den Bürgern von Zürich verboten damals die Gesetze irgend welche pekuniäre Hilfe von fremden Staaten anzunehmen. Ueber diesen Punkt bemühte sich der junge Stumpf in Briefen an Bullinger sich zu rechtfertigen und erklärte dass er das Gesetz nie vergessen und in Oxford jedes Semester fünf englische Kronen (i. e. 30 Shillings) für seine Kost aus seiner Tasche bezahlte. Er hatte anfangs in einem College in Oxford gewohnt, verliess es aber und wohnte privat bei einem Buchhändler, um sich der Anklage nicht auszusetzen als lebe er von einem englischen Stipendium. Uebrigens waren die andern schweizer Theologen und Studenten in Sachen englischer Unterstützung nicht so skrupulös wie Stumpf. wie u. a. Johann ab Ulmis, auch ein Schweizer, der mit letzterem in Oxford studirte. Johann scheint anfangs den Studien keine sehr grosse Aufmerksamkeit gewidmet zu haben, und Hooper klagt in einem Briefe an Bullinger, dass er zu viel nach London fahre und träge wäre. Johann nahm ohne Gewissensbisse ein Stipendium, von 30 Kronen (9 Pfund Sterling) per Jahr an, welches ihm der Marquis von Dorset zukommen liess. Er besserte sich indessen, ward fleissiger und wurde mit der Zeit das Haupt seiner Landsleute in Oxford. In King's College aufgenommen, erhielt er, 1551, den Grad eines Baccalaureus Artium Liberalium und bald darauf eines Magister Art. Lib. Sowohl in Oxford als am Hofe stand er in hoher Achtung. Er war offenbar ein gewandter Lebemann.

Alexander Schmutz, ein Neffe des erwähnten braven Bernher, ein Freund Bullingers, war ein anderer schweizer Student in Oxford. Er wurde durch Verwendung des berühmten englischen Gelehrten Sir John Cheke und des grossen Cecil, Lord Burghley, in des Königs Schule von Westminster untergebracht. Wie sein Landsmann Johann ab Ulmis, empfing auch Alexander Schmutz ohne Bedenken eine Pension und zwar vom Herzog von Suffolk. Im Jahre 1552 erhielt er durch Empfehlung des Königs eine sogen. Fellowship in St. John's College in Oxford, welche ab Ulmis bei seiner Rückkehr in die Heimat aufgegeben hatte. Mit einer Fellowship waren, mit Stipendium, freie Studien, Wohnung und Kost in einem College verbunden. Mit dem obengenannten Stumpf war ein Konstanzer Namens Andreas Croarensis in Oxford, welcher von Harding, Professor von New College, Oxford in einem Briefe an Bullinger sehr gelobt wird. Er reiste mit seinem Freunde wieder nach Hause. Unter den damaligen fremden Studenten in Oxford ist noch der schon genannte berühmte, gelehrte Züricher Drucker Christoph Froschover zu erwähnen, welcher 1551 und 1552 daselbst studirte und sich das Lob des berühmten Professors Peter Martyr erwarb. Er besuchte nachher Cambridge. Nebst obigen Oxford-Studenten fand sich auch Conrad ab Ulmis daselbst, welcher bei einem Freunde Josua Maler wohnte. „Die Deutschen kommen in Schaaren zu uns, des Studiums willen“ schreibt Hooper. Unter diesen bildeten die Schweizer zu dieser Zeit ein starkes Contingent.

§ 7.

ALTER STUDIENPLAN VON OXFORD. STUDIENKOSTEN.

Der schweizer Student Conrad ab Ulmis, (Ulmer), welcher 1552 in Oxford studirte, gibt in einem Briefe an Johann Wolfius folgenden von ihm verfolgten, interessanten Studienplan.

„Ich widme die Stunden von 6 bis 7 Uhr Morgens der Politik des Aristoteles, woraus ich den doppelten Vortheil ziehe: Griechisch und Moral-Philosophie zu lernen. Die 7. Stunde verwende ich auf das 1. Buch der Digesten oder Pandekten des römischen Rechts, und die 8. auf die nochmalige Vornahme dieser Vorlesung. Um 9 Uhr höre ich die Vorlesung des eminenten Gottesgelehrten, Doctor Peter Martyr. die 10. Stunde widme ich den Regeln der Dialektik von Philipp Melanchthon: „de locis argumentorum". Unmittelbar nach dem Mittagsmahl [in dieser Zeit zwischen 11 und 12 Uhr] lese ich Cicero: „de officiis", ein wahrhaft golden Buch, von welchem ich doppelten Genuss ziehe, sowohl von der Reinheit der Sprache als der Philosophie. Von 1 bis 3 Uhr übe ich mich mit der Feder, meist im Briefschreiben, worin ich, so weit als möglich, Cicero nachahme, dessen Reinheit des Styles uns hinlänglich mit Lehren versieht. Um 3 Uhr lerne ich die Institutionen des Civil-Rechtes, welche ich laut lese, um sie dem Gedächtnisse einzuprägen. Um 4 Uhr lese ich privat, in einer gewissen Halle, wo wir wohnen, die Regeln des Rechts, welche ich höre und die ich auswendig lerne, u. a. die Institutionen. Nach dem Nachtessen [wahrscheinlich um 6 Uhr] wird die Zeit in verschiederlei Gesprächen zugebracht; indem wir entweder in unserer Kammer sitzen, oder in irgend einem Theil des College auf- und abgehen, üben wir uns in dialektischen Fragen. Hiermit haben Sie einen kurzen Bericht über meine Studien, mit welchen Sie, wie ich hoffe, zufrieden sein werden."

Die Ausgaben eines Studenten beliefen sich natürlich damals auf viel weniger als heute. Um den heutigen Werthbegriff zu erhalten muss man die damaligen Summen mit wenigstens zehn, vielleicht mehr multipliciren. Johann ab Ulmis schreibt 1550 an Rudolf Gualter in Zürich: „für Ausgaben und alles was nöthig ist um die Studien mit Comfort zu verfolgen, sind nicht weniger als fünfzig Gulden erforderlich, wenn man nicht in einer kargen und filzigen Weise leben will". Der Engländer Christoph Hales schreibt in demselben Jahre an Bullinger „dass dreissig französische Kronen hinreichend wären für ein Jahr. Mit zehn Kronen mehr könnte Einer sehr comfortabel leben."[1] „In meiner Zeit" — fügt Hales hinzu — „vor zehn Jahren noch, waren zwanzig Kronen hinreichend, aber in diesen Tagen, wo Habsucht zunimmt und Mildthätigkeit abnimmt — als Geissel Gottes — ist fast Alles noch einmal so theuer als es gewesen."

Ueber das medicinische Studium in Oxford schreibt Hales, welcher wegen des jungen Zürichers Allarius, Sohn eines Sena-

[1] Ein damaliger Gulden ist soviel als 3 Shillings 9 Pence. 50 Gulden haben also den Werth von 9 Pfund Sterling, 7 Shillings, 6 Pence. Eine französische Krone ist so viel als 6 Shillings; 30 Kronen haben den Werth von 9 Pfund Sterling.

tors consultirt worden war, dass es in Oxford und Cambridge gut bestellt wäre und viele Vortheile biete, obwohl beide Universitäten mit Paris und den Schulen Italiens nicht zu vergleichen wären.

§ 8.

DIE ERSTE PROTESTANTISCHE DEUTSCHE KIRCHE IN LONDON.

Im Jahre 1548 schreibt der Italiener Bernadinus Ochinus von London wiederholt an Wolfgang Musculus, Pastor zu Augsburg, später Professor der Theologie in Bern und lädt ihn im Namen des Erzbischofs von Canterbury ein nach England zu kommen, wo er ihm eine ehrenvolle Stelle verschaffen wolle. Cranmer hatte sogar dafür gesorgt Musculus mit Reisegeld zu versehen. „Es sind" — schreibt Ochinus u. a. — „in London mehr als 5000 Deutsche, welchen Musculus als Pastor vorstehen könnte. Er könnte aber auch in Cambridge Vorlesungen halten." Auch Dryander schrieb 1549 an Vadian und sagte dass die Deutschen in London ihre eigene Kirche und besondere Prediger haben dürften und Musculus als ihr Haupt wünschten. Ebenso schrieb Bucer 1549 an Hardenberg „dass die Londoner Deutschen alle gierig nach Belehrung wären und ihn und Fagius gebeten hätten ihnen einen Prediger zu verschaffen."

Musculus nahm das Anerbieten nicht an. Aber im Jahre 1550 kam Johann A'Lasco und beschloss eine deutsche Kirche in London zu organisiren. Die neugegründete deutsche Gemeinde erhielt das königliche Patent im Juli 1550 und Johann A'Lasco ward zum ihrem Superintendenten ernannt. Das Patent Edwards VI., womit diese Kirche sanctionirt und in Austin Friars eröffnet wurde, lautet folgendermassen:

„Der König. de speciali gratia, gestattet dem Superintendenten und den Pastoren der Kirche der Deutschen und andern Fremden, totum illud templum sive ecclesiam nuper fatrum Augustinens. in civitat. Lond. ac totam terram, fundum et solum ejusdem ecclesiae." [Strype, Mem. II. 1. 376].

Obige Kirche war durch Patent von der Jurisdiktion der Bischöfe befreit. Sie bestand aus einer deutschen und französischen Sektion und der König schrieb für jede Sektion zwei

[1] Ein äusserst starkes Procent der damals bedeutend geringeren Bevölkerung von London. Zu den Deutschen zählten die Niederländer.

Pastoren vor, über welche A'Lasco als Superintendent gesetzt war. Viele der anglikanischen Bischöfe waren gegen die Unabhängigkeit dieser Kirche, aber Cranmer beschützte sie. Er war immer der Patron der Fremden. Die Bildung, sowie die Unabhängigkeit dieser Kirche war A'Lasco zu verdanken.

„Während die Kirche für obigen Zweck hergestellt ward" — sagt Micronius, der Flamländer und Pastor der deutschen Sektion — „gab man uns Deutschen durch Verwendung einiger Bürger Londons, den Gebrauch einer andern Kirche". Micronius begann am 21. September 1550 zu predigen und die deutsche Gemeinde war so zahlreich, dass sie die Kirche nicht ganz aufnehmen konnte. Im Jahre 1551 schrieb Micronius an Bullinger: „Wir haben in unserer Kirche eine Collatur der heiligen Schrift in deutscher Sprache eingeführt, in welcher die Predigten der vergangenen Woche discutirt werden." Auch hatten sie in der deutschen Kirche zwei lateinische Vorträge: eine von A'Lasco, die andere von Walter Delvin auch Deloenus genannt. Dieser Walter ist im königlichen Patent als einer der Pastoren der Kirche erwähnt. Ebenso findet sich unter den ersten Pastoren einer Namens Richard Gallus erwähnt. Im Jahre 1552 bestand noch eine besondere französische reformirte Kirche in London mit Richard Vauville als Pastor, welcher später nach Frankfurt ging, wo er starb. [v. Burns: hist. of foreign protestant refugees. London 1846.] Später schieden sich die Niederländer von der deutschen Kirche, und bildeten eine holländische reformirte Gemeinde, welche bis auf unsre Zeit im alten Gebäude, in Austin Friars fortbestand. Zu dieser Trennung haben wohl die in der protestantischen Kirche ausgebrochenen Meinungsverschiedenheiten beigetragen.

Auch an andern Orten Englands bestanden zu dieser Zeit noch deutsche religiöse Gemeinden, u. a. in Norwich, wo deren mehrere waren, wohl meist aus Niederdeutschen bestehend. Valerandus Pollanus war 1551 Pastor einer fremden Kirche in Glastonbury, nachdem er wegen des Interims von Strassburg geflohen. Er übersetzte die Liturgie, welche sie brauchten in's Lateinische und publicirte sie im Jahre 1551. Der Herzog von Somerset, welchem die aufgelöste Abtei von Glastonbury geschenkt worden war, deren Einkünfte damals auf 3,508 Pfund Sterling berechnet waren, lud Pollanus und seine Gemeinde ein, sich daselbt niederzulassen, versprach ihnen Wolle zu kaufen, um ihre Manufacturen fortzuführen, und gab ihnen Wohnungen und Weideland für ihre Kühe. Mit dem Fall und der Hinrichtung des

Herzogs stockte die Industrie dieser Gemeinde, aber im November 1551 erhielt sie fernere Ermuthigung vom Privy Council.

Es war dies eine Periode wo England und Deutschland von Zeit zu Zeit gegenseitigen Flüchtlingen auf ihrem Boden ein Asyl bieten mussten. Unter Henry VIII. flohen viele Engländer nach Deutschland, denn der tyrannische Reformator war ebenso streng gegen ernste Reformatoren als gegen Papisten. Durfte doch der erste geistliche Würdenträger Englands, der Primas, Erzbischof Cranmer seine Heirath nicht offen bekennen. Er war lange heimlich verheirathet, hatte sogar anfangs seine deutsche Gemahlin in Deutschland lassen müssen. Unter der milden Regierung Edwards kamen die englischen Flüchtlinge wieder nach Hause. Aber unter der fanatischen Regierung von Mary flohen sie wieder in Massen nach Deutschland und der Schweiz, bis Elisabeth sie wieder zurückrief.

Die ersten deutschen Flüchtlinge in England kamen zur Zeit der Reformation, viele von den Niederlanden und Westfalen, viele auch von andern deutschen Ländern. Zuerst kamen die Wiedertäufer, die aber von Henry VIII. verfolgt und in Masse hingerichtet wurden. Nach der Schlacht bei Mühlberg, 1547, und während des schmalkaldischen Krieges fanden viele deutsche Märtyrer des Glaubens in England ein Asyl. Ihr Hauptbeschützer und Patron war der oft genannte Erzbischof Cranmer, der Freund von Melanchthon, Erasmus Bucer und Osiander, dessen Nichte er geheirathet. Cranmer nannte seinen Palast „Asylum Christi" und durch seinen Einfluss wurden Viele untergebracht und angestellt.

§ 9.

RÖMISCHE REACTION IN ENGLAND UNTER KÖNIGIN MARY.
(1553—1558.)

Mary, Schwester Edward's und älteste Tochter Henry's von seiner verstossenen ersten Gemahlin, war die erste regierende Königin Englands. Ein Versuch, kraft Edward's Testament, Lady Jane Grey auf den Thron zu erheben misslang. Mary war mit Philipp, nachher König von Spanien, vermählt und führte die Lehren und Gebräuche der römischen Kirche mit grosser Strenge und Energie in England wieder ein. Sie war unter dem Einflusse ihrer streng katholischen spanischen Mutter und Kaiser Karls V. aufgewachsen, dessen Mutter die Schwester ihrer Mutter gewesen. Aber während ihre Politik in England sehr energisch war, war sie schwach im Auslande und unter ihrer Regierung verlor England den letzten Besitz auf dem Continente, Calais.

Kaum hatte Mary den Thron bestiegen, so begann eine schreckliche katholische Reaktion. Die ersten Führer der Reformation Cranmer, Hooper, Bischof von Gloucester, Ridley, Bischof von Rochester und viele Andern starben den Märtyrertod. Auf sie folgten die Hinrichtungen massenweise. Anfangs zeichneten die Glaubenstreuen die Namen der Hingerichteten getreu auf. Später aber konnten sie es nimmer thun, so gross war ihre Zahl. Es erfolgten Aufstände, wie der von Wyat, die aber blutig unterdrückt wurden. Schaaren englischer Protestanten flüchteten sich nach Deutschland und der Schweiz, besonders nach Wesel, Frankfurt a. M., Strassburg, Aarau, Zürich, Genf u. a. Orte, wo sie Kirchengemeinden bildeten. Ihre vom Lutherthum meist verschiedene Ansicht über die Gegenwart Christi beim Abendmahle hielt sie wohl fern vom lutherischen Mitteldeutschland. Mary verfuhr als ob sie den grössten Theil des englischen Volkes ausrotten wollte und erwarb sich dadurch den Beinamen: „blutige Mary", den sie heute noch unter dem Volke trägt. Sie hatte ja solche Lehrer wie Philipp II. und Alba! Selbst die Todten, wie Bucer und Fagius u. a. verschonte sie nicht, und überlieferte ihre Knochen dem Scheiterhaufen. Ihr fanatischer Gemahl der spanische Philipp II. hetzte und fing flüchtige englische Protestanten in den Niederlanden auf und überlieferte sie gebunden und geknebelt seiner Gattin als Schlachtopfer.

Dass zu solchen Zeiten keine deutschen Reformatoren und Protestanten nach England kamen, ist begreiflich, die Wanderung richtete sich vielmehr von da nach Deutschland. Es hörte aber die Verbindung mit dem verlassenen Vaterlande nicht ganz auf. Flüchtige Engländer druckten ihre Traktate in der Fremde und sandten sie nebst Werken deutscher Reformatoren heimlich nach Hause und hielten so die Flamme wach. Cranmer, der Vorsteher des „Asylum Christi", war im Gefängniss, Hooper auch war gefangen, Peter Martyr, Professor der Theologie in Oxford, John Hales, ein frommer und gelehrter Mann, Einnehmer von Siegelgebühren von Edward VI. und später von Elisabeth, Ponet, Bischof von Rochester und viele Andere waren in Deutschland und der

Schweiz. Cranmer, der ehedem so Vielen Schutz und Hilfe bot und schaffte, fand nun selbst keine. Heimlich schreibt er an Peter Martyr aus seiner Zelle, voll von Hoffnung und Vertrauen auf die Zukunft, und voll Zuversicht bis zum Ende standhaft aushalten zu können. Er ist immer noch voll von Eifer für die Sache der Religion. Am 21. März 1556, kurz nach diesem Briefe stand er auf dem Scheiterhaufen in Oxford. Bischof Hooper, der eifrige Reformator schrieb im September 1553 aus dem Gefängniss an Bullinger. Er erfuhr die grausamste Behandlung in dem schrecklichsten Zwinger, aber dennoch fand er Mittel mit Bullinger heimlich zu korrespondiren, und seine Briefe aus dem Gefängniss sind voll tiefen Gefühles und ausserordentlicher Entschlossenheit. Im Februar 1555, nachdem er lange im Kerker geschmachtet, wurde er, nebst vielen Andern, in Gloucester verbrannt, nachdem er sich standhaft geweigert seinem Glauben zu entsagen. Zur Zeit seines Todes war seine Frau mit Tochter in Frankfurt, wo sie eine Verwandte hatte zu der sie sich schon 1554 geflüchtet. Ihr Brief an Bullinger, nachdem sie die Todesnachricht des Gatten erhalten, ist ganz im Geiste eines spartanischen Weibes geschrieben.

Die Zahl der Märtyrer nahm bald solche Dimensionen an, dass, wie oben erwähnt, man sie nicht mehr zählen konnte. Man verfolgte in England, man fing die englischen Protestanten in den spanischen Niederlanden auf und sandte sie nach England. Dieses Unglück widerfuhr, unter Andern, Sir John Cheke, dem grossen englischen Gelehrten, dem Patron deutscher Protestanten in England, und Sir Peter Carew, als sie von Brüssel nach Antwerpen reisten.

Oxford ging voran mit der römischen Restauration. Hier fand Mary die kräftigste Unterstützung. Oxforder Doctoren verurtheilten die Bischöfe Cranmer, Ridley, Latimer, Bischof von Worcester und Sir James Hales, Richter unter Edward VI. wegen Ketzerei. Die Verfolgungen brachten schon damals manche puritanisch denkende Männer auf Gedanken, welche ein Jahrhundert später ihre Verwirklichung finden sollten. Im Jahre 1554 schreibt der englische Exilirte Thomas Lever,[1] früher Professor in Cambridge von Genf aus an Bullinger die denkwürdigen Worte: „Lebt die Königin noch, trotz des Aufstandes gegen sie, so findet eine schreckliche Verfolgung der Kirche

[1] Lever hielt sich abwechselnd in Frankfurt, Genf, Zürich, Bern und Strassburg auf.

statt; hat aber ein aufrührerisches Volk die Oberhand, so ist die königliche (i. e. monarchische) Regierung in England unrettbar verloren."

Trotz allen Verfolgungen hatte man zu dieser Zeit den Muth in England selbst noch heimlich reformatorische Schriften zu drucken. Zudem betrieben die Flüchtlinge, wie erwähnt, eine religiöse Propaganda durch Schriften, welche in Deutschland und der Schweiz gedruckt wurden. Manche englischen Werke dieser Jahre wurden in Zürich von Froschover gedruckt, welcher einige Marianische Verbannten bei sich im Hause beherbergte. Der obengenannte Lever schrieb in Genf (1555) ein englisches Werk. Gualter's Antichrist wurde 1556 in's Englische übersetzt und verbreitet, Bullinger's Schriften wirkten immer fort in England.

In vielen Städten am Rhein und in der Schweiz hielten sich zu dieser Zeit englische Exilirte auf. In Wesel, Frankfurt, Zürich, Genf u.a. Orten waren, wie schon gesagt wurde, englische Kirchengemeinden. In Frankfurt gestattete der Senat den fremden Protestanten eine eigne Gemeinde zu bilden. Einer der englischen Pastoren war Robert Horn (1556), Dechant von Durham, später Bischof von Winchester, der früher in Zürich lebte. In Frankfurt verfassten der berühmte Schotte, John Knox, Whittingham (Schwager Calvin's, Dechant von Durham und Puritaner), John Fox (berühmter Theologe und Kirchenhistoriker), u.a. eine Form von Gottesdienst, die damals zwar nicht allgemein angenommen wurde, später aber von der englischen Kirche in Genf adoptirt ward und lange nach der Reformation in der schottichen Kirche galt. Der eifrige schottische Reformator John Knox musste aber auf Befehl des Magistrats Frankfurt verlassen. Er hatte die englische Königin Mary und ihren Gemahl Philipp II. in einem Buche „An admonition to Christians" heftig angegriffen, ja selbst den Kaiser von dem er sagte „er wäre nicht weniger ein Feind Christi als Nero". Von einigen Mitgliedern der englischen Gemeinde auf die Gefahr aufmerksam gemacht, die seine Worte ihrer Gemeinde bringen könnten, bat sie ihn Frankfurt zu verlassen. Er folgte ihrem Rathe nicht. Darauf wurde die Sache, im Interesse der Sicherheit der englischen Gemeinde vor den Magistrat der Stadt gebracht, welcher, nicht nur Gefahr für die englische Gemeinde, sondern selbst für die Stadt sehend, Knox befahl dieselbe zu verlassen.

Auch in Bern, Genf und besonders in Zürich war die Anzahl englischer Flüchtlinge bedeutend. In Strassburg hielten sich ebenfalls viele auf. Daselbst weilte Ponet, der englische Bischof von Winchester, welcher im August 1556 mit Hinterlassung einer Wittwe daselbst starb. Junge Engländer kamen zu dieser Zeit in grosser Zahl von Oxford und Cambridge nach Strassburg um da auf Kosten vieler englischer Kaufleute zu studiren, damit sie in Zukunft für die Reformation in England wirken könnten. Unter den eifrigen protestantisch gesinnten englischen Kaufleuten befand sich der schon oft erwähnte Burcher. früher mit Richard Hilles Theilhaber an einem Wolltuchgeschäft, welcher schon bei zehn Jahre als Geschäftsmann in Strassburg gewohnt. Burcher war von Beruf Brauer, lehrte in Strassburg die englische Brauart, und ging später nach Polen um die Polen in der Bierbrauerei und wohl auch noch in religiösen Dingen zu unterrichten. Einer der grössten Wohlthäter der englischen Flüchtlinge in Strassburg war Richard Chambers, ein grosser Philanthrope. Mitglied der Frankfurter Gemeinde. Er wurde mit Grindal, später unter Elisabeth Erzbischof von Canterbury, nach Strassburg gesandt, um da wegen des englischen sogen. „Service-Book“ mit den Exilirten zu unterhandeln.

Die englischen Flüchtlinge, welche meistens mittellos waren, beschäftigten sich auf alle mögliche Weise. Sie verrichteten Handarbeiten oder wurden durch Glaubensbrüder in den Stand gesetzt ihre Studien fortzusetzen. Manche warfen sich auf Handel, Fabrikation und Gebildete wurden Revisoren und Korrektoren in Druckereien, z. B. in Basel und in Zürich bei Froschover.

Das Unglück bewirkte unter den englischen Flüchtlingen, was zu allen Zeiten unter Exilirten stattfand: Zwiespalt und Streit. In Frankfurt und Strassburg besonders traten bald Uneinigkeiten ein. Die Ursachen waren meistens religiöser Natur, Kontroversen, welche damals auch die Reformirten in England aufregten und welche sich auf Verwerfung und Annahme gewisser katholischer Ceremonien, oder auf Taufe und Abendmahl etc. bezogen. Dieselbe Erscheinung zeigte sich übrigens auch unter den französischen Exilirten in Strassburg, Frankfurt u. a. Orten. Eine höchst merkwürdige Ausnahme von der Uneinigkeit religiöser wie politischer Flüchtlinge machen jedoch die J u d e n. Sie bildeten stets eine einige, festgeschlossene Brüderschaft.

Die englische Kirche zu Wesel fand dort kein bleibendes Asyl. Sie hatte bald durch viele Länder zu wandern ehe sie eine Ruhestätte fand. Viele englische Exilirten hatten sich daselbst niedergelassen und wählten Thomas Lever zu ihrem Pastor.

Lever war Rector von St. John's College in Cambridge gewesen und in Edward's Tagen ein grosser Prediger. Der Magistrat von Wesel aber verbot der englischen Gemeinde den Gebrauch der Sakramente, weil ihre Ansichten verschieden von einigen Punkten in der Augsburger Confession wären. Man wies sie aus und sie zog aus von Wesel und wanderte über einen grossen Theil Westdeutschlands. In Frankfurt, wo die Wanderer anhielten, wollten sie nicht bleiben, da hier Streit in der englischen Gemeinde ausgebrochen war. Sie kamen endlich nach Basel. Aber der protestantische Magistrat dieser Stadt wies sie trotz aller Verwendungen und Bitten ebenfalls ab, ohne ihnen selbst temporären Aufenthalt in Wirthshäusern zur Rast von der langen Reise zu gestatten. Ihre Reise dahin war nicht ohne grosse Gefahren und Beschwerden gewesen, denn sie mussten zwischen Strassburg und Basel Distrikte durchreisen, welche unter der Herrschaft Kaiser Ferdinand's waren, und wo sie oft zurückgewiesen wurden. Endlich erreichten sie den Kanton Bern, wo ihnen freie Religionsübung und die Erlaubniss ertheilt wurde, englisches Tuch zu fabriciren. Die gute Aufnahme in Bern zog überhaupt viele Exilirte dahin. Aber die Weseler Gemeinde zog weiter von da und fand in Aarau „in Germany“, wie Lever schreibt, endlich eine Ruhestätte. Hier gab man ihr die Kirche St. Ursula, die Bevölkerung nahm sie gut auf und man erlaubte den Exilirten, Wollstoffe zu fabriciren. Lever hatte, als ihr Führer, sie von Wesel dahin geführt. Etwa 25 Familien von der Gemeinde gingen nachträglich nach Vevey, wo sie ebenfalls gut aufgenommen wurden. So vertrieb sie das Papstthum aus der Heimat und das Lutherthum aus einem Theile Deutschlands.

Bullinger, der Züricher Pastor, hatte den Exilirten Schutz, Einfluss und Hilfe in vollem Masse gespendet. Dafür sandte ihm die englische Gemeinde in Aarau ein Dankschreiben, 1557, worin u. a. gesagt wird: „Wir haben, wie Andere, erfahren, wie wahr es ist, was so viele Geschichten bezeugen, dass die Schweizer zu allen Zeiten sich durch ihre Gastfreundschaft gegen Unglückliche ausgezeichnet haben“. Dieses Zeugniss haben die Schweizer auch später und noch in unsern Zeiten verdient.

Ein ähnliches, ja noch schlimmeres Loos traf die deutsche Londoner Gemeinde A'Lasco's. Dieser zog mit einem Theil seiner Kongregation nach Dänemark. Er schiffte sich im September 1553 in Gravesend mit seinen Anhängern ein, welche entschlossen waren ihm überall hin zu folgen und sein Loos zu theilen. Das Schiff fuhr in den Hafen von Elsinöre ein. Aber durch den Einfluss des lutherischen königlichen Kaplans Noviomagus wurde ihnen das Asyl verweigert und sie mussten sich trotz der schlechten Jahreszeit wieder einschiffen. Man erklärte ihnen, dass man eher Papisten als sie aufnehmen würde. Alles wegen der Ansicht der Reformirten über das Abendmahl. Westphalus, ein lutherischer Theologe, nannte obige wandernde Kirche von A'Lasco „die Märtyrer des Teufels" und Bugenhagius erklärte, dass man sie nicht als Christen betrachten dürfte. Endlich nahm Friesland die irrende Kirche gastlich auf, dessen Fürstin Anna von Oldenburg, ihr entgegen zog, sie mit Gaben beschenkte und ihr erlaubte eine Kirche in Emden zu errichten.

So behandelten sich damals die verschiedenen Fraktionen der protestantischen Kirche, und mit blindem Fanatismus verfolgten sie gewisse kirchliche Dogmen, alle die Früchte der Reformation wie die ihrigen, öffneten fremden Söldnern die Heimat und brachten namenloses Elend über Deutschland, von dem sich letzteres heute noch nicht erholt hat.

Kapitel V.

Deutsche in England unter den Tudors. Elisabeth (1558—1603).

§ 1.

REFORMATORISCHE BEWEGUNGEN IN ENGLAND UNTER ELISABETH.

Die Königin Mary starb in demselben Jahre, in welchem ihr Verwandter und Rathgeber Kaiser Karl V., der auf sie einen so verderblichen Einfluss übte, sein thatenreiches, aber verfehltes Leben beschloss. Ihr folgte ihre Halbschwester Elisabeth, ausgezeichnet durch Geist, Gelehrsamkeit und echt männliche Thatkraft. Elisabeths lange, beinahe ein halbes Jahrhundert währende Herrschaft, war wohl für Englands Entwicklung die wichtigste aller Regierungen vor und nach ihr. England, das man heute mit Recht als den Musterstaat europäischer Volksfreiheit bezeichnet, ging so ziemlich denselben Entwicklungsgang als seine kontinentalen Schwesterstaaten ihm theilweise nachgehen, nur machte es seine konstitutionellen Entwicklungsperioden viel früher durch. Von konstitutioneller Freiheit war unter den Tudors allerdings wenig vorhanden. Die Monarchie war beinahe unbeschränkt. Wäre sie es aber nicht gewesen, so hätten die religiösen Wirren, Kämpfe und römischen Intriguen und Komplotte wahrscheinlich zum Verderben des Staates geführt. Es war ein Glück für England, dass es in der zweiten Hälfte des 16. Jahrhunderts durch die tyrannische, aber kräftige und erleuchtete Elisabeth regiert wurde, welche ihre ganze Existenz dem Wohle ihres Landes widmete und von ihrem Volke wahrhaft verehrt ward, das ihre Thronbesteigung mit neuer Hoffnung und Begeisterung begrüsste. Das englische Volk wurde von einem gesunden politischen Instinkt geleitet, welcher die despotische Regierung Elisabeths als nothwendige aber vorübergehende Phase ansah, wohl wissend, dass mit der Konsolidirung des Staates die Freiheit von selbst kommen musste.

Unter Elisabeths Regierung wurde die Reformation der Kirche fest begründet, entfaltete sich die nationale Grösse und Kraft und die Freiheit reifte bald am Baume nationaler Unabhängigkeit und Macht.

Vergleichen wir das Erbtheil, welches Elisabeth ihrem Lande hinterliess, mit dem, welches Karl V. und die deutschen Fürsten Deutschland vermacht haben: nationales Elend, Schmach, Zerrissenheit auf Jahrhunderte.

Unter Elisabeth erblühte das goldene Zeitalter der englischen Literatur und viele Schriftsteller, wie Beaumont, Hooker, Fletcher, Ford, Shakespeare, Spenser, Bacon u. a. glänzten in dieser Periode. Die englische Sprache entfaltete sich zu einer nie dagewesenen Blüte. So auch das englische Nationalleben. Industrie, Schifffahrt, Handel belebten sich unter Elisabeths starker Hand. Als die Armada Philipp's von Spanien sich den englischen Küsten näherte, erhob sich das Volk mit ausserordentlicher Hingebung und Begeisterung. Klein und schwach wie die englische Flotte damals war, verglichen mit der spanischen (1588), that sie Wunder der Kühnheit und die Spanier gaben von da an ihre Pläne auf, das englische Volk zu unterjochen. Von dieser Zeit an beginnt die Entfaltung der englischen Seemacht.

Niederländische religiöse Flüchtlinge fanden ein Asyl in England, errichteten Fabriken und verpflanzten ihre heimische Industrie auf englischen Boden. Seehelden wie Davis, Sir Francis Drake, Sir Walter Raleigh u. a. umfuhren die Welt, entdeckten neue Welttheile. Die ostindische Kompagnie legte den Grund zu dem indischen Reiche, Kolonien, wie Virginien, zu Ehren Elisabeths so genannt, wurden in Amerika angelegt aus welchen später die grosse transatlantische Republik sich entwickelte.

Auf dem Gebiete der Religion wurde Elisabeth die Wiederherstellerin des Protestantismus in England, welchen ihre Schwester auszurotten gesucht hatte. Ihr erster Schritt religiöser Reform war das Statut „for the Uniformity of Common Prayer“ im Jahre 1559. Gross war die Opposition auf welche Elisabeth besonders in den ersten Jahren ihrer Regierung stiess, in England sowohl wie im Auslande. Im Jahre 1570 erliess Papst Pius V. eine Bulle gegen sie, worin er erklärte, dass sie nicht die wahre, legitime Königin wäre und alle ihre Unterthanen vom Eid der Treue gegen sie absolvirte. Aber Elisabeth liess sich dadurch nicht irre machen und stören und ging zwar sehr langsam und behutsam, aber sicher vorwärts auf dem Pfade der Reformation. Diese kann mit Veröffentlichung der Parlamentsakte „Elizabeth C. 10“, als vollendet angesehen werden, welche vorschreibt, dass alle Geistlichen der Kirche in England die noch heute giltigen 39 Glaubensartikel zu unterschreiben haben.

Die Grausamkeit und Strenge, mit welcher Mary beim Antritt ihrer Regierung auftrat, trieb, wie im vorhergehenden Kapitel beschrieben wurde, Viele in's Exil, nach Deutschland und der Schweiz. Unter den Flüchtigen waren fünf Bischöfe, fünf Dechanten, vier Archidiakonen und siebenundfünfzig Doctoren der Theologie und Prediger. Ueber tausend Reformatoren flüchteten sich nach obigen Ländern. Nachdem Elisabeth den Thron bestiegen, kehrten sie wieder nach der Heimath zurück, unterhielten aber eine intime und für die englische Reformation wichtige Korrespondenz mit ihren Gastfreunden.

Jetzt kam in England die Reihe an die Papisten. Obwohl im Ganzen von Elisabeth milde behandelt, unendlich milder als ihre Schwester gegen die Protestanten verfuhr, obwohl die Anzahl der Katholiken damals noch die Mehrheit in England betrug und Oxford „von ihnen wimmelte“, so fanden sich doch die schlimmsten Werkzeuge Mary's, welche an einer spanischen Invasion arbeiteten, genöthigt das Land zu verlassen. Diese

Klasse von Flüchtlingen ging nicht nach Deutschland, sondern nach Belgien. Viele liessen sich in Löwen nieder, von wo aus sie gegen die Königin intriguirten und konspirirten. Der schlimmste wohl dieser Flüchtlinge war der Landesverräther und grausame Verfolger und Inquisitor Dr. Story, welcher unter Mary die Bischöfe gerichtet hatte. Verhaftet unter Elisabeth, floh er nach Flandern, wo er in Alba's Dienst trat, dem Erzfeinde seines Landes. „Hier wirkte er“ — schreibt Bischof Horn, 1571, an Bullinger in Zürich — „wie eine Furie frisch von der Hölle. Er ward Untersucher aller Schiffe in Antwerpen nach englischen Waaren und ketzerischen Büchern und erhielt die Hälfte des Werthes der confiscirten Gegenstände. Mit Licenz Alba's plünderte und verhaftete er die Kaufleute, welche von England in obiger Stadt ankamen und konspirirte er mit Alba gegen England und dessen Königin. Die Kaufleute von London, die er plünderte, beriethen endlich einen Plan gegen ihn. Sie bestachen einen ehemaligen Freund von Story, Namens Parker. Dieser Parker besuchte Story und berichtete ihm in's Geheim, dass ein Schiff von England angekommen wäre, mit reichen Schätzen beladen. Story eilte fort in der Freude den Schatz sich selbst, die Kaufleute aber dem Tode zu überliefern. Nachdem er das fragliche Schiff betreten und hinunterstieg, um es zu untersuchen, machte man die Fallthüre zu, hisste die Segel auf und, da eine gute Brise blies, kam man bald mit dem Schatze nach der Themse. Story wurde unter grossem Zulauf und Jauchzen des Volkes nach London gebracht und bald darauf, im Juni 1571, in Tyburn gehängt, und darauf als Staatsverräther geviertheilt. Der Papst sprach ihn bald nach seinem Tode heilig“.

Die von Deutschland nach England heimgekehrten protestantischen Flüchtlinge hatten den grössten Einfluss auf die Entwicklung und Begründung des Protestantismus in England. So schreibt Bischof Cox, welcher sein Exil in Worms verlebt hatte, im Jahre 1559 an Weidner daselbst: „Indessen donnern wir, die kleine Herde, welche während der letzten fünf Jahre sich unter euch in Deutschland verborgen, von unsern Kanzeln und vor der Königin: dass die päpstlichen Traditionen meist Gotteslästerungen sind. Endlich kamen Viele vom Adel und Volk zur Besinnung — aber gar keiner vom Clerus, dieser blieb unbewegt“.

Der Clerus blieb so lange unbewegt vor dem Worte bis es ihm an den Brodkorb ging.

Nebst den Predigten der von Deutschland heimgekehrten Reformatoren, wirkten auch die Kirchengesänge, welche durch sie nach England gebracht wurden. Hierüber schrieb der berühmte, ehemals exilirte Bischof Jewel, 1560, an Peter Martyr, zur Zeit in Strassburg: „Die Kirchengesänge, welche jetzt in England eingeführt wurden, trugen sehr viel zur Annahme der Reformation bei. Sobald man, erst in einer kleinen Kirche in London, Kirchenlieder sang, begannen die Kirchen in der Nachbarschaft und bald in fernen Städten, mit einander in denselben zu wetteifern“. Derselbe Bischof Jewel predigte vor dem Hofe und vor Elisabeth: „Unsere Feinde, wenn sie unsere Sache Neuerung schimpfen, hintergehen die Leute, denn gerade sie billigten Neuerungen, als ob sie alt wären, und verdammten als neu, was vom höchsten Alter war. Viele ihrer Hauptlehren existirten noch nicht in den ersten 600 Jahren nach Christi!“

Unter Elisabeth nahm die englische Kirche allmählig ihre Form an, welche sie heute noch hat und welche die späteren papistischen Bestrebungen unter den Stuarts nicht mehr zertrümmern konnten. Unter Edward VI. wurde, wie schon erwähnt, ein „Book of Common Prayer“ (1547) veröffentlicht. Im Jahre 1551 wurde das Buch revidirt und verändert, wozu der deutsche Theologe Bucer sehr viel beitrug. Es wird oft das zweite Buch Edward's genannt und ist, mit Ausnahme weniger unbedeutender Aenderungen, dasselbe das heute noch in Gebrauch ist. Dieses Buch ward durch Elisabeth wieder eingeführt.

Zur Zeit, als Elisabeth die Regierung antrat, war die päpstliche Opposition noch sehr mächtig in allen Klassen der Gesellschaft und ganz besonders unter dem Clerus, dessen Mehrheit, trotzdem dass sie sich Elisabeths Gebote fügte, noch am alten Glauben festhing. Dies erklärt die grosse Vorsicht mit welcher Elisabeth Schritt für Schritt vorwärts ging. Gefahr einer Invasion von Aussen, begünstigt von englischen päpstlichen Zeloten, Gefahr von Verschwörungen im Innern gegen ihr Leben, so wie gegen das ihrer Minister, schreckte sie von den Grundsätzen radikaler, englischer Reformatoren zurück. Es entstanden in Folge dessen heftige Kämpfe zwischen den Puritanern, d. i. der radikalen Partei und der gemässigten Partei, zu welcher die Königin hielt. Von einem der englischen Puritaner, George Withers, Rector von Danbury, ist uns ein an den Churfürsten der Pfalz, 1567, geschriebener Brief hinterlassen, worin ersterer eine so interessante Skizze der allmähligen Einführung und des Fortschrittes der Reformation in England in den ersten Jahren der Regierung Elisabeths gibt, dass ich einen Theil davon hier in gedrängtem Résumé anführen will.

„Unter Henry VIII. wurde das Papsthum von England verbannt, jedoch in solcher Weise, dass des Papstes Autorität auf den König übertragen wurde. Das Wesen des Papstthums aber blieb. Die Messe und andere Institutionen desselben blieben in Kraft. Allerdings wurden die Klöster aufgehoben, aber dies war mehr eine politische und ökonomische Massregel. Die Mönche und Nonnen waren die Armee des Papstes, und ihre Pfründen füllten den Säckel der Krone.[1] Mönche und Nonnen mussten ihre Namen und Kleider ablegen — durften aber nicht heirathen. Später wurden die Wallfahrten verboten, dann die Wunderbilder zerbrochen und endlich, gegen das Ende von Henry's Regierung, wurde die Bibel in der Volkssprache Allen gestattet, was anfangs nicht der Fall war, im Jahre 1540 wurde vorgeschrieben, dass jede Pfarrei, gegen Strafe von 40 Shillings per Monat, eine Bibel besitzen müsse und die Priester mussten in jeder Kirche das Vaterunser, den Glauben, die zehn Gebote, die Epistel und das Evangelium des Tages in englischer Sprache vorlesen.“

„Henry's Sohn, Edward, befahl alle Statuen und Bilder religiösen Charakters zu zerstören, hob die Messe und lateinischen Gebete auf, befahl das Abendmahl in zwei Gestalten zu geben, gab ein öffentliches, allgemeines Gebetbuch in englischer Sprache heraus. Die Geistlichen durften jetzt heirathen und ihre Kinder wurden durch eine Parlamentsakte für legitim erklärt. Altäre, Orgeln, theatralische Gewänder der Papisten aber und anderes Aehnliches wurde beibehalten. Später gab Edward ein besseres und reineres Gesetzbuch heraus, und schaffte noch die meisten Reste des alten Glaubens ab. Edward wollte noch den letzten Schritt zu einer radikaleren Reform thun, aber er starb im Jahre 1553, in der Blüte der Jugend.“

„Seine Schwester Mary folgte. Alles, was Henry und Edward gethan, ward abgeschafft, das Papstthum wieder hergestellt, viele Hunderte wurden hingerichtet und gegen tausend in's Exil getrieben. Es bestand jedoch, trotz der grausamsten Ver-

[1] Viele Klostergüter wurden an hohe Adelige verschenkt, welche dadurch an Henry VIII. und seine Reformation gebunden waren. Unter Mary verlangte der Papst die Restitution der Klöster und Klostergüter, aber nicht einmal sie war, so lange sie lebte, im Stande, dieses päpstliche Verlangen auszuführen.

folgungen Mary's. eine unsichtbare Gemeinde in London fort, welche ihre Pastoren selbst wählte. Viele ihrer Mitglieder litten auf dem Scheiterhaufen, trotzdem aber wuchs die Gemeinde von Tag zu Tag. Sie ist die Muttergemeinde der Puritaner. Inzwischen starb Mary. Ihre Schwester Elizabeth trat die Regierung an unter allgemeiner Freude des Volkes. Diejenigen, welche der Religion wegen in Ketten lagen, wurden befreit, die im Exile kehrten heim. Aber jene unsichtbare Gemeinde. welche in Mitte der Verfolgungen Mary's bestand und wuchs, wurde jetzt durch Elisabeth aufgehoben. Man fügte sich, weil man erwartete, dass eine ebenso reine Kirche von Oben eingeführt werden würde."

„Das Papstthum wurde wieder abgeschafft, das zweite Gebetbuch Edwards wieder eingeführt, aber die unter Edwards erster Reform eingeführten Ceremonien wurden ebenfalls wieder hergestellt, und der Königin und dem Erzbischof die Macht gegeben nach Gutdünken weitere Ceremonien einzuführen, was sie sofort thaten, und anstatt des Brodes bei dem Abendmahl führten sie die päpstliche Hostie wieder ein."

„Die päpstlichen Bischöfe wurden abgesetzt und an deren Stelle neue angestellt. Von diesen waren die meisten Exilirte. Diese waren anfangs gegen die Ceremonien. Als sie aber sahen, dass ihre Opposition machtlos war und dass sie nur durch Nachgeben ihre Bischofsstellen behaupten könnten, so gaben sie nach — manche gegen ihr Gewissen, wohl in der Hoffnung dass mit der Zeit die Sache sich bessern würde."

„Anfangs erlaubten die Bischöfe den Pastoren volle Freiheit nach Gutdünken ihre Gemeinden zu verwalten und beruhigten sie. Dies thaten sie einige Jahre."

„Die Pastoren und Prediger machten von dieser Freiheit vollen Gebrauch und überall arbeitete man an radikaler Reform und Entfernung aller Reste des Papstthums."

„Als aber die Bischöfe sahen, dass die Zahl und der Einfluss dieser Partei unter dem Volke zunahm, so fürchteten sie für ihre Autorität, wenn der niedere Clerus nicht dieselben Gebräuche befolgte wie sie."

„Auf königlichen Befehl nahmen sie daher die Sache in die Hand, und setzten einen der Führer der puritanischen Partei, Sampson, ab. Als sie sahen dass dieses Beispiel nicht wirkte, luden sie alle Pastoren der Kirche von London vor sich und verlangten von ihnen ein Versprechen, dass sie allen Befehlen der Königin, die sich auf Religion bezögen, sich fügen wollten.

Als gegen vierzig von ihnen sich weigerten, so wurden sie sofort abgesetzt. Es wurde ein Gesetz in Ausführung gebracht, nach welchem Keiner in einer Pfarrei als Priester ohne bischöfliche Licenz fungiren durfte, dass für Alle diese Licenz zu erneuern wäre und nur Solchen gegeben würde, welche sich den bischöflichen Ordonanzen fügten. Gegen Zuwiderhandelnde waren Gefängniss und Exil angedroht".

„Aus dieser Kurzsichtigkeit Elisabeths, ihrer Rathgeber und der Bischöfe erwuchsen Folgen von Bedeutung. Die Puritaner klagten, dass sie in jeder Beziehung nach dem Wink der Königin und der Bischöfe handeln müssten. Viele der Besten zogen sich von der anglikanischen Kirche zurück und überliessen diese vielen ehemals päpstlichen Mess-Priestern oder Ignoranten und Leuten ohne Willen. Viele Stellen in der englischen Kirche wurden jetzt schon Sinekuren, die Predigten wurden selten und nur ein Privileg der Bischöfe."

Dieser Brief von Withers entwirft ein Bild der religiösen Situation in England um das Jahr 1567. In Deutschland, in der Schweiz, am Rhein und in den Niederlanden war schon der Kampf zwischen den sog. Martinisten und Calvinisten entflammt. Nun brach er in England zwischen Puritanern und Anglikanern aus. In Deutschland aber war die Entzweiung der Protestanten am unheilvollsten in ihren Folgen.

In England rief man zu dieser Zeit die Hilfe und den Einfluss deutscher Fürsten und Theologen beim Kirchenstreite an. Der Churfürst von der Pfalz, wurde von den Puritanern dringend gebeten seinen Einfluss bei Elisabeth zu verwenden. Unter den deutschen Fürsten hatte nämlich Friedrich III. im Jahre 1560 die reformirte calvinistische Lehre an die Stelle der lutherischen, sein Nachfolger Ludwig, 1576, aber die lutherische wieder eingeführt. Später aber musste diese wieder der reformirten Lehre weichen und bald nahm die pfälzische Kirche den zweiten Rang unter den reformirten Kirchen ein und besass solchen Einfluss über die andern, dass die religiösen Instruktionen, welche Zacharias Ursinus zu ihrem Gebrauch verfasste, und die unter dem Namen „Heidelberger Katechismus" bekannt waren, beinahe von allen reformirten Kirchen angenommen wurden.

Auch von Königin Elisabeth's Seite wandte sich ihr Sekretär Sir John Wolley an den berühmten Johann Sturm in Strassburg und bat denselben ihm die Ansichten der gelehrtesten Theologen Deutschlands über den englischen Kirchenstreit zu schicken, um denselben womöglich zu schlichten. Dass es Elisabeth Ernst war die Einheit in der protestantischen Kirche zu erhalten beweist schon der Umstand dass man, wie Bischof Grindal, 1559, an Hubert, Prediger in Strassburg schrieb, zu dieser Zeit in England daran dachte die Augsburger Konfession anzunehmen, um desto besser sich dem Bunde protestantischer Fürsten in Deutschland anschliessen zu können. Gegen diesen Schritt aber protestirten die in England einflussreichen schweizer Reformirten, vor Allen Bullinger, welcher die Konfession für werthlos erklärte und geeignet Ruhestörungen zu bewirken. So zerstörte wieder Meinungsverschiedenheit den so grossen und wichtigen Plan der Einigung der protestantischen Kirchen Englands und Deutschlands. Auch später noch, 1578, hing Elisabeth noch an diesem Einheitsgedanken der protestantischen Kirche fest und sandte Humphrey, Präsident von Magdalene College in Oxford, als anglikanischen Abgeordneten nach Schmalkalden, um dort über das Lutherthum und die Kontroverse über das Abendmahl zu berathen. Wie schon in früheren Zeiten vieles in der englischen Kirchenlehre der deutschen lutherischen Kirche entnommen worden, so ist auch in den Glaubensartikeln der englischen Kirche vom Jahre 1562, die sichtbare Kirche Christi (Art. 19) in Worten beschrieben, welche den Konfessionen von Augsburg und Sachsen entnommen sind. (Baxter: Church History, p. 493).

In dem englischen Episkopat bildeten die ersten von Elisabeth ernannten Bischöfe die liberale Partei. Sie waren alle insgesammt frühere Exilirte als Cox, Grindal, Horn, Sandys, Jewel, Parkhurst, Bentham, welche fortwährend einen regen geistigen Verkehr mit dem Lande ihres Asyles unterhielten. Aber die Furcht für das Bestehen des Protestantismus in England, der noch keine feste Wurzel geschlagen und auf grosse Hindernisse stiess, hielt diese Männer von einer gemeinschaftlichen Sache mit den radikalen Puritanern ab.

Diese letzteren waren für die radikale Verwerfung von Allem, was an Rom erinnerte und gegen alle pomphaften Gewänder und Ceremonien. Sie wollten, dass im gesellschaftlichen Leben der Geistliche sich kleide wie der Bürger. Sie verlangten Abschaffung der Bischöfe, Wahl der Pastoren durch das Volk, vollständige Gleichheit der geistlichen Würden, für jede Stadt, ja für jedes Dorf ein Konsistorium aus dem Pastor und den sog. Aelteren des Orts bestehend, welche allein über alle kirchlichen Fragen zu entscheiden hätten, sie wollten keine bestimmten, vorgeschriebenen Gebete u. s. w. Die Puritaner zählten in

London viele Anhänger unter den jungen Geistlichen. Viele unter diesen waren bereit ihr Amt aufzugeben, wenn man nicht die Ueberreste des Papstthums aus dem Wege räumte. Die oben genannten, liberalen Bischöfe, waren anfangs der Ansicht der Puritaner und versuchten Alles sie durchzuführen. Allein Elisabeth hielt hartnäckig an ihrem, durch die politische Lage beeinflussten Reformplan und ward darin von ihrem Regierungsrathe und Parlamente unterstützt. Die lange Zeit kritische Lage der englischen Kirche, sowie die Festigkeit der Königin und der politischen Gewalten veranlassten die liberaleren Bischöfe sich zu fügen und die puritanischen Geistlichen aufzugeben, von denen Viele entlassen wurden.

Es ist auffallend, dass unter den konsultirten fremden Theologen die zwei streng reformirten, Bullinger und Gualter von Zürich im englischen Kirchenstreite sich auf die Seite der Bischöfe neigten. Bullinger schrieb zu diesem Zwecke einen Brief, welcher in's Englische übersetzt wurde und auf die Entscheidung der Streitfrage einen grossen Einfluss zu Gunsten der Bischöfe übte. Bullinger konnte unmöglich für päpstliche Ceremonien sein, da in seiner Kirche alles derartige verbannt war. Er fürchtete aber für den englischen Protestantismus und empfahl daher Opfer zu bringen. Bullinger und Gualter führten über die Streitpunkte einen regen Briefwechsel mit den Bischöfen u. a. mit Jewel, Grindal, Parkhurst, sowie auch mit deren Gegnern Sampson und Humphrey.

Viele puritanische Pastoren, wie eben erwähnt wurde, gaben endlich ihre Stellen auf oder wurden entlassen, weil sie standhaft die kirchlichen Gewänder und den vorgeschriebenen Ritus verwarfen. Im März 1566 vor die Bischöfe geladen und aufgefordert sich den Verordnungen zu fügen, wurden fünfzig von ihnen in Folge ihrer Weigerung ihrer Stellen entsetzt. Manche unter ihnen wagten es, dem Gesetze zuwider, besondere Gemeinden mit Dekanen und Gemeinde-Aeltesten zu bilden, Priester zu weihen und sie übten selbst den Ausschluss von ihrer Gemeinde aus.

Von dem Stand der Kirche in England in den 60er Jahren findet sich in den Archiven von Zürich eine interessante längere Beschreibung, verfasst von Perceval Wiburn, von welcher Folgendes ein Résumé ist.

„Der englische Clerus besteht theils aus ehemals päpstlichen Priestern, welche ihr voriges Amt behalten haben, theils aus Pastoren von den anglikanischen Bischöfen, nach erhaltener Licenz, zugelassen."

„Die Hierarchie der römischen Kirche besteht fort, repräsentirt, wie früher, durch zwei Erzbischöfe, deren einer Primas ist, Bischöfe, Dechanten, Archidiakone, Rektoren, Vikare, Pfarrverweser etc."

„Keiner kann fungiren ohne bischöfliche Licenz. Der grössere Theil des kanonischen Gesetzes ist noch in Kraft."

„Die Priesterehe war unter Mary durch ein Reichsgesetz verboten. Dieses Gesetz bestand noch lange unter Elisabeths Regierung. Später erst erlaubte Elisabeth Geistlichen Gemahlinnen zu nehmen, wenn sie dazu die Zustimmung ihres Bischofs erhielten."

„Die Bischöfe durften ihre Frauen nicht bei sich in ihren Palästen haben. Ebensowenig durften die Dechanten, die Domherren, die Presbyter und andere Priester der Kirche die ihrigen innerhalb der Kollegien und dem bestimmten Bereich der Kathedralkirchen unterbringen".

„Die päpstlichen Gesetze hinsichtlich der Ehe und Ehescheidung bestanden fort".

„Licenzen für sogen. „Nonresidence", i. e. Abwesenheit vom amtlichen Wohnorte, Pluralität der Pfründen, Fasttage, Dispensationen für verbotene Speisen an Fasttagen, Tage der Heiligen und andere römische Feiertage, Verbot der Heirath zu bestimmten Zeiten, kirchliche Aemter in Händen von Laien und selbst von Knaben u. s. w. bestanden fort".

„Die Patronage bestand wie unter der römischen Hierarchie".

„Sogenannte „livings", d. h. Pfründen wurden zu Lebzeiten des Besitzers kraft fortbestehender Patronatsrechte durch die Patronen vergeben und selbst verkauft".

„Viele römischen Gebräuche, wie u. a. Kniebeugungen beim Namen Jesus, wurden durch königlichen Befehl erzwungen".

„Die Kleidung der Priester war römisch, in der Kirche sowohl, als im gesellschaftlichen Leben".

So stand es mit der Reformbewegung in der anglikanischen Kirche in den 60er Jahren des 16. Jahrhunderts. Aber die Reformation schritt unter Elisabeth allmählig und sicher fort, bis sie noch vor ihrem Tode die Form angenommen, welche sie heute noch hat.

§ 2.

POLITISCHE BEZIEHUNGEN DEUTSCHLANDS UND ENGLANDS ZUR ZEIT ELISABETHS

Wenn man die schwierige Situation erwägt, in welcher sich Elisabeth bei ihrem Regierungsantritte und lange Zeit nachher befand, so hat man den Schlüssel zum vorsichtigen und langsamen Fortschreiten dieser Fürstin auf dem Wege der Kirchenreformation. Es machten Mehrere Anspruch auf die Krone Englands. Philipp von Spanien, der Gemahl der verstorbenen Königin Mary war einer von den Reklamanten. Mary Stuart, Königin von Schottland, Enkelin der Schwester Heinrich's VIII., unterstützt von Frankreich, war eine andere Bewerberin. War doch Elisabeth vom Papste für illegitim und des Thrones verlustig erklärt und ihre Unterthanen des Eides der Treue gegen sie entbunden worden. Philipp bereitete langsam eine Invasion Englands vor. Vorerst aber wollte er die Reformation in den Niederlanden ausrotten und dieser Aufschub war ein Glück für Elisabeth und England. Es ist dies die Zeit des Ausbruches des Widerstandes der Niederlande, welcher 1566 mit den Geusen begann, der blutigen Herrschaft Alba's, des Aufstandes von Holland und Seeland, des Einfalls von Wilhelm von Oranien aus Deutschland. So lange Elisabeth regierte, währte von ihr unterstützt, der Kampf zwischen den Niederlanden und Spanien. Gefahren von aussen, Gefahren von innen, machten ihre Regierung sehr schwierig und die Ueberwindung aller Hindernisse, welche ihr im Wege standen, zeugen für die hohen Gaben und die Energie dieser Fürstin. „England ist in Frieden", — schreibt im Juli 1562 Hilles von London an Bullinger in Zürich — „die Königin aber wacht und rüstet für den Fall, dass ein fremder Fürst, angestachelt vom Papste und englischen Papisten, Gelegenheit suchen möchte, mit Elisabeth Streit anzufangen". Der fremde König war, als Hilles dieses schrieb, der von Frankreich, der sobald als die in Frankreich zur Zeit herrschenden Unruhen gestillt sein sollten, als Kämpe für Mary Stuarts Ansprüche aufzutreten beabsichtigte.

Gegen Elisabeth und gegen ihren ersten Minister wurden verschiedene Verschwörungen angestiftet. Anfangs 1572 wurden zwei Männer Namens Mather und Berners hingerichtet, weil sie nach dem Leben von Lord Burghley trachteten. Der Sekretär des spanischen Gesandten in England war beschuldigt Bravos bestochen zu haben nicht allein um Burghley sondern selbst um Elisabeth zu ermorden. Aber schon früher, 1568, hatte sich eine sehr gefährliche Verschwörung gegen Elisabeths Leben und Regierung angesponnen. Es war dies zur Zeit als der Herzog von Norfolk sich mit Mary Stuart verlobte und gegen Elisabeth konspirirte.

Von allen Seiten suchte der Papst damals die Kämpen des Protestantismus, Deutschland wie England, zu umfassen und zu erdrücken. Henri, Herzog von Anjou, nachher Henri III. von Frankreich, einer der Brautbewerber Elisabeths, der Feind der Hugenotten, wurde auf Betreiben des Papstes zum König von Polen (1574) gewählt, um ihn von Osten, in Verbindung mit dem Westen, gegen Deutschland zu verwenden.[1] Nach dem Tode Karls IX., des Helden der Bluthochzeit, der bald darauf eintrat, folgte Henri von Anjou auf dem Throne Frankreichs und wurde (1575) in Folge dessen in Polen seiner königlichen Würde für verlustig erklärt. So ward damals Deutschland von der gefährlichen Verbindung Frankreichs und Polens befreit. Auf dieselbe Weise suchte Frankreich England von Schottland aus und vom Süden zu fassen. Schottland hatte französische Besatzung und war eng mit Frankreich gegen England verbündet. Wäre es Frankreich gelungen sich Englands zu bemächtigen, so wäre es mit dem Besitze dieses Landes und der Allianz Schottlands und Polens unter Anjou, unterstützt von dem zum Aufstand bereiten katholischen Irland im Stande gewesen, Spanien aus dem Sattel zu heben. Zum Glück für die Welt waren die beiden nach einer Universalmonarchie strebenden Länder in ihrer auswärtigen Politik mehr durch ihr eigenes Interesse als durch das des Papstes bestimmt und suchte das eine die ehrgeizigen Pläne des andern zu neutralisiren.

---

[1] Der Herzog von Anjou reiste im November 1573 von Frankreich nach Polen. Auf seiner Reise hielt er in Heidelberg an, wo der Churfürst von der Pfalz nichts unterliess, ihm die blutige Bartholomäusnacht n's Gedächtniss zu rufen. In seiner Bildergallerie zeigte er ihm ein iPorträt von Coligny, und, darauf hin deutend, sagte er: „Sie kennen diesen Mann: Sie haben in ihm den grössten Kapitän in der ganzen Christenheit gemordet. Und Sie hätten es nicht thun sollen, denn er hat dem König und Ihnen grosse Dienste geleistet“. Henri versuchte eine Entschuldigung auf Verschwörung gegründet, worauf der Churfürst antwortete: „Wir kennen die ganze Geschichte davon“ und sofort das Zimmer verliess. V. Smedley's Hist. of Ref. in France, II., 91; Browning, Hist. of the H[uguenots 104].

Es lässt sich begreifen, dass in Mitte der Gefahren, in welchen sich Elisabeth sah, diese in Deutschland ihre einzigen Bundesgenossen finden konnte und dass sie deutscher Politik daher die grösste Aufmerksamkeit widmete und sie eifrigst beobachtete.

Elisabeth hatte in Deutschland politische Agenten, welche der Regierung fortwährend über Alles genau zu berichten hatten. Unter diesen verdient Dr. Christoph Mundt besonders erwähnt zu werden, von dem oben die Rede war, ein Deutscher, welcher schon im diplomatischen Dienste Henry's und Edward's gewesen und hauptsächlich in Frankfurt oder Augsburg und zuletzt in Strassburg wohnte. Mundt war ein höchst gewandter Diplomat, welcher das vollste Vertrauen der Königin Elisabeth besass, dabei aber auch ein freidenkender Mann. Ein Brief, welchen er 1567 an Bullinger in Zürich schrieb, ist ein Meisterstück eines Essay über die Pflichten der Regenten, über egoistische, grausame Tyrannen, welche nur ihren Willen ausgeführt haben wollen. Am Schlusse seines Briefes bittet er Bullinger in Zukunft seine Titel auf Briefadressen an ihn auszulassen und sagt:

„Der kluge Mann, solcher sich bewusst,
Geniesst allein sie in der stillen Brust“.

Dieser brave Deutsche starb 1572. Der berühmte Gelehrte, Johannes Sturm, Professor in Strassburg, meldet Lord Burghley den Tod desselben an und letzterer spricht sich in seiner Antwort, im Namen Elisabeths, mit den wärmsten Worten über Mundt's Verdienste aus. Burghley nimmt zugleich Sturm's Anerbieten an und ernennt ihn, im Namen der Königin, zum Nachfolger Mundt's mit demselben Gehalt. Im folgenden Jahre empfiehlt Sturm noch einen andern Deutschen als politischen Agenten Englands in einem Briefe an Elisabeth. Es war dies Christoph Landschad, welcher mit den deutschen Fürsten auf vertrautem Fusse stand und mehr als zehn Jahre als Rath des Churfürsten von der Pfalz gedient. Landschad war ein Freund der unter Mary exilirten Herzogin von Suffolk.

Sehr interessant sind die Instruktionen, welche der Ministerpräsident Sir Francis Walsingham, im Namen Elisabeths, an Johann Sturm schrieb, nachdem er ihn wiederholt ersucht hatte, mehr und ausführlicher zu schreiben.

„Es fehlt Ihnen“ — schreibt Sir Francis 1577 — „nur Eines: nämlich öfter und ausführlicher über den Stand der Dinge und die Neigungen und Absichten der Menschen zu schreiben; denn unsere Zeit ist voll von Gefahren und die Neigungen der Menschen, mit denen wir zu thun haben, sind nicht ohne zahllose Schlupfwinkel und tiefe Verstecke. die sich bisweilen auf irgend eine Weise verrathen und zu unserm Besten bloslegen, je fleissiger sie beobachtet werden und je mehr wir die neuen Bündnisse, die sie täglich schliessen, in's Auge fassen. Ihr Deutschland hat viele Fürsten, deren Freundschaft und Bündniss von Fremden gesucht wird, welche dadurch nur sich und nicht euch nützen wollen: und zu welcher Partei jeder sich zu neigen scheint, und welche Ermuthigung sie denen bieten, welche die Reform begünstigen oder ihr opponiren, ist nicht ohne Nutzen zu wissen, und Berichte über solche Punkte werden uns willkommen sein. Sagen Sie uns besonders welche Ansicht wir zu bilden haben über den Kaiser, über den Pfalzgrafen vom Rhein[1] und Kasimir: ob letztere einig und zusammen fortfahren werden in ihrem guten Willen und ihrer Achtung für die heilige Schrift und den allgemeinen Frieden, welche ihnen ihr Vater auf dem Todbette empfohlen; oder ob durch ihre Zwietracht und häuslichen Streit sie sich und ihr Volk dem Ruine zuführen. Es werden wohl Leute genug da sein, welche Alles versuchen werden, die Brandfackel in das erlauchte Haus der Pfalz zu schleudern. Gegen diese müssen wir auf unsrer Hut sein. Wenn Sie uns über diese Punkte schreiben und uns berichten ob etwas der Art zu befürchten und durch welche Mittel und Wege man es verhüten kann, so würden Sie uns und der christlichen Welt einen grossen Dienst erweisen".

Nebstdem dass Elisabeth von gut unterrichteten deutschen diplomatischen Agenten, unter denen man noch Andere, wie einen Namens Wacker erwähnt findet, fortwährend mit Berichten über die Lage der Dinge versehen ward, schickte sie auch häufig und für besondere Zwecke politische Missionen nach Deutschland. Es war überhaupt ein reger Verkehr zwischen vielen deutschen Regierungen und der englischen. Im September 1562 wurde Sir Henry Knolles als königlicher Gesandter nach Deutschland geschickt, mit dem Auftrag in Gemeinschaft mit Dr. Mundt die protestantischen Fürsten Deutschlands aufzufordern und zu veranlassen, dem Prinzen von Condé in Frankreich, dem Führer der Hugenotten beizustehen und „zu erwägen, wie die ge-

[1] Ludwig VI. und Johann Kasimir waren Söhne des Churfürsten der Pfalz, Friedrich III., der 8. Oct. 1576 starb.

meinschaftliche Sache der Religion gegen eine Conföderation des Feindes vertheidigt werden könnte“. Unter den an die protestantischen Fürsten Deutschlands auf Privatmissionen abgesandten englischen Diplomaten ist noch Robert Beale zu nennen, Sekretär des Regierungsrathes. Von ihm, der sehr oft auf solchen Missionen nach Deutschland kam, findet sich in Strype (Ann. IV. 117) ein Bericht an den Lord-Oberschatzmeister.

Ueber die politisch-religiösen Verhältnisse in Deutschland hat uns in den siebziger Jahren des 16. Jahrhunderts der berühmte Sir Philip Sidney ein trauriges Bild entworfen. [Sir Philip Sidney, von Fox Bourne. p. 61]. Sir Philip sah Spanien in Deutschland seine Macht entfalten, den deutschen Kaiser zu seinem Vasallen erniedrigen und seine Jesuitenmacht über Europa verbreiten. „Jedes Volk freier Männer“, schreibt Sidney, „sollte ohne Zögern sich gegen eine solche Verschwörung verbinden. Aber was geschah? Einige tapferen Staaten der Niederlande, mit einer Handvoll Soldaten, kämpften einen Kampf auf Leben und Tod, für Wahrheit und Freiheit. Aber ihre deutschen Stammverwandten verlebten ihre Tage mit Benetzen ihrer Kehlen, mit Jagen u. a. Dingen. Alle, mit Ausnahme des Pfalzgrafen, schienen entschlossen ihr Volk zu ruiniren und sich selbst zu entehren . . . . . Sie waren todesschläfrig, aber sie werden bald erwachen um zu finden, dass ihr Schlaf Tod ist“. Man darf übrigens hier nicht übergehen, dass Sidney die Ruhe Englands ebenso sehr tadelte und bitter klagte, dass, während der grosse Kampf für Freiheit auf dem Kontinente ausgefochten wurde, England die unedle Rolle des Zuschauers spielte, bis der Feind vor der eignen Schwelle stehen würde.

Am 12. Oktober 1576 starb Kaiser Maximilian. Sein Tod veranlasste einen sehr ernsten Wechsel in der europäischen Politik und war ein Unglück für Deutschland, denn Maximilian war tolerant gegen den Protestantismus. Sein Nachfolger Rudolf II. war ein Spanier, unter jesuitischem Einflusse von einer fanatischen Mutter erzogen und der Himmel gestaltete sich trübe nach seiner Thronbesteigung. Eine seiner ersten Handlungen war die Verfolgung der Protestanten, die Verbrennung ihrer Führer. Zur selben Zeit, einige Tage nach Maximilian's Tod, starb Friedrich III. von der Pfalz, Königin Elisabeths Freund und derjenige unter den deutschen Fürsten, welcher für die Sache des Protestantismus am thätigsten wirkte. Sein Sohn Ludwig führte mit Gewalt das Lutherthum wieder ein und suchte die bestehende reformirte Kirche zu vernichten, deren Kämpe sein Bruder Johann Kasimir war. Kampf und Verfolgung zwischen den Protestanten selbst verhinderte ihre so nöthige Einigung. In England beobachtete man mit grosser Sorge diese Wirren und Elisabeth entschloss sich, einen Gesandten an Kaiser Rudolf und Ludwig von der Pfalz zu schicken, unter dem Vorwande ihnen zum Regierungsantritte Glück zu wünschen, in der That aber um sie für die Sache der Reform zu gewinnen. Für diese Aufgabe wurde der erst 22jährige, aber talentvolle Sir Philip Sidney erkoren.

Sidney erhielt, nebstdem, noch Instruktionen, mit den Fürsten Deutschlands über die Wohlfahrt des Protestantismus zu berathen und sie zu energischer Thätigkeit anzuspornen. Im Februar 1577 verliess Sidney England, mit glänzender Begleitung und grossem Pompe reisend. Er besuchte zuerst (den 18. März) Heidelberg, wo er aber den Pfalzgrafen nicht fand. Er berieth sich mit dessen Bruder Johann Kasimir über deutsche und niederländische Angelegenheiten und war, nebstdem, noch beauftragt für Elisabeth eine Summe Geldes einzutreiben, welche diese dem verstorbenen Pfalzgrafen ehedem geliehen. Aber die Schatzkammer in Heidelberg war leer und Sidney wurde auf die Zukunft vertröstet. Er schloss zu dieser Zeit eine enge Freundschaft mit Johann Kasimir. Am Ostermontage hatte Sidney in Prag eine Audienz von Kaiser Rudolf. Er sprach vor ihm mit grosser Freiheit und suchte ihn für die Sache der Gewissensfreiheit in feuriger Rede zu gewinnen. Seine Sprache setzte den kalten Rudolf in Erstaunen. Aber dieser wurde weder überzeugt noch gewonnen. In einem Bericht nennt Sidney den Kaiser einen „treacherous, Jesuit-bound and extremely Spaniolated man". Nachdem er die leitenden Persönlichkeiten und Parteien beobachtet und studirt, reiste er wieder nach Heidelberg ab, wo er den Churfürsten Ludwig für protestantische Einheit zu gewinnen suchte. Aber auch Ludwig liess sich nicht überzeugen und sagte ihm: „er könnte nicht anders handeln als die Fürsten des Reiches".

Sidney machte auf dieser Gesandtschaftsreise trübe Beobachtungen. Das protestantische Bündniss, wofür er noch specielle Instruktionen erhielt, fand keine Anhänger unter den deutschen Fürsten, mit Ausnahme von Johann Kasimir von der Pfalz, von Landgraf Wilhelm von Hessen und dem Herzoge von Braunschweig. „Die protestantischen Potentaten Deutschlands", klagt Sidney, „haben keine andere Sorge als reich zu werden und ihrer Sinnlichkeit zu fröhnen. Sie denken nur an ihre eigene

Sicherheit, obgleich die ganze Welt ringsum in Flammen steht".

Der Sturm zog sich von allen Seiten zusammen. Spanien und Rom bereiteten sich zum Kreuzzuge vor, die Türken schliffen ihre Scimitare aber die Protestanten in Deutschland waren in Mitte von allem diesem in bitterem Streit um einige Lehren Luthers und Calvins. Sidney reiste hoffnungslos nach England zurück, besuchte auf der Heimreise Don Johann von Oesterreich, den Statthalter der Niederlande und Wilhelm von Oranien. Nach einer Abwesenheit von etwa vier Monaten kam er wieder in England an.

Aber trotz der Erfolglosigkeit von Sidney's Sendung, unterliess Elisabeth nicht ihre Aufmerksamkeit auf Deutschland zu richten. Es fand nicht nur eine rege Korrespondenz zwischen englischen und deutschen Staatsmännern statt, sondern politische Agenten entfalteten auch eine grosse Thätigkeit. Sidney's Freunde, Robert Beale und Daniel Rogers, beide erfahrene diplomatische Agenten der englischen Regierung, besuchten Deutschland. Im Jahre 1578 kehrten sie mit Peter Butrech, dem politischen Agenten Johann Kasimirs von der Pfalz, von Deutschland nach England zurück. Butrech kam zu dieser Zeit nach England um hier so viel als möglich Aufregung zu Gunsten der Hugenotten zu veranlassen. Sidney tadelte seine Königin Elisabeth scharf wegen ihrer Zögerung letzteren zu helfen und ihrer Weigerung den Rathschlägen von Leicester und Walsingham u. a. zu folgen, welche vorschlugen sofort ein Heer über den Kanal zu schicken.

Im Jahre 1578, im Sommer, wurde Johann Kasimir von der Pfalz als königlicher „Lieutenant" Elisabeths angestellt, mit der Aufgabe über die Angelegenheiten Deutschlands und der Niederlande zu wachen. Er erhielt dieses Amt durch Sidney's und Languet's Verwenden. Auch Elisabeth war ihm gewogen. Johann Kasimir war ein Mann von Energie, von welchem man viel erwartete, den man aber überschätzte. Die Königin versah ihn mit Geld um eine kleine Armee zu sammeln. Johann Kasimir verliess die Pfalz etwa Mitte Juni 1578 und erreichte Zütphen im Juli, wo er, ohne etwas zu thun, kostbare Zeit verlor. Er schloss sich an der Spitze von angeblich 12.000 Mann dem niederländischen Heere an. Aber er führte nichts aus. Es scheint er brauchte stets Geld und bezahlte seine Soldaten nicht, was damals eine gefährliche Sache war. Elisabeth, unzufrieden mit ihm, schrieb ihm einen sehr strengen Brief wegen seiner Thorheiten und Sorglosigkeit. Johann Kasimir hatte aber warme Freunde und Verehrer in England und unter diesen waren einflussreiche Männer wie Sidney, Leicester und Walsingham. Um sich vor Elisabeth zu entschuldigen kam er selbst in Gesellschaft von Hubert Languet Neujahr 1579 nach England, wo er von der Königin günstig aufgenommen ward. Nach weiter unten beschriebenen Festlichkeiten kehrte er nach Deutschland zurück, in Begleitung von Fulke Greville, Sidney's intimem Freunde, welcher einen politischen Auftrag an Oranien und Andere übernahm.

Wie schon in den siebziger Jahren, so war auch in den achtziger Jahren der österreichische Zweig des Hauses Habsburg ganz in Abhängigkeit von dem spanischen. Der grösste Theil der deutschen Nation war durch spanisch-österreichischen Einfluss gewonnen, so dass Spanien zu dieser Zeit so mächtig in Deutschland war als zur Zeit Karls V. Die Gefahren für Deutschland wuchsen täglich durch die sich vermehrenden Machinationen Roms, welches, wie Sidney schon damals entdeckte, durch seine fähigsten Werkzeuge, die Jesuiten, schon zu dieser Zeit Schulen in den ersten der reformirten Städte Deutschlands angelegt hatte, „mit der Absicht“ — sagt Sidney — „diese gutgläubigen Leute zu verderben“. „Diese Beschwörer giftigen Nebels“, sagt er weiter, „haben solchen Einfluss auf sie geübt, dass keine Kraft zu gesundem Handeln übrig geblieben. So suchen Spanier und Rom Deutschland zu ruiniren.“

Aber bei weitem schlimmer war die Gefahr welche die deutschen Fürsten selbst heraufbeschworen. Der fatale Streit zwischen Lutheranern und Calvinisten, in Mitte selbstsüchtiger Furcht und Hoffnung, Eifersucht und Versuchung und reichlicher Saat von Uneinigkeit, brachte sie in eine solche Lage, dass sie eine leichte Beute des wachsamen, bestechenden und versprechenden, von unersättlichem Ehrgeiz erfüllten Spaniens werden mussten. Anstatt den Niederlanden beizustehen, gingen sie unbekümmert dem Schicksale Flanderns entgegen.

Im Sommer 1584 wurde von König Philipp und dem Herzog von Guise das katholische Bündniss organisirt, welches später so grosses Unheil anrichtete. Diesem Bündnisse ein allgemeines protestantisches entgegenzusetzen war Sidney's Gedanke, eine Idee die er schon 1577 gefasst hatte, als er in Deutschland war und für die er bisher in England vergebens gewirkt. Eine solche Verbindung hätte die katholische lahm gelegt.

Auch in England wie in Deutschland wurde rastlos an der

Untergrabung des Protestantismus gearbeitet. Da ergriff endlich das englische Parlament eine energische Massregel. Am 18. Februar 1585 nahm das Unterhaus, besonders durch Sidney's Einfluss, eine sogen. „bill“ an wonach „alle Jesuiten und römischen Priester innerhalb vierzig Tagen das Königreich verlassen mussten. Alle diejenigen, welche länger als diese Zeit blieben, oder nachträglich wieder zurückkehrten, wurden des Hochverraths schuldig erklärt; alle diejenigen, welche solche Verbannten beherbergten, verbargen oder unterstützten, wurden für Staatsverräther erklärt; alle die damals in fremden Seminarien studirten und nicht innerhalb sechs Monaten zurückkehrten und sofort sich unterthänigst unterwarfen, wurden ebenfalls für Staatsverräther erklärt“. Diese strengen Massregeln finden ihre Erklärung in den zahlreichen, staatsverrätherischen Plänen mit denen die Geister extremer Katholiken bearbeitet wurden, und welche sich in Verschwörungen, wie die von Babington geleitet, offenbarten.

Alarmirt durch die Gefahren, welche England immer mehr von innen und aussen bedrohten, entschliesst sich Elisabeth endlich die Niederlande zu unterstützen. Am 10. August 1585 wurde, nach vielen diplomatischen Berathungen, zu Nonsuch[1] ein Vertrag unterzeichnet, in welchem stipulirt wurde, dass Elisabeth 5000 Mann Fussvolk und 1000 Reiterei zur Unterstützung der Niederlande in's Feld stellen sollte und dass, als Garantie für die Bezahlung aller Auslagen und als Hauptquartier ihrer Truppen sie die Städte Vlissingen und Brielle und das Schloss Rammekin temporär besetzen durfte. Bald darauf erliess Elisabeth eine Proklamation, worin sie auf die alte Freundschaft hinwies, welche zwischen den Niederländern und Engländern bestand „bis in die frühen Zeiten, wo die zwei Völker, Angelsächsisch und Friesisch sprechend, einander so nahe in Sprache gewesen, wie Mann und Frau.“

Endlich führte die äusserst gefährliche Lage der Dinge zur Hinrichtung von Mary Stuart, (8. Februar 1587,) nachdem diese lange von Elisabeth gefangen gehalten worden war. Es ist schon erwähnt worden, dass in früheren Jahren wiederholt Verschwörungen gegen Elisabeths und auch Burghley's Leben angestiftet wurden, dass schon 1568 der Herzog von Norfolk zu Gunsten von Mary Stuart gegen Elisabeth konspirirte.

---

[1] Ein von Henry VIII. erbauter Palast in der Nähe von Epsom, der nicht mehr besteht.

Es war dieses eine Zeit wo sich Rom auf diesem Wege mehrerer gefährlicher Gegner entledigte. Im Jahre 1584 wurde Wilhelm von Oranien ermordet, später, 1589, wurde Henri III. von einem Dominikaner erdolcht und im Jahre 1610 ermordete Ravaillac König Henri IV. Spanien bereitete eine Invasion Englands vor. Mary Stuart machte Ansprüche auf den englischen Thron, Elisabeth war vom Papste des Thrones verlustig und für vogelfrei erklärt worden und zahlreich waren die Feinde im eignen Lande. Wenn man die Lage, in der sich Elisabeth damals befand genau prüft, so wird man den Tod Mary Stuart's anders beurtheilen als von mancher Seite geschehen und Elisabeth in dieser traurigen Sache eine andere Rolle zuschreiben müssen. Man muss sich zudem in jene Zeit zurückversetzen wo man in allen Ländern gewaltsamere Mittel anwandte, als heute. Es ist erwiesen dass Elisabeth mit schwerem Herzen und nach langem bangem Zögern den Befehl der Hinrichtung unterzeichnete. Sie ist bekannt als eine Regentin, die das Wohl des Staates über ihr eignes setzte, und ihr ganzes Leben und Streben ihrem Lande gewidmet. So ist auch dieser Schritt von ihr nicht als ein kleinlicher, persönlicher Racheakt anzusehen, sondern als eine dringend gebotene Massregel für die Sicherheit Englands. Hören wir was ein wackerer Deutscher, der schon erwähnte Dr. Mundt, im December 1568 schon, nachdem Norfolk von den Pairs als schuldig verurtheilt und enthauptet worden war, an Bullinger in Zürich schrieb: „Sofern diese Schlange (d. h. Mary Stuart) nicht aus dem Wege geräumt wird, so wird sie durch ihre Künste und Ränke, welche ihrer Familie (der der Guise) gemein sind, noch viel Unheil anstiften, wie diejenige, welche träumte, dass sie eine brennende Fackel geboren“. Die Todesstrafe Mary Stuart's wurde schon nach Norfolk's Verschwörung, also fast zwanzig Jahre vor ihrer Hinrichtung, ganz ohne Elisabeths Zuthun und Einmischung, im Parlamente debattirt. Alle, welchen das Heil des Staates am Herzen lag, urtheilten und sprachen schon damals wie der Deutsche Dr. Mundt. Dennoch wurde Mary erst 1587, nach wiederholten Verschwörungen gegen Elisabeths Leben und Regierung hingerichtet und zwar zu einer Zeit als Philipp II. die Eroberung Englands vorbereitete. Wäre es Philipp möglich gewesen seine Invasion ein Jahr früher auszuführen, wäre es ihm gelungen auf englischem Boden zu landen, so wäre Mary Stuart als Englands legitime Königin an der Spitze der fremden Armeen gegen Elisabeth marschirt und Alba hätte Burghley's Stelle übernommen.

Im Jahre 1588 sollte endlich der längst gehegte Plan Alba's zur Ausführung kommen. Die lange vorbereitete Expedition fand statt und die spanische Armada segelte nach der englischen Küste, um mit Alexander Farnese, welcher drei Jahre vorher mit der Eroberung Antwerpens die belgischen Niederlande zermalmt, von Belgien aus Britannien zu erobern. Viele patriotisch gesinnten Katholiken Englands eilten zu den Fahnen auf Elisabeths Ruf. „Erst Engländer, dann erst Katholik" hiess es bei diesen. Viele aber der fanatischen Anhänger des Papstes, wie es aus den Briefen der Zeit sich erweist, waren in geheimer Verbindung mit dem Landesfeind und beteten für dessen Sieg. Die Katholiken machten damals noch die Mehrheit der Bevölkerung aus und wenn Mary Stuart noch gelebt hätte, hätten sie sich in diesen Tagen massenweise um sie geschaart. Aber die tapfere englische Flotte bewahrte das Land vor Folgen, an welchen später Deutschland sich zu Tode blutete.

Es sei an dieser Stelle noch eines schon p. 47 angedeuteten Umstandes erwähnt, welcher die Hanseaten der Verfolgung Elisabeths aussetzte, doch diesesmal theilweise ohne ihre Schuld. Auf Befehl des Kaisers Rudolf II., 1. Aug. 1597, wurden alle englischen Kaufleute aus Deutschland verbannt. Elisabeth remonstrirte hierüber ernstlich und energisch mit den deutschen protestantischen Fürsten, unter andern mit dem Herzoge von Württemberg, wegen des Kaisers Massregeln gegen die englischen Kaufleute. Zugleich befahl sie im Januar 1598 dem Lord Mayor von London die Hanseaten aus ihrer Londoner Residenz, dem Stahlhofe zu vertreiben. Nach darauf gepflogenen Unterhandlungen kehrten sie aber wieder dahin zurück.

Zur damaligen Zeit hing England noch in manchen Dingen von den Niederlanden und Deutschland ab. Nicht nur seine exportirten Tücher wurden in Antwerpen gefärbt, seine Bücher in grosser Zahl in Deutschland gedruckt, ja selbst sein Geld liess es auswärts prägen. Hinsichtlich der Landesmünze führte die energische Elisabeth aus, was Henry und Edward nicht gewagt hatten. Sie zog das damals schlechte, mit Kupfer verfälschte Silbergeld ein und liess neues, reines Silbergeld prägen. Die Personen, welche das gigantische Unternehmen der Verbesserung des schlechten englischen Geldes übernahmen und ausführten, waren Daniel Ulstat und Companie von Antwerpen, im Jahre 1560. Aber allmählig emancipirte sich England vollständig von den Fremden unter der kräftigen und langen Regierung Elisabeths.

Bis in ihr hohes Alter richtete Elisabeth ihre ganze Aufmerksamkeit auf innere und auswärtige Angelegenheiten und lebte und wirkte nur für ihr Land. Noch einmal am Anfange von 1599 wurde Sir Stephen Lesieur als englischer Gesandter nach Speier zur Versammlung der deutschen protestantischen Fürsten gesandt.

Im Jahre 1603 starb Elisabeth. Sie fand bei ihrem Regierungsantritt England von Innen und von Aussen in seiner Existenz bedroht und verliess es einig im Innern und stark nach Aussen. „Good Queen Bess", wie man sie damals nannte und wie sie das Volk heute noch nennt, war die Wohlthäterin Englands wie kein Regent vor und nach ihr. Sie hat ihre ganze Existenz der Wohlfahrt ihres Landes gewidmet.

§ 3.

RELIGIÖSE BEZIEHUNGEN ZWISCHEN ENGLAND UND DEUTSCHLAND UNTER ELISABETH.

Wie schon erwähnt worden ist, hielten sich während der Regierung Mary's über tausend englische Exilirte in den protestantischen Ländern Deutschlands und der damals noch zum Reiche gehörigen deutschen Schweiz auf. Darunter waren die hervorragendsten Führer der englischen Reformation, von denen viele, nach ihrer Heimkehr, Bischofssitze erhielten und von Elisabeth an das Ruder der Kirche berufen wurden. Nach dem Regierungsantritt Elisabeths wanderten die Exilirten wieder nach England zurück, und obwohl zerstreut über das ganze Land, nährten sie eine dankbare Erinnerung an ihre Gastfreunde, unterhielten die engste und regste Verbindung mit dem Lande ihres Exiles, ihrer Studien und pflegten in allen wichtigen Fragen die Meinung ihrer Lehrer und deutschen, wie schweizer Brüder einzuholen.

In Zürich hatte sich eine kleine englische Kolonie niedergelassen und wurde vom Senat gastfreundlich behandelt. Unter diesen waren Sandys, später Erzbischof von York, Horn, später Bischof von Winchester, Jewel, später Bischof von Salisbury. In Strassburg lebte Grindal, später Erzbischof von Canterbury, und da wurde auch der Knabe des unter Mary verbrannten Cranmer, Erzbischofs von Canterbury, erzogen. In Basel lebte

u. a. Lawrence Humphrey, später Präsident von Magdalene College, in Oxford und arbeitete in der Officine des berühmten Druckers Hieronymus Frobenius als Correktor. Er besorgte auch die Herausgabe der Werke des alten Musculus. In Basel war das Hauptquartier der englischen Exilirten „der wilde Mann“, ein Gasthaus, welches heute noch besteht. In Frankfurt war, unter andern, der Dr. Theol. David Whitehead Pastor der englischen Gemeinde. In Worms lebte der spätere Bischof Cox, befreundet mit Georg Cassander und Cornelius. Cox war einer der ersten Exilirten, welche zurückkehrten. Unter den Laien, welche zur Zeit Mary's Deutschland aufsuchten ist besonders Francis, der zweite Earl von Bedford zu erwähnen. Dieser weilte auch einige Zeit in Zürich, wo er die Bekanntschaft der schweizer Reformatoren machte. Diese Bekanntschaft war nicht ohne Einfluss auf England, denn mehrere der englischen Exilirten wurden später von schweizer Freunden dem Earl empfohlen, u. a. der spätere Bischof von Norwich John Parkhurst, welcher in Zürich bei Gualter wohnte und welcher letzterem die Patronage des Earl verdankte. Wie Parkhurst verdankten noch andere Exilirte der Empfehlung Gualter's und Anderer an den Earl ihre spätere Ernebung zu Bischöfen.

Die schon erwähnte englische Gemeinde von Aarau, welche früher die beschriebene Wanderung durch ganz Deutschland gemacht, zog auch im Jahre 1559 wieder in die alte Heimat und dankte dem Senat von Bern für die erwiesene Gastfreundschaft.

Mit der Heimreise der englischen Exilirten hörte aber ihre Verbindung mit Deutschland nicht auf. Viele derselben besuchten Deutschland wieder und erhielten den geistigen Verkehr zwischen beiden Ländern wach. Allerdings war dieser eine Zeit lang durch die Wirren in den Niederlanden gestört und schwierig gemacht. Die Küste von Flandern und der Nordsee war eine Zeit lang (1568) für Korrespondenz und Durchreise ganz geschlossen. Ebenso schwierig war die Reise durch Frankreich. Die Niederlande und später Frankreich (1578) schwammen in Blut und das Meer wimmelte von Piraten. Zu dieser Zeit waren die norddeutschen Städte, vor allen Hamburg, der Knotenpunkt des englisch-deutschen Verkehrs, aber lange nicht so bequem für Mittel- und Süddeutschland als Antwerpen, wohin man von da ganz zu Wasser reisen konnte. Die Reise auf dem Rhein war rascher und sicherer als zu Lande. Wenn aber der Rhein gefroren war und man zu Lande reisen musste, brauchte man mehr als 20 Tage von Strassburg nach Antwerpen. Bischof Jewel brauchte von Zürich nach

England (1559) 57 Tage. „Allerdings", sagt er, „setzten Wasser, Erde und der Himmel selbst mir Hindernisse entgegen."

Obwohl nach Elisabeths Regierungsantritt die Exilirten massenweise nach Hause kehrten, so wandten sich doch auch Manche wieder nach Deutschland um da ein Asyl zu suchen. Es waren dies die Häupter der puritanischen Partei, gegen welche Elisabeth sehr strenge verfuhr. Manche gingen nach Heidelberg, wo sie vom Churfürsten, der ihren Grundsätzen huldigte, gastlich aufgenommen wurden, unter Andern, Thomas Cartwright, Fellow von St. John's und Trinity College in Cambridge, ein radikaler Reformer, sehr gelehrt, den man seiner sogen. Fellowship beraubte, und welcher 1574 in Heidelberg lebte.

Ein genaues Bild der regen Korrespondenz zwischen England und Deutschland zu entwerfen, welche damals, trotzdem dass Flandern und der Weg nach dem Rheine verschlossen war, sehr lebhaft betrieben wurde, wäre nicht möglich, da uns nur ein verhältnissmässig sehr geringer Theil der Briefe erhalten ist. Dieser kleine Theil aber erlaubt uns schon einen Begriff von dem grossen, geistigen Verkehr zwischen beiden Ländern zu bilden. Schon bei der Sendung gingen, wie früher schon gesagt wurde, viele Briefe verloren. Bald ging ein Briefcourier auf den damals kleinen, unsicheren Schiffen auf dem Meere unter, bald wurde er beraubt, bald verschleuderte er die Briefe oder sie blieben liegen und bitter und häufig klagen die Korrespondenten, lange Briefe umsonst geschrieben zu haben. Es waren solche Briefe oft längere, gelehrte Abhandlungen. Seit Alba's Herrschaft war die Korrespondenz durch die Niederlande, selbst auf Privatwegen, unsicher und Briefe wurden confiscirt oder gelesen. Wie früher, gab es auch zu dieser Zeit verschiedene Wege Briefe zu senden: — durch Couriere, Kaufleute und Gelehrte, und besonders Buchhändler. Die Gelehrten und Geschäftsleute waren die zuverlässigsten, aber nicht immer zu haben. Unter den Briefvermittlern, welche in beiden Ländern das grösste Vertrauen besassen, verdient besonders ein englischer Kaufmann in Strassburg Namens Abel rühmlicher Erwähnung. Er war der Vertraute der englischen und deutschen Häupter der protestantischen Kirche und nach seinem Tode, welcher sehr beklagt wurde, fanden diese den vertrauten Briefwechsel schwerer. Ein anderer Londoner Kaufmann, welcher auch Geldsendungen übernahm und sehr viel für die unglücklichen flüchtigen englischen Protestanten zur Zeit Mary's gethan, war Springham. Auch zu dieser Zeit war die Frankfurter Messe, wie früher, das Centrum der Vermittelungen, sei es von Geld, Briefen, oder Büchern. Die sehr oft in den Briefen dieser Zeit vorkommenden Worte: „ich sende den Brief zur nächsten Messe,“ bedeuten immer die Frankfurter Messe. obwohl auch hie und da die von Strassburg benutzt wurde, welche aber stets näher bezeichnet war. Johannes Sturm von Strassburg erhielt seinen englischen Gehalt, als diplomatischer Agent Elisabeths durch Vermittelung der Frankfurter Messe. Da unter Alba's Herrschaft die Post und Privatbeförderung von Briefen hauptsächlich über Hamburg gingen und von da nach der Frankfurter Messe, so mussten dieselben viel langsamer und beschwerlicher sein als ehedem.

Die Korrespondenz war meist religiöser, oft auch politischer Natur. Unter den Korrespondenten dieser Zeit finden wir die Königin Elisabeth. den Earl von Bedford, die englischen Bischöfe. den Lord Burghley, Sir Philip Sidney. den berühmten Gelehrten Roger Ascham u. a. auf der einen Seite. den Gelehrten Zanchius, Peter Martyr. Bullinger. Sturm. Gualter u. a. von deutscher Seite.

Elisabeth korrespondirte wiederholt mit Johannes Sturm in Strassburg. Sie erhielt viele Briefe aus Deutschland um sie zu Gunsten gewisser theologischer Fragen zu stimmen, besonders zur Zeit des Streites mit den Puritanern. Zanchius, Professor in Heidelberg, schrieb an sie, 1571, in dem Namen des Churfürsten. eines Freundes Elisabeths, zu Gunsten der puritanischen Geistlichkeit. Gualter von Zürich schrieb ihr, 1559: — „Aus Erfahrung in unserm Deutschland, [so schrieb damals ein Schweizer], wissen wir, dass Friede und Reinheit der Religion unmöglich sind, so lange Ueberreste des Aberglaubens bestehen“. Die meisten Briefe von Engländern. welche zur Züricher Sammlung gehören, beziehen sich auf religiöse Tagesfragen, worüber deutsche Theologen berathen wurden. „Wir bedürfen hier eurer Hilfe, um die Kirche Gottes aufzubauen“, — schreibt der Earl von Bedford an Gualter 1560. Der zum Puritanismus geneigte Humphrey von Oxford berieth. 1560, Bullinger über die Kirchengewänder und Ceremonien „von welchen“, sagt er. „viele päpstliche beibehalten wären.“ Der Puritaner Sampson thut desgleichen bei Bullinger. Bischof Cox konsultirte Cassander in Worms über den englischen Ritualismus, den Gebrauch des Kreuzes und andere Fragen. Bischof Grindal korrespondirte oft mit Conrad Hubert, Prediger in St. Thomas in Strassburg. früher mit Bucer in Cambridge und Herausgeber von Bucer's „Scripta Anglicana“, über denselben und auch über andere Punkte. Sir John Wolley ersuchte Sturm ihm für die Königin die Ansichten der gelehrtesten Theologen Deutschlands über den sogen. Kirchengewänderstreit zu schicken. Wolley war französischer und lateinischer Sekretär Elisabeths und Roger Ascham's Nachfolger. Interessant ist die Korrespondenz zwischen den zwei berühmten Gelehrten Johannes Sturm und Roger Ascham. Es bestand zwischen beiden eine innige Freundschaft und gegenseitige Verehrung. Ascham war zur Zeit Präceptor Elisabeths und las mit ihr Griechisch. Er, wie seine Schülerin, waren grosse Bewunderer Sturms. Ascham schickte bei einer Gelegenheit Sturm durch einen Freund Michael Toxites, einen goldenen Ring in Pfeilform für dessen Frau und gab den Namen „Sturmius" seinem Sohne als Taufname. Lord Burghley, 1578, bat Sturm in Zukunft doch besser zu schreiben, da die Königin seine Briefe fast nicht lesen könnte. Sturm war ein verehrungswürdiger Charakter. Aus religiösem Eifer und Mitleid für die reformirte Kirche in Frankreich hatte er, um das Jahr 1562, nicht nur bedeutende Summen seines eigenen Vermögens geliehen, sondern selbst bei Kaufleuten von Strassburg Geld gegen Zinsen aufgenommen um dem Prinzen von Condé und Coligny mit Mitteln zu versehen. Sturm gerieth dadurch in dringende Schuldennoth und England verwandte sich für ihn bei den französischen Protestanten, um dem guten, alten Manne sein Geld wieder zu verschaffen. Später, 1581, im Alter von vierundsiebzig Jahren, musste er, wegen Neigung zu Zwingli's Ansicht über das Abendmahl Strassburg verlassen, verlor die Rektorstelle an der Gelehrtenschule in Folge der Bemühungen der lutherischen Pastoren und war sogar in Gefahr in's Gefängniss geworfen zu werden. Er suchte ein Asyl beim Churfürsten der Pfalz. Aber der Magistrat von Strassburg rief ihn wieder zurück und garantirte ihm für seine Sicherheit. Er starb im Alter von dreiundachtzig Jahren im Jahre 1589.

Es wäre unmöglich hier in die uns noch erhaltene Korrespondenz und in die Korrespondenten jener Zeit näher einzugehen. Die Anzahl der von der Züricher Sammlung gedruckten Briefe zwischen Deutschen und Engländern beträgt, wie schon angegeben, allein 651, von denen manche ganze Abhandlungen sind. Der alte Bullinger, welcher in Sachen des Kirchenstreites in England von beiden Seiten bestürmt und besonders von einigen starren Puritanern hart bedrängt ward, schrieb unmuthig über einen von diesen im Jahre 1567 an Beza: „England besitzt viele Charaktere dieser Art, die nicht ruhig sein, nie zufrieden sein können, stets über das Eine oder Andere klagen und murren".

§ 4.

DEUTSCHE BÜCHER IN ENGLAND ZUR ZEIT ELISABETHS.

Wie früher, so wurden auch in dieser Periode die lateinisch geschriebenen Werke deutscher Theologen, ja selbst solche in deutscher Sprache, in grosser Anzahl in England importirt und gelesen. Bischof Grindal liess sich u. a. alle deutschen Werke Luthers kommen. Die Büchersendungen wurden, wie schon erwähnt, meist durch englische Kaufleute, welche die Frankfurter Messe und den dortigen Buchmarkt besuchten, sowie auch durch Buchhändler vermittelt, welche die Werke direkt importirten. So wurden, unter zahlreichen andern, die Werke Peter Martyrs, früher in Oxford, zur Zeit der Verfolgungen Mary's in Strassburg, dann in Zürich durch Buchhändler nach England gebracht, wo sie mit grosser Gier gekauft wurden. In Basel hatte sich selbst ein schottischer Buchhändler Peter Maclaine im Jahre 1559 niedergelassen.

Viele der theologischen Werke von Deutschen wurden aber selbst in England nachgedruckt, wenn sie lateinisch waren, oder in's Englische übersetzt. Die Predigten des Zürichers Bullinger wurden sowohl nachgedruckt als übersetzt (1561) und alle Pastoren in den Grafschaften Suffolk und Norfolk mussten auf Bischof Parkhurst's Veranlassung seine hundert Predigten über die Apokalypse entweder in lateinischer oder englischer Sprache besitzen. John Daus, ein gelehrter Schullehrer in Ipswich hat sie in's Englische übersetzt. Bullinger's Werk gegen die gegen Elisabeth gerichtete päpstliche Bulle wurde 1571 in England in lateinischer und englischer Sprache auf Staatskosten gedruckt und verbreitet. Desselben Autors lateinischer Brief an die Bischöfe von York, Ely und Salisbury, über die Kirchengewänder-Kontroverse (1571) ward ebenfalls gedruckt. Bullinger's und Gualter's Briefe über dieselbe Kontroverse, im Jahre 1566 von den Bischöfen erbeten, wurden, wider Absicht und Erwarten der Schreiber veröffentlicht und Gualter's Brief, 1566, an Bischof Parkhurst ward von den Puritanern zu ihren Zwecken und zu ihrer Rechtfertigung gedruckt, was ein Beweis des grossen Einflusses der beiden schweizer Theologen in England ist. Auch ein Brief von Johannes Sturm über

über die Abendmahl-Kontroverse, an Sir Antony Cook, Schwiegervater von Cecil, wurde in England gedruckt. Von andern deutschen Werken, welche hier nicht alle angeführt werden können, sei hier noch der von Musculus Erwähnung gethan, welche 1567 aus dem Lateinischen in's Englische übersetzt wurden: „zum Vortheil und Gebrauch der englischen Prediger, „welche“, wie der englische Rektor Withers schreibt, „nicht gut Latein verstanden“. Die sogen. „Common Places“ von Musculus erschienen schon 1563 in englischem Gewande „zum Gebrauch englischer Theologen und Anderer“. So wurden die Werke deutscher Theologen in England verbreitet, abgedruckt oder übersetzt und dienten den englischen Predigern als Leitfäden. Noch im Jahre 1573 bat Humphrey, zur Zeit Präsident von Magdalene College in Oxford, in einem Briefe an Gualter letzteren „um geistigen Beistand mit eurer guten Presse und Musse“.

So hoch heute die Buchdruckerkunst in England steht, so tief stand sie noch zur Zeit Elisabeths. Gross waren die Klagen englischer Schriftsteller über ihre Drucker. Bischof Jewel, welcher eine Apologie für die Reform der Kirche drucken liess, schreibt, 1562, an Peter Martyr u. a.: „Das Buch enthält viele Fehler, wie fast Alles, was in diesem Lande gedruckt wird: so gross ist die Nachlässigkeit unserer Drucker“. Ebenso klagt Anton Corranus, von Sevilla, Prediger der spanisch-protestantischen Gemeinde in London im Jahre 1568 und später Lehrer der Theologie in Oxford, in einem Briefe an Bullinger, 1574, über die Fahrlässigkeit englischer Drucker „welche kein Latein verständen und viele Druckfehler veranlassten“. Viel höher standen damals die deutschen Drucker, unter welchen sich tüchtige Gelehrte fanden. Die Folge war, dass man noch zur Zeit von Elisabeth, wie früher, ihre Hilfe suchte. Die gelehrten Drucker Froschover in Zürich, und Frobenius in Basel, hatten selbst englische Korrektoren. Der oben genannte Humphrey, von Oxford, war wie schon erwähnt, einer der Korrektoren des berühmten Druckers Hieronymus Frobenius in Basel.

Auch die Widmungen deutscher Werke übten noch ihren Einfluss in dieser Periode. So wurde im Jahre 1560 der Königin Elisabeth der vierte Band des kirchengeschichtlichen Werkes: „Centuriae Magdeburgenses“ gewidmet. Die Hauptmitarbeiter an diesem Werke waren Matthias Flacius (1575), dann Johann Wigand, Matth. Judex, Basil Faber mit etwa 15 Andern. Vor dem Erscheinen dieses Werkes hatten Mark Wagner und Bernhard Niger die englischen und schottischen Bibliotheken besucht um Material für obiges Werk zu sammeln. Bernhard Niger oder Wagner, oder beide, brachten wohl das Werk der Königin Elisabeth.

Es würde in dieser gedrängten Skizze zu weit führen und mich von deren eigentlichen Aufgabe entfernen, wenn ich hier in die damaligen vielfältigen geistigen Beziehungen zwischen England und Deutschland noch näher eingehen wollte. In allen Schichten der protestantischen Bevölkerung Englands machte sich der Einfluss Deutschlands geltend. Während des bitteren Streites zwischen den Anglikanern und Puritanern, riefen beide Parteien die Autorität deutscher Theologen an und die Puritaner suchten durch deutsche und schweizer Vermittler die Königin Elisabeth zu bestimmen mit der Reform der englischen Kirche radikaler vorzugehen. Doch in dieser Frage war die staatskluge, berechnende Königin fremdem Einflusse weniger zugänglich.

§ 5.

FÜRSTLICHE BESUCHE AUS DEUTSCHLAND BEI ELISABETH.

Elisabeth hatte viele fürstlichen Besuche aus Deutschland, von denen hier nur einige wenige erwähnt werden sollen. Einige andere werden später im Kapitel über deutsche Reisende in England noch angeführt werden.

Unter den fremden Fürsten von Spanien, Frankreich, Schweden, ja selbst von Russland, welche theils persönlich, theils durch Gesandte sich um die Hand Elisabeths bewarben, befanden sich auch deutsche Fürsten, unter andern der Sohn von Johann Friedrich Herzog von Sachsen, Karl Herzog von Oesterreich, Adolf Herzog von Holstein. Der Herzog von Holstein, Neffe des Königs von Dänemark, ward als Oppositions-Kandidat gegen Erik von Schweden nach England gesandt, um bei Elisabeth letzterem zuvorzukommen. Beide wurden mit grossartigen Geschenken gnädigst und huldreichst ihrer Kandidatur enthoben, ja der Holsteiner wurde sogar Ritter des Hosenbandordens. Lange, selbst bis in ihr hohes Alter, wurde die jungfräuliche Elisabeth von Freiern umschwärmt, die sie alle aus politischen Gründen sehr geschickt an der Nase zu führen verstand.

Es dürfte wohl von Interesse sein unter den vielen fürstlichen Besuchen von Deutschland, einen zwar schon angeführten näher zu beschreiben. der zur Zeit in London grosses Aufsehen erregt hat. Nach Neujahr 1579 reiste der schon erwähnte Johann Kasimir von der Pfalz mit Hubert Languet nach England. Es war ein scharfer, schneeiger Winter, die Reise lang und anstrengend, das Meer stürmisch. Kasimir kam um sich wegen des Misslingens seiner oben erwähnten Expedition in den Niederlanden (1578) zu entschuldigen, wofür ihn Elisabeth scharf gerügt hatte. Die Hauptschuld des Misslingens wurde den damals verbündeten Franzosen zugeschrieben. Kasimir landete am Tower in London um 7 Uhr Abends, wo er von einer Anzahl von Edelleuten und hohen Herren empfangen und mit Fackellicht nach Sir Thomas Gresham's Haus in Bishopsgate Street geleitet ward. Dort wurde er mit Trommeln, Pfeifen und andern Instrumenten herzlich willkommen geheissen. Die nächsten zwei Tage brachte er in der City zu, in Gresham's prächtigem Kaufmannspalaste wohnend, wo man ihn glänzend bewirthete. Er wurde von den Londonern mit allen möglichen Ehren überhäuft und die City-Korporation überreichte ihm eine Kette nebst Gold- und Silbergeschirr von einem Werthe von 2000 Kronen.

Sonntag den 25. Januar fuhr er in einem Boote auf der Themse nach Westminster und machte der Königin seine Aufwartung. Als Kasimir in den Palast trat kam ihm Elisabeth entgegen und wollte ihn küssen. Er aber, unkundig des damals englischen Gebrauches, weigerte sich unterthänigst und verschämt sich küssen zu lassen, was eine komische Scene veranlasste.[1] Auch war dies nicht der einzige Widerstand, welchen der scheinbar spröde Pfälzer, Elisabeths freundlichem Entgegenkommen leistete. Diese führte ihn mit eigener Hand (ehemals gingen Damen und Herren Hand in Hand, wie heute noch die Landleute, und nicht Arm in Arm), durch die grosse Halle in das Audienz-Zimmer und da die Gänge sehr zugig und an dem frostigen Tage kalt waren, bat sie ihn sich zu bedecken. Dies wollte er aber nicht thun und erklärte, dass er sonst in allen Dingen zu ihrer Majestät Befehle wäre. „Dann", sagte die Königin, „wenn Ihr als mein Diener mir zu Befehl steht, so verlange ich, dass Ihr Euren Hut aufsetzt". Aber Kasimir weigerte sich „in Gegenwart einer so gnädigen Herrin sich zu bedecken". Diese an für sich unbedeutenden Umstände werden hier nur angeführt, da Kasimir's Bescheidenheit ohne Zweifel

[1] Ueber die Sitte des Küssens in England wird im Kapitel VII die Rede sein.

auf kluger Berechnung beruhte und er die grosse weibliche Eitelkeit der sonst so männlich-kräftigen Elisabeth kannte. Er erklärte nämlich bei diesem Empfange, der Königin die Ursache seines misslungenen Feldzuges, scheinbar zu ihrer Befriedigung.

Während der Woche wohnte er in Somerset Palast, wo die Königin ihn bewirthen liess. Einige Tage brachte er in Hampton Court zu und in Hyde Park nahm er an einer Jagd theil und schoss einen Hirsch. Eine Menge von Festlichkeiten fanden zu seiner Ehre statt, Spiele und Bankette. Auch mit dem Lord Mayor und den Aldermen speiste Kasimir in der Guildhall. Unter andern Einladungen in der City, sei hier noch die der Hanseaten erwähnt. Am Donnerstag den 5. Februar wurde er nämlich im sogen. Stahlhof, dem Sitz der Hansestädte bewirthet. Am 8. Februar ernannte ihn die Königin zum Ritter des Hosenbandordens, wobei sie ihm das Hosenband selbst an das Bein heftete. Am 12. Februar nahm er Abschied von der Königin, welche ihm bei dieser Gelegenheit zwei goldene Becher schenkte, deren jeder auf 300 Pfund Sterling damaligen Werthes geschätzt wurde und Kasimir begab sich hochbeglückt auf seine Rückreise nach Heidelberg.

§ 6.

SIR PHILIP SIDNEY IN DEUTSCHLAND.

Unter den englischen Besuchern Deutschlands, deren Reisezweck mehr politischer Natur war, verdient eine besondere Stelle der ritterliche, hochbegabte, edelmüthige Sir Philip Sidney, Diplomat, Dichter und Krieger, welcher das *καλὸς καὶ ἀγαθός* in seltenem Grade in seiner Person vereinigte und später in den Niederlanden den Heldentod starb, beweint von ganz England. Sidney war die interessanteste Persönlichkeit am Hofe Elisabeths, bei welcher er in höchster Achtung stand, er übte auf die religiöse, geistige und politische Entwicklung Englands seiner Zeit einen grossen Einfluss und war so allgemein beliebt, dass bis heute noch sein Andenken frisch im englischen Volke fortlebt und der Name Sidney den Kindern noch häufig als Vorname beigelegt wird.

Es war im Jahre 1572—73 als Sidney Paris verliess, wo er unter grosser persönlicher Gefahr die Bluthochzeit erlebte. Er reiste durch Lothringen über Strassburg, wo ihn Johannes

Sturm freundlichst aufnahm und von da nach Heidelberg und Frankfurt. In Frankfurt wohnte er bei dem Buchdrucker Andreas Wechel. Zu dieser Zeit waren die Druckereien gewöhnlich die Herbergen gelehrter Reisender, und Wechel war war ebenso berühmt als ausgezeichneter Drucker griechischer und hebräischer Bücher, als wegen seiner generösen Gastfreundschaft gegen Studirende aller Länder. Sidney traf bei Wechel den Hugenotten Hubert Languet, einen Burgunder, ehemals Minister August's, Churfürsten von Sachsen, und später im Dienste des Prinzen von Oranien. Languet war früher Professor des Civilrechts in Padua gewesen, wurde mit Melanchthon intim und protestantisch und lebte zur Zeit in Frankfurt als geheimer Minister des Churfürsten von Sachsen. Gründlicher Meister in europäischer Politik und ihren geheimen Wegen, persönlich bekannt mit den Protestanten von Einfluss in England, Deutschland und Frankreich, war Languet ein höchst einflussreicher Mann. Er war, wie Sidney, zur Zeit der Bartholomäusnacht in Paris um im Namen der deutschen Fürsten dem französischen Könige eine Zuschrift zu überreichen. Er verbarg sich und entkam. Mit Languet schloss nun Sidney eine lebenslängliche Freundschaft und ersterer gewann dadurch in England grossen Einfluss.

Die erste Reise Sidney's nach Deutschland hatte keinen praktisch politischen Zweck. Sie war aber für ihn von grosser Wichtigkeit und bereitete ihn für seine spätere politische Wirksamkeit daselbst vor. Er schloss dabei nicht nur Freundschaft mit Languet, sondern mit vielen eminenten Deutschen. Zu diesen gehörten: Der erwähnte Pfälzer Butrech, der Magister Vulcobius, Graf Ludwig von Witgenstein, beide letztere am Hofe des Pfalzgrafen, Dr. Zacharias Ursinus in Heidelberg, Dr. Lobetius in Strassburg, Johannes Sturm daselbst, Johannes Wier, erster Arzt des Herzogs von Cleve und Schüler von Cornelius Agrippa, Wilhelm von Oranien, dessen Bruder Ludwig von Nassau, Graf Philipp Ludwig von Hanau, damals, obwohl erst 19 Jahre alt, in ganz Europa durch seinen Muth berühmt und mit welchem Sidney eine enge Freundschaft schloss und in Korrespondenz blieb.

Eine rege Korrespondenz unterhielt Sidney aber besonders mit Languet, Johann Kasimir von der Pfalz und dem Prinzen von Oranien über kontinentale Politik. Alle Politiker Deutschlands und der Niederlande kamen mit ihm in Berührung, besonders alle diejenigen, welche England besuchten. Unter letzteren ist noch Heinrich, Baron von Lichtenstein zu erwähnen, ein Verwandter von Sidney's Freund dem Grafen von Hanau, welcher in London an Sidney einen Freund fand, der sich seiner in allem annahm. Ueber Sidney's diplomatische Reise nach Deutschland im Auftrage Elisabeths, sowie über seine Reiseeindrücke, Beobachtungen und Erfahrungen ist schon oben die Rede gewesen.

Sir Philip Sidney sprach in seinem neunzehnten Jahre, nebst seiner Muttersprache, Latein, Italienisch und Französisch. Letzteres wurde damals noch vom Adel Englands allgemein gelernt. Der Hugenotte Languet drang in ihn auch Deutsch zu der Zahl obiger Sprachen zu fügen, aber Sidney fand grosse Schwierigkeiten in der Etymologie, Syntax und Aussprache des Deutschen. Aber auf Languet's Rath kam Sidney's jüngerer Bruder Robert, später Graf Leicester nach Deutschland nur zu dem Zwecke um daselbst deutsch zu lernen. Robert kam im Jahre 1578, im Alter von 16 bis 17, nach Baden und Strassburg.

Im Jahre 1579 schrieb Sir Philip Sidney einen längeren Brief an seinen jüngeren Bruder Robert, welcher damals schon beinahe ein Jahr in Deutschland gelebt und unter Languet's Aufsicht studirte. In diesem höchst werthvollen, meisterhaften Briefe über den Werth des Reisens sagt Sidney u. a. folgendes: „Frankreich ist vor Allem höchst nöthig für unsere Beobachtung. Zunächst dann Spanien und die Niederlande; dann Deutschland, welches in meiner Meinung in gewisser Hinsicht alle übertrifft. Deutschland scheint sich durch gute Gesetze und gute Pflege der Gerechtigkeit auszuzeichnen. Ebenso sind in Deutschland viele Fürsten zu berücksichtigen, mit denen wir Bündnisse schliessen könnten, ferner die Handelsplätze und die Mittel von da Soldaten und Ausrüstung in Zeit der Noth zu ziehen".

Einen solchen Eindruck machte Deutschland damals noch auf den feinen Beobachter Sir Philip Sidney. In der Mitte des folgenden Jahrhunderts bot Deutschland ein anderes Bild dar.

§ 7.

DEUTSCHE GELEHRTE UND STUDENTEN IN ENGLAND UNTER ELISABETH.

Wie früher, als Bucer und Fagius nach Cambridge berufen wurden, so fehlte es auch jetzt noch in England, doch nicht in demselben Grade, an gründlich gebildeten Theologen. Die aus Deutschland und der Schweiz vom Exile zurückgekehrten Reformatoren und Theologen bildeten allerdings ein tüchtiges, kleines Heer, welches tapfer und mit grossem Erfolge kämpfte. Mary hatte aber nicht nur die besten theologischen Kräfte vernichtet oder in's Ausland getrieben, sondern auch Talent und Gelehrsamkeit von den Schulen des Landes verbannt und sie in einen traurigen Zustand gebracht. Nach seiner Heimkehr schrieb Bischof Jewel, 1559, an den ehemaligen Oxforder Professor Peter Martyr: „Gelehrsamkeit, Talent und Religion haben Oxford gänzlich verlassen". Im Jahre darauf, 1560, schrieb Jewel wieder an Peter Martyr: „Wir brauchen vor Allem Prediger; solche gibt es hier schrecklich wenige. Die Schulen sind verlassen. Wir fanden beim Beginn der Regierung Elisabeths eine grosse Masse Arianer, Wiedertäufer und andere Pesten". Es war in der That zur Zeit der blutigen Verfolgungen Mary's, neben dem grassesten Katholicismus, in höheren und gelehrten Schichten eine gänzliche Verwerfung aller Religion aufgewachsen und der Atheisten gab es nicht wenige.

Um dem Mangel an Kräften abzuhelfen sollte, 1561, ein Fond gegründet werden um gelehrte Fremde als Lehrer an den englischen Universitäten anzustellen und ihnen die Reisekosten zu bieten.

Unter den Fremden, welche zu dieser Zeit in England lehrten ist hier der schon genannte Johann Immanuel Tremellius ein getaufter Jude[1] zu erwähnen. Er lehrte in Cambridge schon seit 1550 und war Nachfolger von Fagius als Professor des Hebräischen. Er ging später nach Deutschland zurück, vom Herzog von Zweibrücken an die Klosterschule zu Hornbach berufen und wurde Professor in Heidelberg. Im Jahre 1575 publicirte er mit Franciscus Junius eine lateinische Uebersetzung des alten Testaments. Anton Rudolf Chevalier,[2] erst Assistent von Tremellius, folgte diesem, 1569, als Professor des Hebräischen in Cambridge. Er war Autor von sieben Werken und war ehedem, 1559, Professor derselben Sprache in Strassburg gewesen.

Unter den deutschen Gelehrten welche England zu dieser Zeit, theils bleibend, theils vorübergehend, besuchten, verdienen noch folgende hier näher angeführt zu werden.

---

[1] Nach Cooper's „Athenae Cantabrigienses" soll er in Italien geboren sein. (v. Ath. Cantabrig. by Cooper p. 425.)

[2] Aus der Normandie, (v. Athenae Cantabrig. by Cooper p. 306.)

Zwischen den Jahren 1560 und 62 studirten die schon erwähnten Marcus Wagner und Bernhard Niger in englischen und schottischen Bibliotheken um daselbst Material für die Magdeburger Centuriae zu sammeln. Zur selben Zeit, 1562, kam der Ostfriese Hermann Folkerzheimer aus Emden, eine höchst interessante und gelehrte Persönlichkeit, dessen Briefe an Josia'h Simler (in der Züricher Sammlung) höchst geistreich sind. Er war zuerst auf Besuch bei Bischof Jewel, mit welchem er in Zürich befreundet wurde und blieb ein ganzes Jahr bei ihm. Dann war er Gast des Bischofs von Worcester. Folkerzheimer wurde bald mit Vielen der höchsten Aristokratie vertraut. In England übersetzte er, mit gelehrten Kommentaren, Flavius Arrian's Periplus des rothen Meeres und des Euxin in's Lateinische. Die wiederholte Anwesenheit in England von Dr. Theologiae Butrech, Johann Kasimir's politischem Agenten, ist schon erwähnt worden. Sir Philip Sidney sandte wichtige Briefe durch ihn nach Deutschland, nannte ihn darin seinen Freund, konsultirte ihn und hielt grosse Stücke auf ihn. Languet, der schon genannte sächsische Minister nannte ihn: „Doctor equestris“ und Sir Philip Sidney sagte von ihm er wäre: „der beste Doctor unter den Reisters und der beste Reister unter den Doktoren“. Reister bedeutet Reitersmann, Reissiger. Im Jahre 1570 besuchte der berühmte Fischart, der deutsche Satiriker, England. Ueber den Zweck der Reise des heftigen Gegners der katholischen Kirche ist mir nichts bekannt.

Eine höchst interessante Persönlichkeit kam im Jahre 1583 nach England. Es war dieses Gebhard, Churfürst und Erzbischof von Köln, vom Hause Truchsess von Waldenburg. Schon im Alter von dreissig Jahren wurde er Churfürst und Erzbischof. Es wurde von seinen Rivalen, besonders Herzog Ernst von Baiern, gegen seine Wahl protestirt, man klagte ihn heimlichen Protestantismus an. Papst Gregor XIII. aber bestätigte die Wahl. Bald aber verliebte sich der junge Erzbischof leidenschaftlich in Agnes, Gräfin von Mansfeld und fasste den Plan sich offen für den Protestantismus zu erklären, die schöne Gräfin zu heirathen, das Erzbisthum zu säkularisiren und religiöse Freiheit darin zu proklamiren. Im Jahre 1582 begann er diesen kühnen, aber gefährlichen Plan auszuführen, indem er ein Edikt veröffentlichte, worin er seinen protestantischen Unterthanen Freiheit des Gottesdienstes bewilligte und 1583 verheirathete er sich öffentlich mit Agnes. Die Masse des Volkes sympathisirte mit ihm, aber das Kapitel und die Municipalität leisteten energischen Widerstand.

Der Reichstag setzte ihn als Churfürsten ab, der Papst schleuderte den Bann gegen ihn, das Kapitel wählte einen andern Erzbischof, seinen früheren Rivalen Herzog Ernst von Baiern. Dies war 1583. Gebhard griff zu den Waffen, ward geschlagen und floh mit seiner Frau zuerst nach Holland, dann nach England, in der Hoffnung die Königin Elisabeth zu bewegen, sich seiner Sache anzunehmen. Sie gab ihm aber nur als Zeichen ihrer Sympathie eine mässige Summe Geldes. Gebhard ging zuletzt nach Strassburg, wo er 1601 starb und in der Kathedrale bestattet ward.

Unter den nichttheologischen berühmten Deutschen, welche unter Elisabeths Regierung England, theils vorübergehend, theils auf längere Zeit besuchten, verdienen wohl noch folgende angeführt zu werden.

Abraham Ortelius, der berühmte Geograph, genannt der Ptolemäus seiner Zeit, hielt sich 1552 eine Zeit lang in Oxford auf, wo er studirte. Am Ende seiner Reisen liess er sich in Antwerpen nieder, wo er sein „Theatrum orbis terrae“ nebst andern bedeutenden geographischen Werken herausgab. Er starb 1598. Gegen Ende des Jahrhunderts kam ein anderer deutscher Reisender nach England, Paul Hentzner, welcher eine vortreffliche Reisebeschreibung über England herausgab, die selbst bei Engländern für die Zeitgeschischte Elisabeths als wichtige Quelle gilt, (v. Leigh Hunt: „The Town“). In dem siebenten Kapitel wird von ihm noch die Rede sein. Auch an deutschen Aerzten fehlte es zu dieser Zeit nicht. Es ist wohl anzunehmen, dass in Folge der grossen Zahl Deutscher in London und besonders in Verbindung mit der Hansa-Niederlassung, deutsche Aerzte zu allen Zeiten in London und England gewesen. Es ist aber schwer ihre Spuren zu verfolgen. Die erste officielle Nachricht erhält man in den sogen. Rolls, d. h. Listen des Royal College of Physicians, das älteste der englischen medicinischen Kollegien, im Jahre 1518 mit Royal Charter von Henry VIII. gegründet. In diesen Listen finden sich viele Namen, augenscheinlich deutsch, aber das Geburtsland ist nicht angegeben und so sehr man versucht ist, sie zu reklamiren, so fühlt man sich bei Mangel genauerer Daten doch nicht berechtigt dazu. Bei Vielen in der Liste ist nicht die Heimat, sondern nur die Universität, wo sie promovirten, angegeben, was aber besonders damals kein Beweis der Nationalität war, denn Engländer wie Deutsche pflegten sehr oft an fremden Universitäten in Italien, Frankreich, den Niederlanden damals zu studiren und zu promoviren. So findet man u. a. unter den ältesten Namen des College of Physicians einen urdeutschen, unenglischen Namen Thomas Fincke, Med. Dr., welcher schon 1528 Fellow des Royal College of Physicians und in demselben Jahre sogen. Elekt wurde. Das College bestand aus einem höchsten Rath von sogen. „Elects", d. h. Auserwählten, dann aus Examinatoren, Censores genannt, und zwei Klassen von Mitgliedern mit dem höheren Grade eines Fellow und dem niedereren eines Licentiaten. Fincke starb 1531. Ueber seine Heimat ist nichts erwähnt. Eine interessante Persönlichkeit unter den deutschen Aerzten dieser Zeit in London ist Hippokrates D'Otthen, Med. Dr., welcher, in den Annalen des obigen College „vir doctus et practicator bonus" genannt, 1589 als Licentiat aufgenommen wurde. Er war Med. Dr. der Universität Montpellier, und erhielt denselben Grad in Oxford. 1609. Er starb 1611 und wurde in der Kirche von St. Clement Danes im Strande bestattet und ein Denkmal enthielt eine lange Lebensbeschreibung von ihm. Otthen gehörte einer edlen holsteiner Familie an. Er kam nach England mit seinem Vater, welcher Leibarzt des Kaisers war und zu Königin Elisabeth gesandt wurde. Er trat als Arzt in den Dienst des Earl von Leicester, begleitete diesen nach den Niederlanden und blieb mehrere Jahre bei ihm. Nach dessen Tod trat er in den Dienst des Earl von Essex und auf Befehl der Königin, begleitete er diesen bei seinen Kriegen in Frankreich. Nach Rückkehr erhielt er wieder einen königlichen Befehl mit Lord Mountjoy, nachher Earl von Devonshire, Statthalter von Irland, dahin zu gehen. Er begleitete bald darauf den Earl von Hartford als königlichen Gesandten zum Erzherzoge von Oesterreich und Burgund. Seine Witwe liegt in Canterbury Kathedrale bestattet. Etwas später, 1597, wurde ein anderer Deutscher, Daniel Celerius, in den Annalen des College of Physicians „Vir doctus et modestus" genannt, als Licentiat aufgenommen.

Nebst der Liste des Royal College of Physicians in London finden sich in den Annalen der Universität Oxford noch folgende deutschen Gelehrten aufgeführt, welche zur Zeit Elisabeths daselbst studirten und promovirten.

Im Jahre 1579 wurde in Oxford Graf Hieronymus Schlick zum Baccalaureus Theologiae promovirt. Schlick, welcher in Prag und Leipzig Theologie studirt hatte, und zweimal Rektor der Universität Marburg war, hatte sehr durch den schmalkaldischen Krieg gelitten. Johann Bernardus, ein mährischer Bruder, welcher zehn Jahre Theologie in Deutschland studirt hatte, wurde 1583 in Oxford Baccalaureus der Theologie. Er studirte daselbst drei Jahre im University College und besuchte nachträglich die schottischen Universitäten. Im Jahre 1587 wurde Wilhelm Westermann zum Baccalaureus Artium Liberalium in Oxford ernannt und Georg à Missinbuck, (so ist der Name gedruckt und heisst wohl Meisenbug) Gesandter des Landgrafen von Hessen bei Elisabeth, wurde 1597 in Oxford zum Magister Artium Liberalium ernannt und mit grossen Ehren von den Häuptern der Universität behandelt. Im Jahre 1599 wohnte und studirte in Oxford, in hoher Achtung stehend, Abraham Scultetus, welcher später ein beredter Prediger und gelehrter Theologe und Schriftsteller wurde und 1626 in Emden starb.

In Cambridge studirte Wolfgang Mayer und ward im Jahre 1600 in Oxford „incorporirt". Mayer war von mütterlicher Seite ein Enkel von Martin Bucer und von Capito. Er studirte drei Jahre in Trinity College, Cambridge, wo er, Bucer zu Ehren, auf öffentliche Kosten erhalten und, nachdem er seine Arbeiten mit Lob vollendet, zum Mag. Art. Lib. promovirt wurde.

Ich kann vielleicht an dieser Stelle noch einiger Nachkommen von Deutschen in England erwähnen, welche unter Elisabeths Regierung hohe Ehren und Würden erlangten.

Johann Garbrand war der Sohn eines deutschen Buchhändlers, welcher in der Pfarrei von St. Mary in Oxford wohnte. Der Vater war mit den Bischöfen Jewel und Fox befreundet. Sein Sohn Johann Garbrand, auch Herks genannt, war geachtet als Dichter und Schriftsteller. Er war Fellow von New College in Oxford 1562, und 1582 wurde er daselbst Dr. der Theologie. Er war ein strikter Puritaner. Harbert genannt Westphaling, Vater und Grossvater, aus Westfalen, lebten in London. Der Sohn und Enkel, welcher in Oxford studirte und promovirte, wurde 1585 Bischof von Hereford und stand in England in hoher Achtung als Geistlicher, Schriftsteller und Mensch. Thomas Bilson, Neffe des schon erwähnten Leonhard Bilson, Mag. Art. Lib. von Oxford 1546, Schuldirektors in Reading, hohen Würdenträgers der englischen Kirche, war in Winchester geboren und ein Nachkomme von Arnold Bilson, einem Deutschen und der Tochter eines Herzogs von Baiern, welche ihrem Manne nach England folgte. Thomas studirte in Oxford, wie sein eben erwähnter Onkel, wo er, wie dieser, den Grad eines Mag. Art. Lib. erhielt und 1565 die Priesterweihe empfing. Er war ein guter Prediger, Schuldirektor, wurde Doctor der Theologie, Bischof von Worcester, 1596, dann von Winchester und Mitglied des königlichen

Geheimen Rathes. Er war gelehrt in Poesie, Philosophie, Theologie und den Naturwissenschaften, und gab mehrere zu seiner Zeit sehr geschätzte theologische Werke heraus.

Wie zur Zeit von Henry und Edward, so kamen sehr bald nach Mary's Tod und dem Regierungsantritte Elisabeths nebst älteren Gelehrten auch junge Leute von Deutschland und der Schweiz nach England um sich in Oxford und Cambridge auszubilden. Von Manchen von ihnen waren vor ihnen schon ihre Väter da gewesen. Aus den Briefen dieser Zeit geht hervor dass die Zahl dieser fremden Studenten in England nicht unbedeutend gewesen, und manche fanden freundliche Aufnahme und selbst Hilfe u. a. beim Earl von Bedford. Bullinger, von Zürich, wollte sofort nach Mary's Tod seinen Sohn Rudolf schicken, aber sein Freund Bischof Parkhurst rieth ihm vorerst noch ab ihn nach Oxford gehen zu lassen, denn dieses, schreibt er, „ist noch eine Höhle von Dieben und Solcher, welche das Licht hassen, voll von Papisten".

Einer der jungen deutschen Studenten wurde Amanuensis bei Bischof Grindal. Da gerade diese Anstellung ein kleines Charakterbild der Zeit bietet, so will ich Einiges darüber sagen. Im Jahre 1559 ersuchte Grindal, Bischof von London, seinen Freund Hubert in Strassburg, ihm einen jungen deutschen Gelehrten als Amanuensis zu schicken, welcher mit englischen Kaufleuten reisen sollte und wozu er ihm die Reisekosten ersetzen würde. Grindal wünschte einen jungen Mann, der gut Latein schreibe, mit guter Handschrift, einiger Kenntniss des Griechischen, besonders aber des Hebräischen und mit Eifer für das Studium der heiligen Schrift beseelt. „Alle diese Eigenschaften", sagt er, „findet man gewöhnlich bei euren jungen Leuten". Grindal bot als erste Bedingung Ersatz und Vorausbezahlung aller Reisekosten nach England an. Dann versprach er den jungen Mann zu keiner „laboriösen" und „servilen" Arbeit zu gebrauchen und nur zum Lesen, Schreiben und zu ähnlichen Beschäftigungen, a u s g e n o m m e n n u r, d a s s e r b i s w e i l e n b e i T i s c h e a u f z u w a r t e n h a b e. Ueber diese letzte Bedingung ist zu bemerken dass, in früherer Zeit und noch zu dieser die Söhne des höchsten Adels als Pagen in den Häusern der Grossen solche Dienste verrichten mussten u. a. im Haushalt des mächtigen Kanzlers von Henry VIII., Cardinal Wolsey, Sohn eines Metzgers, welcher die Fahrlässigkeit seiner hochadeligen Pagen oft mit kräftigen Ohrfeigen bestrafte. Grindal bot seinem jungen Amanuensis neben Wohnung und Kost zwei neue Anzüge „nach englischer Mode", ferner einen festen Gehalt von 20 rheinischen Thalern was, wie er sagt denselben Werth habe wie 20 englische Kronen,[1] ohne das zu rechnen, was er ihm gelegentlich schenken würde. Endlich, wenn entweder in Folge von schlechter Gesundheit, oder einer andern vernünftigen Ursache, u. a. im Falle England seiner Gesundheit nicht zuträglich sein sollte, ihn Eltern oder Freunde zurückrufen sollten, so wollte er ihm auch die Reisekosten nach Hause erlegen. Und sollte er wünschen gründlich Englisch zu lernen, „welches vom Deutschen nicht sehr verschieden ist", so wollte er ihm dazu verhelfen. Sollte Hubert obige Bedingungen nicht hoch genug finden, so erklärt sich Grindal für bereit höhere, von Hubert vorgeschlagene, anzunehmen. Er versprach schliesslich den jungen Mann so zu behandeln, dass er nicht bereuen sollte England besucht zu haben. Als einen der Gründe, aus denen er einen Deutschen Amanuensis wünscht, gibt Grindal noch an: „weil er das Deutsche nicht vergessen wolle". Dies erklärt sein Anerbieten seinem Amanuensis zur Erlernung des Englischen zu verhelfen, was sonst sehr sonderbar klingen würde. Er wollte mit ihm stets deutsch sprechen.

Konrad Hubert konsultirte mehrere Freunde und mit Zustimmung des Vaters, Thomas Blaurer,[2] ging im August 1559 dessen Sohn Diethelm, der damals in Strassburg studirte, nach England die von Grindal angebotene Stellung anzunehmen. Diethelm Blaurer blieb im Dienste Grindal's bis zum Herbst 1563, als dieser, im Juni dieses Jahres, an Hubert schrieb: „Mein Sekretär Diethelm muss sich auf Befehl seines Vaters demnächst nach Frankreich begeben". Grindal gab ihm das Zeugniss vortrefflicher Dienstleistung und Aufführung, zahlte ihm bei seinem Weggang den erst Ende September fälligen Gehalt nebst 4 Pfund Sterling und beschenkte ihn dazu noch reichlich. Für die Reise von Deutschland nach England hatte Grindal ehedem dem englischen Kaufmann Abel für Diethelm nebst dem Reisegeld noch mehr als 14 Kronen übermacht „weil es Winter war und ungünstige Winde sie etwas länger an der Küste von Flandern zurück-

[1] Gleich 6 Pfund Sterling. Nach heutigem Geldwerth wenigstens gleich 60 Pfund Sterling.

[2] Thomas Blaurer war wahrscheinlich ein Sohn von Ambros Blaurer, der erste Pastor von Konstanz. Er war von einer edlen Konstanzer Familie und 1548, Pastor, bis das Interim Karls V., der Stadt auferzwungen, ihn vertrieb. Er zog nach Rienne, wo er 1568 starb.

hielten". Der Engländer Abel war beiläufig gesagt ein tüchtiger Kenner der deutschen Sprache und korrespondirte mit deutschen Freunden, u. a. mit Bullinger auf deutsch. Diethelm Blaurer dürfte wohl der erste der langen Reihe von jungen deutschen Gelehrten sein, welche nach ihm zu ähnlichen Zwecken nach England kamen, aber nicht immer einen so gütigen Herrn fanden, als Bischof Grindal.

Im Jahre 1561 kam der junge Johann Heinrich Fabricius, Sohn des ersten Bannerträgers Fabricius von Zürich nach England. Bannerträger war damals eine hohe Würde. Er besuchte Bischof Parkhurst in Ludham und wurde von ihm gastfreundlich aufgenommen. „Ich sprach mit ihm", schreibt der Bischof, „Latein, Englisch und Deutsch. Er ist erstaunt dass ich so gut Deutsch spreche". Gualter von Zürich empfahl ihn auch an Francis Lord Russel. „Sein Vater", schreibt Gualter an Russel, „wollte ihn nicht an den Hof eines deutschen Fürsten schicken, wohl wissend, dass die Höfe der deutschen Prinzen voll von versoffenen und liederlichen Individuen sind, durch deren Umgang der beste junge Mann verdorben würde". Lord Russel nahm den jungen Fabricius gut auf und brachte ihn in den Dienst des Vice-Chamberlain, Sir Francis Knowles, eines ehemals Exilirten in Frankfurt, später Chamberlain, Kommandant der Leibwache und Mitglied des geheimen Rathes von Elisabeth. Zur selben Zeit war ein anderer junger Züricher, Johann Schneider in England, an Bischof Jewel empfohlen.

Im Jahre 1571 kamen zwei interessante junge Studenten nach England, Söhne und Verwandte berühmter Reformatoren, die aber nicht bestimmt waren eine so ruhmreiche Rolle zu spielen, wie ihre Väter. Der eine von ihnen war der Sohn Gualter's, welch letzterer schon 1535 in Oxford studirt hatte, zugleich Bullinger's Neffe und Ulrich Zwingli's Enkel. Der andere war Ulrich Zwingli's Sohn und Enkel Bullinger's. Mit beiden kam ein Züricher englischer Abkunft, Sohn eines verstorbenen Exilirten, Namens Heinrich Butler. Rudolf Zwingli und Rudolf Gualter besuchten zuerst den Bischof Parkhurst in Norwich, welcher sie herzlich aufnahm. Der Bischof berichtet Bullinger über die Ankunft der jungen Leute und gibt eine heitere Beschreibung, wie er sie mit Austern traktirte, die sie noch nie gegessen hatten. Anfangs wollten sie nicht daran. Der junge Gualter aber fasste endlich Muth und verschlang eine. Zwingli aber war nicht zum Versuchen zu bringen. Die jungen Leuten wurden in England noch von andern Bischöfen, wie Grindal von London gastlich aufgenommen, unterstützt und in Begleitung ihres Freundes Heinrich Butler nach Cambridge gebracht, wo sie getrennt und in verschiedenen Kollegien untergebracht wurden, damit sie desto rascher Englisch lernen sollten. Die Bischöfe Parkhurst, Sandys und Grindal unterstützten sie und bestritten ihre Auslagen. Der junge Gualter wurde dem Haupt des Trinity College daselbst, Dr. John Whitgift empfohlen, unter dem er studirte, einem ausserordentlichen Manne, welcher später, nach Grindal's Tod, Erzbischof von Canterbury wurde. Der junge Zwingli trat (1571) in St. John's College, Cambridge ein. Im Sommer des darauf folgenden Jahres besuchte der junge Gualter Oxford, bezog daselbst Magdalene College, über das Humphrey präsidirte. In Oxford lebte er mehrere Jahre theils in Magdalene College meist aber in Merton College und wurde 1573 zum Baccal. Art. Lib. promovirt. Er verliess Cambridge, da man ihm, seiner Gesundheit wegen dazu rieth, besonders von Seiten Doctor Turners, eines berühmten Londoner Arztes. Gualter klagte in seinen Briefen sehr über das Klima von Cambridge und sagte er wäre abgemagert und leidend. Er war übrigens etwas Leichtfuss, vergnügenssüchtig und verschwenderisch und sein Vater schalt ihn dafür so sehr, dass der junge Gualter seinem Onkel Simler in Zürich bittere Klagebriefe schrieb. „Er sagte mir neulich“, klagt er über den Vater, „ich sollte zum Teufel gehen und einen Andern suchen mir aufzuwarten“. Der junge Student war übrigens so schlimm nicht und es wurde aus ihm ein tüchtiger Mann. Im Juli 1574 wurde er zum Magister Artium Liberalium promovirt. Er kehrte in demselben Jahre nach Zürich zurück, wo er Pastor in St. Peter's Kirche wurde, aber schon 1577 starb, seines Talentes wegen hoch geachtet, als Autor von acht Werken.

Der junge Zwingli sollte mit seinem Vetter Gualter nicht mehr nach der Heimat zurückkehren. Er machte mit letzterem 1572 eine Fussreise von Cambridge nach London, eine Distanz von 58 Meilen, verdarb sich dabei, erkrankte ernstlich in London und starb daselbst. Sein Freund, der junge Butler pflegte ihn treu und ergeben. Seinem Ende nahe verbrachte man ihn von der Herberge in Holborn, in der er am Fieber lag, nach dem benachbarten Palast des Bischofs von Ely, um ihm dort bessere Pflege geben zu können und wo er unter der Behandlung eines zur Zeit bekannten Arztes, Dr. Turners, Sohnes des eben erwähnten berühmten Arztes dieses Namens, und der eines Dr. Penny war, welcher als der beste Arzt in England galt. Dieser Penny war erst Prediger, dann Arzt und zugleich Präbendar von St. Paul's Kathedrale. Dr. William Turner senior war auch zugleich gelehrt in Theologie und korrespondirte mit Bullinger. Der unglückliche jugendliche Zwingli wurde in Gegenwart der Bischöfe von Ely und London in der Kirche St. Andrews, Holborn, bestattet, wobei der Bischof von London die Leichenrede hielt. Der junge Gualter schrieb seinem Vater eine rührende Beschreibung von der Krankheit und dem Tode seines Jugendfreundes.

Der Sohn eines „Barons von Alt-Sachs", im oberen Rheinthal, welcher in Heidelberg und Magdeburg studirt hatte, besuchte England im Jahre 1573 und wurde vom Churfürsten von der Pfalz an Elisabeth und von Gualter an den Earl von Bedford empfohlen. Er wurde Freund und Studienkamerad des jungen Gualter in Oxford. Im Jahre 1574 wurde derselbe „John Philip of Altsax, free baron of Saxony and Forsteck etc. in Switzerland" zum Magister Artium Liberalium von Oxford ernannt.

Ein anderer Sohn eines früheren Oxforder Studenten, welcher die Alma Mater seines Vaters aufsuchte, war Rudolf, Sohn von Johann ab Ulmis, der im Jahre 1551 als Baccalaureus und Magister Artium Liberalium in Oxford promovirte. Sein Sohn Rudolf besuchte Oxford 1578 mit Johann Huldrich. Beide wurden nach Broadgate-Hall gebracht (jetzt mit Pembroke College vereinigt), nicht weit von Christ-Church, wo Rudolf's Vater ehedem geweilt. Nach den Briefen zu urtheilen erwarb sich der junge ab Ulmis das Lob seiner Vorgesetzten und durch Vermittlung Gualter's, die Protektion des Herzogs von Bedford, der schon so Vielen geholfen. Zur selben Zeit, als Rudolf ab Ulmis in Oxford studirte, kam auch, 1578, Wolfgang Musculus, Enkel des berühmten Theologen und Reformators Wolfgang Musculus, welcher bis 1548 Pastor von Augsburg und später Professor der Thologie in Bern gewesen und den man nach Bucer's Tod nach Cambridge berufen hatte. Auch ein Enkel des braven Bucer war später als Student in Cambridge, Wolfgang Meier von Basel, geboren 1577. Nachdem er in Deutschland studirt, kam er im Jahre 1593 nach England, wo er mit der grössten Freundlichkeit aufgenommen wurde. In Anbetracht der Verdienste seines Grossvaters Bucer, wurde er an der Universität Cambridge auf Kosten der Königin erhalten. Nachdem er sich daselbst durch Fleiss und gründliche Gelehrsamkeit ausgezeichnet, kehrte er nach Hause zurück und folgte seinem Vater, in seiner Kirche zu Basel nach. Er wurde 1611 Professor der Theologie und ging als Abgeordneter zur

Synode von Dort im Jahre 1618. Er starb 1653. Kaspar Thoman, Pastor und geistlicher Lehrer von Zürich, wurde der Königin Elisabeth durch die Staatsbehörden selbst warm empfohlen. so wie durch die Professoren, Geistlichen, Lehrer und Pastoren der Züricher Kirche und Schule. Er erhielt ein Stipendium in Oxford, 1599, brachte mehrere Jahre daselbst zu, und war eine der ersten Personen, deren Namen als Student in der dortigen öffentlichen Bibliothek eingetragen wurde, als sie zuerst zur freien Benutzung geöffnet ward. Er war ein sehr gelehrter Mann, hielt eine Vorlesung an der Universität und impfte, zum grossen Verdruss Anderer, Vielen in Oxford calvinistische Ideen ein.

§ 8.

NIEDERDEUTSCHE RELIGIÖSE FLÜCHTLINGE IN ENGLAND UNTER ELISABETH.

Lange Zeit war England, wie schon oben gesagt wurde, in Folge des Krieges in den Niederlanden für deutsche Besucher sehr schwer zu erreichen. Es war nicht nur die Reise durch die Niederlande unterbrochen, sondern selbst die norddeutschen Häfen waren unsicher, da die Spanier den Kanal und die Nordsee unsicher machten und die englischen Häfen blockirten. Trotz alledem aber kamen die religiösen Flüchtlinge massenweise nach England. Die grössten Gefahren hielten sie nicht ab, ein Land zu verlassen in dem Alba hauste. Dieser „rächende Arm der Kirche“ rühmte sich, als er nach Spanien zurückkehrte, dass er über 18,000 Personen des Glaubens wegen hinrichten liess. Dazu ruinirte er aber noch über 300,000. Ueber 100,000 flohen zwischen 1567 und 1569 von den Niederlanden nach England und an vielen Orten bildeten sich niederländische Gemeinden, nebst London u. a. in Norwich und Sandwich (Kent). Bald nach diesen kam, 1572, eine zweite Völkerwanderung und Massen von Hugenotten suchten in England Schutz und eine neue Heimat. Die niederdeutschen und französischen Flüchtlinge zahlten an England die Schuld der Dankbarkeit durch Gründung, Hebung und Beförderung der Industrie, die mit ihnen daselbst ihren ersten Aufschwung nahm und England von Flandern unabhängig machte. Auf der andern Seite begann zu dieser Zeit der allmählige Verfall des ehedem so blühenden Flanderns.

§ 9.

EINIGE DEUTSCHE INDUSTRIELLE IN ENGLAND UNTER ELISABETH.

Sir John Spielmann von Lindau am Bodensee errichtete um das Jahr 1588 eine Papiermühle zu Dartford, unweit London, welche zur Zeit als eine sehr grosse Merkwürdigkeit galt. Es war dies aber nicht die erste in England, denn schon 1498 bestand eine „Paper-Mylne“ in Hertford. Tausende strömten herbei um Spielmanns Mühle zu sehen, die nicht weniger als 600 Leute, damals eine grosse Zahl, beschäftigte. Der englische Dichter und Krieger Thomas Churchyard schrieb selbst (1588) ein Gedicht über die Mühle des „High-Germaine genannt Master Spielmann“, Juwelier und Goldschmied der Königin. Im Jahre 1605 wurde Spielmann von James I., als er die Mühle besichtigte, zum „Knight“ ernannt. Vorher schon hatte ihn Elisabeth als Abgeordneten mit Geschenken an den Herzog Friedrich von Württemberg gesandt. Spielmann starb 1626. In der Kirche von Dartford ist ein Monument, das er seiner ersten Frau, einer Deutschen, errichtete, mit deutscher Inschrift und seinem Bild in Rüstung.

Gottfried Box,[1] ein anderer Deutscher, errichtete im Jahre 1590 die erste Maschine um Messingdraht zu fabriciren und nachher eine andere um Kupferplatten zu machen. Ein dritter, dessen Namen ich nicht erfuhr, soll unter Elisabeth die erste Pulvermühle errichtet haben.

Wie schon in sehr früher Zeit unter Richard von Cornwall, (1257), so kamen auch unter Elisabeth deutsche Bergleute nach England. Um das Jahr 1560 fanden sich solche daselbst. Thomas Thurland, Dr. Theol. Rektor in Wiltshire und Master des „Savoy-Hospital“ erhielt von der Regierung eine Licenz mit einigen Deutschen Namens Johann Steynberg, Sebastian Spydell und Daniel Hochstetter Minenoperationen in Newlands und Boroughdale in Cumberland zu unternehmen. Thurland ward zum „Provost“ der Minen ernannt. Der Graf von Northumberland beklagte sich aber, dass die Bergleute in sein Gebiet in Newlands übergriffen und Mineralien erlangten, die ihm gehörten und erhielt ein Verbot weiterer Arbeiten. Die deutschen Bergleute wurden zugleich von den englischen Feldarbeitern belästigt und das Unternehmen, welches mehrere Jahre fortgeführt ward, scheint nicht geblüht zu haben.

[1] Archenholz: Pictures of England, p. 101.

§ 10.

DEUTSCHE SOLDATEN IN ELISABETHS DIENSTEN.

Wie ihr Vater Henry VIII., schätzte auch Elisabeth von England den deutschen Kriegsmann. In den Niederlanden kämpften deutsche Heere unter englischer Fahne gegen Frankreich. Im Jahre 1563, als sich die Königin für einen Krieg mit Frankreich stärkte, „versammelte sie“, so schreibt der englische Bischof Jewel, „Truppen von Deutschland in England und hielt sie in ihrem Solde, unbekümmert um die Kosten“. Darüber war der gute Bischof sehr erstaunt, denn Elisabeth war geizig sparsam und soll sogar aus übertriebener Sparsamkeit die gegen die spanische Armada ausgeschickte Flotte nicht hinreichend mit Munition versehen haben.

In den Niederlanden erschien (1578), wie früher schon angegeben wurde, in Elisabeths Dienst ein deutsches Reiterheer unter dem Befehle von Johann Kasimir von der Pfalz. Er belagerte Deventer und suchte sich mit den englischen Truppen zu vereinigen. „Da aber Kasimir“, so erzählt Sir Philip Sidney, „von der Königin nicht genug mit Geld versehen ward, seine Soldaten zu besolden, so wurden sie schwierig. Landgraf Wilhelm von Hessen hatte ihn vorher gewarnt und ihm gesagt, dass es besser wäre 30,000 Teufel, als 30,000 deutsche Soldaten in seinem Rücken zu haben ohne Bezahlung des Soldes, da man die Teufel durch das Zeichen des Kreuzes bezahlen könne, die Soldaten aber nur mit hartem Silber“.

Dass die Landsknechte nicht mit leeren Versprechungen zufrieden sein wollten, besonders da solche Versprechungen sehr oft nicht gehalten wurden, ist so schlimm gerade nicht. Man darf ihnen keinen Vorwurf daraus machen, dass sie darauf bestanden, da sie ihr Leben nicht zum Nutzen des Vaterlandes, sondern zum Vortheil eines ihnen gleichgiltigen fremden Herrschers einsetzten, der sie nur zu oft um ihren hartverdienten Sold betrog. Selbst der vortreffliche König Henri IV. von Frankreich, welcher in seiner Armee viele deutsche Hilfstruppen hatte, machte am Tage vor der Schlacht bei Ivry (1590) dem Befehlshaber derselben, General von Schomberg öffentlich herbe Vorwürfe, dass er den rückständigen Sold seiner Soldaten am Vorabende einer Schlacht verlangte. Henri aber sah seinen Fehler ein, bat den deutschen General um Verzeihung, umarmte ihn und die deutschen Soldaten fochten den Tag darauf ohne Sold und trugen durch ihre Tapferkeit zum glorreichen Siege bei. Ihr

Führer aber, Schomberg, fiel an der Seite des Königs, nachdem er sich durch Heldenmuth ausgezeichnet hatte.

In dem schon erwähnten sehr interessanten längeren Briefe von Sir Philip Sidney, (1579) an seinen jüngern Bruder Robert, über die politischen Zustände des Kontinentes hebt Sidney besonders Deutschland hervor, hinsichtlich der Wichtigkeit der Bündnisse mit deutschen Fürsten und insbesondere „der Mittel von da Soldaten und Ausrüstung in Zeit der Noth zu ziehen".

Ueber die von Sir Philip Sidney gerühmten Mittel der Ausrüstung, die in Deutschland so leicht zu beziehen wären, will ich nun noch einige Worte sagen. Ein französischer Schriftsteller der Zeit gibt uns darüber interessanten Aufschluss. Der berühmte Pariser Drucker und Gelehrte Stephanus hat im Jahre 1574 ein sehr interessantes Werkchen über Frankfurt am Main geschrieben und veröffentlicht unter dem Titel: „Francofordiense Emporium, sive Francofordienses Nundinae". Stephanus sagt darin, unter Anderm sehr Merkwürdigem, Folgendes:

„So gross, so verschiedenartig ist der Reichthum dieses Marktes, dass alle andern Märkte der Welt darin so zu sagen enthalten sind und davon Nahrung zu ziehen scheinen, gerade wie mehrere Flüsse von ein und derselben Quelle. So wie man ehemals Rom das Résumé des Universums genannt, so kann man mit demselben Rechte sagen, dass der Markt von Frankfurt das Résumé aller Märkte des Universums ist. Irgend ein Fürst bereitet sich zu einem Kriegszuge vor. Er findet in Frankfurt das wahrhafte Kriegsarsenal (was Xenophon von Ephesus sagte): Pferde, Waffen, Kriegsmaterial jeder Art findet er da zur Disposition; und in solcher Menge, dass die Zeit, die er anderswo mit Suchen verschwendet, er hier mit Auswählen zubringt. Braucht er noch Kriegsproviant? Da hat er nicht weit zu gehen um sich das Nöthige zu verschaffen. Kurz, ohne von der Fülle der Weine zu sprechen, deren ich schon erwähnt, er findet bereit für ihn westfälische Schinken in solcher Menge, dass, selbst wenn er keine andern Nahrungsmittel fände, er damit seine ganze Armee monatelang ernähren könnte. Aber kehren wir zu den vorzüglichsten Artikeln des Kriegsmaterials zurück, zu den Pferden. Im Angesichte dieser Menge von Vierfüsslern, die man in einem immensen Hippodrome übt, oder die um die ganze Stadt herum eingepfercht sind, wer möchte da nicht glauben, dass alle Pferde hier vereinigt sind, die das ganze Deutschland je aufzuziehen im Stande ist, ohne von den anwesenden ungarischen, polnischen, dänischen und dacischen Pferden zu sprechen? Wer möchte nicht glauben, dass. um sie zu füttern, man das Futter des ganzen Landes dazu requiriren müsste? Wenn man nun die Masse derer zählte, die an einem einzigen Tage aus der Stadt hinausziehen und wenn man den Tag darauf zurückkehrte, so würde man das Hippodrom ebenso voll davon als die Stadt finden, so möchte man glauben, dass hier die Schlachtrosse aus dem Boden wüchsen. An Gelehrigkeit, Fähigkeit Anstrengungen auszuhalten, übertreffen keine andern Pferde die, welche man auf diesem Markte findet".

Aus dieser Beschreibung von Stephanus können wir uns erklären. wie es ehedem möglich war in kürzester Zeit in Deutschland ausgerüstete Heere für Kriege im In- und Auslande auf die Beine zu stellen. Der Staatsarsenale gab es wenige, nur zum Gebrauch regierender Fürsten. Selbst England suchte noch zur Zeit Elisabeths, wie obiger Brief von Sir Philip Sidney beweist, nicht nur Soldaten, sondern auch Ausrüstung in Deutschland. In Frankfurt fanden sich Pferde, Waffen, Rüstung. Uniformen aller Arten in Masse vor und ein Kriegshauptmann damaliger Zeit hatte nur irgendwo seine Werbefahne aufzupflanzen, mit den Rekruten nach Frankfurt zu marschiren und in kurzer Zeit hatte er ein wohlausgerüstetes Heer von Fussvolk und Reiterei unter seinem Befehle.

§ 11.

DIE FRANKFURTER MESSE IM 16. JAHRHUNDERT.

Frankfurt war ehemals der Sammelplatz europäischer Kaufleute und Gelehrten. Seine Lage, im Centrum Europa's, eignete sich ganz besonders dazu. Die beiden Wasserstrassen, der Main und der Rhein. zum Import und Export von Waaren geeignet und stets bedeckt mit ganzen Flotten und nebstdem noch gute Heerstrassen in allen Richtungen, machten es leicht zugänglich. Frankfurts freie. unabhängige Verfassung und Selbstregierung hielten es frei von gierigen Höfen und feudalen Erpressungen, seine Festungswerke und seine Reissigen, sowie der Umstand, dass es Kaiserstadt war, bewahrten es vor gefährlichen, eroberischen Angriffen. Es besass eine sehr weise, hellsehende, praktische Regierung von Konsuln und Senatoren, welche Alles thaten um Fremden den Aufenthalt so angenehm und bequem als möglich zu machen und die, verschieden von andern Marktstädten, über deren Erpressungen die fremden Kaufleute so sehr klagten, auf die importirten Waaren eine sehr leichte Steuer legten, welche mit Zustimmung der Fremden festgesetzt wurde. Dazu sorgten sie noch für bequeme und billige Wohnungen für die Fremden, welche überhaupt in Allem begünstigt und beschützt waren. Frankfurt genoss daher in Europa einen hohen Ruf und der im vorhergehenden Paragraphen schon erwähnte Stephanus, sagt in seiner oben erwähnten Schrift, nebstdem was schon über die Mittel zu Kriegs-Ausrüstung in Frankfurt angeführt wurde, noch Folgendes über die Messe von Frankfurt.

Frankfurt bot damals eine permanente Ausstellung von Allem was Industrie, Kunst und Wissenschaft in Europa lieferte. Stephanus nennt es „den Markt der Welt“. Während andere Märkte ihre specielle Industrie hatten, bot Frankfurt Alles. Hier fand man Waaren aller Sorten der Industrie und Kunst, hier war ein Kriegsarsenal, ein Kriegsmarkt, wo Fürsten und Generäle oder einzelne Ritter: Pferde, Waffen, Kriegsmaterial in grosser Menge fanden, hier fanden sie Proviant für ihre Heere. Alles was die Niederlande, England, Frankreich, Italien fabricirten: Tuch, Kleider, Leder, Glas, Geschirr, Kunstwaaren in Gold, Silber, Bronze und Eisen, Eisenwaaren mit Skulpturarbeiten, industrielle Maschinen, mathematische Instrumente, Maschinen jeder Art — Alles fand sich da in Menge. — Man handelte nicht, man verkaufte zu festen Preisen.

Ein anderer Markt wurde jedoch noch daselbst abgehalten, welcher später das Monopol Leipzigs wurde. Es war in Frankfurt eine Weltausstellung der Wissenschaften. Alle Produkte der europäischen Druckerpresse waren daselbst zu finden. Dichter, Redner, Historiker, Philosophen, Theologen zogen dahin mit dem Kaufmanne, um ihren eigenen Markt aufzusuchen. Das Buchhändlerquartier war eine wahre Akademie, wo man eine Menge Gelehrten fand, von allen Ländern, welche in den Bücherläden philosophirten und diskutirten. Sie kamen nicht nur von deutschen und niederländischen Universitäten, sondern auch von Paris, Oxford, Cambridge, Padua u. a. Orten. Sie kamen nicht nur zu kaufen, sie trafen Kollegen aller Länder und bildeten so zu sagen einen Gelehrtenkongress.

Der Einfluss der Frankfurter Messe auf die Fortschritte der Civilisation war daher kein geringer. Durch ihren Buchhandel verbreitete sie die Gedanken der Erleuchteten aller Länder in alle Lande, vertrieb sie Finsterniss und Barbarei und gab sie den Wissenschaften einen steten Impuls. Nicht wenig hat Frankfurt zur Verbreitung der Reformation beigetragen. Es ist daher nicht zu verwundern, dass zwischen England und Deutschland die Frankfurter Messe die Vermittlerin nicht nur des beiderseitigen Handels, sondern auch beiderseitiger religiöser Bestrebungen war.

Kapitel VI.

Deutsche in England im 17. Jahrhundert. James I.; Charles I.; Commonwealth; Charles II.; James II.; William III.; Anne (1603—1714).

§ 1.

BEZIEHUNGEN ZWISCHEN ENGLAND UND DEUTSCHLAND UNTER DEN STUARTS.

Das 17. Jahrhundert hatte auf die geschichtliche Entwickelung Europa's einen grossen Einfluss, den grössten aber auf unser Vaterland. In ihm fiel das allerdings längst schon morsche deutsche Reich und Deutschland wurde eine geographische Bezeichnung. Das ganze nationale Elend auf dem Felde der Politik, der Literatur, der Staatsökonomie, das völlige Abhandenkommen jedes deutschpatriotischen Gefühls, die Verwilderung der Sitten und der deutschen Sprache, die späteren Kämpfe, die bis in dieses Jahrhundert Deutschland verwüsteten — dies sind die unheilvollen Früchte dieses Jahrhunderts. Aber den Samen dem diese giftigen Früchte entkeimten, haben die Deutschen selbst gesät. Im Leben eines Volkes gilt ebenso sehr wie im Leben eines Individuums: „Jeder ist seines Glückes Schmied".

Es war ein grosses Unglück für Europa, aber für Deutschland im Besondern, dass der energischen und klarsehenden Elisabeth der schwache, unentschiedene und konfuse James I.

auf dem Throne folgte. James war zwar wohlbekannt mit den politischen Angelegenheiten Europa's, er sprach mehrere Sprachen, seine politische, fixe Idee aber, die ihn lange Zeit bewegte, nämlich durch Einverständniss mit Spanien Europa religiösen Frieden zu geben, ist ein Beweis seiner gänzlichen Unfähigkeit in den politischen Angelegenheiten dieser sturmbewegten Zeit mit Erfolg einzugreifen. James war bis zum Excess friedliebend. Er war mehr den pedantischen Grübeleien der theologischen Schulgelehrtheit, als den Geschäften der Regierung ergeben. Er fürchtete das Waffengeräusch, er konnte keine nackte Klinge sehen ohne Zittern und Aufregung. Der blitzende Dolch, welcher dem Liebling seiner Mutter in ihrer Gegenwart in die Brust drang, als sie James unter ihrem Herzen trug, scheint sein ganzes Leben lang vor seinen Augen geschwebt zu haben. Für Grossbritannien hat James übrigens ein grosses Verdienst, nämlich die Vereinigung und Konsolidirung der Vereinigung Englands und Schottlands. Dies war keine leichte Sache, denn bitterer Hass und Feindschaft hatten Jahrhunderte lang beide Länder entzweit, genährt von Frankreich, und dieser Hass lebte noch einige Zeit unter James fort und drohte hie und da in Feindseligkeiten auszubrechen.

Trotz seiner Friedensliebe, ja durch dieselbe, verscherzte James sehr bald die Sympathie des englischen Volkes. Durch den Schutz, den er der Episkopalkirche gewährte, erregte er den Hass der Puritaner, durch Frieden mit Spanien den der Protestanten im Allgemeinen, durch Festhalten an den Edikten Elisabeths den der Katholiken. Zu gleicher Zeit erwachte das unter den Tudors niedergehaltene Freiheitsgefühl der Nation.

So kam es, dass gerade der friedliebende James von den Katholiken als Opfer auserlesen und mit seinem ganzen Parlamente in die Luft zu fliegen bestimmt war. Heute noch lebt der 5. November des Jahres 1605 in der Erinnerung des englischen Volkes. Obwohl man die Masse der englischen Katholiken mit diesem Verbrechen nicht belasten kann, so ist es doch nachgewiesen, dass die Pulververschwörung von solchen ausging. Hat doch Rom den Jesuiten Garnet, welcher seine Betheiligung an der Verschwörung eingestanden und hingerichtet wurde, kanonisirt und sich damit selbst mit dem Komplotte identificirt. (Baxter, Church History p. 565). Allerdings verbot der Papst nachträglich ähnliche Pläne „nicht nur, da sie der Religion schaden, sondern die Katholiken der Gefahr der Vernichtung aussetzen“. Später aber, als, um zwischen loyalen und verrätherischen

Katholiken zu unterscheiden, der Unterthaneneid entworfen wurde, welcher ohne das Gewissen mit der Frage kirchlicher Suprematie zu belasten, nur eine feierliche Entsagung der Lehre verlangte, dass Fürsten, welche der Papst exkommunicirt hat, von ihren Unterthanen abgesetzt und ermordet werden dürften, so warnte der Papst „seine geliebten Söhne", dass sie sich „nicht durch einen solchen Eid binden könnten, ohne die offenbarste und schwerste Kränkung des allmächtigen Gottes". (Baxter, l. c.). Der katholische Erzpriester Blackwell, welcher den Eid leistete, wurde vom Papste seines Amtes entsetzt. „Mit einer solchen Macht Frieden zu schliessen", sagt Baxter in seiner Church History, p. 566, „ist offenbar unmöglich. Die Strafen des Hochverraths, damals auf Proselytenmachen gesetzt, und die schweren Bussen und Rechtsbeschränkungen Allen auferlegt, welche die königliche Suprematie nicht anerkannten. mussten daher billigerweise als die Wirkungen römischer und nicht englischer Tyrannei betrachtet werden; und diejenigen welche für ihren Eifer litten, müssen weniger als Märtyrer ihrer Religion, als der gefährlichen Principien betrachtet werden, welche, in Folge päpstlicher Verkehrtheit, Aufnahme fanden".

Die deutschen Unruhen und Verwickelungen, zu denen die antagonistische Kombination der Union (1608 gegründet) und der Liga (1609) Veranlassung gaben, wurden in Deutschland noch durch den Tod des kinderlosen Herzogs von Cleve vermehrt. Die Mitglieder der protestantischen Seite versammelten sich in Hall in Schwaben, und erneuerten 1610 ihr Schutz- und Trutzbündniss. Sie beschlossen, dass keine Allianz mit fremden Mächten geschlossen werden sollte, dass sie aber sich deren Freundschaft und Hilfe sichern wollten. Der Pfalzgraf und der Herzog Johann Friedrich von Württemberg waren beauftragt, diese Absicht auszuführen. Sie beschlossen darauf den württembergischen Prinzen Ludwig Friedrich wieder nach England zu senden und ihm den Rechtsgelehrten Hippolit von Colli und Benjamin von Buwinckhausen beizugesellen, mit Empfehlungsbriefen obiger Fürsten an James. Der Hauptzweck der Gesandtschaft war James zu bewegen sich für die Union auszusprechen. Die Unterhandlungen zogen sich lange hinaus. James lag im Hader mit dem Parlamente. Dazu kam noch die Ermordung von Henri IV., auf dessen Sympathie man gerechnet hatte und welche in Frankreich die politische Lage gänzlich umkehrte. James ward endlich dazu gebracht den protestantischen Fürsten ein Hilfskorps von 4000 Mann unter Sir Edward

Cecil zu senden. Sir Thomas Edmondes wurde nach Frankreich geschickt um die Lage der Dinge daselbst kennen zu lernen und wo möglich die Beschlüsse hinsichtlich Cleve zu befördern. Es wurde ausgemacht, dass Buwinckhausen ihn begleiten sollte. um die Fortsetzung französischer Hilfe zu betreiben. Nach kurzer Abwesenheit kam Buwinckhausen zu James zurück, um ihm die Bedingungen des genannten Prinzen von Württemberg vorzulegen. Am 20. September desselben Jahres schrieb James an den Herzog von Württemberg, dass er seinen Gesandten Winwood bevollmächtigt habe nach Köln zu gehen, dort in seinem Namen zum allgemeinen Frieden und zu der Wiederherstellung des Besitzes von Jülich und Cleve beizutragen.

Der allgemeine Friede von James kam aber nicht. Anstatt dessen sollte bald der furchtbarste Krieg über Deutschland einbrechen.

Die Ehe Elisabeths der Tochter von James, mit dem Pfalzgrafen Friedrich wurde von den Rathgebern des Königs als eine wichtige, politisch-religiöse Massregel befördert. Die grossen daran geknüpften Erwartungen trafen aber für Deutschland nicht ein. Für England war allerdings ein Jahrhundert später diese Ehe von grossen Folgen. Nach Absetzung der Stuarts fand sich in Folge derselben eine protestantische Herrscherlinie aus derselben Familie. Elisabeth hatte nämlich, nebst ihren beiden Söhnen den Prinzen Ruprecht und Moritz, welche später tapfer auf der Royalistenseite im englischen Bürgerkriege stritten, eine Tochter Namens Sophia, mit dem Churfürsten Ernst August von Hannover verheirathet, von welcher das jetzige englische Regentenhaus stammt.

Prinzessin Elisabeth, Tochter von James I., galt als „die Perle“ der Kinder des Königs. Sie hatte viele Heirathsanträge erhalten, vom kalten Norden sowie vom warmen Süden. Gustav Adolf war u. a. Bewerber und das Haus Savoyen. Aber sie, eine eifrige Protestantin, hatte eine Neigung zu Pfalzgraf Friedrich. Diese Neigung wurde von einem Staatsmanne und einem Prälaten unterstützt. Es war diese Heirath das letzte Werk des grossen Staatsmannes Cecil. Aber auch Dr. George Abbot, Dean von Westminster und 1618 Primas von England, dessen grosses Ziel die Konsolidirung des protestantischen Interesses war, beförderte zu diesem Zwecke die Allianz mit dem deutschen Protestantismus, indem er mit allen Kräften diese Verbindung unterstützte, welche, wie erwähnt, England seine letzten sechs Regenten gegeben hat. Deutschland brachte sie nicht das erwartete Glück.

Der Zweck von James damit den Einfluss des Protestantismus am Rhein und im Reiche zu stärken und so den Frieden zu wahren, wurde nicht erreicht. Die Annahme der böhmischen Krone, zu welcher Elisabeth ihren Gatten ermuntert haben soll, warf alle Berechnungen von James über den Haufen und war der Anfang des 30 jährigen Krieges. James ist jedoch unschuldig an der Annahme der böhmischen Krone von Seiten seines Eidams. Ganz England wünschte es zwar und applaudirte dazu, nur James nicht, und als er die Nachricht von der Schlacht bei Prag erhielt, sagte er: „Ich habe es lange erwartet“.

Die politische fixe Idee, welche James bewegte, war, wie gesagt, im Einverständniss mit Spanien, die Wiederherstellung des religiösen Friedens in Europa zu bezwecken. Trotz des Unwillens der Nation, hing James daher hartnäckig an seinem spanischen Bündnisse. Er suchte für seinen Thronerben eine spanische Prinzessin, um durch Hilfe Spaniens seinem Schwiegersohne, dem Pfalzgrafen, wieder zu seiner verlorenen Pfalz zu verhelfen. James sandte seinen Gesandten Digby nach Madrid und Wien und verlangte dass man Friedrich seine Pfalz unter der Bedingung zurückgebe, dass letzterer der böhmischen Krone entsage. Im Falle der Weigerung drohte er Kaiser und Spanien mit Krieg. Der Vorschlag von James hatte alle Aussicht angenommen zu werden, wenn nicht des Pfalzgrafen Thorheit und Mansfeld's Leichtfertigkeit im Wege gewesen wäre. Im Jahre 1621 war Digby zurück um dem Haus der Gemeinen zu berichten und die Besetzung und Haltung der Pfalz als dringend nöthig anzuempfehlen. James erwies sich als ein klarsehender Strateg, indem er die Pfalz als den Schlussstein des damaligen Militärsystems von Mitteleuropa ansah, eine Idee, welche Richelieu von James lernte und mit mehr Erfolg benutzte. James wünschte aus diesem Grunde die Pfalz zu halten und so das protestantische Europa am Rheine zu unterstützen und den Krieg zu koncentriren.

Aber das Haus der Gemeinen wollte keinen Krieg am Rhein und für die Pfalz, sondern gegen Spanien, einen Diversions-Krieg, der ihm mehr Gewinn versprach. Das Parlament missachtete das Projekt einer protestantischen Konföderation in Deutschland. Es wollte wie gesagt, nur Krieg mit Spanien, während James nur an Frieden mit Spanien in erster Reihe und an Restitution der Pfalz dachte. James wollte keinen Religionskrieg. Er wusste dass damals die Kriege nicht mehr religiös, sondern nur politisch waren. Zu Hause machten die Puritaner ihm sehr viel zu thun. Die Erbitterung dieser gegen Rom nahm täglich zu und sie verlangten strengere Massregeln gegen die Papisten im Allgemeinen und besonders gegen die Jesuiten.

Schon in der ersten Zeit des 30jährigen Krieges wurde zwischen Gustav Adolf und James hinsichtlich der deutschen Politik unterhandelt. Ersterer handelte ebenfalls in Einverständniss mit Frankreich, dessen Minister Richelieu mit James in Unterhandlung über deutsche Angelegenheiten war. Vor dem Tode von James legte diesem Gustav Adolf noch seinen Feldzugs-Plan vor.

Da James keinen Erfolg mit einer spanischen Heirath seines Sohnes und einem spanischen Bündnisse hatte, so suchte und erhielt er für seinen Thronerben die Hand Henrietten's, der Schwester von Louis XIII. von Frankreich. Diese Heirath war zwar den Engländern zuwider, James liess sich aber durch ihre Unpopularität nicht abschrecken. Es war dies eine für sein Haus verhängnissvolle Verbindung, denn sie trug in hohem Masse zum Unglück seines nächsten Nachfolgers und zur endlichen Vertreibung seiner Nachkommen bei. Diese Ehe war aber auch unheilvoll für Deutschland, denn in Folge derselben wurden die Nachfolger von James die blinden Anhänger französischer Politik in Deutschland. Wenn es Thatsache ist, dass Elisabeth ihren Gemahl, Pfalzgraf Friedrich, zur Annahme der böhmischen Krone überredet, so haben die Ehen zweier Kinder von James I. Deutschland Unheil gebracht.

Zu den wenigen Gelegenheiten, wo James mit Erfolg für deutsch-protestantisches Interesse wirkte, gehört die Cleveische Erbfolge. Er unterstützte, mit Henri IV., mit Holland und der deutschen Union, die lutherischen Reklamanten Brandenburg und Neuburg bei ihren Ansprüchen auf die Cleve-Succession und blieb, nach Henri's Ermordung der Protektor der Allianz. So gewann ein deutsches Haus einen festen Fuss am Rhein und that den ersten Schritt nach dem Westen und Centrum von Deutschland, einen Schritt welcher später, bis zu unsern Tagen die wichtigsten politischen Folgen haben sollte. Später, 1612, erneuerte James seine Allianz mit den Fürsten Deutschlands und trug durch seinen Einfluss, unterstützt von Frankreich, zur Wahl von Matthias bei, welcher zur Milde gegen die Protestanten geneigt war, gegen den andern Kandidaten, den Erzherzog Albrecht.

Schwach nach Aussen, willkürlich im Innern, bereitete James allmählig einen Sturm vor, dessen Folgen er noch entging, dem sein Nachfolger aber zum Opfer fiel. Seine Weigerung dem Parlamente einen Antheil an den Regierungsgeschäften zu bewilligen bereitete die spätere Revolution vor, deren erste Anzeichen schon im Parlamente von 1621 erschienen. Seine Weigerung den protestantischen sogen. Independenten Duldung zu gestatten, legte den Grund zur grossen Republik der Vereinigten Staaten Amerikas. Im Jahre 1619 erlaubte er ihnen nach Amerika auf Staatskosten auszuwandern und diese Auswanderer wurden die Väter einer Rasse, welche sich bald durch Unabhängigkeitsgefühl und einen ausserordentlichen Unternehmungsgeist auszeichnete.

Die Gährung in England hatte schon einen hohen Grad erreicht, als James I., 1625, starb. Er hatte sich noch kurz vor seinem Tode entschlossen für Friedrich von der Pfalz endlich einmal das Schwert zu ziehen. Diesen Krieg hinterliess er aber seinem Sohne als Erbstück.

Werfen wir einen Blick auf Deutschland zur Zeit als James der furchtsame, wankende Kämpe des Protestantismus auf dem Throne Englands sass.

Im Osten zog ein schwarzes Wetter herauf. Zahllose Schaaren Türken schwärmten über die ungarische Ebene Deutschland zu. Im Westen lauerte Louis XIII., der äussern Politik von Henri IV. getreu, Habsburg in Deutschland zu brechen und Frankreich an dessen Stelle zu erheben. In Deutschland selbst sehen wir, ungeachtet des Augsburger Religionsfriedens (1555) steigendes Misstrauen und zunehmender Hass zwischen Katholiken und Protestanten, genährt durch den Jesuitenorden, und, was noch schlimmer war, noch intensivereren Hass zwischen Lutheranern und Reformirten. Einige mässigen, versöhnenden Kaiser hielten den Ausbruch offener Feindseligkeit eine Zeitlang zurück.

Unter Kaiser Matthias, zu dessen Wahl James beigetragen, kommt endlich der lang zurückgehaltene, von den Jesuiten fleissig genährte Groll zwischen Katholiken und Protestanten zum Ausbruch und entzündet einen dreissigjährigen, verwüstenden Krieg, welcher Deutschlands Wohlstand im Innern ruinirte und seine Kraft nach Aussen vollends und auf lange Zeit lähmte.

In Böhmen fand er seine Entstehung. Dem von den Jesuiten verkehrten und verleiteten Ferdinand II. von Oestreich gegenüber wählten die Böhmen den Eidam von James, den unglücklichen Pfalzgrafen (1619), in der Geschichte unter dem Namen „Winterkönig“ bekannt, welcher wie behauptet wird, ermuntert durch seine englische Gemahlin, die Krone annahm, die er schon im November 1620 in der Schlacht am weissen Berge, wieder verlor, von seinem friedfertigen Schwiegervater im Stiche gelassen.

Der Nachfolger von James, Charles I., entschloss sich den von der Nation unter seinem Vater gewünschten Krieg gegen Spanien und Oestreich zu unternehmen. Aber das Parlament, schon lange gereizt durch des verstorbenen Königs willkürliche Regierung und Geldausgaben, war karg und bewilligte nur 112,000 Pfund Sterling. Charles löste zwei Parlamente hintereinander auf, aber das dritte, 1628, erneuerte die Opposition gegen die von den Tudors überkommene Willkürherrschaft beider Stuarts und errang die königliche Sanktion der sogen. „Petition of Right". Es war dieses eine statutarische Erklärung der Illegalität der Geldeintreibung vermittels Zwangs-Anlehens, der Verhaftung Derer, welche auf diese Weise verlangtes Geld zu zahlen sich weigerten, der Einquartirung von Soldaten bei Privatpersonen und der Kommissionen Militär-Verbrecher nach Kriegsrecht zu richten. Die auswärtige Politik beachtete das Parlament in seinem Eifer die heimische Freiheit zu gründen nicht. War doch Englands geographische Lage stark genug das Land gegen fremde Feinde zu sichern. So überliess man die Hugenotten ihrem Schicksale, liess man den Pfalzgrafen im Stiche und machte Frieden mit Spanien. Charles hing aber noch fest an der traditionellen Willkürherrschaft und regierte nun elf Jahre ohne Parlament. Als aber sein Rathgeber, Erzbischof Laud, welcher ihn verleitete ohne Parlament zu regieren und sehr grausam gegen die Puritaner verfuhr, römische Lehren und Gebräuche wieder einzuführen suchte, brach endlich der Sturm los und zwar zuerst in Schottland. So gab die kirchliche Frage das Signal zum Aufstand. Das fünfte, sogen. lange Parlament, welches er 1640 zu berufen gezwungen war, löste Charles nicht mehr auf. Das Haupt des Grafen Strafford, welcher 1640 gegen die aufständischen Schotten kommandirte, fiel, 1641, trotz aller Anstrengungen des Königs ihn zu retten. Laud wanderte in den Kerker und 1644 von da, trotz königlicher Begnadigung, zum Schaffot, die Anhänger von Charles flohen, die meisten nach den Niederlanden.[1] Ein Aufstand der Irländer gegen die dort lebenden

[1] Schon 1641 begann die Flucht vor dem Zorn des Parlaments. Flüchtige Anhänger von Charles I. waren schon zu dieser Zeit in Holland

protestantischen Engländer, wobei mehr als 40,000 von letzteren ermordet worden sein sollen, vermehrte den Hass gegen den König im Norden und im Süden. Endlich zog dieser das Schwert gegen sein eignes Land, 1642, unterstützt von einem Theil des Adels, den strikten Episkopalen und Katholiken. Aber die Nation siegte unter puritanischem Banner, und am 30. Januar 1649 fiel des Königs Haupt.

Zu dieser Zeit waren übrigens Viele selbst in der anglikanischen Kirche für Abschaffung der kirchlichen Hierarchie und für Assimilirung der englischen und schottischen Kirchen mit den kontinentalen protestantischen.

Für Deutschland waren die englischen Wirren ein Unglück. Sie lähmten England und verhinderten es den um seine Existenz kämpfenden Protestantismus in Deutschland kräftig zu unterstützen. Doch Deutschland hat kein Recht England Vorwürfe zu machen, dass es in dieser Zeit nur an sich dachte. Kämpfte nicht der lutherische Churfürst von Sachsen gegen den reformirten Pfälzer Churfürsten, ersterer im Bunde mit den Katholiken? Der protestantische Herzog Bernhard von Weimar machte für Frankreich Eroberungen in Deutschland. Deutsche Soldaten, Generäle, Fürsten fochten unter der Lilie Frankreichs gegen ihre Landsleute.

Gerade als in England die Wirren begannen, erschien Gustav Adolf auf deutschem Boden, mit Zustimmung von Richelieu. Erst nachdem Deutschland einen langjährigen, verwüstenden Kampf erduldet, trat Frankreich auf den Kampfplatz, frisch, des Sieges und der Beute gewiss. Nach dreissigjährigem Kampfe, welcher Deutschland in eine Wüste verwandelt, kam es endlich zum westfälischen Frieden, 1648, welcher die Zerstückelung Deutschlands beschloss, welcher Frankreich, das zu Hause die Hugenotten ausrottete und in Deutschland die Protestanten unterstützte, ein grosses Stück deutschen Landes im Süd-Westen und dem uneigennützigen Kämpen des Protestantismus und Günstling Frankreichs, Schweden, ein grosses Stück von Deutschland im Norden zusprach. Und dabei war England nicht vertreten. Die englische Nation dachte nur an sich selbst und Charles I. war französischer Vice-König.

Cromwell erschien zu spät für den Protestantismus und

---

und im Juli 1641 fand Evelyn, der bekannte Herausgeber des Diary, viele von ihnen im Haag, wo sich zur Zeit die Königin von Böhmen und Prinz Moritz befanden.

für Deutschland auf dem Schauplatze. Allerdings machte er den Namen Englands wieder geachtet und gefürchtet im Auslande und im Inlande hob er mächtig die Nationalkraft der Engländer. Aber seine auswärtige Politik war eine falsche, sein bitterer Krieg gegen das bluts- und religionsverwandte Holland war zu beklagen sowohl im Interesse Europas als in dem der Religionsfreiheit und Deutschlands. Sein zweiter Krieg gegen Spanien schwächte wohl letzteres. stärkte aber das mit ihm vereinte Frankreich, welches dabei ein Stück von Flandern erhielt und so auch im Norden einen Schritt näher nach dem Rheine machte. England hatte diesen Gewinn später zu bereuen. Das einzige Land, das damals eine klare, weitsichtige Politik verfolgte, war Frankreich.

Unter des hingerichteten Königs Sohne, Charles II. gingen die Errungenschaften der englischen kirchlichen und politischen Bewegung wieder verloren. Eine schreckliche Reaktion folgte auf den Fall des englischen Common-Wealth. Wie die innere, so war die auswärtige Politik von Charles II. Dieser war ein Pensionär von Louis XIV. und opferte diesem die Interessen seiner Nation und Europa's.

Im Jahre 1672 marschirte Louis XIV., ohne dazu provocirt zu sein, mit 100,000 Mann durch deutsches Gebiet gegen das kleine Holland. Mit ihm war Charles II. von England verbündet, und deutsche Fürsten wie Max von Baiern, der Bischof von Münster und andere Reichsstände waren im Bunde mit und im Solde von Louis. Selbst das protestantische Schweden schloss sich Louis gegen das protestantische Holland an. Kaiser und Reich sahen schweigend zu. Sie sahen zu als kurz vorher Louis dem Herzog von Lothringen sein Land wegnahm. Holland schien, wie die schon genommenen deutschen Länder, verloren und eine sichere Beute Frankreichs. Da erschien ein Krieger deutschen Stammes und ward sein Retter: Wilhelm von Oranien. Ohne ihn hätte Louis wohl die schon eroberten Niederlande annexirt. Endlich, 1674, rüsteten sich Deutschland, Oestreich und Spanien gegen Louis. Aber England und Schweden blieben Frankreich treu. Die Folge war dass sich der Krieg vom Unter- an den Oberrhein zog und Deutschland, wie gewöhnlich, wieder die Zeche zu bezahlen hatte. Louis annexirte wieder ein Stück von Flandern, die Franche-Comté und nahm sich ein Stück auf dem rechten Rheinufer: Freiburg. Schweden, welches im Norden geschlagen ward, wurde von Frankreich wieder in Besitz seiner deutschen Länder gesetzt. Dabei besetzt Frankreich die brandenburgisch-westfälischen Länder um den grossen Churfürsten zum Nachgeben gegen Schweden zu zwingen.

Nun errichtete Louis mit Verhöhnung des deutschen Reiches die berüchtigten Reunionskammern, welche ausmitteln sollten, was in früheren Zeiten zu den seit dem westfälischen Frieden an Frankreich abgetretenen Ländern gehört habe. Was diese Kammern als Zugehör erklärten, nahm Louis sofort weg: neue Gebiete in Flandern, in Luxemburg, Lothringen, im Elsass mit Strassburg (1681). Kaiser und Reich sahen zu.

Aber Louis hatte noch lange nicht genug. Drei Jahre später nahm er wieder mehrere Städte u. a. Luxemburg. Kaiser und Reich sahen zu. Allerdings war dies zur Zeit als die Freunde und Bundesgenossen des allerchristlichsten Königs Louis, die Türken, vor Wien erschienen.

Louis, der Beschützer der deutschen Protestanten, der Bundesgenosse der protestantischen Länder England und Schweden, fing nun an in Frankreich die Ketzerei mit Stumpf und Stiel auszurotten. Hunderttausende französischer Protestanten flohen in's Ausland.

Nach diesem Feldzuge im Innern lenkte er wieder seine Blicke nach unserm Deutschland. Er verlangte einen grossen Theil der Pfalz und 1688 fiel er mordend, sengend und brennend in Deutschland ein und verwandelte alles Land rechts und links des Oberrheins in eine Wüste. Kaiser und Reich sahen zu.

Im Osten schwärmten die Türken, im Norden standen der Däne und Schwede gegen Deutschland, im Westen lauerte Louis nach neuer Beute. In England war indessen dem sogen. lustigen Monarchen Charles II. sein düsterer, fanatisch-katholischer Bruder James II. gefolgt, der wo möglich noch mehr unter der Oberleitung von Louis XIV. stand als Charles II. James II. (1684-87) ging öffentlich zur Messe, führte die Mönchsorden wieder ein, setzte gut gesinnte anglikanische Bischöfe ab, stellte Papisten an den Universitäten und in seinem Haushalte an, schaffte die Gesetze gegen die Katholiken ab, eröffnete Unterhandlungen mit Rom, empfing einen Nuncius in London. England war auf dem Wege katholisch und ein Vasallenstaat Frankreichs zu werden, welches nur auf eine bequeme Zeit wartete Deutschland vollständig zu unterjochen.

Da erschien Wilhelm von Oranien wieder als Retter, diesmal von England und Deutschland. Er entthronte seinen Schwiegervater James II. und änderte dadurch plötzlich die politische Lage.

Die Stuarts haben die kostbarsten Nationalinteressen Englands sowie die von Europa an Frankreich verkauft. Aber selbst Cromwell, kurzsichtig verblendet, hat durch den Bruderkrieg gegen Holland, in Allianz mit Frankreich, und durch Schwächung Spaniens zum Vortheil Frankreichs, durch Preisgebung der deutschen Protestanten, die Siege von Louis XIV. vorbereiten helfen. Nur Frankreich verfolgte wie gesagt ein weitgestecktes politisches Ziel mit ausserordentlichem Geschick und Talent.

Wilhelm von Oranien landete am ominösen Jahrestage der Pulververschwörung, am 5. November 1688, mit einer mässigen Heeresmacht in England. Die Expedition erfolgte nach Verabredung mit den unabhängigen leitenden Politikern Englands. Ganz England fiel sofort von James II. ab und bewillkommte Wilhelm. Verlassen von den Besten des Volkes, ohne Unterthanen, König in partibus infidelium, wanderte James zu seinem Herrn und Meister Louis XIV. und lebte von seiner ferneren Unterstützung.

Es ist erstaunlich, dass unter denen, welche dem verlassenen Könige, dem fanatisch-katholischen und französischen James II. noch anhingen, etwa vierhundert Geistliche der englischen Kirche, darunter acht Bischöfe waren. Diese hingen so fest an der exilirten Familie, dass sie es wagten öffentlich verurtheilte und verstockte Staatsverräther von ihren Sünden zu absolviren. Bei der Hinrichtung von Sir John Friend und Sir William Perkins, wegen Betheiligung an einer Verschwörung zur Ermordung Wilhelms (1696) erschienen drei anglikanische Geistlische Collier, Cook und Snatt auf dem Schaffot und absolvirten öffentlich die Verbrecher durch Auflegung ihrer Hände.

Prinz Wilhelm, jetzt William III., der Retter Hollands, der Befreier Englands, gab dem englischen Staatsschiffe eine andere Wendung. Seine Erhebung auf den Thron Grossbritanniens war der Wendepunkt des Glückes seines Gegners Louis XIV.

Louis war schon wieder in Deutschland eingefallen und erklärte bald darauf Holland und Spanien den Krieg. Aber jetzt erschien England wieder auf dem Kriegsschauplatz in den Reihen seiner natürlichen Verbündeten. Im Jahre 1689 trat es der Allianz gegen Frankreich bei. Letzteres hatte nur noch einen Verbündeten: den Türken. Ein neunjähriger Krieg entbrannte nun wieder in den deutschen Grenzlanden, welcher sich nach den Niederlanden, Italien, Spanien, selbst Irland zog. Louis XIV. gebrauchte in diesem Kriege als sogen. Vertheidigungsmittel die Verwüstung des rechten und linken Rheinufers, der Pfalz und Mittelbadens, die Zerstörung Hunderter von Städten und Dörfern. Die deutsche Reichsarmee wurde geschlagen.

Eine mächtige französiche Flotte brachte den Ex-König James II. nach Irland, welches er, von den irischen Katholiken gut aufgenommen, fast ganz eroberte. Aber im Jahre darauf, 1690 erfocht Wilhelm am Flusse Boyne einen vollständigen Sieg. James floh nach Frankreich und die französische Armee kapitulirte (1691). Als Ersatz führte damals die französische Flotte 20,000 katholische Irländer nach Frankreich.

Inzwischen wurden gegen König Wilhelms Leben zahlreiche Verschwörungen angezettelt. Die Pariser Bluthochzeit, die Ermordung Wilhelms von Oranien, die Ermordung von Henri IV., hatten sich als ein so bewährtes Mittel erwiesen, dass man es mit demselben Erfolge bei einem andern Wilhelm von Oranien anzuwenden hoffte, und mit besserem Glück als die zahlreichen Komplotte gegen Elisabeth und ihren Minister Cecil und die Pulververschwörung gegen James I. und sein Parlament. Aber die Mordpläne gegen den zweiten Wilhelm von Oranien gelangen nicht und die Verschwörungen wurden alle entdeckt.

Frankreich aber blieb glücklich selbst im Unglücke, es gewann immer, selbst wenn es verlor. Beim Frieden von Ryswik (1697) gab es nur einige Eroberungen einstweilen heraus und wartete. Es brauchte nicht lange zu warten. Bald kam eine neue Kriegsveranlassung, der spanische Erbfolgekrieg. Der Mittelpunkt der politischen Intriguen in der europäischen Politik war wieder Louis XIV. Diesmal liess sich William III., welcher in Privatunterhandlungen mit ihm eintrat, von ihm irreleiten. Er sah nicht, dass der Zweck von Louis XIV. wieder die Vergrösserung Frankreichs war. Er liess sich von Louis durch den Popanz der Stärkung Oesterreichs und Spaniens bethören. Doch liegt die Schuld dieses politischen Fehltrittes weniger am alten Wilhelm, als am Parlamente.

Bald liess Louis seine maskirten Batterien los. Der spanische König starb und es fand sich ein Testament vor worin er den Enkel von Louis XIV., Philipp von Anjou, zum Erben aller spanischen Reiche eingesetzt hatte. Louis XIV. beeilt sich das Testament sofort anzuerkennen (1701), Schweden schliesst einen neuen Bund mit Louis und England, welches kurz vorher vor der Stärkung Spaniens und Oestreichs Angst gehabt hatte, erkennt den französischen König von Spanien ebenfalls an. Deutschland hatte zu dieser Zeit wieder einmal einen seiner berüchtigten „Querelle d'Allemand". Seine Fürsten haderten wegen der neunten Churwürde, welche der deutsche Kaiser zu Gunsten Hannovers geschaffen. Die Missvergnügten der deutschen Fürsten luden Frankreich, „als Garanten des westfälischen Friedens" ein, sich solcher Neuerung des Kaisers zu widersetzen. Es war dies eine Einladung, welche Frankreich sehr gern annahm und wodurch es seinen Anhang im Reiche verstärkte. Trennen und dann einsacken war die Politik von Louis XIV., die später Napoleon befolgte. Baiern, Köln, Braunschweig-Wolfenbüttel waren jetzt mit Frankreich im Bunde und die südlichen Reichstheile, dem Einflusse jener Fürsten gehorchend, erklärten sich neutral. Der Kaiser allein widerstand und sandte seine Heere nach Italien, wo er die französischen Heere schlug. Jetzt erst schlossen England und Holland, welches den Enkel von Louis XIV. ebenfalls als König von Spanien anerkannt hatte, eine Allianz mit dem Kaiser (1698). Louis XIV. hatte unkluger Weise nach dem Tode von James II., dessen Sohn James III., als König von Grossbritannien anerkannt, trotzdem dass er William III. schon als solchen anerkannt hatte. Dies erregte den Zorn und Unwillen der englischen Nation, welche bisher zum Frieden mit Frankreich geneigt war und das Parlament bewilligte sofort die Subsidien. Wilhelm III. starb noch vor dem Ausbruch des Krieges (1702), aber seine Nachfolgerin, Königin Anne, führte die Rüstungen mit Eifer fort. Am 15. März 1702 erklärten England, der Kaiser und das Reich an Frankreich den Krieg. Die deutschen Reichsfürsten von Baiern und Köln verharrten im französischen Bunde.

Deutschland war nun wieder einmal der Tummelplatz der feindlichen Heere. Dank der Verwirrung und Ohnmacht im Reiche und der Getheiltheit der Verbündeten focht Frankreich erst mit Glück, unterstützt von Baiern, welches gegen Deutschland war. Ganz Süddeutschland fiel (1703) in die Hände Frankreichs und seines deutschen Verbündeten. In diesem Jahre erschien Marlborough mit seinem englisch-holländischen Heere in Süddeutschland. Dieser, verbündet mit Ludwig von Baden und nachher mit dem Prinzen Eugen, schlug die verbündeten Heere der Baiern und Franzosen. Ueberall, ausgenommen am Rhein, siegten die Aliirten gegen Frankreich und Baiern. Am Rheine aber focht die Reichsarmee.

Frankreich fühlte sich endlich erschöpft und sehnte sich

nach Frieden. Louis machte wiederholt Friedensvorschläge, aber ohne Erfolg. Da unterhandelte er separat mit England und schloss mit diesem 1712 einen Waffenstillstand. So liess England seine Verbündeten im Stiche. Die Ursache dieses Aufgebens von Verpflichtungen den Verbündeten gegenüber war der Sturz der Whig-Partei und mit ihr Marlborough's und die Berufung der Tory-Partei an das Staatsruder. Zudem konnte die Königin Anne ihren Ursprung nicht verleugnen. Sie wünschte, dass der sogen. Prätendent, der Sohn des entthronten James II., ein Katholik, ihr auf dem Throne nachfolge, und widersetzte sich daher der sogen. Successions-Akte, durch welche das protestantische Haus Braunschweig zur Nachfolge auf dem Thron bestimmt war. Diese Successions-Akte war das Werk der Whigs. Die Tories waren den Stuarts ergeben, sowie die Katholiken. Diese Tories, jetzt am Ruder, schlossen mit Frankreich einen ganz unerwarteten Separatfrieden, sich egoistisch mit den Frankreich abgenommenen Eroberungen begnügend. Die Verbündeten waren bestürzt und indignirt über diese Abtrünnigkeit, und die Folge davon war, dass das besiegte, entkräftete Frankreich die Hauptpunkte des Friedens von Utrecht (1713) diktirte. Der Kaiser allein führte den Krieg fort, aber kraftlos und war endlich gezwungen einen schlechteren Frieden, als er zu Utrecht erhalten hätte, zu Rastatt (6. März) für sich selbst und für das Reich zu Baden (7. Sept. 1714) anzunehmen.

In dem Frieden von Utrecht erreichte Louis XIV. seinen Zweck: die spanische Krone auf dem Haupte seines Enkels. England gewann, nebst Gibraltar und Minorca, bedeutende Gebiete in Amerika und anderswo, sowie grosse Handelsprivilegien. Aber Italien ward zerrissen, Spanien musste wider Willen einen fremden und despotischen König annehmen, welcher sofort seine Freiheiten vernichtete, Frankreich ging mächtiger als je aus dem Kriege hervor und Deutschland schwächer, elender, verachteter als je. Vom Jahre 1618 bis 1714, also in einem Zeitraume von 96 Jahren, war Deutschland während 60 Jahren der Tummelplatz deutscher und fremder Heere, dank seiner Zerrissenheit und der selbstsüchtigen, undeutschen Politik seiner Fürsten. Die Maxime war damals, dass der Krieg den Krieg bezahlen müsse. Nicht nur Wallenstein und Tilly, auch die Protestanten, und unter diesen Mansfeld, führten dieses Princip mit scheusslicher Grausamkeit aus. Die Generäle waren Hauptleute von Räuberbanden. Es gehört jedoch nicht hierher die Lage des damaligen Deutschlands zu schildern. Wer kennt sie nicht? Ich habe obiges trauriges Bild von Deutschland nur entworfen um die damaligen politischen Beziehungen zwischen England und Deutschland zu beleuchten.

Es waren wie gesagt, in England dieselben Parteien, welche den Sohn des vertriebenen Stuarts auf den Thron erheben wollten, die auch den für Frankreich so günstigen Separatfrieden schlossen und England veranlassten seine Verbündeten im Stiche zu lassen: die Tories, die Jakobiten und die Katholiken. Doch die Whigs und die wahren Protestanten standen fest und verhinderten die Bemühungen ihrer Gegner, eine zweite Restauration der Stuarts zu Stande zu bringen. Sie bereiteten Alles vor, um nach Anne's Tode Georg von Hannover auf den Thron zu setzen. Schon vierzehn Tage nach Anne's Tod wurde George I. zum König ausgerufen.

Der Einfluss einer zweiten Restauration der von Frankreich besoldeten Stuarts, auf die politische und freiheitliche Entwicklung Englands und die Geschicke Europa's ist nicht zu berechnen. „Die Thronfolge des Hauses Hannover", sagt Baxter in seiner Church History p. 655, „fand unter Umständen statt, die für einen ehrerbietigen und frommen Bewunderer der Principien, welche sie veranlassten, den Charakter göttlicher Dazwischenkunft tragen. Wenige Dinge schienen wahrscheinlicher, als der Friede zu Utrecht 1713 geschlossen war, als dass entweder in nicht ferner Zeit die sogen. Successions-Akte widerrufen würde, oder dass, im Falle früherer Thronerledigung, die Proklamation von Georg das Signal einer nationalen Konvulsion sein würde: dass ein Atterbury,[1] vielleicht als Primas, der sogen. „Non-Jurance",[2] ein Exempel statuiren möchte; dass James III., unterstützt von einer starken kontinentalen Truppenmacht, seine Ansprüche mit allen Aussichten auf Erfolg behaupten, und dass die Fluth des Protestantismus und der Freiheit in unbestimmte Ferne zurückrollen werde. Zwölf Monate waren kaum vorüber als sie, deren Leben für die jakobitischen Interessen so wichtig gewesen, in ein frühes Grab sank. In dieser kritischen Zeit ging der alte und standhafte Freund der exilirten Familie, Louis XIV., seiner schrecklichen Rechenschaft mit Sturmschritte entgegen, und kontinentale Angelegenheiten waren zu verwirrt, um einem

[1] Bischof von Rochester, der hochkirchlichen Partei angehörig, Jakobit, verhaftet, seiner Stelle entsetzt und exilirt. Starb 1732 in Paris.

[2] Non-Jurors waren Geistliche welche William III. und seinen Nachfolgern den Eid der Treue verweigerten.

Stuart wirksame Hilfe zu gestatten. Die Krisis ging glücklich vorüber. Niemand bewegte einen Finger in Opposition, als Hannovers Churfürst König von Britannien wurde".

§ 2.

DEUTSCHE DIPLOMATEN IN ENGLAND UNTER DEN STUARTS.

Die Anzahl deutscher Diplomaten welche unter James I. theils in England wohnten. theils in Deutschland als Agenten der englischen Regierung fungirten. theils auch in England auf Missionen politischer Art waren, ist nicht gering. Unter den nächsten Nachfolgern von James waren die politischen Beziehungen zu Deutschland weniger häufig und intim.

Unter den Gesandten am Hofe von James waren Fürsten und hohe Staatsbeamte. Es wurden einige derselben, als Prinz Friedrich von Württemberg, die beiden von Buwinckhausen, von Colli u. A. schon erwähnt. Ein anderer. Weckherlin, wird später angeführt werden. Zu nennen ist hier noch einer der bedeutendsten der deutschen Diplomaten zu dieser Zeit. Joachim von Rusdorf, der pfälzische Minister und Geschäftsträger unter Friedrich V. bei James I.[1] Ich muss mich aber hier auf zwei Solcher beschränken, die in England eine hohe Stellung eingenommen haben und daselbst lebten und starben.

Der erste von diesen war ein Deutscher der England in Indien diente. Peter W. Floris. geb. in Danzig. starb 1615 in London. nachdem er im Dienste der ostindischen Kompagnie in Indien fungirt hatte. Er reiste 1610 auf dem „Globe" nach Indien als Faktor. und während der folgenden fünf Jahre seines Aufenthaltes daselbst zeigte er grosse Gewandtheit und Energie bei seinen Unterhandlungen mit indischen Fürsten. Er kehrte 1615 nach London zurück und starb daselbst in demselben Jahre. erschöpft von den Arbeiten und Sorgen seiner gefährlichen Unternehmungen. Er hinterliess einen werthvollen Bericht über seine Reisen.

Spanheim, (Hezekiel), geb. 1629, Sohn des berühmten pfälzer Theologen und Philologen Friedrich Spanheim und Enkel von Wigand Spanheim, Doctor Theologiae und geistlicher Rath

---

[1] Siehe seine „Negotia Politica", dann „Lettres and Negotiations". Ueber sein Leben siehe Krüner: Joachim v. Rusdorf. Halle 1876.

des Pfalzgrafen, war ein gelehrter Schriftsteller und ausgezeichneter Staatsmann. Auch er, wie sein Vater, studirte nicht nur Latein und Griechisch, sondern mit Eifer orientalische Sprachen. Das Französische verstand er so vollkommen, dass er Bücher in dieser Sprache schrieb. Er wurde zu vielen diplomatischen Geschäften verwendet, besonders vom Churfürsten der Pfalz, dessen Sohn er erzogen, aber auch von Andern, u. a. auch in England. Im Jahre 1679 übertrug der Churfürst von Brandenburg, mit Erlaubniss des Churfürsten von der Pfalz, Spanheim eine Gesandtenstelle am englischen Hofe, von wo er aber schon 1680 in ähnlicher Stellung nach Paris gesandt wurde. Im Jahre 1684 wurde er Staatsminister in Berlin und 1685 kam er wieder nach London um James II. zu seiner Thronbesteigung Glück zu wünschen. Im Jahre 1702 kam er abermals als Gesandter des neuen Königs von Preussen nach England, der erste preussische Gesandte in diesem Reiche, wo er den Rest seiner Tage zubrachte, seine Zeit zwischen Geschäften und Studien vertheilend. Er starb 1710 im Alter von 81 Jahren, und wurde in Westminster Abtei bestattet. Er hinterliess eine Tochter, die in England den Marquis von Montandre heirathete.

Es ist merkwürdig dass Spanheim, der sein ganzes Leben über ganz Europa, von einem Hof an den andern wanderte, und fortwährend mit Unterhandlungen und Staatsangelegenheiten beschäftigt gewesen, die er stets mit äusserster Genauigkeit verrichtete, Zeit finden konnte, so viele Werke zu schreiben, Werke die grosse Gelehrsamkeit und Arbeit erforderten, die nur im Studierzimmer, in Mitte von Büchern geschrieben werden konnten. Man kann fast von ihm sagen, dass er wie ein Mann unterhandelte, und Staatsgeschäfte besorgte, welcher nichts Anderes als diese in seinen Gedanken hatte; und dass er wie ein Mann schrieb, der seine ganze Zeit nur dem Studium widmete. Eines seiner Hauptwerke ist das über die antiken Münzen, das als ein Schatz von Gelehrsamkeit galt.

§ 3.

DEUTSCHE THEOLOGEN VON BERUF IN ENGLAND IM 17. JAHRHUNDERT.

Viele der Gelehrten jener Zeit, ja die meisten, waren Theologen. Da aber eine grosse Zahl derselben damals Studien verfolgten, die mit der Theologie, wenig oder gar Nichts gemein hatten, so fand ich es zweckmässig die Theologen von Beruf mit kirchlicher Stellung oder Würde in besonderer Kategorie aufzuführen, obwohl die Trennung zuweilen eine unmögliche ist, da mancher Theologe als solcher und zugleich als Gelehrter arbeitete.

Der intime und eifrige Verkehr, der im 16. Jahrhundert zwischen englischen und deutschen Theologen bestand, hatte im 17. zwar nicht aufgehört aber sich doch sehr vermindert. Unter Elisabeths energischer und langer Regierung hatte sich die reformirte Kirche etablirt und konsolidirt, eine hinreichende Anzahl Geistlicher herangebildet und sogar, durch ihre ganz eigenartige Organisation, einen von der deutsch-protestantischen Kirche sehr verschiedenen Bildungsgang eingeschlagen, der eine Zusammenwirkung schwieriger machte. Die Berufung oder Anstellung deutscher Theologen in England war demnach nicht mehr nöthig und nicht mehr so leicht als ehedem, da sie die anglikanische Lehre und Riten annehmen mussten. Dennoch fehlte es auch in dieser Zeit nicht an einigen eminenten deutschen Theologen, die als anglikanische Priester in England arbeiteten.

Einer von diesen war Dr. A n t o n H o r n e c k, anglikanischer Priester, und populärer Prediger in London. Er war 1641 in Bacharach geboren, studirte zu Heidelberg Theologie und wurde in Wittenberg Dr. Philosophiae. Erst neunzehn Jahre alt kam er 1661 nach England, ging nach Oxford und wurde als Mag. Art. Lib. 1663, in Queen's College daselbst aufgenommen. Durch den Einfluss von Barlow, damals Provost des College, und nachher Bischof von Lincoln, wurde er bald nach seiner Aufnahme zum Kaplan ernannt. Nicht lange nachher wurde er Vikar von Allhallows in Oxford, wo er zwei Jahre blieb. Im Jahre 1665 wurde er Hauslehrer von Lord Torrington, dem Sohn des berühmten Generals Monk, Herzogs von Albemarle, der ihm eine Rektorstelle in Doulton (Devonshire), verschaffte und welcher Bischof Sparrow veranlasste ihm eine Präbende in der Exeter Kathedrale zu geben. Im Jahre 1671 wurde er zum Prediger der englischen Kirche in Savoy in London ernannt, wo er bis zu seinem Tode blieb und da er nicht mehr Stellen haben wollte, als er versehen konnte, so gab er die in Devonshire auf. Im Jahre 1681 wurde er Doctor Theologiae in Cambridge und nachher Kaplan des Königs William, und der Königin Mary. Im Jahre 1694 erhielt er eine Präbende in der Kirche von Wells, nachdem er das Jahr vorher eine solche in Westminster Abtei erhalten hatte. Er hatte mit Dr. Beveridge, die Oberleitung der religiösen Gesellschaften, die unter James II. gebildet zu werden anfingen. Horneck starb noch jung in Westminster, im Jahre 1696. Er wurde in Westminster Abtei bestattet, wo ein Monument seinem Andenken errichtet ward. Sein Leben, mit einer Sammlung seiner Predigten wurde von Bischof Kidder, 1706, veröffentlicht.

Der Ruhm von Horneck's Predigten und von seiner Frömmigkeit zog zahlreiche Kongregationen nach der Savoy Kirche von allen Theilen der Stadt, so dass es hiess, dass seine Pfarrei die grösste in London wäre, sich von Whitechapel bis nach Westminster Abtei erstreckend. Er war gelehrt in vielen Sprachen, besonders im Arabischen, Hebräischen, Rabinisch-Hebräischen, in Kirchengeschichte, Casuistik, und äusserst gewandt in religiöser Kontroverse. Man sagt, dass Wenige so oft in Gewissensfragen berathen wurden als Dr. Horneck und er als geistlicher Führer einer der grössten war, die je gelebt. „Er hatte", sagt Bischof Kidder", den Eifer, Geist und Muth Johannes des Täufers, und wagte es einen grossen Mann zu tadeln; und vielleicht hat nie ein Mann gelebt, der in solchen Dingen gewissenhafter war. Ich kannte einen grossen Mann und Pair des Reiches, von dem er Aussichten auf Anstellung hatte: aber dieser Umstand verschloss dennoch seinen Mund nicht, und er tadelte ihn von Angesicht zu Angesicht in einer kritischen Angelegenheit. Er verlor dadurch seine Anstellung, aber rettete seine Seele. Diese Freimüthigkeit hatte zur Folge, dass seine Bekanntschaft und Freundschaft von jedem guten Manne gesucht wurde, der noch besser werden wollte. Er fand in ihm einen sichern Freund, der nichts Böses in ihm duldete. Ich kann von ihm sagen, was Plinius von C. Rufus, dessen Tod er beklagt, sagt: „Ich habe einen treuen Zeugen meines Lebens verloren" und mag beifügen, was er bei dieser Gelegenheit zu seinem Freunde Calvisius sagt: „Ich fürchte, dass ich künftig unvorsichtiger leben werde".

Horneck war Autor von Predigten und vielen religiösen Schriften. Die Anzahl seiner Publikationen ist immens. Die meisten sind Orginalwerke in englischer Sprache, einige Uebersetzungen aus dem Deutschen, selbst aus dem Französischen in das Englische. Eine vollständige Liste seiner Werke findet sich in Wood's Athenae Oxonienses, herausgegeben von Bliss, vol. IV. p. 530.

John Evelyn sagt von Horneck in seinem Diary:

„He was a German borne, a most pathetic preacher, a person of Saint-like life".

Horneck hinterliess einen Sohn der ebenfalls Prediger wurde, und zu Lebzeiten seines Vaters Kaplan von Lord Guildford war (1690).

Schon lange vor Horneck war ein anderer Rheinländer nach England gekommen um daselbst ein Amt in der englischen Kirche zu übernehmen. Ich erwähne ihn aber in zweiter Reihe, einmal da er nur vorübergehend in England war und dann weil ich ihn von seinem Sohne nicht trennen wollte, der später England als Heimstätte erwählte. Es war dieses Johann Gerhard Voss.

Johann Gerhard Voss war 1577 in der Nähe von Heidelberg geboren in einem Dorfe, wo er Geistlicher war. Er studirte die klassischen und auch orientalischen Sprachen, Naturwissensshaften und, wie die meisten Gelehrten seiner Zeit, Theologie. Er wurde Professor in Leyden. Durch seine Geschichte des Pelagianismus, worin er sich zu Gunsten des letztern aussprach, zog er sich Verfolgungen in den Niederlanden, aber zustimmendes Lob in England zu. Laud, Erzbischof von Canterbury, hielt ihn sehr hoch und bewog Charles I. ihm eine Präbende in der Kathedrale zu Canterbury zu übergeben, die ihm gestattete in Leyden zu wohnen. Diese Präbende entschädigte ihn für den in Holland erlittenen Schaden. Er kam nach England um installirt zu werden, und erhielt zugleich den Grad eines Doctor Juris in Oxford. Dies war 1629. Er starb 1649 in Amsterdam und hinterliess viele zur Zeit höchstgeschätzte Werke linguistischer, historischer und philosophischer Art.

Isaak Voss, der Sohn des obigen, war ebenfalls ein Mann von grosser Gelehrsamkeit und Talent. Er war 1618 geboren und wurde von seinem Vater mit Sorgfalt erzogen. Im Jahre 1670 kam er nach England, wurde in Oxford zum Doctor Juris ernannt und bei dieser Gelegenheit von den Vorstehern der Kollegien mit grosser Gastfreundschaft behandelt, wie vor ihm sein Vater 1629. Im Jahre 1673 ernannte ihn Charles II. zum Domherrn von Windsor und wies ihm eine Wohnung im Schlosse an, wo er 1688 starb. Er hinterliess eine der besten Privatbibliotheken seiner Zeit.

Des Maiseaux berichtet, in seinem französischen Leben von St. Evremond,[1] mehrere Einzelheiten über das Leben und

[1] Ein berühmter, geistreicher, witziger, französischer Soldat und Schriftsteller, Autor verschiedener Werke, welcher lange in England lebte.

den Charakter von Isaak Voss, die sehr interessant sind. St. Evremond, sagt er u. a., pflegte die Sommer an dem Hofe in Windsor zuzubringen, und dort sah er oft Voss, der, wie St. Evremond ihn beschrieb, beinahe alle Sprachen Europa's verstand, ohne eine einzige gut zu sprechen: der bis auf den Grund den Genius und die Sitten des Alterthums kannte, und den Sitten seiner Zeit gänzlich fremd war. Er drückte sich im Privatgespräche wie ein Mann aus, der gerade einen Kommentar über Juvenal und Petronius gab. Er publicirte Bücher um zu beweisen, dass die Darstellung der Septuaginta göttlich inspirirt wäre: aber er entdeckte im Privatgespräche, dass er an gar keine Offenbarung glaube: und die Art, wie er starb, bewies dass er nicht daran glaubte.

Er war der schwächste und leichtgläubigste Mensch in der Welt, und bereit, irgend eine ausserordentliche, wunderliche Geschichte zu verschlingen, so fabelhaft und unmöglich sie auch sein mochte. Diese Mittheilung von St. Evremond, bekräftigt Des Maiseaux noch mit der weiteren Nachricht, dass Dr. Hascard, Dekan von Windsor, mit seinen Domherrn den sterbenden Voss, nicht dazu bewegen konnte, obwohl sie ihn zuletzt noch baten „wenn auch nicht Gott zu lieb, doch wenigstens der Ehre des Kapitels halber das Sakrament zu empfangen".

Als ihn Jemand eines Tages hinsichtlich des Bekenntnisses eines Gelehrten fragte, den er ehedem in seinem Hause gesehn, antwortete er derb: „Est sacrificulus in pago, et rusticos decipit". Aehnliche kurze Antworten waren bei ihm gewöhnlich, und als ein Bruder seiner Mutter, wahrscheinlich der alte Dr. Junius, der Germanist, von dem später die Rede sein wird, der bei ihm starb, krank war, und ein Geistlicher vorschlug ihm die Kommunion zu geben, widersetzte er sich mit den Worten: „Dies ist ein ziemlich hübscher Brauch für Sünder; aber mein Onkel, weit entfernt ein Sünder zu sein, ist ein Mann ohne Fehler".

Voss stellte das Alterthum der Chinesischen Berichte über das der Bücher Moses. Charles II. pflegte ihn den sonderbarsten Mann in der Welt zu nennen, „der", sagte er, „an Alles glaubt, ausgenommen die Bibel".

Die Werke von Isaak Voss sind äusserst zahlreich; viele kamen in den Niederlanden heraus, die meisten aber in England, theils in Oxford, theils in London.

„Nichts", sagen französische Kritiker ihrer Zeit, „konnte einen grösseren Kontrast bilden, als die Charaktere von Gerhard, dem Vater, und Isaak dem Sohne; nichts verschiedener sein, als die Bildung ihres Verstandes. Im Vater herrscht Urtheil vor, im Sohn Imagination: der Vater arbeitet langsam, der Sohn mit Leichtigkeit; der Vater misstraut den bestbegründeten Ansichten, der Sohn liebt nichts als Muthmassungen, und diese kühn und verwegen; der Vater bildet seine Meinungen nach dem was er liest, der Sohn erfasst eine Meinung und liest dann: der Vater bemüht sich den Sinn der Autoren, die er citirt, zu durchdringen, und widmet ihnen, als Meistern, gebührende Achtung: der Sohn unterlegt diesen Autoren seinen eigenen Sinn, und betrachtet sie als Sklaven, die Zeugniss geben sollten, wie er wünscht: des Vaters Ziel war zu belehren, des Sohnes zu glänzen; Wahrheit war des Vaters Lieblingszweck, Neuheit des Sohnes: im Vater bewundern wir ausgedehnte Gelehrsamkeit, regelrecht geordnet und klar ausgedrückt, im Sohne einen blendenden Styl, seltsame Gedanken und eine Lebhaftigkeit, die selbst gefällt, wenn die Sache schlecht ist: der Vater hat gute Bücher geschrieben, der Sohn merkwürdige".

Johann Ernst Grabe, geboren 1666 in Königsberg, studirte Theologie und gewann bald eine Neigung zur katholischen Kirche, so dass er überzutreten gedachte und nur von Spener u. A. davon abgehalten wurde. Da er grosses Gewicht auf den Grundsatz der apostolischen Nachfolge legte, als nöthig für die Giltigkeit der Priesterweihe, so ging er, auf Spener's Rath, 1695 nach England, dessen Kirche eine ununterbrochene Reihenfolge des Episkopats beansprucht. In England, wo er mit Auszeichnung aufgenommen ward, schloss er sich der anglikanischen Kirche an, worin er jedoch keine Anstellung erhielt. Dagegen verlieh ihm König William III. zur Fortsetzung seiner Studien einen Jahresgehalt von 100 Pfund.

Grabe war ein sehr gelehrter Theologe. Er war von Anerkennung für seine gute Aufnahme in England durchdrungen, und zeigte bald seine Dankbarkeit durch viele werthvolle Bücher, die er in England veröffentlichte, das er von da an als seine Heimat betrachtete. Da er ganz mit der Konstitution der anglikanischen Kirche übereinstimmte, so empfing er die Priesterweihe in dieser Kirche und wurde ein eifriger Anhänger derselben. In diesem Geiste publicirte er in 1698 und das folgende Jahr „Spicilegium S. S. Patrum" etc. eine Sammlung der seltenen, geringeren Werke und Fragmente der Väter und Häretiker der drei ersten Jahrhunderte, zu dem Zwecke, wie erklärte, um die Theilungen der Kirche zu heilen. In derselben Absicht veröffentlichte er im folgenden Jahre Justin Martyr's „First Apology" und 1702 die Werke von Irenaeus. Nach der Thronbesteigung der Königin Anna in diesem Jahre, gab ihm diese sofort ganz besondere Zeichen ihrer persönlichen Gunst. Sie beauftragte ihn die Septuaginta von dem Alexandrinischen Manuskript in der St. James Bibliothek zu veröffentlichen, was bisher unterblieb, theils wegen der Schwierigkeit der Arbeit, theils der Opposition der Anhänger der römischen Curie. Die Königin übergab ihm, mit diesem Auftrage, eine Börse mit 60 Pfund Sterling zur Herzensstärkung. Grabe machte sich mit Eifer an diese ungeheure Arbeit und gab, so nebenher, als Erholung, andere sehr geschätzte Werke heraus.

Von seiner ersten Ankunft an wohnte er einen grossen Theil seiner Zeit in Oxford, das er sehr liebte und wo er, wie er selbst sagt, viel Gastfreundschaft und Unterstützung fand. Nebst der Bodleyischen Bibliothek, fand er daselbst die Gesellschaft eminenter Gelehrten, unter denen er in hoher Achtung und Liebe stand.

Das Alexandrinische Manuskript erschien 1707 zum Theil zu Oxford, nachdem ihn vorher die Universität mit dem Titel eines Doctor Theologiae und bei derselben Gelegenheit, mit schmeichelhafter Lobrede, geehrt hatte. Der Erfolg des Werkes war ausserordentlich.

Auch in englischer Sprache veröffentlichte Grabe ein Werk, das 1711 in Oxford erschien: „An Essay upon two Arabic Manuscripts" etc. und er gedachte noch andere zu schreiben, aber der Tod überraschte ihn 1712. Er starb im kräftigsten Mannesalter und wurde in Westminster Abtei beerdigt, wo ein Marmormonument, mit seinem Bilde in voller Länge, in sitzender Stellung, ihm errichtet wurde. Es steht gegen die westliche Wand des südlichen Kreuzflügels oder Chorganges, in der Nähe von dem von Camden.

Grabe schwärmte noch auf seinem Todenbette für die Vereinigung aller Christen, nach einem primitiven und vollkommenen Vorbild. Im protestantischen Deutschland, besonders Preussen, strebte er erst eine Annäherung an die englische Kirche zu veranlassen, mit Einsetzung von Bischöfen und Einführung der englischen Liturgie. Dadurch glaubte er seinem Hauptplan näher zu kommen, nämlich der Vereinigung der beiden Hauptkörper der Protestanten und sie so gegen Rom zu stärken. Zu seiner Zeit schon gingen englische Priester zur römischen Kirche über und Grabe veranlasste durch Argumentation Viele davon abzustehen. Er galt als einer der grössten Theologen seiner Zeit, und war dabei bescheiden und mittheilungsvoll.

Johann Strype war zwar kein Deutscher von Geburt, aber von deutschen Eltern in London geboren und da er der Verfasser vieler werthvoller Werke war, so verdient er wohl hier eine Stelle. Er studirte in Catherine-Hall in Cambridge, 1662, wo er als Magister Artium Liberalium promovirte. Im Jahre 1671 erhielt er denselben Grad zu Oxford. Er wurde 1669 Rektor von Theydonboys in Essex, und im folgenden Jahre von Low-Leyton daselbst. Er war nebstdem Lektor in Hackney, London, wo er 1737 starb, nachdem er seine Vikarstelle achtundsechzig Jahre inne gehabt hatte. Strype schrieb ein Tagebuch über sein Leben, welches sehr viele interessanten Umstände bezüglich der literarischen Geschichte seiner Zeit enthält, da er in häufiger Korrespondenz mit Erzbischof Wake, den Bischöfen Atterbury, Burnet, Nicolson und andern eminenten Personen war. Strype's Werke, etwa zwanzig, sind literarischer, biographischer, historischer und theologischer Art und manche gelten heute noch sehr viel als Quellen. Eines seiner Werke: „Life of Archbishop Cranmer etc." (3 Bände London, 1694) ist heute noch von hoher Bedeutung.

Ich erwähne hier unter den Theologen zum Schlusse noch eines Landsmannes, der sich 1622 eine Zeit lang in England aufhielt und ein zu seiner Zeit berühmter Gelehrter war. Es ist dies Lukas Holsten 1596 in Hamburg geboren. Später ging er zum katholischen Glauben über, wurde Canonicus des Vatikans und nachher Bibliothekar und Consultor des Index. Holsten nahm an vielen wichtigen Unterhandlungen und Kontroversen mit Jansenisten theil. Er veranlasste die Bekehrung Friedrichs von Hessen-Darmstadt und empfing die Abjuration der Königin Christine von Schweden. Er starb 1661 in Rom und hinterliess zahlreiche gelehrte Werke und Abhandlungen.

Obgleich Holsten ein ernster Mann war, so befindet sich von ihm ein bon-mot in „Menagiana", das eine gute Gabe schlagfertigen Witzes verräth. Während er eines Tages mit Heftigkeit mit zwei Gelehrten am Tische seines Gönners, des Kardinals Barberini diskutirte, hatte er das Unglück „dass ihm ein Wind rückwärts entfuhr". Der Kardinal lächelte und die Gesellschaft brach in ein Gelächter aus. Holsten, jedoch, nicht im Geringsten ausser Fassung, wandte sich an den Kardinal und sagte: „Ich mag wohl bei dieser Gelegenheit auf

Eure Eminenz Folgendes von Virgil anwenden: „Tu das epulis accumbere divum“ — aber nicht das Folgende: „Ventorumque facis tempestatumque potentem“. Niemand ahnte dabei, dass es in Virgil nicht Ventorum, sondern Nimborum heisst.

§ 4.

DEUTSCHE PHILOLOGEN IN ENGLAND IM 17. JAHRHUNDERT.

Die Zahl ausgezeichneter deutscher Philologen, welche in diesem Jahrhunderte England theils bleibend, theils vorübergehend besuchten, war nicht gering und besonders auffallend ist die grosse Anzahl von deutschen Orientalisten, die damals wie heute in England sehr gesucht waren. Unter den dreizehn Gelehrten, die in diesem Abschnitte erscheinen werden, sind neun Orientalisten, ohne den schon erwähnten Grabe, der auch zu ihnen gehörte, denn er war ein Orientalist ersten Ranges und sein Hauptwerk gehört in die Abtheilung der Philologie.

Ich eröffne die Liste der Philologen mit einer äusserst interessanten Persönlichkeit, mit einem wahren Typ eines deutschen Gelehrten. Es ist dies: Franz Junius, geboren 1589 zu Heidelberg, ein berühmter Germanist. Junius studirte Anfangs Mathematik und Kriegswissenschaft um in den Kriegsdienst zu treten. Bald aber widmete er sich den Wissenschaften des Friedens. Er kam im Jahre 1620 nach England. Hier empfahl er sich durch seine Gelehrsamkeit und seinen sanften Charakter. Er trat in die Familie von Thomas, Earl of Arundel, wo er dreissig Jahre blieb. Während dessen machte er häufige Ausflüge nach Oxford, hauptsächlich wegen der Bodleyischen und andern Bibliotheken. Hier fand er mehrere angelsächsische Bücher, die er zu benutzen beschloss, um die Sprache zu studiren, die damals in England sehr vernachlässigt war. Er sah, dass die Kenntniss des Angelsächsischen ihm dienlich, ja nöthig sein würde, zur etymologischen Erklärung der hoch- und niederdeutschen und englischen Sprachen. Er studirte daher obige Sprache gründlich. Nachher lernte er Gothisch, Fränkisch, Cimbrisch und Friesisch und erklärte die Etymologie vieler italienischen, französischen und spanischen Wörter, welche die germanischen Eroberer in diesen Sprachen hinterlassen haben. Er erklärte das Gothische als die Mutter aller teutonischen Sprachen, von dem Hoch- und Niederdeutsch, Englisch, Dänisch, Schwedisch,

Norwegisch und Isländisch abstammen. Er war so leidenschaftlich eingenommen für diese Studien, dass, nachdem er dreissig Jahre hauptsächlich damit in England zugebracht, er nach Friesland ging, um dort die Sprache zu lernen und zwei Jahre daselbst in den Dörfern lebte, in der Absicht, die nahe Verwandtschaft des Friesischen mit dem Altsächsischen zu studiren. Auf seiner Rückkehr durch Holland studirte er das alte gothische Manuskript, „das Silberne“ genannt, weil die vier Evangelien darin in silbernen Buchstaben geschrieben sind. Er widmete dessen Erklärung sein ganzes Studium und veröffentlichte sie, mit Anmerkungen von Dr. Marshall, 1665, unter dem Titel: „Glossarium Gothicum in quatuor evangelia Gothica“.

Im Jahre 1674 kehrte er nach England zurück, um die von ihm bisher noch nicht studirten angel-sächsischen Bücher kennen zu lernen, besonders die in der Cotton'schen Bibliothek. Im Jahre 1676 zog er sich nach Oxford zurück. Er war nun siebenundachtzig Jahre alt und beschloss diese Universität nicht mehr zu verlassen. Zuerst bewohnte er Zimmer gegenüber Lincoln-College, Dr. Marshalls wegen, dessen Rektor, der sein Schüler in dem Studium der nordischen Sprachen gewesen und damals selbst darin ein grosser Gelehrter und Kritiker war. Um jedoch in seiner Arbeit nicht von häufigen Besuchen gestört zu werden, zog er nach einem obskuren Hause in St. Ebbe's Pfarrei, wo er Mehreres für die Presse vorbereitete und eine Schenkungsurkunde aufsetzte, worin er alle seine Manuskripte und Sammlungen der öffentlichen Bibliothek vermachte.

Im August 1677 nahm er eine Einladung seines Neffen, des oben beschriebenen Sonderlings, Dr. Isaak Voss an, der Domherr von Windsor war, wo er erkrankte und bald darauf, neunundachtzig Jahre alt starb. Er wurde in St. George's Chapel, innerhalb des Schlosses bestattet, wo eine weisse Marmortafel, nahe bei seinem Grabe, sein Andenken ehrt.

Junius war nicht nur ein grosser Gelehrter, sondern auch ein ausgezeichneter Mensch, der ein Leben ohne Fehler führte. Er dürstete nicht nach Reichthümern und Ehren, seine Bücher waren seine einzige Pflege und Niemand hat vielleicht je so viel studirt ohne seiner Gesundheit zu schaden. Er stand um vier Uhr des Morgens auf, Winter wie Sommer, studirte bis zum Mittagsessen um 1 Uhr, nach dem Mittagsessen pflegte er bis drei Uhr, seiner Gesundheit willen, irgend welche körperliche Uebung zu machen, zu gehen oder zu rennen. Er kehrte um drei Uhr zu seinen Studien zurück und blieb dabei bis acht Uhr. Dann nahm er sein Abendessen und ging zu Bett. Selten entfernte er sich weit und nur wenn ihn Geschäfte zwangen. Trotzdem erfreute er sich vollkommener Gesundheit und war niemals krank. Selbst sein Tod im hohen Alter war die Folge eines Fiebers, das er sich in Windsor im August zuzog. Obgleich er eine lange Reihe von Jahren in dieser Einsamkeit zubrachte: „poring upon barbarous books and wild words, and making five Gothic or Teutonic lexicons" — wie ein englischer Biograph sagt, verminderte sich trotzdem nie sein fröhliches Temperament, selbst nicht im höchsten Alter. Er war frei von Verdriesslichkeit und leutselig gegen Alle, die ihn besuchten, obgleich er sich nicht gern in seinen Studien stören liess.

Nebst dem schon erwähnten Glossarium Gothicum publicirte er zu Lebzeiten, in lateinischer und englischer Sprache: „The Painting of the Ancients" in drei Büchern in London 1637 38 und andere Werke. Von seinen, der Oxforder Bibliothek vermachten Manuskripten, worunter sein Glossarium in fünf Sprachen das Hauptsächlichste ist, worin er den Ursprung der nordischen Sprachen erklärt, wurden manche nach seinem Tode veröffentlicht. Obiges Werk enthält neun Bände und wurde von Bischof Fell für die Presse abgeschrieben. Sein „Etymologicon Anglicanum" wurde 1743 publicirt. [V. Athenae Oxonienses].

M a t t h i a s P a s o r, der Sohn von Georg Pasor, des gelehrten Theologen und Hebräisten an der Akademie zu Herborn, war 1599 in Herborn geboren. Er studirte zuerst daselbst, dann in Marburg 1614 und 1616 in Heidelberg, wo er als Phil. Doct. promovirte, Theologie studirte und 1620 Professor der Mathematik wurde. Als 1622 das Land mit Krieg überzogen wurde, ward er nach Einnahme Heidelbergs verwiesen, verlor alle seine Bücher und Manuskripte und kehrte nach der Heimat zurück, wo er bis 1624 blieb, dann Holland besuchte, wo er Arabisch und Theologie studirte. In demselben Jahre fuhr er über den Kanal nach England, ging mit den gehörigen Zeugnissen versehen, nach Oxford und wurde daselbst, 1624 zum Mag. Art. Lib. ernannt.

Er begann daselbst privatim Hebräisch und Mathematik zu lehren. Aber am Ende des Jahres reiste er mit einigen Deutschen von da nach Frankreich, wo er in Paris unter Gabriel Sionita Syrisch und Arabisch studirte. Im Jahre 1625 kehrte er nach Oxford zurück und residirte in Exeter College daselbst. Er blieb daselbst, trotzdem dass die Pest die Studenten vertrieben hatte und lehnte ab mit Usher, Erzbischof von Armagh, nach Irland zu gehen, der ihm Gastfreundschaft und eine schöne Pension anbot. Sobald als die Krankheit aufgehört hatte, hatte er Schüler in Theologie und orientalischen Sprachen. Er wurde hierauf angestellt öffentliche Vorlesungen über Arabisch, Chaldäisch und Syrisch, zweimal die Woche während des Semesters in der „Divinity-School" zu halten, wofür er reichlich honorirt wurde. Er lehrte nebstdem noch Mathematik. Er trat seine temporäre Professur 1626 an und übte sie bis 1629 aus, als er eine Professur der Moral-Philosophie in Gröningen annahm, wo er später noch den Lehrstuhl der Mathematik und nachher der Theologie übernahm. Er starb daselbst 1657.

Pasor publicirte nach einigen seiner Biographen keine Bücher, wofür er die zwei folgenden Gründe angegeben haben soll: „Weil er nicht wollte, dass Jünglinge gute, schon publicirte Bücher zu lesen abgehalten werden sollten und zweitens: weil er nicht wollte, dass Buchhändler ihr Geld damit riskiren sollten". Die Buchhändler werden wohl die letzten sein, solche Grundsätze zur Nachahmung zu empfehlen.[1]

Friedrich Spanheim, Theologe und Orientalist, geboren in Amberg, (Oberpfalz) 1600, studirte zu Heidelberg Sprachen und Philosophie und 1619 in Genf Theologie. Nachdem er einige Zeit in Frankreich gelebt, kam er im April 1625 nach England, hielt sich in Oxford auf, wurde aber von da durch die Pest vertrieben, denn er wünschte nicht seinem oben erwähnten Landsmann Pasor zu dieser Zeit als Alles floh Gesellschaft zu leisten. In Oxford erlernte er die englische Sprache. Er war Meister der klassischen und orientalischen, der französischen und englischen Sprachen. Er blieb aber nicht in England sondern wurde Professor der Theologie in Leyden, wo er 1649 starb. Er hinterliess einen grossen Namen, geschätzte historische und theologische Werke, und zwei talentvolle Söhne, die ihren Vater an Ruhm überstrahlten, Hezekiel und Friedrich. Von Hezekiel dem ersten königlich preussischen Gesandten in England wurde oben gesprochen.

Jakob Alting, geboren zu Heidelberg 1618, war ein ausgezeichneter Hebräist und Theologe der Coccei'schen Schule.

[1] In Woods „Athenae Oxonienses" wird Pasor aber als Autor eines Diktionärs des Griechischen Testamentes angeführt, ebenso eines Werkes über Arabisch und noch verschiedener anderer Werke.

Sein Vater, Heinrich Alting, war ein berühmter deutscher Theologe, der 1644 starb. Jakob war noch ein Kind als seine Eltern in Folge der Zerstörung Heidelbergs durch Tilly in's Exil getrieben wurden. Nach vollendeten gründlichen Studien kam er 1640 nach England und machte in London und Oxford viele Freunde unter berühmten Persönlichkeiten. Er erhielt selbst in der englischen Staatskirche die Priesterweihe und beabsichtigte in England zu bleiben. Aber 1643 gab er seine Absicht auf und nahm eine Professur für hebräische und orientalische Sprachen in Gröningen an, wo er 1679 starb mit dem Namen eines der bedeutendsten Beförderer und Lehrer hebräischer und orientalischer Gelehrsamkeit seiner Zeit.

Johann Amos Comenius, protestantischer Theologe, Grammatiker und berühmter Pädagoge, war 1592 zu Komna, bei Brünn, Mähren, geboren. Er studirte zu Herborn in Nassau, wo Alsted sein Lehrer war. Dieser, ein reformirter Theologe, Autor pädagogischer Bücher, hat ohne Zweifel auf Comenius grossen Einfluss gehabt. Im Jahre 1614 wurde Comenius Rektor der Schule zu Prerau und 1618 Prediger zu Fulneck, seit 1480 der Hauptsitz der böhmischen Brüder und der zu ihnen geflüchteten Waldenser. Hier versah er zugleich die Schule und arbeitete an Schulbüchern, verlor aber alle seine Manuskripte als die Spanier die Stadt eroberten, 1621.

Es ist hier nicht der Platz genau auf das Leben und Wirken dieses grossen Schulmannes und Schulreformators einzugehen, denn er gehört der Erziehungsgeschichte an, auf die hier verwiesen wird. Es soll hier nur auf seinen Einfluss in England hingedeutet und mit wenigen Worten erwähnt werden, dass Comenius, um den blutigen Verfolgungen der Protestanten zu entgehen floh, in den böhmischen Bergen irrte und später nach Lesna in Polen ging, wo er lehrte.

Das Streben von Comenius war durch Stiftung guter Schulen, mit guten Lehrmethoden die Menschennatur zu heben, wie später Fichte seine Augen auf Pestalozzi warf, um eine freiere, deutsche Generation zu erziehen.

Im Jahre 1631 erschien sein berühmtes Werk: „Janua linguarum reserata (das Thor der Sprachen erschlossen)“. Dies Buch begründete seinen Ruhm. Es wurde in zwölf europäische und selbst vier asiatische Sprachen übersetzt. Comenius publicirte noch eine Reihe anderer höchst wichtiger Werke, die hier nicht näher aufgeführt werden können.

Sein grosser Ruf veranlasste fremde Staaten, u. a. Schweden

und England ihn zur Organisation der Schulen einzuladen. Comenius hatte in England einen deutschen Freund, Samuel Hartlib, über den an einer andern Stelle die Rede sein wird, der daselbst auf ihn aufmerksam machte und durch dessen Vermittlung eines seiner Werke: „Pansophiae Prodromus", in England gedruckt ward. Im Jahre 1641 kam er nach London auf eine Aufforderung der englischen Regierung, das Schulwesen zu reformiren. Die Angelegenheit wurde im Parlament verhandelt. In London sollte er von einem Parlamentsausschuss empfangen werden, um mit demselben seinen Plan zu besprechen. Aber das Parlament war gerade zu sehr mit andern, dringenden Angelegenheiten beschäftigt, der Bürgerkrieg brach gerade in England los. Dieser, sowie die irischen Unruhen, vereitelten die Pläne von Comenius, die unter andern Umständen den grössten Einfluss auf das englische Schulwesen gehabt hätten. Er verliess daher England 1642 wieder, blieb aber stets in Verbindung mit seinen englischen Freunden und Verehrern, die ihn zu seinen Arbeiten anfeuerten.

Andreas Müller, geboren 1630 in Greiffenhagen in Pommern, wurde da er grosse Gelehrsamkeit als Orientalist besass, von Walton nach England eingeladen, um ihm bei der Herausgabe seiner "Polyglot-Bible" zu helfen. An dieser und an Castell's Lexikon arbeitete er zehn Jahre mit ausserordentlichem Fleisse, kehrte nach Deutschland zurück und liess sich endlich in Stettin nieder. Er starb 1694. Eine Sammlung seiner orientalischen Schriften erschien 1695.

Johann Michael Wansleb, war 1635 zu Erfurt geboren. Er studirte in Königsberg Theologie, Philosophie und orientalische Sprachen unter dem berühmten Orientalisten, Job Ludolf. Unter andern lernte er von Ludolf die aethiopische Sprache und wurde dann von ihm, auf Ludolfs Kosten, nach England gesandt, um dessen „Ethiopic Dictionary" drucken zu lassen, welches in 1661 in London herauskam. Ludolf klagte aber über Wansleb, dass er eigenmächtig Falsches und Lächerliches in das Werk geschaltet und gab nachträglich selbst eine neue Auflage davon heraus. Dr. Edmund Castell war zu seiner Zeit mit seinem „Lexicon Heptaglotton" beschäftigt, an dem der vorhergenannte Andreas Müller mitarbeitete, und Castell war höchst erfreut in Wansleb einen Mann zu finden, der ihm bei seinem mühsamen Unternehmen beistehen könnte; er nahm ihn in sein

Haus auf und bewirthete ihn drei Monate. Wansleb kehrte dann nach Deutschland zurück, wo er sogleich von Ernst, Herzog von Sachsen-Koburg-Gotha nach Aethiopien gesandt wurde. Die Absicht des Herzogs war eine Verbindung zwischen den protestantischen Europäern und den Abyssiniern herzustellen. Wansleb reiste 1663 ab, besuchte dann Aegypten, aber der Patriarch von Alexandrien, der Jurisdiktion über die Kirchen Aethiopiens hatte, widerrieth ihm die Reise und sandte seine Gründe an Herzog Ernst in einem arabischen Briefe, der wohl noch in der herzoglichen Bibliothek ist.

Wansleb kehrte 1665 von Alexandrien nach Livorno zurück, wagte aber nicht nach Hause zu gehen, weil Herzog Ernst mit seiner Aufführung sehr unzufrieden war. Er ging deshalb nach Rom, wurde katholisch und Dominikaner. Später, 1672, reiste er im Auftrage Frankreichs in Aegypten, wo er zwei Jahre blieb und in dieser Zeit 334 Manuskripte, arabische, türkische und persische nach Frankreich schickte. Er starb 1679. Er gab ein italienisches, und zwei französische Werke über Aegypten heraus.

Victorinus Bythner, ein ausgezeichneter Linguist und Arzt, kam um die Mitte des 17. Jahrhunderts nach England, und brachte daselbst den letzten Theil seines Lebens zu. Er wurde 1642 Lektor des Hebräischen in Oxford, und als solcher publicirte er eine Anzahl meist hebräischer und chaldäischer Werke in London und Oxford, gedruckt für den Gebrauch seiner zahlreichen Schüler. Mehrere davon u. a. eine hebräische Grammatik, aber besonders seine „Lyra Prophetica Davidis regis“ etc. wurden hoch geachtet. Letztgenanntes Werk erlebte viele Auflagen, und galt als eine schätzbare Hilfe zum Studium der Psalmen. Bythner verliess Oxford in Folge der Revolution als dieses von den königlichen Truppen besetzt ward und ging nach Cambridge, später nach London, nachher aber wieder nach Oxford. Etwa 1664 scheint er angefangen zu haben als Arzt in Cornwall zu praktieiren, wo er starb.

Johann Andreas Eisenmenger, Orientalist, war 1654 in Mannheim geboren. Seine Ausbildung erhielt er theilweise in Holland und England. Er reiste nach seinen Studien im Orient, lebte später in Heidelberg und Frankfurt, wo er sein grosses Werk „Entdecktes Judenthum“ herausgab, an dem er neunzehn Jahre arbeitete. Er starb 1704, als Professor der orientalischen Sprachen in Heidelberg mit einem grossen Namen.

Ein anderer Orientalist, der England besuchte, war Daniel Ernst Jablowski. Er war 1660 bei Danzig geboren und studirte in Frankfurt a. O. Philosophie, Theologie und orientalische Sprachen. Im Jahre 1680 bis 83 reiste er in Holland und England und hielt sich einige Zeit in Oxford auf. Nachdem er in Königsberg und Magdeburg theologische Stellen inne gehabt hatte, ward er 1693 Hofkaplan in Berlin. Im Jahre 1706 ernannte ihn die Universität Oxford zum Doctor der Rechte. Er übersetzte aus dem Englischen in's Lateinische Richard Bentley's „Boyle Lecture" gegen den Atheismus und Werke von Josiah Woodward, und Bischof Burnet. Er publicirte eine Reihe wichtiger Werke, die hebräische Bibel, den Talmud u. a., nahm thätigen Antheil an kirchlichen Angelegenheiten und besonders bemühte er sich wie Grabe, mit dem er jedenfalls in England verkehrte, eine Vereinigung zwischen den verschiedenen protestantischen Kirchen und der von England zu Stande zu bringen, worin ihn Friedrich I. von Preussen ermuthigte. Er starb in Berlin 1741.

Heinrich Wilhelm Ludolf, geboren 1655 in Erfurt, Neffe des berühmten deutschen Orientalisten Job Ludolf, welch letzterer selbst 1683 in London gewesen, um die englische Regierung zu einer Allianz und einem Handelsvertrag mit Abyssinen zu bewegen, aber keinen Erfolg hatte und über dessen Herausgabe seines aethiopischen Wörterbuchs bei Wansleb gesprochen wurde. Heinrich Ludolf, von Job erzogen, kam als Sekretär der holländischen Gesandtschaft nach London und war nebstdem Sekretär des Prinzen Georg von Dänemark, Gatten der Königin Anna. Ludolf lernte in England Russisch und begab sich dann auf eine Reise nach Russland und dem Orient. In Russland hielt man ihn wegen seiner Kenntnisse, für einen Zauberer. Er war ein guter Musiker und spielte auf vielen Instrumenten. In Moskau spielte er vor Czar Peter und setzte ihn und seine Russen in Erstaunen und Entzücken, denn sie wussten dazumal noch nichts von Musik.

Ludolf kehrte 1694 nach London zurück, wo er eine Steinoperation zu bestehen hatte. Sobald seine Gesundheit es erlaubte, arbeitete er eine russische Grammatik für die Russen selbst aus, „damit sie in ihrer Sprache gelehrt werden können". Dieses Werk wurde in Oxford gedruckt und 1696 veröffentlicht. „Diese Abhandlung", sagt er in seiner Vorrede, „dürfte Kaufleuten und Reisenden von Nutzen sein, da sie eine Einführung in die Kenntniss einer Sprache ist, die in einem Lande gesprochen wird, von Archangel bis nach Astrachan und von Ingermania bis zu den Grenzen China's".

Im Jahre 1698 besuchte Ludolf die Levante um die Lage der christlichen Kirche daselbst kennen zu lernen. Er besuchte Smyrna, Jaffa, Jerusalem, Cairo. Der beklagenswerthe Zustand der christlichen Religion in den Ländern, wodurch er reiste, bewog ihn, nach seiner Rückkehr nach England das Griechische Testament im neugriechischen Volksdialekt herauszugeben und der griechischen Kirche zur Vertheilung zu übermachen. Dieses geschah mit der Unterstützung seines Freundes des Bischofs von Worcester und anderer Freunde. Das Buch kam in London heraus.

Im Jahre 1709, als eine überaus grosse Anzahl von Pfälzern in Folge der Gräuel der französischen Mordbrennerbanden nach England kam, wurde Ludolf als einer der Kommissäre der Königin angestellt, die milden Gaben des englischen Volkes für diese unglücklichen Fremden zu verwalten und zu besorgen und die Wege auszufinden, sie am besten und vortheilhaftesten zu verwenden und zu beschäftigen.

Ludolf starb in London 1709—10, erst im Alter von vierundfünfzig Jahren. Er war der Autor sechs religiöser Werke, nebst der russischen Grammatik und seiner Ausgabe des neugriechischen Testamentes. Einige davon wurden separat gedruckt, aber 1712 kam in London eine Samlung davon heraus. Seine Leichenrede wurde von dem deutschen Pastor Boehm gehalten, Kaplan des Prinzen Georg von Dänemark, Gemahls der Königin.

Gottfried Olearius, Sohn des gleichnamigen Theologen und Philologen und Professors an der Universität Leipzig, wurde 1672 daselbst geboren, kam vorübergehend zum Studium nach England, wo er 1697—98 studirte. Der Ruhm der Universität Oxford und die Bodleyische Bibliothek zogen ihn nach diesem Lande. Er blieb daselbst einige Zeit um sich sowohl in der Philosophie als in der griechischen Sprache und den religiösen Alterthümern auszubilden. Er wurde nachher Professor des Griechischen und Lateinischen, sowie der Theologie in Leipzig, wo er 1715 starb.

Ludolf Kuster (Küster), ein anderer Klassiker, war 1670 in Blomberg, in Westfalen geboren und in Berlin erzogen. Er reiste zehn Jahre in Europa, studirte Manuskripte, gab 1696 eine kritische Geschichte Homers (Historia Critica Homeri) heraus, die grosses Aufsehen machte. Im Jahre 1699 kam er nach England, wo er an einer Ausgabe von Suidas arbeitete, die in Cambridge, 1705, in drei Folio Bänden erschien. Nebstdem hamen von ihm verschiedene Werke heraus, denn er war ein unermüdlicher Arbeiter.

Er hing mit Herzen an seiner Ausgabe von Suidas. Er erzählte selbst, dass, als er eine Nacht durch Donner und Blitz aufgeweckt wurde, ihn eine so schreckliche Furcht für sein Werk ergriff, dass er sofort aufstand und es zu sich in's Bett schleppte, ganz mit der Liebe eines Vaters für sein einziges Kind. Das Werk wurde wegen seiner Korrektheit sehr gelobt und die Kosten theilweise von der Universität Cambridge bestritten. Die Universität ehrte ihn mit dem Doctor-Diplome und es wurden ihm mehrere vortheilhafte Anerbietungen gemacht, dort zu bleiben. Aber er wurde nach Berlin zurückberufen eine Professur daselbst zu übernehmen. Er gab 1710 Aristophanes und das griechische Testament heraus. Er zeichnete sich besonders im Griechischen aus, dem er sich fast ganz widmete.

Joseph Wasse, von Cambridge, der gelehrte Herausgeber des Sallust, gibt interessante Mittheilungen über Kuster. Er war 1700—1714 mit ihm bekannt und gibt ihm ein höchst lobenswerthes Zeugniss für seine Liebenswürdigkeit, Bereitheit stets zu helfen und seine enorme Arbeitskraft bei der Ausarbeitung von Suidas, wo Wasse ihm beistand, und seine hohen englischen Verbindungen. Er beschreibt wie er er gegen das Ende seines Werkes aufgeregt, seine grosse magere Gestalt noch magerer, seine Blässe noch blässer, wie er kalt wie ein Marmor wurde und wie ein Mensch aussah, von dem drei Theile todt sind. Jedesmal, wenn er ihn besuchte, hörte er von ihm: O utinam illucescat ille dies, quo huic operi manum ultimam imponam!" Nach der Publikation des Suidas nahm er wieder in kurzer Zeit zu.

Kuster gönnte sich aber auch Stunden der Erholung, wo er seine Arbeiten über der Flasche vergass. „Denn selbst Scipio und Laelius waren keine solche Narren stets weise zu sein", sagt Joseph Wasse. Kuster war lustig auf poetische Art oder amüsirte sich mit Gespächen über Alterthümer, Münzen, Inschriften und dunkle Passagen der Alten. Zuweilen spielte er auf dem Spinett in einem musikalischen Club und wurde von Kennern für einen Meister gehalten.

Er verliess Berlin weil seine Stellung unangenehm wurde, da er sich zum Arianismus hinneigte, ging nach Amsterdam, von da nach Paris und wurde daselbst durch Elend gezwungen katholisch zu werden (1713), worauf er einen Platz in der Akademie nebst Pension erhielt. Er starb schon 1716 in Folge angestrengter Arbeit.

Wasse deckt, hinsichtlich seines einzigen Fehltrittes, den Kuster nach seiner Ansicht machte, nämlich seines Uebertrittes, den Mantel christlicher Liebe über ihn, entschuldigt ihn mit Elend und Krankheit, und sagt: „Kann nicht der Verlust des ganzen Lebensglückes, mit so viel Arbeit erkauft, einen weisen Mann verrückt machen?“

§ 5.

DEUTSCHE LITERATEN IN ENGLAND IM 17. JAHRHUNDERT.

Es lebten zu dieser Zeit manche Deutsche von Bildung in England, die Vertrauensposten in den Häusern des höchsten Adels und selbst der Regierung einnahmen. Einer von diesen ist der deutsche Dichter Georg Rudolf Weckherlin, der 40 Jahre in England gelebt hat.

Weckherlin ist einer der besten älteren deutschen Dichter, ein Zeitgenosse von Opitz, geboren 1584 zu Stuttgart. Er studirte 1601 zu Tübingen und machte dann als Sekretär eines Württemberger Gesandten, 1606 und 1607 verschiedene Reisen durch Deutschland, Frankreich und England, wo er sich eine gründliche Kenntniss der ausländischen Literatur erwarb, die auf die Bildung seines Geistes einen vortheilhaften Einfluss hatte.

Er kam wahrscheinlich 1607 mit Buwinckhausen nach England und blieb etwa von 1607 bis 1610 in diesem Lande, worauf er heimkehrte und Sekretär und Laureat seines Herzogs wurde.

Im Jahre 1616 veröffentlichte er in Stuttgart deutsch und englisch „Triumphall Shows at Stutgart“ und 1619 ein englisches Lobgedicht auf den englischen Gesandten in Deutschland, Lord James Hay. Es wird über die Veranlassung zu diesen Werken im 7. Kapitel über deutsche Reisende in England und besonders Herzog Friedrich von Württemberg noch gesprochen werden. Das erste obiger englischen Werke ist sehr merkwürdig und beschreibt die englischen Sitten und Gebräuche jener Zeit und die Beziehungen zwischen England und Württemberg. Weckherlin's Englisch ist sehr korrekt und idiomatisch, was merkwürdig ist, da er bis dahin nur drei Jahre in England gewesen, und der Druck, obwohl von Stuttgart, ist sehr genau. Es ist der Prinzessin Elisabeth, Gemahlin des Pfalzgrafen gewidmet.

Weckherlin verliess die Heimat bald nach der Schlacht bei Prag (1620) und theilte einige Zeit das Loos Friedrichs und Elisabeths von der Pfalz.

Er kam darauf nach London, wo er eine Stelle in der deutschen Kanzlei erhielt, welche auf Empfehlung des Pfalzgrafen während des 30jährigen Krieges daselbst errichtet wurde, um die Angelegenheiten eines Bündnisses mit den protestantischen Fürsten Deutschlands leichter führen zu können. Hier scheint er sich einen Namen gemacht zu haben, denn James I. und Charles I. verwandten ihn zu Sendungen nach Schottland, Irland und in's Ausland. In den sogen. „Calendars of State Papers“ finden wir ihn, im Jahre 1628 als Sekretär von Lord Conway, im Jahre 1629—31 als Sekretär von Viscount Dorchester, und im Jahre 1633—34 figurirt er als Mr. „Wakerley“ als Sekretär von Sir John Coke. Im Jahre 1631 petitionirt er an den König, ihm in diesen bösen Zeiten eine Erfrischung „refreshing“ i. e. Unterstützung zu geben und bittet um ein Privilegium auf einunddreissig Jahre gewisse Bücher, die er näher anführt, drucken und verlegen zu dürfen. Die Bücher waren meistens Klassiker. Er erhielt die Licenz. Im Jahre 1642 wurde er von Charles I. für wichtigere und ernstere diplomatische Angelegenheiten im Auslande gebraucht.

Weckherlin schrieb in England zahlreiche Gedichte, meist lyrisch, viele von Werth. Seine erste Sammlung von Gedichten unter dem Titel: Zwei Büchlein „Oden und Gesänge“ erschien 1618 in Stuttgart. Im Jahre 1641 veröffentlichte er in Amsterdam eine Sammlung: „Geistliche und Weltliche Gedichte“, mit der Inschrift: Gegeben an dem königlichen Hofe in Engelland, den letzten Tag des Herbstmonats 1639. Eine vollständigere Auflage erschien zu Amsterdam, 1648, datirt“ zu London in Engelland, 1647“. Einige seiner Gedichte sind Uebersetzungen aus dem Englischen. Seine Gedichte zeugen von einem durch die besten Dichterwerke andrer Nationen genährten und gebildeten Geist. Obgleich er nicht den grossen Einfluss auf die neuere deutsche Poesie hatte wie Opitz, so hat er doch zur Verbesserung derselben beigetragen. Er suchte, als deutscher Dichter, sich eine neue Bahn zu brechen. Seinem feinen Kunstsinn waren die zu seiner Zeit gewöhnlichem Knittelreime der deutschen Dichter zuwider, er versuchte daher die von Italienern, Franzosen und Engländern gebrauchten Metra auch im Deutschen anzuwenden. worin er allerdings von Opitz übertroffen wurde. Weckherlin ist der erste deutsche Dichter, der das Sonett oder Klinggedicht. wie er es nennt, in Deutschland eingeführt hat.

Er war verheirathet und eines seiner Gedichte ist an seine einzige Tochter Elisabeth, Frau von William Trumbull Esquire von Easthamstead in Berkshire gerichtet. Sohn des politischen Agenten von James I. und Charles I. in den Niederlanden. Elisabeth war die Mutter des bekannten Sir William Trumbull, eines Freundes von Pope.

Weckherlin starb im Alter von 69 Jahren in London, am 13. Februar 1653. Sein Wappen war ein Bienenkorb.

Gegen 1630 kam der Historiker Johann Friedrich Gronovius, ein Hamburger, der erste Alterthumsforscher seiner Zeit nach England, verliess es aber wieder und starb als Professor der Geschichte und Beredsamkeit in Leyden 1671.

Daniel Georg Morhof, der berühmte Literator von Wismar, geb. 1639, besuchte England 1660 und hielt sich einige Zeit an der Universität Oxford auf. Er wurde erst Professor der Dichtkunst in Rostock, dann in Kiel und hatte ausserordentlichen Erfolg und Zudrang. Im Jahre 1670 kam er wieder nach England wo er längere Zeit blieb, mit Isaak Voss, dem schon erwähnten Sonderling in Windsor und mit dem berühmten Naturforscher Robert Boyle bekannt wurde. Er bewunderte Boyle so sehr, dass er eines seiner Werke in's Lateinische übersetzte. Bei seiner Rückkehr von England litt er beinahe Schiffbruch, und in Amsterdam angekommen, als er sich gerade in Elzevir's Buchladen unterhielt, fiel eine ungeheuere Masse von Büchern auf ihn herab, die ihn beinahe erdrückte. Seine Lebensgefahr auf der See verbreitete sich in Deutschland mit der Nachricht seines Todes und es waren schon mehrere Elegien auf ihn gemacht, als er wieder „auftauchte“.

Morhof regte in Deutschland zuerst ein vollständiges planmässiges Studium der Literaturgeschichte an und hat auf den Unterricht der deutschen Sprache und Literatur einen grossen und wohlthätigen Einfluss geübt.

Heinrich Freiherr von Cocceji, geb. in Bremen 1644, der berühmte juristische Autor und Vater des noch berühmteren preussischen Kanzlers, studirte in England, wo er promovirte, kehrte aber nach Deutschland zurück, wo er Professor der Jurisprudenz, Gesandter Friedrichs I. und Geheimrath ward und 1719 in Berlin starb.

Ernst Gottlieb Berge, geb. 1649, ausgezeichneter Gelehrter, kam 1678 nach London, wo er sich in den besten literarischen Kreisen bewegte. Während seines Aufenthaltes in London erwarb er sich eine gründliche Kenntniss des Englischen und war daher sehr geeignet die sehr schwierige Arbeit der Uebersetzung von Milton's „Paradise Lost" zu unternehmen. Seine Uebersetzung obigen Werkes erschien 1682 und er machte sich einen Namen durch die ausgezeichnete Ausführung der Arbeit.

Johann von Besser, geb. 1654 in Frauenburg in Kurland, war ein deutscher Dichter. Von 1680 an bekleidete er mehrere Vertrauensposten am Hofe in Berlin und 1684 war er als Gesandter des Churfürsten am Hofe von St. James, wurde aber nach dem Tode seines Gönners Friedrichs I. entlassen. Seine Gedichte beschreiben meistens Hoffeste, Geburten und Geburtstage hoher Personen.

Ich schliesse diese Liste mit zwei Männern, Vater und Sohn, die zwar England nicht zum bleibenden Aufenthalt erwählt, aber daselbst eine Zeit lang gelebt und Verbindungen angeknüpft haben. Der Vater war der berühmte Otto Mencke, gewöhnlich Menckenius genannt, ein Oldenburger Professor, siebenmal Dekan der philosophischen Fakultät und fünfmal Rektor der Universität Leipzig, berühmt durch bedeutende Werke besonders seine „Acta Eruditorum". Sein Sohn Johann Mencke, besuchte, nachdem er 1694 in Leipzig promovirt hatte, England, wo ihm der Name seines Vaters eine gute Aufnahme verschaffte. In 1699 kehrte er nach Leipzig zurück, wo er Professor der Geschichte wurde. Die Royal Society in London erwählte ihn zu ihrem Fellow. Er starb 1732.

§ 6.

EINIGE DEUTSCHE AERZTE IN ENGLAND IM 17. JAHRHUNDERT.

Die Zahl der deutschen Mitglieder in der Liste des Royal College of Physicians in diesem Jahrhundert ist sehr klein und repräsentirt keineswegs alle deutschen Aerzte in London zu dieser Zeit. Die Praxis war damals frei, besonders für Graduirte fremder Universitäten und nur die Wenigsten der deutschen Aerzte haben wohl die Aufnahme in obiges College gesucht, die ihnen, da ihre Praxis meistens, wie heute noch nur auf Landsleute beschränkt war, auch von geringem Nutzen war. Die grössten

Celebritäten selbst unter den damaligen englischen Aerzten hatten ausländische: italienische oder französische Diplome.

Wir finden in den Mitgliederlisten des 17. Jahrhunderts von obigem Collegium nur folgende Deutschen verzeichnet.

Adam Moesler aus Stettin, wurde 1627 Licentiat.

Daniel Holstein, Medicinae Baccalaureus der Universität Wittenberg, prakticirte in der Grafschaft Worcester und wurde 1640 Extra-Licentiat.

Johann Christoph Moesler, 1664 Med. Doctor von Cambridge wurde in demselben Jahre „Honorary Fellow" des College.

Med. Doctor, Jodocus Crull, von Hamburg, kraft königlichen Mandats von 1681 auch Med. Dr. von Cambridge, wurde 1692 Licentiat des College of Physicians.

Baldwin Hamaeus, Med. Dr. von Leyden, war 1630 in das Collegium aufgenommen und wurde daselbst Fellow, Censor und Professor der Anatomie. Er wird im nächsten Paragraphen noch als Student von Oxford aufgeführt.

Unter den Aerzten dieses Jahrhunderts machte sich ein Mann bekannt, den ich zu den Deutschen zählen möchte, obwohl ich seinen Geburtsort nicht nachweisen kann, nämlich John Cotta, „Doctor in Physike". Er schrieb über Hexerei u. a. folgende ehemals populäre Schriften: „The Trial of Witchcraft" etc. London 1616, und „True and assured Witch" 1625. Es war dies die Blütezeit der Hexenverfolgungen und James I. hatte kurz vorher ein Gesetz gegen Hexen erlassen. Dr. Cotta war ein bedeutender Arzt in Northampton. Johann war ebenfalls der Taufname des Gründers des grossen deutschen Verlagsgeschäftes.

§ 7.

LISTE DEUTSCHER GELEHRTER, GRADUIRTER UND STUDENTEN IM 17. JAHRHUNDERT IN OXFORD. (1603—1690).

Dass die Anzahl deutscher Graduirter und Studenten in England in dieser Periode keine geringe war, geht aus folgender Liste hervor, welche nahe an hundert solcher in Oxford allein nachweist. Die in den §§ 2, 3, 4 und 5 näher aufgeführten deutschen Gelehrten betragen nebstdem noch vierunddreissig an Zahl. Ich habe nachfolgende Namen aus „Athenae Oxonienses et Fasti Oxonienses von Anthony Wood (herausgegeben von P. Bliss, 4 Vol. in fol. 1820)" ausgezogen, einem Werk, welches Oxfords hervorragende Studenten und Graduirte von 1500 bis 1690 aufführt. Ueber Cambridge, welches wohl ebenfalls zahlreiche deutsche Studirende in dieser Periode aufnahm, standen mir keine Auskunftsmittel zu Gebote. Cooper's „Athenae Cantabrigienses" (Cambridge 1858) geben nur eine Liste der Cambridge-Studenten von 1500 bis 1609. Von vielen Graduirten und Studenten in Wood's Athenae, deren Namen sehr deutsch klingen, ist die Nationalität nicht angegeben und sie mussten daher ausgelassen werden. Zudem war die Schreibung der Familien- und Ortsnamen damals noch nicht fixirt, ist man doch nicht einmal sicher über die richtige Schreibung von Shakespeare's Namen und viele deutsche Namen wurden vollständig englisirt und sind nicht mehr als deutsche zu erkennen. Die Namen sind hier in der Reihenfolge angegeben, wie sie in Wood's Athenae vorkommen, um etwaige Nachforschungen zu erleichtern, auch ist die Schreibung der Familien- und Geburtsortsnamen, wie sie sich darin findet, beibehalten.

John Combach (Combachius) geboren in der Wetterau, in Deutschland, studirte in Marburg und kam nach Oxford um da seine Studien fortzusetzen. Er wohnte daselbst 1609 in Exeter College, wo er als guter philosophischer Debattirer sich bekannt machte. Er kehrte später nach Marburg zurück, wurde daselbst Professor und gab eine Reihe geschätzter meist philosophischer Werke heraus, von denen er einige in Oxford begonnen. Zur Zeit als Combach in Oxford studirte, hielt sich daselbst noch ein anderer deutscher Student auf, ebenfalls ein rascher, stets bereiter Debattirer, der sich Henr. Petreus schrieb und später ein berühmter Gelehrter, Professor und Dekan der philosophischen Fakultät zu Marburg war.

Philipp Cluver (Cluverius), geboren in Danzig 1580, aber von Bremen abstammend, in den Registern der Universität Oxford als „Philippus Cluverius, Generosus Borussus" aufgeführt, studirte in Deutschland und Holland (Leyden), reiste viel umher, bestand viele Abenteuer und kam auf seinen Reisen nach England und Schottland. Er studirte in Oxford in Exeter College (1609), wo er sein Buch: „De tribus Rheni Alveis et Ortiis" etc. schrieb. Er sprach fast alle europäischen Sprachen. Er wohnte zweimal in Oxford, wo man ihm Anerbietungen der Promotion machte, aber er zog Leyden vor. Cluver war der erste Geograph seiner Zeit, er hiess: „Princeps aetatis nostrae Geographus" und „Magnum Germaniae Ornamentum". Er gab eine grosse Anzahl sehr wichtiger, geographischer Werke heraus.

Cluver, welcher 1623 in Leyden im Alter von 43 Jahren starb, hinterliess einen Sohn, Johann Siegmund Cluver, welcher in St. Saviour's Pfarrei, Southwark, London geboren war, im Alter von achtzehn Jahren nach Oxford ging und in Exeter College, wo sein Vater studirt hatte, 1633 immatrikulirt wurde, in der Liste bezeichnet als: ein geborner Londoner, als Sohn von Philipp Cluverius und als ein Priester. Derselbe wurde als sogen. Scholar i. e. Stipendiat in Corpus Christi College derselben Universität zugelassen und war später ein sehr gelehrter Mann.

Adam Reuter wird von Wood in seinen Athenae als ein geborener Welshman aus Denbighshire aufgeführt. Er selbst aber nannte sich in einigen seiner Bücher: Cothusius L. Silesius. Er studirte 1608 in Exeter College, Oxford, war ein guter Lateiner, strenger Calvinist und schrieb juristische und theologische Werke.

Gegen Ende des Jahres 1613 besuchte Pfalzgraf Friedrich, der spätere König von Böhmen, die Universität Oxford, wo er mit Pomp empfangen wurde und sich mit eigener Hand als Mitglied der Universität, mit seinem Motto: „Rege me, Domine, secundum verbum tuum“ immatrikulirte.

Christian Rumphius, Doctor Philosophiae und Medicinae, erster Leibarzt Friedrichs von der Pfalz und seiner Frau Elisabeth, Tochter von James I., wurde in Oxford 1613 zum Doctor Medicinae promovirt, einer Würde die er schon von Basel und Heidelberg besass. Die Ceremonie der Ehren-Promotion fand in London statt, kraft einer Kommission vom Vice-Kanzler und andern Würdenträgern der Universität.

Im Jahre 1613 studirte in Oxford ein junger Mann, Jakob Aretius genannt, welcher sich „Germano-Britannus“ nannte und verschiedene Werke schrieb, die in London 1613 gedruckt wurden. Ein Gedicht auf James I. war von ihm in griechischer, lateinischer, deutscher, italienischer und englischer Sprashe geschrieben.

Ein Fredericus Dorvilius, Student von Exeter College, wurde 1615 daselbst Baccalaureus Theologiae. Er schrieb sich: „Aquisgranensis natione, et Palatinus educatione“.[1]

Johann Rudolf Stuckius und Johann Weserus, beide von Zürich, studirten 1616 in Oxford.

Franz Anton Olevian, in Gloucester-Hall, Oxford, studirend, war ein geborener Pfälzer und hatte zehn Jahre

[1] Ein D'Orville war Erzieher Friedrichs V.

Medicin in Heidelberg, Paris, Montpellier und Oxford studirt. Oxford ernannte ihn zum Baccalaureus Medicinae und gab ihm die Licenz zu prakticiren, worauf er in Blandford Forum in Dorsetshire die Medicin ausübte, wo er 1642 starb.

Jakob Fetzer lebte 1620 in Oxford mit seinem Bruder Matthias Fetzer, um die dortige Bibliothek zu benützen. Beide waren von Nürnberg und Jakob gab später ein Werk über „Justinian“ heraus.

Im Jahre 1620 wurde Jakob von Otten zum Dr. Medicinae von Oxford ernannt. Er hatte schon 1604 in Oxford Medicin studirt und besuchte später die dortige Bibliothek. Ob er ein Sohn von Hippokrates d'Otthen war, welcher 1609 in Oxford promovirte und 1611 starb und dessen in Kapitel V, § 7, Erwähnung gethan ist, ist nicht angegeben.

Caesar Calendrinus, Student von Exeter College in Oxford, war Deutscher von Geburt, ein puritanischer Theologe und grosser Gelehrter. Er wurde 1620 Baccalaureus Theologiae von Oxford. Später war er Rektor von Stapleford, in Essex, trat aber 1640 ab. Ein Caesar Calendrinus lebte in der Pfarrei St. Peter-le-Poor in London, welcher 1665 daselbst starb und einen Sohn Namens Johann hinterliess.

Im Jahre 1621 wurde Samuel Bavey, oder Bave, auch Bavo, ein Deutscher und Student von Christ Church Oxford, daselbst für die medicinische Praxis licensirt. Später, 1628 wurde er daselbst zum Doctor Medicinae ernannt. Er war der Sohn von Franz Bave von Köln. Er hatte eine bedeutende Praxis zuerst in der Stadt Gloucester, nachher in Bath, wo er 1666 im Alter von 80 Jahren starb und in St. Peter und Paul begraben wurde. Er war sehr bekannt unter dem Namen Dr. Bavey von Bath.

Ueber die Heimat des in den Athenae als berühmten Theologen bezeichneten Daniel Tilenus, welcher 1621 eine Zeitlang in der Bibliothek von Oxford studirte, findet sich keine nähere Angabe. Er publicirte in London sein: „Paraenesis ad Scotos Genevensis Disciplinae Zelotas“.

Baldwin Hamaeus, in Wood's Athenae als ein gelehrter Deutscher angeführt, wurde 1622 in Oxford als Student in die Bibliothek zugelassen und 1629 als Universitätsmitglied aufgenommen. Er war Doctor Medicinae von Leyden. Im Jahre 1630 wurde er, wie in § 6 erwähnt ist, ins Royal College of Physicians aufgenommen wo er Fellow, Censor und Professor der Anatomie wurde.

Johann Hoffmann war Student in Exeter College, Oxford und wurde 1623 zum Baccalaureus Artium Lib. und 1634 zum Baccalaureus Theologiae von Oxford ernannt. Er war Sohn von einem Johann Hoffmann, Kaufmann von „Elsentia“ (Alsenz) in der Pfalz am Rhein, und 1634 Rektor von Wotton, bei Woodstock, in Oxfordshire. Er publicirte unter andern Werken: „The Principles of Christian Religion“, London, 1674, und starb bald darauf.

Matthias Pasor wurde 1624 in Oxford in die Universität aufgenommen. Er ist in § 4 schon angeführt worden.

Im Jahre 1626 und nachher lebte in Oxford Johann Mochingen von Danzig, wo er Professor war und 1652 starb. Er war einer der lutherischen Prediger in der St. Elisabethen-Kirche daselbst, 1640—1641 und hinterliess: „Florida Rhetorica“.

Im Jahre 1626 studirte in der Bibliothek von Oxford Heinrich Bisterfeld, ein Deutscher aus Nassau. Er schrieb „Contra Johann. Crellium de uno Deo Patre“ im Jahre 1639.

Ludwig Durte aus Reval in Liefland lebte in Oxford 1626 und später, und studirte in der Bibliothek daselbst. Er war 1597 geboren, starb 1639 und hatte eine kirchliche Anstellung in seiner Heimat. Er schrieb: „De praxi pietatis Buccina Evangelii“; „De Verbi Divini Usu“; und sein „goldenes Werk“: „Decisiones Casuum Conscientiae“.

Ueber einen Daniel Gotzer, Baccalaureus Artium Lib. von Cambridge, in Oxford 1628 aufgenommen, findet sich keine nähere Heimatsangabe.

Georg Alberti, Student von Wadham College, wurde 1632 Magister Artium Liberalium von Oxford. Er studirte in Heidelberg und musste in Folge des Krieges seine Heimat verlassen.

Friedrich Sagittarie, ein deutscher Student in Queen's College, war Sohn von Friedrich Sagittarie aus „Heregard“ (Hargarten) in der Pfalz. Er wurde 1636 zum Doctor Medicinae von Oxford ernannt und prakticirte in Dorsetshire.

Im Jahre 1636 wurde Prinz Ruprecht von der Pfalz zum Magister Artium Liberalium von Oxford ernannt.

In demselben Jahre und wohl mit Ruprecht, wurden zwei Pfälzer, Friedrich Schlode und Paul Becker zum Magister Artium Liberalium von Oxford ernannt.

Mark Ziegler, Student von Exeter College, welcher sich „Archipalatinus“ nennt, „ein grosser Gelehrter“ wurde 1636 zum Baccalaureus Theologiae von Oxford ernannt. Er wohnte daselbst seit 1623.

Kaspar Hopfius, abermals ein Pfälzer, wurde 1636 zum Doctor Medicinae von Oxford promovirt.

In demselben Jahre, 1636, erhielten folgende Deutsche das Diplom eines Magister Artium Liberalium von Oxford: Prinz Christian, Landgraf von Hessen, Graf von Katzenellenbogen etc., sein Bruder Prinz Ernst, ferner „Winand à Polhelme“, Herr von „Rogenhall“, der Rath obiger.

Karl Ludwig, Pfalzgraf vom Rhein, ältester Sohn des Ex-Königs von Böhmen immatrikulirte 1636 in Oxford.

Johann Rudolf Wettstein von Basel, Professor des Griechischen daselbst, studirte 1638 in Oxford.

Baron L. Botho Henricus. Freiherr von Eulenburg, in Preussen, lebte 1640 in Oxford und hatte die Erlaubniss die Manuskripte in der Bodley'schen Bibliothek zu studiren.

William Twisse, Enkel eines Deutschen, welcher sich in England niederliess, studirte 1604 in Oxford, erhielt die Priesterweihe, wurde 1614 Doctor Theologiae und ging mit Prinzessin Elisabeth, der Pfalzgräfin als Kapellan nach Heidelberg. Später wurde er Rektor von Newton-Longville, in Buckinghamshire, und nachdem Lektor in St. Andrews-Kirche, Holborn, London. Er war sehr gelehrt und Autor zahlreicher theologischer Werke. Er starb 1661 und ward in Westminster Abtei begraben. Aber nach der Restauration wurden seine Gebeine mit denen Anderer wieder herausgenommen und in einer Grube in St. Margareth-Kirchhofe bestattet „weil sie während der Revolution in der Abtei bestattet worden wären“.

Viktorin Bythner ist § 4 schon angeführt.

Johann Daniel Getsius, oder Goetz. aus Odernheim am Glan in der Pfalz am Rhein, durch seine Mutter Neffe von Justus Baronius, welcher, als er zur römischen Kirche überging, seinen Namen Calvin aufgab. Der Sohn von J. D. Getsius, Walter Getsius, welcher Pfarrer von Brixham bei Dartmouth in Devonshire war, theilte dem Verfasser der Athenae Oxonienses, A. Wood mit „dass sein Vater von der alten, edeln Familie der Barone Goetz abstamme, welche in Folge der Albigenser Verfolgung ihr Geburtsland Frankreich vor vierhundert Jahren verlassen und in Deutschland Schutz suchen mussten, wo sie später in Reichthum und Ehren blühten. Aber Verfolgungen von Seiten des Hauses Oestreich trieben sie von der Pfalz nach Hessen“. J. D. Getsius der Vater studirte in Marburg, wo er 1618

Philosophiae Doctor wurde, aber Hessen, in Folge des barbarischen Krieges verlassen musste. Er kam auf seinen Wanderungen endlich nach England. Nach kurzem Aufenthalt in London, ging er, 1619, nach Cambridge, wo er mehr als zwei Jahre blieb. Der Gesandte des Königs von Böhmen, Rusdorf rieth ihm 1623, da er sich in Cambridge nicht durchschlagen konnte, zu seinem Herren nach dem Haag. zu gehen. Letzterer schickte ihn mit Empfehlungen nach Oxford, und sowohl er als vier andere Landsleute Paul Wonecer, Mark Ziegler, Johann Hoffmann und Joh. Hen. Voghtius, welche mit ihm empfohlen wurden, wurden in Oxford gut aufgenommen und jeder von ihnen erhielt eine Pension von 18 Pfund Sterling per annum, eine damals grosse Summe. Dieses Stipendium erhielt Getsius vier Jahre. Dadurch, sowie durch Unterricht im Hebräischen war er in Stand gesetzt sieben Jahre seinen Studien in Oxford obzuliegen. Er wohnte, wie fast alle Deutschen, in Exeter College daselbst. Er wurde zum Mag. Art. Lib. von Oxford ernannt, ein Titel, welchen er vorher schon in Cambridge erhalten hatte, eine damals seltene doppelte Ehre. Getsius wurde 1636 Pfarrer von Stoke-Gabriel bei Dartmouth, wo er eine Schule für Söhne von sogen. „Gentlemen" eröffnete. Als Prinz Moritz von Nassau, während des Bürgerkrieges, auf Dartmouth marschirte, befahl er seinem Landsmanne Getsius in Dartmouth vor ihm zu predigen. Seine loyale Predigt verursachte ihm später Verfolgungen von Seiten des Parlaments. Die Verwendung eines alten Mitstudenten von Oxford Arthur Upton sicherten ihn aber endlich vor Strafe und verschafften ihm Freilassung. Er lebte nachher noch viele Jahre, sich mit Predigen und Jugenderziehung abgebend und schrieb mehrere theologische Werke ab. Er starb 1672 achtzig Jahre alt, sehr geachtet in der ganzen Umgegend, und hinterliess zwei Söhne, von denen der eine, Daniel, Mág. Art. Lib. einer der Kapläne von All Soul's College, Oxford, Pfarrverweser von Cowley, 1659 und nachher Rektor von Bigbury in Devonshire war und 1691 starb. Sein anderer, oben erwähnter Sohn Walter, war Pfarrer von Brixham.

Christian Ravis, oder Rafe, auch Ravy, Ravius genannt, war 1613 in Berlin geboren und lebte 1638 in Oxford, nachdem er etwa acht Jahre an verschiedenen Universitäten zugebracht und viel gereist war. Im Jahre 1636 war er in Stockholm, wo er den Sohn von Hugo Grotius kennen lernte. Der Vater, der berühmte Hugo Grotius, lud ihn 1638 ein mit ihm nach Frankreich zu gehen, wo ihm Cardinal Richelieu eine Anstellung im Orient anbot, welche Ravis aber abschlug, da er vorzog der englischen Nation, die ihn gut aufgenommen, zu dienen. In Grossbritannien nahm ihn der gelehrte Dr. Usher, Primas von Irland in Dublin unter seine Protektion und ihm verdankte er Unterstützung und spätern Erfolg. Es scheint dass er Usher durch den gelehrten Deutschen, Dr. Elichmann und Joh. Gerh. Voss empfohlen worden ist. Im Jahre 1639 war er in Konstantinopel, wo ihn der englische Gesandte gut aufnahm. Ravis brachte einen Schatz von orientalischen Manuskripten nach England zurück. Im Jahre 1642 lebte er in Gresham College zu London, und später in „London House“, wo er jungen Leuten orientalische Sprachen lehrte, unter andern dem nachher bekannten Nonconformisten Thomas Danson. Ravis war damals gefügig und der England gerade regierenden revolutionären Partei unterwürfig. Nachdem er 1648, den sogen. „Covenant“ angenommen, wurde er durch die Inspektoren des langen Parlaments zum Fellow von Magdalene College, Oxford, ernannt. Er blieb aber nur ein Jahr daselbst, da wenige Personen die Sprachen studiren wollten, in welchen er sich auszeichnete. Er ging wieder nach Schweden, wurde Professor in Upsala, kam aber bald in grosse Noth, da die Gehalte der Professoren für den Krieg Schwedens gegen Dänemark verwendet wurden. Von da ging er nach Kiel, wo er bis zu seinem Tode, 1677, in guten Verhältnissen lebte. Ravis publicirte eine grosse Anzahl Werke über orientalische Sprachen: Hebräisch, Arabisch, Syrisch, Chaldäisch, Samaritanisch, Aethiopisch, von denen mehrere in England und in englischer Sprache erschienen und zu seiner Zeit von grossem Werthe waren. Ein Bruder von Ravis, Joh. Ravis, war Professor in Rostock.

Von Franciscus Junius findet sich § 4 eine biographische Skizze. Eine vollständige Liste seiner zahlreichen Werke, gegen dreissig, findet sich in Wood's Athenae Oxonienses.

Georg Ritschel, nach Wood's Athenae in „Deutsch-Kana“ an den Grenzen Böhmens (1616) geboren, studirte im Alter von siebzehn Jahren in Strassburg, wo er etwa sieben Jahre weilte. In Folge der Protestantenverfolgung in seiner Heimat kam er nach England, und liess sich auf einige Zeit in Oxford nieder, wo er, 1641, als „Georgius Ritschel Deutschkan. Basellus“ in der Bodley'schen Bibliothek eingetragen war. Die englische Revolution, welche das Jahr darauf ausbrach, veranlasste ihn nach den Niederlanden, Dänemark und Preussen zu reisen. Im Jahre 1644 kehrte er von Danzig nach England zurück, lebte einige Zeit in London und ging von da wieder nach Oxford, wurde

Mitglied von Trinity College und studirte fleissig in der Bibliothek. Während seines Aufenthaltes in Oxford schrieb er ein Werk. Nachdem er die Universität verlassen, wurde er Hauptlehrer in der sog. „Free-School" von Newcastle-upon-Tyne, wo er mehrere Jahre blieb, und unter andern den nachher berühmten John March erzog. Er wurde dann Pfarrer von Hexham in Northumberland, wo er fast achtundzwanzig Jahre fungirte. Ritschel schrieb zwei sehr geschätze Werke, eines philosophischen, das andere theologischen Inhalts. Das erstere: „Contemplationes Metaphysicae" etc. erschien 1648 in Oxford und wurde 1680 in Frankfurt abgedruckt. Das andere über die Ceremonien der anglikanischen Kirche, London, 1661, wurde vom englischen Clerus sehr gut aufgenommen. Er hinterliess nach seinem Tode noch mehrere Manuskripte theologischen Inhalts. Ritschel starb 1683 und wurde in Hexham bestattet, wo ihm ein sein Lob verkündendes Monument gesetzt ward. Auch von Allgood, Rektor von Simonbourne, in Northumberland, ward er in einer Leichenrede gefeiert, die auch eine Elegie auf seinen Tod enthält. Sein Sohn Georg, Student in St. Edmund Hall, Oxford, folgte ihm in seiner Vikarstelle nach.

Theodor Haak. Ueber diesen bedeutenden Mann, welcher 1625 nach Oxford kam und in Wood's Athenae aufgeführt wird, findet sich eine Skizze im nachfolgenden § über die Royal Society.

Ueber Anton Horneck findet sich eine biographische Skizze im vorhergehenden § 3.

Jakob Sedascue war ein böhmischer Graf, welcher in Folge der Schlacht bei Prag, worin er für den Pfalzgrafen kämpfte, seine Heimat verlassen musste und nach England kam. Er soll ein geistreicher Mann gewesen sein. In England diente er als Major im Heere unter General Lord Fairfax und stand so den Söhnen des Ex-Königs von Böhmen auf englischem Boden gegenüber. Sein Wappen war eine Sonne, welche Wolken und Regen vertreibt mit dem Motto: „Post Nubila Phoebus". George Sedascue, wahrscheinlich dessen Sohn, war General-Adjutant der Parlamentsarmee und wurde 1649 in Oxford zum Mag. Art. Lib. mit einer Anzahl anderer Officiere des Parlamentsheeres ernannt. Sedascue ist der Name einer alten Yorkshirefamilie und war der Familienname von Jakob's Frau; welchen er annahm. Sein wirklicher Name scheint unbekannt.

Jakob Ouzelius, welcher sich Jurisconsultus von Danzig nannte, wohnte 1656 in Oxford, wo er in der Bibliothek studirte.

Er schrieb: „De Numismatibus“ und „Animadversiones in Minutii Felicis Octavium“.

Martin Bagdanus Drisna, aus Brandenburg, „ex Acad. Hafniensi“, ward 1656 in die Bibliothek zugelassen. Er schrieb: „Tractatus de recidivâ Morborum“, 1659, und andere Werke.

Faustus Morsteyn, ein Edler, wurde 1656 zum Mag. Art. Lib. von Oxford ernannt. Er studirte mehrere Jahre in der Bibliothek der Universität.

Im Jahre 1656 studirte der Bremer Heinrich Oldenburg in Oxford. Ueber diesen merkwürdigen Mann, welcher bei der Gründung der Royal Society eine grosse Rolle gespielt, findet sich Näheres in dem folgenden § über die Royal Society.

Im Jahre 1658 wird Peter Schumacherus als Student aufgeführt, welcher mehrere Jahre in Oxford studirte. Obwohl als Däne bezeichnet, gehörte er wohl den deutschen Herzogthümern an, die oft als „dänisch“ bezeichnet werden. Er nahm später eine sehr hohe Stellung als Kanzler von Dänemark ein.

Paul Hartmann, aus Thorn in Preussen, wurde 1659 in Oxford zum Mag. Art. Lib. ernannt. Er war nachher Canonicus von Christ Church, Oxford und später Rektor von Shillingford in Berkshire. Er hat mehrere Werke über Grammatik geschrieben. Er hatte einen Sohn, Samuel Hartmann, welcher ebenfalls Canonicus von Christ Church war und von seinem Collegium die Pfarrstelle von Daventry in Northamptonshire erhielt. Er starb 1716.

Zur Zeit des Commonwealth und Protektorates, 1649 bis 1660, waren nicht wenige Schweden, Ungarn und Siebenbürger in Oxford, aber im Verhältniss weniger Deutsche.

Michael Strauchius, ein Sachse, wohnte 1663 in Oxford und studirte daselbst in der Bibliothek. Er war später Professor in Wittenberg und Schriftsteller.

Unter den verschiedenen Fremden, welche 1665 in Oxford studirten, waren mehrere Deutsche: — Johann Christoph Beckmann, ein Sachse, welcher nach Rückkehr in die Heimat sich durch verschiedene Werke einen Namen machte, ferner Christoph Sandius, welcher in Oxford meist Socinianische Bücher in den Bibliotheken studirte, „wie auch“, sagt Wood, „in den Läden der Buchhändler“. Sandius war in Königsberg 1644 geboren und von seinem Vater, einem bekannten Socinianer, unterrichtet. Letzterer verlor in Folge seiner Ansichten seine Stellung und sandte seinen Sohn nach Oxford. Von diesem wurden mehrere

Werke veröffentlicht, u. a. „Bibliotheca Anti-Trinitariorum“, 1684. Er starb 1680 in Amsterdam. Obige Veröffentlichung wäre demnach posthumus.

Im Jahre 1667 studirte der berühmte Buxtorfius, Professor des Hebräischen in Basel, in der Bodley'schen Bibliothek in Oxford und verweilte längere Zeit daselbst.

Michael Etmüller von Leipzig, studirte 1669 in der Bodley'schen Bibliothek. Er wurde nachher in seiner Heimat berühmt duch mehrere Bücher über Medicin u. a. „Mich. Etmullerus Medicinam Hippocratis Chymicam an. 1671, edi curavit“.

Henry Jenks, „Anglo-Borussus“ wurde nach Besuch der Universität Aberdeen in Schottland, im Jahre 1646 im Emmanuel College, Cambridge aufgenommen und wurde dann Fellow von Caius College daselbst. Er starb 1697 und wurde in St. Michael in Cambridge bestattet. Da Jenks in Wood's Athenae und Fasti aufgeführt wird, so muss er auch in Oxford studirt haben. Er wurde später Fellow der Royal Society und war Autor einiger englischer Werke meist christlich-philosophischen Inhalts u. a. von: „The Christian Tutor“, das 1683 in London erschien.

Im Jahre 1670 studirten in Oxford in der öffentlichen Bibliothek während etwa zwei Jahren die beiden Basler Johann Rudolf Westenius und Sebastian Feschius. Der erstere war später Professor des Griechischen in Basel und Autor mehrerer wichtiger Werke, der letztere war Autor geschätzter kritischer Werke.

Benjamin Hoffmann, von St. Edmund's Hall, Oxford, später von Balliol College, daselbst, wurde 1670 zum Baccalaureus Art. Lib. promovirt und im Jahre 1673 zum Mag. Art. Lib. ernannt. Er war der Sohn des oben erwähnten deutschen Johann Hoffmann, Rektors von Wotton in Oxfordshire. Der Sohn Benjamin wurde Rektor in Sussex und war Autor moraltheologischer Werke.

Isaak Voss wurde 1670 in Oxford zum Doctor des Civil-Rechtes ernannt. Sein Vater Joh. Gerh. war schon 1629 daselbst gewesen. Ueber beide findet sich Näheres im vorhergehenden § 3.

Prinz Wilhelm Heinrich von Nassau wurde 1670 zum Doctor des Civil-Rechtes in Oxford ernannt. „Er wurde im Doctorgewande mit runder Sammtkappe von den Pedellen mit ihren Silberstäben und Ketten um den Hals, in Begleitung des Regius Professors des Civil-Rechtes vor das sog. „Apodyterium“ (Versammlungsort des akademischen Senats) geleitet und als er nahe an die Stufen kam, welche zu des Vice-Kanzlers

Sitz in der Aula führten, hielt dieser, in respektvoller Stellung, eine Anrede an ihn, wobei der Prinz als besonderes Privileg die Kappe aufbehielt. Darauf ernannte ihn der Vice-Kanzler zum Doctor und ihn beim Arme nehmend, führte er ihn hinauf zu seinem Staatsstuhle, rechts und selbst höher als der des Vice-Kanzlers". — Dieser Prinz wurde später König von England als William III., ein zu dieser Zeit noch ungeahntes Ereigniss.

Prinz Wilhelm empfahl die Promotion einer gewissen Anzahl Personen in seinem Gefolge, welche bei derselben Gelegenheit in einer der vier Fakultäten, mit Zustimmung des Senates, promovirt wurden. Unter diesen waren einige Deutsche und Holländer, u. A. Wilhelm Albert Graf von Dona, Heinrich von Nassau, Wilhelm von Nassau, Wilhelm Bentink, Johann de Rye.

Im Jahre 1671 studirten mehrere Deutsche in Oxford in der Bibliothek, u. a. Jakob Gronovius, Sohn des berühmten Hamburger Gelehrten Johann Friedrich Gronovius. Der Sohn selbst erwarb sich hohen Ruhm und war Professor in Leyden. Ferner Dethlevus Cluverus, wohl ein Sohn des berühmten Danziger Geographen Philipp Clüver. Der erstere studirte zwei Jahre in Oxford Astronomie und Mathematik. Auch ein Johann Kaspar Bruneus aus Zürich studirte zur Zeit daselbst.

Johann Heinrich Otho aus Bern studirte 1672 in der Bibliothek zu Oxford. Er wurde später durch mehrere Werke bekannt, u. a. „Lexicon Rabbinice Philologicum" 1676, und durch Studien der alten jüdischen Schriftgelehrten, welche den Talmud schrieben: „Historia Doctorum Misnicorum" 1672.

Freiherr Otto von Schwerin, Staatsrath des Churfürsten von Brandenburg, ausserordentlicher Gesandter desselben in Grossbritannien wurde 1674 zum Doctor der Rechte in Oxford ernannt.

Christian Fredericus, Sekretär obigen Gesandten wurde 1674 in Oxford zum Mag. Art. Lib. ernannt.

Im Jahre 1675 kam J. Sebald Fabricius, ein alter Professor in Heidelberg, geboren in Speier, nach Oxford, derselbe welcher in der nachfolgenden biographischen Skizze von Haak § 8 erwähnt wird. Fabricius musste in Folge des französischen Krieges seine Heimat verlassen und lebte in Oxford in Zurückgezogenheit seinen Studien. Zu seiner Unterstützung wurden Geldbeiträge an der ganzen Universität gesammelt. Während seines Aufenthaltes in Oxford publicirte er: „De Unitate Eccles. Britannicae Meditationes Sacrae", Oxford 1676; „C. Julii Caesaris

Ortum, Dignitates etc. complexa". Ferner „Dissertatio Historica Dionis. Cassii Scriptoris Graec. Delect. Comm." etc. Lond. 1678.

Prinz Johann Wilhelm von Neuburg, Sohn des Herzogs von Neuburg, Pfalzgrafen am Rhein etc. wurde 1675 zum Doctor des Civilrechts von Oxford mit grosser Festlichkeit und mit Begleitung von Vokal- und Instrumentalmusik ernannt. Er war erst achtzehn Jahre alt und besuchte England, um Lady Mary, der ältesten Tochter von James, des damaligen Herzogs von York, später James II., seine Aufmerksamkeit zu zeigen.

Justus Christoph Schomerus und Meno Reich, beide aus Lübeck, studirten 1675 in Oxford. Beide waren später in ihrer Heimat als Gelehrte bekannt. Der erstere war Professor und Superintendent in Lübeck und schrieb gegen die Socinianer.

Theodor Dassovius aus Hamburg studirte 1677 in der öffentlichen Bibliothek zu Oxford. Er war später Professor der Poesie und des Hebräischen an der Universität Wittenberg und Autor über talmudische Themata.

Adam Samuel Hartmann, Bruder des schon erwähnten Paul Hartmann, Doctor Theologiae der Universität Frankfurt an der Oder, Bischof der reformirten Kirchen in Preussen, wurde 1680 in Oxford incorporirt.

Im Jahre 1680, im Monat September, empfingen viele Deutsche in Oxford verschiedene akademische Würden. Es war dies zur Zeit als man Karl, Prinzen von der Pfalz in Oxford feierte, wobei eine Anzahl seines Gefolges promovirt wurde. Johann Philipp von Adelsheim aus Franken, Stallmeister des Prinzen, Friedrich Adolf Hansen Baron von Grumby, Gustav Georg d'Halecke von Brandenburg, Paul Hackenbergh aus Westfalen, Professor der Beredtsamkeit und Geschichte in Heidelberg, wurden alle vier zu Doctoren des Rechtes ernannt. Vom Gefolge des Prinzen wurde Friedrich Christian Wincherus, Professor der Medicin in Heidelberg, zum Doctor Theologiae ernannt. Prinz Karl selbst, dessen Vater Karl Ludwig, der ältere Bruder Rupprecht's und der Sohn des Königs von Böhmen war, wurde mit grossem Pomp empfangen und zum Doctor Medicinae promovirt. Eine Beschreibung der Feier findet sich in Wood's Athenae. Als der Prinz den Tag darauf nach Hampton Court bei London reiste, erhielt er die Todesnachricht seines Vaters. Mit dem

Prinzen erhielten noch folgende aus seinem Gefolge die Würde eines Doctor Medicinae: Graf Philipp Christoph von Königsmarck, Eberhard Friedrich von Venningen, ein Elsässer und Jagdmeister des Prinzen, Abraham Dorr aus Hanau, Johann Bernhard Ferber ein Sachse.

Bald darauf wurde Georg Ludwig, Herzog von Braunschweig und Lüneburg, gewöhnlich Prinz von Hannover genannt, promovirt, als er nach England kam um Anna, Tochter von James, Herzog von York seine Aufwartung zu machen. Auch er wurde mit grosser Feierlichkeit zum Doctor der Rechte ernannt, wie sein Vorgänger der oben angeführte Prinz von Neuburg, welcher fünf Jahre vorher sich um Mary, Tochter von James, bewarb. Beide hatten aber keinen Erfolg in der Bewerbung und brachten nur einen Doctorhut nach Hause. Mit dem Herzog von Braunschweig wurden noch drei seines Gefolges promovirt: Johann Freiherr von Reck zum Doctor Juris und Andr. de Mellevil, Ritter und Oberst und Anton von Saictot zu Doctoren der Medicin.

Im Jahre 1682 war Andreas Arnoldus von Nürnberg ein Student in der öffentlichen Bibliothek von Oxford. Er publicirte den „Sermon of Athanasias to the Monks" und anderes und war später Professor der Theologie an der früheren Universität Altdorf und Rektor einer Kirche in Nürnberg.

Im Jahre 1683 studirte Friedrich Deatsch von Königsberg in der Bibliothek zu Oxford, welcher später ein gelehrter Professor der Theologie und der Sprachen in Königsberg war.

Am 13. Juni 1683 kam Pfalzgraf Adolf Johann, etwa zwanzig Jahre alt, nach Oxford, wo er mit einigen seines Gefolges unter grosser Feierlichkeit zum Doctor des Civilrechtes promovirt wurde. Mit ihm wurde den beiden Grafen Rudolf und Otto von Lippstadt, Friedrich Harder, einem adeligen Deutschen und Andreas Fleman, Sekretär des Prinzen dieselbe Ehre zu Theil. Man sagt, dass der Prinz mit seinem Onkel nach England gekommen sei, um die Heirath zwischen Prinz Georg von Dänemark und Prinzessin Anna zu verhindern, die aber dennoch zu Stande kam. Lorenz Cronyng, Lehrer von Prinz Adolf, wurde in Gegenwart des Prinzen zum Doctor Medicinae ernannt.

Im Jahre 1685 wurde Barthold Holtzfus, aus Pommern, Doctor Philosophiae von Frankfurt an der Oder, in Oxford aufgenommen, wohin ihn der Churfürst von Brandenburg geschickt.

Die Berichte Wood's enden leider mit dem Jahre 1690 und hiermit schliesst die Liste der deutschen Gelehrten und Studenten in Oxford, welche später gewiss ebenso grosse, vielleicht grössere Dimensionen annahm.

§ 8.

DIE ERSTEN DEUTSCHEN IN DER ROYAL SOCIETY IM 17. JAHRHUNDERT.[1]

Dem 17. Jahrhundert gebührt die Ehre der Einführung eines systematischen Studiums der Naturwissenschaften. Bis dahin gab es keine Lehre der Kombination der Phänomene, kein System. Die allgemeinen Resultate, von denen eine Theorie geschaffen werden könnte, waren noch nicht aus der rohen Masse von Facta gezogen, die damals die Materialien für die Deduktionen der Philosophen bildeten. Aber die Befreiung der gefangenen Naturwissenschaften begann nach den Arbeiten von Bacon, Cartesius, Leibnitz, den Entdekungen von Galileo, Toricelli, Guerike, des grossen Newton, nachdem der Geschmack an dem Studium der Kräfte der Natur vermittelst Experimenten und durch Akademien verbreitet worden war. Dann liessen die Schulen allmählig die Manie für Systeme ohne Facta, für Erklärungen ohne Basis, für Dispute um Worte, für Kommentare über die Alten. Dann folgte Entdeckung auf Entdeckung, in allen Richtungen und fast jeden Tag. Dem lächerlichen Kauderwelsch, das bisher den Platz der Wissenschaft eingenommen, folgten überall der weisere Zweifel, die reine Eingebung von Facta und die Beobachtung. Alle Wissenschaften wurden sozusagen von vorn angefangen und diese Epoche von Arbeit und Forschung war die Geburtszeit der Akademien.

Im Jahre 1651 wurde die Academia del Cimento in Florenz gegründet und andere italienische Städte, wie Genua, Venedig, Pisa, Amalfi hatten schon ihre Akademien. In Deutschland

[1] History of the Royal Society, by Charles Richard Weld. 2 vol. 1848.

wurde, Januar 1652 die heute noch blühende „Academia Naturae Curiosorum“ in der damals freien Stadt Schweinfurt gegründet, die erste Akademie für Naturwissenschaften diesseits der Alpen. In England wurde schon im Jahre 1645 die „Philosophical Society“ in London und Oxford gebildet, die aber erst 1662 sich als Gesellschaft fest begründete. Die Pariser Académie des Sciences wurde 1666 von Colbert gegründet aber erst 1713 durch königliches Patent inkorporirt.

Die jetzige Royal Society ging aus der erwähnten älteren Gesellschaft hervor, einer Privatgesellschaft Gelehrter in London, deren Hauptzweck Naturlehre, d. h. Physik war. Sie kamen wöchentlich zu wissenschaftlichen Zwecken in London zusammen. Unter diesen Ahnen der Royal Society befand sich auch ein Deutscher, Theodor Haak, ein Pfälzer, welcher sogar diese Versammlungen vorschlug und veranlasste und daher als Stifter betrachtet werden kann. Später, 1648—49, trennte sich dieser Verein in zwei Zweige, in London und Oxford, von denen letzterer später einging, zuerst aber ein mächtiger Verbündeter des Londoner gewesen. Die Londoner Gesellschaft erhielt im Jahre 1662 das königliche Patent von Charles II. unter dem Namen „Royal Society“. Vor dieser Zeit trug die Gesellschaft auch den Namen „Occulta“ oder „Invisibilis“. Sie war ein Asyl der Gelehrten zur Zeit der trostlosen Zustände des Bürgerkrieges.

Unter denen die im Jahre 1645 eine leitende Rolle in der Gesellschaft spielten war ein Freund Haak's, Dr. John Wilkins, später Bischof von Chester, damals Kaplan des Churfürsten der Pfalz in London, der zuerst die Versammlungen in seiner Wohnung in Oxford abhielt.

Theodor Haak, geboren 1605, in Neuhausen bei Worms in der Pfalz, kam schon 1625 nach England, ging dasselbe Jahr nach Oxford, studirte daselbst ein halbes Jahr und besuchte dann Cambridge. Von da besuchte er mehrere Städte und Universitäten auf dem Kontinente, kehrte 1629 nach Oxford zurück, wohnte daselbst drei Jahre in Gloucester Hall und wurde bald vom Bischof von Exeter zum Priester geweiht. Als während des dreissigjährigen Krieges in England Mittel zur Unterstützung der Nothleidenden in Deutschland gesammelt wurden, wurde Haak beauftragt, die gesammelten Summen nach Deutschland zu besorgen. Nach Ausbruch des Bürgerkrieges in England schien Haak zu Gunsten des Parlamentes gewesen zu sein, wohl in Folge seiner calvinistischen Erziehung und Neigungen. Da er die Einsamkeit liebte, so schlug er zwei ehrenvolle Anerbietungen aus, die eine die einer Sekretärstelle beim Pfalzgrafen, die andere die Stelle eines Geschäftsträgers für die Stadt Hamburg und für Friedrich II. von Dänemark. Als eine Versammlung von Theologen in Westminster die holländischen Annotationen über die Bibel, welche 1637 erschienen, in's Englische übersetzt zu haben wünschte, ersuchte man Haak die Uebersetzung zu übernehmen und stellte ihm dafür gewisse Privilegien aus, u. a. das Monopol des Drucks und Verkaufs auf vierzehn Jahre. Das Werk, übersetzt von Haak, erschien unter dem Titel: „The Dutch Annotations upon the whole Bible, together with their Translation according to the Direction of the Synod of Dort, 1618“. London 1657, 2 Vol. in fol. Nebst der Uebersetzung dieses grossen Werkes, hat Haak mehrere englische Werke praktischer Theologie in's Deutsche übersetzt, u. a.: „Of the Deceitfulnenss of Man's Heart“, von Dan. Dyke; „The Christian's daily Walk“ von Hen. Scudder; „The old Pilgrim“ von Anon. Er übersetzte auch in's Deutsche in reimlosen Versen Milton's „Paradise Lost“, welches, als es in die Hände von J. Sebald Fabricius, dem oben erwähnten berühmten Theologen von Heidelberg fiel, diesem so sehr gefiel, dass er in einem Briefe an den Uebersetzer diesem sagt: „incredibile est quantum nos omnes afficerit gravitas stili et copia lectissimorum verborum“. Haak bereitete auch vor seinem Tode für die Presse eine Uebersetzung von etwa 3000 Sprichwörtern aus dem Deutschen in's Englische vor, und ebensovieler in das Deutsche vom Spanischen, „das sehr reich an weisen Sprüchen ist, von denen viele von den Arabern kommen“. Beobachtungen und Briefe von ihm finden sich in den „Philosophical Collections“, welche im Mai 1682 publicirt wurden. Haak starb im Hause seines Verwandten Friedrich Slare oder Slear, Medicinae Doctor, in einer Seitengasse von Fetter-Lane 1690 und wurde in einem Gewölbe unter der Kanzel von St. Andrew's Kirche, Holborn, bestattet. Der oben angeführte Dr. Anton Horneck hielt die Leichenrede, worin er Haak's Leben und Wirken hervorhob. Haak war mit einer grossen Anzahl gelehrter und hoher Personen befreundet, unter andern mit Prinz Ruprecht von der Pfalz, Dr. Usher, Joh. Selden, Dr. Prideaux, Dr. Wilkins. Sein Hauptverdienst ist sein Antheil an der Gründung der Royal Society.

Ein anderer Deutscher hatte ebenfalls auf die Entwicklung

des Studiums der Naturwissenschaften in England keinen geringen Einfluss. Es war dies Samuel Hartlib aus Elbing in Preussen, dessen Vorfahren von altem Adel waren und hohe Würden im deutschen Reiche bekleideten. Einige von ihnen waren Räthe des Kaisers und mehrerer Fürsten und einige bekleideten das Amt eines Syndikus von Augsburg und Nürnberg. Obwohl Hartlib als einer der Beförderer der Royal Society angeführt wird, so steht sein Namen nicht in der Liste der Gesellschaft. Er war 1600 geboren und kam etwa 1628 nach England, wo er sein Leben und sein bedeutendes Vermögen dem öffentlichen Wohl widmete. „Ich habe“, sagt er in einem Briefe an Worthington, Vice-Kanzler von Cambridge, 1660, „jährlich von meinem eigenen Vermögen drei- bis vierhundert Pfund gebraucht, seitdem ich in England lebe“. Für damals eine hohe Summe. Er stand in intimem Verkehr mit den Höchsten und Gelehrtesten Englands und die Thätigkeit, die er entfaltete ist erstaunlich. Anfangs gründete und leitete er eine öffentliche Agentur in grossem Massstabe, zum Zweck „das allgemeine Wohl der Menschheit in der freiesten und vorurtheilslosesten Weise zu befördern“. Die Zahl der von ihm publicirten Werke ist sehr gross, sie belaufen sich auf zwei Duodecimos, zwei Octavos und etwa achtundzwanzig Quarto Abhandlungen verschiedener Art. Schon 1637 publicirte er in England sein erstes Werk: „Conatuum Comenianorum praeludia“, und 1639: „Comenii Pansophiae prodromus“; 1642 eine Uebersetzung des Werkes von Comenius über Schulreform und 1648 ein anderes. Hartlib errichtete eine sogen. Akademie auf originellen Principien für die Erziehung der Kinder der höheren Klasse. Veranlasst durch ihn berief das englische Parlament Comenius um die englischen Schulen zu reformiren. In Folge dessen wahrscheinlich widmete ihm 1644 Milton sein berühmtes Werk „Tractate on Education“, worin er Hartlib u. a. folgendermassen anredet: „I am long since persuaded, that to say, or to do aught worth memory and imitation, no purpose or respect should sooner move us, than simply the love of God, and of mankind. Nevertheless, to write now the reforming of Education, though it be one of the greatest and noblest designs that can be thought on, and for the want whereof this nation perishes, I had not yet at this time been induced, but at your earnest entreaties and serious conjurements etc.“

Hartlib widmete nicht allein der Erziehung seine Aufmerksamkeit. Zwischen 1641 und 1647 publicirte er mehrere

Abhandlungen über die religiösen Kontroversfragen der Zeit. Aber eines seiner Hauptverdienste war sein Einfluss auf die Hebung der Landwirthschaft in England. In 1645 publicirte er den „Discourse of Flanders husbandry“ und in 1652 „Legacy: or an enlargement on the discourse of husbandry used in Brabant und Flanders“. Beide dieser Werke gaben der Hebung englischer Agrikultur einen gewaltigen Anstoss. Für das letztere dieser Werke soll Cromwell dem Autor eine Jahresrente von 100 Pfund verliehen haben.

Schon 1648 arbeitete Hartlib an der Gründung einer Anstalt um besondere Zweige der Wissenschaften zu pflegen. Er hatte den Plan eine Gewerbeschule (College of Artisans) anzulegen.

Es ist unmöglich an dieser Stelle den philanthropischen Arbeiten dieses ausgezeichneten Deutschen Gerechtigkeit widerfahren zu lassen. Er wurde ein Märtyrer für seine Menschenliebe. Er verbrauchte sein grosses Vermögen. Als Freund Milton's und Pensionär Cromwell's wurde er zur Zeit der Restauration vernachlässigt und arm und krank. starb er unbekannt und vergessen.

Milton nannte Hartlib „einen Mann, von der Vorsehung von einem fernen Lande hieher gesandt, um Gelegenheit und Anregung grosser Wohlthaten für diese Insel zu sein“. Hartlib war kaum sechszehn Jahre in England, als seine Popularität so gross war, dass Milton von ihm sagte er wäre „berühmt bei den Weisesten“.

„Samuel Hartlib's Leben“, sagt ein Biograph, „erregt unsere Bewunderung. Unter grossen persönlichen Nachtheilen, zugleich in Opposition mit dem widerstrebenden Einfluss einer ausschweifenden, lüderlichen Zeit, that er Wunder um die Lage der Gesellschaft zu heben, mit wenig anderer Ermuthigung, als der Billigung seines eigenen Gewissens. Er war ein glänzendes Beispiel der erstaunlichen Masse des Guten, das ein Individuum durch einen gleichmässigen und unermüdlichen Eifer für Beförderung eines grossen, wohlerwogenen Zweckes stiften kann, wenn Uneigennützigkeit die Triebfeder und der Zweck die Wohlfahrt der Menschheit sind“.

Ueber diesen vortrefflichen Deutschen hat Professor Dr. Friedrich Althaus in London eine interessante Biographie im „Historischen Taschenbuch“ und auch in Separatabdruck veröffentlicht, auf welche ich hinweise: „Samuel Hartlib. Ein deutsch-englisches Charakterbild, von Fr. Althaus in London“. Leipzig, F. A. Brockhaus. 1883.

Ein Memorandum vom 28. November 1660, der erste officielle Bericht i. e. „Record of the Royal Society“, enthält unter den ersten Mitgliedern einen andern Deutschen, der bei der Gründung und Entwicklung der Gesellschaft eine bedeutende Rolle spielte, es war dies: Heinrich Oldenburg von Bremen.

Oldenburg, der zuweilen auch seinen Namen rückwärts „Grubendol“ schrieb, war während des sogen. langen Parlaments unter Charles I., Konsul für seine Heimat in London. Nachdem er diesen Posten verlassen, wurde er Erzieher von Lord Henry Obrian, einem irischen Edelmanne, mit dem er die Universität Oxford besuchte, wo ihm gestattet wurde in der Bodley'schen Bibliothek zu studiren. Dies war 1656, als Cromwell Vice-Kanzler war. In diesem Jahre immatrikulirte er in Oxford unter dem Namen und Titel: Henricus Oldenburg, Bremensis, nobilis Saxo. Er wurde später Erzieher von William Lord Cavendish und mit Milton bekannt. Unter Milton's „Epistolae familiares“, befinden sich vier Briefe von Oldenburg. Er verliess Oxford und ging nach Frankreich, kehrte aber 1661 nach England zurück.

Während seines Aufenthaltes in Oxford wurde er mit mehreren Mitgliedern der Gesellschaft daselbst bekannt, aus welchen die Royal Society hervorging. Im Jahre 1662, am 13. August, verlas Oldenburg das königliche Patent in der Versammlung und fungirte von da an als Sekretär der Gesellschaft, von der er einer der ersten Fellows war. In der Charta prima der Gesellschaft von Charles II., 1662, wird unter den ersten Gründern: „Henricus Oldenburg, Armigerus“, erst als Mitglied des Council, dann als erster Sekretär der Gesellschaft aufgeführt. In der Charta Secunda von Charles II., 1663 ist er wieder als Mitglied des Council und als erster Sekretär aufgeführt. Sieben Jahre lang leistete er der Gesellschaft seine Dienste unentgeldlich, mit Ausnahme dass er zu seinem eigenen Vortheil die „Philosophical Transactions“ auf Anordnung des Council der Royal Society verfassen und 1664 veröffentlichen durfte, als deren Urheber er demnach mit Recht betrachtet wird. Er widmete dies Werk der Royal Society. Das französische „Journal des Sçavans“, 1665 publicirte es grösstentheils in Uebersetzung. Der Verkauf einer so gelehrten Publikation brachte aber dem Herausgeber keinen Profit und von 1669 bis zu seinem Tode erhielt er daher einen Gehalt von 40 Pfund per annum.

Um obiges Werk mit grösstmöglichem Ruhme für die Gesellschaft auszuführen, unterhielt er eine Korrespondenz mit mehr als siebzig Gelehrten und Andern, über eine Varietät von Gegenständen, und in verschiedenen Theilen der Welt. Diese ermüdende Arbeit wäre unerträglich gewesen, hätte er nicht, wie er Dr. Lister sagte, es so eingerichtet, dass ein Brief den andern beantwortete, und dass, um stets frisch zu sein, er nie einen Brief las, ehe er die Feder in der Hand hatte, bereit denselben sofort zu beantworten, so dass die Menge seiner Briefe ihn nicht überbürdete, und sich nie anhäufte. Unter Andern war er ein beständiger Korrespondent von Robert Boyle, mit dem er sehr befreundet war, und von dem er mehrere Werke in's Lateinische übersetzte.

Oldenburg war in seinem Pflichtgefühl und in seiner Treue das Musterbild eines Deutschen. Als die Pest in London ausbrach, flüchteten sich alle Fellows der Royal Society auf das Land und die Versammlungen hörten während dieser Zeit auf. Aber Oldenburg blieb in seinem Hause in Pall Mall während der ganzen Zeit als die Pest wüthete und setzte seine Korrespondenz mit Boyle u. A. über wissenschaftliche Gegenstände fort (Weld, l. c. I. p. 183).

Durch seine Bemühungen erhielt die Royal Society viele Geschenke von fremden Ländern. Er war unermüdlich in seiner Korrespondenz mit ausgezeichneten Fremden in Deutschland, Frankreich, Italien über die verschiedensten Zweige der Naturwissenschaften. Aber gerade seine so ausgedehnte Korrespondenz mit dem Auslande setzte ihn in den Verdacht, dass er den Feinden des Königs Charles II. politische Nachrichten gebe. Vom 30. Mai bis 3. Oktober 1667 wurden die Versammlungen der Royal Society ausgesetzt in Folge der Verhaftung und Einsperrung von Oldenburg im Tower. Seine Unschuld wurde aber dargethan und nach drei Monaten wurde er wieder in Freiheit gesetzt.

Von dieser Zeit bis zu seinem Tode widmete er alle Kräfte, all seine Zeit der Royal Society. Von Anfang an (1662) erhielt er im Ganzen nur 40 Pfund Entschädigung und erst im Juni 1669 empfing er einen Gehalt von 40 Pfund jährlich. Die „Transactions" fuhr er fort bis Nr. 36, Juni 25. 1677 herauszugeben, worauf die Publikation bis zum folgenden Jahre unterbrochen werden musste. Oldenburg starb nämlich plötzlich im August 1677 in seinem Hause in Old Charlton, Kent, und wurde daselbst in der noch bestehenden Kirche bestattet. Er hinterliess einen Sohn, R u p e r t genannt, dessen Pathe Prinz Ruprecht von der Pfalz war, und eine Tochter, Namens Sophie. Seine Gemahlin war die Tochter des berühmten schottischen Theologen John Durie, des Freundes und Korrespondenten von Samuel Hartlib.

Nebst den Transactions und andern Werken, sind noch folgende Uebersetzungen von ihm in's Englische zu erwähnen: „The Prodromus to a Dissertation by Nich. Steno, concerning Solids naturally contained within Solids etc." 1671. — „A Genuine Explication of the Book of Revelation etc." 1671 geschrieben von A. B. Piganeus. — „The Life of the Duchess of Mazarine" aus dem Französischen.

In einer Ode zum Lobe Oldenburg's hiess er „der ausgezeichnete, arbeitsame und genaue Oldenburg". Weld, der Historiker der Royal Society, nennt seinen Tod einen herben Verlust für die Gesellschaft und sagt, dass er von 1662 bis zu seinem Ende in der Ausführung seines Amtes als Sekretär unermüdlich war.

Unter den ersten Fellows der Royal Society befinden sich noch einige Deutsche, u. A. Prinz Rupert (Ruprecht), von der Pfalz. Dieser lieferte nicht nur Beiträge zu den Sammlungen der Gesellschaft, sondern brachte, nach der Restauration, als Governor von Windsor Castle, seine Mussestunden mit Malen, Bildstechen, mechanischen und chemischen Experimenten zu. Rupert soll der Erfinder des sogen. Pinchbeck oder Prinzenmetalls und der sonderbaren Glasblasen, bekannt als „Rupert's Drops", gewesen sein.

Nikolaus Mercator, (oder Kaufmann), Holsteiner, ein eminenter Mathematiker und Astronom, heute noch mit grosser Achtung genannt, kam um die Zeit der Restauration nach England und wurde Fellow der Royal Society. Mehrere Werke über Astronomie und Mathematik wurden von ihm zu London publicirt, und einige Arbeiten von ihm befinden sich in den Philosophical Transactions der Royal Society. Er starb in England, in welchem Jahre ist nicht bekannt. Er war einer derjenigen, welche die Astrologie weder annahmen noch verwarfen. Man sagte er habe sich bemüht, sie auf rationelle Principien zu reduciren, was dasselbe ist als mit Verstand verrückt zu sein.

Henry Jenks, in Wood's Athenae als „Anglo-Borussus" bezeichnet und welcher 1697 in Cambridge starb, war ebenfalls Fellow der Royal Society. Ueber seine Stellung und Wirksamkeit ist § 7 Näheres zu finden.

Auch unter den ersten auswärtigen Fellows, die England als Gäste besuchten, waren Deutsche. Der grösste unter ihnen war Leibnitz, der im Jahre 1673 nach England kam und mit Oldenburg und andern Naturforschern der Royal Society u. A. Wallis, Boyle, John Collins, dem grossen Newton bekannt wurde, mit dem er in Briefwechsel stand. Leibnitz war vor seinem Besuche Englands schon zum Fellow der Gesellschaft ernannt worden. Er blieb vier Jahre in England, besuchte die Versammlungen der Royal Society, wo er seine Rechenmaschine zeigte und kehrte mit einem Schatze von Kenntnissen und Beobachtungen in die Heimat zurück. Später besuchte er England noch einmal. Bald entstand die grosse Kontroverse zwischen England und Deutschland wegen der ersten Erfindung des „Calculus Differentialis", welche die Gemüther beider Länder so lange erregte. Nach langem Streit wurde die Erfindung endlich beiden, Newton und Leibnitz als unabhängige Erfindung zugesprochen und zwar von Newton, selbst in seinen „Principia". Eine interessante Beschreibung dieses Gelehrtenkampfes gibt Weld in seiner Geschichte der Royal Society. Man erwählte in der ersten Zeit ein Commité zur Untersuchung obiger Streitfrage, in dem auch der damalige preussische Gesandte Bonet als Mitglied sass.

Ein anderer deutscher Astronom von grossem Ruhme besuchte England und wurde schon 1664, kurze Zeit nach der Gründung, zum Mitgliede der Royal Society erwählt. Es war dies Johann Hevelius von Danzig.

Die Sitzungen der Royal Society wurden von den meisten hohen Besuchern Englands heimgesucht. Die Experimente die man daselbst machte und die Sammlungen von Kuriositäten, von denen man heutzutage manche nur noch in Jahrmarktsbuden findet, zogen damals gewaltig an. Zu den deutschen Besuchern der Gesellschaft gehörte u. A. 1678 der Gesandte des Herzogs von Sachsen, Graf von Zinzendorp, den Evelyn F. R. S., in seinen Memoiren als einen sehr schönen jungen Mann anführt.

Aber viel interessanter als solche Besuche neugieriger Granden waren die Besuche fremder Gelehrter und die Versuche und Experimente mit ihren Erfindungen in der Royal Society. Ein sehr interessanter Fall der Art findet sich in Weld's Geschichte beschrieben. Am 11. Februar 1708 brachte Dr. Papin, mit Empfehlungen von Leibnitz, eine höchst merkwürdige Erfindung vor die Royal Society, nämlich eine Dampfmaschine um mit Dampf Schiffe zu bewegen. Landgraf Karl von Hessen liess diese Maschine in Kassel zuerst ausführen und probiren. Das Kasseler Schiff hiess: „Retorte“. Es war dies die erste Dampfmaschine um Schiffe zu treiben. Allerdings wird die erste hydraulische Maschine oder Dampfmaschine „to drive water by fire“ dem Marquis of Worcester, Lord Somerset zugeschrieben. Diese aber schien nur zum Löschen von Feuer bestimmt gewesen zu sein. Schon seit einiger Zeit hatte man in England Versuche mit sogen. „Engines of Motion“ gemacht. Derjenige der sich besonders mit solchen Versuchen beschäftigte, war der schon erwähnte Samuel Hartlib, welcher im Jahre 1652 schon eine Broschüre betitelt „An Invention of Engines of Motion“ herausgab.

Samuel Hartlib korrespondirte zwischen den Jahren 1647 und 1659 mit Boyle F. R. S. über viele Experimente und Erfindungen unter andern die der Deutschen Becker und „Kuffler“. Es ist mir nicht gelungen Näheres über diese Erfindungen zu erfahren, die jedenfalls vor die Royal Society kamen. Evelyn ein hervorragendes Mitglied derselben erwähnt 1666 in seinen Memoiren eines „Dr. Keffler“, den er besuchte, Schwiegersohns des berühmten Physikers und Mechanikers Cornelius Drebbell. Evelyn sah bei dieser Gelegenheit Keffler's auch eiserne Oefen, welche für die Armee des Prinzen von Oranien früher tragbar gemacht worden waren. Er suppirte darauf im Rhenish-Winehouse im Stahlhofe, ein Umstand, der offenbar Eindruck auf ihn machte um dessen in seinen Memoiren zu erwähnen.

Samuel Pepys, ein anderes Mitglied der Royal Society erwähnt in seinem berühmten Diary, (Tagebuch) im Jahre 1661—62, eines Deutschen „Dr. Knuffler“ der eine Maschine erfand Schiffe in die Luft zu sprengen und sich damals in London befand um dem König sein Geheimniss anzubieten.

Wer der oben erwähnte Becker war, über dessen Erfindung Hartlib mit Boyle korrespondirte ist mir nicht bekannt. Er war der Erfinder eines „perpetuum mobile“, das damals noch alle Gelehrten ernstlich beschäftigte. Es war aber zur selben Zeit ein Deutscher in England dessen Namen sehr ähnlich ist, nämlich Johann Joachim Becher von Speier. Dieser beschäftigte sich mit technischer Chemie und hatte verschiedene Anstellungen in Deutschland gehabt. In Wien fiel er in Ungnade und kam, oder floh vielmehr über Holland nach England. Hier beschäftigte er sich mit grossen Minenoperationen, starb aber schon 1682, im Alter von siebenundvierzig Jahren, im Verdacht sein Ende veranlasst zu haben. Becher hatte, trotz aller Vorwürfe die man ihm machte, bleibende Verdienste um die Chemie, die er zuerst in wissenschaftliche Form brachte. Dies war besonders der Zweck seines wichtigsten Werkes: „Physica subterranea“ 1664. Becher hat nebstdem eine Reihe verschiedener Werke veröffentlicht, worunter eines in London, 1680: „De nova temporis metiendi Ratione“.

Wilhelm Homberg, Chemiker, war weder ständig in England noch Mitglied der Royal Society. Aber er arbeitete mit einem der ausgezeichnetsten Mitglieder der Gesellschaft und kam so in direkte Verbindung mit ihr. Homberg war 1652 in Batavia geboren, Sohn eines sächsischen Flüchtlings, welcher Kommandant der Citadelle war. Seine Familie kehrte nach Deutschland zurück. und der junge Homberg studirte die Rechte in Leipzig, widmete aber der Botanik und Astronomie mehr Aufmerksamkeit. Er prakticirte in Magdeburg als Advokat. gab aber seinen Beruf bald auf und studirte in Italien Medicin, Chemie, Optik und selbst Malerei, Skulptur und Musik. Er kam darauf nach England, wo er im Laboratorium von Boyle arbeitete. Nach längern Reisen in Deutschland und Schweden kam er nach Paris. wo er 1682 katholisch wurde. Dann ging er nach Rom, wo er als Arzt prakticirte. kehrte nach Paris zurück und wurde Mitglied der Akademie der Wissenschaften und Direktor von deren Laboratorium. Er starb 1715. Obgleich nicht originell, war er einer der gelehrtesten Chemiker seiner Zeit.

Ein hochverdienter deutscher Naturforscher, der in diesem Jahrhunderte für das Land seiner Adoption wirkte, war Jakob Bobart, Botaniker, geboren in Braunschweig und verstorben in Oxford, 1679 im Alter von einundachtzig Jahren. Bobart war der erste Superintendent des botanischen Gartens in Oxford. welcher im Jahre 1632 durch den Grafen von Derby angelegt worden war. Unser Landsmann veröffentlichte einen Katalog der medicinischen Pflanzen, die im Garten von Oxford kultivirt wurden.

Sein Sohn Jakob war ebenfalls berühmter Botaniker, folgte seinem Vater als Superintendent des botanischen Gartens nach und half ihm bei der Herausgabe des „Catalogus plantarum horti medici Oxoniensis“. Linné nannte ein Genus der „Cyperaceae“ in Ehre der beiden Bobart.

§ 9.

DEUTSCHE KÜNSTLER IN ENGLAND IM 17. JAHRHUNDERT.

Während die bildende Kunst, besonders die Malerei und Kupferstecherkunst, eine lange Reihe bedeutender Deutscher in

England aufzuweisen hat, so ist die Tonkunst in diesem Jahrhunderte daselbst kaum vertreten. Die Musik hatte in Deutschland noch nicht ihren gewaltigen Aufschwung genommen. Im Gegentheil, englische Musiker reisten in der ersten Hälfte des Jahrhunderts nach Deutschland. allein oder in Begleitung englischer Schauspielergesellschaften, wo sie grosses Aufsehen und Bewunderung erregten. Die Koncertmusik stand damals höher in England als in Deutschland. Wenige deutsche Musiker von Namen kamen daher in diesem Jahrhundert nach England. Unter diesen wenigen waren jedoch zwei, deren Namen heute noch mit Lob und Ehre genannt werden: Thomas Baltzar und Johann Jakob Frohberger, der erste ein Violinist, der letztere ein Harfenspieler.

Baltzar, aus Lübeck, galt als einer der ersten Violinisten seiner Zeit. Er kam 1656 nach England. Zu jener Zeit hatte die Violine noch nicht ihre spätere Anerkennung erworben und galt im Ganzen wenig. In England fand Baltzar einen Patron an Sir Anthony Cope von Hanwell in Oxfordshire. Der bekannte Gelehrte John Evelyn gibt einen Bericht über Baltzars Spiel, kurz nach seiner Ankunft. Er spricht mit Begeisterung von der Gewandtheit des jungen Mannes und sagt, dass die Anwesenden, bisher berühmte englischen Meister am Ende ihre Instrumente niederwarfen und sich als besiegt erklärten. „As to my own particular“ — sagt er — „I stood to this hour amaz'd that God should give so great perfection to so young a person“.

Anthony Wood sagt uns dass im Jahre 1658 Baltzar in Oxford gewesen wäre, wo man ihn mit Erstaunen hörte und seine Fingerfertigkeit bewunderte. Er spielte privat und öffentlich mit solchem Effekt, dass Wilson, Universitäts-Professor und grosser Musikkenner, in seiner gewohnten humoristischen Art sich zu Baltzars Füssen bückte um zu sehen ob er einen Huf habe. Die englischen Violinisten wagten nicht mehr mit ihm zu spielen. Nach der Restauration Karls II. wurde Baltzar Leiter der berühmten vierundzwanzig Violinisten des Königs und ward zum Baccalaureus der Musik in Cambridge ernannt. Er hatte indess einen Fehler. Er trank übermässig. Dies kürzte seine so glänzende Laufbahn ab und er starb schon 1663. Es wurde ihm die Ehre eines Grabes in Westminster Abtei zu Theil. Wood sagt von ihm: „Bewundert von Allen, die Musik liebten, wurde seine Gesellschaft sehr gesucht, und da Gesellschaft, und besonders musikalische Gesellschaft, sich gern am Trinken ergötzt, so trank er mehr als gewöhnlich, was ihn in ein frühes Grab brachte". Baltzars Ankunft in England war ein musikalisches Ereigniss, denn durch ihn hat die Violine die Stelle unter den Saiteninstrumenten eingenommen, welche sie bis jetzt einnahm. Er hinterliess eine Reihe von Kompositionen.

Johann Jakob Frohberger aus Hall, starb 1695 in Mainz. Er studirte in Italien und erregte in Deutschland und Frankreich allgemeine Bewunderung durch sein Harfenspiel. Kaiser Ferdinand ernannte ihn später zu seinem Harfenspieler. Im Jahre 1662 unternahm er eine Reise nach England. Unterwegs wurde er von Räubern angegriffen, die ihm Alles raubten, was er trug. Er nahm darauf einen Platz auf einem Schiffe. Dieses Schiff wurde von einem Korsaren geentert, und Frohberger sprang in's Meer um seine Freiheit zu bewahren. Ein Fischerboot griff ihn auf und in ihm erreichte er England. Er bettelte sich bis London durch und wurde hier als Orgelbläser von Dr. Christopher Gibbons, damals Organist von Westminster Abtei und des Hofes, angestellt. In dieser niedrigen Stellung verblieb Frohberger, bis der Zufall ihm eine Gelegenheit gab den Platz seines abwesenden Herrn einzunehmen und vor Charles II. zu spielen. Nun wurden seine Verdienste gewürdigt und er mit Gunstbezeugungen überhäuft. Nach einiger Zeit kehrte er nach Deutschland zurück.

Grösser als das der Musiker, war das Kontingent deutscher Maler und Kupferstecher, welche in diesem Jahrhunderte in England Ruhm und Ehre ernteten. Es finden sich darunter Namen die, wie ihr Vorgänger Holbein, noch heute einen hohen Ehrenplatz in dem Tempel der Kunst einnehmen. Viele liessen sich in England nieder, Manche besuchten es nur.

In den zwanziger Jahren des 17. Jahrhunderts kam Joachim Sandrart, aus Frankfurt, ein ausgezeichneter Maler und Schriftsteller nach England. Er war Schüler von Gerhard Honthorst, mit dem er dieses Land besuchte. Sandrart verliess England 1628 nach der Ermordung des Herzogs von Buckingham, welcher der Patron der Kunst und Künstler war. Er malte besonders Porträts und ist später durch sein Werk „Teutsche Akademie der edlen Bau-, Bild- und Malerei-Künste" 1675—79 berühmt gegeworden.

Zur selben Zeit, als Sandrart in London war, befand sich ein anderer deutscher Künstler, Franz Kleyn, aus Rostok, daselbst. Kleyn reiste in Italien und lernte daselbst Sir Henry Wotton und Sir Robert Anstruther kennen, letzterer ein grosser

Freund der Deutschen, der sehr geläufig deutsch sprach. Auf den Rath beider kam Kleyn nach England, wo er in des Königs neuen Tapetenweberei zu Mortlake bei London aufgenommen wurde, mit der Aufgabe historische und groteske Zeichnungen zu liefern. Er dekorirte viele Paläste des Adels. Ein Zimmer und eine Decke von ihm in Hollandhouse wurden sehr gelobt. Er war orginell in seiner Auffassung und Zeichnung und sehr sorgfältig und genau in der Ausführung. Er starb 1658.

Der nächste deutsche Maler, der nach obigen England besuchte, kam in doppelter Eigenschaft als Maler und Diplomat. Er blieb daselbst nur vorübergehend, hinterliess aber doch einige bedeutenden Schöpfungen. Es war dies der grosse Rubens.

Obwohl man ihn meist unter den Niederländern aufführt und er zu ihrer Kunstschule gehört, so müssen wir ihn dennoch als unsern Landsmann reklamiren. Ueber Rubens, den Fürsten der niederländischen Malerschule und dessen Talente zu sprechen, ist hier der Ort nicht. Sein Leben ist bekannt. Es sei daher hier nur kurz erwähnt, dass Rubens oft zu diplomatischen Missionen gebraucht wurde, wegen seiner einnehmenden Persönlichkeit, seiner Kenntnisse, Beredtsamkeit, seines durchdringenden, alles umfassenden Geistes. seiner Tugend. Schon 1627 hatte er an den Friedensunterhandlungen zwischen Spanien und England zu Delft Theil genommen. Im Jahre 1630 schloss er mit dem englischen Kanzler Cottington einen Frieden zwischen Spanien und England ab. Er kam zu diesem Zwecke 1629 nach London. Im folgenden Jahre ernannte ihn Charles I., der ihn als Menschen, Künstler und Diplomaten in gleich hohem Grade achtete, zum Ritter.

Während er als Diplomat um den Frieden unterhandelte und ihn abschloss, malte er das berühmte Banketthaus. Für seine künstlerischen Bemühungen zahlte ihm der König eine hohe Summe. Rubens war sehr intim mit dem Herzog von Buckingham, dem er viele Bilder, Statuetten, Medaillen, Antiken bis zu 10,000 Pfund verkaufte.

Wenzel Hollar, ein berühmter und viel bewunderter Künstler, dessen Stiche heute noch in England sehr hoch gehalten werden, wurde 1607 in Prag geboren. Nachdem er erst in Prag studirt und sich dem Rechtstudium gewidmet hatte, verliess er seine Stadt, in welcher 1619 seine Familie durch die Einnahme und Plünderung ruinirt worden war und hielt sich in mehreren Städten Deutschlands auf, wo er zeichnete, die Bilder grosser Künstler kopirte, geometrische und perspektive Ansichten und Pläne von Städten und Ländern entwarf, worin er allmählig ein grosser Meister wurde, und besonders in seinen Landschaften in Miniatur durch keinen Künstler seiner Zeit in Schönheit und Zartheit übertroffen wurde. Er war erst achtzehn Jahre als die ersten Produkte seiner Kunst im Druck erschienen. Seine vortrefflichen Ansichten der vorzüglichsten Städte des Rheins, Neckars und der Donau, machten ihn so berühmt, dass, als Howard, der Graf von Arundel, 1636, als Gesandter zu Kaiser Ferdinand II. ging, er, entzückt über seine Kunstwerke, ihn in sein Gefolge aufnahm.

Nachdem der Graf seine Unterhandlungen in Deutschland geendigt, kehrte er nach England zurück und brachte Hollar mit. Dieser arbeitete hier theils im Dienste Arundels, theils auch Anderer. Für die Bilderhändler, besonders für Peter Stent, einen der ersten unter ihnen, hatte er bald genug zu thun. Für Stent machte er in 1637 eine Ansicht von Greenwich, das Jahr darauf ein elegantes Bild der Gegend von Richmond. Ebenso vollendete er mehrere interessante Stiche von schönen Gemälden der Arundel-Sammlung. Als Maria von Medicis die Königin-Mutter von Frankreich, ihre Tochter Henriette Marie, Königin von England besuchte, wurde ihre Reise nach England von ihrem Historiographen beschrieben. Das Werk erschien gedruckt in französischer Sprache in London, 1639, ausgestattet mit mehreren Porträts der königlichen Familie, von Hollar für das Werk radirt. Dasselbe Jahr erschien das Bildniss seines Gönners, des Grafen von Arundel zu Pferde, später ein anderes in Rüstung und mehrere Ansichten seines Landsitzes Albrough in Surrey. Im Jahre 1640 wurde Hollar Zeichenlehrer des Prinzen von Wales und nachher, vor dessen Flucht, war er im Dienste des königlichen Herzogs von York. Im Jahre 1640 erschien seine schöne Sammlung von Figuren in achtundzwanzig Stichen, benannt: „Ornatus Muliebris Anglicanus“, englische Frauen jeder Klasse oder Ranges vorstellend, in Lebensgrösse und mit verschiedenen Kostümen, ein Werk, das ihn berühmt machte unter Kunstfreunden. Im Jahre 1641 wurden seine Stiche von Charles I. und dessen Königin veröffentlicht. Aber jetzt brach der Bürgerkrieg aus, Hollar's Patron, der Graf von Arundel verliess England und begleitete die Königin und der Künstler war sich selbst überlassen. Er arbeitete aber fleissig fort, veröffentlichte andere

Theile seiner Werke, nach Holbein, Vandyck u. A., besonders Porträts hoher Personen beiderlei Geschlechtes, Staatsminister, Befehlshaber der Armee, gelehrte und berühmte Autoren, nebst einer Sammlung weiblicher Kostüme unter verschiedenen Nationen Europa's. Ob er nun als Anhänger Arundel's oder weil er so viele Porträts der königlichen Partei gemalt, verdächtig wurde, ist nicht bekannt: gewiss ist, dass er verfolgt und gezwungen wurde, den Schutz des Einen oder Andern zu suchen und endlich. in Gemeinschaft mit der königlichen Partei, bei Uebergabe ihrer Garnison zu Basing-house in Hampshire Kriegsgefangener wurde. Dies war 1645. Hollar entfloh entweder, oder wurde in Freiheit gesetzt und begab sich zu Arundel, der mit Familie in Antwerpen wohnte und dem er seine höchst werthvolle Sammlung von Bildern mitbrachte.

Er blieb mehrere Jahre in Antwerpen, kopirte von der Sammlung Arundel's, arbeitete für Bilderhändler, Buchhändler und Verleger seiner Werke. In den Jahren 1647 und 1648 radirte er zehn Köpfe, theils Kopien, theils Originale nebst verschiedenen andern interessanten Stücken, u. a. das Bild von Charles I. bald nach seiner Hinrichtung und mehrerer Royalisten, und in den drei folgenden Jahren viele Porträts und Landschaften nach Breughill. Elsheimer und Teniers, mit dem Triumphe des Todes. Er radirte 1651 auch Charles II., James, Herzog von York, nach einem Bilde von Teniers. Er war pünktlicher in seinen Daten, als die meisten Bildstecher und hat dadurch nicht nur auf sein eigenes Leben, sondern auch auf das vieler Anderer viel Licht geworfen.

Im Jahre 1652 kehrte er nach England zurück, wahrscheinlich auf Einladung einige grossen Werke auszuführen. Hier erschienen nun bald einige seiner bedeutendsten Arbeiten. Er gehörte aber zu den Künstlern, die trotz ihres Genius. nur zum Vortheil Anderer arbeiten. Er wurde schlecht bezahlt. Trotzdem aber, liebte er seine Arbeit leidenschaftlich, widmete ihr fast zwei Drittel seiner Zeit und liess sich durch nichts in der Welt abziehen, bis sein Stundenglas vollständig abgelaufen war. So fuhr er fort, übervoll beschäftigt, bis die Restauration von Charles II. viele seiner Freunde wieder in die Heimat und ihm neue Aussichten brachte. Zwei Jahre nach dieser denkwürdigen Epoche, publicirte Evelyn sein: „Sculptura, or the History and Art of Chalcography and engraving in Copper“, worin er sehr ehrenvolle und lobende Worte über Hollar ausspricht, ihm einen hohen Rang unter den Künstlern einräumt und den englischen

Bildstechern an's Herz legt, Hollar als Vorbild zu nehmen. um die englische Kunst im Auslande berühmt zu machen.

Einige der ersten Arbeiten Hollars nach der Restauration waren: „A map of Jerusalem; The Jewish sacrifice in Salomon's temple; Maps of England, Middlesex etc.; View of St. George's hospital at Windsor; The gate of John of Jerusalem, near London" und Bilder von vielen Thieren, Früchten, Blumen und Insekten, nach Barlow und Andern; viele Köpfe von Edlen, Bischöfen, Richtern und berühmten Männern; mehrere Ansichten der Umgebung von London, London selbst, vor und nach dem Feuer. Indess soll die Pest, 1665, ihn so sehr heruntergebracht haben, dass er sich nie wieder ganz erholte. Später wurde er in Eigenschaft eines königlichen Zeichners, nach Tangier, in Afrika gesandt, um die verschiedenen Ansichten der Garnison. Stadt, Festungswerke, Umgebung und Landschaft zu entwerfen. Viele, an Ort und Stelle gemachten Ansichten, datirt 1669, später theilweise in der Bibliothek von Sir Hans Sloane, wurden vier Jahre nachher veröffentlicht, wobei Hollar mit dem Titel: „Scenographus Regis" figurirte. Nach seiner Rückkehr nach England war er vielfältig mit der Vorbereitung zur Veröffentlichung seiner Ansichten von Tangier, mit neuen Zeichnungen von Windsor und Umgebung und 1671 mit vielen Darstellungen der Feste der Ritter des Hosenbandordens beschäftigt. Um das Jahr 1672 reiste er nach dem Norden, zeichnete die Ansichten von Lincoln, Southwell, Newark, York-Münster. Nachher radirte er Städte, Schlösser, Kirchen, Fensterfiguren, Wappen, Grabmäler, monumentale Figuren u. a. in solcher Anzahl. dass es fast endlos wäre, sie aufzuführen.

Wenige Künstler waren im Stande seine Bilder nachzuahmen, die von englischen Kunstfreunden und von Fremden eifrig gesammelt wurden. Trotzdem aber, dass seine Bilder oft hohe Preise erzielten, erübrigte ihr Urheber so wenig, dass er in seinem spätern, vorgerückteren Alter sich nicht von Schulden frei halten konnte, obwohl er bis kurz vor seinem Tode vielseitig und voll beschäftigt war.

Viele von Hollars neueren Stichen erschienen in seinem Todesjahre in Thornton's „Antiquities of Nottinghamshire". Einige davon sind unvollendet und die 501. Seite ist ganz weiss und für einen Stich offen gelassen, den ihn der Tod nicht vollenden liess. Als er gegen siebzig Jahre alt war, wurde ein richterlicher Pfändungsbefehl gegen ihn in seinem Hause, in Gardiner's-lane, Westminster, ausgeführt. Er bat nur um die Erlaubniss in seinem Bette sterben zu dürfen und dass er in kein anderes Gefängniss als sein Grab gebracht werden möchte. Ob ihm dieser Wunsch gewährt wurde, ist nicht bekannt. Er starb im März 1677 und wie sich aus dem Pfarreiregister von St. Margaret's ergibt, wurde er in dem New Chapel-Yard, nahe bei der Stelle seines Absterbens, bestattet.

„So prachtvolle und schätzbare Monumente Hollar Andern errichtet hat“, sagt sein englischer Biograph, der ihn sehr in's Herz geschlossen zu haben scheint, „so wurde ihm keines errichtet“. Ein Freund seines Andenkens und in der Hoffnung, dass Jemand eines Tages von Dankbarkeit durchdrungen ihm die Ehrenschuld bezahlen möchte, verfasste er folgende Grabschrift auf ihn:

„The works of Nature, and of Men,
By thee preserv'd, take life again:
And e'en thy Prague serenely shines,
Secure from ravage in thy lines:
In just return, this marble fain
Would add some ages to thy name:
Too frail, alas! 'tis forced to own,
Thy shadows will outlast the stone“.

Zur Zeit als Hollar England mit seinen Kunstwerken so zu sagen überschwemmte, arbeitete ein anderer deutscher Künstler daselbst, wohl kaum mit mehr Ruhm, aber mit grösserem Erfolg und Glück: Sir Peter Lely, geboren 1618 in Soest. Sein Vater war Hauptmann und hiess van der Faes. Aber da er über dem Laden eines Parfürmeurs geboren wurde, der das Zeichen der Lilie auf dem Schilde führte, so wurde er auch Hauptmann Lilie genannt, welcher Namen auch auf den Sohn überging. Dieser studirte in Haarlem und kam 1641 nach England, wo damals Charles I. die Künste sehr beförderte, besonders die Malerei. Anfangs malte er Landschaften mit kleinen Figuren und historische Kompositionen. Als er aber fand, dass er mit Porträtmalen weiter kommen konnte, warf er sich mit sehr grossem Erfolg darauf. Er ahmte Vandycks Werke nach, dem er als sogen. „Serjeant Painter“ des Königs von England folgte. Er stand jedoch weit unter seinem Vorgänger in Männerporträts, wogegen für Frauenporträts er sehr viel galt. „Er war in Wahrheit“, sagt Walpole, „der Frauenmaler; und ob nun seine Zeit an Schönheit oder Schmeichelei zugenommen, Lely's Frauen sind sicherlich viel schöner als die von Vandyck“. Lely malte Charles I. und Cromwell, und es war zu ihm, dass Cromwell, ehe er ihm sass, sagte: „Ich hoffe, dass Sie Ihre Kunst anwenden, mein Bild mir in Wahrheit ähnlich zu machen und mir gar nicht zu schmeicheln; markiren Sie nur alle diese Unebenheiten, Finnen, Warzen und Alles, was Sie an mir sehen, sonst werde ich nie einen Heller dafür bezahlen".

Lely machte das Porträt von Charles I., als er Gefangener in Hampton Court war. Charles II. ernannte ihn zu seinem Hauptmaler, schlug ihn zum Ritter und verkehrte oft mit ihm, da er kenntnissreich und talentvoll war. Seine Porträts sind zahlreich und wurden viel gestochen. Er malte, wie gesagt, besonders Frauen und die sogen. „Charles II. Beauties" jetzt in Hampton Court, sind von ihm. Er malte ferner a. u. elf Admiräle, von denen ebenfalls einige in Hampton Court sind und einige historisch-mythologische und biblische Bilder.

Seine Bilder wie auch seine Crayon-Zeichnungen wurden zur Zeit in England und auswärts sehr geschätzt. Seine Zeichnung war korrekt, das Kolorit schön, der graziöse Ausdruck seiner Köpfe wurde besonders bewundert, ebenso die gefällige Variation seiner Posituren, so seine sanfte und loose Drappirung. Man warf aber seinen Gesichtern einen schmachtenden Ausdruck und schläfrige Süssigkeit vor und ihm, dass er Manierist wäre.

„Lely on animated canvass stole
The sleepy eye that spoke the melting soul".
[Pope.]

Lely besass eine der besten und werthvollsten Bildersammlungen seiner Zeit. Er malte aber nicht nur Schönheiten, sondern heirathete auch eine englische Schönheit und kaufte einen Landsitz in Kew, wo er in der letzten Zeit seines Lebens oft wohnte. Er starb in London am Schlag, gerade als er die Herzogin von Somerset malte, 1680, und wurde in St. Paul's Covent Garden beerdigt, wo seine von Grinling Gibbons verfertigte Büste aufgestellt ist. Er hinterliess 26,000 Pfund Sterling, nebst einem Landgute, das ihm ein jährliches Einkommen von 900 Pfund brachte. Ein für damals enormes Vermögen.

Prosper Heinrich Lanerinck, ein ausgezeichneter deutscher Maler, war etwa 1628 geboren. Sein Vater war ein sogen. „Soldier of fortune", kam mit seiner Frau und diesem einzigen Sohne in die Niederlande, wo er Oberst eines Regimentes wurde und den Krieg mitmachte. Er starb in Antwerpen. Seine Wittwe gab ihrem Sohne eine gute Erziehung und da er

Talent für die Malerei zeigte, so liess sie ihn in der Akademie von Antwerpen studiren. Er machte bald wunderbare Fortschritte und widmete sich besonders der Landschaftmalerei. Er machte seine Hauptstudien nach Salvator Rosa und Titian und wurde bald rühmlichst bekannt. Nach dem Tode seiner Mutter kam er nach England, wo ihm sein Talent gute Aufnahme verschaffte. Admiral Sir Edward Sprag, ein grosser Kunstliebhaber, wurde sein Patron und beförderte ihn auf jegliche Weise durch Empfehlungen, unter anderen an Sir William Williams, dessen Haus mit den Bildern dieses Meisters geschmückt wurde, bald aber nachher vom Feuer zerstört ward. In Folge dieses Unglückes gibt es leider wenige vollendete Bilder von diesem grossen Maler, da er den grössten Theil seiner Zeit, die er in England zubrachte, dem Hause von Sir Williams gewidmet hatte. Sein berühmter deutscher Landsmann, Sir Peter Lely, war einer seiner Bewunderer und benützte ihn oft den Grund, die Landschaften, Blumen, Verzierungen und zuweilen die Drappirung derjenigen Bilder zu malen, mit denen er besonderen Ruhm erstrebte.

Lanerinck's Landschaften waren vortrefflich in Erfindung, Harmonie, Kolorit und Wärme; aber überraschend schön waren ihre Luft- und Wolkenhimmel, welche, nach allgemeinem Urtheil der Kenner alle Werke der grössten Maler in diesem Punkte übertroffen haben sollen. Seine Ansichten waren gewöhnlich gebrochen, wolkig, wild und ungewöhnlich, mit wohlverstandenem Lichtglanz und warm gemalt. Er zeichnete auch nach dem Leben und hatte Glück in kleinen Figuren, welche eine Zierde seiner Landschaften waren und worin er Titian nachahmte.

Lanerinck war gutmüthig und freundlich. Er untergrub aber seine Gesundheit durch zu ungebundenen Kultus des Bacchus und der Venus und starb im Jahre 1692. Er war ein Meister in seiner Kunst und liebte sie leidenschaftlich. Er war zudem auch ein grosser Kunstkenner, denn er hinterliess eine vortreffliche Sammlung von Bildern, Zeichnungen, Stichen, Antiken, Köpfen und Modellen, von denen er die Meisten über's Meer nach England gebracht hatte.

Hohen Ruhm und grossen Erfolg erntete zu derselben Zeit ein anderer deutscher Maler, den sein Glück nach England führte. Sir Godfrey Kneller, Baronet, war 1646 in Lübeck geboren. Nach Reisen und Studien in Italien und Holland, liess er sich in Hamburg nieder. Aber im Jahre 1675 kam er nach London, wo er sich bleibend ansiedelte, bald grossen Ruhm als Porträtmaler gewann und ein immenses Vermögen erwarb.

Kneller malte zuerst in England das Bild von Charles II., den er mehrmals porträtirte und der König nahm ihn so in seine Gunst, dass er oft in sein Haus, auf der Piazza in Covent Garden zu kommen pflegte, ihm zu sitzen. Er wurde von ihm nach Frankreich geschickt, das Bild der Königin von Frankreich zu machen, wo er zugleich die meisten Mitglieder der königlichen Familie malen musste. Während dem starb sein Gönner, Charles II. Bei seiner Rückkehr, wurde er von König James und dessen Gemahlin gut aufgenommen und beständig beschäftigt. Nach der Entthronung von James fuhr er in der königlichen Gunst seines Nachfolgers fort. König William schlug ihn zum Ritter und weder der König noch die Königin sassen je einem andern Künstler. Kneller war Fürsten-Maler im wahren Sinne des Wortes, denn er malte zehn gekrönte Häupter, nämlich vier Könige und drei Königinnen von England, den Moskovitischen Czaren Peter, Karl III. von Spanien, später Kaiser, bei dessen Anwesenheit in England und Louis XIV. von Frankreich, nebst mehreren Churfürsten und Fürsten.

Allmählich wurde sein Ruhm so gross und weit verbreitet, dass Kaiser Leopold ihn 1700 zum Ritter des Römischen Reichs ernannte. König William sandte ihn nach Brüssel das Bild des Churfürsten von Baiern daselbst zu malen, die Meisten des englischen Adels und der sogen. Gentry liessen sich von ihm malen und eine grosse Anzahl seiner Porträts wurde in Mezzotintodrücken und Stichen vervielfältigt.

Kneller ahmte den Styl von Rubens nach. Seine Zeichnung ist höchst exakt, die Umrisse und Vertheilung seiner Figuren sind sicher und anmuthig, die Aehnlichkeit des Gesichtes ist äusserst gross. Er fasste im Gesicht stets den angenehmsten und schönsten Ausdruck auf, verlieh ihm eine Grazie, die ganz zum besonderen Charakter der gemalten Person passte.

Nebst den schon erwähnten Ehrenbezeugungen, ernannte ihn die Universität Oxford zu ihrem Doctor der Rechte, der König William zu seinem und der Königin Kammerherrn, George I. zum Baronet, eine seltene Ehre unter Malern in England. Er war „Deputy-Lieutenant“ (Unter-Statthalter) der Grafschaft Middlesex und Friedensrichter dieser und anderer Grafschaften.

Es sind viele Porträts und Gemälde von ihm in verschiedenen Sammlungen vorhanden, u. A. die der grössten Schönheiten seiner Zeit in Hampton Court. Ebendaselbst ist König William auf einem weissen Pferde. In Windsor befinden sich der König von Spanien, nachher Kaiser, ein chinesischer Convertit in Lebensgrösse; in der Guildhall von London König George; in Oxford Dr. Wallis und Kneller's eigenes Bildniss; in der Royal Society mehrere Porträts u. a. Sir Isaak Newtons. Er malte u. a. ein Familienstück für den Herzog von Buckingham, Königin Anne, den Herzog von Gloucester, Lady Mary Wortley Montagne und viele anderen. Die dreiundvierzig Porträts des sogen. Kit-Cat-Clubs waren Kneller's populärste Porträts.

Kneller lebte in hoher Achtung und Ruhm, im Ueberfluss von Pracht und Reichthum. Er hatte ein Haus in der Stadt, in der damals sehr aristokratischen Great Queen Street (Lincolns Inn Fields) und einen Landsitz in Whitton bei Hampton Court, wo er den letzten Theil seines Lebens meist zubrachte und wo er sich prachtvoll eingerichtet hatte. Er malte selbst seinen eigenen Treppengang daselbst.

Er war sehr eitel, dabei aber ein grosser Witzbold und viele Anekdoten wurden von ihm hinsichtlich seiner Eitelkeit erzählt u. A. von Walpole, der aber mit Recht fragt: „Darf man sich wundern, dass ein Mann eitel werde, dem Schmeicheleien von Männern dargebracht wurden, wie Dryden, Addison, Prior, Pope und Steele?“ Kneller's Freunde spielten ihm oft Streiche wegen seiner Eitelkeit, wobei er jedoch stets mitmachte, wohl wissend, was man mit ihm vor hatte. Leigh Hunt erzählt in seinem Buche „The Town“ manche amüsante Geschichte von ihm. Folgende, die Pope erzählt, gibt ein Bild seiner Schwäche.

„Als ich eines Tages“, sagt Pope, „bei Sir Godfrey Kneller sass, während er an einem Bilde malte, hielt er an und sagte: „Es geht nicht so recht mit dem Bilde wie es sollte, wenn Sie mir nicht ein bischen schmeicheln, Mr. Pope! Sie wissen wie gern ich mir schmeicheln lasse“. — „Ich war nun einmal begierig zu versuchen“, fährt Pope fort, „wie weit ihn die Eitelkeit führen würde: und nachdem ich ein Bild, das er gerade geendet hatte, eine Zeit lang sehr aufmerksam betrachtet hatte, sagte ich zu ihm auf französisch, (denn er hatte die ganze Zeit französisch mit mir gesprochen): On lit dans les écritures saintes, que le bon Dieu faisait l'homme après son image: mais, je crois, que s'il voulait faire un autre à present, qu'il le ferait après l'image que voilà. — Sir Godfrey drehte sich um und sagte sehr ernst: Vous avez raison, Monsieur Pope, par Dieu, je le crois aussi“.

Kneller galt aber, trotz dieser Schwäche, für einen sehr gutherzigen Mann. Zu Whitton, seinem Landsitz, war er Friedensrichter und wurde als solcher viel mehr durch Herzensgüte als das Gesetz gelenkt, so dass seine Urtheile. oft von Humor begleitet, folgende Linien von Pope veranlasst haben:

„J think, Sir Godfrey should decide the suit,
Who sent the thief (that stole the cash) away,
And punished him that put it in his way“.

Dies bezog sich auf seine Entlassung eines Soldaten. der einen Ochsenbraten gestohlen, wobei Sir Godfrey dem Metzger vorwarf ihn damit in Versuchung geführt zu haben. So oft als Kneller ersucht wurde, zu bestimmen, zu welcher von zwei Gemeinden ein Hilfsbedürftiger gehörte, erkundigte er sich stets, welche Gemeinde die reichere wäre, und sprach ihr den Armen zu. Auch wollte er niemals eine Pfändungsvollmacht gegen den Besitz eines Armen unterzeichnen, der eine Steuer nicht bezahlen konnte.

Kneller starb 1723 in London und ward zu Whitton bestattet. Es wurde ihm ein Monument in Westminster Abtei errichtet, mit einer lobenden Grabschrift von Pope. Nachkommen von ihm existiren noch in Wiltshire.

Folgende Verse wurden von einem Freunde und Bewunderer dieses berühmten Malers auf ihn geschrieben:

„Kneller, whose hand by power supreme was taught
To reach the highest images of thought;
To imitate what gods themselves had made,
And paint their works in vary'd light and shade:
By art ev'n nature to preserve alive,
And make mortality itself survive:
Whose hand from envious Time catch'd ev'ry grace,
Baulk'd his keen scithe, and sav'd the matchless face;

The tree of life held out before the view,
And beauty's paradise wherein it grew,
With all its pleasing charms its loveliest features drew.

Whose skill, not only to the looks confin'd,
Unveil'd to sight the beauties of the mind:
When now he had finish'd all this world could show,

Whate'er was fair, or great, or good below;
When now his day was done, Kneller is gone,
His sun is set to rise in worlds unknown.
Though gone to those, on earth his ashes lie,
Glorious remains of what could only die:
Whose fame ne'er can, whose works shall ever raise
His own, the noblest monument of praise".

Im Jahre 1681 kam Johann Klostermann, geboren 1656 zu Osnabrück, nach England, und malte Drapirungen für John Riley, den besten Porträtmaler seiner Zeit und Nachfolger Lely's in der Volksgunst. Er zog die Aufmerksamkeit des Herzogs von Somerset auf sich, dessen Kinder er malte. Er malte auch die Porträts des Herzogs und der Herzogin von Marlborough und aller ihrer Kinder. Da bei letzter Arbeit Schwierigkeiten zwischen ihm und der Herzogin hinsichtlich der Arbeit entstanden, so erklärte ihm der Herzog: „Es hat mir mehr Mühe gemacht meine Frau und Sie zu versöhnen, als eine Schlacht zu liefern". Klostermann starb 1710. Er wurde im Kirchhofe zu Covent Garden bestattet. Er war einst sehr populär obwohl nicht bedeutend. Man suchte ihn eine Zeitlang als Koncurrenten von Kneller aufzustellen. Er hatte ein trauriges Privatleben und Ende. Eine Geliebte, der er sehr ergeben war, raubte ihm Alles was sie ergreifen konnte, Geld, Silbergeschirr, Edelsteine u. A. und verliess England. Er härmte sich darüber ab, sein Geist ward verdunkelt und er starb bald darauf.

Ein anderer deutscher Maler, der zu derselben Zeit England, aber nicht auf die Dauer besuchte, endete ebenso traurig ein vielversprechendes Leben. Es war dies Christoph Blond, geboren 1670 zu Frankfurt. Nachdem er in Italien und den Niederlanden studirt, kam er nach England, wo er Anfangs versuchte kolorirte Bilder mit Kupferplatten zu kopiren aber ohne Erfolg. Er war Autor eines Buches betitelt: „Il Colorito", das in französischer und englischer Sprache erschien und die Harmonie der Farbe auf mechanische Praxis reduciren sollte. Er versuchte auch einen Plan die Cartons von Raphael mittels Tapetenweberei zu kopiren. Seine kolorirten Kopien sollen gut sein und von harmonischen Farben. Sie wurden 1730 durch eine Lotterie verkauft. Blond soll im Elend in einem französischen Hospitale gestorben sein.

In einem Manuskript-Inventar von Karls des Ersten nach seinem Tode verkauften Effekten, finden sich folgende Bezahlungen notirt, die insofern interessant sind als sie die Preise anführen die im 16. und 17. Jahrhundert ein Künstler mehr niederen Ranges erhielt.

Cornelius Ketteller auch Kettel, bezeichnet als „Dutchman“ erhielt fünf Pfund Sterling für mehrere grössere gemalte Figuren und ein Pfund für einige kleinere. Peter Gilbert ein anderer „Dutchman“ erhielt sechs Pfund Sterling für ein grosses Bild des Schiffes „Gabriell“ und fünf Pfund für ein grosses Bild des berühmten Kapitäns Frobisher. Ein Wilhelm Cure, Bildhauer, auch als „Dutchman“ bezeichnet erhielt ein Pfund dreizehn Schilling vier Pence für eine Form um ein Bild in Wachs zu giessen. Cure war ein sehr guter Bildhauer, der das Grabmal von Marie Stuart in Westminster Abtei ausführte.

Obiger Cornelius Ketteller, angeblich 1548 in Gauda geboren, kam 1573 nach England, wo er Kaufleute, Edle und 1578 selbst die Königin malte. Er zog sich 1581 nach Amsterdam zurück. Später legte er den Pinsel bei Seite und malte mit seinen Fingern mit solchem Erfolge, dass er es endlich sogar mit den Zehen probirte. Es befindet sich ein Porträt von ihm in Hampton Court, das wahrscheinlich ihn selbst vorstellt.

§ 10.

DEUTSCHE KRIEGER IN ENGLAND IM 17. JAHRHUNDERT.

In den vorhergehenden Jahrhunderten haben stets deutsche Soldaten und Offiziere unter englischen Fahnen gekämpft. Unter Henry VIII. und Elisabeth dienten, wie ich gezeigt habe, sehr Viele. Unter dem friedliebenden James I. ruhten die Waffen fast beständig, und erst nach seinem Tode brach der Kriegssturm los und zwar im eigenen Lande. Despotische Regierung, willkürlicher Verbrauch der Finanzen und katholische Wühlereien führten zur englischen Revolution und theilten England in zwei Lager, in ein royalistisches und revolutionäres. Im Lager des Königs fanden sich bald auch manche deutsche Offiziere ein. Unter diesen war Prinz Moritz von Nassau, ein Sohn von Mary, ältester Tochter des Königs und von Wilhelm von Nassau. Moritz kommandirte in Irland, 1644, gegen das Heer des Commonwealth. Aber vor ihm focht ein anderer deutscher Prinz im königlichen Heere, ebenfalls nahe mit dem Könige verwandt, der in England eine bedeutende Rolle spielte. Es war dieses Prinz Ruprecht von der Pfalz.

Ruprecht, in England Rupert genannt, 1619 geboren, war der Sohn Elisabeths, Tochter von James I. und Friedrichs Churfürsten von der Pfalz, des unglücklichen Königs von Böhmen. Er lebte als Exilirter in England, wo ihm hohe Ehren zu Theil wurden. Er ward Herzog von Cumberland, Vice-Admiral von England, „Constable“ von Windsor, Mitglied des geheimen Rathes, Ritter des Hosenbandordens. Nach ihm ward Rupertsland in Nordamerika benannt. Er war zugleich Fellow der Royal Society, an deren Streben er eifrigen Antheil nahm. Kaum dreiundzwanzig Jahre alt, kommandirte er, beim Ausbruche des Bürgerkrieges ein Kavallerieregiment, zeichnete sich durch Muth, Energie und ein kühnes Ungestüm aus, das selbst sprichwörtlich geworden ist. So nannte man den noch nicht lange verstorbenen Grafen von Derby, wegen seines Feuers im Parlamente: „Rupert in Debate“. Rupert war in den Schlachten von Worcester, Edgehill, Chalgrove und Newbury, und nahm Hereford, Lichfield, und Cirencester. Im Jahre 1643 nahm er Bristol mit Sturm. Er verdarb aber sehr viel, durch Ungeduld, Tollkühnheit, Mangel an Urtheil, und Uebermuth, wie sein Vorgänger, der Pfälzer Kasimir.

Rupert leitete eine grosse Zahl kriegerischer Unternehmungen aller Arten, und wurde selbst Oberbefehlshaber der königlichen Armee. Aber bei Naseby wurde er entscheidend geschlagen. Im Jahre 1648 kommandirte er den Theil der Flotte, der dem Könige treu blieb. Aber Blake, mit der Parmentsflotte verfolgte ihn selbst bis nach Carthagena, verbrannte und vernichtete beinahe seine ganze Flotte und zwang ihn mit dem Rest nach Westindien zu fliehen. Nach der Restauration wurde er Befehlshaber der englischen Armee und später Gouverneur von Windsor, wo er seine Mussestunden mit Malen, Bildstechen und mechanischen und chemischen Experimenten zubrachte, wie sein heutiger Nachfolger im Amte, Graf Gleichen, Fürst Hohenlohe, der ebenfalls Vice-Admiral und Gouverneur von Windsor und zugleich ein tüchtiger Bildhauer ist. Ueber Rupert, als Mitglied der Royal Society, wurde schon Einiges in dem vorhergehenden § über die Royal Society mitgetheilt. Er starb 1682.

Bald nach ihm erreichte ein anderer Deutscher eine hohe Stellung in der englischen Armee. Es war dies einer der genialsten Kriegshelden seiner Zeit, aber zugleich auch einer der Vielen, die Deutschland hervorgebracht, die kein Vaterland kannten.

Friedrich Schomberg war ein Pfälzer. Sein Vater Graf Schomberg fiel in der Schlacht bei Prag mit mehreren seiner Söhne. Auch Friedrich begann seine kriegerische Laufbahn sehr jung in der protestantischen Armee im 30 jährigen Kriege. Er verlor in Folge dessen sein Vermögen durch kaiserliche Konfiskation. Wie sein Vater, folgte er seinem Herrn, dem Churfürsten von der Pfalz nach Böhmen und begleitete ihn auf seiner Flucht nach Holland. Hier focht er unter dem Prinzen von Oranien im niederländischen Kriege. Nach Wilhelms, des Prinzen von Oranien Tode, 1650, ging er nach Frankreich. Dort galt er bald, nebst Condé und Turenne, als der beste General der französischen Armee und wurde, obwohl Protestant, Marschall von Frankreich. Er zog mit Turenne, dem Rheinverwüster gegen sein eignes Vaterland zu Felde. Im Jahre 1660 trat er von Frankreich gesandt als Generalfeldmarschall in portugiesische Dienste und ihm verdankte Portugal 1668 den vortheilhaften Frieden mit Spanien.

Schon 1659 hatte Schomberg Charles II. seine Dienste zur Restauration seines Thrones in England angeboten. Als er das Jahr darauf im Auftrag Frankreichs nach Portugal gesandt wurde, um dieses Land gegen Spanien zu unterstützen, reiste er über England dahin um mit König Charles über die Massregeln zur Unterstützung Portugals zu berathen. Während der Besprechungen, die er mit diesem Fürsten hatte, rieth er ihm, sich an die Spitze der protestantischen Kirchen zu stellen, was ihm einen grossen Einfluss unter den Fürsten Deutschlands geben, ihn zum Schiedsrichter aller ihrer Angelegenheiten machen, ihm grosses Ansehen unter den französischen Hugenotten verschaffen und die französiche Krone in fortwährende Furcht vor ihm versetzen würde. Er drang ebenfalls in ihn Dünkirchen nicht aufzugeben, dessen Verkauf damals betrieben wurde, da in Anbetracht der Seemacht Englands, es uneinnehmbar wäre, und da dessen Besitz Frankreich und Spanien in den Niederlanden in des Königs Abhängigkeit erhalten würde. Solche Pläne empfahl er Charles II., dem Sohne einer Medici, dem französischen Pensionär, mit welchem Erfolge kann man sich leicht denken.

Im Jahre 1673 kam er wieder nach England den Befehl des Heeres zu übernehmen. Da aber französischer Einfluss den Engländern sehr verhasst war, und er als ein französischer Sendling angesehen ward, so war er zur Zeit der Nation anstössig und verdächtig. Bald kehrte er wieder nach Frankreich zurück. Im

Jahre 1676 befehligte er die französische Armee in Flandern gegen den Prinzen von Oranien.

Als die Verfolgungen der Protestanten in Frankreich begannen, musste er dieses Land verlassen weil er katholisch zu werden sich weigerte, und wünschte in sein eigenes Vaterland zurückzukehren, was ihm aber nicht erlaubt wurde. Es wurde ihm nur gestattet nach Portugal zu gehen. Dieses Land, das er von spanischer Herrschaft befreit hatte und das sich ehedem nicht weigerte von einem Protestanten sich retten zu lassen, bot ihm jetzt kein Asyl an und auf Verlangen der Inquisition musste der König den Ketzer, den man früher zum Granden und Grafen von Mortala ernannt, fortweisen.

Er ging von da nach England, und dann nach Holland, wurde vertraut mit dem Prinzen von Oranien, und auf Einladung des Churfürsten von Brandenburg ging er nach Berlin, wo er zum Oberbefehlshaber der preussischen Armee ernannt wurde. Er galt zu dieser Zeit als der grösste Meister der Kriegskunst.

Als der Prinz von Oranien, 1688, bereit war seine Expedition nach England zu unternehmen, erhielt Schomberg vom Churfürsten die Erlaubniss, ihn in dem Unternehmen zu begleiten. Nach deren Ankunft in London soll er der Urheber jener merkwürdigen Kriegslist gewesen sein, deren Zweck war die Gunst des Volkes durch Veranlassung und Verbreitung eines allgemeinen Alarms über das ganze Königreich zu gewinnen, dass die Irländer mit Feuer und Schwert im Anmarsche wären.

Als der Prinz den Thron Englands bestieg, wurde Schomberg Feldzeugmeister und General der englischen Truppen. Im April 1689 wurde er Ritter des Hosenbandordens und in demselben Monat durch eine Parlamentsakte naturalisirt, im Mai Baron, Graf, Margraf und Herzog des Königreichs, mit dem Titel eines Barons von Teys, Grafen von Brentford, Markgrafen von Harwich und Herzogs von Schomberg. Das Unterhaus verlieh ihm 100,000 Pfund für seine Dienste; aber er erhielt nur einen kleinen Theil obiger Summe und der König zahlte nach seinem Tode seinem Sohne 5000 Pfund per Jahr für den Rest.

Im Jahre 1689 segelte Schomberg mit einem Heere nach Irland um dieses Land wieder zu unterwerfen. Er hatte nicht mehr als 14,000 Mann, worunter nur 2,000 Reiterei. Damit marschirte er auf Dundalk, wo er sich aufstellte.

König James II., sein Gegner, stand nur sechs englische Meilen von ihm, mit mehr als dreimal so viel Truppen. Schomberg, sehr unzufrieden wegen der ihm von England versprochenen aber nicht gesandten Verstärkungen, beschloss sich auf der Defensive zu halten, da sein Heer dem irischen gegenüber, zu schwach war. Er kampirte unthätig da sechs Wochen, während der Regenzeit. Seine Soldaten erkrankten in Folge schlechter Verpflegung und Kleidung auf morastigem Boden und fast die Hälfte ging zu Grunde.

Obgleich er vom Könige William zweimal zum Angriffe von James II. aufgefordert wurde. sah er wohl, dass mit solcher Truppenmacht gegen einen Feind in so guter Stellung und so gut ausgerüstet, mit guten Offizieren, er nicht mit Vortheil zusammentreffen könnte und dass durch einen einzigen Unfall seine Armee und ganz Irland verloren sein würde, da ihm kein guter Rückzug offen stand. Er suchte daher einstweilen nur seine Armee zu erhalten. Dadurch rettete er Ulster und verlängerte die Aussichten auf ein weiteres Jahr. Obwohl Manche seiner Zeitgenossen sein Verfahren tadelten, haben doch die besten Richter die Führung dieses Feldzuges für eine der grössten Thaten seines Lebens erklärt.

In der Schlacht am Flusse Boyne, 1. Juli 1690, setzte er über den Fluss, sammelte und ermuthigte die französischen Protestanten. die sich in seinem Heere befanden und ein Regiment bildeten, und welche in Folge des Todes ihres Kommandanten entmuthigt waren, mittels folgender kurzen Anrede: „Allons, messieurs, voilà vos persecuteurs“! indem er auf die französischen Papisten im feindlichen Lager hinzeigte. Aber diese Worte waren kaum gesprochen, als einige von König James Gardesoldaten, die sich in voller Eile nach dem Niedermetzeln ihrer Kameraden zur Hauptmacht ihres Heeres flüchteten, und welche die französichen Refugiés, sie für Leute ihrer eigenen Armee haltend, durchliessen, sich wüthend auf Schomberg warfen und ihm zwei Wunden auf dem Kopfe beibrachten, die jedoch nicht tödtlich waren. Die französischen Refugiés hatten kaum den Irrthum erkannt, als sie einen noch viel grösseren begingen: denn indem sie rasch auf den Feind feuerten, wurde der Herzog von ihnen durch den Hals geschossen und augenblicklich getödet. Graf Solms übernahm nach Schombergs Tode Anfangs den Oberbefehl der englischen Armee in Irland.

Schomberg wurde in St. Patrick's Kathedrale beigesetzt, wo der Dekan und das Kapitel ihm ein Monument errichteten, mit einer Inschrift vom berühmten Dean Swift.

Englische Schriftsteller sagen. dass Schomberg eine gründliche Weltkenntniss besessen; Menschen und Dinge besser als irgend ein Mann seines Berufes gekannt; ebenso gross im

Rathe, als an der Spitze eines Heeres, höflich, herablassend gegen Jedermann, wahr, redlich, besser denkend als sprechend, bescheiden, gefällig und doch mit einem Ausdruck von Grösse, welche sich die Achtung Aller erzwang. Diese Eigenschaften machten ihn bald zum grossen Liebling des englischen Volkes.

Die Depeschen Schombergs an König William wurden von Sir John Dalrymple in seinen Memoiren gedruckt, „weil", so sagt er," sie mit lebhaften Farben den Zustand des Heeres in jenem Lande malen: Schomberg von der Schuld der Unthätigkeit freisprechen, die ihm ungerechter Weise vorgeworfen wurde; und die Talente eines Mannes ehren, der mit der eleganten Einfachheit Cäsar's schrieb und dessen Ruhm und Aufführung, nächst denen von König William, die englische Nation die Früchte der Revolution (i. e. den Sturz der Stuarts), verdankt".

Ein Jahr nach der blutigen Schlacht am Flusse Boyne kämpfte ein anderer Deutscher von hohem Rang in Irland, Landgraf Georg von Hessen-Darmstadt, ein Nachkomme des berühmten Landgrafen, des Freundes Elisabeths, der später noch bestimmt war eine wichtige Rolle in der englischen Kriegsgeschichte zu spielen. [1]

Landgraf Georg war 1669 geboren. Er trat schon sehr jung in Kriegsdienste und kämpfte in vielen Ländern Europa's unter andern auch unter König William in Irland. Er kam 1691 nach London und ging von da nach Irland, daselbst unter König William zu kämpfen. In Irland nahm er mit seinem Bruder Heinrich einen rühmlichen Antheil an der blutigen Schlacht am Flusse Shannon, wo die irisch-französische Armee vernichtet wurde. Hier wurde er verwundet. Nachdem er sich im irischen Feldzuge ausgezeichnet hatte, ging er nach Wien. England hatte einen grossen Eindruck auf ihn gemacht. Er hatte sich mit dessen Sprache und Sitten befreundet, und unter König Wilhelm grosse Aussichten. Aber im Augenblicke zog ihn der Feldzug in Ungarn mächtiger an.

„Aber die grösste Rolle spielte Georg in Spanien, zur Zeit des spanischen Erbfolgekrieges, (1701—1714) der dreizehn Jahre lang beinahe alle Völker Europa's in Athem und unter den Waffen hielt. Es war der Krieg der zwei grossen Allianzen der europäischen Fürsten. Auf der einen Seite standen, durch ihr

---

[1] Quelle: Leben und Briefwechsel des Landgrafen Georg von Hessen-Darmstadt, von Heinrich Künzel 1859. Ein sehr fleissiges und historisch höchst werthvolles Werk.

Interresse eng vereint, die beiden Seemächte, England und Holland unter Wilhelm III., dann der deutsche Kaiser Leopold I., und ein ganzer Haufe geringerer Mächte, gegenüber der politischen und militärischen Allmacht oder Uebermacht des Bourbonen. Louis XIV., der Frankreich und Spanien mit Bayern alliirt hatte, Louis le Grand galt es jetzt sein Wort: „Il n'y a plus des Pyrenées" zur Wahrheit zu machen, und dadurch das grosse politische Ziel endlich zu erreichen, für das Frankreich schon Jahrhunderte hindurch kämpfend in die Schranken getreten war: nämlich, anstatt des Hauses Habsburg, Frankreich als leitende Macht an die Spitze der europäischen Völker zu stellen. Der spanische Successionskrieg wurde geführt, um zu entscheiden ob die Linie Bourbon oder das Haus Habsburg, welche, neben Bayern, beide Ansprüche auf den durch Karl's II. Tod erledigten Thron Spaniens machten, fortan die pyrenäische Halbinsel regieren sollte. Beide feindlichen Koalitionen standen sich an Gebiet, Bevölkerung, und Reichthum nicht ungleich gegenüber. Wenn nun auch der Theil des Feldzuges, dessen Schauplatz unter den Fahnen Europas und Marlborough's in Deutschland, Italien und den Niederlanden war, der blutigste gewesen, so ist doch der Kampf in Spanien um Spanien, nicht weniger wichtig und interessant. In diesem Theile des Feldzuges tritt auf östreichischer Seite, neben dem Erzherzoge Karl, dem nachmaligen deutschen Kaiser Karl VI., der sich, dem Könige Philipp V. von Anjou gegenüber, als Kronprätendent von Spanien, Karl III. nannte, der Landgraf Georg von Hessen-Darmstadt auf.

Georg hatte schon eine bedeutende Rolle in der vorhergehenden Zeit am Hofe zu Madrid und als Vice-König von Catalonien gespielt. Er hatte sich früher schon in der Weise eines kühnen Condottiere in Ungarn, bei der Belagerung von Negroponte in Griechenland, in Irland und am Rhein, die Kunst der Kriegsführung unter dem Herzoge Karl von Lothringen und dem Markgrafen Ludwig von Baden angeeignet und Ruhm erworben. Er trat nun in Spanien als Führer des östreichischen Interesses in den Vordergrund, für das er im Jahre 1705 auf der Bergfestung Montjuich bei Barcelona im sechsunddreissigsten Jahre seines Lebens einen Soldatentod fand. Landgraf Georg war es, der den englischen Admiral Sir George Rooke im Jahre 1704 auf der Rückfahrt von Barcelona nach Lissabon bestimmte, einen Angriff auf die uneinnehmbare Felsenfeste Gibraltar, dem Schlüssel des mittelländischen Meeres, auf der Westseite zu versuchen. Die kühne Waffenthat gelang, und es war der Landgraf, dem es während eines ganzen Jahres als erster Gouverneur dieses wichtigen Platzes, mit Ueberwindung grosser und manigfacher Schwierigkeiten, durch Ausdauer, Tapferkeit und Wachsamkeit, wie durch genaue Kenntniss der Kriegskunst, gelang, den Platz nicht nur gegen den Angriff des Feindes zu halten, sondern ihn auch bei seinem Abgange, auf den meisten Punkten hergestellt, in seinen Befestigungen erweitert und unüberwindlich gemacht, seinem Nachfolger zu übergeben. England verdankt den heutigen Besitz dieses Schlüssels der Herrschaft auf dem mittelländischen Meere dem Landgrafen Georg von Hessen-Darmstadt".

Ich habe in vorhergehendem Citat von Künzel's interessantem Werke, den Ereignissen etwas vorgegriffen und will daher wieder auf den zweiten Besuch Englands von Seite Georg's von Darmstadt zurückkommen, welcher 1702 statt fand. Er kam um an einer Seeexpedition gegen Spanien Antheil zu nehmen, die noch König William vor seinem Tode entworfen hatte. Mit Uebereinstimmung der Alliirten wurde dem Landgrafen Georg die höhere Leitung dieser Expedition anvertraut. Sie war gegen Cadix gerichtet. Georg erliess eine Proklamation an die Bevölkerung der Provinz, und war der erste, der seinen Fuss auf spanischen Boden setzte. Diese Expedition hatte aber nicht den gewünschten Erfolg.

Im Jahre 1703 war Georg wieder in London, wo er als kaiserlicher Agent am Hofe von St. James thätig war. Er war in den höheren Kreisen der Londoner Gesellschaft eine sehr populäre Persönlichkeit.

Damals, wie schon früher, und wie noch später haben deutsche Fürsten Holland und auch England Soldaten geliefert. „Nach dem Vorgange anderer Fürsten, namentlich des blutsverwandten Kasseler Hofes, wünschte der regierende Landgraf Ernst Ludwig den Engländern und Holländern, die ein Heer von 20.000 Mann auszurüsten hatten, zwei Regimenter von 13 bis 1400 auf holländischen Fuss zu stellen. Für den Kopf wurden 30 Gulden bezahlt". Die beiden hessischen Häuser hatten damals einen Agenten zu diesem Zwecke in London, der Fornemberg hiess, und Landgraf Georg beklagte sich bei seinem regierenden Bruder, dass dieser Fornemberg bei solcher Werbung Kassel besser bediene als Darmstadt. Später stach das ältere Haus das jüngere zur Zeit des amerikanischen Unabhängigkeitskrieges noch mehr aus.

Im Jahre 1703 kam der jüngere Bruder Georg's, Landgraf Heinrich nach London, der von nun an bei seinem Bruder bis zu dessen Tode blieb, und alle seine Schicksale mit ihm theilte.

In diesem Jahre kam Landgraf Georg etwas in die Klemme, wie schon mancher seiner Landsleute in London, und musste sein Silbergeschirr versetzen. Sein regierender Bruder kam ihm aber zu Hilfe.

Im Jahre 1704 kam der Habsburgische Gegenkönig von Spanien, Erzherzog Karl in Portsmouth an, wo ihn Georg empfing. Er wurde mit hoher Achtung von Seiten Englands aufgenommen und nach dem Hofe der Königin Anna nach Windsor geführt. Sie mussten der schlechten Strassen wegen übernachten und kamen erst in der zweiten Nacht nach Windsor, nachdem sie unterwegs mehrmals umgestürzt waren. Der Empfang, wie Bischof Burnet erzählt, war glänzend und Karl machte einen guten Eindruck. In einem Schreiben von Lord Gallway an ihn heisst es u. a.: „dass alle Damen beständig seine Gesundheit tranken".

Im Januar 1704 fuhr König Karl in Gesellschaft der beiden hessischen Landgrafen, mit der englischen Flotte, befehligt von Admiral Rooke von Portsmouth nach Portugal. Georg war dabei der kaiserliche Geschäftsträger. Die Engländer hatten ein Heer von 8.000 Mann unter dem jüngeren Herzoge von Schomberg nach Portugal gesandt und die Holländer 4,000 unter General Fagel.

Der Landgraf war von nun an die Seele aller Unternehmungen der Verbündeten in Spanien zu Land und See. Bei diesen Unternehmungen ist für England keine wichtiger geworden als die Belagerung, Einnahme und Vertheidigung Gibraltars. Admiral Rooke kommandirte dabei die Flotte, der Landgraf die Truppen von 2.400 Marinesoldaten, welche England und Holland stellten. Die Festung ergab sich am 3. August 1704. Georg entwarf die Kapitulationsartikel und besetzte die Festung als Gouverneur und oberster Befehlshaber. Hätte Karl den Thron von Spanien bestiegen, so hätte er wohl die Feste erhalten, obwohl damals schon in England Viele für das Behalten des so wichtigen Platzes waren, da aber der Bourbonenkönig den Thron behauptete, so behielt England Gibraltar. Die Anerkennung, die dem Landgrafen und dem Admiral Rooke für die Eroberung von Gibraltar wurde, entsprach nicht der Wichtigkeit derselben. Die grossen Schlachten am Rhein und in den Niederlanden fesselten damals Aller Aufmerksamkeit. Um so ehrenwerther ist die uneigennützige Handlungsweise Georgs, der alle Kräfte und Mittel auf die Erhaltung der

Feste koncentrirte, zur Zeit wo er die Absichten Englands schon kannte. Er forderte selbst die englische Regierung dringend auf, die Insel unter englischen Schutz zu nehmen. Am Ende des Jahres schrieb der Engländer R. Villeroy von London aus an Baron Forstner, der zur Familie des Landgrafen gehörte: „Die Waffen der Verbündeten sind dieses Jahr zu See und Land ausserordentlich erfolgreich gewesen. Aber unter allen Siegen hat keiner England eine so grosse Befriedigung gewährt, als die glorreiche Eroberung Gibraltars, und zwar in solchem Masse, dass auf die Gesundheit Sr. Hoheit beständig mit allen denkbaren Ehren getrunken wird, und mit den heissesten Wünschen, dass es Sr. Hoheit möglich werde, Gibraltar zu eigener unsterblicher Ehre zu behaupten".

Der Landgraf behauptete Gibraltar. Aber er that dies unter grossen Entbehrungen, Gefahren und Anstrengungen. Die Feste wurde am 4. Oktober vom französischen Admiral Pointis von der See eingeschlossen, vom Marquis von Villadarias vom Lande aus. Sie wurde regelmässig belagert, denn Spanien und Frankreich wandten Alles an dieselbe wieder zu nehmen, während die Verbündeten und besonders England den Vertheidiger lange ohne Unterstützung und sich selbst überliessen. Eine Verschwörung unter der Garnison, von Seiten spanischer Offiziere, wurde glücklicherweise entdeckt, eine tollkühne nächtliche Ersteigung der Felsenhöhe von fünfhundert spanischen Freiwilligen, die sich dem Tode geweiht, wurde durch rechtzeitigen Angriff englischer Grenadiere, unter Anführung des Landgrafen Heinrich glücklich vereitelt und endete mit einem Salto Mortale der Tapfern. Heinrich erhielt bei dieser Gelegenheit eine lebensgefährliche Wunde. Die Verluste der Garnison waren gross und Krankheiten vermehrten sie noch. Die Lage der Belagerten wurde allmählich kritisch, aber der Landgraf stand fest. Er verstärkte die Festung auf allen Seiten und die von ihm angelegten Werke bestehen heute noch unter dem Namen „The Prince's Lines". Endlich wurde Gibraltar in der höchsten Noth am 11. November von der englischen Flotte unter Sir John Leake entsetzt. Die Flotte kehrte aber bald wieder nach Lissabon zurück und der Landgraf legte neue Bauten und Werke an. Die Flotte hatte ihm, nebst Munition und Waffen 1000 Mann Engländer, 500 Holländer, und 500 Portugiesen als Besatzung gebracht.

Im Jahre 1705 war Georg der Held des Tages in England. Der kaiserliche Gesandte in London, Hoffmann, richtete in einem Schreiben folgende Worte an ihn: „Ich kann es nicht genugsam ausdrücken, in welchem hohen Rufe Eure Hoheit hier stehen; Ihre Gesundheit wird, wie die des Prinzen Eugen, überall hier getrunken". Marlborough schrieb ihm u. a.: „Man schmeichelt sich dass durch die Wachsamkeit, Energie und Ausdauer, von denen Eure Hoheit schon so viele schlagende Beweise gegeben haben, der Platz bis zur Ankunft der englischen Flotte erhalten werden wird". Lord Gallway ist in einem Schreiben des Lobes voll und ermuthigt ihn auszuhalten: „Ganz Europa hat die Augen auf Sie gerichtet, wegen der grossen Wichtigkeit dieses Platzes .... Ich hoffe dass die Verzögerung der Ankunft der Flotte zu Ihrem noch grösseren Ruhme gereichen werde, damit ganz Europa die Erhaltung dieses Platzes einzig und allein Ihrem Muthe, Ihrer Festigkeit und Fähigkeit zu verdanken habe". Aehnliche Schreiben erhielt er vom Duke of Ormond und dem Ministerpräsidenten Lord Godolphin.

Der Landgraf behauptete die Feste, die England in Anspruch nahm, erhielt und heute noch besitzt. Sie ist der Schlüssel zweier Meere. Im Besitze derselben haben die Engländer seit 1704 ihre Herrschaft auf dem mittelländischen Meere gegründet und erhalten.

Im Jahre 1705 wurde eine Expedition gegen Catalonien unternommen, woran auch Landgraf Georg Theil nahm. Bei dem nächtlichen Sturm auf die Bergfeste Montjuich fiel er, an der Spitze der Sturm-Colonnen von zwei Kugeln durchbohrt an der Seite seines Bruders.

§ 11.

FREMDE EINWANDERER UND PROTESTANTISCHE FLÜCHTLINGE IN ENGLAND IM 16. UND 17. JAHRHUNDERT.

In London allein sollen im Jahre 1621 zehntausend Fremde gewesen sein, welche 121 verschiedene Gewerbe trieben. Diese für die damalige Grösse London's ausserordentlich hohe Zahl wurde durch die massenhafte Einwanderung religiöser Flüchtlinge in England veranlasst. Im Jahre 1571 wurde die Anzahl der Fremden in London schon als 4631 angegeben. Viele Klagen wurden gegen diese Fremdlinge von Seiten englischer Geschäftsleute geführt. In einer Beschwerdeschrift heisst es u. a.: „Gezwungen, in Folge religiöser Verfolgungen, in England ein Asyl zu suchen, war die Noth der Flüchtigen die Mutter ihres Erfindungsgeistes, wodurch sie vieles, vorher bei uns Unbekanntes producirten". Da sie den englischen Geschäftsleuten eine gefährliche Konkurrenz machten, so unterwarf man die Fremden besondern Gesetzen, u. a. „dass sie englische Lehrlinge und Diener halten müssten; damit sie nicht den Vortheil haben sollten mit ihren Maschinen mehr Bänder, Spitzen und Anderes mit einem Manne zu produciren als sieben Engländer thun können". Es wurde angeordnet an allen Orten, wo sich Flüchtlinge in grösserer Zahl aufhielten, amtliche Verzeichnisse derselben aufzunehmen, u. a. in London, Norwich, Rochester, Deal, Sandwich. Viele neuen Manufakturen wurden von diesen fremden Gästen in England eingeführt und sie trugen nicht wenig zur späteren Grösse der englischen Industrie bei.

Die Meisten der religiösen Flüchtlinge kamen aus den Niederlanden, besonders Flandern und von Frankreich. Viele jedoch kamen auch, ausser den Niederlanden, von deutschen Ländern. Eine Liste von ihnen: „List of foreign Protestants and Aliens, resident in England from 1618 to 1688" von dem sogen. „State Paper Office", wurde im Jahre 1862 von W. D. Cooper F. S. A. herausgegeben.

Die Ankunft und Niederlassung Deutscher in England war im 16. und 17. Jahrhunderte nicht gering. Zur Zeit des Anfangs der englischen Reformation im Jahre 1548, schrieb der Italiener Bernardin Ochinus, wie schon erwähnt wurde, wiederholt an Wolfgang Musculus, Pastor in Augsburg, und lud ihn im Namen des Erzbischofs von Canterbury dringend ein nach England zu kommen um Pastor der deutschen Gemeinde in London zu werden. „Es sind", schreibt Ochinus u. a.", in London mehr als 5.000 Deutsche". Zur damaligen Zeit zählten Holländer und Flamländer zu den Deutschen. Allerdings wurden unter der Regierung von Mary, wie wir gesehen haben, viele deutschen Protestanten zur Auswanderung gezwungen. Aber nicht wenige blieben. Die Regierung Elisabeths zog Viele wieder an und der 30 jährige Krieg trieb noch mehr nach England.

Später, im Jahre 1689, suchten die armen Pfälzer in grosser Anzahl eine Zuflucht in England. Louis XIV., der „Grosse" wie ihn die Franzosen nennen, hatte ihre schöne Heimat in eine Wüste verwandelt. Eine ausserordentliche, noch viel grössere Anzahl Pfälzer Flüchtlinge kam im Jahre 1709 in Folge des zweiten Franzosen-Einfalles nach England. Wie schon Seite 221 angeführt ist, war der deutsche Gelehrte Heinrich Wilhelm Ludolf von der Königin Englands beauftragt die Gaben des englischen Volkes für die Exilirten in Empfang zu nehmen und zu vertheilen, und für das Unterkommen der Unglücklichen zu sorgen. Dass die armen Flüchtlinge gerade das ferne England aufsuchten ist merkwürdig und theilweise wohl den seither verwandschaftlichen und politisch-religiösen Beziehungen zwischen England und der Pfalz zuzuschreiben.

Wenn man die seit langer Zeit anhaltende deutsche Einwanderung in England erwägt, so möchte man mehr deutsche Spuren, mehr deutsche Namen daselbst finden. Die meisten Namen der eingewanderten Deutschen sind aber heute nicht mehr als fremde zu erkennen. Sie wurden gleich Anfangs von ihnen oder ihren Nachkommen anglisirt, welche in der englischen Gesellschaft gänzlich aufgingen. Nicht wenig haben wohl zum Aendern der deutschen Namen die Klagen der Eingebornen und die einschränkenden Gesetze gegen die Fremden beigetragen, welche in Folge dessen nicht als solche gelten wollten. Uebrigens darf nicht zu erwähnen vergessen werden, dass auch die Majorität der flüchtigen Hugenotten ihre Namen anglisirten und selbst solche höherer Klasse, von denen heute noch manche in guten Familien fortbestehen. Zudem war damals die Orthographie der Familiennamen noch sehr unsicher und variirte sehr. Fremde, die ihre Heimat auf immer verlassen hatten, nahmen daher in ihrem Adoptivlande entweder ganz neue Namen an, oder sprachen und schrieben den ihrigen in Einklang mit der englischen Aussprache, oder übersetzten ihren Namen in's Englische. Da die grosse Mehrzahl der Fremden nicht schreiben konnte — damals eine seltene Kunst — so hatten die englischen Beamten, welche die Fremdenlisten zu machen hatten, die ihnen vorgesagten Namen nach dem Gehör nieder zu schreiben.

Um zu zeigen wie Deutsche, als in Deutschland gebürtig bezeichnet, in den oben angegebenen offiziellen Listen der fremden Protestanten aufgeführt wurden, will ich hier nur einige Beispiele angeben. In der Liste betitelt: „The names of the strangers Cutlers of Germaine“ finden wir folgende als geborene Deutsche aufgeführt: Peter Spitcer, Clement Slampeare, James Lanfan, John Dawson, Jakob Shophousey, Andrew Fastilo, Peter Garrett, Stonehouse, Gyles Rudd, John Smith, Peter Brock, Peter Balse, George Cherritree, Anthony Gilderton, Richard Lean, Oudenall Cratch, George Scate, John Prestwood, Lambert

Peterson, John Pawll, John Haunse, Angle Brett Euans, Haunse Spright, John Johnson etc. etc. etc.

Aehnliche offiziell registrirte Namen geborener Deutscher könnte ich in Masse anführen. Einige obiger Namen sind Uebersetzungen wie Cherritree von Kirschbaum. Rudd von Roth, Gilderton von Gelderstadt, Stonehouse von Steinhaus, Smith von Schmid u. a. Manche richteten sich nach der englischen Aussprache wie Spillman oder Spelman, das Spielmann hiess. Wieder Andere nahmen, wie gesagt, kurzweg neue englische Namen an und gaben ihre deutschen ganz auf.

Ebenso unbestimmt und veränderlich wie die frühere Orthographie der Familiennamen war die der Ortsnamen. Es gab damals noch keine Geographiebücher und die Unterscheidung kontinentaler Staaten, sowie die Kenntniss fremder Städte, war daher von Engländern nicht zu erwarten. Schon in der vorhergehenden Liste deutscher Studenten in Oxford habe ich mir über einige in Woods Athenae angegebenen wunderlichen deutschen Ortsnamen den Kopf zerbrochen. So finden wir als deutsche Ortsnamen aufgeführt u. a. Strasbrooke (Strassburg?), Nureunparis in der Herrschaft des „Paulsgrave", ferner Souse, Hartocumbus. Wo ist Mirkerow in Jarmin (Germany) im Land Salon? wo Mardin in dem Land Salon (Salem?)? Wo regierte der „Prince of Bromesber" in „Hie Jarmin"? (High Germany).

Die grösste Anzahl der zu dieser Zeit in England ansässigen Deutschen bestand aus Gewerbsleuten, u. a. aus Webern, Waffenschmieden, Goldschmieden und Juwelieren. Nach ihnen kommen die Kaufleute. Unter letzteren befanden sich in England angesehene Männer, welche ihren Stammbaum und ihr Wappen officiell registriren liessen u. a. Brandt von Hamburg, Heldt aus Hamburg, Kipp, Conradus von Lübeck.

Es fanden sich aber unter den religiösen Flüchtlingen auch manche Gelehrten, Geistliche und Aerzte, von denen in der oben angeführten Liste nur Wenige sich aufgezeichnet finden. Von den Predigern hat Burn eine Liste veröffentlicht. Manche der gelehrten Flüchtlinge mussten, um ihr Brod zu verdienen, irgend welche Arbeit übernehmen. Sie wurden Kaufleute oder Weber. Ein John Miller (Müller), von Beruf Gelehrter und Universitätsmann, wurde Kaufmann in Colchester, Johann Jakob von de Stat „who professes practize in phisick, plantinge and gardening", pflegte nebst den Kranken auch Pflanzen, war Gärtner und siedelte sich auf sumpfigem Lande, auf Romney Marsh an, bedüngte es durch Schafheerden und pflanzte Flachs. Manche der Aerzte jedoch praktizierten unter ihren Landsleuten. Da war in Norwich Abraham Hacker „physician“. in London, Farringdon Without. lebte Matthias Halsbos „Dutch phisitian“ geboren in „Souse. freie deutsche Stadt“, der zur Zeit schon dreiundfünfzig Jahre in England gewesen. Peter Barnar, „professor of Phissick“, lebte in Rochester House, Süd-London. Auch ein Apotheker steht in der Liste der Deutschen, ein William Beane, „Apothicary“, aus „Wessell“. welcher in „Lime Street Warde“ hauste.

Nebst den Doktoren waren noch ihre Gehilfen, die Chirurgen und Barbiere vertreten. Ein damaliger deutscher Barbier und zugleich Chirurg, Peter Cropp, „Chirurgian“, schröpfte und liess zu Ader in Norwich, wo viele Flüchtige lebten. Eben daselbst rasirte und verpflasterte Peter Hiborne „Barber-Surgeon“. Selbst ein weiblicher Chirurg prakticirte in Newington: Sophia Ruman (Sophere Raymon) „widdow and Chirurgian“, in der Stadt „Hartocumbus“, in Niederdeutschland geboren. Was der „Maklenburge“ Gelehrte John Salnaunes, ein „scholler“ (i. e. Gelehrter) von Profession, trieb ist nicht angegeben. Es findet sich auch in der Liste ein Christofer Switcher, geboren in „Swerick“ (Zürich) „in Switcherland“. Seine Profession ist nicht bezeichnet. Fast hundert Jahre vorher, zur Zeit als die jungen schweizer Studenten Gualter und Zwingli in England studirten, waren sie mit einem Christofel Switzer in London befreundet, der aus Zürich war. Auch im 18. Jahrhundert begegnen wir wieder diesem Namen.

Die officiellen Listen dieser Zeit enthalten nur die Namen von fremden Flüchtlingen und Handwerksleuten in bescheidener Lage, welche in England eine bleibende Heimstätte suchten. Es waren aber, wie wir aus dem Vorhergehenden gesehen, zur selben Zeit noch viele Deutsche höherer Klasse und Stellung in England.

§ 12.

ENGLISCHE CHRISTEN-JUDEN IN DER PFALZ IM 17. JAHRHUNDERT.[1]

Nach dem westfälischen Frieden und der Restitution der Unterpfalz kehrte Churfürst Karl Ludwig (1649) wieder von

[1] In Johann Peters von Ludewig: „Germania Princeps“, „Das Buch vom ganzen pfälzischen Hause“ von D. H. von Finsterwald. 1746.

England zurück, wo er mit einer Pension seines Grossvaters James I. gelebt hatte. Seine erste Sorge war das entvölkerte und ruinirte Land wieder zu heben. Zu diesem Zwecke versprach er durch öffentliche Bekanntmachung allen Denjenigen, welche sich aus allen Ländern daselbst niederlassen würden, bedeutende Privilegien und Freiheiten, Verschonung von Abgaben und Zöllen auf eine Reihe von Jahren. Da er die fremden Ankömmlinge in jeder Weise begünstigte und beschützte, so zog er viele an und bevölkerte allmählig die menschenleere Pfalz wieder. Unter andern Fremden kamen viele Holländer und Schweizer, angezogen durch den fruchtbaren Boden, welche die zerstörten Ortschaften und Güter wieder aufbauten und herstellten. Auch religiöse Sekten suchten den Schutz des toleranten Fürsten, welcher selbst die zur Zeit aus Polen vertriebenen Socinianer[1] nach der Pfalz zu rufen beabsichtigte und mit ihnen schon unterhandelte, und nur durch Befürchtung von Unruhen im Reiche abgehalten ward, ihnen ein Asyl zu gewähren. Unter den religiösen Sekten befand sich auch eine englische, welche wohl durch des Churfürsten englische Verwandtschaft und Erziehung angezogen wurde. Schon im 16. Jahrhundert soll in Heidelberg oder dessen Nähe eine Gemeinde exilirter englischer Protestanten gewesen sein, von der ich jedoch keine Spuren entdecken konnte. Besonders unter Churfürst Friedrich III. befanden sich puritanisch gesinnte englische Geistlichen in Heidelberg, von welchen manche daselbst studirten u. A. die früher schon genannten George Withers und Thomas Cartwright (1574). Withers wurde am 10. Juni 1568 daselbst nach einer öffentlichen Disputation zum Doctor Theologiae ernannt. Im Jahre 1661 kam aber eine Gemeinde besonderer Art, eine Sekte religiöser Schwärmer, wie sie England in grosser Zahl hervorgebracht. Es war dies die Sekte der Sabbatarier oder Christen-Juden, von welcher Conrektor Schudt von Frankfurt in seinen „Jüdischen Merkwürdigkeiten“ [P. II. Lib. 5. Cap. 16. § 1.] Folgendes berichtet.

Diese Christen-Juden beobachteten nicht nur die Lehren des Christenthums, sondern auch viele Gebräuche und Vorschriften des Judenthums. Sie hielten Christus für den Messias und Erlöser, feierten dabei den jüdischen Sabbath, beobachteten

---

[1] Die Socinianer verwarfen u. a. christlichen Lehren die der Dreieinigkeit und Gottheit Christi.

die Vorschrift der Beschneidung und enthielten sich der den Juden verbotenen Speisen. Diese Sekte bestand aus Engländern und kam von England nach der Pfalz unter der Führung eines ehemaligen anglikanischen Geistlichen, welcher, wie es in ähnlichen Fällen heute noch vorkommt, den Schwärmer und Schelm in einer Person vereinigt haben soll und unter andern Privilegien, wie die Mormonen-Apostel, die Frauen Anderer sich anzueigenen das Recht beanspruchte. Mittels dieser beiden Eigenschaften lockte er Anhänger an, kaufte ein Schiff, worin er Anfangs mit seiner Gemeinde wohnte, indem er vorgab, dass sie ein heiliges Volk wäre, das sich durch Umgang mit Ungläubigen nicht verunreinigen dürfte. Bald darauf führte er die Gemeinde von England weg, mit dem Versprechen sie als „einen wahren Samen des Gottes Israels" in's Land Kanaan zu bringen. Als er mit ihr nach Holland kam, beschnitt er seine Anhänger, zog mit der Gemeinde von Rotterdam den Rhein hinauf nach der Pfalz, wo er, mit Erlaubniss Karl Ludwigs blieb und seine Reise nach dem gelobten Lande aufgab. Bald aber entstand Skandal in seiner Gemeinde. Ein in Rotterdam ansässiger Engländer Namens Furly bewies durch einen Sendboten vor der versammelten Gemeinde ihrem hohen Priester ein unmoralisches Verhältniss mit einer verheiratheten Frau in England. Darauf traten Einige aus, die Andern aber hielten zu ihm. Als ihm später die ihrem Ehemanne in England entlaufene Frau einen Sohn gebar, so nannte er diesen „die Wurzel des Stammes Jesse" und erdreistete sich dem Churfürsten zuzumuthen diesem Knaben seine Souveränität zu unterwerfen, worauf ihn Karl Ludwig fortschaffen liess. Er fand aber Aufnahme bei einer Gräfin, unter deren Protektion er lebte und starb. Die von ihm gegründete Gemeinde nahm nach und nach ab, so dass zu Anfang des zweiten französischen Krieges, durch den die Pfalz abermals schrecklich zu leiden hatte, von ihr kaum mehr als drei Weiber und einige Kinder übrig waren, welche sich zuletzt von der Pfalz nach Holland zogen und von dem genannten Furly wieder nach England geschafft wurden. „Hierbei", sagt Konrektor Schudt, l. c., „konnte mir Furly nicht genugsam rühmen, wie beschlagen diese Weiber und Kinder in der Schrift gewesen; wie steif sie an ihren Meinungen gehalten, und wie sie solche wider alle Einwürfe zu vertheidigen gewusst; so dass man sich darüber nicht unbillig verwundern musste, da sie doch keinen öffentlichen Unterricht genossen". Diesen Bericht über die Christen-Juden erhielt Schudt im Jahre 1700 aus dem Munde des genannten Benjamin Furly, eines ehemaligen Quäkers, und in Rotterdam ansässigen gelehrten englischen Kaufmanns.

Es ist wohl obige dieselbe Sekte, welche Med. Dr. Edward Brown in seiner Reisebeschreibung: „Brief Account of Travels etc." [2. Aufl. p. 122. 1685] erwähnt. Brown, dessen erster Reisebericht 1673 und die erste Auflage obigen Werkes 1677 erschien, sagt darin Folgendes: „Während ich in Heidelberg war, machten mir zwei Engländer einen freundschaftlichen Besuch, Mr. Villers und Thimothy Middleton, welche zum Lobenfeld Kloster [bei Neckargemünd] gehörten, das früher Eigenthum der Jesuiten gewesen, seitdem aber etwa hundert Engländern zur Benutzung übergeben worden, welche 1661 ihre Heimat verliessen, den Rhein aufwärts wanderten und mit Erlaubniss des Churfürsten sich einige Stunden von hier niederliessen, Männer, Frauen und Kinder in einem Gebäude in kommunistischer Gemeinschaft lebend. Sie haben eine eigenthümliche Religion und nennen sich Christen-Juden. Ein Mr. Poole, früher in Norwich wohnend, ist ihr Haupt. Sie scheeren ihre Bärte nicht und beobachten viele andere Ceremonien und Vorschriften, zu welchen sie sich nach gewissen Worten im alten Testamente oder nach neuer Auslegung seitens ihrer Führer verpflichtet fühlen".

Kapitel VII.

Deutsche Reisende in England im 16. und 17. Jahrhundert.[1]

§ 1.

DAS REISEN IN ALTEN ZEITEN.

Obwohl das Reisen in alten Zeiten nicht mit dem unserer Tage verglichen werden kann, wo der Dampf uns mit Blitzesschnelle über Länder und Meere führt und das Reisen oft Völkerwanderungen gleicht, so war doch im Mittelalter und den darauf

---

[1] „England as seen by Foreigners". By William Brenchley Rye. 1865.

folgenden Jahrhunderten ein äusserst reges Leben und Treiben auf den Landstrassen, auf denen Schaaren von Wanderern zu Pferd und Fuss in allen Richtungen zogen.

Unter den Völkern, die eine eingeborene Wandersucht in die Ferne trieb, standen wohl die Deutschen in erster Reihe. In zwei Lobreden. die Professor Kirchner zu Marburg, über das Reisen im Allgemeinen und das Reisen in Deutschland. schrieb, und welche der Engländer Coryat, 1611, aus dem Lateinischen in's Englische übersetzte, spricht der Professor von der Wandersucht der Deutschen seiner Zeit, wo es kaum einen Mann gebe, bekannt als Hofmann, Politiker oder im bürgerlichen Leben, der nicht fremde Reiche als: England, Italien, Frankreich bereist und ihre Sprachen gelernt habe.

Beinahe alle Stände reisten und kein Volk besitzt so viele Reiselieder als das deutsche. „Er kommt nicht weit her“! hiess es verächtlich von einem „Mutterkalbe“. „Er ist so wit gereiset, dass er immer noch gerochen, ob sine Muoter Kuechen buk“. (Brand).

Der Fürst. der Gelehrte, der Student reisten um zu lernen. Die damaligen Universitäten in Deutschland standen den grösseren und besseren Lehranstalten Italiens und Frankreichs nach. Zudem lehrten diese Universitäten nur Fachwissenschaften, als Theologie, das Recht, Medicin und alte Sprachen.

Die Fürsten liessen sich oft fremde Lehrer mit grossen Kosten von fern her kommen und oft waren solche nicht um's Geld zu haben. Sehr oft hatten sie zu Hause keine Gelegenheit fremde Sprachen zu lernen. Sie reisten daher in's Ausland mit einem Mentor, wo sie sich in fremden Sprachen, im Tanzen, Fechten, Reiten unterrichten liessen, und die politischen Einrichtungen fremder Staaten studirten. Lehrbücher über Staatswissenschaft gab es noch keine. Aus diesem Grunde richteten die Fürsten und Prinzen von damals ihre Aufmerksamkeit auf ihren Reisen viel mehr auf nützliche Gegenstände, als heute, wo nur Vergnügen die Triebfeder ist.

Die Gelehrten und Studenten besuchten in grosser Anzahl fremde Universitäten. Aber auch im Inlande reisten letztere von Universität zu Universität und dieser Besuch mehrerer Universitäten besteht heut zu Tage noch unter den deutschen Studenten, während in Frankreich und England der Student meistens nur eine Alma Mater hat. Viele von diesen Studenten waren mittellos. Hatten sie keine Herberge oder keine Mittel mehr. so besuchten sie Klöster, Geistliche, Gelehrte. Bis auf unsere Tage hat sich ihr Spruch: „studiosus proficiscens petit viaticum“ vererbt. Ihr Pass war die lateinische Sprache. Hatten sie auf dem Wege nichts zu essen so „schossen“ sie Gänse oder Hühner. Diese wandernden Studenten hiessen: Bachanten, von „vagare“, wandern. Sollte etwa das Wort „fechten“ davon herkommen? „Fechten“ in obigem Sinne war nicht gleichbedeutend mit betteln. Noch jetzt steht an den Stadtthoren mancher alten Stadt geschrieben: „Fechten und betteln ist hierin verboten“. Das Wort „fechten“ ward in späteren Zeiten nur auf Handwerksburschen angewandt, auf die es wohl von den Vaganten überging, so wie ihr bekannter Fechtspruch nur eine Uebersetzung des eben genannten lateinischen Spruches des Studenten ist: „Ein reisender Handwerksbursch bittet um einen Zehrpfennig“.

Nebst den Studenten, fahrenden Schülern, gab es fahrende Lehrer, die von Stadtschule zu Stadtschule zogen und fahrende Prediger, die zahllosen Pilger und Wallfahrer nicht zu vergessen. Deutsche Soldaten zogen in grossen Schaaren in aller Herren Länder Dienste: nach Italien, Frankreich, England und Schottland.

Das Wandern der Handwerksburschen war unter den alten Zünften vorgeschrieben. In den meisten Städten wurde keiner bis auf die jüngst vergangene Zeit als Meister in eine Zunft aufgenommen, der nicht wenigstens sechs Jahre gereist hatte. Es war dies eine sehr weise Regel, durch welche die Fortschritte in den Gewerben allgemein verbreitet wurden.

Kurz Alles reiste ehemals mit Ausnahme des an die Scholle gebundenen, meist leibeigenen Bauern und der Frauen.

Die Besseren und Reicheren reisten zu Pferde und Pferde trugen ihr Gepäck. Reise-Wagen gab es noch keine. Die Aermeren gingen zu Fusse mit dem Felleisen auf dem Rücken. Waffen, d. h. Säbel und Dolche trugen sie fast Alle und wo möglich reisten sie in Gesellschaft, denn die Wege waren oft unsicher und Räuberbanden lauerten auf den Landstrassen oder dienstlose Landsknechte und Raubritter.

An Herbergen fehlte es nicht. Sie waren in grosser Zahl an den Landstrassen und trugen oft das Wappen des Grundherren. Daher die grosse Anzahl rother, schwarzer, goldener Löwen und Bären, mit der Aufschrift: „Hier logirt man zu Fuss und zu Pferd“. Der Fussgänger begnügte sich oft mit dem Viehstall oder Heustock eines Bauern, der Student besuchte das Kloster und den Pfarrer und sagte seinen Spruch, der Handwerksbursch seine Zunftherberge. Schwere Koffer störten den Reisenden nicht. In einem alten Reisegesprächbuch ruft der Reisende, der zu Pferde in der Herberge angekommen, am Morgen, beim Erwachen, dem Knecht zu: „Trockne mein Hemd, dass ich aufstehen kann". Der Reisende hatte kein Nachthemd. Nachthemden kannte man noch nicht. Er stieg nackt zu Bette, wo er einen oder mehrere Schlafkameraden hatte. Auf alten Holzschnitten vom 15. Jahrhundert (in Thomas Wright's englischem Werke „Domestic Manners") findet man Könige und Königinnen und Reisende nackt im Bette, sieht man Gäste nackt ihre Betten suchen, andere nackt im Akt des Einsteigens, fast alle mit über den Kopf gebundenen Tüchern.

Im Auslande war das Lateinische die Reisesprache unter den Gebildeten. Latein war damals die Universalsprache unter den gebildeten Klassen, die Alle sprachen. Es sind, wie ich früher angeführt, noch Briefe erhalten, die, während der Reformation, englische Kaufleute mit englischen und deutschen Reformatoren wechselten, und die in vortrefflichem Latein geschrieben sind. Der deutsche Reisende Zinzerling, der England im Jahre 1616 besuchte, sagt, dass er in Sittingbourne, in der Grafschaft Kent, einen Wirth traf, einen Schotten, „ein sehr guter Mann, und weiss Latein".

Das Latein reichte aber nicht aus und es erschien schon am Ende des 16. Jahrhunderts, eine Anzahl von Reisegesprächbüchern in einer Form, wie sie heute noch bestehen und viele derselben ebensogut. Den fremden Reisenden in England stand die englische Aussprache des Lateinischen sehr im Wege und viele Fremde in England, sowie auch Engländer auf dem Kontinente beklagten sich, dass die englische Aussprache des Lateinischen dasselbe schwer verständlich mache.

Handbücher mit Reisegesprächen, um das Reisen zu erleichtern, waren daher sehr gesucht. William Caxton, der erste englische Drucker gab schon 1483 seine Dialoge „A book for Travellers" französisch-englisch heraus, das jetzt so selten ist, dass selbst das British Museum kein Exemplar davon besitzt. In Flandern erschienen zuerst die kleinen polyglottischen Gesprächbücher in Lateinisch, Italienisch, Spanisch, Portugiesisch, Französisch, Englisch, Hochdeutsch und Niederdeutsch. Zwischen 1589 und 1640 erschienen sehr viele solcher polyglottischen Handbücher in den Niederlanden.

Die Gespräche in den alten Reisegesprächbüchern sind oft sehr gut, praktisch und in so fern wichtig, als sie ein Bild der Volkstrachten, Sitten und Gebräuche der Zeit abgeben. Manche sind sehr drollig und ich will von letzter Klasse ein Muster aus der deutschen Sektion eines englischen Handbuches, betitelt: „Colloquia et Dictionariolum Octo Linguarum“ anführen, von Michael Sparke, London 1639. Ein Reisender, der in einer Herberge zu Pferde angekommen, beginnt mit Hannchen, dem Zimmermädchen, folgendes Zwiegespräch in seinem Schlafzimmer:

Titel: Gemein gespräch wann man in der herberg ist: — In der Schlaffkamer:

Reisender: Meine freundin ist mein bett gemacht? ist's gut?

Hannchen: Ja, mein herr, es ist ein gut pflaumbette und die laylachen seyn sehr schoen.

R.: Ziehet mir meine hosen auß und wermet das bette, dan ich bin nicht sehr wol zu passe, ich zittere wie ein espenlaub, wermet mein haupttuch und bindet mir das haupt wol. Hola, ihr bind zu hart. Bringet mein hauptkussen her und deckt mich wol zu, ziehet die umbheng für und hefftet sie mit einer steecknadeln, — wo ist die bruntzkachel?[1] wo ist das heimlich gemach?

H.: Folget mir, ich wil euch den weg weisen: steigt auffwartz, recht auß, da werdet ihrs finden, auff der rechten hand, wann ihrs nicht sehet, so werdet ihrs wol riechen. Mein herr, begert ihr nichts mehr? seyde ihr nun wol?

R.: Ja meine freundin, leschet das liecht auß und komt ein wenig neher zu mir.

H.: Ich wils außleschen wann ich auß der kamer bin.

R.: Mein lieb, küsset mich einmal, so sol ich desto besser schlaffen.

H.: Lieber zu sterben, dann einen mann in seinem bette zu kussen, oder anderswo. Schlafft in Gottes namen, Gott geb euch eine gute nacht und gute ruhe.

R.: Dank hab meine schone tochter.

Oben genannte englische Ausgabe von acht Sprachen ist nur eine Nachahmung älterer flämischer Ausgaben mit Zusätzen und Verbesserungen. In der ältesten mit sieben Sprachen, mit dem Datum von 1589, ist Hannchen nicht so ungefällig und

[1] Dieses Gefäss trägt heute noch diesen Namen unter dem süddeutschen Landvolke. Auf Abbildungen des 14. und 15. Jahrhunderts hat es eine ansehnliche Grösse, wohlberechnet für das gewaltige Trinken damaliger Zeit.

auf die Bitte: „My shee frinde, kisse me once. and I shall sleape the better“ thut sie ihm den Gefallen und der Reisende sagt darauf: „I thanke you fayre mayden“.

Das Hosenausziehen von Seiten der Magd war übrigens nicht so schlimm. Damals trugen die Reiter Reithosen über den Beinkleidern.

Wie lange sich diese Reisegespräche, von denen manche fast unverändert selbst noch in heutigen Gesprächbüchern vorkommen, erhielten, ersieht man aus der deutschen Sprachlehre von Heinrich Offelen, die 1687 in London erschien. Am Ende dieser Grammatik finden sich Gespräche die wörtlich den ältesten Reisegesprächbüchern entnommen waren.

Nebst Gesprächbüchern erschienen auch sehr viele Reiseberichte, Reisebeschreibungen. In England erschienen Reisebücher über den Kontinent von Sir John Moryson (1591), Tom Coryat (1608), Thomas Palmer (1606), James Howell (1642), Francis Osborne Esq. (1656), Dr. E. Brown 1677. etc.

In Deutschland war die Zahl solcher Bücher ausserordentlich gross. Professor Beckmann zählt neunzehn verschiedene Werke auf „Ueber die Kunst zu reisen“, publicirt in Deutschland in der letzten Hälfte des 16. und dem Anfang des 17. Jahrhunderts. Diese Werke sind alle lateinisch und ihr grosser Gebrauch, nicht nur von Deutschen, sondern auch von andern Reisenden, wird durch wiederholte Auflagen dargethan.

W. B. Rye, vom British Museum, in seinem höchst interessanten Buche „England as seen by Foreigners“, von dem ich in diesem Kapitel häufigen Gebrauch gemacht habe und auf das ich den Leser, der mehr über den Gegenstand zu erfahren wünscht, verweise, führt unter den Reisebüchern über England vierzehn an, von denen eines spanisch, zwei holländisch und elf deutsch sind, und von diesen elf sind fünf von Fürsten.

Das Reisen galt früher als ein sehr wichtiges Erziehungsmittel bei allen Völkern:

„He cannot be a perfect man,
Not being try'd and tutor'd in the world“.

[Shakespeare: Two Gentlemen of Verona. I.]

„Travel, in the younger sort, is a part of education; in the elder, a part of experience“.

[Bacon.]

Da im 16. und 17. Jahrhundert das Reisen unter jungen Leuten hoher und bemittelter Familien so gebräuchlich war, und solche in die Fremde geschickt wurden, um nützliche Kenntnisse zu erwerben, die sie zu Hause nicht fanden, so wurden viele Reisebücher von Solchen geschrieben, die selbst reisten, oft als Gefährten und Lehrer, damit sie Andern als Führer dienen konnten. Andere gaben auch allgemeine Lehren über die Kunst zu reisen, und Bücher dieser Art sind viel zahlreicher im 16. und 17. Jahrhunderte als heutzutage.

Eine merkwürdige Sitte der reisenden Deutschen waren die Stammbücher. Die Deutschen, wenn sie sich auf die Reise begaben, vergassen nie ein Stammbuch mit sich zu führen; sie betrachteten es als einen unentbehrlichen Reiseartikel. Sobald der Deutsche auf der Reise mit bedeutenden, bekannten Persönlichkeiten zusammentraf, zog er sein Stammbuch hervor, und bat um Autograph oder Motto, um sein Wappen, oder eine Skizze. Nach Rückkehr konnte damit der Reisende zeigen, in welch guter Gesellschaft er gewesen. Die Abtheilung der Manuskripte des British Museum enthält eine sehr reiche Sammlung, ja Hunderte solcher Stammbücher deutscher Reisender dieser vergangenen Jahrhunderte. Viele derselben sind kostbar gebunden und enthalten interessante Autographen. Ihre Form, wie die der Gesprächbücher, war länglich breit, wie sie noch unsere Väter hatten. Viele dieser Bücher haben zwischen den zu beschreibenden Blättern sehr schöne Kupferstiche. Eines von Chritsoph Arnold, Professor der Geschichte zu Nürnberg, der England in der Mitte des 17. Jahrhunderts besuchte, enthält u. A. auch ein Autograph von Joannes Miltonius.

Die Engländer scheinen die Stammbücher, die sie „Stemmebooks" nannten, manchmal nachgeahmt zu haben. Jedenfalls sammelten auch sie schon sehr frühe Authographen, denn die Ritter von Windsor zogen schon 1466 ihr Missale hervor, als sie nach dem Mahle den früher genannten Baron Leo von Rozmital um sein Autograph „in memoriam seines Besuches" baten.

§ 3.

REISE NACH ENGLAND. REISEROUTEN VON DEUTSCHLAND DAHIN.

[Reisestationen von der Küste nach London. Gefahren unterwegs, deutsche Einwohner Londons, Schwierigkeit der Heimkehr].

Die Regierung von Elisabeth zog besonders viele Fremden nach England. Sie wollten die viel gerühmte Schönheit, und fürstlichen Eigenschaften dieser hochgebildeten und energischen Königin mit eigenen Augen sehen. Nicht Alle aber kamen sie nur zu sehen. Manche kamen sie zu gewinnen. Nicht weniger als Elisabeth zog ihr Nachfolger James I. Deutsche nach England. James unterhielt intime Beziehungen zu vielen deutschen Fürsten, und war durch seine Frau und Tochter mit vielen verwandt. Seine älteste Tochter Elisabeth heirathete Friedrich von der Pfalz und seine Gemahlin Anna von Dänemark, Schwester des dänischen Königs, hatte drei Schwestern, deren eine den Herzog von Sachsen, eine andere den Herzog von Braunschweig und die dritte den Herzog von Holstein heirathete. Diese intimen Verwandtschafts- und Freundschaftsverhältnisse zogen nicht nur viele deutschen Fürsten und hohe Personen, sondern auch Gelehrte, Geschäftsleute und Handwerker nach der berühmten Insel, von denen Manche daselbst ihren ständigen Aufenthalt nahmen.

Eine Reise nach England war damals kein geringes Unternehmen. Die Reise zu Land und zur See war lang, anstrengend und oft mit Gefahren und mit nicht geringen Ausgaben verbunden. In den Niederlanden schlossen Kriege oft den Weg nach den Seehäfen, am Rhein und im Norden machten Räuberbanden die Strassen unsicher.

Der Reiserouten von Deutschland nach England gab es viele. Die Norddeutschen reisten zur See von den norddeutschen Häfen nach Gravesend, Sandwich oder Dover. Die von Mittel- und Süddeutschland reisten den Rhein abwärts auf Rheinschiffen, oder auch zu Lande, nach Antwerpen, Vlissingen oder auch Emden. Vlissingen war zur Zeit ein besuchter Hafen. Manche vornehme Vergnügungsreisenden zogen über Strassburg nach Paris und von da nach Calais. Die Seereise war oft lang und beschwerlich. Mit sehr günstigem Winde fuhr man allerdings in 24 Stunden von Vlissingen nach Gravesend. Sehr oft aber brauchte man mehrere Tage, ja selbst von Calais nach Dover dauerte es oft Tage. Dazu musste man oft lange in den Häfen liegen und auf günstigen Wind warten. Die Ankunft eines guten Fahrwindes war immer ein freudiges Ereigniss für die Reisenden, das ihnen mit Jubel verkündet ward. Der Sekretär des Böhmen Rozmital erwähnt in seinem Reisebericht eines sonderbaren Gebrauches in Sandwich. „Jede Nacht“, sagt er, „ziehen Leute mit Fiedeln und Hörnern durch die Strassen, den Kaufleuten, die segeln wollen, anzuzeigen von welcher Himmelsgegend der Wind bläst“.

Die alten Reisenden unterlassen in ihren Berichten nie bitter über die Seekrankheit zu klagen, die mehr als heute, durch die viel kleineren Schiffe veranlasst wurde. Der Böhme Rozmital lag mit all seinen Gefährten wie todt auf dem Schiffe. Der Besitz des sogen. Manor d. h. Lehen-Rittergutes von Archer's Court bei Dover, war an die merkwürdige Bedingung geknüpft, dass der jeweilige Eigenthümer desselben, „des Königs Kopf halten müsse. wenn seine Majestät nach Calais fährt und durch die Wirkung der See gezwungen sein sollte sich zu erbrechen". Da Calais bis zur Mitte des 16. Jahrhunderts englisch war und die englischen Könige oft dahin gingen, so war obiger Dienst keine Sinekure.

Die Reisenden landeten meistens in Dover oder Gravesend. Von Dover reisten die Bemittelten mit Postpferden nach Gravesend. Die Postpferdstationen von Dover nach Gravesend waren folgende: 1. Station: Canterbury 2. Station: Sittingbourne: hier schliefen die Reisenden gewöhnlich; 3. Station: Rochester; 4. halbe Station: Gravesend. Manche beklagten sich über die kleinen harten englischen Sättel der Postpferde, auf denen sie sich wund ritten, und der Herzog Friedrich von Württemberg nahm sogar einen solchen als Kuriosität mit nach Deutschland. Die vornehmen Reisenden, mit vielem Gepäck, sandten es entweder besonders nach London, oder führten es auf Pferden mit sich. Das Postreiten von Dover nach Canterbury kostete damals 3 englische Shillings, von Canterbury nach Sittingbourne dasselbe: von da nach Rochester etwa 2½ Shillings: von Rochester nach Gravesend 1½ Shillings; also im Ganzen: 10 Shillings.

Von Gravesend pflegte man entweder zu Wasser oder die alte römische Dover-Rood zu Lande nach London zu reisen. Meistens schiffte man sich daselbst auf kleinen Booten nach London ein und segelte die Themse aufwärts, an vielen Schwärmen von Schwänen vorüber, worüber sich viele alten Reisenden wunderten, vorbei am königlichen Palaste von Greenwich, wo Elisabeth oft wohnte und landete an einem der Wasser-Thore von London an Billing's Gate oder Dow Gate, westlich von London Bridge, damals der einzigen Brücke London's. Von Gravesend gingen mit jeder Fluth Schiffe nach dem 20 englische Meilen entfernten London. Die gewöhnliche Barke kostete 2 Pence, aber eine mit einer Sonnendecke versehene kostete 6 Pence.

Oft ging die Reise von Dover zu Lande nicht so leicht von Statten. Räuberbanden machten das Reisen sehr oft unsicher. Insbesondere galten als unsicher zwei Stellen, Gad's-hill und Shooters'-hill, bei Woolwich.

Gad's-hill liegt bei Rochester, auf der Strasse nach Gravesend. Dieser „high old robbing hill" war berüchtigt wegen der vielen Räubereien zur Zeit Elisabeths. Er diente einer Bande von Desperados von ungewöhnlicher Kühnheit zum Hinterhalt, und wird oft von den Dramatikern des 17. Jahrhunderts erwähnt. Viele Reisende sprechen von dieser Stelle. Justus Zinzerling, der um 1610 nach England kam, sah zwischen Rochester und Sittingbourne einen Räuber an einem Baume hängen, der einen Sendboten des Churfürsten der Pfalz an den König von England ermordet. Der Körper war mit Ketten und Ringen umgeben, um die Glieder möglichst lang zusammen zu halten. Im Jahre 1661 war Gad's-hill der Schauplatz einer scheusslichen an einem siebenbürgischen Prinzen Namens Cossuma Albertus verübten Mordthat, welcher mit grosser Feierlichkeit in der Kathedrale von Rochester bestattet wurde. Auf diesem ehemals so verrufenen und gefürchteten Hügel, der sich durch die Aussicht auf eine prachtvolle Scenerie auszeichnet, lebte und starb Englands Lieblingsdichter, Charles Dickens.

Ueber Shooter's-hill bei Woolwich, zieht sich die alte römische Dover-Rood, die über Blackheath und die jetzige Old Kent-Road nach London Bridge führte. Dieser reizende Hügel, der bei hellem Wetter die schönste Aussicht in der Nähe London's bietet, und vor den Augen das ganze Panorama der Themse entfaltet, mit St. Paul's Kathedrale und London im Hintergrunde, war zur selben Zeit, als Räuberbanden auf demselben ihr Gewerbe trieben, ein Lieblingsplatz für Piknike und Fêtes Champêtres von Henry VIII. und Elisabeth, während sie im Palaste von Greenwich wohnten. Daselbst wurde der erste Mai (der 1. Mai nach dem alten Kalender ist unser 12. Mai) gefeiert und Maithau gesammelt. Man speiste unter Laubzelten und Lauben, die hergerichtet wurden und vergnügte sich auf jegliche Weise. Bei Nacht jedoch fand sich eine andere Gesellschaft daselbst ein, und anderer Thau bedeckte oft die Blumen des Hügels:

„And that same dew, which sometime on the buds
Was wont to swell, like round and orient pearls,
Stood now within the pretty floweret's eyes,
Like tears, that did their own disgrace bewail".

[Shakespeare. Midsummer Night's Dream IV.].

Heute hört man daselbst, anstatt der Signale der Räuber und des Gestöhnes der Opfer, das lustige Jauchzen der Kadetten der Kriegs-Akademie; in den Gebüschen des Hügels, da wo ehedem der Wanderer seine Blicke ängstlich umhersandte, wandelt jetzt bei frischer Abendbrise Korporal Macdonald mit Mary Anne, dem schmucken Hausmädchen, mit gegenseitig in sich versunkenen Blicken.

Aber nachdem der Reisende Shooter's-hill glücklich hinter sich hatte, war noch nicht alle Gefahr vorbei. Da kam noch Blackheath, berüchtigt wegen der sogen. „Footpads", d. h. Strassenräuber zu Fusse, die hinter dem Gestrüppe lauerten. Von da zogen sie über New Cross, auf der Old Kent Road gen London-Bridge.

Die Gefahren der Landstrasse, sowie die Billigkeit der Reise zu Wasser, wird wohl die meisten Besucher Englands veranlasst haben, von Gravesend per Boot nach London zu fahren.

An guten Herbergen fehlte es damals in England nicht. Auf der Route von Dover nach Gravesend, und am letzten Orte war reichlich dafür gesorgt. Auch fehlte es nicht an deutschen Herbergen in Gravesend und London. Die Deutschen suchten damals, wie heute, sehr gern deutsche Herbergen und deutsche Kameraden auf, und da geschah es hie und da, wie der alte englische Wanderer Moryson (Itinerary 1617) sagt, dass sie von ihren Landsleuten geprellt wurden. Moryson, der Europa ganz durchwandert, erklärte die englischen Herbergen für die besten der Welt und gibt eine sehr interessante Beschreibung der Aufnahme und Behandlung eines angekommenen Gastes, aus dem man damals viel mehr machte, als heute, wo der Oberkellner im schwarzen Frack den Ankömmling mit stolzer Miene examinirt, taxirt und logirt. Auch an Tafelmusik fehlte es nicht in englischen Herbergen und die Gäste wurden Morgens mit einer Tag-Réveille aus ihrem Schlummer geweckt. England suchte damals seine Musiker noch nicht in Deutschland. Mit den Gesellschaften englischer Schauspieler, die schon am Anfange des 17. Jahrhunderts Stücke von Shakespeare an vielen Höfen und in vielen Städten von Nord- und Süddeutschland aufführten und zwar in englischer Sprache, kamen auch englische Musiker und diese letzteren wurden damals in Deutschland sehr gerühmt.

Die meisten deutschen Reisenden besuchten nur London, manche gingen noch nach Windsor, Oxford und Cambridge, wenige durchreisten das Innere Englands, wegen der damals schlechten Wege und der Strassenräuber. Reise-Kutschen gab es im 16. Jahrhundert noch keine und im 17. Jahrhundert waren sie sehr theuer und schwerfällig. Nach Richmond, Windsor und selbst Oxford reiste man auch auf Themsebooten.

Diejenigen die der Landessprache nicht kundig waren, und besonders die, welche das ganze Königreich besuchen wollten, selbst wenn sie die Sprache kannten, nahmen Dolmetscher, deren es damals in London viele gab, die daraus ein Geschäft machten. Mancher deutscher Reisende hat sich über die Betrügereien dieser Leute beklagt. Es gab darunter aber auch brave, und Zinzerling (1610) sagt „wir verwendeten einen ausgezeichneten jungen Mann, Namens Friedrich, aus Hessen-Kassel, dessen Adresse die „Black Bell“ ist, eine gute Herberge“.

Die deutschen Reisenden fanden schon im 16. und 17. Jahrhundert, wie heute, Massen von in London residirenden Landsleuten. Wie schon erwähnt wurde, haben die intimen Beziehungen zwischen den englischen und den deutschen Höfen viele Deutsche nach England gezogen. Der deutsche Gelehrte Daniel von Wensin behauptet in seiner „Oratio contra Britanniam“, gehalten zu Tübingen, 1613, vor Friedrich Achilles, Herzog von Württemberg, welch letzterer sich jedoch durch die Ergüsse des gelehrten Professors nicht abwendig machen liess, u. a. Folgendes: „Es ist nicht lange seit die Majorität der Handwerker und Mechaniker in England Fremde waren, und die Goldschmiede in London fast alle Deutsche“. Nach dem schon angeführten Werke, von W. D. Cooper „Lists of Foreign Protestants and Aliens resident in England, 1618—1688“, ergibt sich wie schon oben erwähnt worden ist, dass im Jahre 1621 in London allein 10.000 Fremde waren, die 121 verschiedene Gewerbe betrieben. Im Jahre 1610 wurde die Population von London auf 300,000 Seelen geschätzt. Die Fremden machten daher ein starkes Procent aus.

Unter den Deutschen, die damals in London lebten, gab es, wie Wensin richtig behauptet, besonders viele Goldschmiede und Juweliere. Aber auch Handwerker und Mechaniker anderer Gewerbe kamen von Deutschland. Der Uhrmacher gab es auch viele. Die von Deutschland damals importirten Uhren, erfreuten sich aber hier keines besonderen Rufes. Manche Schriftsteller machten Spässe darüber, u. a. Shakespeare, in „Love's Labour's Lost“ (III. I.):

„A woman that is like a German clock,
Still a repairing, ever out of frame,
And never going aright“.

In allen englischen Büchern des 16. und 17. Jahrhunderts bedeutet „Dutch“ immer Deutsch und bezeichnet sowohl Hoch- als Niederdeutsche. Erst später kamen die Bezeichnungen „High-Dutch“ und „Low-Dutch“, auf. In Sir James Melville's „Memoirs“ 1562, nennt er Deutschland „Dutchland“ und die Sprache „Dutche“. Er sagt von Königin Elisabeth „She spak to me in Dutche (in Deutsch meinend), bot it was not gud“. Viele Geschichtschreiber, u. a. auch deutsche, haben den Irrthum begangen von Elisabeth zu sagen, sie hätte holländisch gesprochen, indem sie „Dutch“ im heutigen Sinne übersetzten. Sehr oft hat man Deutschland, ohne Unterschied „Allemaigne, Germany, Dutchland, High-Germany“ genannt, was zahlreiche Irrthümer veranlasst hat. Der englische Reisende Moryson, sagt in seinem Itinerary 1617, indem er von den Niederlanden spricht: „Das Land wird die Niederlande genannt, weil es niedrig liegt, aber das Volk ist in Sprache und Sitten mit dem Deutschen nahe verwandt, beide werden „Dutchmen“ durch einen gemeinschaftlichen Namen genannt“. Dieselbe Konfusion mit „Dutch“ bestand und besteht zum Theil auch in Amerika. Einen Holländer nannte man zum Unterschiede von Deutschen, einen „Amsterdam-Dutchman“.

Wenn die Fremden England verlassen wollten, so mussten sie Erlaubniss dazu haben. Auch durfte kein Engländer England ohne Pass verlassen. Den niederen Klassen war es daher schwer die Insel zu verlassen und Bediente durften nie auswärts gehen. Der deutsche Reisende Hentzner, der 1598 in England war, erzählt dass, ehe er und seine Gefährten von Dover absegelten, jeder seinen Namen angeben musste, den Grund seines Besuches Englands, und den Ort, wohin er ging. „Nachdem wir Erlaubniss erhalten abzureisen, wurden“, so sagt er, „unsere Felleisen und Koffer geöffnet, und von Beamten genau besonders nach englischem Gelde untersucht, denn Niemand darf aus England mehr als 10 Pfund Sterling nehmen. Was immer darüber sein mag, wird konfiscirt und der königlichen Schatzkammer überliefert“. — Als der berühmte Gelehrte Erasmus von Rotterdam im Jahre 1499, nach seinem ersten Besuche Englands, in Dover zur Abreise war, nahmen die Zollbeamten ihm all sein Geld das über 6 Angels betrug. Ein Angel war gleich 10 Shillings. Das Gesetz bestimmte damals, also hundert Jahre vor Hentzner, dass Niemand mehr als 6 Angels aus dem Lande mitnehmen durfte. Man konfiscirte dem armen Erasmus bei 20 Pfund Sterling, die Frucht seiner gelehrten Arbeiten in England. Später im 17.

Jahrhundert scheint man die erlaubte Summe höher gestellt zu haben. Moryson, 1617, gibt sie als 20 Pfund Sterling betragend an. Wahrscheinlich konnte man durch besondere Pässe Dispensation von dieser harten Regel erhalten. Die Gesandten und ihr Gefolge waren dispensirt. Kaufleute und selbst andere Reisende, welche grössere Summen mit sich zu führen hatten, mussten diese in Waaren umgewandelt ausführen, denn Gold und Silber mussten im Lande bleiben. Das Verbot des Exportes englischen Geldes datirte von Richard III. (1483). Henry VIII. erneuerte es später wieder in einer Proklamation.

Jakob Rathgeb, der Sekretär des Herzogs Friedrich von Württemberg, der dessen 1592 nach England unternommene Reise beschrieb, sagt Folgendes über den Werth der damals gebräuchlichen englischen Münzsorten: „Der Goldstücke gab es: Double Rose-noble, gleich 32 englischen Shillings oder 18 französische Francs, oder 8 Reichsthalern; dann eine einfache Rose-noble die Hälfte betragend; den sogen. Angel (so genannt von St. Georg und dem Drachen) gleich 10 Shillings, oder 5 Francs oder 3 deutschen Gulden. — 1 Shilling gleich 4½ Batzen; ½ Shilling gleich 2 Batzen, 1 Kreuzer; 12 Pence gleich einem Shilling: 2 Pence gleich 3 Kreuzer; eine französische Sonnen-Krone (écu d'or au soleil) gleich 6 Shillings oder 27 Batzen". Die Richtigkeit dieser Angaben will ich hier nicht näher untersuchen.

§ 5.

DEUTSCHE REISEBERICHTE ÜBER ENGLAND.

Obwohl die Anzahl deutscher Reisender nach England im 16. und 17. Jahrhundert bedeutend war, so sind doch von verhältnissmässig wenigen derselben Beschreibungen vorhanden. Manche solcher schlummern wohl noch in Archiven, wie u. a. das Itinerarium von Rudolf Gualter, dem Züricher Theologen, der 1537 England besuchte, das in den Archiven Zürichs liegt. Die meisten alten Reiseberichte sind sehr kurz, beschränken sich meist nur auf Aufzählung von Merkwürdigkeiten oder Angaben von Begebenheiten. Unter den Reiseberichten Fremder die England in dieser Zeit besuchten, stehen die deutschen nicht nur an Zahl, sondern an Werth an der Spitze und manche darunter dienen heute noch dem englischen Alterthumsforscher als werthvolle Quelle. Die deutschen Werke der Art sind genau, richtig, unparteiisch und gewissenhaft, einige derselben enthalten vollständige Beschreibungen öffentlicher Gebäude, der Monumente, Sehenswürdigkeiten, Museen und Gemäldesammlungen, der Hoffeste und Ceremonien, des Volkslebens etc.

Der älteste deutsche Reisende, von dessen Besuch Englands ein Bericht vorhanden ist, ist ein deutscher Kaiser. Zur Zeit des Koncils zu Konstanz machte der abenteuerliche, unstäte und stets geldarme Kaiser Siegmund seine schon im zweiten Kapitel erwähnte Reise nach England. Im April 1416 zog er von Paris nach dem damals noch englischen Calais. Nie hat wohl ein deutscher Reisender englisches Gebiet mit einem solchen Gefolge betreten. Er kam an der Spitze einer kaiserlichen Schaar von 1000 Pferden, begleitet von einigen deutschen Reichsfürsten. In Calais empfingen ihn die versammelte englische Ritterschaft mit dem Grafen Warwick an der Spitze und die berühmten Degen Talbot und Hungerford. Die Häfen von Kent und der Themse hatten zur Ueberschiffung der Gäste ihre zahlreichen Kriegsschiffe stellen müssen; an die 300 Segelschiffe sollen zur Aufnahme bereit gelegen haben.

Am Mittage des 30. April bestieg Siegmund sein Schiff und da der Wind günstig war, kam er schon in fünf Stunden nach Dover. Ein Theil seiner Mannschaft aber, der sich erst den Tag darauf einschiffte, wurde zwei Tage und Nächte auf den wilden Wogen des Kanals umhergetrieben. Von Dover zog Siegmund nach Canterbury, wo er und sein Gefolge, wie alle deutschen Reisenden, den englischen Nationalheiligen St. Thomas anbeteten. Von da zog er nach Rochester, wo die Herzoge von Bedford und Clarence, des Königs Brüder, ihm aufwarteten. Auf der Höhe von Blackheath, die Thürme Londons in Sicht, erwarteten ihn der Lord Mayor und die städtischen Behörden zu Pferde im reichsten Schmuck. An den südlichen Thoren der London-Brücke kam ihm König Heinrich selbst mit einem Gefolge von 5000 Mann zu Pferde entgegen und führte seinen Gast über die Brücke, durch die City nach seinem Schlosse. Ich habe von diesem Besuche schon im zweiten Kapitel, p. 40 gesprochen. Für Ausführliches hierüber verweise ich auf das schon erwähnte Werk von Pauli: „Bilder aus Alt-England“, worin von diesem Besuche eine sehr interessante Beschreibung zu finden ist.

Die erste längere und detaillirte Reisebeschreibung, die daher zu der Klasse der Reisebücher gerechnet werden kann, ist der Bericht über eine Pilgerfahrt von Seiten des schon angeführten böhmischen Barons, Leo von Rozmital, Schwager des zur Zeit regierenden Königs von Böhmen, welcher England 1466, zur Zeit Edwards IV., besuchte. Der fromme Pilger liess sich aber nicht abhalten zu schmausen, tanzen, allen Arten von Vergnügungen und Hoffesten beizuwohnen, denn König Edward nahm ihn sehr gut auf. Der Reisebericht wurde vom Sekretär des Barons in tschechischer Sprache geschrieben und erst später, 1577, in's Lateinische übersetzt, zu Olmütz gedruckt. Aber ein Deutscher in Rozmitals Gefolge, Gabriel Tetzel, ein Nürnberger, schrieb eine Beschreibung der Reise in deutscher Sprache, die erst 1844 im Druck erschien.

Hieronymus Turler, Doctor der Rechte, geboren zu Leipzig, war Bürgermeister daselbst und starb 1602. Er besuchte England und publicirte 1574 ein kleines Werk mit sehr verständigen Bemerkungen, die der besondern Aufmerksamkeit seiner Landsleute sehr würdig waren. Das Buch, in lateinischer Sprache geschrieben, fand grossen Anklang und wurde sogar 1575 in das Englische übersetzt.

Bald nach Turler kam Samuel Kiechel, ein Kaufmann von Ulm nach England. Er bereiste ganz Europa und einen Theil Asiens und besuchte 1585 England via Vlissingen und Dover, wohnte in London im Gasthaus „White Bear“, blieb zwei Monate, ging nach Schottland und zurück nach England. Das Manuskript seines Tagebuches wurde durch Hormayr 1820 unter dem Titel publicirt: „England und die Engländer“.

Im Jahre 1592 kam ein fürstlicher Reisender, den selbst der grösste dramatische Dichter, Shakespeare in seinen „Merry Wives of Windsor“ verewigt hat und der durch seine unermüdlichen Bewerbungen um den Hosenbandorden einen grösseren Eindruck in England machte, als irgend ein anderer Reisender. Es war dies Friedrich, Herzog von Württemberg und Graf von Mümpelgard. Seine Reisebeschreibung und seine Reiseabenteuer und Erfahrungen wurden von des Herzogs Privatsekretär Jakob Rathgeb, der ihn begleitete, in deutscher Sprache geschrieben und 1602 in Tübingen publicirt. Das Buch ist höchst interessant und selten.

Herzog Friedrich, geb. 1557, machte viele Reisen. Nach England reiste er mit grossem Pomp, wahrscheinlich um auf Elisabeth Eindruck zu machen. Nebst seinem Sekretär Rathgeb führte er einen Kammerjunker, einen Steward, Rath, Arzt. Barbier, Schneider mit zwei Kutschen und mehreren Reitpferden mit sich. Die

Kutschen waren damals noch ein sehr seltner Luxusartikel. Sein Schneider nannte sich Jean de Charmont. Noch heute pflegen hie und da Franzosen im Auslande sich das „de“ beizulegen. Der intime Freund der Königin Elisabeth, der Landgraf Wilhelm von Hessen gab ihm in Kassel ein Einführungsschreiben an sie mit. Herzog Friedrich reiste zu Lande nach Emden, hatte unterwegs ein Räuberabenteuer mit der damals berüchtigten norddeutschen Bande von Hans Jakob zu bestehen, miethete in Emden ein Schiff mit 10 Kanonen, wohl als Schutz gegen Seeräuber, das ihn und Gefolge für 80 Gold- oder Sonnenkronen, die Provisionen nicht mit gerechnet, nach Dover brachte.

Der Herzog verweilte einige Zeit in England, besuchte die Königin Elisabeth in Reading, wo sie gerade Hof hielt und schiffte sich zu Gravesend zur Heimreise ein. Diese war so stürmisch dass sie Waaren und Kanonen über Bord werfen mussten und bis an die Hüften im Wasser sassen. Sie landeten endlich in Rammekens, entgingen in Friesland noch einer Gefahr und kamen endlich mit heiler Haut nach Mümpelgard zurück.

Friedrichs Reise und Besuch war an sich nichts Ausserordentliches. Das was ihn besonders in England berühmt machte, waren seine vieljährigen, unausgesetzten Bemühungen um den Hosenbandorden. Er war unter dem Eindruck dass ihm Elisabeth diesen Orden versprochen habe, um den er sie wahrscheinlich gebeten. Nach seiner Heimkehr erinnert er sie daran durch Brief auf Brief, durch Gesandten auf Gesandten. Elisabeth wollte aber nichts davon wissen, wollte sich erst des Versprechens nicht erinnern, später aber vertröstete sie ihn auf die Zukunft. Da schickte er 1595 seinen „Domestique por les affaires“ Hans Jakob Breuning von Buchenbach ab, in Erwartung, dass dessen Beredsamkeit ihr Herz erweichen würde. Breuning war ein erfahrener Reisender, mit mehreren Sprachen bekannt und Autor eines Werkes „Orientalische Reyss“ 1605. Er sprach italienisch mit Elisabeth, die ihn mit grosser Ehre aufnahm. Dem armen Breuning scheint aber ein grosses Missgeschick begegnet zu sein. Es gibt noch einen Brief von ihm in Latein an Lord Burghley, worin er sich gegen einen von diesem ihm gemachten Vorwurf vertheidigt, dass er vor Elisabeth in bekneiptem Zustande erschienen. Er betheuerte dass er von seiner Jugend an Trunkenheit als ein Laster gescheut und erklärte „dass der Glanz und die Hoheit der Königin, wesgleichen er weder in Europa, Asien noch Afrika gesehen, ihn derart stupid gemacht, dass sein Geist verwirrt ward und seine Zunge stammelte“. Die

Schmeichelei war gut gewählt, denn Elisabeth war solcher jeder Zeit zugänglich und man verzieh, aber des Versprechens des Hosenbandes konnte Elisabeth sich gar nicht erinnern, trotz Briefen und Gesandtschaften.

Bei seiner Anwesenheit gab Breuning den Engländern noch eine Produktion einer wahren sogen. Querrelle d'Allemand. Moritz, Landgraf von Hessen, hatte Graf Philipp von Solms als Abgesandten an den englischen Hof geschickt. Beide deutschen Gesandten waren zum St. Georg-Feste geladen. Während des Festes suchte Breuning mit allen Kräften sich zur Rechten des Grafen zu halten. Graf Solms war natürlich bei Hofe beliebter, als der „Domestique" des Bewerbers um das Hosenband. Graf Solms ward daher bei dem Mahle des Adels oben angesetzt. Da sprang Breuning zornig auf und protestirte laut, diesesmal ohne zu stammeln, vor der ganzen Versammlung gegen diese Zurücksetzung seines grössern Herrschers aller Württemberger und Mümpelgarder, und machte Miene den Saal zu verlassen. Dem Streit ein Ende zu machen, setzte sich ein englischer Lord im Namen der Königin oben an, und Breuning setzte sich siegesstolz zu Tische nieder.

Der ungeduldige Hosenbandkandidat schickte inzwischen Breuning einen Gehilfen in der Person Benjamins von Buwinckhausen, von dem früher schon die Rede gewesen. Dieser erprobte sich bald in andern politischen Dingen als ein tüchtiger Diplomat, der das hohe Vertrauen der englischen Regierung gewann. Aber die Königin wollte immer noch nichts vom Hosenband wissen. Sie war gereizt. Einmal wurden damals englische Kaufleute und Unterthanen durch ein Gesetz des Kaisers bedrängt, dann hatte der Herzog von Württemberg einen Agenten Namens Stammler nach England geschickt, dessen eigentliches Geschäft Einkauf englischen Tuches für ihn war, der aber auch in der Hosenbandangelegenheit mithelfen sollte und wegen schimpflicher Streiche aus dem Königreich verbannt wurde, und endlich war die Königin höchst unzufrieden mit Friedrichs zudringlichem Betragen. Sie hielt Breuning eine Strafpredigt für seinen Herrn, worin sie u. a. letzterem sagen liess, nicht zu vergessen, was sie ihm schon vor drei Jahren gesagt: „dass deutsche Fürsten sich nicht in fremde Händel mischen sollten und sich nur um das bekümmern, was sie angehe". Breuning reiste nach Hause ohne Hosenband mit einem Briefe von Elisabeth an Friedrich, worin sie ihm sagte „dass, wenn er genau in Erwägung gezogen, was sie ihm früher gesagt, er sich die Mühe eines Boten erspart haben würde".

Aber damit war der Herzog noch lange nicht geschlagen. Er schreibt wiederholt an Elisabeth und auch an Burghley und um seinen Bitten Nachdruck zu geben, sandte er 1597, nachdem drei Briefe vorangegangen, durch den Stuttgarter Hauptmann Nenimann einen „Chandelier, façon d'Allemagne“ als Geschenk. Dieser Leuchter erleuchtete endlich Elisabeths Gedächtniss und am 10. Oktober desselben Jahres theilte sie dem Herzoge mit dass er zum „Companion“ des Hosenbandordens erwählt worden wäre. Sie sandte ihm diese Mittheilung durch den schon erwähnten Deutschen, Johann Spielmann, ihren Goldschmied, der wie schon gesagt wurde, eine Papiermühle in England gegründet, die damals grosses Aufsehen erregte. Spielmann überbrachte zugleich dem Herzog eine elegante englische Kutsche als Geschenk.

Hiermit aber waren des Herzogs Hosenband-Leiden noch nicht zu Ende. Er war noch nicht installirt, er hatte weder Dekoration noch Gewänder. Briefe und Gesandtschaften fingen also von Neuem an. Das Jahr darauf sandte er wieder Benjamin von Buwinckhausen. Er schreibt und schreibt 1798 hindurch, gratulirt 1799 zum neuen Jahre, schickt 1600 wieder Buwinckhausen und Christoph von Haugwitz, schreibt und gratulirt bis 1602, als Elisabeth starb, und der Herzog hatte das Hosenband immer noch nicht. Elisabeth war offenbar unzufrieden mit ihm, einmal weil er mit dem Pfalzgrafen in Hader gelegen haben soll, worauf sich obiger Vorwurf von „Händel“ bezieht, dann weil man von ihm wirksamere Schritte erwarret hatte das kaiserliche Gesetz, die Verbannung englischer Kaufleute im Norden betreffend, rückgängig zu machen, was er versprochen hatte.

Aber mit Elisabeths Tod ging die Hoffnung des Herzogs nicht zu Grabe. Er beeilte sich James I. Glück zu wünschen und sandte ihm im Juli 1603 wieder seinen Rath Buwinckhausen um seine Angelegenheit zu betreiben. Schon im September ward des Herzogs Herz durch einen Brief von James erfreut, worin ihm dieser mittheilt, dass Lord Spencer beauftragt wäre ihm das heissersehnte Hosenband zu bringen. Dies geschah und Lord Spencer's höchst kostspielige Gesandtschaft, kostspielig war übrigens die Sache von beiden Seiten, ist von Stow (Annals. 1631. p. 828) kurz angegeben, aber von einem Württemberger, Erhard Cellius (eigentlich Horn von Zelle), Professor in Tübingen, sehr ausführlich beschrieben.

So ward endlich nach elfjährigem sehnsüchtigen Warten, Bitten, Schreiben, Gesandschaften, die süsseste Hoffnung des Herzogs erfüllt. Er hatte bedeutende Summen dafür vergeudet, und nach der Investitur die englische Gesandtschaft mit reichen Geschenken entlassen.

Im Jahre darauf, 1604, sandte der Herzog den Grafen Philipp von Eberstein, Georg Leopold Herrn von Landau, Christoph von Laymingen, Kilian Brastberger, Rath Melchior Bonacker, mit zahlreichem Gefolge und Dienerschaft, einem Reitmeister, Schreiber, mit einer Kutsche und Trompeter nach England, um ihn beim Fest des „Order of the Garter“ (i. e. Hosenband-Ordensfest) zu repräsentiren. Sie reisten wegen des Krieges in den Niederlanden, durch Frankreich. Im Jahre 1605 war sehr grosse Ebbe in der Staatskasse Württembergs. Trotzdem aber gelang es Buwinckhausen Geld aufzubringen um im April wieder beim Fest St. Georg's seinen Herzog zu vertreten, und später Daniel von Buwinckhausen und Friedrich Dägker mit Geschenken an James I. und Familie abzuschicken. Der Schild des Herzogs, der neben denen der andern hohen Ritter in Windsor aufgehängt ward, war bei weitem der grösste, schönste und werthvollste und ganz von Silber.

Der Herzog starb 1608, nachdem er sich noch fünf Jahre des Ordens erfreut, der ihn enorme Summen gekostet. Er, wie viele deutschen Fürsten seiner Zeit, haben durch Reisen viel Neues gesehen und gelernt, aber dieses Neue bezog sich bei Vielen auf die Pracht und den Luxus, den sie in den Hauptstädten und an den Höfen grosser Reiche, wie Frankreich und England gesehen und welchen sie, nach Hause gekommen, nachzuahmen suchten, unbekümmert ob sie das Mark des Landes aussogen. Deutschland bezahlte bei Weitem mehr für seine vielen Regierungen, als England und Frankreich zusammen genommen.

Jakob Rathgeb, des Herzogs Sekretär, nannte seine Reisebeschreibung nach England Badenfahrt, weil die Gesellschaft eine ganze Nacht auf dem Meere gebadet. Er sagt:

„Die Badenfahrt bin ich genandt,
Dieweil Ihr fürstlich Gnade hand
Ein gantz Nacht auff dem Meer gebadt:
Da Wind und Wetter gwütet hat.
Die Wällen schlugen in das Schiff,
Dass sie drin stehen musten tieff.
Da hat es gheisen, kalt geschwitzt:
Da angst und noth, ja Todt einghitzt.
Du lieber Leser, lern hierauß,
Wo man in solcher Noth soll nauß“.

Was das Wort Badenfahrt betrifft, so sagt Professor Beckmann, dass im 16. und dem folgenden Jahrhunderte, unter den fürstlichen und andern hohen Familien Gebrauch gewesen, jährlich Bäder zu besuchen, was Badenfahrt genannt wurde. Junge Damen waren dafür so eingenommen, dass viele solche Fahrten zur Heirathsbedingung machten.

Shakespeare, in seinen „Merry Wives of Windsor“, (IV. 5), erwähnt obigen Herzogs von Württemberg unter den verschiedenen Namen „Duke de Jamanie, Cosen Garmombles, Cosen-Jerman“. Charles Knight hat zuerst die Anspielung entdeckt und Halliwell und William Brenchley Rye haben sie ausser allen Zweifel gesetzt. Jamanie ist Germany und Garmombles heisst Mümpelgard, Cosen (Cousin) war der Titel mit dem ihn Elisabeth anredete. Die Scene bezieht sich auf des Herzogs Besuche in Reading und später zu Windsor. Es kommt in der Scene auch ein „Host de Jarteere“ vor, d. h. ein Hosenband-Wirth. Diese Allusionen auf die Besuche des Herzogs, in einem Stücke, das vor Elisabeth aufgeführt wurde, müssen von ihr und dem Hofe sehr gustirt worden sein, denen der Herzog als eine komische Figur vorgekommen sein musste.

Im Jahre 1596 kam Prinz Ludwig von Anhalt-Köthen nach England im Alter von siebzehn Jahren, begleitet von seinen Lehrern. Der Prinz beschrieb seine Reise in England, den Niederlanden, Frankreich, Italien, die mehrere Jahre dauerte, in deutschen Versen, die Beckmann in „Accessiones historiae Anhaltinae“ 1716 veröffentlicht hat. Er reiste meist zu Pferde. Dieser Prinz war der erste Präsident der „fruchtbringenden Gesellschaft“, deren Zweck war die deutsche Sprache zu reinigen. Während des 30jährigen Krieges, war er mit Schweden verbündet. Er starb 1650. Er hat mehrere Gedichte geschrieben.

Ein Deutscher von hoher Bildung, Paul Hentzner, aus Brandenburg, Jurist und Rath des Herzogs Karl von Münsterberg und Oels, besuchte England im Jahre 1598, als Reisegefährte oder Mentor eines jungen schlesischen Edlen, Christoph Rehdiger. Einige Böhmen, u. A. der berühmte Slawata, schlossen sich ihnen auf der ganzen Hin- und Heimreise an. Sie reisten zu Pferde. Die erste Auflage seiner lateinischen Reisebeschreibung „Itinerarium“ erschien 1612. Diese ist die wichtigste der Reisebeschreibungen jener Zeit und der auf England bezügliche Theil diente englischen Archäologen oft als Quelle. Der berühmte Horace Walpole liess 1757 den sich auf England beziehenden Theil in englischer Uebersetzung veröffentlichen. Interessant ist besonders das Bild das Hentzner von Elisabeth in Mitte ihres Hofstaates entwirft. Er schmeichelt nicht wie der Hofhistoriker des Hosenbandkandidaten. Jakob Rathgeb, welcher sagt, dass die alte siebenundsechzigjährige Elisabeth nicht älter aussähe als ein Mädchen von sechszehn Jahren. Rathgebs Werk, das 1602, wohl noch zu Lebzeiten Elisabeths erschien, und das ihr jedenfalls zugeschickt wurde, sollte bei der alten, sehr eiteln Dame für seines Herrn Hosenband plädiren. Hentzner dagegen sagt, dass sie Runzeln im Gesichte, schwarze Zähne habe und eine rothbraune Perrücke trage. Aber dennoch zeichnet er Elisabeth in solcher Majestät und Grösse, dass man Perrücke und Runzeln vergisst.

Er reiste von Dover zurück, stets in Gesellschaft von Wilhelm Slawata, dem böhmischen Baron und dessen Diener Corfutius Rudth, einem dänischen Edelmann, mit Wilhelm und Adolf von Eynatten, Brüder von Jülich, und Heinrich Hoen ihrem Verwandten. Einer ihrer Reisegefährten, David Strziela, ein edler Böhme, der mit seinem Lehrer Tobias Salander Med. Dr. mit Hentzner und Slawata reiste, erkrankte kurz vor der bestimmten Abreise, musste zurück bleiben und starb bald darauf in London. Hentzner starb 1623.

Johann Jakob Grasser von Basel, geboren 1579, gestorben 1627, reiste 1608 nach England und schrieb zwei Werke über die Reise. Er genoss die Ehre, durch Vermittlung eines Dr. Medusius, und in Gesellschaft zweier Deutscher, Eckenstein und H. Meyer mit dem Lord Mayor von London zu speisen.

Der zweite Sohn des uns bekannten Herzogs Friedrich von Württemberg, Prinz Ludwig Friedrich, besuchte England mit anderer Absicht und für ernstere Zwecke als sein Vater. Er war schon im Jahre 1608 mit seinem Sekretär Wurmsser daselbst gewesen. Im Jahre 1610 kam er im Auftrage der Union protestantischer Fürsten Deutschlands, die sich im Mai 1608 verbündeten und gegen welche, 1609, die katholischen Reichsfürsten einen Gegenbund gründeten. Zuerst besuchte er Henri IV., dann reiste er von Frankreich nach London. James, welcher der protestantischen Union günstig war, nahm den jungen Abgesandten sehr gut auf. Er schien überhaupt sehr viel auf ihn gehalten zu haben, denn er sandte ihm wie auch seinem ältern Bruder, dem Herzog Johann Friedrich, sein Buch gegen den Papst und Cardinal Bellarmin. Von der zweiten Reise Prinz Ludwig Friedrichs existirt noch ein Manuskript von dessen Sekretär Wurmsser, worin dieser eine Beschreibung in französischer Sprache gibt. Hans Jakob Wurmsser war von Vendenheim.

Prinz Ludwig Friedrich fuhr von Vlissingen, damals von den Engländern besetzt, nach Gravesend in 24 Stunden bei günstigem Winde, und stieg in London im Gasthaus „Black Eagle“ ab. Er kam in Begleitung von zwei Räthen. Benjamin von Buwinckhausen und Hippolytus Colly von welchem schon die Rede gewesen.

Benjamin von Buwinckhausen, der gewandte Diplomat, der England wiederholt im Dienst des Herzogs Friedrich von Württemberg besucht hatte. begleitete den Prinzen Ludwig Friedrich in den Jahren 1608 und 1610. Er pflegte mit Sir Robert Cecil über deutsche Angelegenheiten zu korrespondiren, und genoss am englischen Hofe so grosses Vertrauen, dass er 1610 mit Edmondes, dem residirenden englischen Gesandten in Frankreich auf eine politische Mission dahin gesandt ward. Im Jahre 1619—20 wurde er zum Gesandten der Unions-Fürsten ernannt.

Hippolyt Colly, Colle oder A'Collibus war ein schweitzer Rechtsgelehrter von Zürich (geboren 1561, † 1612). Er war Kanzler von Fürst Christian von Anhalt und später Geheimerrath des Pfalzgrafen Friedrich IV., der ihn zu mehreren Gesandtschaften verwandte. Schon im Jahr 1591 war er in England, und wieder 1610. Er schrieb mehrere juristische Abhandlungen.

Buwinckhausen und Colly waren zur Zeit in Berathung mit des Königs Geheimem Rath.

Bischof Hacket erzählt eine amüsante Geschichte hinsichtlich des Besuches des Prinzen Ludwig Friedrich in Cambridge im Jahre 1610. Die Universität gab auf des Königs Befehl dem Prinzen einen festlichen Empfang und da man wusste, dass er sehr gelehrt war, so beschloss man ihm auch eine gelehrte Unterhaltung, eine öffentliche Disputation über Philosophie, von Seiten der gewandtesten Professoren abzuhalten. Universitäts-Proktor Williams war Präsident und Moderator, und veranstaltete die Diskussion in Gegenwart des Prinzen „alla Tudesca“, wobei Williams sich vor allen Andern auszeichnete. Von ihm sagt Bischof Hacket Folgendes: „To Dutchmen (i. e. Germans) he became a Dutch (i. e. German) philosopher, for all his conceptions he confirmed by quotations out of Julius Pacius, Goclenius, Keckermann and others that had been professors within the districts of the German Principalities“ etc. Der Prinz und sein Gefolge waren darüber so erfreut, dass sie Williams nicht mehr von ihrer Seite liessen, so lange sie in Cambridge waren, und ihn selbst mit nach Newmarket in ihrer Kutsche führten, um den König mit der

Ehre bekannt zu machen, die er ihren Philosophen angethan. Prinz Ludwig Friedrich war eine starke Stütze des Protestantismus. Er starb 1631.

Das Jahr nach obigem württembergischen Prinzen, im Jahre 1611, kam ein anderer deutscher Prinz nach England, dessen Reise in England und Deutschland aufgezeichnet ward, Otto Prinz von Hessen, Sohn des Landgrafen Moritz. Moritz war mit Elisabeth sehr befreundet, und letztere sandte selbst den Earl of Lincoln nach Kassel, bei der Taufe seiner Tochter gegenwärtig zu sein, die nach der Königin benannt wurde. Prinz Otto kam auf Einladung von Henry, Prinz von Wales und wurde als Bewerber um die Hand Elisabeths, Tochter von James I. angesehen. Es befindet sich in der Bibliothek zu Kassel ein Manuskript-Bericht über seine Reise, von unbekannter Hand. Auch in Stow's Annalen, 1631, ist sein Besuch, seine Aufnahme von König und Königin, sein Besuch der Universitäten beschrieben.

Otto war damals erst siebzehn Jahre alt und kam begleitet von dreissig Personen unter denen der junge Graf von Nassau war. Es scheint seine Persönlichkeit machte einen sehr guten Eindruck. Der König ernannte zwei seiner Begleiter zu Rittern, nämlich: „Otto Starschedel“, Präsident von Hessen, und „Kaspar Widmarkter“, Oberst. Beide waren Bevollmächtigte beim Könige.

Otto wurde auch vom Lordmayor zu einem Mahle eingeladen und sass neben demselben. Er scheint eine Tour durch Schottland gemacht zu haben. In einem Gedichte von William Fennor, die Pfalz „the Palsgraves Countrey“ beschreibend (1616), ist auch Otto schmeichelhaft erwähnt: —

„Yong Prince of Hesson is the first must enter,
to act his vertues on the worlds Theater;
Tis hard to finde a yong man on earth's center,
that is a vertue lover and vice hater,
Old Landsgraves glasse hath many houres to runne,
whil'st all his vertues liveth in the Sonne“.

Auch in Shakespeare findet sich im „Merchant of Venice“ (I. 2.) folgende Anspielung auf ihn: — „How like you the young German“?

Aber nicht er, sondern ein Anderer führte die englische Braut heim. Er starb schon sehr frühe, 1617, in Folge eines Unfalles mit einem Feuergewehr, zwei Monate nach seiner zweiten Heirath -- 23 Jahre alt.

Im Jahre 1613 war der junge Herzog von Sachsen Weimar in London. Johann Ernst reiste durch Frankreich nach England unter dem Namen Herr von Hornstein. Ein Bericht seiner Reise wurde von J. W. Neumayr von Ramssla geschrieben und 1620 zu Leipzig gedruckt. Der Prinz verweilte drei Monate in England. Er wurde später, 1617, einer der Leiter der Gesellschaft zur Besserung der deutschen Sprache „Fruchtbringende Gesellschaft“, deren Sitzungen im Schlosse zu Weimar stattfanden. Sie ward von seinem Lehrer und Reisegefährten Kaspar von Teutleben gegründet. Der junge Prinz focht in der Schlacht bei Prag mit dem Pfalzgrafen, dann in den Niederlanden, später als Generalfeldmarschall in der dänischen Armee und nachher gegen den Kaiser in Schlesien und Ungarn. Er starb 1626. Er reiste „aus besonderen Gründen“ incognito, ward aber dennoch von König James und am Hofe mit Ehren empfangen.

Justus Zinzerling, ein Thüringer, Doctor juris utriusque, gab etwa 1610 ein Reisebuch heraus: „Itineris Anglici brevissima delineatio“. Sein Reisebuch, „Itinerarium Galliae“ mit Stichen war das Lieblingsreisebuch während eines halben Jahrhunderts und erlebte mehrere Auflagen.

Peter Eisenberg, dessen Vater Sekretär Friedrichs II. von Dänemark war, schrieb ein kleines, deutsches Reisebuch betitelt: „Itinerarium Galliae et Angliae“ etc., das 1614 in Leipzig gedruckt wurde.

Im Jahre 1618 veröffentlichte Valentin Arithmaeus, Dr. juris, Professor der Dichtkunst in Frankfurt an der Oder, ein lateinisches Werk über die Monumente in Westminster Abtei und der später abgebrannten St. Paul's Kathedrale, das heute noch von grossem Werthe ist. Arithmäus, der 1620 starb, reiste mit einem Baron Zedlitz. Er gibt nur die lateinischen Inschriften der Monumente und lässt leider die englischen weg, „denn“, sagt er, „sehr wenig Leute verstehen Englisch“. Ein deutscher Inschriftensammeler war schon 1566 in England gewesen. Nathan Chytraeus, Professor des Lateinischen zu Rostock, sammelte daselbst, wie auch in Frankreich und Italien, viele Inschriften, meist monumentale und publicirte sie 1594. Er besuchte auch Oxford. Seine mühevolle Arbeit wurde aber schlecht belohnt. Der englische Reisende Tom Coryat sagt (1611) in seinen „Crudities“ dass Chytraeus als „tombstone traveller“ gebrandmarkt worden sei, weil er so viele Epitaphien kopirt und in seinem Buche aufgenommen hätte.

Nebst den Berichten deutscher Reisenden haben noch deutsche Künstler dazu beigetragen England damals in Deutschland bekannt zu machen, besonders durch Karten und Ansichten. Braun's „Civitates Orbis Terrarum“ enthält u. A. eine Ansicht von Windsor von Georg Hoefnagel, etwa 1575 ausgeführt. Ebenso gibt es noch alte Ansichten von englischen Gebäuden von Braun und Vischer, und Braun gibt in seinem genannten Werke eine Karte von London (etwa 1575.) Bei Weitem am meisten aber hat in dieser Richtung der schon angeführte Hollar gewirkt.

§ 4.

HOHE DEUTSCHE REISENDE IN ENGLAND.

Die Namen aller berühmten deutschen Persönlichkeiten anzugeben, die im 16. und 17. Jahrhunderte England besuchten, ginge über die Grenzen dieser Skizze, denn unter Elisabeth und James I. kamen sie in grosser Anzahl. Manche kamen als Vergnügensreisende, nicht wenige auf politisch-religiösen Missionen. Die deutschen Fürsten unterhielten durch vertraute und hochgestellte Botschafter einen lebhaften Verkehr mit dem englischen Hofe, vor allem aber der Pfalzgraf mit James I. Manche der oben angegebenen Reisenden trafen mit Landsleuten in England zusammen. Der Hosenbandkandidat von Württemberg traf 1592 in Dover mit Baron von Winnenberg zusammen, der mit seinem Vater Philipp, Gesandten des Pfalzgrafen, daselbst auf guten Wind wartete. Baron von Winnenberg wurde durch den Pfalzgrafen später wieder, 1618, nach England gesandt, um den König und die Königin einzuladen Pathen für Prinzessin Elisabeths zweiten Sohn zu stehen, der nach seinem englischen Onkel Karl genannt wurde.

Der erwähnte Otto, Prinz von Hessen traf einen Brandenburger Gesandten am englischen Hofe, welcher dem König James I. lebendige deutsche wilde Eber als Geschenk überbrachte. Zwei junge Prinzen von Pommern Georg und Ulrich. Söhne Herzogs Bogislaus XIII., waren. 1610, gerade in Paris als Henry IV. ermordet wurde. Sie eilten darauf nach England wo sie ihre Reisen bis nach Schottland ausdehnten. Von James I. wurden sie sehr gut aufgenommen. Sie besuchten den englischen Hof zur Zeit als ein junger Prinz von Braunschweig auf Besuch da war und begegneten dem Prinzen Ludwig Friedrich von Württemberg auf dessen Rückreise auf der Strasse von Canterbury. Obiger Prinz von Braunschweig, Friedrich Ulrich, Sohn von Heinrich Julius, Herzog von Braunschweig und Neffe von James I., besuchte seinen Vetter Henry, Prinz von Wales, auf dessen Einladung im Jahre 1610 und wohnte mit ihm in St. Jame's Palast zusammen. Es hiess zur Zeit er sei als Bewerber um Prinzessin Elisabeths Hand gekommen. Er war sehr intim mit Prinz Henry von Wales und durchreiste mit ihm viele Theile Englands. Oxford gab ihm eine festliche Aufnahme. Er starb 1634 in Folge eines Falles von seinem Pferde.

Sein jüngerer Bruder Christian, später Herzog von Braunschweig. focht mit Eifer für den Pfalzgrafen. Er war 1624 in England, wo er den Hosenbandorden erhielt. Der damalige Prinz von Wales, Charles, schenkte ihm 3000 Pfund Sterling und zudem erhielt er einen englischen Jahresgehalt von 2000 Pfund.

Schon früher, 1559—60, kam eine Reisende nach England, die zwar keine Deutsche von Geburt war, dennoch aber, als Gattin eines deutschen Fürsten und Mutter einer deutschen Fürstenlinie einen Platz unter den deutschen Reisenden in England verdient. Es war dies Caecilia, Tochter von Gustav Wasa, dessen Sohn Eric einer der vielen Bewerber um Königin Elisabeths Hand war. Sie kam unter der Protektion ihres Gatten, des Markgrafen von Baden-Baden.

Caecilia war eine excentrische, abenteuerliche Natur, ihr ganzes Leben bis zu ihrem Tode bestand in einer Reihe von Abenteuern. Nach langer gefahrvoller Reise kam sie in London an und vier Tage nach ihrer Ankunft (Sept. 15. 1565) brachte sie einen Sohn zur Welt, der in der königlichen Kapelle zu Whitehall getauft wurde, mit Elisabeth als Pathe, die den Kleinen „Edwardus Fortunatus“ nannte; Edward zur

Erinnerung an ihren Bruder Edward VI., den sie innig liebte, und Fortunatus „for that God had gratiously assisted his mother in so long and dangerous a journey and brought her safe“. Matthew Parker, Erzbischof von Canterbury und der katholische Herzog von Norfolk waren ebenfalls Pathen. Caecilia's Reise hatte zehn Monate zu Land und zu Wasser gedauert.

In Lodge's „Illustrations“ (Vol. I. p. 358) und in Strype's „Annals“. (I. II. p. 198, 210) finden sich Berichte über die beiden Besuchenden. Der Markgraf von Baden reiste im November desselben Jahres wieder nach Deutschland, liess aber seine Frau am englischen Hofe zurück, da die Königin Elisabeth von ihrer Gesellschaft und Konversation so entzückt war, dass sie ihrem Gemahl eine Pension von 2000 Kronen so lange gewährte, als er seine Gattin Caecilia bei ihr liess. „As she doothe“, heisst es u. a. in obigen Berichten, „not onely allowe her very honourable bouge of courte, three measse of meat twyse a daye for her mayds and the rest of her familye, but also her majestie hathe delte so liberally with her husbande, that he hathe a yearly pension of 2000 crownes, which he is to enjoye so longe as he suffereth the ladye his wife to resyde here in Englande“. Es wäre höchst auffallend dass ein deutscher Fürst seine Frau für 2000 Kronen per Jahr als Gesellschafterin Elisabeths vermiethen konnte, wenn nicht der Markgraf und besonders seine Frau noch ihre ganz besonderen Zwecke dabei gehabt hätten. Cäcilia war nämlich, wie erwähnt, Schwester des Königs Eric von Schweden, eines der Bewerber um die Hand Elisabeths. Die Markgräfin von Baden hatte in ihrem Geleite eine junge Deutsche von grosser Schönheit, Helene Snachenberg, welche, wie Bischof Parkhurst an Bullinger schreibt, (Siehe: „Zürich Letters“ 1558—1579, p. 257 etc.), den schon bejahrten Marquis von Northampton, Bruder der Königin Wittwe Katharina, der letzten Gemahlin von Henry VIII., dermassen bezauberte, dass er sie heirathete. Man hatte aber den alten Herrn vor seinem jugendlichen Streich vorher gewarnt und er bezahlte bald darauf sein Liebesfeuer mit seinem Leben. Der schönen Helene widmete der Dichter Spenser, 1591. sein „Daphnaida“. Es ist schwer nachfolgenden Bericht in W. B. Rye „England as seen by Foreigners“ p. LI mit obigem in Einklang zu bringen und der Widerspruch lässt sich nur durch die Annahme erklären, dass Folgendes bei dem zweiten Besuch des Markgrafen, als er seine Frau zurückführte, vorfiel.

Caecilia gerieth in Schwierigkeiten, hatte an die Freigebigkeit der Königin zu appelliren und diese bewilligte ihr einen Jahresgehalt von 1000 Kronen. Aber die Markgräfin war extravagant und als sie mit ihrem Gatten London verliess, um heimzureisen, wurde letzterer auf dem Wege nach Dover, in Rochester auf Befehl des Mayors wegen Schulden verhaftet, die für Caecilia bei Londoner Geschäftsleuten, Metzgern, Geflügelhändlern, Juwelieren u. A. gemacht worden waren. Der Mayor berichtete dem königlichen Rathe dass „Christopher. Marquis of „Bawdwyn" was a prisoner in his custody, that his behaviour was outrageous", und verlangte Instruktionen. Es scheint der hohe Arrestant war sehr heftig im Gefängnisse. Caecilia musste ihre Juwelen verkaufen und sich wieder in ihrer Noth an die Königin wenden, und als das Ehepaar endlich den Weg nach Dover fortsetzen konnte, sollte ein neuer Verhaftbefehl gegen sie, wegen einer Schuld von 300 Pfund ergehen.

Ihr Gemahl der Markgraf von Baden-Baden endigte seine Laufbahn im Jahre 1575 auf seinem Schlosse Rodemachern, beladen mit Schulden, die seine extravagante Frau gemacht. Nach seinem Tode wurde Caecilia, wie später ihre berühmtere Grossnichte Christina von Schweden, katholisch. Sie starb erst 1627 im Alter von 87 Jahren, nach einem abenteuerlichen Leben.

Edward „Fortunatus" war nicht bestimmt seinen Namen zu rechtfertigen. Wie seine Mutter wurde auch er katholisch, und erbte den Besitz seines Vaters. Aber wie sein Vater, gerieth auch er tief in Schulden, ging in Folge dessen nach den Niederlanden, wo er unter Erzherzog Albert diente und in Folge eines Falles bei einer Festlichkeit 1600 starb.

Edward — nach dem sehr protestantischen Edward VI. von seiner ebenso protestantischen Schwester Elisabeth so genannt —, hat die protestantische Religion, die sein Vater in seinen Landen eingeführt hatte, wieder aufgehoben. Ohne Zweifel hat auf seine abenteuerliche Mutter Caecilia, so wie auf ihn sein eifrig katholischer Pathe, der Herzog von Norfolk grossen Einfluss geübt. Die Schuldenlast der Mutter und des Sohnes trugen wahrscheinlich noch dazu bei und sie fanden wohl bereitwillige Helfer unter den Jesuiten, die damals auf den Fürstenfang ausgingen. So wurde die Markgrafschaft Baden-Baden wieder katholisch und blieb es bis auf diesen Tag.

§ 5.

REISEEINDRÜCKE DER DEUTSCHEN REISENDEN. DAS LAND, LONDON.

Nach mühseliger Seefahrt, bei der ihr kleines Schiff oft der Spielball wilder Wellen gewesen, und nachdem sie Vater Neptun ihren schmerzlichen Tribut bezahlt, nähern sich die Reisenden endlich der englischen Küste. Es tanzen vor ihren sehnsüchtigen Blicken, bald auftauchend, bald wieder verschwindend, die weissen steilen Kreidefelsen mit grünem Rasen bedeckt und hinter ihnen steigen die grünen, baumlosen Dünen auf.

Die, welche gen Dover segeln, nähern sich allmählig einem Städtchen über welchem auf einer hohen Düne, ein grimmiges, starkes Schloss, eine Reihe von Feuerschlünden den Ankommenden entgegenrichtet. Es ist das alte Dover-Castle. Manche der oben erwähnten Reisenden, unter Andern der Herzog von Württemberg, der 1592 England besuchte, sahen am Fusse der Kreidefelsen bei Dover noch die Trümmer der spanischen Armada liegen. Froh die Fahrt überstanden zu haben, mit gesteigerter Neugierde eine neue Welt zu sehen, fahren sie in den Hafen ein.

Viele aber segeln, wie heute, nach der Mündung der Themse. Mit Schauer sehen Manche in geringer Ferne einige Maste aus den Wellen hervorragen. Es sind dies die Grabdenkmäler versunkener Schiffe. Bald werden auch diese Denkmäler verschwinden in dem grossen Grabe, das schon so viele Schiffe und Seefahrer verschlungen, den Godwin-Sands. Jetzt sind sie in der Bai der Themse und die Leiden der Seefahrt hören auf. Auf dem Flusse sind zahlreiche grosse und kleine Schiffe und Boote zerstreut, die entweder mit ihnen segeln oder vor Anker liegen. Auf beiden Seiten erheben sich mit grünem Rasen bedeckte Hügel, von so sanftem, mildem Grün, wie man es nur in England sieht. Ueberall nichts als fruchtbares, bebautes Land und lebendige Hecken, welche die gelben Kornfelder einfassen. Das Ganze hat den Anblick eines grossen Gartens. In der Ferne reinlich aussehende Dörfer und Städtchen, mit Landsitzen dazwischen, das Bild des Wohlstandes. Sie nähern sich Gravesend, das mit seiner hochstehenden Windmühle einen besonders schönen Anblick gewährt. Das Städtchen liegt auf dem Abhang eines Hügels, umgeben von Hügel und Thal, von Matten und Feldern, in denen Lustgärten und Landsitze zerstreut liegen.

Endlich stehen auch sie auf englischem Boden und bald sind Beschwerden und Leiden der Reise vergessen. Sie suchen sich in Gravesend eine Herberge, deutsch oder englisch, denn an beiden fehlt es da nicht, und unser Landsmann Zinzerling empfahl die Vlissingen-Herberge eines Niederländers daselbst. Bald ruhen ihre müden Glieder im weichen, bequemen englischen Bette. Die englischen Betten wurden von vielen Reisenden alter und neuer Zeiten gerühmt. Es waren und sind auch rechte Betten, in denen man sich bequem strecken und wenden kann, nicht wie unsere modernen deutschen Gasthausbetten, in denen man sich nicht wenden darf, ohne Gefahr herauszurollen und wenn man den Hals bedecken will, die Füsse entblösst. Auf dem Lande, unter den deutschen Bauern findet man noch hie und da das gute alte deutsche Bett, in dem man eine ganze Familie unterbringen kann und einen Gast dazu. Eines aber unter den englischen Betten ist ehedem besonders berühmt geworden, denn es war ein Riese unter Riesen, es wurde von Shakespeare verewigt und der Sekretär des Prinzen Ludwig Friedrich von Württemberg, Wurmsser (1610), erwähnt es in seinem Reisebericht. Er sagt nämlich, dass er in der Stag-Herberge im Orte Ware, in einem Bette geschlafen, von Schwansdaunen und, wie er meint, acht Fuss breit. Es war dies ohne Zweifel das berühmte grosse Bett von Ware. Auch Prinz Ludwig von Anhalt-Köthen erwähnt es in seiner poetischen Reisebeschreibung (1596). Shakespeare spricht davon in „Twelfth Night“ (A. III. 2). Es gibt noch Kupferstiche von diesem Bette, das unter der Regierung Elisabeths sehr bekannt war. Dasselbe war zehn Fuss neun Zoll lang, zehn Fuss neun Zoll breit und sieben Fuss sechs und einen halben Zoll hoch. Im Jahre 1864 wurde dieses Bett von Charles Dickens angekauft.

In der Nähe von Gravesend lag das schon lange berühmte Chatham, wo viele Schiffe der königlichen Marine waren. Diesen Ort besuchten daher viele Reisenden nach Ankunft oder meistens vor Abreise. In dem 6. Bande der „Archaeologia Cantiana“ findet sich eine Beschreibung der Besuche Chathams und Rochesters von Seiten hervorragender Personen schon vom Jahre 1300 bis 1783.

Die Reisenden die in Dover oder auch in Sandwich landeten, reisten mit Postpferden auf der alten Dover-Road nach London.

Grossen Herren, welche mit Empfehlungen an den Hof kamen, mussten die Posthalter die Pferde gratis stellen. Dies geschah aber meist auf der Heimreise, für die der hohe Gast einen Pass erhielt, in welchem nebst zollfreier Ausfuhr, auch Postpferde und Transport gratis zugesichert wurden. Die Pferde beschrieben die alten Reisenden als nieder und klein, aber rasch und ausdauernd. Das moderne herrliche englische Pferd existirte noch nicht. Postkutschen gab es damals noch keine, obwohl schon unter Elisabeth die Kutsche erschien. In einem Buche, das 1598 erschien, heisst es: „There is now a new invention", womit die Kutsche gemeint ist. Bis dahin reisten auch edle Damen mit ihrem weiblichen Gefolge zu Pferde.

Mit Ueberraschung und Erstaunen reiten die fremden Ankömmlinge durch das schöne Kent, der Garten Englands genannt, Hügel auf, Hügel ab, durch Wald und über Wiesen, durch reinliche Dörfer und schmucke Städtchen von rothen Backsteinen gebaut, auf prächtigen, steinharten Strassen, worüber sie sich besonders wundern. Sie wundern sich über die offenen Städte, von keinen Mauern und Wällen umgeben. „Von allen Städten Englands", sagt der alte Rathgeb, „ist nur London fest". Und die Mauern Londons fielen selbst in Ruinen. Welch ein Unterschied zwischen England und Deutschland, das damals einem befestigten Lager glich und mit befestigten Städten und Burgen starrte!

Zwischen grünen Hecken, vorüber an Weideplätzen mit Heerden über Heerden von Schafen und Rindern, deren Zahl und Schönheit sie in Erstaunen setzen, ziehen sie weiter. Aber nicht nur Schafe und Rinder, auch die riesige Gestalt der Schweine, viel grösser als ihre heimischen, überrascht sie.

Plötzlich treffen sie um eine Windung des Weges in einem üppigen Wäldchen auf eine fremdartige Erscheinung. Was sind das für fremdartige, braune, schwarzäugige Männer, Frauen und Kinder, die dort unter jenem Baum lagern und ihr Mahl verzehren? Wahrhaftig, das sind ja Zigeuner, wie sie in Deutschland wandern, wie kommen denn diese Kinder des fernen Asiens über das Meer?

Sie ziehen weiter im Walde, bisweilen sehen sie einen Fuchs, bisweilen einen Iltis dahin schleichen und verschwinden, als sich ihnen auf einmal in einer Waldeslichtung ein eigenes Schauspiel bietet. Hoch in der Luft kreisen Raubvögel, unten auf der Erde lauert und springt der Fuchs und Iltis auf kleine, graue Thierchen, mit denen der Boden wimmelt. Es ist dies ein Kaninchengehege und Legionen der kleinen Thiere hausen da unter der Erde. Raubvögel und Raubthiere und in gewissen Gegenden noch der Wolf, lauerten auf die armen Thiere, wie auf Gad's-hill und Shooter's-hill der Strassenräuber auf den harmlosen Menschen.

Der alte Rathgeb, der besonders viele Kaninchen auf der Reise nach Oxford bei Bedford bemerkte, erwähnt, dass man den Raubvögeln und Thieren, die von den Kaninchen lebten und die man erwischte, die Häute abzog und sie, wie die Wölfe, an Galgen hing.

So geht es weiter durch Hopfenfelder, die sie, da die englische Hopfe nicht so hoch als die deutsche gezogen wird, an die Reben des Rheines erinnern, und über blühende Gefielde. Auch an prachtvollen Monumenten fehlt es auf dem Wege nicht. Ihre erste Station schon führt sie nach dem alten Canterbury, mit seiner prachtvollen Kathedrale. Vor Zeiten der Reformation strömten dahin Pilgerschaaren von ganz Europa um den heiligen Thomas anzubeten. Zahllose Pilger zu Fuss und Kavalkaden zu Pferde, Ritter und Edelfräulein zogen auf dicht belebten Landstrassen dahin um dem Heiligen reiche Gaben zu bringen. Manche dieser Gaben nahmen wohl die Freibeuter auf Gad's-hill als Opfer in Anspruch.

In Gravesend trafen die Reisenden, die von Dover kamen, mit denen, die direkt per See kamen, zusammen. Die billigste und sicherste Reise war wohl die zu Wasser direkt nach Gravesend und die meisten Deutschen machten wohl diese.

Von Gravesend setzten Viele die Reise auf ihrem Seeschiffe bis London fort, oder sie nahmen ein leichteres Themseschiff, oder auch sie legten den Rest der Reise zu Lande zurück. Viele liessen sich daher bei Gravesend oder Dartford an's Land setzen. Die Fahrt die Themse hinauf war nämlich oft schwierig wegen der grossen Anzahl von Schiffen, die sich in so dichten Schaaren zusammenfanden, je näher man der Stadt kam, dass es manchmal Tage brauchte um diese zu erreichen. Zudem musste das Boot sehr oft anhalten und zu allen Zeiten, besonders aber bei Nacht, Nebel und Sturm gab es sehr gefährliche Zusammenstösse mit andern Schiffen. Einst ging ein Boot gerade vor dem Greenwich Palast, im Angesicht der Königin Elisabeth unter und Viele ertranken zu ihrem Schrecken.

Also die, welche schneller reisen wollten, reisten von Gravesend zu Lande. Diese Reise war höchst interessant, eben so sehr als die schon beschriebene durch Kent und oft gewährte ihnen die Strasse einen Blick auf die mit Wäldern von Masten bedeckte majestätische Themse. Durch Dörfer und Städtchen zogen sie fort gen Greenwich und je mehr sie sich London näherten, desto grösser die Zahl von Reitern und Fussgängern. Auf der Höhe von Blackheath überraschte sie der Anblick Londons. Da lag die Weltstadt mit ihren zahllosen Thürmen, unter denen der ungeheuere Thurm des alten St. Pauls hervorragte. Mit Wunder und Erstaunen zogen sie endlich durch das Southwark-Thor von London-bridge, von dem viele im Wetter gebleichte Gesichter hingerichteter hoher Personen, selbst einige Zeit das des guten Sir Thomas More, auf sie herabstarrten. Schauernd zogen sie über die mit Häusern bedeckte Brücke in das Herz Londons.

Anders, aber nicht minder gross, waren die Eindrücke derer, die von Gravesend die Themse hinauf fuhren. Umgaukelt von Delphinen, fahren sie durch zahlreiche Schwärme weisser Schwäne, die damals sehr gepflegt wurden und deren Beschädigung auf's Strengste gestraft ward. „Es ist wahrlich prachtvoll anzuschauen“, sagt ein venetianischer Reisebericht von 1500, „bei zweitausend zahme Schwäne sind auf der Themse zu sehen“. Schiffe rechts, Schiffe links, vorn und hinten, von allen Weltgegenden und Zonen, mit gelben, braunen und schwarzen Matrosen, so fahren sie den Ufern der Themse entlang, von denen besonders das Kentische einen reizenden Anblick gewährt. Doch plötzlich verstummen sie. Was ist das für ein schreckliches Ding, das dort am Ufer steht? Es ist der Galgen an dem in Ketten und in Käfigen Solche hängen, welche als Piraten, Meuterer und Mörder auf hoher See bestraft wurden. Sie hängen da zum abschreckenden Beispiel der Matrosen. Das Herz schlägt wieder leichter, als dies schreckliche Bild verschwunden und bald ruht der staunende Blick auf einem prachtvollen Palaste. Das ist Greenwich, wo die Könige so oft hausen, wo Elisabeth geboren war, wo sie so oft weilt. Bald ist Greenwich verschwunden, und auf einmal erhebt sich am nördlichen Gestade ein immenses, düsteres, drohendes Schloss. Das ist der Palast der alten Könige, das Grab so vieler Hoher, selbst der Höchsten im Staate, der Tower von London. Dort, durch das Verrätherthor brachte sie die Barke hinein und selten öffnete sich ihnen das Thor wieder.

Sie fahren weiter und weiter durch Wälder von Schiffen, und auf einmal sehen sie eine merkwürdige Strasse, mit hohen Häusern, mit einer Brücke, welche über die Themse zieht. Es ist London-bridge. Vor ihr angekommen, öffnet sich in ihrer Mitte eine Zugbrücke, sie fahren durch und bald landen sie in

Queen's Hithe, wo die Waaren verzollt werden. Später als die grossen Schiffe nicht mehr durch London-bridge durchfahren konnten, landete man bei Billingsgate.

Oberhalb London-bridge bot die Themse damals ein anderes Bild. Da stand am nördlichen Ufer Schloss an Schloss, mit Gärten die bis an den Fluss reichten und mit Wasserthoren. Die höchsten Familien des Landes wohnten daselbst und eine Reihe solcher Schlösser zog sich der Themse entlang westwärts bis nach Whitehall. Sie sind nun fast alle verschwunden, nur der Tempel, der neuere Somerset-Palast und die alte Savoy-Kirche stehen noch, und Strassennamen, wie Essex-street, Arundel-street u. a. bezeichnen noch die Gegend, wo welche standen. Gegenüber diesen Wasserpalästen fuhren unzählige Schwärme kleiner Boote hin und her, viele mit einem Maste und einem Segel, viele nur mit Rudern und wie Gondeln bedeckt, in denen Personen von Rang auf und ab, und von einem zum andern Ufer fuhren. Es war hier auf dem Flusse kaum weniger Leben und Gedränge, als in den besuchtesten Strassen Londons.

Die Reisenden sind nun in London. Sie sind in einer Herberge untergebracht, entweder in der „Teutschen Post“, in welcher der Herzog von Württemberg im Jahre 1592 mit seinem grossen Gefolge Unterkunft fand, oder in einer englischen Herberge, z. B. im Black Eagle, wo dessen Sohn, Prinz Ludwig Friedrich 1610 abstieg. Wenn sie kein Englisch verstehen, nehmen sie sich einen Dolmetscher als Führer, deren es viele gibt. Wenn sie, von religiösem Bedürfnisse getrieben, für ihre glückliche Ankunft beten wollen, finden sie eine deutsche Kirche in Austin Friars. Der Herzog von Württemberg aber, der sich mit dem französischen Gesandten gut stellen wollte, besuchte die französische protestantische Kirche und betete zu seinem Gott auf französisch, anstatt auf schwäbisch.

Nachdem Körper und Seele befriedigt, wagen sie sich endlich hinaus in die Strassen der Hauptstadt. Wie erstaunen sie über die Menge schöner Kirchen und Gebäude, über das Leben auf den Werften, über die Docken und Waarenhäuser, über das rege Leben der menschengedrängten Strassen und über den reichen Anzug der Leute. Der glänzende Anzug der damaligen Engländer und Engländerinnen hat viele unserer Landsleute in Erstaunen gesetzt.

Der Reisende hatte indem alten London nicht wenig zu sehen. Nebst öffentlichen Gebäuden und Kirchen in Masse, waren da: Theater, Bärengärten, Lusthäuser, Jahrmärkte in grosser Zahl. Der gewöhnliche Reisende beschränkte sich, wie schon erwähnt, meistens auf London. Nur hohe Besuche, Fürsten und Gelehrten besuchten Oxford und Cambrigde.

Nach einiger Zeit, gesättigt von all dem Wunderbaren, das sie gesehen, reisten sie in die Heimath zurück, reich an Erfahrungen, arm an Geld, selbst wenn ihnen der Beutelschneider oder Räuber nicht davon geholfen, und zu Hause angekommen, schrieb wohl Mancher von ihnen seine Reiseerlebnisse, von denen wohl verhältnissmässig wenige gedruckt oder noch in Manuskript vorhanden sind.

Mancher Arme jedoch sollte seine Heimat nicht wieder sehen. See, Krankheit oder selbst Gewaltthat endigten seine Lebensreise. Mancher ruht in England aus von seinen Wanderungen. Der junge Zwingli, des Reformators Sohn, schläft in St. Andrews, Holborn. Der Böhme David Strziela, Reisegefährte Hentzner's und Slawatas, starb vor der Rückreise in London. Hauptmann Saige im Gefolge des Herzogs von Württemberg, ward auf dem Wege nach Oxford vom Fieber ergriffen. Der Herzog sandte ihn mit seinem Stallknecht Namens Gerson nach London um, wie Rathgeb sagt, „purgirt“ zu werden. Der arme Fieberkranke hatte zu reiten. Er konnte nicht mit nach Hause reisen und blieb krank in London zurück. Was aus ihm geworden ist nicht berichtet. Der alte Historiker Gottfried sagt zwar in seiner „Archontologia Cosmica“, p. 288, 1638, dass, ausser der regelmässig und oft wiederkehrenden „Pestilentz“, es in England nicht so viele „gemeinen Kranckheiten gebe. als anderst wo, derohalben auch in Engeland nicht viel auff die Apothecken spendirt wird“. Heut zu Tage gibt es wohl kein mehr Medikamente verschlingendes Volk, als das englische.

§ 6.

BEOBACHTUNGEN DER DEUTSCHEN REISENDEN IN ENGLAND.

[Fremdenhass. Merkwürdigkeiten. Klassenunterschiede. Nationalstolz. Gute Eigenschaften der Engländer. Englische Frauen und ihre Stellung. „Merry Old England“. Tabakrauchen. Englische Excentricität. Eigenthümliche Art die Damen zu begrüssen.]

Wir finden in den frühen Reiseberichten deutscher Besucher Englands, nur in manchen mehr in manchen weniger vollständig, so ziemlich das, was wir in modernen Berichten der Art lesen: Beschreibung des Landes, der Hauptstadt und ihrer Gebäude, Monumente, Gemäldesammlungen, Theater, des Hoflebens, der Hoffeste und Audienzen, königlicher Jagden, Volksvergnügungen. Es würde hier zu weit führen, in diese Schilderungen einzugehen. Ich will daher nur Einiges näher anführen, das längst vergessene Sitten und Gebräuche berührt, und ein Bild des damaligen Volkscharakters entwirft.

Damals fanden die Reisenden einen scharf markirten Unterschied zwischen der höhern, kultivirten Klasse, der 'der sogen. Gentlemen, und der niedern Klasse, eine Trennung wie sie in den andern Ländern des gebildeteten Europas nicht in dem Grade existirt zu haben scheint. Die höhere englische Klasse wurde als sehr fein gebildet, die Plebs als wild und roh geschildert. Aber auch in den Ersten des Landes farden die Besucher verschiedener Nationalität einen ausserordentlichen Nationalstolz, verbunden mit Mangel an Achtung, oft Verachtung des Fremden. Schon der alte Franzose Froissart, der berühmte Chronikschreiber, der viele Jahre in England während der Regierungen von Edward III. und Richard II. (1327—1399) lebte, sagt: „sie haben gewöhnlich grossen Neid gegen Fremde, und sind so stolz, dass sie nichts auf andere Nationen als die ihrige etwas geben. Sie sind das gefährlichste Volk der Welt“. Der venedische Gesandte Andrea Trevisano, der 1497 an Henry VII. geschickt wurde, sagt in seinem italienischen Berichte u. A.: „Die Engländer lieben sich selbst in hohem Grade, und kein Land als England; und wann sie einen schönen Fremden sehen, so sagen sie „er sieht aus wie ein Engländer; es ist Schade dass er kein Engländer ist“. Hundert Jahre später sagt Paul Hentzner genau dasselbe, mit denselben Worten: „Wenn sie einen schönen Fremden sehen, sagen sie Schade dass er kein Engländer ist“. Der exaktgleiche Wortlaut der Berichte beider Reisender ist um so merkwürdiger als der italienische Bericht erst 1847 von der Camden Society veröffentlicht wurde, also Hentzner nicht bekannt sein konnte. Johann Ludwig Gottfried sagt in seiner zur Zeit berühmten und heute noch wichtigen „Archontologia Cosmica“ etc. p. 289, 1638, über den Stolz der Engländer Folgendes: „Es bezeugt die Erfahrung, dass die Engeländischen in ihrem Sinn sehr stolz und hochtrabend sind, trutz den Spaniern, weil sie meinen, sie seyen besser denn andere Leuth. Daher sie auch (aussgenommen die vom Adel und die so gewandert haben) in jhrer Conversation ein solchen Hochmuth erzeigen, dass mit jnen ohne Unwillen nit wol umbzugehen ist. Insgemein ist diss Volk höfflich und polit. . . . fürnemlich befleissen sich die vom Adel aller Zier und Höfflichkeit, ... wie wol jhrer viel sind, die bey den Ausländischen nichts hüpsch achten, dann was bey jhnen Brauch ist. Das gemeine Pöpelvolck aber in Engeland ist ziemlich grob, sonderlich gegen die Frembden. ist auch umbsonst dass man sie eines andern underweisen wolle. Die sich etwas über das gemeine Volck erheben, sind freundlich gegen den Frembden, und so gastfrey, dass sie solche nit allein auff- und annemmen, sondern jhnen alles Liebs erzeigen, was und wie sie können. dabey sie dann keines Gelts schonen, worin sie jhre Freygebigkeit sehen lassen. Sonderlich ist diß nit ein gerings, dz alle Frembde in deß Mayers oder Bürgemeisters Hauß zu Londen vergebens essen mögen. dann er ein offene Tafel halten muß".

Die deutschen Reisenden verfehlten aber nie nebst dem übermässigen Stolze, die wirklich grossen Eigenschaften des gebildeten Engländers hervorzuheben, seine Männlichkeit, seinen unbändigen Muth. seine Offenheit, Gastfreundschaft und Grossmuth. Der alte Historiker Gottfried sagt l. c. von den englischen Soldaten dass „der viele Englische in seinem Heer hat, gute Hoffnung dess Siegs zu schöpffen" habe. Ferner l. c. „die Engelischen sind jederzeit berümbte Schützen gewesen und gute Soldaten. Sie gehen dapffer an und entlauffen auch nit leichtlich". Von andern Nationen widerfuhr dem Engländer nicht immer diese Gerechtigkeit. Bitterböse spricht sich der Sekretär des Böhmen Rozmital, Schassek, über den englischen Charakter aus. und die wenigen französischen Berichte jener Zeit vergelten den Engländern mit reichlichen Zinsen ihre alte Antipathie gegen die Franzosen. Maître Estienne Perlin. Student von Paris (1558) überhäuft sie mit allen erdenklichen Schimpfwörtern, hängt ihnen alle Laster an. Sein Landsmann Guillaume Paradin, der vor ihm. 1545. England beschrieb, geht so weit ihnen sogar Schwänze anzuhängen. Er sagt nämlich: „Anglos quosdam caudatos esse" dass manche Engländer geschwänzt seien, besonders in der Nachbarschaft von Strood, in Kent. Darwin hätte daher die beste Gelegenheit gehabt. Belege für den Ursprung des Menschen ganz in der Nähe seiner Wohnung, in Kent, zu finden. Uebrigens war die Andichtung von Schwänzen nicht aus der Luft gegriffen. Der Franzose hatte nur mit nationaler Leichtgläubigkeit einen Spass für Ernst genommen. Der alte englische Wanderer Moryson sagt in seinem Itinerary, 1617:

„The Kentish men of old were said to have tayles, because trafficking in the Low Countries, they never paid full payments of what they did owe, but still left some part unpaid“.

Das niedere Volk in London machte es übrigens den Fremden zuweilen gar zu arg, so dass die bitteren Ausbrüche Mancher, besonders der Franzosen wohl provocirt waren. Die Franzosen waren damals sehr verhasst und dass sie bis vor Kurzem keine Lieblinge in England waren, haben manche Deutsche erfahren, denen oft der Ruf „damned Frenchman, frog-eater“, nachschallte. Alle Fremden wurden vor etwa dreissig Jahren in England vom gemeinen Volke für Franzosen gehalten. Der genannte Studiosus Perlin gibt übrigens den Engländern ihre eigenen Schmeichelwörter mit Zinsen zurück, indem er sie beständig „ces vilains“ nennt. „Sie hassen“, sagt er, „die Franzosen à mort, und nennen uns gewöhnlich „France chenesve, France dogue“. Mons. Sorbière. 1663, beklagt sich auch über die Engländer, besonders die Jungen, die ihm sofort nach Ankunft in Dover „a Mounser“ (von Monsieur) dann „French dog“ zuriefen.

Aber auch die geduldigen, unpartheiischen Deutschen klagen über ihre Behandlung, und selbst Rathgeb, der Sekretär des Herzogs von Württemberg, der die alte Elisabeth mit einem Mädchen von sechzehn Sommern verglich, kann sich hier nicht enthalten über das Verspotten und Auslachen Fremder in den Strassen von London zu klagen. „Diese müssen sich die Insulte und Injurien gefallen lassen“, sagt er, „da sich sofort Schaaren von Strassenjungen und Lehrburschen ansammeln, um sie schonungslos anzugreifen“. Also nicht einmal vor dem Hosenband-Kandidaten „Coosen Garmombles“ hatten die Leute Respekt. Eine Menge Anderer, Trevisano, der venedische Gesandte, (1497), Paolo Giovio (Descriptio Britanniae, 1548) Micheli, venedischer Gesandter (1557), der berühmte Casaubon, zur Zeit von James I., der Spanier Graf Gondomar, ebenfalls unter der Regierung von James I. und Charles I. in England — alle klagen über den profanum vulgus Englands. Rathgeb schreibt diese böse Eigenschaft dem Umstande zu, dass die Insulaner nie in die Fremde kommen.

Es ist jedoch anzunehmen, dass damals der Fremdenhass eigentlich hauptsächlich den Franzosen galt und dass, wie bis vor Kurzem, die Leute die Fremden nicht zu unterscheiden wussten und oft alle für Franzosen hielten. Der Grieche Nicander Nucius, von

Corcyra, sagt in seiner griechischen Beschreibung Englands (1545): „Gegen die Deutschen, Fläminger, Italiener und Spanier sind sie freundlich gesinnt. Aber gegen die Franzosen haben sie keinerlei guten Willen. Daher wohnen selten Franzosen in London“. Auch haben die in der Fremde angezettelten Verschwörungen gegen die protestantische Religion, besonders die Machinationen des neu gegründeten Jesuitenordens gewiss sehr viel zum Misstrauen von Seite der besseren Klassen und zum Hasse von Seite der niedern beigetragen. Der Fremdenhass ist übrigens oft etwas sehr Eigenthümliches. Warum hassen die Russen die Deutschen, denen sie ihre Kultur verdanken? Vielleicht gerade desshalb.

Die Fremden wurden damals natürlich sofort an ihrem Kostüme erkannt. Es gab damals noch keine allgemeine europäische Mode, sondern die Kostüme waren noch ziemlich national. Die Engländer waren am besten gekleidet. Die Reisenden, unter ihnen Rathgeb, wunderten sich über den eleganten, leichten, prachtvollen Anzug der Leute in den Strassen. Das englische Tuch war damals das beste und hoch geschätzt in Deutschland. Deutsche Fürsten sandten sogar eigene Agenten nach England um dort Tuch anzukaufen, und plagten die englische Regierung um zollfreie Ausfuhr. Der Kleiderluxus war ehemals in England so gross in allen Ständen, dass 1464 ein Gesetz verkündet wurde, das den Anzug der verschiedenen Stände genau und bei Strafe regulirte. Der berühmte Holländer Emanuel van Meteren, der in London als holländischer Konsul, 1583, wohnte, sagt: „Wenn die Engländer in fremde Länder ziehen, legen sie ihre besten Kleider an, ganz verschieden vom Gebrauch anderer Nationen“. Fremde, wenn es nicht hohe Personen waren, pflegten auf die Reise die weniger guten Kleider zu nehmen, welche durch die lange Reise zu Land und Wasser wohl ziemlich abgetragen waren und so erschienen sie in der Mitte eines sehr reich gekleideten Volkes, dem ihr bester Anzug selbst schlecht erschienen wäre. Selbst heute noch besteht diese Superiorität des Engländers im Anzug. Unser ganzer moderner Mannes Anzug mit all seiner Bequemlichkeit ist ursprünglich englisch. Der Herzog von Orleans, „Philippe Egalité“, führte ihn in der ersten Zeit der französischen Revolution in Frankreich ein. Allerdings scheinen auf englischem Boden auch die Zöpfe entstanden zu sein, doch waren es wieder die Engländer zuerst, die sie abschnitten. Hentzner sagt 1598: „Die

Engländer lieben Schaugepränge, und sich, wohin sie gehen, von Schaaren von Bedienten begleiten zu lassen, welche die Wappen ihrer Herren in Silber auf dem linken Arm tragen, und nicht unverdienter Weise verspottet werden weil sie lange Zöpfe tragen, welche über ihre Rücken hinabhängen".

Der Fremde unterschied sich wohl damals von den Eingebornen Englands nicht allein durch den Anzug, sondern auch durch manche Bräuche und Umgangsformen. Man gab damals wie noch heute in England viel auf gewisse äussere Formen. Einer dieser fremden Bräuche mag wohl schon damals das Abnehmen der Hüte gewesen sein. In England war es ehedem Sitte die Hüte stets auf zu behalten. Man salutirte sich nicht durch Hutabnehmen, was zudem schwer war mit den damals gebräuchlichen breitkrämpigen Filzhüten. Wie heute noch im Parlament, so behielt man in der Kirche, im Theater, an allen öffentlichen Orten, im Hause selbst, die Hüte auf. Bei Besuchen, bei Gastmählern, selbst bei königlichen Staatsbanketten behielt man den Hut auf. Die Mode des Hutabnehmens als Gruss und des Abnehmens in Häusern, als Zeichen der Achtung wurde erst unter den Stuarts in England allmählig eingeführt und kam von Frankreich. Nach der Restauration wurde sie ziemlich allgemein, obwohl bis zum heutigen Tage noch der alt-englische Gebrauch besteht und ausserhalb des Hauses unter Gleichstehenden nur mit Worten gegrüsst wird.

Die englischen Frauen werden von allen Reisenden bewundert, selbst von solchen bittern Feinden der Männer, wie Studiosus Perlin. Schon der deutsche Chronist des Böhmen Rozmital spricht mit Entzückung von den „überschwenklich schönen junkfern" die er am Hofe sah. Ihre Schönheit, Bescheidenheit, gefälliges Benehmen wird von Allen hervorgehoben, und selbst von solchen Gegnern als Perlin, anerkannt. Allerdings waren sie sehr putzsüchtig und Rathgeb sagt maliciös: „Sie tragen Sammet in den Strassen, wann sie oft kein Stück Brod zu Hause haben". Obwohl durch das Gesetz unter der Vormundschaft des Mannes, genossen sie doch eine grosse, sociale Freiheit und regierten das Haus. England hiess desshalb schon damals: „das Paradies für Frauen". Sie liebten Süssigkeiten über alle Massen und liessen sich gern durch eine grosse Zahl Bediensteter aufwarten, von denen jede Person ganz genau ihre besonders vorgeschriebene Funktion hatte. Die Damen besuchten selbst die Tavernen, um daselbst Wein zu trinken.

Man pflegte damals wenig Wein im Hause im Keller zu halten und ihn in den Tavernen holen zu lassen. „Wenn sie viel zu trinken vorhaben“, sagt Trevisano der venedische Gesandte 1497, „gehen sie in die Taverne und dieses thun nicht nur die Männer, sondern auch Damen von Distinktion“.

Die Engländer waren vor dem Einfluss der Puritaner während des Commonwealth, wohl die lustigste, ausgelassenste Nation der Welt. „Merry Old England“ ist daher ein wohlbegründeter Name. Aber trotz des Einflusses der Puritaner, welche während des Commonwealth die Theater schlossen, die Musik und andere Festlichkeiten verbannten, ein Einfluss der bis auf diesen Tag noch fortdauert, gibt es wohl kein Volk das mehr aufgelegt ist zu sogen. „merry-making“, zu ausgelassener Freude und Lustbarkeit, mehr vergnügenssüchtig als das englische. Der englische Humor bricht bei jeder Gelegenheit durch. Die englischen Lustspiele, Farcen und Komödien, standen lange in erster Reihe. An humoristischer Literatur kommt England kein Volk der Erde gleich. Zahllos waren und sind seine komischen Lieder. Humoristische und komische Illustrationen und Karikaturen sind nicht nur in England zuerst allgemein geworden, sondern hatten auch daselbst bis heute ihre ersten Meister. Pferderennen, Jahrmärkte und andere Volksbelustigungen verwandeln sich in Volksfeste, bei denen der ursprüngliche Zweck ganz in den Hintergrund tritt. Strassenjungen pfeifen und singen heute noch die neusten komischen Lieder in den Strassen, und um einen wandernden italienischen Orgeldreher, sammeln sich oft Schaaren von selbst erwachsenen Mädchen, welche auf offener Strasse einen Tanz improvisiren.

Manches ist allerdings verschwunden, das in „Merry Old England“ alle Stände und Klassen anzog. Die grossen Gärten in Southwark, wo, oft in Gegenwart von Königen und Königinnen, selbst von Elisabeth, Kämpfe zwischen Bären oder Stieren und Hunden, unter Elisabeth sogar am Sonntage stattfanden, sind verschwunden; die Hahnenkämpfe dauerten bis zu unsern Tagen, wurden aber durch das Gesetz unterdrückt. Was ehemals das Gesetz erlaubte, wofür die grossen Schulen den Jungen Ferien gaben, ist jetzt Vergehen. Verschwunden sind die glänzenden Wasserfeste auf der Themse mit Schifferstechen und andern Spielen und die Jahrmärkte sind heute aus der Hauptstadt vollkommen verbannt. Verschwunden sind Maifeste, Oster- und Pfingstfeste, und viele anderen.

Ein englischer Jahrmarkt, „Fair“, ist verschieden von dem

deutschen. Der englische Fair ist ein Volksfest. Da sind nur Verkaufsbuden für Ess- und Trinkwaaren und Vergnügensartikel. Da sind Theaterbuden, Reitercirkusse, Kuriositätensammlungen, Riesen, fette Frauen und Kinder, Seiltänzer, Taschenkünstler, Spassmacher, haarige Frauen, Männer die lebendige Ratten fressen, Tanzbuden und dergleichen. Dem Engländer ersetzen zudem diese Fairs den verlornen katholischen Carneval, denn viele Männer und Frauen erscheinen daselbst maskirt oder in sogen. Fancy-Kostümen. Vor zweihundert Jahren gab es in und um London allein fünfundzwanzig solcher Fairs, deren erster und berühmtester der von St. Bartholomew in Smithfield war. Es war besonders dieser, den alle Fremden in London besuchten, unter andern auch der Deutsche Hentzner. „Während wir auf diesem Jahrmarkt waren“, sagt er, „wurde einem unserer Gesellschaft, Tobias Solander, Doctor der Medicin, seine Tasche geleert und Börse gestohlen, die neun Kronen enthielt und die so geschickt von einem Engländer genommen wurde, der sich stets sehr nahe bei ihm hielt, dass der Doctor nicht das Geringste merkte“. Zur Zeit von Elisabeth schon gab es Anstalten wo Jungen vermittels Apparaten und Glocken unterrichtet wurden Beutel zu schneiden. Man nannte es Beutelschneiden, weil man damals die Börsen und andere Dinge in ledernen Taschen trug, die am Gürtel hingen. Hosentaschen kannte man noch nicht. Es wird ein Fall berichtet wo ein solcher Beutelschneider Namens John Selman in der königlichen Hofkapelle zu Whitehall in des Königs James I. Gegenwart sein Geschäft ausübte und zwar am Weihnachtstage. Er wurde dafür am 7. Januar 1612 bei Charing Cross hingerichtet.

Ueber die Pracht der Theater, ihre Grösse, die Gallerien, und Logen, die in London zuerst aufkamen, den Glanz der Kleider und Gewänder der Schauspieler, die Theatermusik, damals die beste in Europa, erzählen auch die alten Reisenden.

An Lustgärten fehlte es auch nicht. Es gab sechs öffentliche Lustgärten und hundert sogen. „Houses of Entertainment“ im damaligen London allein. Pferderennen fanden unter James I. zuerst in Newmarket statt, und der alte Moryson (Itin. 1617) spricht vom Wetten bei solchen Pferderennen „by no meane Lords, and Lordes sonnes and Gentlemen“.

Die Engländer waren wohl das tanzsüchtigste Volk. Bei jeder Gelegenheit extemporisirten sie Tänze. Am Hofe wurde in den verschiedenen Zimmern von den Hofdamen zu jeder Tageszeit gespielt und getanzt, wobei gerade anwesende

Gäste und fremde Gesandten, König und Königin Theil nahmen. Der Herzog von Württemberg, der schon erwähnte Hosenbandkandidat. wusste dieses wohl als er sich zum Besuche bei Elisabeth vorbereitete. Der Pfalzgraf, kurz ehe er nach England reiste um die königliche Prinzessin Elisabeth zu heirathen, ersuchte den Herzog Johann Friedrich von Württemberg, ihm für einen Monat die Hilfe des Tübinger Tanzlehrers zukommen zu lassen. damit er am englischen Hofe gewandt in allen Uebungen auftreten könnte.

Im Essen und Trinken that es dem Engländer kein anderes Volk nach. Essen und Trinken gilt heute noch als eine Art Festlichkeit, und ohne sie sind Tage, wie u. a. Weihnachten, eigentlich keine Festtage. Im Englischen kommt „Feast“, was Mahl bedeutet von „Festum“ wie unser „Fest“. Schiffe über Schiffe mit Weihnachtsgänsen beladen kommen alljährlich von fremden Ländern nach England, und es bilden sich unter den Aermeren einige Wochen vor Weihnachten sogen. Gänseklubs. um dem Aermsten. durch periodische Bezahlung seines Penny's eine Weihnachtsgans zu verschaffen. Dass auch die gekrönten Häupter sich das Essen ehemals schmecken liessen hören wir von vielen Reisenden. Der Chronist des Böhmen Rozmital erzählt dass man seinem Herrn und Gefolge erlaubte in einem abgelegenen Winkel zu stehen um dem Mahle der Königin zuzusehen. „Diese ass bei drei Stunden“, sagt er, „bei vollständiger Stille, kein Wort ward gesprochen und die Hofdamen bedienten dabei die Königin und knieten vor ihr so lange als sie ass“. James I. sass Nachmittags vier Stunden bei Tische und war Abends wieder für das Souper bereit. Das Hauptmahl war damals Mittags. Man ging um vier später fünf Uhr in's Theater. Damals stand man aber um fünf oder sechs Uhr auf. Der alte Pepys, von der Admiralität, ging um diese Zeit nach seinem Bureau und machte Morgens früh Besuch bei Mondschein.

Auch das Trinken wurde sehr gepflegt und es war keine Schande bei Festlichkeiten sich zu bekneipen. „Wir tranken der Königin Gesundheit und waren alle betrunken“ schreibt naiv ein englischer Kommandant von Vlissingen. Das sogen. „Pledging“ d. i. Vortrinken war ehemals allgemein in allen Klassen, und verweigern war Beleidigung. Man hatte rheinische, spanische und französische Weine. Die Deutschen aber zogen das Ale vor, das sie sehr rühmten. Dem alten Rathgeb mundete es besonders und er sagt „es hätte die Farbe eines alten Elsässer

Weines". Das englische Bier war in Nordwestdeutschland berühmt, wohin es damals exportirt wurde.

Gegen Ende des 16. Jahrhunderts kam aber ein neuer eigenthümlicher Genuss auf, das Tabakrauchen. Dieses war in England fast ein Jahrhundert früher in Gebrauch als in Deutschland und die Reisenden wundern sich sehr über die Sitte des Rauchens. So sagt Hentzner (1598), dass „bei Thierkämpfen und überall anderswo, die Engländer beständig das Nikotianische Kraut schmauchten, das in Amerika Tobeka heisse und zwar gewöhnlich in folgender Weise: sie haben Pfeifen besonders von Thon gemacht, in deren ferneres Ende sie das Kraut thun, das so trocken ist, dass man es wie Pulver zerreiben kann, zünden es an, ziehen den Rauch in den Mund und puffen ihn wieder durch ihre Nasenlöcher aus, wie Kamine".

Johann Ludwig Gottfried sagt in seiner „Beschreibung aller Kaiserthumben, Königreichen und Republicken der gantzen Welt", 1638: „Wann sie, (i. e. die Engländer), der Sach mit dem Wein zu viel gethan, wissen sie ihnen mit dem Tabac zu helffen, und mit dessen Rauch den Dampff dess Weins zu vertreiben, dass sie wider trinken können".

Camden sagt in seinen Annalen (1625): „Und gewiss, seit der Zeit (1586), dass die indische Pflanze, genannt Tobacco, oder Nicotiana, bei uns so sehr in Gebrauch gekommen und so theuer ist, brauchen sie fast Alle mit unersättlicher Gier, ziehen den starkriechenden Rauch davon durch eine irdene Pfeife in den Mund, und lassen ihn wieder durch die Nase hinaus; Tobacco-Läden sind zahlreicher als Alehäuser und Tavernen". Noch viele Anderen berichten, dass die Engländer zuerst immer durch die Nase geraucht haben.

Der Tabak war aber damals ein theuerer Genuss. In der Reisebeschreibung des Prinzen Otto von Hessen, der 1611 in England war, heisst es: „Ein Pfund Tabak, der in mehreren Häusern in London verkauft wird, wie Branntwein in Hessen, kostet 330 Gulden!" Dies ist offenbar sehr übertrieben, aber gewiss ist, dass zur Zeit von Elisabeth die Unze Tabak drei Shillings kostete. Das war in den ersten drei Jahren seiner Einführung in England und ist etwa zwanzig Shillings unseres jetzigen Geldwerthes. In der ersten Zeit des 17. Jahrhunderts kostete das Pfund feinen Tabaks achtzehn Shillings und von einer geringeren Sorte zwölf Shillings, was man mit fünf multipliciren muss, um unsern heutigen Werth zu erhalten. Tabak war daher damals ein kostspieliger Zeitvertreib.

Trotzdem behauptet Barnabie Rich, in „Honestie of this Age“, dass man ihm gesagt hätte, dass in und um London Tabak in 7,000 Läden verkauft werde!

Dass die Engländer von damals, wie noch heute, sich in Excentricitäten vor allen Völkern auszeichneten, davon finden wir viele Beweise. Der Raum gestattet mir hier nur eine aufzuführen, die Paul Hentzner (1598) erwähnt. „Die Engländer“, sagt er, „sind grosse Freunde starker Geräusche als: Schiessen, Trommeln, Läuten etc., so dass es gewöhnlich ist, dass eine Anzahl Solcher in London, die sich bekneipt haben, in den Glockenthurm einer Kirche gehen und stundenlang mit allen Glocken läuten, der Uebung halber“. Hentzner ist ein höchst zuverlässiger Berichterstatter.

Eine englische Sitte kann ich hier nicht übergehen, einmal weil sie alle Reisenden aller Nationen in Erstaunen setzte, dann weil sie inzwischen gänzlich verschwunden ist. Ich will darüber zuerst den alten Junggesellen Erasmus von Rotterdam sprechen lassen, der 1499 von England aus einen lateinischen Brief an seinen Freund Fausto Andrelini, italienischen Dichter, schrieb, ihn ermahnte seine Melancholie und Gicht zu vergessen und nach England zu kommen: „denn“, sagt er, „hier sind Mädchen mit Engelsgesichtern, so gütig und gefällig, dass Sie dieselben allen Ihren Musen vorziehen würden. Wohin Sie auch immer kommen, werden Sie von Allen mit Küssen empfangen; wenn Sie Abschied nehmen, werden Sie mit Küssen entlassen; Sie kehren wieder, die Küsse werden wiederholt. Sie kommen Sie zu besuchen, wiederum Küsse; sie verlassen Sie, Sie küssen alle in die Runde. Sollten Sie sich irgendwo begegnen, Küsse in reichlicher Menge; kurz, wo immer Sie gehen und stehen, gibt's nichts als Küsse. (Epistolae: 1558. p. 223. fol. Basil.).

Vor und nach Erasmus berichten Reisende aller Nationen über diesen seltsamen Gebrauch. Der Grieche Nicander Nucius (1545) ist besonders verwundert darüber. Der spanische Gesandte am Hofe küsste nicht nur alle Hofdamen, sondern auch die Prinzessin Mary, die nachherige Königin, die, nicht zufrieden mit seinem Handkuss, ihm ihr Mündchen gespitzt entgegenstreckte. Elisabeth will den hübschen jungen Pfälzer Prinz Kasimir mit Küssen empfangen, dieser aber wehrt sich aus Hochachtung vor der etwas bejahrten Majestät, letztere will aber und so gab es eine köstliche Scene. Auch bei Tänzen erhielt der Tänzer, nach jeder Tour, von der Tänzerin einen Kuss zur Belohnung. Dieses Küssen durfte der Fremde nicht verweigern und dessen Vernachlässigung galt als Verstoss. Der deutsche Reisende Kiechel, der 1585 England besuchte, sagt: „Item, wenn ein Fremder oder Einwohner in das Haus eines Bürgers in Geschäften geht, oder als eingeladener Gast, nachdem er eingetreten, wird er vom Hausherrn, der Hausfrau und Tochter empfangen und von ihnen willkommen geheissen; er hat selbst ein Recht beide letzteren am Arm zu fassen und zu küssen, was Landesbrauch ist, und wann Jemand es nicht thut, so wird es von ihnen als Unwissenweit und schlechte Lebensart angesehen“.

Ueber das Küssen der Frauen von Seiten ihnen nicht nahestehender Männer findet man in Chaucer schon Beispiele, selbst von Seiten von Priestern und Mönchen. In „The Sompnoures[1] Tale“ küsst und umarmt der Bettelmönch die in das Zimmer tretende Hausfrau in Gegenwart ihres Mannes:

„This frere ariseth up ful curtisly
And hire embraceth in his armes narwe, (narrow)
And kisseth hire swete, and chirketh (chirps) as a sparwe (sparrow)
With his lippes“.

Wie lange diese Sitte in England anhielt, oder wann sie verschwand kann ich nicht sagen. In den älteren Ausgaben der Reisegesprächbücher, in dem angeführten Gespräch mit dem Zimmermädchen, gibt Letzteres auf des Reisenden Bitte ihm einen Kuss, während in einer späteren Ausgabe, in 1639 in London gedruckt, sie sich sehr positiv weigert. Eine solche Weigerung von Seiten eines Zimmermädchens einer Herberge, lässt uns annehmen, dass schon damals die Sitte nicht mehr existirte. Als der junge Prinz Christian von Braunschweig 1624 nach England kam und die Herzogin von Richmond besuchte, empfing ihn diese unter der Bedingung, „dass er sie nicht küssen dürfte“. Er entschädigte sich aber, indem er ihr ganzes weibliches Gefolge küsste, „who were all kissed over twice in less than a quarter of an hour“.

Der Einfluss des Puritanismus, besonders zur Zeit des Commonwealth hat wohl mit dem Gebrauch vollends aufgeräumt. Das Küssen figurirt übrigens noch in manchen Spielen, besonders im „kiss in the ring“ und zur Weihnachtszeit unter dem „Mistletoe“ (Mistel).

---

[1] Ein Sompnour war ein ecclesiastischer Beamter, dessen Aufgabe die Vorladung vor den ecclesiastischen Gerichtshof war.

Obgleich heut zu Tage in England Männer sich niemals küssen und sich über die allerdings nicht schöne kontinentale Sitte des Kusses unter Männern lustig machen, so küssten auch sie sich noch im vorigen Jahrhunderte. Auch über die früher in England unter Männern übliche Sitte sich gegenseitig zu küssen, finden sich in Chaucer's „Canterbury Tales" Beweise. In „The Pardoneres[1] Tale", am Schlusse, schlägt der Knight Versöhnung mit den Worten vor:

„And ye, sire Hoste, that ben to me so dere,
I pray you that ye kisse the Pardoner;
And, Pardoner, I pray thee draw thee ner,
And as we diden, let us laugh and play.
Anon they kissed, and riden forth hir way".

So vergehen Sitten und Gebräuche. Die Engländer rauchten fast hundert Jahre vor den Deutschen: im vorigen Jahrhunderte berichtete der deutsche Reisende Professor Moritz, der London 1782 besuchte, dass alle jungen Herren Brillen trügen, was ihnen das Aussehen alter Männer gäbe! Und heute ist in England die stereotype Karikatur eines Deutschen: Ein Mann mit einer Tabakspfeife und einer Brille!

Hiermit schliesse ich die Berichte unserer Altvordern, die schon längst von ihrer Lebensreise in der Herberge angekommen, die Alle aufnimmt.

Wir dürfen ihre Unternehmungen nicht unterschätzen. Eine Reise von Deutschland nach England, die heut zu Tage in wenigen Stunden ausgeführt wird, dauerte damals so lange als jetzt eine Reise nach Indien, ja selbst Australien; sie war aber viel theuerer, anstrengender und gefährlicher als letztere.

Die alten Reisenden haben durch ihre Erfahrungen und Berichte nicht wenig zu der Annäherung und dem später grösseren Verkehr beider Völker beigetragen. Je intimer die Völker sich kennen lernen, desto mehr lernen sie sich verstehen, achten und lieben, desto mehr verschwinden feindliche, den allgemeinen Fortschritt hindernde Vorurtheile.

---

[1] Ein Ablasskrämer.

Kapitel VIII.

Das Studium der deutschen Sprache in England im 17. und 18. Jahrhundert.

§ 1.

VOLKSSPRACHEN. ENGLISCH, FRANZÖSISCH.

Im Mittelalter war die gemeinsame Sprache der Gebildeten des civilisirten Europas das Lateinische. Lateinisch war die Sprache aller gelehrten Werke der Religion, der Philosophie, der Politik, des Rechts.

Die Volkssprachen, welche neben dem Latein bestanden und in lateinischen Ländern sich aus ihm entwickelten, wurden literarisch lange nur von den Dichtern gebraucht, den Troubadours in Südfrankreich und Norditalien, den trouvères im eigentlichen Frankreich und im normännischen England, den Minnesängern in Deutschland. Eigenthümlich ist, dass in diesen frühen Zeiten keine eigentliche italienische Dichterschule bestand, ja selbst dass viele Italiener in der süd-französischen Langue d'oc dichteten.

Die erste Volkssprache welche man zuerst in Prosa schrieb, u. a. in Ritterromanen, war die französische, die sogen. langue d'oui oder d'oil. Diese Volkssprache wurde schon im 11., 12. und 13. Jahrhundert sogar von Fremden gelernt. Nach England drang sie durch die Eroberung der Normannen, nach Schottland, wo sie frühe schon Hofsprache war, durch Heirathen regierender Häuser. Die Kreuzzüge, besonders aber die Universität von Paris trugen sehr zu ihrer Verbreitung bei und schon vor dem 12. Jahrhundert wurden Söhne der höheren Stände zur Erlernung der französischen Sprache nach Frankreich geschickt. Im Orient war die Lingua Franca schon frühe die Verkehrssprache zwischen Orientalen und Europäern und orientalische Fürsten sprachen fliessend französisch.

Die italienische Volkssprache erwachte erst später, nahm aber in der Dichtkunst auf einmal einen grossartigen Aufschwung, ihre lateinische, ältere Schwester in Nordfrankreich überragend. Dante (13. Jahrhundert), Petrarca und Boccaccio (im 14. Jahrhundert) fixirten sie. Das verwandte Spanische erlangte später erst europäische Bedeutung und gelangte im 15. Jahrhunderte dazu durch die politische Vorherrschaft Spaniens in Europa.

England nahm von der Mitte des 11. Jahrhunderts eine Sonderstellung ein. Es hatte zwei Sprachen. Das Volk sprach sächsisch, die obere Klasse normännisch-französisch. Die politische Sprache, die Sprache der Regierung, des Rechtes, des Adels, der Geistlichkeit, der Gelehrten, war letzteres. Noch ein Jahrhundert nach der Eroberung (von 1066 bis 1154) dauert die Sachsenchronik fort, dann erlischt sie. Von da an besteht, nebst dem Französischen, das sogen. Halb-Sächsische bis gegen das Ende des 13. Jahrhunderts. In dieser Sprache sind geschrieben: Layamon, das Ormulum, die metrische Chronik von Robert von Gloucester. Aus dem Halb-Sächsischen entwickelt sich das sogen. Alt-Englische, das dem 13. Jahrhundert angehört und sich in Uebersetzung metrischer Romanzen aus dem Französchen versuchte. Schon im 13. und 14. Jahrhundert beginnt die Mittel-Englische Sprachperiode. Vertreter dieser Periode sind im 13. Jahrhundert Wickliffe, Mandeville, Chaucer, Gower, Langland, die schottischen Chronikschreiber, im 14. Jahrhundert Chevy, Chace, Lydgate u. A. Im 15. Jahrhundert erst trat das normännisch-französische ganz vom Schauplatze ab. Aber lange vorher war es schon eine fremde Sprache gewesen. Der Sprosse des Alt-Sächsischen, das Mittel-Englische war schon lange die Sprache der ganzen Nation.

Das normännisch-französische, das auf das angel-sächsische einen so zersetzenden Einfluss übte, degenerirte selbst. Lange ehe es vom politischen Schauplatz in England verschwand, wurde es von den Abkömmlingen der Normannen als fremde Sprache erlernt und Franzosen machten sich lustig über ihr Französisch.

Das Französische wurde also schon sehr frühe in England als eine fremde Sprache gelernt. Angelsächsische Parvenus lernten es früher als die Sprache der regierenden Klasse, der Adel lernte es später, als er anfing englisch zu sprechen.

Daher finden wir in England die frühesten französischen Sprachbücher, lange vor Frankreich, theils zum Gebrauch der Sachsen, theils zum Gebrauch der Nachkommen der Normannen selbst, Sprachbücher die bis in's 12. Jahrhundert reichen, eine Zeit wo keine andere Volkssprache grammatikalisch weder von Fremden noch Einheimischen gelernt wurde. Diese Sprachbücher sind daher sehr wichtige historische Monumente der französischen Sprache.

Eines der ältesten dieser Sprachbücher ist wohl das von Walter de Bibelesworth, schon zur Zeit Edwards I. (1272) geschrieben, nach der Ansicht Einiger schon unter Henry II. (1154). Zu derselben Periode gehört ein Anderes betitelt: Femina, eine Beschreibung aller nützlichen Dinge, die zum gesellschaftlichen oder täglichen Leben gehören, in französischen und englischen Distichen behandelt. Diese Bücher wurden Jahrhunderte hindurch in England gebraucht und kopirt.

In Manuskript existiren zahlreiche Kompilationen von Pflanzenlisten in Lateinisch, Französisch, Englisch, in alphabetischer Ordnung. Schon von 1265 bis in's 15. Jahrhundert findet man solche, worunter die von John Arderne of Newark, Arzt in der Zeit von Edward III. zu erwähnen ist, dessen Pflanzenliste nur englisch-französisch ist. (Siehe: Promptorium Parvulorum etc. by A. Wray. Camden Society. 1865).

Das erste gedruckte französische Sprachbuch ist Caxton's „Boke for Travellers" muthmasslich 1484 in Westminster gedruckt und so selten, dass es, wie schon erwähnt, das British Museum nicht besitzt. Im Jahre 1521 erschien ein anderes: „Introductory to write and pronounce Frenche" von Alexander Barcley. Die berühmten Drucker Pynson und Wynkyn de Worde druckten in derselben Periode: „A good boke to lerne to speke French". Ferner erschien im Jahr 1527 ein „Introductory to learn French" von Dewes, einem Lehrer rühmlichst bekannt im 16. Jahrhundert, der am Hofe lehrte. Bald darauf, 1530, erschien „Lesclaircissement de la langue Francoyse", von John Palsgrave, Henry VIII. gewidmet. Dieses ist die erste französische Grammatik im wirklichen Sinne des Wortes und von grosser Wichtigkeit. Im Jahre 1552 erschien das „Latin-English-French Dictionary" von Veron in London bei Reginald Wolf, dem bekannten Schweizer Drucker in St. Paul's Churchyard, Günstling von Henry und Elisabeth. Im Jahre 1573 erschien: „The French Schoolemaister" von Claudius Hollyband und 1593 veröffentlichte derselbe Autor ein französisch-englisches Wörterbuch. Im Jahre 1611 erschien Cotgrave's französisch-englisches Wörterbuch, zu dem im Jahre 1632 ein englisch-französischer Theil von Robert Sherwood kam. Im 17. und 18. Jahrhundert nahm die Zahl der französischen Sprachbücher noch bei weitem grössere Proportionen an.

Aus obiger unvollständiger Bücherliste ergibt sich, dass selbst zur Zeit, wo das Französische lange aufgehört hatte, die politische Sprache

Englands zu sein, dasselbe eifrig daselbst als fremde Sprache studirt wurde. Es gehörte im 16. Jahrhundert und schon früher zum Curriculum der Studien der besseren Klassen. Sir Nicholas Bacon, Lord Keeper, Vater des grossen Bacon, richtete an Sir William Cecil, damals Vormund der königlichen Mündel, einen Plan zur bessern Erziehung derselben als bisher, worin er u. A. vorschlägt: „Die Mündel besuchen den Gottesdienst um 6 Uhr Morgens; studiren Latein bis 11; essen zwischen 11 und 12; studiren Musik von 12—2; von 2—3 lernen sie mit dem französichen Lehrer; von 3—5 Latein und Griechisch". Dies war unter Elisabeths Regierung, die selbst geläufig Lateinisch, Griechisch, Italienisch, Französisch und etwas Deutsch sprach.

§ 2.

NIEDERDEUTSCH UND HOCHDEUTSCH.

Die oberdeutsche Sprache fing erst zur Zeit der Reformation an in England zu religiösen und wissenschaftlichen Zwecken studirt zu werden. Sie erhob sich erst durch diese, mit Hilfe der kurz vorher gemachten Erfindung der Buchdruckerkunst, zur Büchersprache und wurde erst zu dieser Zeit fixirt. Vor der oberdeutschen Sprache wurde in früheren Zeiten im Auslande die niederdeutsche Sprache und zwar ausschliesslich zu Handelszwecken gelernt, da dies die Sprache nicht allein der heutigen Niederlande und des Hansebundes, sondern des ganzen nördlichen Deutschlands war. Das Niederdeutsche, das in früheren Zeiten ebenbürtig neben seiner hochdeutschen Schwester dastand, nahm damals eine ganz andere, viel wichtigere Stellung in der europäischen Sprachenfamilie ein. Es beweisen dieses die zahlreichen niederländischen Sprachbücher, von denen ich hier nur einige anführe. In dem 1654 in Leyden erschienenen Wörterbuch in neun Sprachen von Ambrosius Calepinus, herausgegeben von Abraham Commelinus ist nebst Latein, Griechich, Hebräisch, Französisch, Italienisch, Hochdeutsch, Spanisch, Englisch auch das „Belgische", i. e. Niederdeutsche vertreten. Im Jahre 1660 erschien zu Rotterdam das: „English and Netherduyth Dictionarie and Grammar", von Henry Hexham. Im Jahre 1669 erschien ein französisch-flämisches Wörterbuch von Van den Ende und gleichzeitig eine französisch-flämische Grammatik von Louis d'Arsi. Zur selben Zeit erschienen noch mehrere niederdeutsche Sprachbücher zum Gebrauch der Engländer, unter andern die Grammatik von Dr. Edw. Richardson (1689) und Wörterbücher, wie das von William Lewel (1691). Die niederdeutschen Sprachwerke scheinen demnach in England den hochdeutschen vorangegangen zu sein. Dies ist begreiflich da, wie oben gesagt wurde, die niederdeutsche Sprache ehemals im ganzen Norden Deutschlands von allen Ständen gesprochen ward und die Vertreter der Hansa in England diese Sprache redeten. Im 17. Jahrhunderte noch erschienen neben einander nieder-deutsche und hoch-deutsche Sprachbücher und Gesprächbücher, obwohl in dieser Zeit das Hochdeutsche schon, wie in Norddeutschland, so auch in England eine vorherrschende Stellung über die Schwestersprache einnahm.

Die hochdeutsche Sprache ist, wie gesagt, in England erst zur Zeit der Reformation und zwar anfangs nur zu religiösen und politischen Zwecken gelernt worden. England bewachte damals die religiöse Bewegung in Deutschland mit grösster Aufmerksamkeit, unterhielt daselbst politische Agenten, schickte öfters Gesandte dahin, deutsche Agenten kamen nach England und England liess die jetzt in der Volkssprache erscheinenden deutschen religiösen Werke in's Englische übersetzen. Der Zweck des Studiums der hochdeutschen Sprache war also von Anfang an ausschliesslich ein politischer und religiöser. Zur Förderung der Kenntniss und des Studiums des Hochdeutschen in England trugen besonders die unter Königin Mary exilirten englischen Protestanten bei, die sich in grosser Zahl in rheinischen Städten, in Frankfurt, Strassburg, Basel, Zürich u. a. Orten niederliessen und unter Elisabeth wieder zurückkehrten. Sie liessen sich später Luthers und anderer Reformatoren deutsche Werke nach England kommen, theils zu Privatstudien, theils zur Uebersetzung. Erzbischof Grindal von London berief, wie schon erwähnt wurde, selbst einen deutschen Sekretär um sich in der Sprache fortzubilden. Bischof Hooper, Märtyrer unter Mary, verstand sehr gründlich Deutsch. Bischof Coverdale übersetzte selbst vom Englischen ins Deutsche. Thomas Caius, der berühmte Oxforder Professor übersetzte deutsche theologische Werke ins Englische. Bischof Parkhurst in Norwich sprach vortrefflich Deutsch. Manche englische Protestanten korrespondirten mit Deutschen in sehr gutem Deutsch. Andere Engländer, Diplomaten, lernten Hochdeutsch zu politischen Zwecken, u. A. wurde Robert Sidney, später Graf von Leicester, zu diesem Zwecke nach Deutschland geschickt. Sein berühmterer Bruder Sir Pilip Sidney, der sich lange in Deutschland aufhielt, fand zwar die deutsche Sprache „zu hart und schwierig auszusprechen". Robert jedoch studirte eifrig Deutsch auf den Rath Languet's, des Hugenottischen Flüchtlings in Deutschland. Hubert Languet, der ehemalige Minister des Churfürsten von Sachsen, stellte einen gewissen Peter Hubner als Lehrer des jungen Sidney an und gab ihm folgende Instruktionen: „Er sollte den jungen Mann zu Fleiss anstacheln, und ihm nicht nur solche Passagen in deutscher Sprache erklären, die er nachher ins Lateinische zu übersetzen hätte, sondern besonders ihn in deutscher Konversation üben: „Seine Uebung in deutscher Konversation sei für ihn viel wichtiger als das Studium der deutschen Schriftsteller; denn deutsche Werke, welche die Kultivation des Verstandes bezwecken, sind beinahe alle in die Sprachen übersetzt, die er kennt". Dies war im Jahre 1579, und die letzten Worte sind von nicht geringer literarischer Wichtigkeit.

Das Reisen galt ehedem für ein wichtiges Erziehungsmittel, und um mit Nutzen zu reisen wurde die Erlernung fremder Sprachen empfohlen. „He that travelleth into a country, before he hath some entrance into the language, goeth to School, and not to Travel", sagt Sir Francis Bacon. Wie zur Zeit der Reformation, so wurde auch im folgenden Jahrhunderte Deutschland sehr oft von Engländern zum Zwecke der Belehrung bereist. Unter den berühmten Reisenden des 17. Jahrhunderts war auch der vortreffliche John Evelyn, der Förderer aller wissenschaftlichen Bestrebungen seiner Zeit, welcher im Oktober 1646, als er in Paris war, daselbst „High-Dutch" lernte. Von den Sprachbüchern, welche zu dieser Zeit erschienen, wird später die Rede sein. Von den beschreibenden Reisebüchern will ich hier nur das höchst interessante Werkchen des bekannten James Howell B. A. erwähnen. Howell spendet in seinen „Instructions for Forreine Travell", 1642, der deutschen Sprache folgendes Lob: „There is no language so full of Monosyllables and knotted so with Consonants as the German, howsoever she is a fullmouthed, masculine speech". In seinem Buche, worin er sehr richtige Ansichten über die Verwandtschaft der europäischen Sprachen ausspricht, drückt er sich auch über die deutschen Verhältnisse damaliger Zeit in einer Weise aus, dass ich mich nicht enthalten kann hier einige Stellen anzugeben, obwohl sie nicht hierher gehören: „And a Traveller should observe ..... how Germany cut out into so many principalities, into so many Hansiatiqued and Imperiall Towns, is like a great River sluced into sundry Channels, which makes the maine streame farre the weaker". An einer andern Stelle sagt er: „As for Germany and Italy, their power being divided 'twixt so many, they serve only to balance themselves, who if they had one absolute Monarch a piece, would prove terrible to all the rest".[1]

§ 3.

HOCHDEUTSCHES SPRACHSTUDIUM IN ENGLAND.

Die erste Angabe der hochdeutschen Sprache als Unterrichtsgegenstand in einer englischen Erziehungsanstalt fand ich in den Statuten eines in der ersten Hälfte des 17. Jahrhunderts gegründeten Instituts. Im Jahre 1635 entstand unter der Patronage und mit besonderem Patente von Charles I., in Covent Garden London, das „Musaeum Minervae",[2] bestimmt für den Unterricht junger Edelleute in den freien Künsten und Wissenschaften. Ob unser philanthropischer Landsmann Samuel Hartlib in Beziehung zu diesem Unternehmen stand, bin ich nicht im Stande nachzuweisen. Ich möchte es aber glauben. In einer Petition an das Parlament, 1660, sagt er, dass er seit seiner ersten Ankunft in England, vor mehr als dreissig Jahren sich unter vielen andern auch die Aufgabe gestellt habe, durch Errichtung einer Akademie die Erziehung der höheren Klassen in Frömmigkeit, Bildung, und Moral und anderen Uebungen des Geistes zu befördern.[3]

Der erste Regent, d. h. Rektor von oben genanntem Musaeum Minervae war Sir Francis Kynaston. Es wurden sechs Professoren dazu ernannt: 1. der Philosophie und Medicin; 2. der Musik;

---

[1] Unter den englischen Reisebüchern des 17. Jahrhunderts verdient folgendes in Kapitel VII. schon angeführte noch näher erwähnt zu werden: „A Brief account of some Travels in divers parts of Europe: Through a great part of Germany", By Edward Brown Med. Dr. London. 2. edition: 1685. Es ist dieses ein sehr interessantes und genaues Werk mit vortrefflichen Beobachtungen, nebst sehr guten Illustrationen. Der Autor gibt darin u. a. eine Beschreibung seiner Reise von Köln rheinaufwärts nach Mainz, Frankfurt, Heidelberg, von da nach Wien und von hier durch Deutschland nach Hamburg. Interessant sind seine Beschreibungen deutscher Sitten.

[2] History of the Royal Society, by Weld. I. pag. 20 u. 21.

[3] Samuel Hartlib, von Fr. Althaus p. 11.

3. der Astronomie; 4. der Geometrie; 5. der Sprachen, 6. des Fechtens, Reitens und Tanzens. Der Professor der Sprachen war damals Walter Salter. Einer der Hauptzwecke der Anstalt war die jungen Gentlemen „Sprachen, mit andern nöthigen Zierden für das Reisen zu lehren, und ihnen die Möglichkeit zu bieten Sprachen zu lernen, ohne sie zu nöthigen in fremde Länder zu gehen, ehe sie reif dazu sind". Diese Anstalt hatte einen aristokratischen Charakter. Jeder Schüler musste beim Eintritt ein Zeugniss seines Adels und Wappenschildes bringen und letzteres im Musaeum aufhängen.

Unter den Professoren befand sich, wie gesagt, ein Professor der Sprachen, welcher Hebräisch, Griechisch, Latein, Italienisch, Französisch, Spanisch und Hoch-Deutsch (High-Dutch) zu lehren hatte. Es ist anzunehmen dass der Professor eine Anzahl Assistenten hatte, da er unmöglich alle ebengenannten Sprachen allein lehren konnte und dass solche Assistenten für moderne Sprachen wohl Fremde waren, die aber, als nicht zum permanenten Lehrerstab gehörig, in den officiellen Lehrer-Listen nicht aufgeführt wurden, wie es heute noch u. a. in der officiellen „Army-List" bei Militär-Bildungsanstalten der Fall ist. Die Professoren waren wohl damals wie heute die Häupter ihrer Abtheilung mit einem Stab von Hilfslehrern. Der Professor der Medicin und Philosophie lehrte Physiologie, Anatomie, und andere Zweige der Medicin; der Professor der Astronomie: Optik, Navigation, Kosmographie: der Professor der Geometrie: Arithmetik, Algebra, Geometrie, Befestigung, Architektur. Der Professor der Musik unterrichtete in Gesang, Orgel, Laute, Violl u. s. w., und der Professor in der Fechtkunst hatte nebst Fechten noch Ringen, Reiten, Tanzen, Haltung u. s. w. zu lehren.

Diese Akademie der Wissenschaften war für jene Zeit sehr gross angelegt. Die bald einbrechenden stürmischen Zeiten der Revolution erlaubten ihr aber nicht zu reifen und Minerva's Musaeum erreichte nicht die erwartete Grösse. Wie lange die Anstalt fortbestand konnte ich nicht erfahren.

Was nun die im 16. und 17. Jahrhundert bestehenden Hilfsmittel Deutsch zu lernen betrifft, so will ich einige der bekanntesten davon hier anführen.

Von den zahlreichen, vielsprachlichen Reise-Gesprächbüchern sind schon einige im vorhergehenden Kapitel erwähnt worden, u. a. „Colloquia et Dictionariolum", 1639, von Michael Sparke, dem Prinzen von Wales gewidmet, worin auch das Hochdeutsche vertreten ist, ein für die Zeit sehr gutes Sprachbuch, das ehemals grossen Erfolg hatte und viel gebraucht wurde. Es hat einen kurzen Anhang über Grammatik.

Von den früher zahlreichen Werken dieser Art noch mehr anzugeben, würde mich zu weit führen. Ich will mich daher hier auf ein sehr wichtiges Werk der Art beschränken, auf: „Janua Linguarum reserrata" (das Thor der Sprachen erschlossen) von dem berühmten, schon erwähnten Philologen und Pädagogen J. A. Comenius. Obiges war zu seiner Zeit das berühmteste polyglottische Sprachbuch, welches auch die klassischen Sprachen einschloss und den Sprachunterricht mit Belehrung über Naturgeschichte, Astronomie, Agrikultur, Technik, Moral, Philosophie etc. verband. Comenius gab das Werk zuerst 1631 heraus, das sofort in alle europäischen Sprachen übersetzt wurde und den Autor so berühmt machte, dass er, wie schon gesagt wurde, 1641 nach England berufen wurde um daselbst Schulen einzurichten und den Unterricht zu organisiren. Obiges Werk von Comenius brachte eine Revolution in dem bisher trockenen, geisttödtenden Sprachunterricht hervor. Er suchte mit dem Erlernen der Sprache zu belehren und für Alles zu interessiren.

Vielleicht verdient hier noch ein Reisebuch dieser Zeit Erwähnung, welches zum Gebrauch englischer Reisender herauskam. Es ist dies das „Subsidium Peregrinantibus, as an Assistance to a traveller in his Convers with: Hollanders, Germans, Venetians, Italians, Spaniards and French", by Balthazar Gerbier, Knight, Master of the Ceremonies to king Charles I., 1665, Oxford; ein kurioses Vade-Mecum, das übrigens sehr wenig über obengenannte Nationalitäten sagt und mit der trefflichen Charakteristik von Howell nicht zu vergleichen ist. Den Deutschen macht Gerbier übrigens ein grosses Kompliment, denn er nennt sie „a Nation by right called the Honest". Er lebte lange als politischer Agent des Königs von England in Brüssel und starb 1661.

Was systematische Bücher über die deutsche Sprache betrifft, so gebrauchte man Anfangs in England wohl solche, welche in Deutschland zum Gebrauch Deutscher herauskamen, wie u. a. die von Ickelsamer (1522), Oelinger (1573), Clajus (1578) und im 17. Jahrhunderte die vortreffliche Grammatik von Schottel (1641). Es war erst in der zweiten Hälfte des 17. Jahrhunderts dass in England deutsche Grammatiken zum Gebrauche von Engländern erschienen. Zu welcher Klasse von Sprachwerken das im Jahre 1627 publicirte „Guide into the Tongues" von Minshen gehört, war mir nicht möglich zu ermitteln. Die erste deutsche Grammatik für Engländer ist die von Aedler, welche im Jahre 1680 erschien, die zweite die von Offelen, welche 1687 herauskam. Dieses sind die Pioniere der inzwischen zu einer Legion angewachsenen deutschen Sprachbücher für Engländer. Beide verdienen aus diesem Grunde eine besondere Aufmerksamkeit.

„The High-Dutch Minerva à-la Mode. or a perfect Grammar, never extant before, whereby the English may both easily and exactly learne the Neatest Dialect of the German Mother-Language, used thoroughout All Europe. Most Humbly dedicated To Prince Rupert". 1680. Dies ist der Titel der ersten deutschen Grammatik für Engländer. Obigem Titel geht ein illustrirtes Titelblatt voraus, mit einem schönen Stich, welcher Minerva mit Speer und Schild darstellt, mit dem Motto: Arte et Marte, und auf dem Schilde mit folgender deutschen Inschrift: „a! z! des Aedelen hohteutshe sprah-konst für di Englishen". Darüber schwebt der deutsche Reichsadler. Martin Aedler der Verfasser war ein Sachse, und mit „the neatest Dialect" meint er wohl das Sächsische. Das Buch ist heute gänzlich unbekannt, in keinem Catalog und nicht einmal im British Museum zu finden. Ich habe es vor einigen Jahren unter einem Haufen von Penny-Büchern auf der Strasse in London entdeckt. Es ist auf Schottels Grammatik basirt und die Behandlung der Sprache, sowie die Beispiele, letztere wie zur damaligen Zeit es noch Sitte war sehr kurz, machen dem Verfasser Ehre. Der eigenthümliche Titel des Werkchens: „Minerva à-la Mode" erinnert an das oben beschriebene: „Musaeum Minervae", welches zur Zeit noch existiren musste und man ist geneigt anzunehmen, dass Aedler Assistenz-Lehrer an der Anstalt war. Seine Widmung beweist nämlich, dass er hohe Verbindungen hatte, und das erwähnte Musaeum Minervae war eine aristokratische Anstalt. Martin Aedler scheint ein gelehrter Philologe gewesen zu sein und ein würdiger Pionier des deutschen Sprachstudiums in England. In seiner lateinischen Einleitung zeigt er eine gründlische Belesenheit überhaupt und besonders in allen Werken über die deutsche Sprache.

Sieben Jahre nach Aedlers erster deutscher Grammatik erschien eine grössere und ausführlichere von Offelen. Beide Sprachbücher jedoch, wie noch lange alle, welche ihnen folgten, haben noch keine Uebungsbeispiele zum Uebersetzen in die und von der fremden Sprache. Damals bestand die Methode Sprachen zu lernen, moderne sowohl als alte, im Auswendiglernen der ganzen Grammatik und erst nachdem der Schüler diesen langen ermüdenden Weg zurückgelegt, begann er zu lesen und zu übersetzen. Wenn man die Grammatik kannte, lernte man in Sprachbüchern für moderne Sprachen, die Gespräche und Erzählungen, die sich in dürftiger Zahl vorfanden, auswendig. Erst gegen Ende des vorigen Jahrhunderts erscheinen deutsche Grammatiken für Engländer mit einigen wenigen Uebungsbeispielen zum Uebersetzen aus dem Deutschen in das Englische, mit Bezugnahme auf die vorhergehenden Regeln. Die erste mir bekannte Grammatik, welche sowohl englische als deutsche Uebungsbeispiele hat, ist die von Dr. Render, von welcher später die Rede sein wird. Die ältere von Wendeborn, hat in ihrer 3. Auflage, die 1797 erschien, noch gar keine Uebungsbeispiele und schliesst mit den gewöhnlichen Dialogen, einigen Briefen und Gedichten zur Uebung im Uebersetzen.

Nach Obigem kehre ich wieder zu Offelen's Werk zurück. Dieses erschien unter folgendem Titel:

„Zweyfache Gründliche Sprach-Lehr, für Hochteutsche englisch, und für Engländer hochteutsch zu lernen, durch Henricum Offelen, Juris utriusque Doctor, Professor der: französischen, spanischen, italienischen, lateinischen, englischen, hochteutschen und niederteutschen Sprachen". London 1687. Das Buch ist dem Prinzen-Gemahl Georg von Dänemark gewidmet. Es ist eine doppelte Grammatik, eine sogen. Parallel-Grammatik, wie es deren damals manche in verschiedenen Sprachen gab, eine deutsche für Engländer, und eine englische für Deutsche, obwohl ihre Hauptbestimmung die erste war, nämlich als deutsche Grammatik für Engländer zu dienen. Als englisch-deutsche Parallel-Grammatik war es wohl das erste Werk der Art, das je erschienen und möglicherweise das einzige.

Offelen gibt in seiner Dedikation, welche englisch und deutsch ist, eine recht gute Dissertation über den gemeinschaftlichen Ursprung der Engländer und Deutschen. Eine Ansprache an den hochdeutschen Leser, der mit dem Buche Englisch lernen will, ist ebenfalls zweisprachig. Darin sagt Offelen, dass der berühmte deutsche Maler Sir Godfried Kneller ihn aufgefordert das Buch zu schreiben. Nach der Ansprache kommen folgende Reime von Offelen:

„Fahr hin, du wehrte Schrifft von Off'lens hand entsprossen;
Die macht dich unterthan des Momi neudes possen;
Der misgunst fauler wurm, wird deine blätter stechen;
Und deinem treuem Fleiss ein rauhes urtheil sprechen.
Doch labe dich damit, es sind nur Narren sachen,
Das alles tadeln will und kann nicht besseres machen".

Diesen Reimen folgen, nach altem Gebrauche, hochdeutsche, lateinische, englische, französische, italienische, spanische und niederdeutsche Lobgedichte auf den Autor, das hochdeutsche von einem Wolfgang von Stockhusen."

Aus Offelens Reimen möchte man schliessen, dass er damals schon, wie seine Nachfolger bis zum heutigen Tage, die Kritik von Konkurrenten zu fürchten und davon zu leiden gehabt. Die kleinlichen, politischen Verhältnisse haben unter den Deutschen eine nicht schöne Eigenschaft genährt, die des Neides, welche erst in grösserem Staatsleben verschwinden wird.

Offelen's Buch besteht aus drei Theilen. Es beginnt mit einem sehr guten Alphabet deutscher Handschrift, gibt recht gute Vokabularien, worin einerseits die hoch- und niederdeutschen und englischen Wörter gleichen Ursprungs zusammengestellt sind, dann die im Englischen vorkommenden Wörter lateinischen und französischen Ursprungs verglichen werden. Dann folgt eine recht gute vergleichende englisch-deutsche Grammatik. Der zweite Theil ist ausschliesslich „German or High-Dutch Grammar", stets mit Hinweisung auf die Affinität des Englischen und Deutschen, und Vergleich des Französischen und Englischen. Nicht minder gut ist die Syntax, und die Auswahl der Beispiele und Sprichwörter ist vortrefflich. Der dritte Theil enthält deutsch-englische Vokabularien, Dialoge und Briefe. Manche der Gespräche handeln über England, Deutschland und Frankreich mit Belehrungen über diese Länder. Die Sprache ist korrekt, die Anlage des Buches gründlich, wissenschaftlich und praktisch. Es ist vollständiger als das seines Vorgängers Aedler.

Im Jahre 1706 erschien in London die „English and High-German Grammar" von John King, Physician, welche 1716 eine 2. Auflage erlebte. Dieses Buch ist mir nicht zu Gesicht gekommen.

Mein gegenwärtiger Aufenthalt in Deutschland gestattete mir nicht das Studium der deutschen Sprache in England in der ersten Hälfte des 18. Jahrhunderts genauer zu verfolgen und die

Lücke zwischen dem Erscheinen von Aedler's, Offelen's und King's Grammatiken und derjenigen von Bachmaier, 1751, auszufüllen. Es ist jedoch sicher anzunehmen, dass nebst obigen von Aedler, Offelen und King, deren Bücher wohl noch lange im 18. Jahrhundert gebraucht wurden, besonders Offelen's, noch ähnliche Werke erschienen, da seit der Thronbesteigung des Hauses Hannover die Beziehungen zwischen England und Deutschland intimer geworden sind. Es hat aber wohl manche Grammatik keinen Platz in Bibliotheken gefunden. Schulbücher sind keine Bibliothekbücher. Sie werden abgenützt und gehen verloren, wie es mit Aedler's Grammatik ging, die ich aus einem Haufen alter zerrissener Bücher in einer Londoner Strasse rettete und von der mir kein zweites Exemplar bekannt ist. Auch Offelen's Buch ist selten, obwohl es gewiss auch in Deutschland zum Studium des Englischen benützt wurde.

Das erste deutsch-englische Wörterbuch ist wohl das von Ludwig, das 1706 in Leipzig erschien. Die Wörterbücher, welche diesem vorangegangen, sind polyglottische. Christian Ludwig's Wörterbuch erlebte eine Reihe von Auflagen und hat sich selbst bis in dieses Jahrhundert erhalten.

Es kann an dieser Stelle vielleicht noch einer frühen Uebersetzung Erwähnung gethan werden. Boehm publicirte in London 1712 eine Uebersetzung des vierten Theiles von Joh. Arndt's Werk „Vier Bücher vom wahren Christenthum" in's Englische, mit dem Titel: „Book of Nature" und widmete es der Königin Anna. Boehm war Kaplan des damals schon gestorbenen Prinzen-Gemahls von Dänemark.

Mit der zweiten Hälfte des 18. Jahrhunderts, der Zeit der Wiederbelebung der deutschen Literatur, nahm das Studium des Deutschen in England bedeutend zu. Archenholz sagt in seinem schon angeführten Werke über England „dass die Zahl der Privatschulen beider Geschlechter sehr gross wäre, besonders in den Vorstädten Londons, und dass sie eine ausserordentlich grosse Anzahl von Sprachlehrern hielten". Unter den Sprachlehrern befanden sich wohl damals schon, wie heute, viele Deutsche. Obwohl damals schon, wie gegenwärtig, sich unter den gewöhnlichen Privatsprachlehrern manche Ungebildete befanden, welche dem Stande wenig oder keine Ehre machten, so gab es damals, wie heute, eine gründlich gebildete Klasse deutscher Lehrer, welche Universitätsbildung genossen hatten, die nicht nur in der deutschen, sondern auch in der englischen Literatur zu Hause waren und den Sprachunterricht wissenschaftlich und gründlich betrieben. Die deutsch-protestantischen Geistlichen haben wohl damals, wie noch jetzt, kein geringes Kontingent zur höchsten Klasse deutscher Sprach- und Literaturlehrer geliefert. Manche dieser Pioniere des Studiums deutscher Sprache und Literatur in Grossbritannien sind vergessen, einige aber sind uns bekannt geblieben und verdienen wohl hier einen Denkstein.

Ehe ich jedoch an die Aufführung einiger deutscher Lehrer des vorigen Jahrhunderts schreite, will ich noch einige Worte über die Bewegungen auf dem Felde der Sprache und Literatur vorausschicken.

Der Einfluss der englischen Literatur auf die deutsche Dichtung war in der Mitte des vorigen Jahrhunderts ausserordentlich gross. Schon in den vierziger Jahren desselben begann man englische Klassiker in's Deutsche zu übersetzen, welche die deutsche Literatur vom Joche der französischen befreien halfen. Milton, Thompson, Fielding, Goldsmith, die Percy Balladen, Macpherson's Ossian u. a. dienten jetzt den Deutschen als Vorbilder und übten einen gewaltigen Einfluss auf die Entwicklung deutscher Poesie aus.

Aber schon im letzten Jahrzehnt des vergangenen Jahrhunderts begann die jugendlich kräftige deutsche Poesie die Schuld der Dankbarkeit an England abzuzahlen und mit Zinsen und Zinseszinsen hat sie letzterem inzwischen das Darlehen zurückerstattet.

Im Jahre 1788, den 21. April, hielt Henry Mackenzie in der Royal Society zu Edinburgh eine Vorlesung über die Wichtigkeit der deutschen dramatischen Dichtung.[1] Diese Vorlesung erregte zur Zeit grosses Aufsehen und Walter Scott führt sie in einer Abhandlung „Ueber die alten Balladen" als bahnbrechend für die deutsche Literatur in Grossbritannien an. Es waren zwar schon früher manche Uebersetzungen deutscher Dichter in englischem Gewande erschienen, die meisten aber waren nicht direkt, sondern aus französischen Uebersetzungen übertragen und hatten zum Theil den nationalen Charakter, die Blume, eingebüsst. Man denke sich den Faust von Goethe aus einer französischen Uebersetzung ins Englische übersetzt!

Die Vorlesung Mackenzie's hatte das eifrigere Studium

---

[1] Friedrich Althaus: Beiträge zur Geschichte der deutschen Colonie in England; in „Unsere Zeit" VIII. Heft. 15. April 1873.

der deutschen Sprache und der deutschen Werke zur Folge. Ein grosses Verdienst um das Studium deutscher Literatur an den Quellen selbst hatte Walter Scott. Dieser, angefeuert durch Mackenzie, bildete 1792 in Edinburgh einen Verein junger Männer, welche mit Eifer und Energie sich an die Lektüre deutscher Klassiker machten. Sie wurden in ihren Studien von einem Dr. Willich geleitet, der sich erst vergeblich bestrebte seine Schüler für Gessner's „der Tod Abels" zu begeistern. Diese machten sich nun an die Dramen von Goethe und Schiller, einige selbst an Kant's philosophische Abhandlungen.

Walter Scott hörte im Herbste 1794 eine Recitation von William Taylors Uebersetzung von Bürgers „Lenore". Mit jugendlichem Muthe, wagte sich der erst dreiundzwanzigjährige Scott an eine eigene Uebersetzung desselben Stückes. Im Jahre 1796 erschien diese Uebersetzung zugleich mit der des „Wilden Jägers" im Druck. In den folgenden Jahren machte er sich an den „Erlkönig" und an „Götz von Berlichingen." Allerdings waren die Uebersetzungen nicht nur sehr frei, sondern enthielten zahlreiche Entstellungen des Urtextes, die wohl die Folge eines zu frühen, übereilten Versuches waren. Zudem fehlte es damals noch an den für Uebersetzungen so nöthigen Werkzeugen, an gründlichen Grammatiken und Wörterbüchern. Aber trotz seiner Schnitzer, bleibt Walter Scott das hohe Verdienst dem Verständnisse der deutschen Literatur in Grossbritannien den Weg geöffnet zu haben.

Aber nicht nur im Norden, auch im Süden und vorzüglich in London wurde nun die deutsche Literatur mit Interesse studirt. Hier wirkte schon in den 70er Jahren des vorigen Jahrhunderts Johann Dan. Siegfried Leonhardi, am Anfang der 30er Jahre in Berlin geboren, Freund von Zinzendorf, und 1797 gestorben. Er lehrte Deutschen die englische und Engländern die deutsche Sprache. Es war dies kein gewöhnlicher Sprachlehrer. Er übersetzte fünf englische Theaterstücke, u. a. „The School for Scandal" in's Deutsche, war regelmässiger englischer Korrespondent einer Hamburger Zeitung, Gründer und erster Meister vom Stuhle der ältesten deutschen Freimaurer-Loge in London, die noch blüht, und Repräsentant aller deutschen Logen in England. Er sprach das Englische ebenso gut als seine Muttersprache. An ihn wandten sich alle seine hilfsbedürftigen Landsleute. Ein Sprachbuch von ihm ist mir übrigens nicht bekannt.[1]

[1] Näheres über diese höchst interessante Persönlichkeit ist zu erfahren in „Festgabe für die erste Säcular-Feier der Pilgerloge in London,

Ob der Historiker Archenholz, welcher sich von 1769 bis 1779 in England aufhielt, und einige sehr interessante Werke über England schrieb, auch deutschen Sprachunterricht gegeben, ist mir nicht bekannt, aber wahrscheinlich.

In der Mitte des vorigen Jahrhunderts, im Jahre 1751, erschien in London die erste Ausgabe der englisch-geschriebenen deutschen Grammatik von James John B a c h m a i e r, M. A. Die 1. Auflage dieses Sprachbuchs ist nicht im British Museum, aber die 2. unveränderte Auflage, 1752 publicirt. Sie trägt als Adresse: St. Thomas the Apostle. Die 3. umgearbeitete Auflage erschien 1771 von Sion College adressirt. Ausserdem befinden sich im British Museum noch zwei amerikanische Ausgaben dieses Buches, von Philadelphia 1793 und 1811, ein hinlänglicher Beweis der langjährigen Popularität dieses Buches. Trotzdem ist es nicht angeführt in: Watt's „Bibliographia Britannica", wo nur eines von Bachmaier im Jahre 1779 herausgegebenen Kommentars zur Apokalypse erwähnt wird. Und doch gilt Watt's als das erste englische Werk für Bibliographie. Bachmaier scheint mir ein in England geborener und erzogener Theologe deutscher Abstammung gewesen zu sein. Ueber seine Person ist mir nichts Weiteres bekannt.

Ein Lehrer der deutschen Sprache von Bedeutung war im vorigen Jahrhunderte F. A. W e n d e b o r n, in Wolffsburg bei Magdeburg zu Hause. Er war Theologe und kam 1767 nach London. Dort bewarb er sich ohne Erfolg um deutsche Predigerstellen, eine an der Hamburger Kirche in der City, eine andere in Savoy. Die Ursache seines Mangels an Erfolg waren vielleicht seine religiösen Ansichten. Er hing nämlich dem zu zu seiner Zeit herrschenden, aufgeklärten Naturalismus an und schrieb in diesem Geiste „Vorlesungen über die Geschichte der Menschheit", gründete einen zur Zeit bekannten Gelehrten-Club in London, aus welchem sich eine engere „Physico-Philological Society" abzweigte. Er wurde zudem Vorsteher der bedeutendsten Juristen-Innung. Wendeborn gründete auch eine neue deutsche Gemeinde und Kirche auf Ludgate Hill, London, die 1770 eröffnet wurde. Er scheint in London in englischen und deutschen Kreisen vielfache Beziehungen gehabt zu haben und ein Mann von Bedeutung gewesen zu sein.

---

am 1. October 1879", geschrieben von Karl Bergmann z. Z. Altmeister und Sekretär. London: A. Siegle. 1879.

Im Jahre 1770 veröffentlichte Wendeborn drei Bände Briefe über seine bisherigen Schicksale in London und 1775 kam seine deutsche auf Gottsched gegründete und dem Prinzen von Wales gewidmete Grammatik heraus. Sie hatte noch keine Uebungsbeispiele. Dieses Werk erlebte viele Auflagen, selbst noch 1849 erschien die elfte. Zur Anregung des Studiums und Verbreitung der deutschen Sprache, Literatur und Wissenschaft in England hat sich Wendeborn grosse Verdienste erworben. Er war auch mit dem deutschen Naturforscher Georg Forster, zur Zeit in London, befreundet. Durch letzteren herausgegeben erschienen, 1779, Wendeborn's „Beiträge zur Kenntniss Grossbritanniens". Im Jahre 1784—88 erschien von ihm „Zustand des Staates, der Religion u. s. w. in Grossbritannien", sein gelehrtestes Werk, worauf ihn die Universität Edinburgh zum Doctor beider Rechte ernannte. Wendeborn schrieb von 1779—92 zweimal wöchentlich Londoner Artikel für den „Hamburger Korrespondenten". Im Jahre 1793 kehrte er nach Deutschland zurück, wo er seine „Reisen durch einige westliche und südliche Grafschaften Englands" herausgab, seine Erlebnisse schrieb und 1810 starb.[1] Wendeborn publicirte zwei deutsche Sprachbücher: 1. „Elements of German Grammar" London. 1775. 2. „An Introduction to German Grammar". 1790.

Nach der Vorrede Wendeborns in seiner deutschen Grammatik, 2. Auflage, 1790, gab es damals noch mehrere andere deutsche Grammatiken in England. Er sagt nämlich dass: „die englisch-deutschen Grammatiken, mit denen er bekannt wäre, sehr weitschweifig in Etymologie und sehr mangelhaft in der Syntax wären".

Von andern Grammatiken dieser Zeit sind mir nur zwei bekannt geworden, von denen nur eine unter obige Kritik fallen konnte, da die zweite erst am Ende des Jahrhunderts erschien. Die erstere von beiden ist die: „Practical Grammar of the German Language and Complete Analysis of the German Language" von Dr. Wilhelm Render, Sprachlehrer und Literat in England. Die erste Auflage von 1500 Exemplaren des auf Adelung gegründeten Werkes verkaufte sich so rasch, dass schon in 1803 eine 2. Auflage erschien. Render hatte vor Herausgabe seiner Grammatik über acht Jahre erst als deutscher Privatlehrer in London und später an den Universitäten Oxford und Cambridge gelebt. Zeitschriften wie „British Critic" und „Critical Review"

---

[1] Ausführlicheres über Wendeborn findet sich in „Unsere Zeit" April 15. 1874, „Beiträge zur Geschichte der deutschen Colonie in England" von Prof. Friedrich Althaus.

sprachen sich sehr lobend über das Buch aus, das dem Herzoge von York gewidmet war. Aber Landsmann Wendeborn urtheilte sehr scharf darüber und es entstand daraus eine unerquickliche Fehde. Die Sprachlehre Render's ist die erste mir bekannte, welche nach jedem Kapitel Uebungsbeispiele über die vorhergehenden Regeln zur Komposition gibt.[1] Render publicirte auch Uebersetzungen aus dem Deutschen u. a. „Werther" und schrieb ein Reisehandbuch für Engländer.

Ein anderer hervorragender deutscher Lehrer, Grammatiker, Uebersetzer und Gelehrter, der am Ende des vorigen Jahrhunderts in England auftrat ist Georg Heinrich Noehden aus Göttingen. Er kam als Hauslehrer 1793 nach England und scheint erst Uebersetzungen aus dem Deutschen herausgegeben zu haben u. a. 1796 „Fiesco", 1798 „Don Carlos". Im Jahre 1800 erschien seine auf Adelung basirte deutsche Grammatik mit Lesestücken aus Wieland, Herder, Goethe und Schiller. Später erschien eine abgekürzte Grammatik und sodann ausführliche Aufgaben zum Uebersetzen. Noehden's Sprachwerke bezeichnen einen grossen Fortschritt in dem Sprachunterricht und behaupteten sich als Lehrbücher bis auf unsere Zeit. Noehden gab nebstdem noch Studien über einen homerischen Scholiasten heraus, machte sich einen Namen als Numismatiker und wurde 1820 Vorstand des Münzkabinets im British Museum. Im Jahre 1822 erschien von ihm eine Abhandlung über das sogen. Memnonsbild im British Museum. Er starb in London 1826.[2]

Als ein Curiosum dürfte die von Th. A. Fischer im „Magazin für die Litt. des In- und Auslandes" (Febr. 22 85) beschriebene Deutsche Grammatik von George A. Crabbe (York 1799) hier noch angeführt werden. Ich kenne das Buch nicht und bin nach dessen Beschreibung geneigt den Verfasser für einen Engländer oder Skandinavier zu halten. Es scheint sich durch köstliche grammatikalische Regeln sowie durch ganz einzige von dem Schüler zu memorirende Wörtersammlungen auszuzeichnen. In letzteren findet sich u. a. deutsch „Talk" übersetzt mit „Conversation", ferner „Zippel" mit „Extremity"! Crabbe's Schüler und Schülerinnen mussten Erstaunliches geleistet haben, besonders im deutschen „Talk", sie waren die wahren „Zippel" der Kenner der deutschen Sprache. Von Crabbe's grammatikalischen Regeln führt Fischer u. a. folgende an: „All feminine nouns of gods, angels, devils

[1] Mehr über Render findet sich in „Unsere Zeit": Althaus, l. c.
[2] Siehe: Fr. Althaus, l. c.

and women are declined in the following manner" etc. „The German use of an impersonal form of expression by means of the word „es" is denoting affections of the body".

George Crabbe, der sich als „Teacher of German at Carlisle-House School" anführt, veröffentlichte zwei Sprachbücher: einmal die obengenannte „Complete Introduction to the Knowledge of the German Language" für Engländer, dann eine englische Sprachlehre für Deutsche unter dem kuriosen Titel: „Praktiscke Englishee grammatick fur Deutschem".

Ich schliesse die Skizze über das deutsche Sprachstudium in England mit dem Anfange dieses Jahrhunderts ab. In unserem Jahrhundert nahm das Studium unserer Sprache und Literatur in hohem Masse überhand. Während das Französische schon sehr lange ein anerkannter Zweig höherer Erziehung gewesen, wurde das Deutsche erst im dritten Decennium dieses Jahrhunderts allmählig ein Gegenstand regelmässiger Schulbildung und ein Zweig öffentlicher Examen in England, wo es sich von Jahr zu Jahr mehr ausbreitet. University College und King's College in London, die University of London, die Royal Military Academy zu Woolwich waren unter den ersten, welche die deutsche Sprache und Literatur in ihren Unterrichts- und Examenplan aufnahmen, worauf bald das College of Preceptors folgte. Früher nur zu politischen und religiösen Zwecken betrieben, wurde in der zweiten Hälfte des vorigen Jahrhunderts und heut zu Tage das Studium des Deutschen der reichen Sprachschätze wegen betrieben. Der Aufschwung dieses Studiums in England ging Hand in Hand mit dem Aufschwung der Literatur in der Heimat. Die Zahl der in diesem Jahrhundert erschienenen deutschen Grammatiken, Lesebücher, Uebersetzungsbücher und der, zum Zwecke des Studiums, herausgegebenen deutschen Klassiker ist Legion.

Das Studium der deutschen Sprache hat in England schon manches nationale Vorurtheil gegen Deutschland aus dem Wege geschafft und trägt in hohem Grade zu der Verständigung beider verwandten Nationen bei.

§ 4.

STUDIUM DER ENGLISCHEN SPRACHE IN DEUTSCHLAND.

Um ein Licht auf die internationalen Beziehungen Englands und Deutschlands zu werfen, dürfte es wohl nicht ohne Interesse sein, hier noch einige Worte über das Studium der englischen Sprache in alten Zeiten in Deutschland zu sagen.

Schon während der Reformationszeit verbreitete sich das Studium und die Kenntniss der englischen Sprache in Deutschland. Viele deutsche Studenten besuchten die berühmten Universitäten Oxford und Cambridge und eine grosse Zahl englischer Flüchtlinge suchten in Deutschland ein Asyl unter der Regierung der fanatischen Königin Mary. Allerdings brachte zu dieser Zeit die Kenntniss der deutschen Sprache den Engländern und England mehr Nutzen als die der englischen Deutschland, denn zahlreiche deutsch-theologische Werke wurden, wie ich gezeigt habe, theils in's Englische übersetzt, theils von den englischen Theologen in der Ursprache gelesen und haben nicht wenig zur Verbreitung und Befestigung der Reformation unter Elisabeth beigetragen.

Im 17. Jahrhundert war das Reisen Sitte und Erziehungsprincip im gebildeten Europa, und wie die Engländer in grosser Anzahl nach Deutschland kamen, so besuchten auch unzählige Deutsche die berühmte Insel, von denen viele nebst ihrem Latein, auch noch eine Kenntniss der Volkssprache mitbrachten. Das Lateinische als gelehrte und politische Sprache machte allerdings damals das Studium der Volkssprachen weniger nöthig, als heute. In welchem Grade damals schon Shakespeare zum Studium des Englischen in Deutschland beigetragen, ist schwer zu ermitteln. Die Shakespeare'schen Stücke wurden, wie ich wiederholt erwähnt, Anfangs des 17. Jahrhunderts in vielen Städten von Nord- und Süddeutschland von englischen Schauspielern in e n g l i s c h e r Sprache aufgeführt und es ist anzunehmen, dass gerade dieser Umstand sehr zum Studium und zur Kenntniss dieser Sprache angeregt haben muss. Dazu kamen noch die politischen Verbindungen, Verwandtschaften und Konferenzen zwischen James I. und den deutschen protestantischen Höfen, welche nicht ohne Einfluss auf das Studium der englischen Sprache sein konnten.

Etwa zur selben Zeit, als in England die erste mir bekannte hoch-deutsche Grammatik, die von Aedler erschien (1680), erschienen in Deutschland die ersten e n g l i s c h e n Sprachbücher. Vor den in Deutschland publicirten englischen Sprachlehren ist aber die oben angeführte zweifache Grammatik von H. Offelen zu erwähnen, die 1687 in England erschien. Es ist diese wahrscheinlich das erste Sprachbuch um Deutsche Englisch zu lehren.

Die älteste mir bekannte englische Grammatik in Deutschland erschien 1688 in Hamburg, und war eine neue Auflage der „Grammatica Linguae Anglicanae“ von Wallis in Oxford und ein Nachdruck seiner englischen, für Engländer geschriebenen Ausgabe. Etwas später erschienen mehrere englisch-deutsche Sprachbücher in Deutschland von Deutschen. Im Jahre 1715 erschien die zweite Auflage eines solchen von Johann König und im Jahre 1717 kam in Leipzig eine Grammatik von Magister Christian Ludwig heraus, dem schon erwähnten Autor des englisch-deutschen Wörterbuchs. Im Jahre 1718 erschienen zwei andere von Theodor Arnold und von Thiesen. Ludwigs tausend Seiten starke Anleitung zur englischen Sprache ist ein ausgezeichnetes und gründliches Werk und beweist dass der Verfasser, der zwanzig Jahre in England gelebt, die Sprache gründlich gelernt hatte. Ludwig schien in England sehr geachtet gewesen zu sein und zählte unter Andern, John Chamberlayne, F. R. S. und den Lord Chief-Justice Parker zu seinen Freunden. Er widmete seine Grammatik dem berühmten Chamberlayne, welcher das Vaterunser in zweihundert Sprachen herausgegeben. Auch Ludwig hatte sich gegen die Angriffe eines Neiders zu vertheidigen, gegen den genannten Theodor Arnold, der mit seinen verläumderischen Angriffen gegen die andern gleichzeitigen Grammatiken, einen bösen Charakter verräth. Ludwig, in einer trefflichen Ansprache an den geneigten Leser, vernichtet ihn, stellt ihn als Ignoranten und Piraten hin und weist ihm nach, dass er das Manuskript einer Dissertation: „De Prosodia Linguae Anglicanae“, „welche ein gar gelehrter und, wie aus den angeführten hebräischen, syrischen, arabischen, griechischen, spanischen, italienischen und französischen Wörtern zu ersehen, in L. L. O. O. und occidentalibus wohl versirter Teutscher, so sich zu Cambridge in England aufhält, geschrieben, und sie einem Herrn Heintzelmann, der sich jetzo hier bei der Universität Leipzig aufhält, mitgegeben, um zum Druck zu fördern: der denn dies Manuskript, bei seiner Ankunft allhier erstlich mir zu durchlesen communicirt, hernach es diesem Herrn Arnold geliehen, der es dann fast ganz ausgeschrieben“ etc. Arnold verschlechterte das Manuskript durch willkürliche Veränderungen, die Ludwig nachweist und die im Original richtig waren.

Von dem oben erwähnten Johann König, (über welchen Näheres in „Encyclopädie des philolog. Studiums“ von Dr. Bernh. Schmitz, einem tüchtigen, gründlichen Werke zu finden ist) der 1715 die zweite Auflage seines Sprachbuches „Der vollkommene englische Wegweiser für die Teutschen" publicirte und jedenfalls in England eine Zeit lang gelebt haben muss, kann ich mich nicht enthalten seine Beschreibung des in England bekannten Tages von St. Valentin anzuführen. „Ich habe", sagt König. „dieser Tage unterschiedliche Leute gesehen, die auf ihren Hüten zusammen gerollte Papiergen trugen. Was bedeutet doch das? — Ich will Ihnen sagen, was es ist. Den 14. Februarii ist Valentini Tag, welcher in Engeland mit denen Ceremonien, die ich Ihnen jetzo sagen werde, gehalten wird. Die Natur lehret uns, dass um selbige Zeit des Jahres [1], beydes unter Thieren und Vögeln, in dem sie wegen Annäherung der Sonne eine neue Wärme empfinden, die Männgen ihre Weibgen suchen und sich paaren. Zur Nachahmung dessen ist sowohl in England als Schottland in vorigen Zeiten diese Gewohnheit gewesen, welche mit dem natürlichen Trieb der Thiere zu solcher Jahreszeit einige Gleichnüss hat. Und dieses wird genannt, den Valentin wehlen, von dem Namen dieses Heiligen, dessen Fest in der Römischen Kirchen an diesem Tag gefeyret wird. Zu dieser Wahl werden die Namen' unterschiedlicher Junggesellen und Jungfrauen, so darum losen wollen, auf kleine Stückgen Papier geschrieben. Die Manns-Personen ziehen der Jungfern Namen und diese der Manns-Personen ihre. Und also gibt das Looss jedem Junggesellen eine Valentinam und jeder Jungfer einen Valentinum. Was ist der Beschluss von dem allen? — Die Manier ist, dass man sich auf Ostern einander was schenket und bisweilen wird in rechtem Ernst eine Heyrath daraus. Die Männer tragen ihr Looss etliche Tage am Hut und die Weibs-Bilder an der Brust". Dies war die Sitte in England am Anfange des vorigen Jahrhunderts.

Der Ursprung der jetzt allmählig schwindenden Feier des Valentintages ist auf verschiedene Weise erklärt worden. Sie stammt offenbar aus der Provence und ist schon sehr alt.[2] Bekannt sind die engen Beziehungen zwischen England und der Provence unter den Plantagenets. Richard Löwenherz war selbst ein Troubadour. Da gab es nun in Languedoc im Mittelalter zur Zeit der Troubadours eine Vereinigung von Damen und Herrn die sich Valentinen nannten. Jedes Jahr

[1] Zu dieser Zeit galt noch der alte Kalender und demnach war St. Valentin zwölf Tage später.

[2] Siehe: John Rutherford: „The Troubadours". London 1873, p. 194. S. v. The Cavalier Servente.

am 14. Februar (alte Zeitrechnung) am St. Valentin's Tag versammelten sich diese Valentinen zu Pferde, gewöhnlich im Centrum der nächsten Stadt. Hier bildeten sie Glieder, jedes aus einer Dame und einem Herrn bestehend und von da zogen sie aus um den Umzug der Nachbarschaft zu machen. Sie waren angeführt von zwei Gliedern, welche Cupido, Mercur, Lojalität und Keuschheit darstellten und diesen folgten Trompeter und Bannerträger. Die Procession endete vor dem Hôtel de Ville, dessen Hauptsaal für dieses Fest dekorirt war. Hier verehrten die Valentinen den Gott der Liebe mit einer zierlichen Parodie der Messe. Darauf küsste sich jedes Paar zum Abschiede und trennte sich um eine neue Verbindung einzugehen. Es wurde nun ein silbernes Kästchen dargereicht, welches die Namen aller anwesenden Kavaliere auf besonderen Pergamentstreifen geschrieben enthielt. Eine Dame nach der andern zog einen solchen Streifen heraus, bis das Kästchen leer war. Darauf las der Präsident, als Cupido verkleidet, die auf den Streifen geschriebenen Namen vor und die Kavaliere, welche die vorgelesenen Namen trugen, wurden die Valentinen der respektiven Damen, welche sie gezogen hatten und zwar für das kommende Jahr. Wenn alle Valentinen so zu Paaren vereinigt waren, wurden die Satzungen der Institution vom Präsidenten vorgelesen. Diese bestimmten, dass jeder Kavalier seiner Dame während zwölf Monate treu zu sein, sie, je nach der Jahreszeit, wohl mit Blumen zu versehen, ihr zu gewissen bestimmten Zeiten Geschenke zu machen hatte, dass er sie begleiten musste, wo immer sie hingehen wollte, sei es zum Zwecke der Frömmigkeit oder des Vergnügens, dass er ihr, wenn er Dichter war, Lieder komponiren und ihr zu Ehren Lanzen brechen, dass er bis zum Aeussersten jede ihr widerfahrene Insulte rächen müsse. Das Gesetz schrieb ferner vor, dass, wenn ein Kavalier sich einer absichtlichen Vernachlässigung einer obiger Pflichten zu schulden kommen liess, er mit Schmach von der Gesellschaft ausgeschlossen werde. Auch die Heirath eines Paares von Valentinen war streng verboten unter Strafe von Ausschliessung. Im Falle einer Ausschliessung versammeln sich die Valentinen, wie am 14. Februar und marschiren nach dem Hause des zu Bestrafenden. Vor diesem wird sein Vergehen und die Strafe verkündet und ein Bündel Stroh auf seiner Thürschwelle verbrannt, als Zeichen seiner Exkommunikation. Nachdem der Präsident die Statuten vorgelesen, fand eine andere Parodie des Kirchendienstes des Kalender-Tages statt und die Gesellschaft trennte sich.

Diese sonderbaren Vereine verdankten ohne Zweifel ihren Ursprung der Art von Galanterie, welche die Troubadours lehrten und ausübten. Einige von ihnen bestanden noch theilweise in ihrer alten Form bis zum Anfang des 16. Jahrhunderts und in den darauffolgenden Jahrhunderten in der von König oben beschriebenen Art fort. Heutzutage besteht die Sitte nur noch in Absendung von sogen. „Valentines“, illustrirten Karten, unter den niederen Klassen sehr oft ordinärer und beleidigender Art. In kurzer Zeit wird der altenglische St. Valentin's Tag vergessen sein. Obwohl der Gegenstand nicht in den Bereich dieses Kapitels gehört, so konnte ich nicht umhin der Beschreibung des Valentintages von König Erwähnung zu thun und dieser die wenig bekannte Erklärung des Ursprunges der Sitte von Rutherford beizufügen.

Um wieder auf die englischen Sprachbücher in Deutschland zurückzukommen, will ich vor Schluss noch einiger im vorigen Jahrhundert erschienenen erwähnen. Im Jahre 1783 erschien in Berlin: „Englische Sprachlehre für die Deutschen“ von Moritz, welche im Jahre 1801 noch die fünfte Auflage erlebte. Es ist dies wohl Karl P. Moritz, der Verfasser der interessanten Reisebeschreibung in England, 1782, welche 1795 in's Englische übersetzt wurde. Im Jahre 1784 erschien in Halle eine englische Sprachlehre von Albrecht und im Jahre 1787 in Leipzig Canzler's englische Sprachlehre, die im Jahre 1800 eine dritte Auflage erlebte. Damals vermehrten sich die englischen Sprachbücher schon dermassen, dass ich es hier nicht unternehmen könnte, sie alle aufzuführen. Ich schliesse auch hier, wie bei den deutschen Grammatiken für Engländer mit dem vergangenen Jahrhundert ab und führe nur noch folgende zwei Werke an, die noch kurz vor Abschluss des 18. Jahrhunderts erschienen. Die eine ist die 1792 in Halle publicirte Grammatik der englischen Sprache von Ebers und die andere die 1793 in Erlangen gedruckte englische Sprachlehre von Fick, welche noch 1852 in dreiundzwanzigster Auflage erschien. Solche, welche Näheres über diesen Punkt wissen wollen, verweise ich auf: „Encyclopädie des philologischen Studiums“, von Dr. Bernh. Schmitz.

In noch höherem Grade als das Studium des Deutschen in England, hat das Studium der englischen Sprache und Literatur in Deutschland zugenommen. Der Einfluss derselben auf die Entwicklung der deutschen Sprache in der zweiten Hälfte des vorigen Jahrhunderts ist Jedem bekannt. Aber viel früher, schon am Anfang des 17. Jahrhunderts, muss die englische Sprache auf die deutsche grossen Einfluss geübt haben, als Shakespeare's Dramen, wie schon erwähnt wurde, in englischer Sprache in Deutschland aufgeführt wurden.[1] Man möchte behaupten, dass heute die englische Literatur in Deutschland so gut bekannt ist als in England. An guten Uebersetzungen grosser englischer Autoren ist keine Sprache so reich als die deutsche. Nebst einer grossen Anzahl ausgezeichneter Uebersetzungen, von welchen die von Shakespeare durch Schlegel und Tieck noch dem vergangenen Jahrhundert angehören, besitzt Deutschland das beste kritische Werk über Shakespeare von Gervinus und ist das Werk von Ten-Brink über Chaucer selbst in England ein Werk von hoher Bedeutung. Allerdings haben uns englische Gelehrte würdige Gegengeschenke gemacht, u. a. Lewes mit dem Leben Goethe's und Carlyle mit seiner Geschichte Friedrichs des Grossen.

Nachdem in Deutschland das Studium der englischen Sprache in Sekundärschulen schon längst eingeführt worden, hat man in der letzten Zeit einen weitern Schritt gethan, indem man Lehrstühle der englischen Literatur an fast allen deutschen Universitäten einführte und so das Studium derselben zum Universitätsfache erhob.

Ueber die Wichtigkeit des Studiums des Englischen ist hier der Ort nicht mich näher einzulassen. Es sei nur kurz erwähnt, dass keine romanische Sprache ihr an Fülle, an Solidität gleichkommt. Aber auch von einem praktischen Standpunkte ist die Sprache wichtig. Jetzt schon sprechen über hundertzehn Millionen Menschen diese Sprache in allen Welttheilen. Bei der raschen Zunahme der Bevölkerung in den englisch sprechenden aussereuropäischen Ländern darf man annehmen, dass in fünfzig Jahren mehr als zweihundertfünfzig Millionen, in hundert Jahren fünfhundert Millionen Menschen englisch sprechen werden. Ausser Europa muss es die Weltsprache werden und in gleichem Schritte mit der englisch sprechenden Menschheit wird sich die englische Literatur entfalten.

[1] Ueber den Einfluss von Shakespeare und anderen englischen Dramatikern auf das deutsche Drama finden sich sehr interessante Mittheilungen in einem trefflichen Vortrage von Frau E. Mentzel „Ueber die ältesten Repertoirestücke der Frankfurter Schaubühne von 1546 bis 1630". — veröffentlicht im „Bericht des Freien Deutschen Hochstifts" in Frankfurt. Lieferung 1 und 2. Jahrgang 1883/84. Seite 60—85.

Kapitel IX.

Biographische Skizzen von einer Anzahl hervorragender Deutscher in England im 18. Jahrhundert.

Nachfolgende Reihe biographischer Skizzen ausgezeichneter Deutscher ist durchaus nicht erschöpfend. Ich füge sie einstweilen mehr als einen Anhang dieser Arbeit bei, in der Hoffnung diese Periode später gründlicher behandeln zu können. Aber unvollständig wie folgende Liste ist, zeigt sie in welcher Zahl hervorragende Deutsche England im 18. Jahrhundert besuchten. Die gelehrten Berufsfächer sind unter ihnen alle vertreten und unter den Künsten tritt eine in den Vordergrund, welche im 17. Jahrhundert nur sehr wenige Jünger nach England sandte, nämlich die Musik. Im vergangenen Jahrhundert beginnt der zahlreiche Besuch Englands von Seiten deutscher Musiker, der stets grössere Dimensionen annahm und heute noch ununterbrochen fortdauert. Ich muss aber zu meinem Bedauern gestehen, dass in diesem Kapitel nicht nur manche einzelne hervorragende Deutsche, sondern ganze Klassen solcher fehlen, unter andern eine Anzahl höherer deutscher Offiziere in englischen Diensten, viele Pastoren der deutschen Gemeinden, viele Staatsmänner, Diplomaten, Gesandte, deutsche Studenten in Oxford und Cambridge.

In Folge meiner Abwesenheit von England war es mir nicht möglich in diesem Kapitel den Plan zu verfolgen, nach welchem ich die ersten fünf Kapitel ausgeführt, nämlich nicht nur biographische Skizzen von einzelnen Deutschen zu geben, sondern auch ein Bild der Beziehungen zwischen England und Deutschland zu entwerfen und den Einfluss anzudeuten, den unsere Landsleute in England auf diese Beziehungen ausgeübt. Ein übersichtliches Bild solcher Beziehungen ist aber im 18. Jahrhundert nicht leicht zu entwerfen, da solche in Folge der Thronbesteigung des Hauses Hannover sehr intim, sehr vielseitig und besonders zur Zeit Friedrichs des Grossen, der französischen Revolution und Napoleons von höchster Bedeutung waren.

Die nachfolgenden biographischen Skizzen können natürlich nicht genau mit dem Jahre 1800 abschliessen, sondern reichen nothwendigerweise vom vorigen noch in dieses Jahrhundert herein, da manche der erwähnten Deutschen beiden Jahrhunderten angehören. Die Biographien mussten in gedrängter Kürze gegeben werden, um das Buch nicht zu sehr und unverhältnissmässig auszudehnen. Der Zweck dieser Arbeit ist ein übersichtliches Bild des Lebens und Wirkens der Deutschen in England bis zum Anfange dieses Jahrhunderts zu entwerfen, was durch zu weite Ausführung des biographischen Theiles unmöglich gewesen wäre. Ich muss daher für genauere und reichlichere Angaben über hervorragende Deutsche auf biographische Werke verweisen.

Ich hoffe, dass es mir vergönnt sein möge, später mit Anknüpfung an die Thronbesteigung des Hauses Hannover bis zum heutigen Tage diese Geschichte der Deutschen fortzusetzen und die Lücken in nachfolgenden biographischen Skizzen auszufüllen.

§ 1.

PHILANTHROPEN.

Ich stelle hier an die Spitze der deutschen Besucher Englands im 18. Jahrhundert zwei Deutsche, welche sich den edelsten Beruf gewählt hatten, nämlich den der Philanthropie.

Der eine dieser, Leopold Graf von Berchtold, geb. 1738, wurde der „Deutsche Howard“ [1] genannt. Er reiste dreizehn Jahre in Europa und vier Jahre in Asien und Afrika, zu dem Zwecke, die Leiden der Menschheit zu mildern und schonte dabei weder Person noch Börse. Er sprach die Hauptsprachen Europa's geläufig und benutzte seine Sprachkenntniss durch Publikation von Abhandlungen über philanthropische Gegenstände in verschiedenen Sprachen, u. a. die Behandlung der Verbrecher.

Während seines Aufenthaltes in England schrieb er 1789: „An Essay to direct and extend the inquiries of patriotic Travellers“, und bemühte er sich das Werk englischer Philanthropen zu fördern. Im Jahre 1791 schrieb er in Wien über die Belebung der Scheintodten, im folgenden Jahre vertheilte er in Lissabon seine

[1] John Howard (1725) widmete seine Zeit besonders der Besserung der Gefängnisse und Behandlung der Gefangenen, die im vorigen Jahrhundert überall noch barbarisch war.

Schrift über die Erhaltung des Lebens in verschiedenen Gefahren; im Jahre 1795—97 studirte er in den Hospitälern der Türkei die Pest und ihre Heilmittel und etwas später bemühte er sich in Deutschland mit der Einführung der Impfung. Während der Hungersnoth 1805—6 gab er immense Summen um das Elend der Bewohner des Riesengebirges zu lindern und 1809 verwandelte er sein Schloss in ein Hospital für die bei Wagram verwundeten österreichischen Soldaten. Dies war die letzte That seiner Menschenliebe. Er starb, wie er gelebt, bei Ausübung seiner Mildthätigkeit, in Folge eines Fiebers, das er unter seinen Kranken sich zugezogen.

Gustav Graf von Schlaberndorf war 1749 zu Breslau geboren. Eine ausführliche Schilderung dieses ausgezeichneten Mannes würde ein Buch füllen. Er ist nie als Schriftsteller aufgetreten, hat nie ein öffentliches Amt bekleidet und hat doch den ausgebreitetsten Einfluss auf die mannigfaltigste Weise auf seine Zeit ausgeübt.

Nachdem er Deutschland bereist und noch vor der Revolution Frankreich gesehen, brachte er sechs Jahre in England zu, wo er eine Zeit lang den Freiherrn von Stein auf seinen Reisen im Innern Englands zum Begleiter hatte.

Beim Ausbruch der Revolution ging er wieder nach Paris wo er ununterbrochen die Zeit der Revolution, des Kaiserreichs und der Restauration verlebte. Während der Herrschaft der Jakobiner war er anderthalb Jahre im Gefängniss. Von Bonaparte war er erklärter Gegner vom Anfang bis zum Ende seiner Herrschaft, das er stets voraussagte.

Sein Einfluss auf seinen grossen Bekanntenkreis soll ausserordentlich gewesen sein. Die wohlthätigen und nützlichen Unternehmungen und Anstalten, die er gefördert, die Hilfe, die er Einzelnen dargereicht, sind nicht aufzuzählen. Für die Deutschen in Paris, deren Besten und Würdigsten ihn umdrängten, war er Lehrer, Rathgeber und Freund in der Noth. Mit tiefer Kenntniss und Scharfsinn äusserte er sich offen über die politischen Verhältnisse. Er entging der ferneren Verfolgung nur durch seine sonderbare Lebensart, die ihm den Charakter der Unschädlichkeit gab. In einem schlechten Zimmer, das er nie verschloss und selten verliess, in zerrissener Kleidung, niedriger Nachbarschaft, ohne Bedienung, empfing er zahlreiche Besuche von Menschen aller Art und jeden Standes. Sein gerades, offenes Wesen und Betragen, fern von allem Ehrgeiz, Egoismus oder Eitelkeit, unzugänglich der Ränkesucht, unempfindlich gegen

Einschüchterung, verbunden mit tiefem politischen, philosophischen und historischen Wissen, gaben ihm ausserordentlichen Einfluss. Seine Einkünfte verwendete er im Stillen für wohlthätige Zwecke und trotz seiner langen Abwesenheit blieb er ein guter Deutscher, treu dem Vaterlande. An Kriegsgefangene aus seinem Vaterlande in Frankreich liess er mehrmals die grössten Summen insgeheim vertheilen.

§ 2.

STAATSMÄNNER UND DIPLOMATEN.

Unter den Staatsmännern hohen Ranges, die in diesem Jahrhundert England besuchten, erwähne ich u. A. Kaunitz, der 1732 daselbst war, D. Friedr. v. Bielefeld, aus Hamburg, der Gelehrte, Staatsmann und Günstling Friedrich des Grossen, der als Legationssekretär mit Graf Truchsess nach London geschickt wurde und K. A. Fürst von Hardenberg, der nachherige preussische Staatskanzler, der grösste Staatsmann seiner Zeit, welcher mehrere Jahre in England in hannöverischen Diensten zubrachte. Er machte aber daselbst eine traurige Lebenserfahrung. Seine liebenswürdige Frau zog die Blicke des damaligen Prinzen von Wales auf sich und unterlag seiner Leidenschaft. Hardenberg verliess darauf, 1782, England und die hannöverischen Dienste und trat zehn Jahre später in preussischen Dienst, in welchem er seine bekannte, ruhmvolle Rolle spielte. Zwei Jahre nachdem Hardenberg England verlassen, kam ein anderer hannöverischer Staatsmann und Gelehrter, Ernst Brandes nach England. Sein Aufenthalt in diesem Lande hatte auf ihn den grössten Einfluss. Er knüpfte sehr wichtige literarische und politische Verbindungen daselbst an und machte gründliche Studien in der britischen Staatsverfassung. England belebte und bildete seinen Sinn für die Politik. Mit dem berühmten Edmund Burke stand er in sehr freundschaftlichem Verhältnisse. Unter seinen vielen wichtigen Werken politischer und literarischer Art, befindet sich auch eines über die Londoner Theater.

Der grosse deutsche Staatsmann Karl Freiherr von Stein kam 1786 das Land zu besuchen in dem kurz vor ihm sein späterer Kollege Hardenberg gewesen. Stein kam mit zwei Freunden nach England, das er mit dem schon erwähnten

Schlaberndorf bereiste. Er war zur Zeit, wie sein eben erwähnter Gefährte, der Philanthrop und Illuminat. von republikanischen Grundsätzen durchdrungen. Sein Aufenthalt in England und seine Beobachtungen modificirten aber seine Grundsätze. Der unbeschränkte Genuss der Rechte und Freiheiten, die Englands Wohlfahrt bewirkten, und die mehr auf Gebrauch und Ueberlieferung, als auf geschriebenen Gesetzen beruhen, machte auf ihn einen tiefen Eindruck. Er fand in Selbstregierung und Selbstentwickelung des Volkes die Basis der Freiheit eines Landes, wie dessen Spitze auch heissen möge. In seinen spätern Jahren hat die Schule die er in England durchgemacht, auf ihn eine Wirkung geübt, wie auf Montesquieu, Rousseau und Andere.

Gegen Ende des 18. Jahrhunderts kam ein deutscher Staatsmann nach Grossbritannien, dessen Namen wohl verdient neben dem von Stein zu stehen. Der Historiker und Staatsmann Niebuhr, der Sohn des berühmten deutschen Reisenden Carsten Niebuhr, verweilte einige Zeit in London nachdem er etwa ein Jahr in Edinburgh studirt hatte.

Weder als Diplomat noch Staatsmann, aber als Regent und daher Staatsmann von Geburt, verdient hier der letzte Markgraf von Anspach-Baireuth noch eine Stelle. Dieser verkaufte an Preussen seine Besitzungen und zog sich mit seiner englischen Frau, Lady Elizabeth Craven nach England zurück, wo er an demselben Tage (1806) starb als die Franzosen die Hauptstadt seines ehemaligen Landes besetzten. Im Jahre 1780 hatte er die Ehre zum Fellow der Royal Society erwählt zu werden. Er wohnte in Brandenburg-house, am Ufer der Themse, zu Hammersmith. Das Haus war prachtvoll eingerichtet, mit Marmor-Gallerie, den reichsten Möbeln und elegantem Privattheater, umringt von üppigen Parkanlagen. So lebte der Exfürst in Ruhe und Frieden und war am Ende der grösste Diplomat von Allen.

§ 3.

KRIEGER.

Ich bin nicht im Stande die lange Reihe deutscher Officiere aufzuführen, welche nach der Thronbesteigung des Hauses Hannover im 18. Jahrhundert unter englischer Fahne gedient haben. Ihre Anzahl ist in der That so gross, dass es eine besondere Bearbeitung, ein Specialwerk erforderte um ihnen Gerechtigkeit widerfahren zu lassen. Es stehen mir zudem die Mittel nicht zu Gebote diesen Punkt ausführlicher zu behandeln und ich muss diesen §, wie überhaupt das ganze Kapitel, in unvollkommener Form herausgeben, in der Hoffnung später einmal das Unterlassene nachzuholen. Ich beschränke mich diesesmal auf einige wenige hervorragende Krieger.

Friedrich Ludwig Norden, geboren im Jahre 1708 in Glückstadt in Holstein, war einer der vielen Schleswig-Holsteiner, deren Talent, Kenntniss, Energie und Muth nicht ihrem deutschen Vaterlande, sondern Dänemark zu gute kamen. Er widmete sich erst dem Seedienste und trat im Jahre 1722 in das Seekadettenkorps, wo er sich in Mathematik, Schiffbau und besonders im Zeichnen auszeichnete. Sein Talent verschaffte ihm, 1732, einen Jahresgehalt, seine Ernennung zum Sekonde-Lieutenant und Sendung auf Reisen um Schiffsbau, besonders den der Galeeren und Ruderschiffe im mittelländischen Meere zu studiren. Er reiste nach Holland, von da nach Marseille, Livorno. In Italien blieb er drei Jahre. Von da reiste er nach Aegypten. Seine grossen Talente und Kenntnisse, sein feiner Geschmak, unbändiger Muth und Ausdauer, seine Beobachtungsgabe, sein Zeichnentalent das ihm das Ehrendiplom der Zeichen-Akademie in Florenz verschaffte, seine mathematischen Talente, alles dieses eignete ihn im höchsten Grade zu dieser Reise. Dass er die von ihm gemachten Erwartungen nicht täuschte ergibt sich aus seinem Werke: „Reisen in Aegypten und Nubien“. Er blieb ein Jahr daselbst. Nach Rückkehr wurde er Schiffskapitän der dänischen Marine und einer der Leiter des Schiffsbaues.

Als der Krieg zwischen England und Spanien ausbrach, wurde Norden auserwählt sich der englischen Expedition als Freiwilliger anzuschliessen. Norden war zur Zeit schon sehr bekannt in England, und als er in London ankam, wurde er mit Auszeichnung empfangen. Er begleitete eine Expedition unter Sir John Norris und im Jahre 1740 begab er sich an Bord der für Amerika bestimmten Flotte unter dem Befehle von Sir Chaloner Ogle, deren Bestimmung war dem Admiral Vernon Verstärkung zu bringen. Nach dieser Expedition brachte Norden ein Jahr in London in hoher Achtung zu und wurde zum Fellow der Royal Society ernannt. Bei dieser Gelegenheit publicirte er: „Drawings of some Ruins and Colossal Statues. at Thebes in Egypt; with an Account of the same, in a Letter to the Royal Society. 1741“. Diese Abhandlung, mit

Stichen, erwarb ihm von neuem Lob und Bewunderung. Um diese Zeit nahm seine Gesundheit ab. Er wollte zur Erholung nach einem südlichen Klima reisen, starb aber allgemein bedauert auf seinem Wege in Paris im Jahre 1742, und die grossen, noch von ihm gehegten Erwartungen gingen mit ihm zu Grabe.

Unter den vielen deutschen Kriegern, welche im Dienste Englands zur Zeit des Unabhängigkeits-Krieges in Amerika kämpften, ragt besonders Gneisenau hervor. Der schon erwähnte Markgraf von Anspach, der Land und Leute Preussen verkaufte, um in London ruhig leben zu können, verkaufte seine Truppen an die englische Regierung um gegen Jung-Amerika zu kämpfen. Gneisenau, der sich darunter befand, kam so nach Amerika. Als er von da zurückkehrte trat er in den preussischen Dienst und spielte später seine grosse Rolle im Kriege gegen Napoleon.

Wie in allen Kriegen welche England im 18. Jahrhundert führte, so kämpften auch in den Kriegen gegen die erste französische Republik und Napoleon deutsche Truppen und Offiziere in grosser Zahl in den Heeren Englands. In allen Schlachten in Spanien, in der Schlacht bei Waterloo machten die Deutschen ein sehr starkes Kontingent des englischen Heeres aus, und haben sie nicht wenig zum Erfolg desselben beigetragen, und für England geblutet. Eine grosse Anzahl deutscher Offiziere haben sich unter Wellington's Befehl ausgezeichnet, wie u. A. Karl August Graf von Alten, der 1840 in Botzen starb, Ludwig Graf von Walmoden, von Dörnberg, Graf F. W. von Bismarck, über die ich hier noch Einiges anführen will.

Walmoden war der Sohn des Deutschen Hans Ludwig Grafen von Walmoden, englischen Gesandten in Wien und daselbst 1769 geboren. Er trat erst in hannövrische, dann preussische und später in östreichische Kriegsdienste, machte alle Feldzüge von 1796 mit, wo er sich als Parteigänger auszeichnete. Er wurde ebenfalls in diplomatischen Aufträgen gebraucht, und unterhandelte und schloss den Subsidienvertrag zwischen England und Oestreich, als dieses 1809 von Neuem gegen Frankreich die Waffen ergriff. Aus London zurückgekehrt, wohnte er der Schlacht bei Wagram bei, wo er sich auszeichnete. Er hat sich später in allen Feldzügen gegen Frankreich hervorgethan und galt als Mann von scharfem durchdringendem Verstand, Entschlossenheit und Festigkeit, verbunden mit hohem Sinn und edlem Gemüthe. Er war ein standhafter Gegner Napoleons und verliess den preussischen Dienst empört über den Basler Frieden.

Dörnberg oder Dörrenberg, aus einem alten hessischen Adelsgeschlechte, empört über die Unterdrückung seines Vaterlandes durch Napoleon und über Jérome's scheussliche Wirthschaft, entschloss sich für die Befreiung seines Vaterlandes zu wirken. Sein Plan der Insurrektion und Gefangennahme des Königs Jérome, 1809, misslang. Er floh und ward in contumaciam zum Tode verurtheilt. In demselben Jahre, nach geendigtem Feldzuge, als Herzog Wilhelm von Braunschweig den kühnen Zug der Sachsen und Westphalen, umgeben von Schaaren der Feinde, bis zum Strande des Meeres vollführte, befand sich Dörrenberg im Geleite seiner Getreuen, welchem sich die kühnsten Männer Deutschlands anschlossen, und rettete sich mit diesen auf die Insel, England, wo damals allein noch die Freiheit wohnte. Dörrenberg focht nun bald als Offizier in der englischen Armee in Spanien gegen die Franzosen, ging 1812 mit andern englischen Offizieren nach Russland, und wurde daselbst mit einem diplomatisch-militärischen Charakter bei der Wittgenstein'schen Armee angestellt. In den Jahrbüchern des Jahres 1813 steht sein Name glänzend eingeschrieben. In demselben schwang er mit der „deutschen Legion“ sein kühnes Schwert für Deutschlands Freiheit, und setzte an mehreren Orten der frechen Uebermacht den ungebeugten Muth des deutschen Freiheitssinns entgegen, vernichtete bei Lüneburg das Morand'sche Korps (1813) und stand zuletzt vor Thionville. Arndt sang von ihm das schöne Lied vom Dörnberg.

Unter den deutschen Offizieren die in Georg's III. Diensten während des französischen Krieges standen, war auch ein Graf Friedrich Wilhelm von Bismarck. Er trat in die englisch-deutsche Legion und betheiligte sich in ihren Reihen an den Expeditionen gegen Holland (1805) und Kopenhagen (1807). Er hatte das Unglück einen englischen Offizier im Duelle in Irland zu tödten, wo er stationirt war, und verliess in Folge dessen den englischen Dienst. Er trat später in württembergische Dienste und schrieb ein gutes Buch über militärische Taktik nebst mehreren anderen militärischen Werken. Bismarck war ein vortrefflicher Reitergeneral.

Die englisch-deutsche Legion, 1803.

„The King's German Legion“, wie die englisch-deutsche Legion genannt ward, wurde im November 1803 zu Bex-hill, südlich von London, zuerst nur ein Bataillon stark, aus Offizieren und Mannschaften der hannövrischen Truppen errichtet, welche durch die Konvention vom 5. Juli 1803 dienstlos geworden, nach England auswanderten. Bis zum Jahre 1805 wurden sechs Bataillone, drei Kavallerie-Regimenter und eine Batterie errichtet, und im November dieses Jahres in Deutschland gelandet.

Die damaligen politischen Verhältnisse liessen aber diese Truppen nicht in Thätigkeit kommen. Sie wurden daher im folgenden Jahre wieder eingeschifft. Preussen's Besitznahme von Hannover führte wieder eine Menge Offiziere und Soldaten, auch andere kriegsdienstfähige junge Männer nach England, durch deren Eintritt das Korps auf zehn Bataillone und fünf Kavallerie-Regimenter gebracht werden konnte.

Im Jahre 1807 wurden zwei Bataillone davon nach Gibraltar gesandt, zwei Kavallerie-Regimenter blieben in Irland, alle Uebrigen wurden nach Rügen eingeschifft; und dann zur Unternehmung gegen Kopenhagen verwendet. Fünf Bataillone und ein Kavallerie-Regiment fochten im Sommer des folgenden Jahres in Portugal und litten bei dem bekannten Rückzuge des Generals Moore, 1809, so bedeutend, dass sie sich in England erst wieder ergänzen mussten.

Sobald dieses geschehen, ward der grössere Theil mit zur Expedition gegen Walcheren gebraucht, wo er ebenfalls viel litt. Vier Bataillone von der von Kopenhagen zurückgekehrten deutschen Legion, wurden damals nach Sicilien gesandt, von welchen im Jahre 1814 zwei Bataillone unter Bentinck bei Genua fochten. Alle übrigen Truppen der Legion wurden 1809 bis 1811 zu der Armee Wellington's in der spanischen Halbinsel gezogen. Man brauchte sie hier besonders zum Vorpostendienst, zu dem sie sich mehr eigneten als die Engländer, denen sie indess in ausdauernder Tapferkeit in der offenen Feldschlacht gleich kamen, und wo sie an manchem Siege, besonders an dem von Salamanca grossen Antheil hatten.

Um sie für ihre Dienste und Tapferkeit in Spanien zu belohnen wurde die Legion naturalisirt, d. h. den englischen Nationaltruppen in jeder Hinsicht gleichgestellt. Ihre grossen Verluste wurden durch Einstellung von vielen Ueberläufern von den bei der französischen Armee befindlichen Rheinbundstruppen ersetzt. Im Jahre 1813 wurden fünfhundert Mann nach Deutschland geschickt, um zu Stämmen der neuen hannövrischen Armee zu dienen. Ein Husaren-Regiment focht dort schon unter Walmoden und entschied das Treffen an der Görde.

Nach dem Frieden wurde die Legion nach den Niederlanden gesandt, wo sie bei Bonaparte's Wiederkehr, mit Ausnahme zweier in Italien gebliebener Bataillone, ganz versammelt war, und an den Schlachten von Quatrebras und Waterloo, als Bestandtheil der englischen Armee, den rühmlichsten Antheil nahm. Nach dem Frieden, im Jahre 1816, erfolgte die Auflösung der Legion unter Bedingungen, die den Offizieren besonders vortheilhaft waren, doch auch die verstümmelten und verwundeten Soldaten berücksichtigten. Fast alle Offiziere traten in die hannövrische Armee über, ebenso der grösste Theil der Mannschaften.

§ 4.

DEUTSCHE LEHRER DER KRIEGSWISSENSCHAFTEN AN DER ROYAL MILITARY ACADEMY, WOOLWICH[1] IM 18. JAHRHUNDERT.

Diese Hochschule für die Kriegswissenschaften, deren Aufgabe ist junge Männer im Alter deutscher Universitätsstudenten für die sogen. wissenschaftlichen Theile der Armee, für das Geniekorps und die Artillerie heranzubilden, wurde im Jahr 1741 gegründet, nachdem sie schon seit Anfang des Jahrhunderts in kleinerem Massstabe bestanden.

Die „Gentlemen-Cadets", wie die Schüler genannt werden, machen ihre Vorstudien in Vorbereitungsschulen und werden in beschränkter Zahl, am Anfang jedes Semesters nur nach einem sehr schweren Konkurrenz-Examen zugelassen. Da im Examen nur Talent und Kenntniss und nie Gunst entscheiden, so betreten die Anstalt im Durchschnitte nur hochbegabte junge Männer.

Zur Zeit der Gründung der Anstalt und noch lange nachher waren die Professoren der Befestigung und Artillerie Deutsche. Der erste Direktor der militärischen Studien, „Chief Master of the Academy" genannt, war Johann Müller. Er war derjenige der bei der Gründung 1741, das Studium der Befestigung und Artillerie organisirte und leitete. Müller war zu seiner Zeit eine grosse Autorität und seine beiden Handbücher, die er zum Gebrauch seiner Kadetten schrieb, das eine über Befestigung (1746) und das andere über Artillerie erfreuten sich lange eines verdienten Rufes, und erlebten noch in diesem Jahrhunderte

[1] Quelle: Records of the Royal Military Academy, Woolwich. 1851.

Auflagen. Aus seinem „Treatise on Fortification“ ersieht dass Müller nicht nur mit den gleichzeitigen Fachwerken ıtscher Sprache genau bekannt war, sondern auch mit den ən, u. a. mit dem von Daniel Speckle, das schon 1589 utscher Sprache in Strassburg erschien. Müller machte ənaues vergleichendes Studium der deutschen und franzö-n Werke über dieses Fach und bewies, dass die letztern eutschen meistens befolgten. Zuerst Speckle (1589) und Dilichius (Peribologia, 1640, Frankfurt) waren die Deutschen Ideen, wie Müller sagt, Vauban folgte. „Diese zwei deutschen en“ — sagt Müller „waren ohne Zweifel die besten ihrer und die Quelle, von denen die gegenwärtigen Methoden əitet sind: die wenigen Verbesserungen, die bisher gemacht ən, sind hinreichende Beweise von der Geschicktheit dieser en und zugleich von der Unfruchtbarkeit der Erfindung r“. —

Ebenso in seinem „Treatise of Artillery“ führt Müller den chen Dilichius als den Gründer moderner Artilleriekunst dessen Kanonen und Wägen bis heute mit geringen Aende-n nachgeahmt werden“. In der Einleitung zum letzten e finden wir dass Oberst Weidemann, ein Deutscher, auf l des königlichen Herzogs von Cumberland, die leichten e (Kanonen) wieder in England in Gebrauch gebracht hat.

Im Jahre 1777 wurden zwei Deutsche in der Akademie tellt. Erstens Artillerie-Hauptmann Benjamin Stehelin, General, als Kapitän der Kadetten-Kompanie und ferner, achfolger Müllers, Professor der Befestigungskunst und ərie J. Landmann, Fellow der Royal Society. ıtelle eines sogen. Lieutenant-Governor der Anstalt wurde m Jahre 1764 geschaffen. Stehelin ward als Major 1781 əsem, dem höchsten Amte der Akademie ernannt.

Landmann, vor seiner Anstellung in Woolwich Professor r Ecole Royale Militaire in Paris, und vor 1777 im Kriege ant von Marschall Broglio, war ein tüchtiger Offizier. Er r Verfasser mehrerer englischen Werke u. a. „A Treatise ines“ zum Gebrauch der Kadetten und „Principles of Ar-“. Er wirkte als Professor der Fortifikation und Artillerie in kademie bis zum Jahre 1814, wo er im Alter von fünfund-g Jahren mit nahe an einunddreissig Dienstjahren und undert Pfund Sterling Pension abtrat. Landmann hatte Sohn, der in der Kriegs-Akademie studirte und sich später in den Kriegen gegen Frankreich in Spanien und Canada als englischer Genie-Offizier auszeichnete. In Canada diente er schon 1798. Im Jahre 1854 erschien von ihm in London: „Recollections of my Military Life. By Colonel Landmann, late of the corps of Royal Engineers“, in zwei Bänden, ein sehr interessantes und gut geschriebenes Werk.

Im Jahre 1792 erhielt Professor J. Landmann einen Assistenten im Fache der Befestigung und dieser war ein anderer Deutscher, Karl Blumenheben. Letzterer ward vom kaiserlichen Gesandten als in Fortifikation sehr tüchtig empfohlen und wird in den Annalen der Akademie sehr gepriesen. (Seite 58 und 70).

Diesem Blumenheben widerfuhr etwas Eigenthümliches. Als im Jahre 1803, zur Zeit als Napoleon in Boulogne eine Invasion Englands vorbereitete, die ganze englische Volks-Miliz, etwa anderthalb Millionen stark aufgeboten ward, wurde er, obwohl Professor an der Kriegsschule und Fremder, als Deserteur verhaftet, weil er sich zur Zeit der Aushebung nicht stellte. Er schrieb dem Kriegsminister, dass er als Fremder nicht dienstpflichtig wäre und letzterer stimmte bei. Aber die Richter, die sogen. „Justices“ in der Grafschaft Kent, verwarfen diese Entschuldigung und übergaben ihn als Deserteur einem Sergeanten der „West Kent Militia“, der den königlichen Professor der Fortifikation als Arrestanten nach Ashford führte. Dort aber entliess ihn der Oberkommandant, nachdem er des Kriegsministers Brief an Blumenheben gelesen. Als 1814 J. Landmann abtrat, wurde Blumenheben, sein bisheriger Assistent, sein provisorischer Stellvertreter. Aber bei der Wahl eines Professors der Befestigung, im Jahre 1816, überging man ihn, dessen Verdienste ehemals so sehr gelobt wurden, und wählte einen Franzosen, Malorti de Martemont, ehemals an der Ecole Polytechnique in Paris, der bisher als zweiter Assistent von Landmann und als junior von Blumenheben in der Akademie gelehrt hatte. Man sprach dabei das Bedauern aus, dass man für diese Stelle einen Fremden von der französischen polytechnischen Schule nehmen müsste. Darauf entspannen sich Zwistigkeiten zwischen dem Lieutenant Governor der Akademie und dem zurückgesetzten Blumenheben, die mit dem freiwilligen Rücktritt des letzteren mit Pension von zweihunderteinunddreissig Pfund Sterling im Jahre 1816 endeten.

Im Jahre 1823, (20. März) wurde der berühmte Berner Turnlehrer Hauptmann Clias in der Akademie mit einem Gehalt von zweihundert Pfund Sterling angestellt, um den Kadetten zum ersten

Male die deutsche Turnkunst zu lehren. Seine Anstellung dauerte bis September 1825. Man übergab sodann den Unterricht im Turnen Unteroffizieren die man für fähig dazu hielt. Aber in der Akademie sowohl als im Heere gerieth das deutsche Turnen bald wieder in Vergessenheit bis es erst wieder in den fünfziger Jahren durch Major Hammersley in's Leben gerufen wurde. Die Ursache des Verfalles des Turnens ist wohl dass man diesen wichtigen Erziehungszweig ganz in den Händen von Unteroffizieren liess, anstatt unter der Leitung gebildeter Offiziere.

Im Jahre 1827 wurde Hauptmann Dubourdieu vom hannövrischen Geniekorps erst auf Probe und 1828 definitiv als Lehrer der Befestigung angestellt. Aber schon in demselben Jahre trat er freiwillig wieder ab. Im Jahre 1830 erschien von ihm in London die englische Uebersetzung eines deutschen Werkes „Instruction for the Choice, Fortifying, Occupation, Defence und Attack of Military positions“.

Seit der Gründung der Akademie waren fast alle Professoren der Befestigung und theils der Artillerie, mit Ausnahme Malortis, Deutsche gewesen. Erst nach des letzteren Rücktritt wurde der erste Engländer als Professor der Fortifikation angestellt: Major Michell. Seit dem wurden keine Fremden mehr als Lehrer rein militärischer Fächer in der Akademie angestellt. Während man bis dahin keine kompetenten Lehrer der Befestigung in England gefunden hatte, haben sich die Engländer später gerade in diesem Fache so ausgebildet, dass heute ihre Genieoffiziere in erster Reihe in den europäischen Geniekorps stehen.

Auch unter den Kadetten der Akademie fanden sich manchmal Deutsche. In einem Examen, 1779, war einer Namens Koehler, zweiundzwanzig Jahre alt, der erste unter den Kandidaten und erhielt eine Offiziersstelle in der Artillerie. Ein anders Mal, 1804, bestand eine Anzahl hannövrischer Offiziere ein erfolgreiches Examen durch Akademie-Professoren.

Folgendes Ereigniss das die sogen. „Records“ der Akademie berichten, verdient wohl hier noch eine Stelle. Im Jahre 1814, am 13. Juni, besuchten die Akademie mit dem Prinz-Regenten von England: der König von Preussen und der Kaiser von Russland, ersterer mit seinen Generälen Blücher, York, Bülow u. A. Sie inspicirten das Kadettenkorps, sahen sie an der Arbeit und in ihren Lehrhallen und nahmen nachher ein Frühstück in der schönen gothischen Speisehalle, wohl eine der prächtigsten Speisehallen in Europa.

§ 5.

DEUTSCHE PROTESTANTISCHE KIRCHEN IN LONDON IM 17. UND 18. JAHRHUNDERT.[1] THEOLOGEN.

Ehe ich mit biographischen Skizzen einiger hervorragender deutscher Theologen beginne, will ich einige Worte über die Bildung deutsch-protestantischer Gemeinden in London vorausschicken.

Ich habe früher schon erwähnt, dass die erste deutsch-reformirte Gemeinde in London durch den Einfluss des Erzbischofs Cranmer, kraft eines königlichen Freibriefs von Edward VI. im Jahre 1550 gegründet ward und den Namen führte: „Die Kirche der Deutschen und anderer Ausländer in Austin Friars“. Die Gemeinde blühte unter der Leitung von Johann A'Lasko rasch auf, wurde aber von Königin Mary, 1553, wieder aufgelöst und verfolgt. Elisabeth aber stellte die Kirche wieder her.

Ueber die Geschichte der deutschen Kirchen unter Elisabeth, James I. und Charles I. konnte ich nichts erfahren. Es ist übrigens anzunehmen, dass unter ihnen deutsche Gemeinden in London bestanden, da die Zahl der Deutschen zu dieser Zeit, wie ich in einem vorhergehenden Kapitel gezeigt, keine geringe war. Gegen Mitte des 18. Jahrhunderts wurden die Deutschen in London (ohne die Niederländer) auf 4 bis 5000 geschätzt. Viele Deutsche waren seit der Thronbesteigung des Hauses Braunschweig nach England gekommen. In den Kirchenregistern aus dieser Zeit finden sich die Namen von Gesandten deutscher Höfe, von Hofbeamten, vielen Hofbedienten, Hoflieferanten, auch von Offizieren und Soldaten. Am Ende des 18. Jahrhunderts soll sich die Zahl der Deutschen auf etwa 6000 belaufen haben, von denen aber nicht viel über 1000 den deutschen Kirchen angehörten.

Die erste deutsche lutherische Kirche in London wurde von der hansischen Gilde im „Stahlhof“ gegründet. Ihre Mitglieder waren zu der Zeit hauptsächlich Hamburger Kaufleute (daher der Name: „Hamburger Kirche“) und Andere aus den damals zu Schweden gehörigen Ostseestädten. Durch Vermittlung des schwedischen Gesandten Lyonberg, erhielten sie 1669 von Charles II. die Erlaubniss eine Kirche zu bauen. Sie er-

[1] Quelle: „Geschichte der deutschen evangelischen Kirchen in England“ von Dr. Karl Schoell. 1852. London: Williams und Norgate; Stuttgart: J. F. Steinkopf.

warben zu diesem Zweck ganz in der Nähe des Stahlhofes den Grund und Boden der durch den Stadtbrand von 1666 zerstörten englischen Kirche „Trinity-the-lesse". Der Kirchenbau wurde 1671 begonnen und im Dezember 1673 vollendet. Kurz zuvor war den Kuratoren der auf den lutherischen Bekenntnissschriften stehenden Gemeinde ein königlicher Freibrief vom 13. September 1673 ertheilt worden, welcher der Gemeinde korporative Rechte verlieh, ihren äusseren Besitz, sowie die ungehinderte Ordnung und Verwaltung der inneren Angelegenheiten gewährleistete.

Von dieser im Herzen der Altstadt gelegenen Kirche zweigte sich 1692 der in Westminster wohnende Theil der Deutschen ab und gründete eine Gemeinde in der Savoy — dem grossen Palaste, den sich der Herzog Peter von Savoyen, Oheim der Königin Eleonore, 1245 erbaut hatte, und der nachher an die Krone kam, 1381 von den Kenter Rebellen zerstört, dann unter Henry VII. und VIII. wieder aufgebaut wurde und verschiedenen Zwecken diente.

Zunächst wurde er zu einem Hospitz für Arme, Kranke und Reisende bestimmt, dann als Jesuitenkloster eingerichtet, später wurde er als Kaserne gebraucht. Auf kurze Zeit wurde von James II. den Jesuiten wieder eine Kapelle und Schule daselbst eingerichtet, was mit der Thronbesteigung von William III. zu Ende kam. Die Jesuitenkapelle wurde in der Folge von den Deutschen gemiethet und 1694 eingeweiht und benutzt, bis eine neue Kirche 1798 an ihre Stelle trat.

Ausser der deutschen lutherischen Kirche fanden auch andere Gemeinden Unterkunft im Savoy-Palast. So wurde schon 1641 eine französische Kapelle mit anglikanischem Kultus eingerichtet und 1697 eine deutsche reformirte Kirche, die bis 1817 dort verblieb.

Kurz nach der Gründung dieser Kirchen wurde 1702 die deutsche lutherische Hofkapelle in St. James für den Gemahl der Königin Anna, Prinzen Georg von Dänemark, eingerichtet und der Gottesdienst (dem anglikanischen ähnlich) in einem Saale des Schlosses St. James bis 1781 gehalten, wo eine eigene Kapelle gebaut wurde. Die Kapelle steht unter dem Bischof von London als Dekan der Hofkapellen.

Im Osten London's (in Whitechapel) wurde 1763 eine deutsche lutherische Gemeinde gebildet und eine Kirche in Little-Alie-Street gebaut. Die Kirche heisst St. Georg's und wurde vom deutschen Zuckersieder Beckmann gegründet. Mit ihr in Verbindung bildete sich später ein Frauen-Verein zu dem Zwecke jährlich etwa hundert Kinder neu zu kleiden, ferner eine Gemeinde-Armenkasse, armen alten Mitgliedern eine wöchentliche Unterstützung zu bieten.

Vorübergehend tauchten auch andere kleine Gemeinden auf, die aber bald wieder verschwanden. Im Jahre 1698 wurde auch in Dublin eine deutsche Kirche gegründet, die sich aber etwa 1830 wieder auflöste. Im Jahre 1770 gründete Dr. Wendeborn, von dem schon im Kapitel VIII die Rede gewesen, eine evangelische Kirche, Johanniskirche genannt, in Ludgate-Hill, City, die aber nach seinem Rücktritt wieder einging. Von deutschen Kirchen in andern Theilen Grossbritanniens ist nichts bekannt.

Mit Ausnahme der Hofkapelle[1] wurden die genannten Kirchen durch freiwillige Beiträge gegründet und unterhalten, und standen weder mit einer heimatlichen Behörde, noch unter sich in engerem Verband, sondern waren völlig selbständig. Die Verwaltung lag in den Händen einer von den kontribuirenden Gemeindegliedern gewählten Behörde (Aeltesten und Vorstehern, Pastoren und Kuratoren). Doch wurde, wenigstens bei den lutherischen Kirchen, ein Zusammenhang mit der vaterländischen Kirche in sofern gewahrt, als bei Erledigung einer Predigerstelle heimische Konsistorien oder Universitäten um Empfehlung von tüchtigen Kandidaten angegangen wurden, aus denen die Gemeinde einen wählte, sofern sich die Pastoren strenge an die Lehre, den Kultus und die Bräuche der heimatlichen Kirche banden.

Von den deutschen Geistlichen an obigen Kirchen sind folgende hervorzuheben.

An der Hofkapelle: Anton Wilhelm Böhme, der früher schon S. 221 u. 342 erwähnt wurde, 1705—1722 (geb. 1673 zu Oestorf, Grafschaft Pyrmont) eine Zeitlang H. A. Francke's Gehilfe in Halle, Mitglied der „Society for promoting Christian Knowledge", welche er für die lutherische Mission in Ostindien interessirte. Böhme, ein tüchtiger Prediger, that viel für die Armen und Kranken, richtete für letztere eine Krankenpflege ein, die bis Ende des Jahrhunderts fortbestand. Er übersetzte die Berichte der lutherischen Mission in's Englische, schrieb acht Bücher über die Reformation der Kirche von England, wie

[1] Der Jahresgehalt des ersten Predigers an der königl. German Chapel war im 18. Jahrhundert 284 Pfund Sterling. Im Jahre 1773 erhielt der zweite 243 Pfund Sterling.

auch über Anderes. Seine Briefe wurden 1737 herausgegeben, (S. Zedler, Universal-Lexikon).

Friedr. Mich. Ziegenhagen, Dr. Theologiae. 1722—76, Freund H. A. Francke's, ein eifriger Förderer der lutherischen Mission in Ostindien. (Ueber sein Leben s. „Neuere Geschichte der Missionsanstalten in Ostindien". II. Band. Halle 1783. Seine Schriften herausgegeben von F. W. Pasche.)

An der Hamburger Kirche: E. Edzards, 1686—1713. ein gelehrter Orientalist, dessen Ruf Manche nach London zog.

An der Savoy-Kirche: Joh. Reichard Pittius, 1742—66, ein frommer Mann aus der Halle'schen Schule, unter dem sich die Gemeinde bedeutend hob, und Joh. Gust. Burgmann (s. Leben von G. W. Pieper, 1851), beide sehr beliebte Prediger. Ferner wirkte an dieser Kirche Joh. Gottlieb Burckhardt, 1781—1800, zuvor Privatdocent und Prediger in Leipzig, guter Prediger und sehr verdient um die Gemeindeschule. Er schrieb u. a. eine „Kirchengeschichte der deutschen Gemeinden in London" 1798.

An der reformirten Kirche wirkte C. G. Woide, 1768—80, Dr. Theolog. und Dr. Juris, zugleich Bibliothekar am British Museum, ein Orientalist, welcher den „Codex Alexandrinus" herausgab.

Nebst obigen protestantischen Kirchen in England will ich noch der in dieses Land verpflanzten sogen. „mährischen Brüder" gedenken. Von den im Jahre 1737 von Zinzendorf in London und in der Provinz gegründeten vielen deutschen Brudergemeinden, in England Moravians genannt, bestehen heute noch einige. Sie sind jetzt ganz anglisirt, haben aber noch bis heute den Choralgesang in deutscher Sprache beibehalten.

In diesem Jahrhunderte haben sich die deutsch-protestantischen Gemeinden in England vermehrt und besonders in englischen Provinzialstädten, wie Manchester, Liverpool, Hull, Bradford u. a. wurden neue gegründet.

Mit der Vermehrung der deutsch-englischen Kolonie wurden gewisse Anstalten zur Unterstützung unglücklicher Landsleute nöthig. Die ersten und früher die einzigen deutschen Wohlthätigkeitsanstalten standen in enger Verbindung mit den deutschen Kirchen. Nach und nach, aber erst in diesem Jahrhunderte, entstanden Wohlthätigkeits-Anstalten, von welchen manche wohl mit den deutschen Kirchen in Verbindung stehen, andere aber rein philanthropisch sind. Die meisten solcher heute noch bestehender Anstalten sind erst seit den vierziger Jahren dieses Jahrhunderts in's Leben getreten. Einige aber sind älter. Schon im Jahre 1743 wurde die Savoy-Schule gegründet, welche Kinder armer deutschen Eltern kleidet und erzieht, in enger Verbindung mit der oben erwähnten lutherischen Kirche steht und grossentheils von letzterer unterstützt wird. Auch mit der 1763 gegründeten St. Georgskirche steht, wie oben erwähnt, ein Hilfsverein in Verbindung.

Die meisten deutschen Hilfsvereine in England waren und sind für Protestanten. Es kommt dies wohl daher dass die katholischen Deutschen in England bis vor Kurzem keine besonderen religiösen Gemeinden bildeten, sondern in der katholischen Kirche aufgingen, welche international ist. Es gab wohl deutsche katholische Priester aber nur in Verbindung mit englischen katholischen Kirchen. Der Protestantismus ist nationaler und hat in fremden Ländern oder unter fremder Herrschaft das Deutschthum lange erhalten, und auch in England die Deutschen vor raschem und früherem vollständigem Verschmelzen mit den Eingebornen bewahrt, wozu die deutschen Prediger und deutschen Hymnen nicht wenig beitrugen. Der Katholicismus ist universell und kümmert sich weder um Nationalität noch Sprache, seine Kirchensprache ist eine erloschene. Es haben die Sachsen in Siebenbürgen, die Schwaben in Russland durch ihren Protestantismus ihr Deutschthum bewahrt. In Sachen der Wohlthätigkeit ist jedoch die Trennung Deutscher in Protestanten und Katholiken heutzutag in so fern zu beklagen, als strenggläubige Katholiken in letzter Zeit es oft in London vorgezogen haben. im Falle von Erkrankung das „französische" Hospital aufzusuchen, wo sie unter Pflege barmherziger Schwestern sind, anstatt des vortrefflichen deutschen Hospitals, das ihnen zu konfessionell scheint, und wo man doch zu tolerant ist um ihrem Gewissen zu nahe zu treten.

Nebst den oben angeführten deutschen Geistlichen, welche an den deutschen protestantischen Kirchen in London angestellt waren, führe ich noch folgende deutsche Theologen an, von denen einige England nur vorübergehend besuchten, alle aber daselbst eine mehr oder weniger grosse und einflussreiche religiöse oder literarische Wirksamkeit entfalteten.

Unter den Deutschen, die in der ersten Zeit des 18. Jahrhunderts als Zugvögel kamen, ist besonders Karl Stephan

Jordan zu erwähnen. Dieser war ein berühmter Theologe und Vice-Präsident der Akademie der Wissenschaften zu Berlin, wo er 1745 starb. Er schrieb „die Geschichte einer literarischen Reise: (L'Histoire d'un voyage litteraire) in Frankreich, England und Holland“.

De Missy (Cäsar), ein zu seiner Zeit ausgezeichneter Gelehrter, war 1703 in Berlin geboren und der Sohn eines dortigen Kaufmanns. Er studirte daselbst in der französischen Schule und später in Frankfurt a./O. Im Jahre 1725 wurde er protestantischer Geistlicher und 1731 kam er auf Einladung nach London, und erhielt eine Anstellung in der französischen Kirche in Savoy, London. Im Jahre 1762 ernannte ihn der Bischof von London zum französischen Kapellane der königlischen Kapelle in St. James. Er starb 1775.

De Missy publicirte nur auf dringende Aufforderung und oft entweder anonym oder mit angenommenem Namen, so wie auch mit den Initialen C. D. M. Verschiedene Poesien, Aufsätze theologischer und literarischer Art, Memoiren, Dissertationen etc. erschienen von ihm von 1721 an in kontinentalen und englischen periodischen Zeitschriften. Er half auch vielen Gelehrten bei ihren Werken. Unter Andern waren ihm sehr verpflichtet Professor Wetstein in seiner zur Zeit berühmten englischen Ausgabe des griechischen Testaments, und Dr. Jortin in seinem „Life of Erasmus“. Sein Name findet sich sehr oft in den Werken englischer Gelehrter seiner Zeit erwähnt. Er war nicht nur scharfsinnig und gelehrt, sondern auch wahrhaft und kühn in Vertheidigung der Wahrheit und ein Mann mit vielen und grossen Tugenden.

Johann Jakob Wetstein, dessen griechisches Testament mit Hilfe de Missy's in England herauskam, war Professor in Basel und ein hervorragender Orientalist. Er besuchte 1714 England, wo er viele Konferenzen mit Dr. Bentley hatte, mit dem er in reger Korrespondenz blieb. Der Zweck seiner Reise war Manuskripte zu prüfen. Im Jahre 1746 besuchte er England zum zweiten Male. Seine Arbeiten verschafften ihm Ehren aller Art. In England ernannte ihn 1753 die Royal Society zum Fellow, nachdem ihn die englische Gesellschaft zur Verbreitung der Bibel das Jahr vorher zum Ehrenmitgliede erwählt hatte.

Graf Nikolaus Ludwig von Zinzendorf und Pottendorf, obwohl kein Theologe von Beruf, nimmt in der religiösen Bewegung seiner Zeit eine so wichtige Stellung ein, und hat auch besonders in England und dessen Kolonien einen solchen Einfluss geübt, dass ihm ein Platz unter den deutschen Vertretern der Religion gebührt.

Zinzendorf war der Gründer der Kirche der Brüder oder Herrenhuter. Er besuchte 1737 England um mit den Direktoren der britischen Kolonien in London wegen der Ansiedelungen der Brüder in Georgia zu konferiren. Die Brüdergemeinde stand damals in hohem Ansehen in England. Bei Gelegenheit seines Besuches wurde die Frage erwähnt, ob die anglikanische Kirche die kirchlichen Funktionen der Brüder anerkennen sollte, wobei Dr. John Potter, Erzbischof von Canterbury sich dafür aussprach. Zinzendorf lernte bei dieser Gelegenheit die Gründer des Methodismus in England kennen und war Anfangs mit ihnen befreundet, bis eine Störung in Folge einiger Lehren eintrat.

Im Jahre 1741 besuchte Zinzendorf England auf seiner Reise nach Amerika. Im Jahre 1749 kam er wieder nach London, wo er eine Konferenz mit den Beamten der Brüder-Kongregationen hielt, die inzwischen stark zugenommen hatten. Er bat damals um eine parlamentarische Untersuchung der Verhältnisse, in der Absicht, die Anerkennung der Kirche der Brüder in England und in den amerikanischen Kolonien zu erreichen. Das Parlament dekretirte ein Gesetz zu Gunsten der Brüder, und die Krone genehmigte dasselbe. Dadurch wurden die Herrenhuter als eine protestantische, episkopale Kirche anerkannt, als „Unitas Fratrum“ oder „the United Brethren“. Zinzendorf schloss bei dieser Gelegenheit Freundschaft mit hohen Würdenträgern der englischen Kirche.

Während vieler Jahre war John Gambold von Haverford-West, in South Wales, Priester und Bischof der Brüder. In London, in Neville's Court, Fetter Lane, wohnte und predigte er in einer Kapelle der Brüder daselbst. Seine Verbindung mit den Brüdern fand im Jahre 1748 statt, als Peter Boehler Oxford besuchte, wo Gambold Mitglied von Christ Church Collegium war und mit ihm und dem berühmten Charles Wesley häufige Zusammenkünfte hielt.

Boehler diskutirte in Oxford lateinisch und Gambold unterstützte ihn und diente als Dolmetscher, da die englische Aussprache des Lateinischen Fremden schwerverständlich ist. Gambold, der in sehr hoher Achtung bei dem englischen Clerus stand, hat durch verschiedene englische Schriften die Angriffe gegen die Brüder widerlegt, über die weiter unten gesprochen wird.

Er publicirte auch einen Brief von Spangenberg über Zinzendorf. Von Aug. G. Spangenberg erschien in England 1784 „Exposition of Christian doctrine, as taught in the protestant Church of the united brethren“, mit Vorrede von Latrobe.

Nach kurzer Abwesenheit in Deutschland kam Zinzendorf 1751 wieder nach England und blieb nun über drei Jahre daselbst, wo er sehr thätig war, in der Kirche der Brüder in London predigte, Kongregationen besuchte, Konferenzen mit Geistlichen hielt, literarisch arbeitete und in freundschaftlichem Verkehr mit den Bischöfen von London, Lincoln und Worcester stand. Mit Lord Granville unterhandelte er wegen des Ankaufs von 100,000 Acker Landes in North Carolina, Amerika. Zinzendorf widmete sein ganzes Vermögen seiner Kirche der Brüder. Eine Sammlung seiner Predigten erschien zu dieser Zeit in London. Im Jahre 1755 kehrte er nach Deutschland zurück. Er starb 1760 in Herrenhut und Tausende begleiteten ihn nach seiner Ruhestätte.

Die Herrenhuter, die heute noch in England in hoher Achtung stehen, haben auch daselbst ihre Zeit der Verfolgungen gehabt und diese gingen leider von einem Deutschen in England aus. Im Jahre 1753 erschien ein Buch, betitelt: „A Candid Narrative of the Rise and Progress of the Herrnhuters, commonly called Moravians or Unitas Fratrum; with a short Account of their Doctrines, drawn from their own Writings. By Henry Rimius, Aulic-Counsellor to the king of Prussia etc“. Dieser Hofrath Rimius pflegte ihre Versammlungen zu besuchen. Im Jahre 1754 publicirte Rimius ein anderes englisches Werk: „A Solemn Call on Count Zinzendorf, the Author and Advocate of the Sect of Herrnhuters, commonly called Moravians, to answer all and every charge brought against them in the Candid Narrative“ etc. und 1755: „A Supplement to the Candid Narrative“.

In obigen Schriften wurden nicht nur die Grundsätze der Herrenhuter angegriffen, und diese der Ketzerei angeklagt, da sie in vielen Grundsätzen vom modernen Christenthum abweichen, sondern auch ihre Moral verlästert und verleumdet. Es geschah ihnen, wie den ersten Christen, von denen erzählt wurde „wie sie gemeinsam bei ihren Versammlungen mit den Frauen Unzucht trieben, kleine Kinder assen, einen Eselskopf anbeteten“. (Siehe die Apologien von Justin. und Tertullian.) Die Angriffe des Hofraths Rimius wurden endlich vo.. Gambold als Lügen nachgewiesen. Zugleich erschienen zahlreiche Schriften zur Vertheidigung der Brüder, von welchen viele von Personen von hoher Achtung und Stellung kamen. Aber die Herrenhuter haben die Angriffe überlebt. Trotz seltsamer Grundsätze und seltsamen Lebens, waren und sind die Herrenhuter sehr achtbare Mitglieder der Gesellschaft und vom Standpunkt des Christenthums bessere und wahrere Christen als die Anhänger aller anderer Konfessionen.

Im Jahre 1741 fungirte eine Zeitlang in der deutschen Kirche in St. James Palast Johann David Michaelis aus Halle, ein gelehrter Orientalist. Er kehrte 1745 nach Deutschland zurück, wo er Professor in Göttingen wurde. Im Jahre 1789 wurde er Fellow der Royal Society. Er gab zahlreiche gelehrte Werke heraus über Geschichte, Philosophie und biblische Literatur. Seine Abhandlungen über hebräische, chaldäische, syrische und arabische Grammatik haben jetzt noch Werth und waren von den deutschen Orientalisten seiner Zeit sehr geschätzt.

Christian Friedrich Schwartz, einer der bedeutendsten Missionäre des 18. Jahrhunderts, war in Sonnenburg geboren. Im Jahre 1749 war er in London, wo er von der „Society for the Propagation of Christian Knowledge“ freundlich aufgenommen und von derselben mit Reisemitteln nach Indien versehen wurde. Im Jahre 1750 reiste er dahin ab, lebte sechszehn Jahre daselbst in Verbindung mit obiger Gesellschaft und errichtete in Trichinopolis eine Kirche und Schule. Seine Konvertiten betrugen gegen 7000. Er starb 1798 in Tanjore in Indien und es wurde ihm eine Marmorbüste verfertigt vom berühmten englischen Künstler Flaxman in der dortigen Missionskirche von dem Rajah errichtet. Memoiren seines Lebens und seiner Korrespondenz wurden 1834 von Dr. Pearson veröffentlicht.

Im Jahre 1761 kam der berühmte theologische Schriftsteller und Kanzelredner Gottfried Less aus Conitz in Westpreussen nach England, wo er drei Jahre blieb, später Professor der Theologie in Göttingen wurde und zu seiner Zeit grossen Ruhm genoss.

Johann Jakob Griesbach, Theologe, aus Butzbach, Hessen-Darmstadt, besuchte England im Jahre 1769 um die literarischen Schätze zu London, Oxford und Cambridge zu benutzen. In London studirte er im British Museum. Der besondere Zweck seiner Studien war Manuskripte des neuen Testamentes zu studiren. Griesbach kehrte 1770 nach Deutschland zurück, wo er Professor in Halle wurde und als Professor der Theologie, als Dogmatiker und Kritiker des neutestamentarischen s sich einen Namen machte und eine Reihe bedeutender e herausgab. Eines derselben: „Commentarius Criticus in m Graecum Novi Test.," erschien 1796 in London und zugleich.

In der deutschen Kirche von St. James war 1782 Pastor ·ader als Kaplan angestellt, der nebstdem noch zwei deutsche :enten hatte. Schrader gab den jungen Prinzen und Prinen der königlichen Familie Religionsunterricht.

Zur selben Zeit als Schrader in der königlichen Kapelle ·te, predigte im Osten London's Pastor Waschel als icher der dortigen deutschen Kirche. Archenholz erwähnt nem Buch über England dieses Mannes in Verbindung mit Begebenheit, die hier wohl eine Stelle verdient.

In der Mitte des 18. Jahrhunderts begannen die Auserungen aus dem deutschen Reiche sehr zuzunehmen, und Klagen erhoben sich über die Behandlung der Emigranten. ıhre 1765 kam ein deutscher Emigrationsprojektor, dessen :n und Absichten unbekannt geblieben sind, an der Spitze chthundert Auswanderern, Männern, Weibern und Kindern, er Pfalz, Franken und Schwaben in England an. Er hatte ısammengebracht und ihnen ein sorgenloses Leben in den chen Kolonien versprochen. Aber als sie im Hafen von on ankamen, verschwand ihr Führer und Niemand hörte r von ihm. Die Emigranten kamen bald in das grösste , und lagerten im Osten London's ohne Obdach und fast Nahrung, obwohl die unbemittelten englischen Nachbarn hrer annahmen. Mehrere starben vor Hunger und Noth. : Zeit verbreitete sich die Nachricht über die Lage dieser ickliehen nicht über ihre nächste Nähe hinaus. Pastor hel, der Geistliche der deutschen Kirche im Ostende hörte :h davon, brachte die Sache vor das grössere Publikum ıppellirte durch die Presse an dessen Mildthätigkeit. Bald Hilfe. Ueberall in allen Kaffeehäusern wurden Beiträge ımelt und die armen Leute waren bald mit allem Nöthigen ıen. Es waren Viele unter den Subscribenten die hundert l Sterling und selbst mehr gaben, die Emigranten wurden Ionate in London unterhalten und dann mittels öffentlicher ige nach Carolina in Amerika in besonders dazu hergeten Schiffen gebracht. Selbst nach Ankunft in Carolina : noch für sie gesorgt.

Dieser Zug der Wohlthätigkeit, der überhaupt ein sehr

schöner Zug im englischen Nationalcharakter ist, verdient vor Vergessenheit gerettet zu werden.

Nebst den angeführten Geistlichen der deutschen Kirchen in London, zu denen noch Andere, wie Dr. Wendeborn gehörten, der im Kapitel über das deutsche Sprachstudium erwähnt ist, fanden sich noch deutsche Pastoren unter den deutschen oder hannövrischen Regimentern in England und den Kolonien. Der schon genannte Theologe, Professor Moritz, der in 1782 in England war, erwähnt deren zwei in seinem Reiseberichte, die er bei Pastor Schrader getroffen, die Kapläne Lindemann und Kritter, welche mit den hannövrischen Truppen nach Minorca gezogen und eben mit der Garnison zurückgekehrt waren.

§ 6.

PHILOLOGEN, LITERATEN.

Johann Georg Keysler, 1689 in Turnau geboren, war ein gelehrter Alterthumsforscher. Er studirte in Halle die Rechte, klassische Sprachen, Hebräisch, Geschichte, Alterthumskunde und Naturwissenschaften. Im Jahre 1713 reiste er durch Deutschland, Frankreich und die Niederlande, wobei er eine grosse Berühmtheit durch seine Erklärung verschiedener Monumente des Alterthums erlangte, besonders der Fragmente keltischer Idole, die damals in der Kathedrale von Paris aufgefunden wurden.

Er wurde nach Heimkehr 1716 Erzieher der beiden Enkel des Barons von Bernstorf, der erster Staatsminister des Königs von England als Churfürst von Hannover war. Im Jahre 1718 erhielt Keysler Urlaub nach England zu gehen, wo er sich so sehr durch seine Kenntnisse in Alterthümern auszeichnete, dass ihn die Royal Society zu ihrem Fellow erwählte. Diese Ehre verdankte er ganz besonders einer gelehrten Abhandlung: „De Dea Nehalennia numine veterum Walachrorum topico“. Er gab auch eine Erklärung der alten Monumente auf der Ebene von Salisbury, Stonehenge genannt, und schrieb ebenfalls eine „Dissertation on the consecrated Mistletoe of the Druids“.

Alle diese einzelnen Abhandlungen, mit andern auserlesenen Besprechungen keltischer und nordischer Alterthümer, erschienen 1720, gesammelt in Hannover, nach seiner Rückkehr dahin.

Im Jahre 1731 machte er England wieder einen kürzeren Besuch. Er gab nachher ein zu seiner Zeit berühmtes grosses Reisewerk heraus, mit besonderer Bezugnahme auf Alterthümer, das 1756 in London in englischer Uebersetzung erschien. Er starb 1743 im vierundfünfzigsten Lebensjahre.

Nach Keysler, im Jahre 1727, kam der berühmte badische Geschichtschreiber Johann Daniel Schoepflin, Professor in Strassburg, nach England, wo er sich ein Jahr aufhielt.

Gerade wie im vorhergehenden Jahrhundert der deutsche Dichter Weckherlin in England eine diplomatische Stellung einnahm und in seiner Dichtkunst von der englischen Literatur nicht wenig inspirirt wurde, so war es auch mit Friedrich von Hagedorn, dem Hamburger Dichter, geboren 1708. Nach Herausgabe seiner ersten Gedichtesammlung ging er nach London, wo er Sekretär der dänischen Legation war. Nach einiger Zeit kehrte er nach Hamburg zurück, wo er Sekretär des sogen. „English Court“ wurde, mit einem guten Einkommen, das ihm erlaubte ganz der Poesie zu leben. In seinen anakreontischen Gesängen ahmte er besonders englische Originale nach und zeichnete sich durch Zartheit der Gefühle und Eleganz seiner Verse aus, in Folge dessen er der Dichter der Grazien genannt wurde.

Der berühmte Archäologe Philipp von Stosch, geboren 1691 zu Küstrin, dessen reiche und wichtige Sammlung von Antiken von Winckelmann beschrieben wurde, besuchte England und wurde in der Folge englischer Agent zu Rom. Er starb 1757 in Florenz.

Karl Gottlieb Guischard, 1724 in Magdeburg geboren, der bekannte Liebling Friedrichs des Grossen, studirte Theologie, alte Literatur, orientalische Sprachen und trat dann in den Kriegsdienst. Er hielt sich seit 1754 etwa zwei Jahre in England auf, und trat 1757 als Freiwilliger in die alliirte Armee. Friedrich nahm ihn als Hauptmann in sein Gefolge auf und legte ihm den Namen Quintus Icilius bei. Er machte die Feldzüge 1759—1760 und 1762 mit Auszeichnung mit, wurde Oberstlieutenant und machte sich besonders durch seine militärischen Memoiren über die Griechen und Römer, sowie durch seine Memoiren über militärische Antiquitäten bekannt. Er starb 1775.

Johann Georg Hammann, ausgezeichneter Philosoph,

öfters der Magus aus dem Norden genannt, 1730 zu Königsberg geboren, studirte erst Theologie dann die Rechte, trieb aber später mit Vorliebe schöne Literatur und kam 1756 nach England. In London blieb er über ein Jahr, und würde sein ganzes Leben da zugebracht haben, wenn ihm nicht die Mittel dazu gefehlt hätten. Im Jahre 1758 kehrte er wieder nach Deutschland zurück und widmete sich der alten Literatur und den orientalischen Sprachen. Er starb 1788 zu Münster. Seine Werke blieben lange unbeachtet, bis Herder zuerst auf ihren Werth aufmerksam machte, später Jean Paul sie lobend anerkannte und Jakobi sich oft auf sie bezog. Goethe hat im dritten Bande seiner Biographie eine treffende Schilderung Hammanns entworfen.

J. Wilhelm Baron von Archenholz, geboren in Danzig 1745, trat schon 1758 im Alter von vierzehn Jahren in preussische Dienste und diente bis zu Ende des 7jährigen Krieges. Er wurde als Hauptmann in Folge ehrenvoller Wunden entlassen und ist der Autor einer vortrefflich geschriebenen Geschichte dieses Krieges. Nachdem er in ganz Europa gereist, kam er 1769 nach England, wo er angeblich ununterbrochen bis 1779 weilte. Seinem Aufenthalte in England sind folgende Werke über England und englische Geschichte zu verdanken: „England und Italien" (1785) in fast alle lebenden Sprachen übersetzt; „Annalen der britischen Geschichte" von 1758 an. Seine Beschreibung Englands in zwei Bänden, die zuerst in französischer Sprache erschien und unter dem Namen „a Picture of England" vom Französischen in's Englische übersetzt wurde, ist das beste Werk, das bis dahin über England geschrieben wurde. Die Beschreibungen der Intsitutionen, Sitten, Gebräuche, des Nationalcharakters sind vortrefflich und es gilt englischen Schriftstellern selbst oft als Quelle. Der englischen Lektüre suchte Archenholz durch die Herausgabe seines „English Lyceum, a periodical work" und dessen Fortsetzung unter dem Titel: The British Mercury", 1781 — 1791, grössern Eingang in Deutschland zu verschaffen. Gleich dem fesselndsten Roman wurde seine „Geschichte der Königin Elisabeth" aufgenommen. Er gab ferner eine Uebersetzung des Orme'schen Werkes „die Engländer in Indien" heraus. Ueber seine andern Werke, besonders seine „Geschichte des 7jährigen Krieges" zu sprechen ist hier nicht am Platze. Unsere Sprache besitzt kein Buch das anziehender und deutsch-patriotischer ist, als das letztere von Archenholz. Es war eine Genugthuung für das Andenken des 1812 zu Hamburg Verstorbenen, dass 1862, fast hundert Jahre nachdem er in London gelebt und gelehrt, auf Antrag von Gottfried Kinkel und von mir, die wir zur Zeit Examinatoren der Universität London waren, von dem Senat der Universität die Geschichte des 7jährigen Krieges von Archenholz unter die deutschen Werke aufgenommen wurde, worin Kandidaten im Immatrikulations-Examen zu prüfen waren. In Folge dessen wurde das treffliche Buch fleissig in dem Land und dessen Lehranstalten gelesen, wo dessen Autor ehedem so manche trübe Stunden zugebracht haben mag, ohne Mittel und mit seinen Wunden als dem einzigen Ehrenzeichen.

Es ist zu bedauern, dass ein Mann wie Pastor Wendeborn, von dem im Kapitel VIII die Rede war, und der in London eine sehr geachtete Stellung einnahm, über das Leben von Archenholz in England ein so hartes und, wie man jetzt weiss, so ungerechtes Urtheil aussprach. Wendeborn war zwar ein Mann von hoher Bildung, aber offenbar mit gewissen Charakterfehlern behaftet, von denen Neid und Eifersucht besonders gross gewesen sein müssen. Dr. Render, der Autor einer deutschen Grammatik, die in ihrer Anlage bei weitem besser ist als die von Wendeborn und von der im VIII. Kapitel die Rede war, beklagt sich bitter in seiner Vorrede, dass Pastor Wendeborn öffentlich in einem deutschen Blatte und in der Vorrede seiner eigenen deutschen Grammatik, ohne Provokation nicht nur sein Buch, sondern auch seinen guten Namen angriff, und zwar nur weil Render auch eine Grammatik schrieb und für dies Buch vom Czaren, durch den russischen Gesandten in London, einen Brillant-Ring mit einem eigenen kaiserlichen Handschreiben erhielt. Wendeborn fühlte sich tief gekränkt, dass ihm der Czar für seine eigene Grammatik keinerlei Anerkennung gezollt, insbesondere da er, wie er sagt, doch „ein Mitglied der Oekonomischen Gesellschaft von St. Petersburg wäre“. Wenn man zudem bedenkt, dass Archenholz zur selben Zeit in London seinen Lebensunterhalt mit Sprachstudien und Unterricht verdiente, und Wendeborn hierin Konkurrenz machte, dass er, wie Wendeborn, über England schrieb, und sich in seinen Arbeiten als überlegen bewies, so wird man die Angriffe Wendeborns, die lange auf das Andenken von Archenholz einen Makel warfen, in anderm Lichte betrachten müssen. [1]

[1] Archenholz muss im Jahre 1782, der Zeit der Anwesenheit von Moritz,

Noch zur Zeit als Archenholz in London war, kam der wiederholt erwähnte Pastor und Literat von Berlin. Karl P. Moritz nach England. Er lebte eine Zeit lang in London und wanderte dann zu Fuss über Oxford nach Derbyshire. Nach Rückkehr gab er eine Beschreibung von London und seiner Reise in England heraus, die sehr interessant ist und sich durch richtige Beobachtung, unparteiische Beurtheilung, unverwüstliche Herzensgüte auszeichnet, so dass ihn Archenholz in seinem „Picture of England“ den liebenswürdigen Professor Moritz nennt. Das Buch wurde unter dem Titel: „Travels through England“ im Jahre 1795 ins Englische übersetzt. Er predigte in London in Wendeborn's deutscher Kirche in Ludgate-Hill, besuchte den preussischen Gesandten, Grafen Lucy, einen geborenen Griechen, dessen Bildung und Einfachheit er preist und erwähnt noch mehrerer Deutschen, die er kennen lernte u. A. des genannten Pastors Woide, des Orientalisten, der gerade das angeführte Alexandrinische Manuskript herausgeben wollte, ferner der oben angedeuteten Pastoren Schrader, Lindemann und Kritter, des berühmten deutschen Fussgängers, Baron Grothaus aus Hamburg, der gerade in London war, eines Kaufmannes Namens Mühlhausen, Associé der englischen Firma Painter, und besonders eines deutschen Chargé d'affaires der dänischen Gesandtschaft, Schönborn, der in Deutschland als Uebersetzer Pindar's in das Deutsche sowie auch als Physiker und genialer Mann bekannt war. Auch in Oxford lebte, wie Moritz berichtet, zur Zeit ein Deutscher, dessen Namen Mitchell ausgesprochen wurde, der viele Jahre sich als Musiker einen grossen Namen gemacht und sehr hoch angesehen war. Moritz erwähnt u. a. dass „die Antipathie und Vorurtheile gegen die Juden bei weitem allgemeiner in England als in Deutschland wären“, was sich inzwischen zum Gegentheile gestaltet hat. In allen seinen Urtheilen findet sich Moritz stets auf der rechten Seite. So lobt er die Nachgibigkeit der englischen Eltern gegen ihre Kinder, die ihren Geist nicht mit Prügeln brechen. „Kinder“, sagt er, „sollten frühe lernen sich selbst zu schätzen: während bei uns zu Hause die Eltern der niedern Klassen ihre Kinder für dieselbe Sklaverei heranziehen, unter der sie selbst stöhnen“.

---

noch in London gewesen sein, während seine Biographen seine Abreise auf 1779 festsetzen.

Unter den deutschen Literaten, zu dieser Zeit in England, verdient der unter den Lehrern der deutschen Sprache schon aufgeführte Leonhardi eine Stelle, welcher in London als Gelehrter und als Mensch in hoher Achtung stand und, wie schon erwähnt wurde, 1779 der Gründer und erste Meister der deutschen Loge der „Pilger" in London und zugleich der Vertreter aller Logen Deutschlands bei der Grossloge Englands war. Nebstdem dass er als Lehrer thätig war, übersetze er eine Anzahl berühmter englischer Theaterstücke in's Deutsche, und war noch als Journalist thätig. Dazu war er der Helfer in der Noth aller armen Deutschen in London, die sich stets an ihn wandten. Mein leider zu frühe verstorbener Freund Karl Bergmann hat ihm, und damit sich selbst, mit seiner in der Anmerkung Seite 344 genannten Schrift einen Denkstein gesetzt.

Johanna Schopenhauer, Tochter von Senator Trosina, geboren etwa 1770 zu Danzig, zeigte schon frühe grosses Talent zum Zeichnen und Malen, wie auch für Sprachen. Sie kam mit ihrem Gatten auf einer Reise in den 80er Jahren nach London, wo sie längere Zeit weilten. Im Jahre 1803 besuchte sie wieder mit ihrem Gatten England und Schottland. Nach dem Tode ihres Mannes nahm sie 1806 ihren Wohnsitz in Weimar, wo sich bald ein geselliger Verein um sie bildete, zu dem Goethe, Wieland, Fernow und viele Gelehrten und gebildete Frauen gehörten. Johanna Schopenhauer schrieb hier Fernow's Leben. Im Jahre 1812 gab sie „Erinnerungen von einer Reise durch England" heraus, und später andere ähnliche Werke und Novellen, die alle sich durch feine Beobachtungen und anziehende, leichte Darstellung auszeichnen.

Joseph von Hammer, (geboren 1774 zu Grätz) einer der berühmtesten Orientalisten seiner Zeit, Student der orientalischen Akademie zu Wien, arbeitete, obwohl noch jung, an Meninsky's arabisch-persisch-türkischem Lexikon, und machte zahlreiche Reisen, besonders in Aegypten. Hier machte er den ganzen wichtigen Feldzug unter Hutchinson und Sidney Smith, als Sekretär und Dolmetscher mit und kam nach dessen Beendigung 1801 nach England. Nach einem Aufenthalt daselbst von anderthalb Jahren kehrte er nach Wien zurück, wo er verschiedene Posten als Gesandtschaftssekretär und Consular-Agent bekleidete. Im Jahre 1809 rettete er einen guten Theil der Schätze der Hofbibliothek und orientalischen Manuskripte, welche Denon, während der Besetzung Wiens durch die Franzosen, nach Paris entführen wollte. Hammer hat zahlreiche Werke, politische, philosophische, sociale und topographische, veröffentlicht, darunter ein englisches: „Ancient Alphabets and Hieroglyphical Characters explained; with an account of the Egyptian priests, their classes, initiation and sacrifices, in the Arabic language by Ahmed Ben Abubekr Ben Washie and in English by Joseph Hammer, Secretary to the Imperial legation at Constantinople“. London 1805.

Joseph Hager, (geb. 1750), war ein zu seiner Zeit bekannter Orientalist, war aber auch mit den europäischen Sprachen vertraut. Unter den asiatischen Sprachen betrieb er besonders Chinesisch, das er in Berlin 1800 studirte. Von Deutschland ging er nach England, wo er eine Abhandlung über die neuentdeckten babylonischen Inschriften und eine andere über die chinesischen Charaktere herausgab; jene mit einer Masse von gelehrten Citaten ausgestattet, diese ohne besondern Werth. Dennoch fasste er den gewagten Entschluss ein chinesisches Wörterbuch herauszugeben. Die damalige französische Regierung nahm davon Notiz und berief Hager 1802 nach Paris, um ein chinesisch-lateinisch-französisches Wörterbuch zu schreiben. Allein seine Vorarbeiten, Prospectus und Schriften über chinesische Sitten und Alterthümer, waren nicht geeignet einen hohen Begriff von seinen Kenntnissen des Chinesischen zu geben und er erhielt, 1805, seine Entlassung. Aber er setzte dennoch seine chinesischen Studien fort. Im Jahre 1806 erschien in London sein Werk: „Elements of the Chinese language“, dem später andere folgten. Er war damals (1806) Professor der deutschen Sprache und Literatur in Oxford. Im Jahre 1809 erhielt er eine Stelle in Pavia, wo er 1819 starb. Er schrieb eine grosse Anzahl Bücher, worunter auch englische, über philosophische und antiquarische Gegenstände.

Friedrich von Genz, der berühmte politische und historische Schriftsteller, Gegner des französischen und eifriger Anhänger des britischen Regierungs-Systems, von Frankreich ebenso verlästert als von England gepriesen, wurde 1764 in Berlin geboren. Der Antheil, den er an den Begebenheiten der französischen Revolution nahm, entfaltete sein Talent als politischer Schriftsteller. Er trat als Gegner der Revolution auf und zwar durch eine Anzahl eigner Arbeiten, so wie durch Uebersetzungen von Burke u. A. Nie ist in England ein deutscher

Schriftsteller so gefeiert worden wie Genz. während seines Aufenthaltes daselbst von 1804—5, zur Zeit als das Kabinet Napoleons unaufhörliche Schmähungen gegen ihn erliess. „Genz hat als Kommentator Burke's die blühende, energische Schreibart seines Urbildes und mancher englischer Rhetoren sich selbst und dadurch vielen Andern eigen gemacht. Ebenso ist er seinen englischen Vorbildern ähnlich geworden im Festhalten der einmal ergriffenen politischen Partei und Gesinnung. in künstlicher Beleuchtung der Thatsachen zu einem politischen Zwecke, in Geschicklichkeit über manche Punkte einen sophistischen Schleier zu weben und dabei Tugend, Anständigkeit und Gesundheit des Urtheils feierlich in Anspruch zu nehmen. Als politischer Rhetoriker erhob er sich zum Range der Engländer, unter denen diese Art der Rhetorik in ihrem grossen Einfluss auf Politik damals mehr gewürdigt wurde, als in Deutschland."

Heinrich Wilhelm von Bülow, geboren 1760. Bruder des berühmten preussischen Generals und Waffenbruders von Blücher, wurde ebenfalls für eine kriegerische Laufbahn erzogen, gab sie aber auf und widmete sich klassischen. dramatischen und andern Studien. Er reiste zweimal nach Amerika und verlor sein Vermögen durch Spekulationen. Er trat nun als Schriftsteller auf und sein erstes Werk „System der Kriegskunst" bewies grosses Genie und erntete hohes Lob. Trotzdem wurde sein Talent vom preussischen Generalstab. dem er von grossem Nutzen hätte sein können. nicht verwandt. Er sah sich daher genöthigt, von Schriftstellerei zu leben. schrieb Verschiedenes u. a. eine Uebersetzung aus dem Englischen von Mungo Park's Reisen. Im Jahre 1801 gab er eine Geschichte des Feldzugs von 1800 heraus. Nach mancherlei Händeln. die ihm seine Abneigung gegen die damals gewöhnlichen Ansichten zugezogen, fasste er den Entschluss nach England zu gehen und ein Journal über dieses Land zu schreiben. In London aber fand er auch kein Glück. Die ersten Hefte seines Journals. der *ersten deutschen Zeitung in London*, fanden keine Käufer. Aus dieser getäuschten Hoffnung entstanden für ihn Verlegenheiten, die damit endigten, dass er zu einem Aufenthalte im Schuldgefängniss King's-Bench gezwungen wurde, wo er einige Monate sass. Später gab er in Berlin eine Reihe militärischer Schriften heraus. die sein hohes Talent bewiesen. Seine Ansichten in seiner Geschichte des Feldzugs von 1805, machten einen ungünstigen Eindruck in Oesterreich und Russland und bewirkten seine Verhaftung. Der Ausgang der Schlacht bei Jena gab seinem Geschicke eine neue

Wendung. Man liess ihn nicht frei, sondern brachte ihn gefangen nach Königsberg und von da nach Riga, wo er 1807 im Gefängniss starb.

§ 7.

NATURFORSCHER.

Johann Jakob Dillen oder Dillenius, berühmter Naturforscher, war 1687 in Darmstadt geboren und starb 1747 zu Oxford. Er studirte in Giessen und zeichnete sich bald durch eine Reihe wichtiger botanischer Werke aus und seine Verdienste als Botaniker veranlassten seinen Ruf nach England. Er kam 1721 nach London und liess sich darauf in Oxford nieder. Daselbst gab Dillen bald „Ray's Synopsis Methodica Stirpium Britannicarum“ heraus. Er hatte damals, obgleich schon berühmt als Botaniker, noch keine Anstellung in Oxford und hing von der Freigebigkeit der Gebrüder Sherard von Oxford ab, die ihn dahin zu kommen veranlasst hatten. Im Jahre 1728 starb Dr. Sherard und vermachte der Universität eine Summe Geldes zum Zwecke eine Professur der Botanik zu stiften, mit der Bedingung, dass Dillen der erste Inhaber des Katheders sein sollte. Auf diese Weise ward Dillen in eine botanische Stellung von hohem Range gebracht. Zu derselben Zeit wurde er einer der „Foreign Secretaries“ der Royal Society. Im Jahre 1732 bewies er seine Dankbarkeit gegen seinen Gönner durch die Veröffentlichung seines „Hortus Elthamensis“, ein Bericht über die seltenen Pflanzen, die in Sherard's Garten zu Eltham, bei London kultivirt wurden. Einige Jahre darauf erhielt Dillen das Ehren-Diplom eines Doctor Medicinae und veröffentlichte seine „Historia Muscorum“, ein Buch, das ihn in die erste Reihe der Botaniker erhob. Seine Ansichten führten nachträglich zu weiteren Entdeckungen. Linné widmete ihm das „Genus Dillenia“.

Zugleich mit Dillen war Dr. Schuchzer Foreign Secretary der Royal Society. Vor beiden begleitete Philipp Heinrich Zollmann dieselbe Stelle. Das Council der Royal Society wählte 1720 letzteren zum „Assistant Foreign Secretary“. Er bekleidete dieses Amt bis 1748. Er war ein Fellow der Royal Society und sein Amt ein schweres.

Johann Amman, Arzt und Botaniker, besuchte London 1730 und wurde 1731 Fellow der Royal Society. Im Jahre

1733 wurde er Professor der Naturgeschichte in Petersburg, wo er starb. Auch der berühmte Physiker Daniel Gabriel Fahrenheit, der Verfertiger des Barometers und Thermometers, von denen letzteres heute noch in England im Gebrauche ist, besuchte England, wo er 1736 starb.

Etwa zur selben Zeit befand sich der berühmte deutsche Chemiker, Dr. Siegmund August Frobenius in London, wo er viele Jahre lebte und 1741 starb. Von ihm stammten mehrere chemische Erfindungen und er pflegte Anfangs der 30 er Jahre (1731) häufig chemische Experimente u. a. über Aether vor der Royal Society zu machen. Seine Methode der Aetherbereitung, welche in den „Philosophical Transactions“ erschien, scheint damals grosse Aufmerksamkeit erregt zu haben. Viele Jahre wurde in England der Aether „Liquor sive aether Frobenii“ genannt.

Sir William Herschel, der um die Astronomie unsterblich verdiente Gelehrte, war 1738 in Hannover geboren. Sein Vater, ein Musiker ohne Vermögen, konnte ihm keine vollkommene Erziehung geben lassen und erzog ihn in seiner eigenen Kunst. Es ist aber unrichtig wenn man, wie oft geschieht, glaubt, dass Wilhelm erst später in England sich den Studien ergab, die ihn so berühmt machten. Der junge Herschel fand schon in der Heimat einen tüchtigen Lehrer, der seine Fähigkeiten erkannte und ihn mit Eifer in seinen Lieblingswissenschaften, der Logik, Ethik und Metaphysik unterrichtete. Dadurch wurde die Lernbegierde des Jünglings auf das Lebhafteste gereizt und er arbeitete mit ununterbrochenem Eifer und Fleiss, seinen Geist mit nützlichen Kenntnissen zu bereichern. Diese, ein musikalisches Instrument und einige geschriebenen Notenbücher, waren Alles womit ihn sein Vater ausstatten konnte. Nach dem Ausbruch des siebenjährigen Krieges kamen im Jahre 1759 Vater und Sohn mit einigen hannöverischen Truppen, zu deren Musikkorps sie gehörten, nach London. Der Vater kehrte nach Deutschland zurück, der Sohn aber blieb in England um sein Glück weiter zu versuchen. Seine Lage in einem fremden Lande und ohne Freunde, war sehr drückend. Aber mit Standhaftigkeit ertrug er alle Widerwärtigkeiten und fuhr beharrlich fort, sich in einem Beruf zu üben, der ihm so wenig versprach. Er hoffte in der Provinz mehr Verdienst zu finden und verliess daher London. Nachdem er mehrere Städte im Norden besucht hatte, wo er Musik lehrte und auch Konzerte dirigirte, führte ihn das Glück nach Halifax, wo eben die Stelle eines Organisten erledigt war. Er meldete sich dazu und erhielt sie. Seine Lust zu lernen aber erwachte jetzt, da er der drückendsten Sorgen überhoben war, nur noch lebhafter, und er studirte Italienisch, Griechisch, Lateinisch, ferner die Theorie der Harmonie, die ihn dergestalt anzog, dass er sich nach und nach auch mit den übrigen mathematischen Wissenschaften bekannt machte. Im Jahre 1766 trat er in einen grösseren Wirkungskreis, indem er zum Organisten in Bath erwählt wurde. Er hatte als solcher zugleich die Direktion des Theaters, der Oratorien, der öffentlichen und Privatkonzerte und ausserdem eine Menge Zöglinge zu unterrichten. Aber unter allen diesen Geschäften und Zerstreuungen fand er Zeit seine mathematischen Studien fortzusetzen. Er widmete ihnen, nach einem arbeitsvollen Tage, die Stunden der Nacht. In dem Ladies' Diary von 1780 erschien von ihm die Beantwortung einer Preisaufgabe über die Schwingungen der Saite, wenn sie in der Mitte mit einem kleinen Gewichte beschwert ist. Schon früher waren seine Studien vorzüglich auf Optik und Astronomie gerichtet. Das Vergnügen, mit welchem er den Himmel durch ein zweifüssiges gregorianisches Teleskop betrachtet hatte, erweckte den Wunsch in ihm, einen vollständigen astronomischen Apparat zu besitzen. Er trug einem Freunde in London auf, ihm ein noch grösseres Teleskop zu kaufen und beschloss auf dessen Anzeige von dem unerwartet hohen Preise, der dafür gefordert wurde, selbst ein solches zu verfertigen. Lange arbeitete er vergeblich, bis endlich ein glücklicher Erfolg seine Beharrlichkeit krönte, und er im Jahre 1774 die Genugthuung hatte, den Himmel durch einen selbst verfertigten fünffüssigen Newton'schen Reflektor zu betrachten. Nicht zufrieden damit, ging er weiter und beschloss Instrumente von grösserem Umfange zu verfertigen, als man bisher gekannt hatte. Nachdem er dergleichen von sieben und zehn Fuss zu Stande gebracht hatte, unternahm er die Verfertigung eines zwanzigfüssigen Instrumentes. Sein Fleiss und seine Ausdauer bei diesen Arbeiten waren unglaublich. Keine Schwierigkeiten vermochten ihn zu erschüttern. Er goss, schliff und polirte die Gläser selbst.

Seine ersten regelmässigen Beobachtungen machte er zwischen 1776 und 1780 und sie wurden in letzterem Jahre in den Philosophical Transactions veröffentlicht. In der Nacht des 13. März 1781 entdeckte er einen neuen, zu unserem Sternensystem gehörigen Planeten, den er George III. zu Ehren, Georgium Sidus nannte, der aber jetzt den Namen Uranus führt. Für diese grosse Entdeckung ernannte ihn die Royal Society zu ihrem Fellow. Im folgenden Jahre nahm ihn der König unter seinen unmittelbaren Schutz und gab ihm einen Jahresgehalt von vierhundert Pfund Sterling.

Herschel verliess nun Bath und seine musikalischen Instrumente und zog nach Slough, bei Windsor, wo ein Haus und eine Sternwarte für ihn eingerichtet wurden. Hier, in einer glücklichen Unabhängigkeit, sah er sich in den Stand gesetzt, seine Pläne weiter zu verfolgen. Schon zu Bath fing er damit an, ein dreissigfüssiges Teleskop zu verfertigen. Jetzt brachte er ein vierzigfüssiges zu Stande. Allein die Schwierigkeiten, einem Instrumente von solchem Umfange die gehörigen Vollkommenheiten zu geben, erwiesen sich als fast unübersteiglich und so ist ihm dieses Teleskop mehr ein Gegenstand allgemeiner Bewunderung als der Brauchbarkeit gewesen. Herschel hat keine seiner wichtigen Entdeckungen demselben zu verdanken gehabt.

Im Jahre 1783 entdeckte er einen Vulkan im Monde und im Jahre 1787 noch zwei andere. Am Uranus aber entdeckte er, dass er mit einem Ring umgeben ist und sechs Trabanten hat. Für diese wichtige Erweiterung der Sternkunde ernannte ihn die Universität Oxford zum Doctor der Rechte, nachdem ihm der König schon die „Knighthood" verliehen hatte. So machte nun Herschel während vierzig Jahren zahlreiche Beobachtungen und Entdeckungen am Himmel, die hier anzugeben zu weit führen würden und die ihn in die erste Reihe der Astronomen erhoben. Herschel war der erste Präsident der englischen Astronomischen Gesellschaft. Er starb 1822 im Alter von vierundachtzig Jahren, allgemein geliebt durch sein bescheidenes, heiteres, mittheilendes und offenes Wesen und wurde in der Kirche von Upton in Buckinghamshire bestattet. Er hinterliess einen Sohn, der in seine Fusstapfen trat und sich um die Wissenschaften einen grossen Namen erwarb.

Herschel hatte in seiner kenntnissreichen Schwester eine thätige Gehilfin bei seinen Arbeiten. Aber sie war nicht nur Gehilfin, sie hat mehrere eigene Entdeckungen gemacht. Karolina Lucretia Herschel, geb. 1750 zu Hannover, kam 1772 nach England und half ihrem Bruder bei seinen astronomischen Beobachtungen und Kalkulationen. Sie entdeckte mit einem kleinen Newton'schen Teleskop sieben neue Kometen, und von fünfen davon war sie die erste Entdeckerin. Sie publicirte auf Kosten der Royal Society einen Sternkatalog im

Jahre 1798. Nach ihres Bruders Tode kehrte sie nach Hannover zurück, wo sie 1828 Arbeiten veröffentlichte, wofür sie die englische Astronomische Gesellschaft zum Ehrenmitglied ernannte und ihr eine goldene Medaille votirte. Sie starb 1848 in Hannover, achtundneunzig Jahre alt.

Christlob Mylius, geboren 1722 in Reichenbach in der Oberlausitz, intim mit Lessing und befreundet mit Gellert, Zachariä, Schlegel u. A., studirte erst Medicin, dann Mathematik, Astronomie, Naturlehre und Naturgeschichte. Auch die schönen Wissenschaften zogen ihn sehr an. Im Jahre 1743 war er in Berlin und schrieb eine Zeit lang die Rüdiger'sche, jetzt Vossische Zeitung. Bald aber entstand in ihm die lebhafte Begierde die Welt zu sehen. Eine Gesellschaft von Naturfreunden vereinigte sich, um ihn auf ihre Kosten nach Amerika reisen zu lassen. Er sollte Beobachtungen der Natur anstellen, Naturalien sammeln und sein Tagebuch durch den Druck bekannt machen. Haller dirigirte die Sache. Mylius reiste im Frühling 1753 von Berlin ab, und begab sich über Niedersachsen nach England, um von da aus nach Amerika zu gehen. Aber Kränklichkeit und Widerwärtigkeiten hielten ihn in London zurück, wo er im März 1754 in traurigen Umständen starb. Er hinterliess mehrere Werke, selbst poetischer und satirischer Art. Er besass einen forschenden, kenntnissreichen Geist, eine kecke und treffende Satire. Seinen literarischen Nachlass hat Lessing nebst Nachrichten von seinem Leben, Charakter und Schriften herausgegeben.

Johann Albert Heinrich Reimarus, geboren 1729 zu Hamburg, war der Sohn des berühmten Hermann Samuel Reimarus, der schon 1720 eine Reise durch einen grossen Theil Englands gemacht hat, als Kritiker, Philosoph und Naturforscher bekannt war und dessen naturreligiöse Forschungen Lessing unter dem Titel „Wolfenbüttelsche Fragmente eines Ungenannten“, veröffentlichte.

Reimarus, der Sohn, der Medicin studirte, besuchte Edinburgh, wo er in den Jahren 1753 und 1754 vorzüglich die praktische Arzneilehre bearbeitete und daselbst Veranlassung zu der nachher gestifteten edinburgischen medicinischen Gesellschaft gab. Im Jahre 1755 kam er nach London und besuchte unter der Leitung des berühmten Hunter die Londoner Spitäler. Auf der Rückreise von England nach Holland verlor er alle seine Schriften, Abhandlungen und Bücher. Er verbreitete mit vielem Glücke die Inokulation der natürlichen Blattern in Hamburg und Umgegend, machte eine für Augenoperationen wichtige Entdeckung, nämlich die Erweiterung der Pupille mit Belladonna, war ein Feind jedes Zwanges, ein Fürsprecher der Freiheit und trat gegen eine Legion von Verboten und Missbräuchen politischer, socialer und religiöser Art auf. Im Jahre 1813 musste er Hamburg der Franzosen wegen verlassen. Er starb 1814.

Johann Reinhold Forster, der bedeutende Naturforscher und berühmte Gefährte Kapitän Cook's, war 1729 in Dirschau geboren. Er war protestantischer Geistlicher bei Danzig, reiste dann auf Einladung der russischen Regierung auf Inspektion der deutschen Kolonien bei Saratow im Jahre 1765. Unbelohnt für seine Dienste, in Folge deren er seine Pfarrei in Preussen verloren, kam er nach London, wo er durch Verkauf seiner Sammlungen und Uebersetzen für Buchhändler ein kümmerliches Leben fristete. Er war zum Uebersetzer sehr geeignet, da er eine kompetente Kenntniss von nicht weniger als siebzehn Sprachen, alter und moderner, besessen haben soll. Nebst dem lehrte er Naturgeschichte und moderne Sprachen, u. a. in einer Schule in Warrington. Eine seiner Uebersetzungen ist die eines Werkes des berühmten Chemikers C. W. Scheele: „Chemical Observations and experiments on Air and Fire". Im Jahr 1772 erhielt er eine Anstellung im Stabe Kapitän Cook's bei seiner Weltumsegelung. Dem Befehle der Regierung zuwider, publicirte er nach seiner Rückkehr seine „Observations made during a Voyage round the World", die sein Sohn Georg in's Deutsche übersetzte. Forster erhielt keine andere Belohnung als das Diplom eines Doctor der Rechte von Oxford und seine Sorgen und Noth begannen wieder. Archenholz sagt in seinen Bildern von England, dass Forster das Unglück gehabt habe, sich den Hass eines hochgestellten Ministers zuzuziehen, der ihn verfolgte. Zu einer Zeit wo er in kritischer Lage war, schenkte er auf eigenen Antrieb der Königin eine grosse Sammlung von Vögeln von den Inseln des südlichen Oceans, die er mit vieler Mühe und in langen Jahren sammelte und präservirte und welche grossen Werth hatte. Ihre Majestät nahm das Geschenk an und, zum Erstaunen Aller, vergass sie den berühmten Reisenden dafür zu belohnen. Forster's Noth endigte mit seiner Berufung als Professor der Naturgeschichte zu Halle, wo er bis zu seinem Tode, 1798, wirkte. Forster war sehr gelehrt und talentvoll, dabei aber frei, heftig und rücksichtslos und dieses hat ihm wohl oft geschadet. Als er Friedrich dem Grossen vorgestellt wurde, sagte er zu ihm: „Ich habe sieben Könige gesehen, vier wilde und drei zahme; aber keiner kommt Ihrer Majestät gleich". — Forster gilt heute noch als einer der ersten Beförderer der Naturgeschichte.

J o h a n n G e o r g A d a m F o r s t e r, der Sohn des vorigen, geboren 1754 in Nassenhuben, wurde von seinem Vater fast ausschliesslich erzogen und reiste, im Alter von elf Jahren mit ihm nach Russland, nach England und um die Welt. Er half ihm bei allen seinen Studien und literarischen Arbeiten. Nach seiner Rückkehr nach Deutschland wurde er Professor der Naturgeschichte in Kassel und später Bibliothekar des Churfürsten in Mainz. Nach Ausbruch der französischen Revolution spielte er eine grosse politische Rolle in Mainz. Er war einer derjenigen Mainzer Clubisten, die nach Paris gingen und um Anschluss an Frankreich nachsuchten. Ihr Plan war aber kein Aufgehen in Frankreich, sondern eine getrennte rheinische Republik. Die französischen Republikaner aber wollten von Rücksichten auf deutsche Nationalität nichts wissen, und machten der rheinischen Republik Forsters bald ein Ende, nachdem sie ihn ausgenutzt hatten. War doch der Plan von Saint Just alle Deutschen der Rheinlande in's Innere von Frankreich zu deportiren und Franzosen dahin zu verpflanzen. Forster starb erst vierzig Jahre alt und gebrochen in Paris 1794.

Er war einer der besten Prosaisten und Volksschriftsteller Deutschlands. Nebst seiner „Reise um die Welt" publicirte er viele andere Werke verschiedener Art und war sogar der Erste der „Sacontala von Kalidasa" in's Deutsche übersetzte. „Niemals", sagt Archenholz, „hat ein Fremder Englisch mit solcher Eleganz und Präcision geschrieben. Viele seiner englischen Kritiker stellen die Geschichte seiner Reisen unter die Zahl ihrer klassischen Werke".

R u d o l f E r i c h R a s p e, 1737 zu Hannover geboren, ein ausgezeichneter Schriftsteller und Kenner mehrerer Sprachen, erhielt erst eine Stelle in der Bibliothek seiner Vaterstadt, kam dann 1767 nach Kassel als Professor der Alterthümer und Aufseher des Antiquitäten- und Münzkabinets, machte einen Eingriff in das letztere und entfloh deshalb nach England. Hier war er eine Zeit lang in Bergwerken angestellt. Er starb 1794 zu Mucross in Irland.

Raspe war bei manchen sittlichen Fehlern ein Mann von seltenen Talenten, ein guter Dichter und besass eine grosse Kenntniss der Naturgeschichte. Er war es der nach Angabe von Archenholz, der mit ihm gleichzeitig in London war, das sogen. „Domesday-Book"[1] Wilhelms des Eroberers, das lange unbekannt und verloren war, nach seiner Ankunft in England zuerst entdeckte und entzifferte. Er ist der Verfasser sehr vieler Schriften, besonders in englischer Sprache. Im Jahre 1776 erschien von ihm in London „An Account of some German Volcanos and their Productions", im Jahre 1781 erschien in englischer Sprache seine kritische Abhandlung über Oelmalerei. Raspe publicirte in London 1785 zuerst eine Sammlung der Geschichte Münchhausens unter dem Titel: „Baron Münchhausen's Narrative of his marvelous travels und campaigns in Russia". Diese wurden dann von Bürger und Lichtenberg ins Deutsche übersetzt oder bearbeitet. Als der berühmte Weltumsegler Cook seine Reise antrat, schrieb ihm Raspe einen langen Bericht über die Gegenden auf seiner Route, wo man wahrscheinlich Gold finden würde. Lange nachher bewährten sich Raspe's Ansichten fast in jedem Falle.

Raspe hat auch viele Uebersetzungen aus dem Italienischen und Deutschen ins Englische geliefert u. a. J. J. Ferbers mineralogische Reisen, Lessing's Nathan. Besonders verdankt man ihm eine vollständige Sammlung der lateinischen und französischen philosophischen Werke von Leibnitz, in französischer Sprache; Leipzig 1765.

Georg Christoph Lichtenberg, einer der grössten Physiker und witzigsten Schriftsteller der Deutschen war 1742 bei Darmstadt geboren. Er widmete sich 1763 in Göttingen dem Studium der gesammten Wissenschaften, und begann mit Eifer astronomische Beobachtungen zu machen. Er beobachtete u. a. mit Kästner, den berühmten Durchgang der Venus durch die Sonne, 1769. die Kometen von 1770, 1771 und 1773, deren Glanz er durch die Sternbilder verzeichnete und verfertigte Mondkarten von hohem Werthe. Im Jahre 1770 wurde er, achtundzwanzig Jahre alt, Professor zu Göttingen. In demselben Jahre besuchte er London, wo er mit den englischen Astronomen bekannt und mit Auszeichnung aufgenommen wurde. „Seine Liebe für England veranlasste im Jahre 1774 eine zweite Reise dahin. Hatte

[1] Das „Domesday-book" enthält die Resultate der Aufnahme des Landbesitzes von ganz England, welche 1086 auf Befehl Wilhelms gemacht wurde. Es gibt zwei etymologische Erklärungen des Wortes. Die Einen leiten es von „Doom" i. e. Gericht, Urtheil, ab, die Andern von „Domus Dei", weil es in einer Kapelle von Winchester aufbewahrt wurde. Das Buch ist von grösster Wichtigkeit für die englische Geschichte, besonders die Geschichte des Feudal-Systems in England.

sein erster dortiger Aufenthalt schon unverkennbar auf seine vielseitige philosophische und ästhetische Ausbildung sehr glücklich gewirkt, so war dies noch viel mehr der Fall bei seinem zweiten. Ein Beweis davon sind die trefflichen Briefe über Garrick und über das englische Theater. Nur auf diese Weise konnte sich der Mann bilden, der uns nachher einen Kommentar zu Hogarths lebensvollen Kupfern lieferte, wie ihn dieser Seelenmaler sich nur immer selbst hätte wünschen können, und wie er ihn unter seinen eigenen Landsleuten nicht gefunden hat. Indessen blieb auch bei diesem Besuche die ernste Wissenschaft sein Hauptaugenmerk. An die beiden Forster (s. oben), Vater und Sohn, damals in London, schloss er sich diesmal auf das engste an. Er wurde dieses wie das erste Mal vom Könige mit der ausgezeichnetsten Aufmerksamkeit behandelt, und kehrte das folgende Jahr nach Göttingen zurück, wo er über Experimental-Physik vortreffliche Vorlesungen hielt. Die Physik verdankt ihm mehrere Entdeckungen. Aber nicht nur als Astronom und Physiker, sondern auch als Satiriker, durch sein Talent für Charakter-Darstellung in der Kunst, erwarb er sich hohen Ruhm. Seine Schriften gehören zu den besten prosaischen Schriften der Deutschen. Streng wissenschaftlicher Geist und poetischer Sinn waren auf eine seltsame Weise in ihm verschmolzen. Er war einer der wenigen Humoristen Deutschlands. und besass jenes geheimnissvolle Gemisch von lachendem, unerschöpflichem Witz, treffender Satire und tiefem Gefühle, welches wir Humor nennen und welches leichter besessen als erklärt wird". Er starb 1799.

Eberhard August Wilhelm von Zimmermann war einer jener deutschen Gelehrten, die sich durch Gründlichkeit des Studiums und unermüdlichen Fleiss in ihrem Fache auszeichnen. Er hatte sich das Gebiet der Geographie, Ethnographie, Anthropologie und Zoologie gewählt und hat nicht wenig zur Popularisirung dieser Fächer beigetragen. Er war zu Belzen im Cellischen 1743 geboren, von einem Vater der sich durch ein Werk über die Todtenurnen der alten Deutschen bekannt gemacht hatte. Er studirte in Göttingen. Zimmermann machte mehrere Reisen u. a. nach England. Letzteres Land besuchte er dreimal und gab in London selbst im Jahre 1788 sein Werk: „Political Survey of the present State of Europe" mit sechzehn statistischen Tafeln heraus. Hier schloss er auch Verbindungen, wodurch er schnell alles Merkwürdige und Interessante kennen lernen konnte, was im Fach der Physik und

Erdkunde auf den britischen Inseln und in den Kolonien erschien. Er schrieb Werke geographischer, ethnographischer und politisch-historischer Art. Sein wichtigstes Werk ist sein „Geographisches Taschenbuch, oder Taschenbuch der Reisen“, das einen grossen Theil der Erde in einem höchst gefälligen und lehrreichen Vortrage behandelt. „Die leitende Hauptidee aller seiner gelehrten und schriftstellerischen Bemühungen war, die thierische Schöpfung klimatisch zu begränzen und auf die Wanderungen und Verzweigungen der Thierrassen, vom Menschen selbst ausgehend, sein unverwandtes Augenmerk zu richten.“ Er starb 1815, noch die Morgenröthe eines bessern Tages für Deutschland erlebend, dem er warm ergeben war, und für das er in Wort und Schrift in die Schranke trat, was ihn oft in grosse Gefahr brachte.

Friedrich Accum, Chemiker, geboren 1769 in Bückeburg, kam 1793 nach London und zog sich, nach langjährigem Aufenthalt in England, gegen Ende seines Lebens nach Berlin zurück wo er 1838 starb. Er war eine kurze Zeit Assistent im Laboratorium der Royal Institution in London, liess sich nachher in Compton Street, Soho, nieder, wo er Vorlesungen über Chemie und Physik gab und Privatschüler unterrichtete, unter denen der Herzog von Northumberland und Lord Camelford u. a. einflussreiche Personen sich befanden. Er nahm einen aktiven Antheil an der Einführung der Gasbeleuchtung in London und der Provinz und schrieb im Jahre 1815 eine Abhandlung darüber, welche grossen Einfluss auf die Gasbeleuchtung hatte. Accum schrieb eine Anzahl englischer populärer Werke über Chemie u. a. „The Elements of Crystallography“, 1813; „Art of Brewing“; „Culinary Chemistry“ 1821: „Chemical Amusements“; „Chemical Tests and Reagents“ 1826; The Physical and Chemical Qualities of Building Materials“ 1826.

In der Provinz, in Bristol, lebte am Anfang des 18. Jahrhunderts ein Deutscher Namens Müller, der Kurator des Museums in Bristol war, über dessen Persönlichkeit mir aber nichts bekannt ist.

Sir Charles Metzler von Giesecke, ein bedeutender Mineraloge und Sammler, geboren 1761 in Augsburg, war eine so merkwürdige Persönlichkeit und hatte ein so interessantes Leben, dass ich ihm etwas mehr Raum gestatten muss. Er studirte erst Theologie in Göttingen, dann Jurisprudenz, und später Naturwissenschaften unter Blumenbach. Er hatte auch grosse Vorliebe für klassische Literatur und das Theater, war intim mit Schiller, Klopstock und Goethe, half Heyne bei der

Uebersetzung Homers und spielte die Rolle von Hamlet in seiner eigenen Uebersetzung dieses Dramas. Er liebte die Musik leidenschaftlich und schrieb selbst die Musik zu zwei Opern. Seine Leidenschaft für das Theater bewog ihn sich einer Schauspielertruppe anzuschliessen. Er verschwendete so seine Mittel, vertauschte seines Vaters Namen Metzler mit dem seiner Mutter Giesecke, entsagte endlich wieder der Bühne, studirte mit Ernst Mineralogie und blieb dabei. Er studirte 1794 unter dem berühmten Werner in Freiberg und besuchte und prüfte die Minen in Norddeutschland, Schweden, Norwegen, und den Faröe-Inseln, erwarb sich allmählig einen grossen Ruf, wurde Mitglied vieler Gesellschaften und Akademien, trat in östreichische Kriegsdienste, ging mit Metternich als Legationssekretär nach Konstantinopel, besuchte die Minendistrikte Ungarns, Siebenbürgens, Steiermarks, Kärnthens, Böhmens und später Neapels. Verwundet zog er sich aus der Armee zurück, eröffnete eine mineralogische Schule in Kopenhagen, wo er bis Nelson die Stadt bombardirte blieb, wobei sein Haus und seine Mineraliensammlung vernichtet und seine Schüler zerstreut wurden. Um seinen Verlust zu vergüten, sandte ihn Christian VII. im Jahre 1805 zu einer geologischen und mineralogischen Vermessung und Aufnahme nach Grönland und daselbst blieb er bis im Sommer 1813, unaufhörlich und unter grossen physischen Entbehrungen arbeitend. Die Kenntnisse die er sich in dieser Periode aneignete, sind in einem werthvollen Tagebuch enthalten, zum Theil veröffentlichte er sie in seinen „Vorlesungen über die Naturgeschichte von Grönland“ und in seinen Abhandlungen in den „Transactions of the Royal Irish Academy“, sowie auch in andern wissenschaftlichen Publikationen. Im Jahre 1811 verschiffte Giesecke eine grosse Masse neuer und werthvoller Mineralien nach Kopenhagen. Das Schiff wurde von einem französischen Kaper genommen, aber von einer englischen Fregatte wieder genommen und nach Leith in Schottland gebracht. Die kostbaren Mineralien in den Kisten wurden als unnütze Steine weggeworfen, bis ein wohlbekannter Mineraloge von Edinburgh, Thomas Allan, sie entdeckte und für vierzig Pfund Sterling kaufte. Eine genaue Beschreibung dieser Mineralien wurde von Allan in einer Abhandlung vor der „Royal Society of Edinburgh“, 1812, gelesen, wonach in der Sammlung sich Cryolit von einem Werth von über fünftausend Pfund Sterling fand, ferner eine Masse von Sodalit und eine bis dahin unbekannte Substanz, zu Ehren des glücklichen Käufers Allanit genannt.

Als Giesecke 1813 in Hull mit einer andern werthvollen

Sammlung von Mineralien und Exemplaren von jedem Zweig der Naturgeschichte ankam, erfuhr er das Schicksal seiner früheren Sendung. Er ging nach Edinburgh, wo er von Allan und Andern mit Auszeichnung aufgenommen wurde. Die „Royal Society“ in Dublin war damals gerade im Begriffe eine Professur der Mineralogie, getrennt von Chemie, zu gründen, und Giesecke wurde im Jahre 1813 dazu erwählt, obgleich sich einige der ausgezeichnetsten einheimischen Gelehrten der Zeit um diese Stelle bewarben. Ehe er seine Stelle antrat, besuchte er Kopenhagen, um dort dem Könige Rechenschaft über seine Mission abzulegen. Er wurde daselbst mit Ehren überhäuft. Im Jahre 1814 kam Giesecke nach Dublin, und begann das berühmte „Leskean Cabinet“ und auch das Grönländische Museum zu ordnen, das von seinen schätzbaren Sammlungen gegründet wurde, mit dem neuen Minerale, nach ihm Giesekit benannt, das er mitbrachte und schenkte. Er studirte nun mit Fleiss Englisch, so dass er 1816 im Stande war seinen ersten Cursus von Vorlesungen über die Naturgeschichte Grönlands zu geben, die das lebhafteste Interesse erregten. Dann folgte ein Cursus über ökonomische Mineralogie. Das nächste Jahr schickte ihn die Royal Society von Dublin auf eine Reise um Mineralien zur Vervollständigung des Museums anzukaufen, und überreichte ihm eine goldene Denkmünze mit Ehren-Zuschrift. Er besuchte sodann Deutschland, wo seine Vorlesungen grossen Zulauf hatten. von allen Seiten regneten Ehrenbezeugungen aller Art auf ihn und beinahe jede wissenschaftliche Gesellschaft Europa's ernannte ihn zum Ehrenmitgliede. Im Jahre 1819 kehrte Giesecke mit zweiundvierzig Kisten voll Mineralien nach Dublin zurück. Nachher untersuchte er die Mineralien Irlands und schenkte der Royal Society schätzbare neue Sammlungen. Er fuhr fort mit ausserordentlichem Erfolg Vorlesungen über Mineralogie und Metallurgie zu halten. Endlich begann seine Gesundheit in Folge der langen Leiden in den Polargegenden zu wanken und er starb plötzlisch 1833.

Es sind zum Schlusse hier noch zwei Deutsche zu nennen, die in den Berichten der Royal Society erwähnt sind, der eine ein Astronom Meyer, welchen der Churfürst der Pfalz 1766 der Royal Society zur Verfügung stellte und der andere, Bergmann, ein Chemiker, der 1780—82 in dieser Gesellschaft Experimente über Eisen machte. Damals war Chemie in Mode in London. Ueber beide ist mir nichts Näheres bekannt geworden. Es lebte wohl zu derselben Zeit noch der berühmte Schwede Torbern

Olof Bergmann, welcher eine grosse Menge von Mineralien analysirte und möglicherweise Obiger war. Letzterer starb indessen schon 1784 an Entkräftung.

§ 8.

AERZTE.

1. Mitglieder des Royal College of Physicians.

Arnold Beirmann, Med. Dr. ein Friesländer, promovirte 1692 in Utrecht und wurde 1710 Licentiat des College. Er starb 1754.

Georg Ludwig Tessier, Med. Dr. von Leyden, 1710, wurde durch eine Naturalisations-Akte englischer Bürger, 1715 Hausarzt des Königs George I. und 1719 Fellow des College. Später wurde er Leibarzt von König George II. und starb 1742. Dr. Tessier wurde 1728 zum Arzte des Westminster Hospitales gewählt, eine Stelle die er bis 1733 bekleidete und in demselben Jahre war er einer der sechs Aerzte, welche in St. Georg's Hospital angestellt wurden. Er bekleidete auch in Chelsea Hospital das Amt eines Arztes.

Steighertahl. Med. Dr., aus Hannover, war Leibarzt König Georg's I. und begleitete ihn bei seiner Thronbesteigung nach England. Er wurde 1714 „Honorary Fellow“ des College. Er war Med. Dr. von Utrecht und Professor an der Universität Helmstädt. Er verliess England wahrscheinlich nach dem Tode des Königs im Jahre 1727.

Sir Conrad Joachim Sprengell, Med. Dr. von Leipzig, wurde 1718 Licentiat des College. Er erhielt die Ritterwürde von George I. und starb 1739. Er publicirte in London, 1735, eine Uebersetzung der Aphorismen von Hippokrates und die Sentenzen von Celsus.

Meyer Löwe Schomberg Med. Dr., „ein Jude von Fetzburg, ein Deutscher“, wie er in den Annalen des College bezeichnet ist, und 1710 Med. Dr. von Giessen, wurde 1721 Licentiat des College of Physicians. Da er zur Zeit sehr arm war und das Zulassungsgeld nicht zahlen konnte, so nahm das College sein Versprechen späterer Bezahlung an. Er machte bald die Bekanntschaft reicher Glaubensgenossen, die ihm eine gute

Praxis verschafften. Er war ein guter Sprecher, von gewinnenden Manieren und erwarb sich bald eine grosse Popularität, indem er ein grosses Haus nahm und einen öffentlichen Tisch hielt, zu dem er an einem gewissen Tage der Woche, alle jungen Aerzte einlud und sie mit gleicher Gastfreundschaft traktirte. Die Folge war dass im Jahre 1740 Schomberg allen City Doctoren voraus war und eine Praxis von viertausend Guineen per Jahr. für damals eine grosse Summe, hatte. Er starb 1761 und hinterliess zwei Söhne, die als Aerzte erzogen wurden, Isaak, denkwürdig wegen seines Streites mit dem College of Physicians, und Ralph, der in Yarmouth und später in Bath prakticirte. Dr. Ralph Schomberg war ein fruchtbarer Schriftsteller, Autor von „Aphorismi Practici“, von „Abridgment of Van Swietens Commentaries on Boerhaave“. Sein Ruf litt aber durch einige literarische Piraterien und Geldgeschäfte. Er gab endlich die Praxis auf und starb 1792 in Reading.

Dr. Isaak Schomberg, der älteste Sohn von Meyer Schomberg, Med. Dr., ist nur denkwürdig durch seinen langen Kampf mit dem Royal College of Physicians. Er war ein Licentiat des College und studirte und promovirte als Med. Dr. in Leyden. Nach Rückkehr in England prakticirte er unter den Auspicien seines Vaters in London und im Jahre 1745 wurde er vor die Censoren des College of Physicians citirt sich zum Examen für die Licenz zu stellen. Er weigerte sich dieses zu thun und anstatt zu kommen sandte er eine geschriebene Entschuldigung, die für ungeziemend erklärt wurde. Man vermuthet, dass er so auf den Rath seines Vaters handelte, der zur selben Zeit im College in Ungnade stand und von den Censoren tadelhaften Benehmens gegen einen Kollegen überführt, mit Geld gestraft und censirt worden war. Das College verbot Isaak Schomberg förmlich zu prakticiren bis er den Präsidenten und die Censoren genügend befriedigt hätte. Der Streit zog sich beinahe zwanzig Jahre hin. Inzwischen wurde Isaak durch königliches Mandat Med. Dr. in Cambridge. Später aber versöhnten sich beide Seiten und Schomberg wurde endlich Fellow (1771) und später, 1773 und 1778 Censor. Er starb in seinem Hause in Conduit Street in London 1780.

Heinrich Krohn Med. Dr., von Hamburg, 1762 Med. Dr. von Utrecht (Dissert. D. M. J. de usu Opii in puerperis), wurde im Jahre 1774 Licentiat des College of Physicians, Physician und Geburtshelfer von Middlesex-Hospital, ein Amt das er bei dreissig Jahre inne hatte. Im Jahre 1798 zog er sich von London nach

St. Neot's, Huntingdonshire, zurück, wo er 1816 im Alter von achtzig Jahren starb. Er publicirte: „Foetûs extra Uterum Historia". London 1791".

Hermann Heineken, Friesländer, Med. Dr. 1744, (D. M. J. „de Diabete"), wurde 1751 Licentiat des College. Schon im Jahre 1749 wurde er Physician in Middlessex-Hospital, trat aber schon 1750 von seinem Posten ab. Er starb 1772 und ward in St. Mary Aldermary Kirche bestattet.

Johann Meyer Med. Dr., war 1749 in Lindau am Bodensee geboren, studirte 1764 in Strassburg, und nach einem ausgedehnten klassischen und medicinischem Curriculum promovirte er daselbst als Med. Dr. im Jahre 1771. Er studirte dann drei Jahre unter Quarin in Wien, besuchte Dresden, Leipzig, Berlin und kam nach London, wo er in Guy's-Hospital seine Studien fortsetzte. Im Jahre 1784 wurde er Licentiat des College of Physicians. Er prakticirte einige Zeit in London und starb 1825 in Brighton.

Die Anzahl deutscher Mitglieder des Royal College of Physicians, zur Zeit, nebst Oxford und Cambridge und in London Apothecaries' Hall, die einzige medicinische Korporation in England, ist auffallend gering, besonders wenn mit andern Nationalitäten verglichen. Im Verlaufe des 16., 17. und 18. Jahrhunderts kamen besonders viele französische, auch italienische, spanische und portugiesische Aerzte nach England und wurden Mitglieder des obigen Collegiums. Die kleine Schweiz lieferte deren eine verhältnissmässig grosse Zahl und die Niederlande ziemlich viele. Unter den französischen Aerzten befanden sich allerdings viele flüchtige Hugenotten, wie auch unter den niederländischen Aerzten viele waren, die Alba über das Meer trieb. Manche Namen in der Liste des College klingen wohl deutsch, es ist aber das Geburtsland nicht angegeben, oder nur der Name der Universität, wo sie promovirten, was besonders damals durchaus keine Bezeichnung der Nationalität gewesen. Wahrscheinlich finden sich noch manche Deutsche in der Liste in englischem oder fremdem Gewande.

2. Andere deutsche Aerzte in London.

Da die medicinische Praxis frei war, so ist bei der grossen Zahl Deutscher in London anzunehmen, dass nebst obigen noch viele andere deutsche Aerzte in England prakticirten, von denen Manche wohl an den englischen Universitäten promovirten, Manche in „Apothecaries Hall", Manche sich aber mit kontinentalen Diplomen begnügten. Dass es an deutschen Quacksalbern auch nicht fehlte, ist wohl anzunehmen und im nächsten Kapitel wird von Einigen solcher die Rede sein.

Karl Deering, Medicinae Doctor von Leyden lebte am Anfang des 18. Jahrhunderts. Er war ein Sachse und kam, nachdem er in Leyden graduirt, nach London. Er prakticirte hier einige Jahre, zog dann nach Nottingham und wagte daselbst eine neue Methode der Behandlung der Blatternkrankheit, die zu jener Zeit wüthete, anzuwenden. Da aber sein kühlendes Regimen sich nicht immer als wirksam erwies, so zog er sich die Censur der Fakultät zu. Dieser Umstand verminderte seine Praxis und soll seinen Tod beschleunigt haben. Er starb 1749. Deering publicirte in Englisch: „A letter on the Small-Pox" und einen Katalog von Pflanzen, die bei Nottingham wachsen.

Friedrich Anton Mesmer, 1734 in Mörsburg im Badischen geboren und 1815 in seiner Geburtsstadt gestorben, ist der Autor der Lehre des thierischen Magnetismus, auch Mesmerismus genannt, prakticirte zuerst in Wien, hielt sich sodann in der Schweiz auf und kam 1778 nach Paris. Hier hatte er einen immensen Zulauf. In Folge einer allgemeinen Verurtheilung seiner Theorie von Seiten der grössten Autoritäten und medicinischen Behörden Frankreichs, verliess Mesmer im Jahr 1784 Paris und ging nach England. Er kam nach London mit 340,000 Francs, einer Summe welche gezeichnet worden war, um ihm sein Geheimniss abzukaufen, das er jedoch mit sich nahm. Er lebte einige Zeit in England unter anderm Namen und ging später nach Deutschland zurück.

Joseph Ennemoser, der bekannte Magnetist, geboren 1787 in Tyrol, hielt sich einigemal, aber nicht bleibend, in England auf. Er war einer der berühmtesten Exponenten der zur Zeit neuen magnetischen Schule der Medicin. Anfangs Geisenhirt, studirte er Medicin in Wien und Innsbruck, unter grosser Nahrungsnoth. Als im Jahre 1812 Napoleon an Russland den Krieg erklärte, wurde Ennemoser mit einigen seiner Landsleute nach England geschickt, um Hilfe für den Aufstand der Tyroler gegen Bonaparte zu suchen. Die Nachricht von den Folgen des russischen Feldzugs veranlasste ihn von hier nach Schweden und von da nach Preussen zu eilen. In der Ostsee litt er Schiffbruch, und erst nach einer Reihe überraschender Abenteuer und Todes-Gefahren kam er in die Heimat zurück. In den Jahren 1813 und 1814 kämpfte und zeichnete er sich unter preussischer Fahne aus, indem er ein Freikorps von Landsleuten befehligte, das er selbst organisirt hatte. Nach Friedensschluss ging er nach Berlin, setzte seine medicinischen Studien fort, und promovirte 1816 als Medicinae Doctor. Er besuchte dann England wieder in anderer Eigenschaft als zuvor, übernahm aber 1819 eine Professur der Medicin an der neuen Universität Bonn. Im Jahre 1841 liess er sich in München nieder, wo er sich magnetischer Praxis widmete. Er schrieb eine grosse Menge bedeutender medicinischer Werke, pathologischer und medico-philosophischer Art.

Johann Kaspar Spurzheim, Medicinae Doctor, der berühmte Phrenologe, war 1776 bei Trier geboren, studirte Medicin in Wien, wo er später promovirte, und wo er Gall kennen lernte, der seine Studien leitete. Er bereiste Deutschland, Frankreich, Dänemark und liess sich mit Gall 1807 in Paris nieder. Im Jahre 1814 besuchte Spurzheim England, wo er drei Jahre lebte, in den hauptsächlichsten Städten Vorlesungen hielt, zahlreiche Arbeiten über Phrenologie publicirte, und seine Grundsätze gegen Kritiken und Einwendungen von allen Seiten vertheidigte. Nach dreijährigem Aufenthalte verliess Spurzheim England, kam aber 1825 wieder dahin zurück, nachdem in Paris seine Vorlesungen verboten worden waren. In England fand er, dass der Samen, den er früher ausgeworfen, inzwischen Früchte getragen und seinen Lehren viele Anhänger gewonnen hatte. Er begann daselbst wieder seine Vorlesungen und seine Schriftstellerei, bis er 1832 nach Amerika reiste, wo er einige Monate nach seiner Ankunft in Boston starb. Das Hauptverdienst von Gall und Spurzheim besteht in ihren Studien über die anatomische Struktur des Gehirns. Die Eintheilung des Gehirn's in Sitze geistiger Eigenschaften und Instinkte hat keine wissenschaftliche Basis, obwohl einige Grundsätze Galls und Spurzheims ein Element von Wahrheit enthalten mögen. Spurzheim hatte als Redner grossen Erfolg in seinen Vorlesungen, er glaubte an das was er sagte, kleidete seine Ueberzeugung in kräftige Sprache ein, war gewandt in Beleuchtungen, im Generalisiren, stets bereit zu erwidern, Eigenschaften, die ihm in England einen so grossen Erfolg verschafften. Er schrieb viel in englischer Sprache.

§ 9.

MALER.

In der ersten Hälfte des 18. Jahrhunderts, etwa 1730, kam Georg Dyonis Ehret, geboren 1710 in Baden, nach England wo er 1770 starb. Er war ein Maler von Pflanzen und lebte einige Zeit in Montpellier und Paris, wo er mit Jussieu bekannt wurde. Nachdem er England schon einmal besucht hatte, kam er zum zweiten Male und war 1736 in Clifford's Garten beschäftigt, wo ihn Linné kennen lernte und ihm Belehrungen gab. Im Jahre 1740 malte er Hunderte von Pflanzen in England wo Sir Hans Sloane und Dr. Fothergill seine Gönner waren. Es wurden von seinen Pflanzen-Gemälden Kupferstiche für Dr. Trews „Plantae Selectae“ und Brown's „History of Jamaica“ gemacht. Im Jahre 1757 wurde er zum Fellow der Royal Society erwählt.

Baltasar Denner, geboren 1685 in Hamburg und gestorben 1747, kam mit Empfehlungen des Königs von Dänemark an den englischen Hof. Obwohl er sich mehr durch Fleiss und Geduld als Kenntniss und Geschmack auszeichnete, erwarb er dennoch enorme Summen. Denner besass ein Geheimniss Lack zu bereiten und zu gebrauchen, das mit ihm starb. Die Vollendung seiner Köpfe war ausserordentlich, seine Farbe und sein Ausdruck waren in hohem Grade natürlich, die Zeichnung aber war schwach und inkorrekt, seine Figuren und Gruppen galten für geschmacklos.

Maria Angelika Kaufmann, geboren 1742 bei Bregenz am Bodensee, war die Tochter eines Porträtmalers, der das Talent seines Kindes entdeckte und grosse Sorgfalt auf ihre Erziehung verwandte. Er nahm sie mit nach Rom und Venedig und im Jahre 1765 kam sie mit Lady Wentworth nach England, wo sie gut aufgenommen wurde. Bei der Gründung der königlichen Maler-Akademie, 1768, wurde sie zu einem ihrer ursprünglichen und ersten sechsunddreissig Mitglieder erwählt. Sie heirathete den venedischen Maler Antonio Zucchi, Associate der Royal Academy in London. Beide gingen 1782 zusammen nach Rom, wo Angelika, 1807, starb. Angelika Kaufmann war eine vortreffliche Linguistin und sprach fliessend Deutsch, Englisch, Italienisch und Französisch. Sie malte viele hochgeschätzte Porträts und historische Bilder und radirte selbst einige Kupferstiche. Sie malte unter Andern das Porträt des berühmten Winkelmann, das sie dann in vierter Grösse selbst stach.

Johann Gottfried Haid, geb. 1710 in Augsburg, gehörte zu einer Familie ausgezeichneter Bildstecher. Er wohnte einige Zeit in England, wo er mehrere Stiche für Alderman Boydell ausführte. Er starb 1770 in Deutschland.

Johann Hackert, einer von fünf Brüdern, die alle Künstler und Söhne eines Künstlers waren, aus Prenzlau in Preussen, kam 1772 nach England gleichsam um da zu sterben. Er war der Gehilfe seines berühmteren Bruders Philipp, des Landschaftsmalers, der das seltene Glück hatte einen Biographen in Goethe zu finden. Die Brüder arbeiteten in Rom für Lord Exeter und andere Engländer und sobald als Johann die Bestellungen nach England gebracht, starb er in Bath 1772.

Ferdinand Bauer, ein bedeutender botanischer Maler, war 1760 in Feldsberg in Oesterreich geboren. Er zeigte schon früh Talent für Zeichnen und Malen von Pflanzen und Thieren. Im Jahre 1784 erhielt er von Dr. John Sibthorp in Oxford eine Anstellung und besuchte mit ihm Griechenland. Das Resultat dieser Reise war die Publikation eines ausgezeichneten gemeinschaftlichen Werkes: „Flora Graeca“. Im Jahre 1801 erhielt Bauer eine Anstellung als Zeichner für Naturgeschichte bei der Expedition nach „Terra Australis“ auf dem Schiffe Investigator, unter Kapitän Flinders. Er arbeitete in Australien mit Energie und Erfolg und malte zahlreiche Pflanzen, Thiere, besonders Vögel. Nach Rückkehr in England ging er nach Wien und liess sich in dessen Nähe nieder, besuchte aber England 1819 wieder. Er starb 1826. Seinem Namen wurde ein Denkmal gesetzt durch das botanische „Genus Bauera“ und das „Cape Bauer“, ein Felsengebirge süd-östlich von Franklin's Insel. Er war an zahlreichen botanischen Publikationen betheiligt.

Franz Bauer, Fellow der Royal Society, war ebenfalls ein botanischer Maler im grossen botanischen Garten von Kew bei London. Er war ein hervorragender Künstler. Im Jahre 1796 publicirte er „Delineations of Exotic Plants, cultivated at Kew“; „Coloured Figures of Strelitzia“ 1818; und „Illustrations of Orchideous Plants“ 1830—38, nebst Abhandlungen in den Philosophical Transactions der Royal Society.

§ 10.

MUSIKER.

Dr. Johann Christoph Pepusch, bedeutender theoretischer Musiker, geboren 1667 in Berlin, war schon im vierzehnten Jahre ein so ausgezeichneter Harfenspieler, dass er den königlichen Prinzen von Preussen Unterricht geben musste. Etwa 1700 kam er nach England und wurde als Spieler in Drury Lane Theater angestellt, wo er zugleich bei der Einrichtung der zu gebenden Oper mitwirkte. Er wurde später Musiklehrer.

Während Pepusch in Drury Lane spielte, setzte er seine Privatstudien fort, die er besonders der Musik der Alten widmete. Zu diesem Zwecke studirte er die griechischen Autoren über diesen Gegenstand. Das Talent von Pepusch als praktischer Komponist versprach ihm aber keine Reichthümer. Seine Musik war korrekt, aber es fehlte ihr Varietät der Modulation. Zudem besass Händel, sein grosser Landsmann, das Ohr des englischen Publikums. Pepusch fügte sich ruhig und ergeben in die allgemeine Meinung von Händel's höherem Verdienste und wählte sich einen eigenen Weg, worauf er fast sicher war auf kein Hinderniss zu stossen. Er wurde Musiklehrer, nicht in der Ausübung irgend eines besonderen Instrumentes, sondern der Musik im absoluten Sinne des Wortes, das heisst, der Grundsätze der Harmonie und der Wissenschaft praktischer Komposition: und zwar nicht für Kinder oder Novizen, sondern von Professoren der Musik selbst.

Im Jahre 1713 wurde er zum Doctor der Musik in Oxford ernannt und setzte seine Studien mit grossem Fleisse fort. Im Jahre 1724 nahm er ein Anerbieten von Dr. Berkley an, ihn nach den Bermuda-Inseln zu begleiten und sich dort als Professor in dem von demselben beabsichtigten Collegium niederzulassen. Aber das Schiff, worin sie segelten, litt Schiffbruch, Pepusch kehrte nach London zurück und heirathete bald nachher Francesca Margarita de l'Epine, eine berühmte, toskanische Sängerin, die auf der italienischen Oper in England auftrat. Sie war mit einem Deutschen Namens Greber nach England gekommen und wegen dieser Konnexion gab man ihr den bösartigen Namen „Greber's Peg". (Peg ist populär und bedeutet Margareth). Sie begann bald nachher eine neue Liaison mit Daniel, dem frommen

Grafen von Nottingham, der die orthodoxe Ansicht der Dreieinigkeit gegen den häretischen Whiston vertheidigt hatte. Auf diese Liaison spielte Rowe, in Nachahmung des horazischen: „Ne sit ancillae tibi amor pudori“, folgenderweise an:

„Did not base Greber's Peg inflame
The sober earl of Nottingham
Of sober Sire descended?

That, careless of his soul and fame,
To play-houses he nightly came,
And left church undefended“.

Im Jahre 1718 zog sich Margarita mit über zehntausend Guineen von der Bühne zurück und heirathete später Dr. Pepusch. Sie war auffallend gross und dunkel und im Allgemeinen so ganz ohne persönliche Reize, dass Pepusch sie selten anders als Hekate rief, worauf sie stets bereitwillig antwortete.

Hekate's Geld machte aber Pepusch nicht träge. Er fuhr eifrig mit seinen Studien fort und stand bald in hohem Rufe. Er hatte nun die alten Abhandlungen über Harmonie studirt und in seinen Berechnungen, um die Grundsätze zu demonstriren, auf welche die harmonische Wissenschaft basirt ist, half ihm sein Freund, der Mathematiker De Moivre. Im Jahre 1737 wurde er Organist in Charterhouse, wo er von nun an mit seiner Frau wohnte. Letztere starb 1740, ein einziges Kind, ein Sohn, starb vor ihr. Pepusch widmete sich nun ganz der Kunst und gab nur einigen Lieblingsschülern Unterricht in seiner Wohnung. Hier schrieb er eine Abhandlung über die musikalischen Genera der Alten, welche vor der Royal Society gelesen wurde und in ihren „Philosophical Transactions“ Nov. und Dec. 1746 gedruckt ist. Bald darauf wurde er zum Fellow der Royal Society erwählt.

Er starb im Jahre 1752 im Alter von fünfundachtzig Jahren und wurde in der Kapelle von Charterhouse bestattet, wo eine Platte mit Inschrift seine Ruhestätte zeigt.

Zur Zeit als Pepusch in England wirkte, war ein anderer bedeutender Landsmann seines Berufs daselbst. Johann Ernst Galliard oder Gailliard, geboren 1687 in Zell, studirte in Hannover. Er wurde darauf Mitglied des Kammer-Chors des Prinzen Georg von Dänemark. Bei der Heirath dieses Prinzen kam er

1702 nach England, wo er mit grossem Eifer und Erfolg Englisch lernte und später Kapellmeister Katharinens, der Wittwe von Charles II., wurde. Galliard hatte grossen Erfolg als Komponist für die Bühne und producirte in London zu verschiedenen Zeiten: „Calypso and Telemachus, 1712; Pan and Syrinx, 1717: Jupiter and Europa: The Necromancer, or Harlequin Faustus; The Loves of Pluto and Proserpine: Apollo and Daphne; The Royal Chase, or Merlin's Cave; Oedipus; Oreste e Pilade", etc. Er war nebstdem der Autor vieler Kantaten, Einzelgesänge, Solos für verschiedene Instrumente, von Milton's „Morning Hymn of Adam and Eve" und einer ausgezeichneten Uebersetzung des berühmten Werkes von Tosi „On the Florid Song". Er starb im Jahre 1749.

Der grosse deutsche Musiker, Georg Friedrich Händel, war 1685 zu Halle geboren. Es ist hier nicht der Platz über Händel als Musiker zu sprechen. Er steht zu hoch, als dass man nicht eine Kenntniss seines Lebens voraussetzen darf. Ich übergehe daher hier seine Studien und seine Wirksamkeit in Deutschland und will mich nur auf seine Wirksamkeit in England beschränken, wo er im Jahre 1710, im Alter von fünfundzwanzig Jahren ankam und wo er bis zu seinem Tode mit wenig Unterbrechungen lebte und wirkte, obwohl er sein Vaterland einigemal besuchte. Johann Christoph Schmidt, sein Jugendfreund von der Universität Halle, kam 1717 mit ihm von Deutschland nach London um seine Finanzangelegenheiten zu dirigiren.

In England eröffnete sich ihm in der Folge ein glänzender Schauplatz für sein Genie. „Der erbärmliche Zustand der Musik hier zu Lande", schreibt 1784 ein englischer Biograph Händels, „und die bedauernswerthen Vorgänge im Haymarket-Theater, erregten im Adel den Wunsch, dass Händel angestellt werde um für das Theater zu komponiren". Zu der Bitte des Adels fügte die Königin ihre eigene Autorität und bestimmte ihm, zu seiner Ermuthigung, einen lebenslänglichen Jahresgehalt von zweihundert Pfund. Auf allgemeinen Wunsch komponirte er hier seine Oper „Rinaldo", die lange ein Lieblingsstück der englischen Nation blieb. Nach Verlauf eines Jahres kehrte er aber nach Hannover zurück, wo ihn der Churfürst zum Kapellmeister ernannt hatte. Händel kam aber 1712 gegen des Churfürsten Willen wieder nach England, übernahm hier die Leitung der Oper und gab ihr einen Aufschwung, eine Gediegenheit, bisher unerhört in diesem Lande. Nach dem Tode der Königin Anna, 1714, folgte der Churfürst von Hannover auf dem Throne Englands als George I. Da

Händel seine Pflichten als hannövrischer Kapellmeister durch Annahme einer Stelle in England gebrochen, so war König George Anfangs höchst aufgebracht über ihn und Händel durfte sich nicht bei Hofe zeigen. Der ausgesöhnte König vergab ihm aber bald und verlieh ihm eine Pension von zweihundert Pfund, die später bis zu sechshundert Pfund erhöht ward.

Händel war nun in England ansässig und gut versorgt. Die ersten drei Jahre war er fast beständig beim Earl von Burlington, bei dem er oft mit Pope zusammen traf. Er komponirte 1715 bis 1720 die Opern „Amadis, Theseus und Il pastor Fido“. In dem Haymarket-Theater wurde eine besondere Akademie errichtet, deren Hauptzweck war, stets eine Auswahl vorzüglicher Opern zu besitzen und sie möglichst vollkommen darzustellen. Händel trat an die Spitze dieses Instituts. Im Jahre 1720 führte er seine Oper „Radanisto“ auf, die einen unglaublichen Beifall erntete. Aber eben dieser glänzende Erfolg reizte seine Nebenbuhler, an deren Spitze Buononcini mit seinem Anhange stand. Man kam überein, letzterer und Händel sollten an derselben Oper arbeiten, jeder einen Akt übernehmen und derjenige sollte im Besitz des Hauses bleiben, der den Sieg davon trüge. Die Oper hiess „Muzio Scaevola“. Händel setzte die Ouverture und den letzten Akt und gewann den Preis. Die Akademie ward nun auf einen festen Fuss gesetzt und Händel zeigte neun Jahre hindurch, was ein grosses Talent mit Beharrlichkeit auszuführen vermag. Nach dieser Zeit entzweite er sich mit seinem ersten Sänger, Venesino, dem Liebling des Publikums. Zu stolz nachzugeben, entliess er ihn und verscherzte dadurch die Gunst des Hofes und der Menge. Er musste nach drei Jahren das Haymarket-Theater den Italienern überlassen. Händel übernahm hierauf das Theater zu Lincolns-Inn-Fields, verband sich später mit Rich im Coventgarden-Theater und gab hier 1733 seine Oper „Ariadne“, zu derselben Zeit als „Ariadne“ von Porpora, dem italienischen Komponisten, in Haymarket gegeben wurde. Aber obgleich Händel diesem als Künstler und Komponist überlegen war, so siegte doch des Sängers Farinelli bewunderte Stimme, und Händel suchte vergebens die Gunst des Publikums wieder zu gewinnen. Er belastete sich mit Schulden und ward endlich durch die Noth zur Nachgiebigkeit gezwungen. Aber sein stets gereizter Zustand hatte so nachtheilig auf ihn gewirkt, dass nicht nur sein Körper, sondern selbst sein Geist sich in Zerrüttung befand. Der Gebrauch der Aachener Bäder stellte ihn aber wieder her. Er kam 1736 nach London zurück und führte jetzt sein „Alexanders-

Fest“ mit grossem Beifall auf dem Coventgarden-Theater auf. Das Glück kehrte wieder zu ihm zurück. Lord Middlesex übernahm die Direktion der durch schlechte Verwaltung gesunkenen italienischen Oper und stellte Händel als Komponisten an, welcher nun seine beiden Opern „Faramond“ und „Alexander Severus“ setzte, wofür er tausend Pfund erhielt. Einige andere Opern, die er noch in Coventgarden gab, fanden weniger Beifall. Sein erster Wunsch war unabhängig zu leben, und deshalb fiel er auf die Erfindung, oder vielmehr auf die weitere Ausbildung der Oratorien, die jedoch nicht als Opern — denn man hielt dies für eine Entweihung des heiligen Stoffes — sondern als Koncerte gegeben wurden. Aber dieses religiöse Vorurtheil bewirkte, dass selbst sein, im höchsten und vollendetsten Kirchenstyle geschriebener Messias anfänglich nur kalt aufgenommen wurde. Einen grösseren Enthusiasmus erregte er damit in Dublin, wo er einige Aufführungen davon gab, und als er nach neun Monaten nach London zurückkehrte, ward ihm auch hier ein allgemeiner Beifall zu Theil. Der Messias wurde bald das Lieblingsstück des Publikums und Händel führte ihn jährlich einmal zum Besten des damals schlecht fundirten Findlings-Hospitales auf.

In 1751 befiel ihn eine Augenkrankheit. Er unterwarf sich vergebens den schmerzhaftesten Operationen. Das Uebel war unheilbar. Aber selbst der Verlust des Augenlichtes hemmte seine Thätigkeit nicht. Er setzte seine Oratorien bis acht Tage vor seinem Tode fort, welcher im Jahre 1759 in seinem Londoner Hause, in Brook Street, Hanover Square, erfolgte. Seine Reste ruhen in der Westminster Abtei, wo ein schönes Denkmal das Gedächtniss eines der originellsten, tiefsten und gedankenvollsten musikalischen Dichter verewigt.

Kein Komponist erfreute sich je in England einer solchen Verehrung, einer solchen in alle Schichten dringenden bis heute ungeschwächt fortdauernden Popularität als Händel. Seine Opern hat man vergessen, aber seine Oratorien sind stets noch im Steigen begriffen. Wie man aber vor anderthalb Jahrhunderten über ihn urtheilte, beweist uns Pope. Dieser Dichter fragte eines Tages, während der ersten Jahre von Händel's Aufenthalt in England, seinen Freund Arbuthnot, von dessen Kenntniss der Musik er eine hohe Idee hatte, was seine wirkliche Ansicht über Händel als Meister der Musik wäre. Arbuthnot antwortete: „Denken Sie sich das Höchstmögliche von seiner Fertigkeit und dies wird tief unter Allem stehen, was Sie begreifen können“.

Pope hat Händel's Auftreten in Dublin im Jahre 1741 in seiner „Dunciad“ verewigt. Ein armseliges Phantom, welches den Genius der modernen italienischen Oper repräsentiren soll, spricht darin seine Furcht aus und gibt der „Schläfrigkeit (dullness)“, schon in Alarm über ihre eigene Sicherheit, Befehle in folgenden Worten:

„But soon, ah! soon, rebellion will commence,
If music meanly borrows aid from sense:
Strong in new arms, lo! giant Handel stands,
Like bold Briareus with his hundred hands;
To stir, to rouse, to shake the soul he comes,
And Jove's own thunders follow Mars's drums.
Arrest him, empress: or you sleep no more —
She heard, — and drove him to th'Hibernian shore“.

(Pope's Dunciad, book IV, 63.)

Johann Joachim Quanz, geb. im Hannövrischen 1697, ein berühmter Hoboist und Flötenspieler besuchte London vorübergehend in den zwanziger Jahren des 18. Jahrhunderts. Er verbesserte die Flöte durch mehrere wichtige Erfindungen, gab eine „Anweisung Flöte zu spielen“ heraus, die sehr beliebt war und soll für seinen Schüler, Friedrich den Grossen zweihundertneunundneunzig Koncerts und zweihundert Solos gesetzt haben, die sehr gerühmt wurden. Friedrich der Grosse wachte selbst am Bette seines Lehrers in seiner letzten Krankheit und setzte ihm ein Denkmal.

Johann Friedrich Lampe, der in Helmstädt in Braunschweig studirte, kam etwa 1725 nach England und erhielt eine Anstellung in der Operngesellschaft. Im Jahre 1732 producirte er seine Oper „Amelia“ mit sehr grossem Erfolg und 1737 seinen „Dragon of Wantley“. Der Text zu beiden wurde von Henry Carey geschrieben. Letztere Komposition ist eine ausgezeichnete Burleske gegen die Extravaganzen in Liebe, Heroismus und Wuth auf der italienischen Bühne. Dieses Stück wurde mit einer Dedikation von Carey an Lampe publicirt, worin ersterer sagt: „Viele fröhliche Stunden haben wir während der Komposition dieser Oper getheilt, mit Abhacken, Aendern, Beschneiden, Ausmerzen, Wort- und Sylbenmachen, Wortgeklingel, um im Englischen die Schönheiten des Unsinns darzustellen, die in der italienischen Oper so vorherrschen. Dieses Vergnügen ist seitdem dem lustigen, gutmüthigen und scherzhaften Theil der

Menschheit mitgetheilt worden, der den Spass genoss und sich des Lachens erfreute". Lampe hat nebst seinen dramatischen Stücken, eine grosse Anzahl von Volksliedern komponirt, und in seiner Aufmerksamkeit auf Nachdruck und Accent der englischen Wörter kann er selbst eingeborenen Musikern als Muster dienen. Im Jahre 1737 publicirte er einen Quarto-Band: „A Plain and Compendious Method of teaching Thorough-Bass", mit ausgezeichneten Regeln. Im Jahre 1750 ging er nach Edinburgh um da zu wohnen und wurde von den Beförderern der Musik in dieser Stadt sehr geehrt und geachtet. Er starb aber schon 1751 im Alter von neunundfünfzig Jahren.

Johann Adolf Hasse, 1705 bei Hamburg geboren, einer der berühmtesten und reichhaltigsten Komponisten Deutschlands in den drei ersten Vierteln des 18. Jahrhunderts, studirte in Hamburg und erfreute sich daselbst der Gunst eines Königs und eines Kaisers. Der erstere war der Dichter und Musikfreund Johann Ulrich König und der letztere der berühmte Musiker Kaiser. Komponist an dem Hamburger Operntheater, wo Hasse als Tenorist angestellt war. Dieser erwarb sich bald durch seine Kompositionen und als sächsischer Oberkapellmeister einen solchen Namen, dass man ihn nach London berief, und ihm die Direktion der Londoner Oper antrug, um während der Zwistigkeiten mit Händel, diesem einen würdigen Komponisten entgegen zu stellen, was Hasse jedoch anfangs ablehnte. Endlich aber gab er, nach langem, bescheidenem Widerstreben nach und kam 1733 nach England, wo er mit grosser Ehre aufgenommen wurde. Seine Oper „Artaxerxes" wurde unter allgemeinem Beifall aufgeführt. Aber trotzdem verweilte er nicht lange. Er starb 1783 in Venedig. „Hasse galt für den natürlichsten, elegantesten und einsichtvollsten Tonsetzer seiner Zeit, der besonders die Stimme als Hauptgegenstand betrachtete, und die Instrumentalbegleitung, ohne dass ihm darin Kenntniss der Harmonie gemangelt hätte, so einfach als möglich anbrachte".

Christoph von Gluck, geboren 1714 in der Ober-Pfalz und gestorben zu Wien 1787, ausgezeichnet als Komponist sowie auch durch seine Virtuosität auf mehreren Instrumenten, besonders dem Violoncell, kam 1745 nach England, wo er für des Königs Theater schreiben sollte, damals unter der Verwaltung von Lord Middlesex, als ein anderer Konkurrent von Händel berufen. In London komponirte er seine Oper „der Sturz der Giganten oder La Caduta dei Giganti", als ein Tribut für seine Besiegung des Thronprätenden Stuart dem Herzog von Cumberland gewidmet. Diese Oper wurde bei der Eröffnung des Theaters im Jahre 1746 aufgeführt. Darauf folgte „Piramo e Tisbe“. Von dieser Zeit an verliess er die italienische Gattung, in welcher die Oper nur eine Art Koncert ist, welchem das Drama nur zum Vorwande dient. Er schuf sich ein dramatisches System, in dem alles verknüpft ist, die Musik sich nie von den Situationen entfernt, und das Interesse aus der vollkommenen Uebereinstimmung aller Theile des Dramas und der Musik hervorgeht. Gluck verliess England unzufrieden mit seinem Erfolge. Mit der Zeit erhob er sich zum höchsten Range auf dem Gebiete der Musik. Gluck gehört der Geschichte der Musik an und steht daher über einer biographischen Skizze an dieser Stelle.

Welcher Heimat der Musiker Wilhelm Defesch angehört, ob Hoch- oder Nieder-Deutschland, habe ich nicht ausfindig machen können. Defesch war eine Zeit lang Kapellmeister in Antwerpen gewesen, war seiner Zeit ein sehr geachteter Violinist und während mehrerer Saisons Direktor einer Kapelle in den sogen. „Mary-le-bone-Gardens“ London. Diese, ehemals wahrscheinlich im jetzigen Regent's Park gelegen, waren wie Ranelagh und Vauxhall von den höchsten Klassen der Gesellschaft besucht. Der Kopf von Defesch findet sich als Stich auf dem Titelblatt mehrerer seiner musikalischen Kompositionen und sein Name steht auf vielen Liedern und Balladen, die er für Vauxhall und Mary-le-bone-Gardens in Musik setzte. Er starb bald nach dem Jahre 1750 im Alter von siebzig Jahren.

Karl Friedrich Abel, geboren 1725 in Köthen, spielte die Viola da gamba und die Harfe und komponirte. Er war Schüler von Bach in Leipzig. Im Jahre 1759 kam er nach London mit Empfehlungen an den Duke of Yorke, durch dessen Einfluss er Kammermusiker der Königin wurde, und in dieser Eigenschaft Solos auf seiner Viola da gamba in den Palastkoncerten zu spielen, oder in Abwesenheit von J. C. Bach und Schröter, andere Vorträge auf der Harfe zu begleiten hatte. Abel erfreute sich in London eines grossen Namens. Er blieb dreiundzwanzig Jahre in England, gab viele Koncerte mit J. C. Bach, verliess England, kam aber wieder nach London zurück, wo er 1787 starb. Er galt als ein ausgezeichneter Spieler und erwarb sich nebstdem einen Namen als Komponist. Er war besonders berühmt als Improvisator und spielte noch ein Solo einige Tage vor seinem Tode.

Wolfgang Mozart, der grosse deutsche Komponist, geboren in Salzburg 1756, dessen Leben jedem Gebildeten bekannt ist und hier nicht skizzirt zu werden braucht, besuchte England im Jahre 1764, im Alter von acht Jahren mit seinem Vater und seiner älteren Schwester, wo er sich bis in die Mitte des folgenden Jahres aufhielt. Vater und Kinder wurden in England sehr gut aufgenommen und fanden in Johann Christian Bach einen guten Freund, der, da er ein Hofamt bekleidete, die Mittel fand sie George III. vorzustellen. Die Familie liess sich mehreremal am königlichen Hofe hören, wo Wolfgang auch die Orgel zur allgemeinen Bewunderung spielte. In einem darauffolgenden öffentlichen Koncerte wurden nur Symphonien von seiner Komposition vorgetragen und das Kind erregte ein solches Erstaunen und solche natürliche Zweifel an der Wahrheit der von ihm erzählten Geschichten, dass Danes Barrington, Fellow der Royal Society, ihn besuchte um sein Talent der strengsten Prüfung zu unterwerfen und eine Abhandlung in den Philosophical Transactions der Royal Society veröffentlichte, worin er das wundervolle Bestehen der Probe beschrieb. Unter andern Proben gab er dem Knaben ein einziges Wort, z. B. „affetto, perfido“ als Thema eines Liedes und war entzückt ihn eine Arie extemporiren zu hören, voll von Ausdruck und treu dem Gefühl das er vorschlug. In London, wie vorher in Paris, wurden dem Kinde die schwersten Klavierstücke von Bach, Händel u. A. vorgelegt, die es alle mit der grössten Präcision vom Blatte vortrug. Während Mozarts Aufenthalt in England komponirte er sechs Sonaten, die er in London stechen liess und der Königin widmete. Im May 1765 gab Mozart ein Konzert in „Hickford's Rooms“ Brewer-Street, Golden Square. Dasselbe ward folgenderweise angezeigt: „Zum Benefiz von Fräulein Mozart, von dreizehn und Master Mozart von acht Jahren, Wunder der Natur. Ein Koncert, mit allen Ouvertüren von diesem kleinen Jungen selbst komponirt“. Im Juli verliess die Familie England. Nach einem Leben, das fast dem eines rasch schwindenden Kometen gleicht, starb Mozart erst sechsunddreissig Jahre alt im Jahre 1792. „Wenn man die Zahl von vollendeten Meisterwerken, welche er während eines so kurzen Lebens geliefert hat, erwägt, so kann man sich der innigsten tiefsten Klage über seinen so frühen Tod kaum enthalten. Uebrigens will Mozart nicht besprochen, nicht erklärt, sondern genossen werden. Er ist ein Wunder, welches, der Ahnung und dem Gefühle allein angehörend, von keinem Verstande berührt werden darf“.

W i l h e l m C r a m e r, geboren zu Mannheim, wurde Kammermusikus und Solospieler in der königlichen Kapelle, und Direktor des Opernorchesters zu London. Er war in Fertigkeit und seelenvollem Vortrage einer der berühmtesten Virtuosen auf der Violine. Im Jahre 1787 dirigirte er bei Gelegenheit der dritten händelschen Gedächtnissfeier das Koncert, welches von achthundert Tonkünstlern gegeben wurde. Er starb zu London 1799 im sechsundfünfzigsten Jahre seines Lebens, mit Hinterlassung mehrerer Söhne, unter denen besonders der älteste, Johann Baptist Cramer, Schüler von Clementi, als einer der geschicktesten Klavierspieler seiner Zeit sich auszeichnete.

N. Steibelt, geboren 1756 in Berlin, war ein berühmter Pianist und Komponist für das Piano und zugleich grosser Improvisator. Seine Kompositionen, obgleich weder tief noch originell, gefielen. Steibelt hielt sich oft in London auf. Daselbst liess er zwei von ihm komponirte Ballets: „das schöne Milchmädchen“ und „das Urtheil des Paris“, aufführen. Die grösste Zahl seiner Kompositionen besteht in Koncerten, Sonaten, Variationen, und Potpouris für das Pianoforte.

Abt Georg Joseph Vogler hat wohl die verschiedenartigsten Würden und Posten bekleidet, die je ein Musiker innegehabt. Er war „päpstlicher Erzzeuge, Ritter vom goldenen Sporn, Kämmerer des apostolischen Palastes, königl. schwedischer Pensionär, königl. bairischer geistlicher Rath, Hofkaplan und Hofkapellmeister, ordentl. öffentlicher Professor der Tonkunst zu Mannheim und Prag, und zuletzt grossherzogl. hessen-darmstädtischer geistlicher geheimer Rath, Kapellmeister und Ritter erster Klasse des Verdienstordens“. Er war 1749 geboren und einer der grössten praktischen und theoretischen Tonkünstler, unermüdlich thätig in allem, was auf Vervollkommnung der Tonkunst hinspielte. „Er war“, sagt ein Biograph, „einer der spekulativsten und scharfsinnigsten Tongelehrten, ein grosser Klavier- und noch grösserer Orgelspieler, ein geistvoller und gründlicher Komponist, ein rastloser Forscher im Gebiete der Tonkunst“. Von seinen Studien und Reisen kann hier nicht die Rede sein. Seine Reisen sollen sich selbst bis Asien erstreckt haben. In den achtziger Jahren des 18. Jahrhunderts besuchte er England. Im Jahre 1790 kam er wieder nach London und liess sich daselbst auf dem von ihm erfundenen Instrumente „Orchestrion“, hören. Er publicirte dreiundzwanzig theoretische Werke über Tonkunst, dreizehn Stücke für das Theater, elf für die Kirche, und zweiunddreissig grosse Kammermusikstücke. Diese Angabe seiner Werke ist selbst noch nicht vollständig. Er starb in Darmstadt.

r Zeit als Professor Moritz England besuchte, 1782, lebte. schon erwähnt habe, in Oxford ein Deutscher, dessen ie Moritz sagt, Mitchell ausgesprochen wurde, welcher e Jahre lang als Musiker einen grossen Namen daselbst und von den Oxforder Professoren sehr gepriesen wurde. ıte über diesen Musiker nichts Näheres erfahren.

hann Christian Bach, elfter und jüngster Sohn des Tonkünstlers Sebastian Bach, geboren 1735 in Leipzig, ıach dem Tode des Vaters, unter der Leitung seines beren ältern Bruders Emanuel erzogen. Bald zog Johann ine Kompositionen und sein vortreffliches Harfenspiel die ne Aufmerksamkeit auf sich. Im Jahre 1762 kam er ndon und blieb von dieser Zeit in England bis zu seinem In Folge seines Aufenthaltes in diesem Lande hiess er on London". Er wurde bald der allgemeine Liebling blikums, wirkte als Komponist, Kammermusiker der , Organist, Harfenspieler und gab viele Koncerte mit em erwähnten Virtuosen auf der Viola da gamba. Die Familie führte er, wie oben angegeben, in London ein. lucirte viele geistlichen und weltlichen Kompositionen seiner Opern „Orione ossia Diana vendicata" hatte Erber Bach war ein Mann des Vergnügens und ergab sich. dern Ausschweifungen, dem Trunke. Er starb in London, Mitte grosser Popularität und vieler Schulden.

ı anderer grosser Stern am Himmel der Tonkunst kam r Zeit von Deutschland über das Meer nach England, ı da zu bleiben, sondern wie viele deutschen Musiker ıals und heute, als Wandervogel. Es war dies Joseph , geboren 1732 im Dorfe Rohrau, Oestreich. Er beı den achtziger Jahren des vorigen Jahrhunderts London, ın die Wünsche der dortigen Musikfreunde schon seit Zeit gerufen hatten. Im Jahre 1794 machte er eine eise dahin, fand daselbst die glänzendste Aufnahme und versität Oxford ertheilte ihm die Doctorwürde. Von ging zuerst der Ruf Haydns aus, der ihm im eignen ıde erst später allgemein zu Theil ward. Nach seiner ır aus England, kaufte er sich in Wien ein kleines Haus en. Hier komponirte er „die Schöpfung" und die „Jahreswelche ihn auf den Gipfel des Ruhmes erhoben. Haydn die Instrumentalmusik als Muster. Mit ihm begann ıe Epoche für dieselbe. Er starb in Wien 1809. Sein ehört der Geschichte der Musik an.

Maria Theresia Paradies, geboren zu Wien 1759, ist eben so merkwürdig durch ihr Schicksal als durch ihr ausserordentliches musikalisches Talent. „Schon im Alter von vier Jahren wurde sie ihres Augenlichtes gänzlich beraubt. Da sie grosse Neigung zur Musik zeigte, liess sie ihr Vater vom siebten Jahre an auf dem Pianoforte und im Gesange unterrichten. Schon nach drei Jahren liess sie sich in der Augustinerkirche zu Wien in dem pergolesischen Stabat mater als erste Sopransängerin hören, wobei sie sich selbst auf der Orgel accompagnirte. Die dabei anwesende Kaiserin, Maria Theresia, setzte ihr sogleich einen Jahresgehalt von zweihundert Gulden aus. Bald brachte es die junge Virtuosin so weit, dass sie nach und nach gegen sechzig Klavierkoncerts mit der grössten Genauigkeit spielen lernte. Im Jahre 1784 trat sie eine musikalische Reise an, und erregte überall, wohin sie kam, besonders aber in London 1785, durch ihre Talente, so wie durch ihr Unglück, Bewunderung und Theilnahme. Besonders rührend wusste sie ihr Schicksal in einer Kantate von dem gleichfalls blinden Dichter Pfeffel, in Musik gesetzt von Kozeluch, vorzutragen. Ihr Gedächtniss war bewunderungswürdig treu. Ihre Kompositionen, deren Anzahl gross ist, und welche meist für den Gesang sind, diktirte sie Note für Note in die Feder. Es sind darunter Stücke von bedeutendem Umfange. Auch in andern Wissenschaften, z. B. in Geographie, Rechnen u. s. w. war sie wohl erfahren. Sie war in Gesellschaft heiter, unterhaltend, witzig, höchst interessant und noch im zweiten Jahrzehnt dieses Jahrhunderts Vorsteherin einer trefflichen musikalischen Bildungsanstalt in Wien“.

Johann Friedrich Reichardt, ein berühmter Komponist und Theoretiker in der Musik, geboren 1752 zu Königsberg, galt schon in seinem zehnten Jahre in Deutschland als Virtuos auf der Violine und dem Pianoforte. Er trachtete nicht nur nach musikalischer, sondern nach allgemeiner Geistesausbildung und studirte erst zu Königsberg unter der Leitung Kant's, von dem er eine kurze Schilderung in dem Taschenbuche „Urania“, 1812, mitgetheilt hat, und nachher zu Leipzig. Er wurde zuerst in Preussen als Sekretär der königlichen Domänenkammer angestellt, bekleidete aber später die Stelle eines königlichen Kapellmeisters unter den drei Königen Friedrich II., Friedrich Wilhelm II. und III.

Im Jahre 1785 begab er sich nach London, wo er am Hofe und in öffentlichen Koncerten seine Kompositionen einiger Psalmen und italienischer Scenen, sowie der Passion des Meastasio aufführte. Er komponirte viele Opern, eine grosse Trauerkantate auf Friedrichs des Grossen Tode, Gesänge, Lieder von Goethe, Herder, Klopstock, Schiller und „strebte den theatralischen Effekt und die Wahrheit in der Deklamation eines Gluck, mit der Schönheit und dem Reichthum des italienischen Gesangs und mit der gründlichen Arbeit der Deutschen zu vereinigen“. Er zeichnete sich auch durch literarische Werke aus. Nach einem ereignissvollen Leben starb er, 1814, einen weitverbreiteten Namen hinterlassend.

Johann Ludwig Dussek, Pianist und Komponist, geboren 1761 in Hasslau in Böhmen, und 1812 in Paris gestorben, spielte schon mit sechs Jahren in öffentlichen Koncerten auf dem Piano und der Orgel und komponirte als er noch sehr jung war. Er studirte unter Emanuel Bach in Hamburg und spielte mit Erfolg in Berlin und vielen andern Orten und in vielen Ländern. Im Jahre 1789 vertrieb ihn die Revolution von Paris, wo ihn Marie Antoniette besonders patronisirte, nach London. Als Spieler, Lehrer, Komponist fand er in England allgemeine Anerkennung. Die grosse Nachfrage nach seiner Musik veranlasste ihn eine musikalische Handlung in Haymarket, London, zu eröffnen, wodurch er verleitet wurde eine grosse Anzahl von Stücken einzig für den Verkauf zu schreiben, die seiner unwürdig waren. Er war kein Geschäftsmann, gerieth in Folge dessen trotz seines grossen professionellen Einkommens in Schulden, und 1800 floh er mit Zurücklassen von Frau und Kind nach Hamburg. Er lebte dann bis 1809 in Deutschland, spielte und komponirte mit grossem Erfolg, und ging in demselben Jahre nach Paris, wo er starb.

Die Schwester Dussek's, Veronika, geboren 1779, ausgezeichnete Pianistin, kam 1797, auf ihres Bruders Einladung, nach London, wo sie sehr anerkannt wurde.

Johann Nepomuk Hummel, der berühmte Pianist und Komponist, (geboren 1778 in Pressburg und gestorben 1837 in Weimar), Schüler Mozarts, in dessen Haus er lebte, besuchte, nachdem er in Deutschland Koncerte gegeben das Ausland. Im Jahre 1790 kam er zuerst nach Edinburgh, wo er seine ersten Kompositionen, Variationen für Pianoforte in Druck gab. Die Jahre 1791 und 92 brachte er in London zu. An beiden Orten hatte er grossen Erfolg. Im Jahre 1829 kam er wieder nach England, wo er eine herzliche Aufnahme fand. Er spielte hier nicht lange öffentlich, sondern widmete sich der Direktion des Orchesters. Im Jahre 1833 kam er noch einmal nach London als Leiter

(Conductor) der deutschen Oper in „The King's Theatre". Hummels Spiel zeichnete sich aus durch vollen Ton, exakte Manipulation, einen besonderen singenden Effekt, den er von dem Piano gewann, und durch grosse Fertigkeit. Er war zugleich ein grosser Extemporist und ausserordentlich populär in England. Seine Kompositionen für sein Instrument bilden eine Charakteristik seiner Eigenschaften als Spieler und ihr Studium gilt in England heute noch als unentbehrlich für die Erziehung eines Pianisten.

Ignaz Pleyel, geboren 1757 bei Wien, das vierundzwanzigste Kind eines Schullehrers, war zu seiner Zeit ein grosser Instrumentalkomponist und genoss einen grossen Namen in Europa. Er war ein Schüler des grossen Haydn. Nach Reisen in Italien und Frankreich, wo er grossen Beifall fand, wurde er 1787 Kapellmeister am Münster zu Strassburg. Als aber, nach Ausbruch der Revolution, die Kirchen geschlossen und ihre Diener verabschiedet wurden, flüchtete sich Pleyel, der zwar den Umständen sich fügend, eine Hymne auf die Freiheit komponirt, im Jahre 1793 nach London, gerade zur Zeit als Haydn sich ebenfalls daselbst befand. Er gab daselbst eine grosse Anzahl Koncerte und komponirte in London eine Symphonie von grossem Verdienste. Aber leider liess er sich als Konkurrent seines Lehrers Haydn, des Vaters dieser Klasse von Komposition, von einer Rival-Gesellschaft aufstellen. Im Jahre 1796 ging Pleyel von London nach Paris, wo sein Name unter den Komponisten, welche zur Verschönerung der Nationalfeste beigetragen hatten, öffentlich und feierlich mit ausgerufen wurde. Im Jahre 1801 unternahm er die Ausgabe einer musikalischen Bibliothek, mit den vornehmsten Werken der ersten Meister. Seine Kompositionen zeichnen sich durch Leichtigkeit, Anmuth und Gefälligkeit aus.

Marianne Kirchgessner, geboren 1770 zu Bruchsal, Baden, verrieth schon als Kind ein grosses Talent für die Musik, welches durch den Verlust des Augenlichtes den sie schon im vierten Jahre durch bösartige Blattern erlitt, noch begünstigt wurde. Im Alter von sechs Jahren spielte sie bereits das Klavier mit Fertigkeit und Ausdruck. Sie ward darauf von Kapellmeister Schmittbauer in Karlsruhe in der Musik und besonders auf der Harmonika unterrichtet, auf welcher sie schon in ihrem zehnten Jahre so ausserordentliche Fortschritte gemacht hatte, dass sie sich öffentlich, unter allgemeiner Bewunderung, hören lassen konnte. In Gesellschaft des Rathes Bossler, ihres nachherigen Biographen, machte sie zu Anfang des Jahres 1791 eine Reise durch ganz Deutschland, wo ihr allenthalben der enthusiastischste Beifall zu Theil wurde und begab sich darauf 1794 nach London. Ihr dreijähriger Aufenthalt in dieser Stadt war ihr in verschiedener Hinsicht vortheilhaft. Ausserdem, dass sie sich in ihrer Kunst vervollkommnete, erfand sie eine Harmonika mit Resonanzboden. Aber das grösste Glück das sie daselbst fand, war einigermassen ihre Sehkraft wieder zu erhalten. Nachdem sie England verlassen, besuchte sie noch andere Länder und starb 1807 im achtunddreissigsten Jahre.

Bernhard Romberg, geb. 1770, aus einer Künstlerfamilie, welche viele vortreffliche Tonkünstler hervorgebracht hat, war als der erste Violoncell-Virtuose seiner Zeit berühmt. Er kam 1799 nach England. Auch als Komponist machte er sich bekannt.

§ 11.

VERTRETER DES HANDELS UND DER INDUSTRIE.

Der Kaufmann Peter Hasenclever war einer der scharfsinnigsten und vielumfassendsten Männer seines Standes, der seine kaufmännischen Geschäfte mit einem kombinatorischen, in den grossen Welthandel eingreifenden Geiste führte und von diesem höheren Gesichtspunkte aus betrachtete, wodurch er sich zu seiner Zeit einen Namen erworben hat. Er war zu Remscheid im Bergischen im Jahre 1716 geboren, widmete sich von Jugend auf Fabrik- und Handelsgeschäften, bereiste wiederholt die meisten europäischen Länder und betrieb lange sehr bedeutende Geschäfte, vorzüglich in Frankreich, in Lissabon, Cadix, London und Nordamerika. Ein bedeutendes Vermögen, das sein redlicher Fleiss erworben hatte, ging ihm durch Betrug und Ungerechtigkeit verloren und er verliess England, für dessen amerikanischen Eisenhandel er vortheilhaft zu wirken angefangen hatte, ohne die Früchte seiner Arbeit und Anstrengungen geerntet zu haben. Er liess sich darauf in Schlesien nieder, wo er sich um den schlesischen Leinwandhandel verdient machte. Er starb 1793 in hoher Achtung.

Johann Bohn, von deutscher Abstammung, war ein zu seiner Zeit bedeutender Verleger und Buchhändler in London. Er war sogen. „fremder und klassischer“ Buchhändler. Ob er mit dem berühmten Hamburger Verleger Bohn, dem Verleger von Lessings Dramaturgie verwandt war, ist mir nicht bekannt. Der Schwiegersohn des Hamburger Bohn, Bode, zeichnete sich durch meisterhafte Uebersetzungen aus dem Englischen aus, wodurch er zwischen 1778 und 1793 in Deutschland einen hohen Rang unter den klassischen Schriftstellern der Deutschen erworben. Der Londoner Johann Bohn hatte einen Sohn, Henry George, geb. 1796 in London, der nach gründlicher Erziehung und Reisen, das Geschäft seines Vaters übernahm, Haupt einer bedeutenden Firma von Buchhändlern und Verlegern wurde und sich auch als Schriftsteller auszeichnete, unter Anderm, durch Uebersetzungen aus dem Deutschen. von Goethe, Schiller, Humboldt, z. B. von Schillers „Räuber". Er war Mitglied einer Anzahl gelehrter Gesellschaften, Präsident der Bibliothek der grossen Londoner Ausstellung von 1851 und starb in reifem Alter 1884.

Die Vertreter des hochangesehenen englischen Bankhauses Baring, stammen von Bremen, wo einer der Vorfahren lutherischer Geistlicher war. Der Grossvater von Sir Francis Baring, Gründer des grossen Hauses Baring und Comp., geboren 1740, war der Vater von John Baring, der viele Jahre Parlamentsmitglied von Exeter war. Nachkommen von dieser Familie bekleideten und bekleiden in England hohe Würden, u. A. Lord Ashburton.

Andreas Grote, Kaufmann, war der Gründer des englischen Hauses Grote und der Grossvater des berühmten englischen Geschichtschreibers von Griechenland George Grote. Er kam um die Mitte des 18. Jahrhunderts als Geschäftsmann nach England und stammte aus einer Bürgerfamilie, die seit langen Jahren in Bremen ansässig war. Andreas stand zuerst einem Agenturgeschäft in Leadenhall Street in London vor. Später, im Januar 1776, gründete er mit einem Theilhaber Namens Prescott ein Bankgeschäft in der City, das unter der Firma der Gründer bis auf den heutigen Tag sich in einem bedeutenden Ruf erhalten hat.

Rudolf Ackermann, geboren 1764 in Schneeberg in Sachsen, starb 1834 in London. Er kam als reisender Sattlergeselle dahin und machte daselbst die Bekanntschaft eines Landsmanns Namens Facius, welcher damals das „Journal of Fashions" dirigirte. Von diesem erhielt er eine Anstellung als Muster-Zeichner von Kutschen etc. und hatte solchen Erfolg, dass er in sehr kurzer Zeit im Stande war eine grosse Anstalt im Strand, London zu eröffnen, berühmt als „The Repository of Fine Arts", von wo aus er die elegantesten Werke, besonders eine Reihe schön illustrirter Bände „Forget me not" genannt, vom Stappel liess. Ackermann war einer der Ersten, dem es gelang Kleiderstoffe, Wolle, Filz, Leder und Papier dem Wasser undurchdringlich zu machen, er half dem schon erwähnten deutschen Chemiker Accum, dessen Schrift „Practical Treatise on Gaz-Light" er selbst verlegte, bei der Einführung der Gasbeleuchtung, und er soll der erste gewesen sein, der die von Senefelder erfundene Lithographie in England eingeführt hat. Seine Nachkommen leben noch in England.

Von dem grossen Hause Rothschild, zu dem Mayer Anselm Rothschild in Frankfurt den Grund legte, wurde das englische Zweighaus von einem der fünf Söhne desselben, Nathan Mayer gegründet. Die Geschichte dieses merkwürdigen Hauses gehört diesem Jahrhunderte an. Ich muss daher einstweilen für Näheres darüber auf Sir Thomas Fowell Buxton's Memoiren verweisen, worin sich eine mündliche Autobiographie von Nathan Mayer befindet.

Aloys Senefelder, dem wir die wichtige Erfindung der Lithographie verdanken, war 1771 zu München geboren, wo er 1834 starb. Sein Vater war ein talentvoller Schauspieler und stand in hohem Ansehen. Senefelder sollte gegen seinen Willen die Rechte studiren, widmete sich aber nach seines Vaters Tode dem Theater. Er beschloss aber bald, in Folge von Noth und Ungemach, sich der Schriftstellerei zu widmen. Ein kleines Schauspiel, „Die Mädchenkenner", hatte ihm fünfzig Gulden eingetragen. Da der Gewinn eines zweiten durch Verzögerung des Druckes verloren ging, machte er allerlei Versuche wohlfeiler und leichter drucken zu können. Nach vielem Versuchen und Fehlschlagen that er einen Schritt vorwärts nach dem andern. Stufenweise erfand er die chemische Druckerei, oder die Kunst Schriften vom Papier auf Papier überzudrucken, und dann die chemische Steindruckerei. Nun begann Senefelder seine Erfindung in grossem Massstabe zu betreiben, Patente in Berlin, Wien, Paris und London zu erwerben. Bald nach 1799 reiste er selbst nach London. Erst nach sieben Monaten erreichte er daselbst seinen Zweck (s. Ackermann). Nachdem er den Bruder seines Associé, André in Offenbach, der ihn nach London begleitete, in den Handgriffen des Steindruckes unterrichtet hatte, kehrte Senefelder nach Offenbach zurück. Später gab er ein lithographisches Lehrbuch heraus (1819), welches durch seine Vollkommenheit die Bewunderung aller Kunstkenner erwarb.

Friedrich Koenig, Maschinenbauer, war 1775 in Eisleben geboren und starb 1833 in Oberzell. Er war der Erfinder der ersten praktischen, erfolgreichen Druckmaschine. Er arbeitete zuerst in einer Druckerei in Leipzig und besuchte zugleich die Vorlesungen der Universität über Literatur und Naturwissenschaften. Koenig arbeitete in Deutschland von 1795—97, errichtete eine Druckerei in Eisleben, hatte aber keinen Erfolg, studirte Jahre lang über eine Druckmaschine, erfand mit seinem Freunde Bauer in etwa 1809 eine solche, hatte aber die Mittel nicht sie auszuführen. Er besuchte darauf England und fand daselbst die nöthigen Fonds bei den wohlbekannten Druckern Bensley, Woodfall and Richard Taylor. Das erste englische Patent von Koenig und Bauer wurde 1810 für eine Maschine ausgestellt, in welcher das Papier gegen die Typen durch einen flachen Tiegel gepresst wurde, wie in der gewöhnlichen Druckpresse; und diese Maschine war im Verlauf desselben Jahres in's Werk gesetzt. Ihr letztes und wichtigstes Patent, das von 1811, war für eine Maschine in welcher das Papier gegen die Typen durch einen volvirenden Cylinder gepresst wurde. Diese Maschine muss als die Muttermaschine aller erfolgreichen Druckmaschinen angesehen werden, die seitdem erfunden worden sind, denn alle beruhen auf demselben Princip. Durch spätere Patente sicherten sich Koenig und Bauer verschiedene Verbesserungen in ihrer Maschine. Im Jahre 1814 geschah eines der denkwürdigsten Ereignisse in der Geschichte der Druckerei — eine Maschine nach dem Principe von Koenig und Bauer, von nie da gewesener Grösse und Macht, wurde von den Besitzern der „Times“ errichtet, deren Tages-Ausgabe vom 14. November 1814, die erste Zeitung war, die durch Dampfkraft gedruckt worden ist. Von dieser Zeit an machte die Druckerei durch Maschinen rasche Fortschritte und erreichte in der letzten Zeit immense Dimensionen. Koenig und Bauer übergaben einige Jahre nachher ihre Patente ihrem Theilhaber Bensley und gingen nach Baiern, wo sie in Oberzell bei Würzburg eine Fabrik für Druckmaschinen errichteten, wobei sie einen bessern Erfolg hatten, als gewöhnlich den Wohlthätern der Menschheit zu Theil wird.

Johann Gottfried und Friedrich Kaufmann, Vater und Sohn, waren berühmt als Akustiker, Mechaniker und Tonkünstler. Der Vater, geboren 1752 zu Siegmar in Sachsen, zeichnete sich früh durch sein Talent für Mechanik aus. Er erfand vorzügliche

Flötenuhren und 1789 eine Flöten- und Harfenuhr verbunden. Der Sohn, geboren 1780, wurde der Erfinder seines bekannten „Belloneon“. Vater und Sohn führten nach vorangegangenen Verbesserungen in den Orgelpfeifen, die Erfindung des „Chordaulodion“, dann des „Harmonichord“ aus. Nach Reisen in Deutschland kamen beide, 1816, nach London, wo sie durch ihre Talente grossen Beifall und Bewunderung und durch ihren persönlichen Charakter Hochachtung und Zuneigung erwarben. Der Vater starb 1818 in Frankfurt.

Kapitel X.

Excentrische und abenteuerliche Deutsche in England im 17. und 18. Jahrhundert.

§ 1.

EIN RELIGIÖSER UND EIN ATHEISTISCHER PREDIGER. EIN HÖHERER TASCHENSPIELER. EIN MYSTERIÖSER, PHILANTHROPISCHER DEUTSCHER JUDE. EIN DEUTSCHER KÖNIG IM SCHULDTHURM. EINE DEUTSCHE MODE-KÖNIGIN.

Man nennt England das Land der Excentricitäten. Wohl bringt dieses Land eine ziemliche Zahl drolliger Käuze hervor. Doch äussert sich bei diesen ihre Excentricität meist in der Pflege einer einzigen, ungewöhnlichen, fixen Idee. In Deutschland ist die Excentricität vielseitiger. Deutschland ist viel mehr die Heimat der philosophischen, politischen und religiösen Enthusiasten und Querköpfe als England.

In England vergisst bei dem socialen und politischen Gesammthandeln des Volkes, trotz des so stark entwickelten Individualismus des Engländers, der Mann gern seine Individualität, stellt sich leicht in die Reihen und folgt willig dem Kommando seiner selbst gewählten Führer.

In Deutschland folgt man lieber sich selbst, ist man sich selbst Autorität. Man opponirt, kritisirt, perorirt, versteht Alles am besten, verwirft alle Autoritäten, ordnet sich nicht unter.

In Folge dessen blieb Deutschland lange ein Land, das zu keiner politischen Existenz kam, die Heimat der sogen. Querelles d'Allemand, der Streite um des Kaisers Bart, das Paradies politischer Kannegiesser und Rechthaber, das Gespött und der Spielball seiner Nachbarn.

Manches hat sich allerdings gebessert, doch Vieles bedarf noch der Besserung. Es ist übrigens nicht zu leugnen, dass der überkritische Charakter des Deutschen auch Grosses geschaffen hat und zugleich die Schwäche und Grösse des deutschen Volkes ausmacht. Es gibt da nicht so viel Nachbeter, als anderswo, die Kritik ist strenger und wahrer, die Wissenschaft unabhängiger, der Vorurtheile gibt es weniger.

Der Deutsche, dem das intensive Nationalgefühl des Engländers und Franzosen abgeht, hat oft einen wahren Trieb seine Kräfte einem fremden Lande zu widmen. Viele Deutsche haben ihrem fremden Adoptivlande mit Leib und Seele gedient, sich demselben mit wahrer deutscher Pflichttreue gewidmet. Keine Nation kann eine solche Reihe von Söhnen aufführen die im Auslande mit solchem Erfolg gewirkt, als die Deutschen.

Es kam aber auch zuweilen vor, dass dieser deutsche Zug, im Auslande zu wirken, abenteuerliche Charaktere auf die Wanderschaft trieb. Von solchen abenteuerlichen deutschen Gästen in England will ich einige Repräsentanten hier aufführen.

Durch ein merkwürdiges Zusammentreffen kamen zu derselben Zeit zwei Deutsche nach England, von denen der eine ein religiöser Fanatiker, der andere ein Atheist war. Beide predigten in England.

Quirinus Kuhlmann war ein zu seiner Zeit berühmter Fanatiker, geboren in Breslau 1651. Er erregte anfangs sehr grosse Erwartungen in Folge seiner literarischen Studien und Kenntnisse. Aber er wurde krank. Die Folgen seiner Krankheit waren Hallucinationen und Verlust der Freude am Studium. Er hatte allerlei religiöse Erscheinungen von Gott, Christus, dem heiligen Geiste. Er sah seine linke Hand fortwährend von einem Lichtkreis umgeben. Sein einziger Lehrer war fortan der heilige Geist. Kuhlmann verliess seine Heimat im Alter von neunzehn Jahren, reiste nach Holland in Mitten eines schrecklichen Krieges und kam 1673 in Amsterdam an. Er ward nun ein Prophet und widmete einem andern Propheten in Holland Johann Rothe sein 1674 in Leyden gedrucktes Werk: „Prodromus quinquennii mirabilis", i. e. Vorläufer des wundervollen Jahrfünft. Von

Holland besuchte Kuhlmann viele Länder, kam nach England und wanderte predigend eine lange Zeit in diesem Lande umher. Er endigte seine Laufbahn in Russland auf dem Scheiterhaufen, 1689. Prophet Kuhlmann liebte das weibliche Geschlecht und heirathete mehr als einmal und mehr als eine Frau und war erhaben über die Förmlichkeiten des Civil- und Canonischen Gesetzes über die Ehe. Er war selbst dem Gelde nicht abgeneigt und pflegte Leuten Bettelbriefe zu schreiben, worin er sie mit schrecklichen Strafen des Himmels bedrohte, wenn sie ihm nicht gewisse Summen „für Beförderung des neuen Reiches Gottes" schickten. Er hatte, wie alle religiösen Narren, eine starke Mischung nicht nur von Fleischlichkeit und Weltlichkeit, sondern auch von echter Schelmerei in sich. In unseren Tagen wäre er die Seele des Mormonenthums geworden.

Ein Prediger ganz anderer Art als Kuhlmann war Matthias Knuzen, ein zu seiner Zeit berühmter Atheist, aus Holstein gebürtig. Knuzen predigte öffentlich den Atheismus und unternahm lange Reisen um Proselyten zu machen. Er predigte zuerst seine Grundsätze in Königsberg, 1673. Er rühmte sich, dass er eine grosse Anzahl von Schülern und Anhängern in den Hauptländern Europas hätte, die er bereist, und unter andern auch in England. Seine Anhänger hiessen Conscientiarier, weil sie behaupteten, dass nur das Gewissen obenan stände. Der atheistische Apostel wagte sich selbst nach Rom, wo er übrigens keine Gefahr lief. Die höheren Prälaten waren damals meist atheistisch gesinnt und während man die Protestanten verfolgte und vernichtete, blieb Knuzen ungestört in der heiligen Stadt. In einem Briefe, von Rom datirt, gibt Knuzen die Essenz seines Systems, worin er u. a. sagt:

1. Gibt es weder Gott noch Teufel;
2. sind Richter nicht zu achten, Kirchen zu verachten, Priester zu verwerfen;
3. anstatt der Richter und Priester haben wir Erkenntniss und Vernunft, die verbunden mit Gewissen, uns lehren ehrbar zu leben, Niemand zu schaden, Jedem das Seinige zu geben;
4. die Ehe ist von der Hurerei nicht verschieden;
5. Es gibt nur ein Leben, welches dieses ist; nach ihm gibt es weder Belohnungen noch Strafen;
6. die heilige Schrift ist unverträglich mit sich selbst.

Dieser Brief befindet sich in „Micraelii syntagma historiae ecclesiasticae" 1699. Knuzen verbreitete viele Schriften. Ueber sein Wirken in England ist mir nichts Näheres bekannt geworden. Auffallend ist jedoch, dass die englischen Kirchenhistoriker, u. A. John Baxter, über die damals allgemeine selbst unter einem Theil des englischen Clerus grassirende Ungläubigkeit klagen.

Wie heut zu Tage so sind auch schon in früheren Zeiten deutsche Taschenspieler oder, wie sie jetzt heissen, Presti-digitateurs, nach England gezogen. Ich will von solchen zwei hervorragende anführen, die beide verschiedene Specialitäten vertraten.

Der eine war ein zu seiner Zeit in England berühmter deutscher Taschenspieler Namens Breslau. Er producirte sich 1775 in Cockspur Street, Haymarket und später in Bartholomew Fair, London. In Canterbury verhungerte er fast mit seiner Truppe. In seiner Noth besuchte er die Kirchenvorsteher der Stadt und bot ihnen die Einkünfte einer Vorstellung seiner Künste zu Gunsten der Armen an, wenn sie ihm den Saal bezahlten. Das Anerbieten zog und die Vorstellung war sehr besucht. Als nun die Kirchenältesten Tags darauf Breslau besuchten, um die Summe für die Armen in Empfang zu nehmen, sagte er: „Ich habe die Einnahme schon vertheilt; diese war für die Armen; mein Versprechen habe ich gehalten und das Geld meinen eigenen Leuten gegeben, welche die Aermsten in Ihrer Pfarrei sind". „Sir", riefen die Kirchenältesten aus, „This is a trick"! „I know it", erwiderte Hokus Pokus, „I live by my tricks". (Daniel: „Merry England in the Olden Time").

Ein Künstler höherer Art, ein Vorläufer von Maskelyne und Cooke kam in der Mitte des vorigen Jahrhunderts nach London. Elektricität war damals die Mode in London und die derselben Kundigen hatten grossen Erfolg. Unter solchen war ein Landsmann der sich Katterfelto (Moritz: „Travels" 1782.) nannte, sich für einen Preussen ausgab, schlecht Englisch sprach und nebst den gewöhnlichen elektrischen Experimenten, merkwürdige Wunderstücke ausführte, welche die Welt in Erstaunen setzten. Er ist wohl einer der ersten, wenn nicht der erste, welcher die Physik zu seiner Kunst benützte, was in den 50er Jahren dieses Jahrhunderts der Franzose Robert Houdin und heutzutage in London Maskelyne und Cooke und noch viele Andern mit grossem Erfolg gethan. Die englischen Zeitungen brachten sogar Verse über den „grossen Katterfelto". Dieser scheint übrigens auch ein Wunderdoctor gewesen zu sein. Nebenbei sei hier noch bemerkt, dass zur selben Zeit in London ein deutscher Quacksalber unter dem Namen „the German Doctor" einen grossen Zulauf hatte, von dem ich aber nichts Näheres erfahren konnte. Erwähnenswerth scheint mir, dass Katterfelto erklärte, dass die damals in ganz Europa und auch in England heftig wüthende tödtliche Influenza durch ein kleines Insekt veranlasst werde, das in der Luft schwärme und gegen das er ein Geheimmittel verkaufte. Er wurde darüber ausgelacht. Diese Theorie wurde erst neuerdings in allem Ernst wieder aufgestellt und der Franzose Raspail, dessen Anhänger in Frankreich hundert Tausende zählen, hat sie unter anderem auch speciell hinsichtlich der Influenza aufgestellt und Kampfer dagegen verordnet.

In der Mitte des vorigen Jahrhunderts lebte in London ein seltsamer, bejahrter, mysteriöser deutscher Jude, Namens Cain Chenul Falk, bekannt unter dem Namen Dr. Falcon und berühmt wegen seiner kabbalistischen Entdeckungen. Kabbala ist ein Wort womit man gewöhnlich ein wildes System orientalischer Philosophie bezeichnet, das, zu welcher Zeit ist nicht bekannt, in die jüdischen Schulen eingeführt wurde. In einem weiteren Sinne umfasst das Wort alle Entscheidungen der Rabbinischen Gerichtshöfe oder Schulen, sowohl über religiöse als civile Punkte; eigentlich aber bedeutet Kabbala die Kenntniss traditionell abgeleitet von verborgenen Mysterien, welche in den Buchstaben des Gesetzes liegen, der Zahl des Vorkommens der Buchstaben und ihrer relativen Stellung. Falk lebte in Pracht in einem grossen Hause, von zahlreichen Dienern umgeben. Er hatte kein eigentliches Geschäft und gab viel für die Armen. Er ging sehr selten aus, aber wenn er sich öffentlich zeigte, so machte seine merkwürdige Erscheinung, in langem Gewand, mit langem, wallenden Bart, seine edle Gestalt einen gewaltigen Eindruck. Wundervoll und unglaublich waren die Geschichten, die über den alten Mann circulirten. „Er ist“ — sagt Archenholz in seinem Buche über England — „höchst wahrscheinlich ein sehr grosser Chemiker und hat in dieser geheimen Wissenschaft einige ausserordentliche Entdeckungen gemacht, die er nicht bekannt zu machen geneigt ist. Ein gewisser Prinz, der sehr eifrig nach dem Stein der Weisen forschte, wünschte ihm vor einigen Jahren einen Besuch zu machen. Falk konnte jedoch nicht dazu gebracht werden ihn zu empfangen.“

Zur Zeit als Falk in London lebte standen die deutschen Alchymisten in hohem Ansehen daselbst. „Manche derselben“ — sagt Archenholz l. c. — „behaupten die Kunst Gold zu machen gefunden zu haben, die sie bewahrheiten indem sie den Engländern die Guineen aus den Taschen ziehen. Magic, bisher zufrieden ihren Despotismus innerhalb der zehn Kreise von Deutschland auszuüben, hat noch nicht ihren kühnen Flug über den Ocean gemacht. Sollte diese dumme, lächerliche Leidenschaft je in England Wurzel fassen, so würden ihre Wirkungen ungewöhnlich in diesem Lande sein, wo Alles in Extreme geht". [1]

Dr. Falk, oder Rabbi de Falk, wie er auch genannt wurde, kam von Fürth in Baiern. Er war arm und seine Mutter starb daselbst kurz vor seiner Abreise in tiefer Armuth. Sie wurde auf Gemeindekosten begraben. Die jüdische Gemeinde bewilligte ihr aber, auf Bitten des Sohnes, ein Begräbniss, wie es nur vermöglichen Verstorbenen zukam. Die Ehre, welche die Gemeinde seiner verstorbenen Mutter erwies, vergass Falk nie in seinem Leben, und, sobald er in London bei Mitteln war, sandte er eine Summe an seine Heimatsgemeinde, um die Begräbnisskosten für seine Mutter zu zahlen. Ja er hinterliess selbst ein Legat, in Anerkennung dieses Dienstes, und bis auf den heutigen Tag erhält die jüdische Gemeinde in Fürth jährlich vier Pfund, zwölf Shillings Sterling, welche die „United Synagogue" von England nach Baiern sendet.

Von Falk's äusserer Erscheinung habe ich schon gesprochen. Seine auffallende Kleidung und Erscheinung, seine seltsamen Sitten und Manieren scheinen wohl den Zweck gehabt zu haben, den Glauben an seine übersinnliche Macht, den er bald in London erregte, zu bestärken. Er soll ein Mann von sehr grossem Talent, von umfassendem Wissen gewesen sein, hinreichend ihm den Ruf eines Wundermannes zu bringen, wozu noch die vielen Almosen beitrugen, die er den Armen zukommen liess und wodurch er sich einen grossen Anhang verschaffte.

Eines ist gewiss, dass Falk arm in England ankam und dass er bald nach seiner Ankunft im Besitz beträchtlicher Summen war. Wie, durch welche Mittel er dazu gelangte, ist und bleibt ein Geheimniss.

Unter seinen Glaubensgenossen nicht allein, sondern in der Londoner Gesellschaft galt er bald als ein Wundermann. Man schrieb ihm Kenntniss der Kabbala und ihrer sogen.

[1] Obige Angaben über Falk entnahm ich dem erwähnten Werk über England von Archenholz. Es gelang mir lange nicht etwas Näheres über diesen mysteriösen Mann zu erfahren. Erst vor Kurzem erhielt ich folgende weitere interessante Aufschlüse über ihn, die ich Herrn Dr. Leopold Seligmann von London verdanke.

Geheimnisse zu, und er wurde daher von seinen abergläubigen Freunden und Religionsgenossen Bāl Schem genannt. Bāl Schem bedeutet Magister des Namens; d. h. die Fähigkeit die sogen. heiligen Namen der Geister zu besitzen, sie, bis zum höchsten Grade, auszusprechen und damit auch beherrschen zu können.

Falk wohnte in Wellclose Square, im Osten Londons, in einem ansehnlichen, bequemen Hause, wo er zugleich seine Privatsynagoge hatte. Zahlreich sind die wunderbaren Geschichten, welche sonst glaubwürdige, respektable und ehrenhafte Zeugen über ihn erzählten. Ich will davon einige hier anführen.

Obwohl Falk in der Regel über grosse Summen gebot, so kam es doch zuweilen vor, dass er in temporäre Geldnoth gerieth. In solchen Fällen verschmähte der Wundermann es nicht, die Hülfe des Pfandleihers in Anspruch zu nehmen. In einem solchen Augenblick kam er einmal zu einem solchen in Houndsditch, Ost-London. Der Ladentisch konnte kaum alle Schätze Falk's tragen, so zahlreich waren diese. Falk brauchte aber seine Unterpfänder nie lange im Besitz des Pfandleihers zu lassen. Auch in diesem Falle löste er sein Gold- und Silbergeräth schon einige Tage nach ihrer Verpfändung ein. Er erschien, so wird erzählt, vor dem Ladentische des Pfandleihers, brachte sein Leih-Billet, zahlte die geborgte Summe nebst den exact ausgerechneten Zinsen und erklärte dem Ladendiener. wegen des Goldes und Silbers solle er sich keine Mühe machen, dies wäre schon in seinem Hause. Der Unglaube des Pfandleihers verwandelte sich bald in Entsetzen als er fand, dass das Geräth thatsächlich verschwunden war, ohne dass die dasselbe umgebenden Gegenstände in Unordnung gerathen waren.

„Die Kohlen im Keller sind verbraucht, heute morgen verbrannten wir die letzten“ sagte eines Tages einer seiner Dienstboten zu Falk. „Ihr irrt euch“, erwiderte dieser, „der Keller ist voll, sehet nur nach“. Und als man untersuchte, verhielt es sich wirklich wie Falk sagte.

Einst speiste Falk bei Aaron Goldsmid — einem der Vorfahren der heutigen Goldsmid von St. John's Lodge, Regent's Park und der nachherigen Firma Mocatta & Goldsmid. Aaron war einer seiner intimsten Freunde. Ein anderer anwesender Gast lud Falk zu einer philosophischen Unterhaltung in seiner Wohnung Chapter House, St. Paul's Church Yard ein. Falk nahm an. „Wann wollen Sie kommen?“ fragte der Herr. Falk zog eine kleine Wachskerze aus seiner Tasche, händigte diese dem Einladenden ein mit der Bemerkung: „Zünden Sie zu Hause dieses Kerzchen an, und sobald dasselbe abgebrannt ist, werde ich bei Ihnen sein.“ Der Herr that was ihm befohlen und bewachte das Kerzchen mit grösster Aufmerksamkeit, die Ankunft Falks erwartend. Das Kerzchen brannte und brannte, der Eigenthümer bewahrte es sorgfältig, so dass Niemand hinzukommen konnte und beobachtete es täglich mehrere Male. Eines Abends, nach Ablauf von drei Wochen wurde Falk angemeldet. Der Herr empfing ihn und eilte dann sofort zu dem Kerzchen. Dieses aber war, sammt Leuchter, verschwunden. Als Falk gefragt wurde, ob er durch seinen geheimen Agenten den Leuchter wieder herschaffen könnte, antwortete er, dass dieser sich unten in der Küche befinde, was sich als wahr herausstellte.

Während eines Feuers in Duke's Place, City, durch welches die Hauptsynagoge in Gefahr gerieth, suchte man Rath und Hilfe bei Falk. Dieser soll vier hebräische Buchstaben auf die Thür geschrieben haben und der Wind war sofort gezwungen, die entgegengesetzte Richtung einzuschlagen. Das Feuer hörte auf ohne die Synagoge noch irgend ein Haus weiter zu beschädigen.

Vor dem Tode aber konnte Falk mit all seiner Macht sich nicht wahren. Auch hatte er sich als ein kluger, praktischer Mann auf dessen Besuch vorbereitet. Er machte ein Testament, dessen Zeugen und Vollstrecker Aaron Goldsmid, George Goldsmid und de Symons waren. Aaron Goldsmid hinterliess er, als Pfand seiner Freundschaft, ein versiegeltes Kästchen, das nie und unter keinen Umständen geöffnet werden sollte. Komme man seinem Befehle nach, erwähnt Falk, so werde die Familie Goldsmid stets reich sein, handle man ihm zuwider, so würden verhängnissvolle Ereignisse eintreten. Aaron Goldsmid trieb kurz nach Falks Tode die Neugierde das Kästchen zu öffnen und er fand an demselben Tag seinen Tod. Das Kästchen aber enthielt ein Papier, das mit kabbalistischen Zeichen beschrieben war. Uebrigens hat sich der Reichthum der Familie Goldsmid bis auf unsere Tage nicht nur erhalten, sondern vermehrt und nimmt sie in der englischen Gesellschaft eine sehr hohe Stellung ein, nicht ihres Geldes, sondern ihrer philanthropischen Stiftungen wegen.

Falk ist auf dem jüdischen Kirchhof in North Street begraben. Sein Grabstein ist voll von hieroglyphischen Figuren, aber selbst dem event. Kenner würden dieselben unleserlich und undefinirbar bleiben, so hat die Zeit und das Londoner Klima das Denkmal verwittert.

Diese Mittheilungen über Falk haben den Schleier, der sein Leben deckt, nicht gehoben. Er erscheint immer noch wie er Archenholz vor hundert Jahren erschien, ja womöglich noch mysteriöser. Dass respektable, glaubwürdige Zeugen für seine Wunder eintraten, darf nicht erstaunen. Wie viele ehrbare Leute, selbst ein hochangesehener englischer Rechtsgelehrter, wie der jüngstverstorbene Serjeant Cox liessen sich in unserer Zeit durch den Spiritismus verführen! Wie Viele glauben heute noch an Clairvoyance! Falk lebte zudem in einer Zeit wo man sehr empfänglich für Wunder war.

In der zweiten Hälfte des vorigen Jahrhunderts blühte der Aberglauben noch in allen Variationen und in allen, selbst den gebildetsten Klassen. Alchymie, Astrologie, Magie, Nekromancie, Chiromancie, der Stein der Weisen und vieles Andere spukte noch in den meisten Köpfen. Dazu kamen neue Entdeckungen auf dem Gebiete der Physik, besonders der Elektricität. Es war die Zeit, wo Cagliostro die Welt in Erstaunen setzte und Legionen von Anhängern hatte, und dessen Künste Schiller, als Unterlage des Gewebes von Trug auf dem religiösen Gebiet, in seinem „Geisterseher“ dienten. Es war die Zeit wo Mesmer alle Welt mit den Erscheinungen des thierischen Magnetismus in Erstaunen und Aufregung brachte. Zugleich entstanden geheime Gesellschaften aller Arten und zu verschiedenen Zwecken, unter denen besonders der Illuminaten-Orden eine grosse Rolle spielte. Unter den Juden entstanden neue Sekten, unter andern machte seit 1740 eine mystische Sekte, die Zaddikin oder Chassidin [1], rasche Fortschritte unter ihnen im russischen Polen. In Deutschland erschien in der Mitte des vorigen Jahrhunderts ein ausserordentlicher jüdischer Abenteurer Namens Frank, über den ich hier noch einige Worte sagen will, da seine Erscheinung viele Aehnlichkeit mit der Falks hatte, nur war sie viel merkwürdiger und noch mysteriöser. Frank organisirte eine Sekte aus den Ueberresten der sogen. Sabbathaischen Partei, so genannt nach einem Juden Namens Sabbathai Sevi, der im 17. Jahrhundert erschien, sich für den Messiah ausgab und zahl-

[1] Siehe: „The History of the Jews“ by H. H. Milman. London, Murray. Ausgabe 1829, 3. Band, p. 390 bis 398. Es ist dies ein höchst interessantes und lehrreiches Werk.

reiche Anhänger in allen Ländern, auch in Deutschland zählte. Frank nannte seine neuen Anhänger „Zohariten". Ganz Deutschland erstaunte über die orientalische Pracht, in der er lebte, umringt von folgsamen Anhängern, wobei Niemand wusste und bis zu diesem Tage weiss, welches die Quelle seiner immensen Reichthümer gewesen. Er lebte abwechselnd in Wien, Brünn und Offenbach, mit einem Gefolge von einigen hundert schönen jüdischen Jünglingen und Jungfrauen. Wagenladungen von Schätzen sollen beständig ihm gebracht worden sein, besonders von Polen. Er zog täglich in Pomp aus, in einem Wagen von edeln Pferden gezogen, ein Dutzend Ulanen in roth und grünen Uniformen, glitzernd von Gold, ritten ihm zur Seite, mit Lanzen in der Hand und Helmzierrathen von Adlern, Hirschen, der Sonne und dem Monde. Seine Anhänger hielten ihn für unsterblich, aber 1791 starb er. Sein Begräbniss war prachtvoll wie sein Leben, achthundert Personen folgten ihm zum Grabe. Mit seinem Körper wurde auch das Geheimniss seines Reichthums begraben.

Einer der merkwürdigsten Deutschen, der, obwohl zu der Klasse der Abenteurer gehörend, mit etwas mehr Glück in die Reihen grosser Männer getreten wäre, und welcher in London sein Leben endete, war Theodor Baron von Neuhoff, König von Korsika. Das Leben dieses Mannes, seine Abenteuer und sein Ende verdienen wohl eine etwas längere Beschreibung.

„Theodor I., König von Korsika, Baron Neuhoff, Grand von Spanien, Baron von England, Pair von Frankreich, Baron des heiligen römischen Reiches, Prinz des päpstlichen Thrones" — dieses sind die Titel, die er sich selbst beilegte — „war ein Mann", so sagt ein Schriftsteller des vergangenen Jahrhunderts, „dessen Anspruch auf die Königswürde ebenso unbestreitbar war, als die ältesten Ansprüche auf irgend einen Thron sein können; er beruhte auf der Wahl seiner Unterthanen, der freiwilligen Wahl eines misshandelten Volkes, welches das allgemeine Recht der Menschheit auf Freiheit hatte, und die feste Entschlossenheit frei sein zu wollen."

Theodor stammte aus einer adeligen westfälischen Familie. Sein Vater, Leopold von Neuhoff, war Hauptmann in der bischöflich-münster'schen Garde und starb 1695. Theodor studirte anfangs im Jesuiten-Kollegium zu Münster, nachher zu Köln. In Folge eines Zweikampfes, worin er einen jungen Mann aus einem bedeutenden Hause tödtete, flüchtete er sich nach Holland. Durch Hilfe des spanischen Gesandten im Haag erhielt er eine Lieutenantsstelle in einem spanischen Regimente in Afrika, das gegen die Mauren kämpfte. Er zeichnete sich daselbst aus und wurde zum Hauptmann befördert. Aber bei einem Ausfall aus der Festung Oran wurde er gefangen genommen und dem Dey von Algier ausgeliefert, dem er achtzehn Jahre lang diente und von welchem er zu geheimen Angelegenheiten von höchster Wichtigkeit gebraucht worden sein soll.

Korsika war zur Zeit der Republik Genua unterwürfig, von der die Insel so hart bedrückt wurde, dass sie im Jahre 1726 ihre Ketten zu zerreissen versuchte. Aber ihr Vorhaben scheiterte. Nach drei Jahren jedoch griff Korsika wieder zu den Waffen. Zum zweiten Male wurde die Insel unterworfen und zwar mit Hilfe kaiserlich-deutscher Truppen, welche Genua beistanden. Erstere erwirkten jedoch eine Erleichterung des Looses der Korsen. Diese aber waren entschlossen sich selbst zu regieren und entwarfen, 1735, einen Plan zu einer von Genua unabhängigen Regierung. Sie baten den Bey von Tunis und den mächtigen Dey von Algier um Hilfe, und diese sandten ihnen den Baron von Neuhoff und unter seinem Befehle Soldaten und Kriegsmaterial.

Am 15. März 1736, als die korsischen Missvergnügten gerade berathschlagten, kam ein englisches Schiff von Tunis mit einem Passe des dortigen englischen Konsuls im Hafen an, der im Besitz der Verschworenen war. Ein Fremder an Bord dieses Schiffes, der das Aussehen einer Person von Rang und Würde hatte, war kaum auf das Ufer getreten, als er von den vornehmsten Personen mit ganz besonderen Ehrenbezeigungen empfangen wurde. Man begrüsste ihn mit den Titeln Excellenz und Vice-König von Korsika. Seine Begleitung bestand in zwei Offizieren, einem Sekretär, einem Kaplan, einigen Dienern und maurischen Sklaven. Er wurde nach dem Palaste des Bischofs geführt. Er selbst nannte sich einfach „Signor Theodor“, die korsischen Führer aber wussten mehr von ihm, als sie zur Zeit für zweckmässig hielten zu sagen. Vom englischen Schiffe, das ihn brachte, landete man zehn Stück Geschütz, 4000 Feuergewehre, 3000 Paar Schuhe, eine grosse Menge Proviant und Munition und 200,000 Dukaten. Zwei Kanonen wurden vor Signor Theodors Thür aufgestellt und 400 Soldaten als seine Wache. Er ernannte Offiziere, bildete 24 Kompagnien Soldaten, vertheilte unter die Missvergnügten Waffen und Schuhe, die er mitgebracht, schlug einen der Führer zum Ritter und ernannte einen andern zu seinem

Schatzmeistzer. Er bekannte sich zur römisch-katholischen Religion. Verschiedenerlei Muthmassungen hatten sich an den europäischen Höfen über ihn gebildet. Man vermuthete in ihm nach einander den ältesten Sohn des englischen Prätendenten aus dem exilirten Hause der Stuarts, einen Prinzen Ragotzki, einen Herzog von Ripperda, den Grafen von Bonneval. Ganz Europa zerbrach sich den Kopf über diesen Fremdling, in England aber war man ohne Zweifel genau über ihn im Klaren, denn er kam ja auf englischem Schiffe, mit englischem Passe. Die Heimat aber dieses Signor Theodor wurde bald bekannt. Er entpuppte sich als ein Deutscher, wohlbekannt unter dem Namen Theodor Anton Baron von Neuhoff.

Das Leben dieses Mannes ist bis jetzt in Dunkel gehüllt, ebenso ist die Zeitfolge seiner Dienste und Aemter nicht bekannt. Er war ein Ritter vom deutschen Orden. war in mehreren deutschen Diensten gewesen, hatte Holland. England, Frankreich, Spanien und Portugal besucht. das Vertrauen der Grossen in Lissabon gewonnen, wo er als Geschäftsträger des deutschen Kaisers galt. Alles dieses kann wohl nur der Periode von achtzehn Jahren angehören als er vom Dey von Algier zu wichtigen Diensten gebraucht wurde. Dieser ausserordentliche Mann, von angenehmer Person, von Entschlossenheit und hohen natürlichen Anlagen, war zu irgend einem grossen Unternehmen befähigt. Er war zur Zeit etwa fünfzig Jahre alt. Nachdem er gelandet, erklärten die Führer der Korsen dem Volke öffentlich, dass es ihm seine Freiheit verdankte, und dass er gekommen wäre, die Insel von der tyrannischen Unterdrückung der Genuesen zu befreien. Die allgemeine Volksversammlung bot ihm die Krone an. „Es war dies kein rascher Akt ohne Ueberlegung, im Augenblick der Aufregung, sondern mit aller Vorsicht vollzogen, die ein Volk nehmen musste, um seine Freiheit und Wohlfahrt dadurch zu sichern". Theodor jedoch erklärte sich zufrieden mit dem Titel eines General-Gouverneurs. In dieser Eigenschaft versammelte er das Volk und liess es schwören ewigen Frieden unter sich selbst zu bewahren und dem Gesetze strengen Gehorsam zu leisten.

Man bot ihm die Königswürde zum zweiten Male an. Er nahm sie am 15. April 1736 an, wurde mit einem Lorbeerkranze zum Könige von Korsika gekrönt und empfing den Eid der Treue von seinen vornehmsten Unterthanen unter dem Zujauchzen des ganzen Volkes. Die Genueser, über diese Ereignisse alarmirt, erklärten ihn und seine Anhänger öffentlich des

Hochverrathes schuldig. Sie verbreiteten die Nachricht, dass er auf die despotischste Weise herrsche, dass er selbst viele der vornehmsten Einwohner hinrichten liess, weil sie an Genua hingen. Nichts war falscher als solche Verläumdungen, wie sich aus Theodors Manifesto ergibt, das er als Antwort auf solche lügenhafte Anklagen erliess. Theodor, der beinahe 25,000 Mann zusammengebracht hatte, war nun vollständiger Herr des offenen Landes, wo die Genueser sich nicht zu zeigen wagten. Er nahm Porto Vecchio und blockirte die Stadt Bastia, von wo er sich aber wieder zurückziehen musste. Er trennte hierauf seine Truppen, war erfolgreich und nach mehreren Eroberungen und Siegen erschien er wieder vor Bastia, das sich ihm bald ergab. Er hielt einen glänzenden Hof und verlieh Adelstitel an die vornehmsten Höflinge.

Aber die Genuesen, die auf der Insel noch viele Anhänger zählten, liessen nicht nach gegen die Herrschaft des Fremdlings zu wühlen. Schon einige Monate nach seiner Krönung verbreiteten sich Gerüchte von grosser Unzufriedenheit, weil die Verstärkungen und die Hilfe die Theodor versprochen, nicht ankamen. Die Unzufriedenheit wurde eine Zeit lang durch die Nachricht beschwichtigt, dass eine starke Kriegsflotte von Barcelona abgesegelt sei, um Theodor zu helfen. Zu dieser Zeit nun verboten Frankreich und England ihren Unterthanen auf's strengste, auf irgend welche Art den aufständigen Korsen zu helfen. Die Gründe dieses Verbotes sind mir nicht bekannt. Frankreich fixirte wohl schon damals seinen Blick auf die Insel, die es bald darauf erwarb und konnte seine Unabhängigkeit nicht wünschen. Was aber England bewog, seine früher gegebene Hilfe zurückzuziehen, ist nicht offenkundig geworden. Fürchtete man, dass der Dey von Algier Absichten auf die Insel hatte? oder der englische Kron-Prätendent Stuart?

Am 2. September präsidirte Theodor über eine allgemeine Versammlung und versprach seinen Unterthanen eine baldige Ankunft der so nöthigen Hilfeleistung. Die Debatten waren erregt und man gab Theodor zu verstehen, dass er vor dem Ende Oktober seine fürstliche Gewalt niederlegen oder sein Versprechen halten müsse. Er erhielt inzwischen grosse Summen Geldes, aber Niemand wusste woher sie kamen. Er bewaffnete einige Barken, und machte Jagd auf die Genuesen, welche in der Nähe der Insel lagen. Zum Andenken an die Befreiung der Insel durch ihn liess er Silber- und Kupfermünzen prägen.

Seine Aussichten schienen wieder versprechender. Aber die Scene änderte sich plötzlich.

Am Anfang November versammelte er die Führer und erklärte ihnen, dass er sie nicht länger in Ungewissheit halten wollte, dass ihre Treue und ihr Vertrauen von ihm die äussersten Anstrengungen für sie erforderte und dass er sich entschlossen habe in Person die so lange erwartete Hilfe zu suchen. Die Führer versicherten ihn ihrer festen Treue. Er ernannte die Vornehmsten unter ihnen zu Mitgliedern der Regierung während seiner Abwesenheit, traf die nöthigsten Vorkehrungen und empfahl ihnen Einigkeit in den kräftigsten Ausdrücken an. Die Führer, siebenundvierzig an Zahl, begleiteten ihn mit der höchsten Ehrerbietung am Tage seiner Abreise auf das Schiff. Daselbst umarmte er sie liebevoll, nahm Abschied und sie kehrten an's Ufer zurück und begaben sich sofort an die Posten, die er ihnen zugetheilt.

Erst im folgenden Jahre, 1737, kam er wieder zurück und zwar mit vielem Kriegsgeräthe, das er in Holland von einigen Handelshäusern erhalten, denen er Handelsprivilegien auf Korsika zusicherte. Ein anderes Jahr verging inzwischen und Theodor war schon zwei Jahre König von Korsika, als im Jahre 1738 französische Hilfstruppen auf Korsika ankamen um Genua in der Wiederherstellung seiner Regierung beizustehen. Die Ankunft der Franzosen veranlasste Theodor wieder abzureisen um auswärtige Hilfe zu suchen. Die Franzosen blieben auf einem Theil der Insel bis 1741, zogen aber beim Ausbruche des österreichischen Erbfolgekrieges wieder ab. Sofort brachen neue Unruhen unter den Korsen aus, Theodor aber blieb abwesend und liess sich bald in Paris, Florenz, Venedig und Holland sehen. Theodors Brudersohn, den er zum Prinzen von Geblüt erklären liess und sein Vetter der Baron von Drost, der zum Oberbefehlshaber der korsischen Truppen ernannt worden, konnten aber die Unzufriedenheit nicht mehr dämpfen. Die Lorbeerkrone auf Theodors Haupt sollte sich bald in eine Dornenkrone verwandeln.

Theodors Bewegungen im Auslande während dieser Zeit sind in Dunkel gehüllt. Er wanderte in Europa umher, tauchte bald hier bald da auf, wurde aus diesem und jenem Lande verwiesen oder verhaftet.

In Paris erhielt er den Befehl das Königreich in achtundvierzig Stunden zu räumen. Im Jahre 1743 kam er nach England um Hilfe für Korsika gegen die Machinationen der Genuesen und der genuesischen Partei in Korsika zu suchen, sah sich aber bald genöthigt das Königreich zu verlassen. In Amsterdam liessen ihn die Bürger, denen er schuldete, in den Schuldthurm stecken, aber er erlangte einen Schutzbrief und es fanden sich Kaufleute, die sich verpflichteten ihn mit einer grossen Menge Munition für seine Insulaner zu versehen. Er begab sich darauf an Bord einer Fregatte von zweiundfünfzig Kanonen mit hundertfünfzig Mann, aber ehe er nach seinem Königreich segeln konnte, wurde er in Neapel im Hause des holländischen Konsuls ergriffen und in die Festung verbracht.

Wie schon erwähnt, sind die Versuche, Irrfahrten und Beziehungen Theodors dunkel geblieben; ebenso ihre chronologische Folge. Der Mann überhaupt, seine politischen Konnexionen und diplomatischen Beziehungen sind heute noch ein Geheimniss. Der unglückliche Theodor, der nicht durch eine Reihe blutiger Thaten, sondern durch die freie Wahl eines unterdrückten Volkes auf den Thron erhoben ward, kämpfte viele Jahre mit seinem widrigen Geschick, nicht für sich, sondern für die Korsen und liess kein Mittel unversucht um die Unabhängigkeit derselben zu sichern. Später zahlte ein Korse dem Heimatlande des korsischen Königs Theodor die Schuld Korsikas mit Teufelsdank zurück.

Ein Jahr vor Theodors Tode machte Korsika wieder Versuche seine Unabhängigkeit zu gewinnen. Sein Führer war Pascal Paoli, ein edler Korse, der Anfangs mit demselben Glücke, wie Theodor kämpfte und wie er endete. Unter Pascal's Fahne und wahrscheinlich unter Theodors, kämpfte der Vater Napoleons, Karl Buonaparte. Dieser kämpfte auch gegen die Annexion der Insel von Seiten Frankreichs, die durch Kauf von Genua im Jahre 1769, ein Jahr vor seines Sohnes Napoleons Geburt, stattfand.

Theodor beschloss nach seinen mysteriösen Irrfahrten und fehlgeschlagenen Versuchen sich nach England zurückzuziehen, wo er die Freiheit geniessen möchte, die er vergeblich für die Korsen zu erkämpfen gestrebt hatte. Er fiel aber allmählich in so tiefe Armuth, dass er in das Schuldgefängniss nach King's Bench ziehen musste, wo er lange gefangen sass. Er wurde aber endlich in Folge einer neuen Parlamentsakte, welche die Strenge der Schuldhaft milderte, freigelassen. Man stellte ihm vor Freilassung die Frage: „ob er seinen Gläubigern irgend welche Art von Hypothek bieten könnte, auf welche hin man ihn entlassen könnte“, worauf er antwortete: „ja, das Reich

Korsika“. Man entliess ihn daraufhin um ihn frei sterben zu lassen.

Pascal Paoli genoss ein besseres Exil und erfreute sich der Unterstützung Englands, die Theodor nicht gewährt wurde. Nachdem Pascal vergebens anfangs gegen Genueser, darauf gegen die Franzosen gekämpft, floh er 1769 ebenfalls nach England, wo er viele Jahre von einem königlichen Gnadengehalte lebte, zum Ersatze dafür, dass man ihm englische Hilfe gegen Frankreich versprochen, aber unthätig geblieben. Nach Ausbruch der französischen Revolution kehrte Paoli nach Korsika zurück. Aber das republikanische Frankreich gab das vom königlichen Frankreich wider den Willen der Korsen erworbene Korsika nicht wieder frei. Paoli kam 1796 nach London zurück, wo er von einer Pension von 2000 Pfund Sterling lebte und 1807 starb.

Nach Entlassung aus der Schuldhaft wurde durch die edeln Bemühungen einiger Privatpersonen im Jahre 1753 eine mildthätige Beisteuer für den armen Ex-König Theodor in's Werk gesetzt, die ihm seine letzten Lebensjahre erleichterte. Er starb im Jahre 1756. Im Jahre 1757 wurde auf Kosten eines Unbekannten Theodors Andenken ein Marmormonument im Kirchhofe St. Anne's, Westminster, mit folgender Inschrift errichtet:

„Near this place is interred
Theodore King of Corsica;
Who died in this parish Dec. 11. 1756,
immediately after leaving
The King's bench prison.
by the benefit of the act of insolvency:
In consequence of which,
He registered his Kingdom of Corsica
for the use of his creditors.

The grave, great teacher, to a level brings
Heroes and beggars, galley slaves and kings.
But Theodore this moral learn'd ere dead:
Fate pour'd its lesson on his living head;
Bestow'd a Kingdom, and deny'd him bread“.

Ich habe Theodor in diesem Kapitel aufgeführt, obschon er eigentlich eine historische Person ist, weil sowohl sein Erscheinen, Auftreten als Verschwinden den Charakter des Mysteriösen und Abenteuerlichen trägt. In Vergleich mit andern fahrenden Rittern aber steht er wie ein Riese da, dem wir Achtung und Mitleid nicht versagen können.

Ob mit der Zeit Ausführlicheres über diesen merkwürdigen Mann veröffentlicht worden ist, ist mir nicht bekannt. Sollte dieses nicht der Fall sein, so möchte ich denselben des näheren Studiums eines in London weilenden Landsmannes wohl für würdig halten. Ich glaube, dass gerade in London, in den Staatsarchiven seine Person und Regierung betreffende Dokumente zu finden sein müssten, wahrscheinlich auch in Paris. Es existirt von einem Sohne Theodors ein in englischer Sprache veröffentlichtes Werk, das ich in einem englischen Bücherkataloge angezeigt gelesen, aber nicht zu lesen bekommen konnte und welches wohl manche Aufklärungen über Theodor gibt. Ich führe das Buch hier für Solche an, welche etwa Nachforschungen über Theodor zu machen wünschen. Die Anzeige des Buches im Kataloge lautete folgendermassen: „Corsica: by Frederic, son of Theodore, late King of Corsica: Memoirs containing the natural and political history of that important island". Map. 12mo 1768.

Es kam in der Mitte des vorigen Jahrhunderts, zur Zeit als Theodor im Schuldthurm schmachtete, eine deutsche Frau nach London, welche ebenfalls königliche Ehren erntete, denn sie hiess „the Queen of Taste" und die seltsamer Weise ebenfalls ihren Thron verliess um in den Schuldthurm zu wandern. Der Historiker Archenholz (Beschreibung von England) hat das Andenken dieser merkwürdigen Frau gesichert.

Sie kam zwischen den fünfziger und sechziger Jahren des vorigen Jahrhunderts nach London. Sie war nicht mehr jung, nicht schön, sprach nur deutsch, wenige Worte französisch, sie hatte eine gute Stimme, aber nicht besonders schön. Ihr Name war Cornelys. Sie gab Anfangs Koncerte zu einem Shilling. Allmählig vermehrte sie ihr Orchester und den Preis. Sie hatte ein gesundes Urtheil, ungewöhnlichen Geschmack und eine unerschöpfliche Einbildungskraft für Erfindungen. Bald miethete sie Carlisle-house, das sie auf's prachtvollste möblirte und wofür sie 2700 Subskribenten fand. Am Jahrestage der Gründung der Anstalt gab sie einen Maskenball, der von 8000 Personen besucht ward.

Der energische Genius dieser Frau verstand ihre Unterhaltungen auf tausend Weisen zu wechseln. Zuweilen zauberte sie Kolonnaden, Triumphbögen, grossartig beleuchtet hervor; zu andern Zeiten verwandelte sie die Gemächer in Gärten mit

Baumgruppen von Orangen, mit Springbrunnen, Monumenten, Transparenten von Blumenguirlanden umgeben und farbigen Lampen mit tausend prächtigen Tinten. Eine ganze Reihe von Gemächern war reichlich möblirt, in Nachahmung der Sitten und des Luxus fremder Völker, in indischer, persischer und chinesischer Weise und 9000 Wachskerzen waren mit grosser Kunst vertheilt und brachten eine magische Wirkung hervor.

Die Fee dieses Zauberpalastes hatte keinen andern Geiz als den des Ruhmes. Geld reizte sie nicht. Daher machte sie keine Reichthümer, aber immer mehr Schulden.

Sie endete ihr Feenleben mit Gefangenschaft in King's Bench. Von hier aus durfte sie, an gewissen gesetzlich bestimmten Tagen hervorkommen, Vergnügen und Freude spenden in der grossen Stadt und den Tag darauf musste sie wieder in ihre Zelle zurück.

Nachdem sie zwölf Jahre lang durch ihre grossartigen Unterhaltungen den wohlverdienten Namen der „Queen of Taste“ geführt, musste sie von zufälliger Unterstützung früherer Gönner ihr Leben fristen, und schmachtete in allen Schrecken des Elends. Diese Frau, meint Archenholz, hatte keinen geringen Einfluss auf die Entwicklung des Geschmackes der Hauptstadt Englands.

§ 2.

BARTHOLOMEW JAHRMARKT. GAUKLER, DEUTSCHE MISSGEBURTEN, CHARLATANS, SEILTÄNZER UND SEILTÄNZERINNEN.

Bartholomew Fair in Smithfield war unter allen Jahrmärkten Englands der älteste und berühmteste. Er entstand schon im Mittelalter und verdankte seine Entstehung Wallfahrern nach der Priorei von St. Bartholomew. In den Theaterbuden dieses Marktes ist selbst die Entstehung des modernen englischen Dramas zu suchen. Die höchsten Personagen Englands, hohe fürstliche Fremdlinge, berühmte Reisende versäumten nie diesen Markt zu besuchen.

Eine Beschreibung von Allem zu geben was auf diesem grössten aller Jahrmärkte zu sehen war, würde mich zu weit führen. Ich muss mich daher nur auf einige Specialitäten desselben beschränken, auf die sogen. Monster und Gaukler, auf schenkellose Tänzer, auf Riesen und Zwerge, haarige Frauen

u. dergleichen und von diesen, deren Anzahl Legion war, kann ich nur eine kleine Auswahl vorführen. Der Geschmack für solche Merkwürdigkeiten war ehemals sehr gross in allen selbst den höchsten Klassen, und die höchsten Personen des Landes kamen nach Bartholomew Fair sich dieselben anzusehen. Die Wunder der ganzen bekannten Welt strömten früher nach England und unternehmende Barnums durchsuchten alle Länder darnach. Diesen Durst nach Wundern, nach Monstern von Seiten des englischen Volkes verspottet Shakespeare als er Trinculo beim Anblick von Caliban sagen lässt: „Wär ich in England nun (wie einst ich war) und hätte diesen Fisch gemalt, keinen Feiertags Narren gäbe es, der mir nicht ein Silberstück schenkte“. Nebst natürlichen Monstern und Kuriositäten kamen aber auch andere, Vorläufer von Barnums Meerweib, an die das Volk in vollem Ernst glaubte. Nebst doppelköpfigen Kindern „deren Augen an der Stelle des Mundes, und deren Mund an der Stelle der Augen standen, die keine Nase hatten und mit dem Kinn oberhalb des Mundes“, kam 1674 das berühmte Northumberland Monster nach London, eine Kreatur welche Kopf, Mähne und Füsse eines Pferdes mit dem Körper des Menschen hatte. Dahin kamen von Ostende zwei zusammengewachsene Mädchen, von denen die eine auf ihrem Kopf stehen musste, während die andere auf den Beinen stand. Zur selben Zeit kamen zwei Personen, die zusammen nur einen Kopf hatten. Ein kleiner Franzose kam, 46 Jahre alt, nur 1 Fuss 9 Zoll gross, von dem jeder ausgestreckte Arm aber 6 Fuss 5 Zoll lang war. Er ging auf den Händen, wobei der kleine Körper zwischen den langen Armen schwebte. Er machte allerlei Sprünge mit den Armen. Da war auch ein Wesen dessen obere Hälfte Mensch, die untere Bestie war. Da war ein Spanier der fünfzehn Jahre unter den wilden Thieren der Berge gelebt. Er wurde gefangen und durch verschiedene Länder geführt. In London hiess er „der Grimassen-Spanier“. Er streckte seine Zunge einen Fuss lang heraus, zog sein Gesicht so klein wie ein Apfel zusammen, öffnete sein Maul acht Zoll weit, spitzte es darauf in die Form des Schnabels eines Vogels, verwandelte es sofort in die Form eines Schiffhutes, gab ihm dann die Form einer Schnalle, leckte mit der Zunge seine Nase und Stirne wie eine Kuh, gab dann plötzlich seinem Gesicht das Aussehen eines längst begrabenen Leichnams. Dieses Wunder sang mit schöner Bassstimme zur Laute. Zu Gesellschaftern gab man ihm einige Affen, mit denen er mit Vorliebe verkehrte. Da war eine kleine Fee, 150 Jahre alt, da waren Hermaphroditen aller Grade und zeigten ihre Reize dem weiblichen wie männlichen Publikum, da war ein kleiner Neapolitaner, der 1681 nach England kam, ganz bedeckt mit Igelborsten und ein Anderer mit Fischschuppen.

Doch es ist mir nicht möglich in die Monster des Marktes noch tiefer einzugehen. Es gab deren zu viele und vielerlei. Ich will nur noch dreier kurz erwähnen. Ein kleiner Knabe hatte im rechten Auge die lateinischen Worte „Deus Meus" und im linken dieselben Worte in Hebräisch. Es zeigte sich ein Männchen, fünfzig Jahre alt, zwei Fuss neun Zoll gross, Vater von acht Kindern, das wenn es schlief seinen Kopf zwischen seine beiden Füsse legte, die es als Kopfkissen brauchte, wobei es die beiden grossen Zehen in die Ohren steckte. Doch das grösste aller Wunder war „a Male Child born with a Bear growing on his Back alive".

Seit Jahrhunderten richtete sich, wie ich gezeigt habe, der Strom deutscher Wanderer nach England. Alle Klassen waren unter ihnen vertreten: Fürsten, Diplomaten, Krieger und Theologen, Künstler, Kaufleute und Gelehrte, Matrosen und Arbeiter, ja selbst Käfig- und Galgenvögel, von denen Manche im „New Gate Calendar" verewigt sind. Es darf uns daher nicht erstaunen, dass auch die Wunder deutscher Jahrmärkte in England ihr Glück versuchten. Manche die in der Heimat in der Bude das Erstaunen Aller erregt, versuchten ihr Glück auf englischen Fairs. So kamen denn von Deutschland fette Weiber und Kinder, lebendige Skelette, Riesen und Zwerge, haarige Frauen und andere monstruöse Landsleute, unter denen sich auch die berühmte: P i g - f a c e d L a d y befand. Diese Dame mit einem Schweinsgesicht war eine Rheinländerin. Sie erregte solches Aufsehen, dass eine englische Biographie von ihr erschien, die noch existirt. Darin wird behauptet, dass sie verzaubert sei, und dass, wenn sich Einer ihrer erbarme und sie heirathe, sie wieder ihre ursprüngliche Schönheit erhalten würde. Ob es Einer wagte, weiss ich nicht.

Es kamen besonders viele deutsche Gaukler, Seiltänzer und Seiltänzerinnen. Reisten doch auch schon am Anfang des 17. Jahrhunderts englische Schauspieler in ganz Deutschland umher, wo sie zu Lebzeiten Shakespeare's dessen Stücke in englischer Sprache, selbst in Süddeutschland aufführten, begleitet von damals sehr bewunderten englischen Orchestern. Die ersten

Cirkusreiter in Deutschland waren auch Engländer und noch heute nennt das Volk sie „englische Reiter“.

Von deutschen Monstern, Gauklern und Jahrmarktkünstlern vergangener Jahrhunderte sind natürlich wenig englische Berichte vorhanden. Die wenigen Zeitungsblätter die im 17. und 18. Jahrhundert erschienen, beschäftigten sich nicht mit derlei Personen. Nur in einzelnen erhaltenen Jahrmarktblättern und Zetteln findet man hie und da solche erwähnt. Von diesen will ich nun einige näher anführen.

Im September 1657 ging der berühmte Evelyn, ein hervorragendes Mitglied der Royal Society, nach dem Jahrmarkt in Smithfield um die deutsche haarige Frau, genannt Barbara Vonbeck zu besichtigen, von welcher noch heute Holzschnitte existiren. Barbara war damals zwanzig Jahre alt und Evelyn hatte sie früher schon als Kind in England gesehen. Sie war von Augsburg gebürtig. „Stirn und Brauen“, sagt Evelyn, „waren so dicht mit Haar bewachsen als der Kopf; eine lange Haarlocke hing aus jedem Ohr herab; sie hatte einen ausserordentlich üppigen Bart und lange Locken wuchsen auf der Mitte ihrer Nase, gerade wie bei einem Islandhunde. Die Haarfarbe war lichtbraun und das Haar war fein wie Flachs. Sie war damals verheirathet und hatte ein Kind das nicht haarig war. Auch ihre Eltern waren es nicht. Barbara war gut gebaut und spielte sehr gut auf der Harfe“. Sie machte einen solchen Eindruck auf Evelyn, dass er den Besuch in seinem wohlbekannten Diary verzeichnete.

Später, unter der Regierung von George II., kam eine merkwürdige Persönlichkeit nach London. Matthias Buchinger, 1674 bei Nürnberg geboren, bekannt unter dem Namen „the high German Artist“, war neunundzwanzig englische Zoll gross, ohne Hände und Schenkel. Er war viermal verheirathet und hatte elf Kinder. Matthias war ein Künstler. Er spielte Hautboi und Flöte, zeichnete sich aus im Schreiben, Zeichnen von Wappenschildern und machte Porträts mit der Feder. Er spielte Karten, Würfel, ja selbst Kegel, führte Kunststücke mit Bechern, Bällen und lebendigen Vögeln aus und tanzte in schottischem Kostüm nach dem Dudelsack „as well“, sagt der Bericht, „as any man without legs“. Er hat sich vor drei deutschen Kaisern, vor allen gekrönten Häuptern, vor den Höchsten Englands producirt und war eine europäische Berühmtheit. „All that see him“, sagt der Anzeigezettel, „say, he is the only Artist in the World“.

Im Jahre 1700, zeigten sich auf dem Bartholomew Markt

zwei Landsmänninen. Die eine, „the little German Woman", genannt „Dwarf of the World" war so klein, dass sie in einer kleinen Schachtel, auf Wunsch nach Privathäusern der Aristokratie zur Besichtigung getragen wurde. Die andere, bekannt unter dem Namen „the High German Woman", ohne Hände und Füsse geboren, fädelte ihre Nadel selbst ein, nähte, spann feines Garn, schnitt Handschuhe aus, lud Pistolen und feuerte sie ab.

Nebst monstruösen Landsleuten producirten sich auf dem Bartholomew Markt deutsche sogen. Künstler und auch Charlatans. Unter den letzteren war einer besonders berühmt, Hans Buling, der in einer Arzneibude sein Nostrum, von einem Affen bedient, anpries.

Ueber einen andern Charlatan konnte ich nichts erfahren. Er hiess: „Walto von Clutterbank, High German chemical, wonder-working doctor and dentifricator".

Ein wirklich gewandter und respektabler Mann war indess Herr von Eckenburg (1743) der grosses Aufsehen durch seine „extraordinary performances" erregte. Er ahmte mehr als sechs Singvögel und Instrumente nach, u. a. das Flageolet und die sogen. German-Flute.

Zu den vorzüglichsten Unterhaltungen von Bartholomew Fair gehörten, nebst den Theaterstücken und grossartigen Puppenspielen, die Vorstellungen von Gauklern und Seiltänzern. Die Seiltanzekunst hatte damals einen hohen Grad von Meisterschaft erreicht. Erstaunlich sind die Kunststücke die Manche ausführten. Ich will von solchen nur eines anführen. Duncan Macdonald tanzte auf einem schlaffen Draht ohne Balancirstange, in gespornten Kanonenstiefeln, an deren Sohlen Quartflaschen, mit dem Hals auf dem Draht, befestigt waren. In dieser Ausstattung balancirte er ein Rad auf seinen rechten Zehen. Oben auf dem Rade stand frei ein pyramidförmiger Nagel auf den ein Zinnteller mit dem Rande gesetzt ward. Auf den oberen Tellerrand wurde ein Brett gelegt auf dem sechzehn englische Kelchgläser pyramidalisch aufgepflanzt wurden. Auf dem höchsten Glas dieser Pyramide wurde eine Glaskugel balancirt auf welcher ein Weizenstrohhalm aufrecht stand. Das Ganze balancirte der rechte Fuss. Dabei stellte er ein Schwert mit der Spitze auf seine Nase, auf dem obenstehenden Schwertgriff balancirte er eine Tabakspfeife und auf dem Pfeifenkopf standen zwei Eier aufrecht. Mit seinem linken Zeigefinger balancirte er zugleich auf einem Stuhlbeine einen Stuhl, auf welchem ein Hund auf den Hinterbeinen aufrecht sass und zwei Federn standen aufrecht auf dem oberen Rand der Stuhllehne. Dabei waren noch zwei Gewichte an zwei Stuhlbeinen befestigt, von denen jedes zweihundert Pfund wog. So ausgestattet stand er auf dem lockeren Draht und blies dazu die Trompete, die er in der rechten Hand hielt. Von diesem merkwürdigen Gaukler gibt es noch Holzschnitte mit obiger Ausstaffirung.

Unter den Seiltänzern und Seiltänzerinnen auf Bartholomew Fair war auch Deutschland würdig vertreten. Ich will von unsern Künstlern, die im 17. Jahrhundert das englische Publikum ergötzten, nur wenige anführen. Manche werden in Briefen jener Zeiten erwähnt, wie u. a. in einem von William Blaythwaite an Sir Robert Southwell (1679) worin ersterer von einem deutschen Seiltänzer auf Bartholomew spricht „who did wonderful feats". Eine Anzeige in einem Blatte „Domestic Intelligence", (Sept. 1682) das während St. Bartholomew Fair erschien, lässt annehmen, dass englische Barnums damals fremde Länder bereisten und junge Gaukler und Tänzer oder Tänzerinnen durch falsche Versprechungen und Vorspiegelungen nach England brachten. In dieser Anzeige wird eine junge deutsche Seiltänzerin von siebzehn Jahren ausgeschrieben und körperlich beschrieben, welche ihrer Herrin durchbrannte und auf deren Rücklieferung man eine reiche Belohnung versprach.

In einem Buche, betitelt „Wit and Drollery" das 1656 zuerst erschien, steht von Bartholomew Fair eine poetische Anzeige, aus der ich hier einige Verse anführe, weil zwei Landsmänninen darin figuriren:

„Here's that will challenge all the Fair:
Come buy my nuts and damsons, my Burgamy pear.
Here's the Whore of Babylon, the Devil and the Pope:
And here's the little girl just going on the Rope;
Here's Dives and Lazarus and the World's Creation,
Here's the Tall Dutch Woman, the like's not in the Nation.
Here's the Booth where the High Dutch Maid is,
Here are the Bears that dance like any Ladies" etc.

Das Wort „Dutch" wurde, wie ich schon erklärt habe, damals noch im Sinne von „Deutsch" neben „German" gebraucht. Erst viel später bezeichnete es ausschliesslich den Holländer.

Im Jahre 1663 besuchte der Franzose Monsieur Sorbière England. Monsieur Sorbière schrieb ein Buch über dieses Land.

Manche seiner Beschreibungen sind interessant, aber er liess sich zu sehr durch üble Erfahrungen und nationale Antipathie hinreissen, um gerecht zu sein. Man hat ihm allerdings manchmal, wie schon erwähnt wurde, bös mitgespielt. Von Bartholomew Fair sagt Sorbière u. A. folgendes: „Ich war auf Bartholomew Fair. Es gibt da eine grosse Zahl von Buden mit Spielwaaren,[1] mit Faience, Bildern, Bändern etc. Bücher gibt es keine da, aber eine Menge Zuckerwaarenbuden, wo die höchste Dame zu ihrer Befriedigung traktirt werden kann. Spitzbüberei hat hier ihren höchsten Grad erreicht, gewandte Beutelschneider und Pick-pockets üben da ihre Kunst aus. Ich sah mir das Seiltanzen an, das bewunderungswürdig war. Als ich aus dem Cirkus kam, trat mir ein Individuum entgegen und wollte mir meinen Hut vom Kopfe stehlen. Ich hielt den Hut aber fest, war gerade im Begriffe meinen Degen zu ziehen und rief aus: „Begär! Damned Rogue! Morbleu!“ etc. als ich plötzlich von hundert Leuten umringt ward, die mir zuriefen: „Here, Moousoo, see Jephtha's Rash Vow!“; „Here, Mounser, see the Tall Dutch woman“; „see the Tiger“, sagt ein Anderer; „see the horse and no-horse, whose tail stands where his head should do“; „see the German Artist, Moosyou“, „see the Siege of Namur, Mounseer“! So zwischen Rohheit und zudringlicher Aufmerksamkeit musste ich in einen Fiaker springen und erhitzt kam ich in vollem Trott nach meinem Logis zurück“.

Ein Blatt, genannt „the Postman“ August 1699 meldet, dass in einer Bude, wo die englischen und deutschen Flaggen mit den Bildern der zwei „German Maidens“ heraushängen, während Bartholomew Fair „das ausgezeichnetste und unvergleichlichste Tanzen auf dem lockeren Seil, Voltigiren und Purzeln“ gesehen werden könne, wobei eine ganze deutsche Kompagnie mitwirkte. „The two German Maidens“, sagt dieselbe Anzeige, „who exceeded all mankind in their performances, are within this twelve month improved to a Miracle“. Von diesen zwei berühmten deutschen Kindern existiren noch Holzschnitte, die sie auf dem kleinen Seile tanzend vorstellen. Sie waren lange Zeit in England.

[1] Doll von Bartholomew. Eine Puppe hiess „Bartholomew baby“ woraus zuletzt doll entstand.

„Her petticoat of Satin,
Her gown of crimson tabby,
Laced up before and spangled over,
Just like a Barthol'mew Baby“.

Im Jahre 1699 gab Edward Ward in seinem Buche „London Spy“ eine graphische Beschreibung von Bartholomew Fair. Darin finden wir unter anderm auch, dass „the German Maid“ mit einer männlichen Seiltänzerberühmtheit einen Wetttanz aufführte, wobei sie „as much out-danced the rest as a Greyhound will out-run a hedgehog“. In anderen Beschreibungen wird noch tanzender „German Frows“ (Frauen) Erwähnung gethan, doch ich muss meine Liste schliessen.

Bartholomew Fair, der noch im vorigen Jahrhundert ein grosser Anziehungspunkt im Londoner Leben war, nahm in diesem Jahrhundert allmählich ab, bis er 1855 für immer geschlossen erklärt wurde. Nach 1840 verschwanden die Monster, die Zwerge und Riesen und nur die Menagerien zahmer und wilder Bestien blieben noch einige Zeit. Unter den zahmen Thieren producirten sich manche gelehrte, besonders zeichnete sich ein kurzsichtiger Hund aus, der eine Brille trug. Da war eine gelehrte Gans, welche die Tageszeit, den Tag des Monats, den Monat des Jahres, die Anzahl der gegenwärtigen Damen und Herren angeben, ja selbst Whist spielen konnte. Toby, ein weises Schwein, konnte buchstabiren, lesen und rechnen. Allerdings erreichte die Gelehrtheit dieser Bartholomew Berühmtheiten die eines Elephanten nicht, der sich vor kurzem in Amerika producirte. Es wurde angezeigt, dass dieser mehrere Stücke auf einem Piano spielen würde. Das Haus war voll. Nachdem das Piano in den Cirkus gebracht worden, trat der Elephant herein, verneigte sich und näherte sich dem Instrument. Er legte erst einen seiner Plattfüsse auf die Tasten um zu versuchen. Plötzlich aber schrie er entsetzlich auf, zum Schrecken der Anwesenden. Sein Herr eilte herzu und steckte seinen Kopf in des Elephanten Rachen um die Ursache seines Schmerzes zu erfahren. Nachdem dieser den Kopf wieder herausgezogen, liess er den Virtuosen hinausführen, kehrte sich nach dem Publikum und erklärte, dass der Elephant auf dem aufgestellten Instrument nicht spielen könnte, da er in den Tasten die Zähne seiner Mutter erkannt habe.

Smithfield ist nun theilweise überbaut und einen grossen Theil des früher grossen Feldes nehmen jetzt die prachtvollen Central-Fleisch-Hallen der Riesenstadt ein und alle Spuren des über siebenhundert Jahre anhaltenden Fair sind verschwunden. Jahrhunderte auf Jahrhunderte hat daselbst das Volk in kindlicher Freude geschwelgt. Es gab aber Zeiten wo auf derselben Stelle die Herzen der Zuschauer mit Schreck und Mitleid und auch mit fanatischer Freude schlugen, denn da litten ehemals die Märtyrer des religiösen Fanatismus ihren Feuertod, da standen noch unter Henry VIII. und Mary protestantische Glaubenshelden, deren ich in den Kapiteln III und IV erwähnt habe, auf dem Scheiterhaufen. Ja selbst unter der sonst religiös-toleranten Elisabeth wurden noch im Jahre 1575 während des Fair zwei deutsche Wiedertäufer daselbst verbrannt, umringt von Spassmachern, Seiltänzern und Mirakelspielern. Noch unter James I., im Jahre 1611, verglimmte die Asche des letzten Märtyrers auf Smithfield. Das Opfer war Bartholomew Leggatt. ein frommer Unitarier, wegen seiner religiösen Ansichten von John King, dem Bischof von London, zum Feuertod verurtheilt. Dem Gedächtniss der auf Smithfield geopferten Glaubensmärtyrer wurden auf der Seite des grossen Bartholomew Hospitales einige Gedenktafeln mit einer Anzahl von Namen solcher gestiftet und in der grossen Abtei, worin Jahrhunderte lang Mönche hausten und schwelgten, suchen und finden heute zahllose Kranken ihre Besserung oder auch Erlösung.

Im Jahre 1680 wurde auf demselben Platze, wo ehedem Legionen von Opfern dem religiösen Fanatismus erlagen, ein Theaterstück in einer Bude aufgeführt, betitelt: „The Coronation of Queen Elizabeth, with the Restauration of the Protestant Religion; or the Downfall of the Pope“. In diesem Stücke, in welchem der Papst und der Teufel hervorragende Rollen spielten, erschien letzterer nicht mehr, wie ihn die Mönche der Abtei in ihren Mirakel-Spielen auf derselben Stelle darstellten, mit Hörnern und Schwanz, sondern er trat in grosser Angst und Bestürzung in Gestalt eines Jesuiten auf. So verändern sich die Zeiten. Auf der Stelle wo ehedem das Papstthum seine Siege über die Ketzerei feierte, diente dasselbe als Gegenstand öffentlicher Possenspiele, lachte die Menge über die Macht, vor der sie ehemals gezittert.

Schlusswort.

Ich schliesse die Geschichte der Deutschen in England mit dem Anfange dieses Jahrhunderts ab, in der Hoffnung sie später bis auf unsere Tage fortzusetzen. Es sind gerade die letzten Jahrzehnte dieses Jahrhunderts, in welchen, in Folge des nationalen Aufschwunges Deutschlands, das Leben in der deutschen Kolonie in England sich mächtig und vielfältig entfaltete und die daher von Interesse sein müssen.

Ich hoffe es ist mir gelungen, in vorhergehender Skizze ein einigermassen belehrendes Bild über das Leben und Wirken der Deutschen in England von den ersten germanischen Ansiedelungen in Britannien an bis zum Ende des 18. Jahrhunderts zu entwerfen, ein Versuch, der, in Anbetracht der Herbeischaffung des Materials und des grossen Zeitraumes, gerade kein leichter war.

Indem ich die Geschichte unserer Landsleute, die in vergangenen Jahrhunderten England aufgesucht, zu skizziren unternahm, hoffte ich nicht nur eine Lücke in einem Zweige unserer nationalen Kulturgeschichte auszufüllen, sondern ich wünschte auch eine heilige Pflicht zu erfüllen und damit manchem tüchtigen Deutschen in England, dessen Wirken, ja dessen Namen selbst vergessen war, einen Denkstein zu setzen. Die Meisten der in vorhergehender Skizze angeführten Landsleute waren wohl dem deutschen Leser unbekannt, unter ihnen auch Viele, welchen hohe Ehren in England zu Theil geworden, ja selbst Manche welche in Westminster Abtei, Englands Ruhmeshalle ruhen.

Unvergleichlich mehr als irgend ein anderes europäisches Land, hatte England von jeher eine eigene Anziehungskraft für Deutsche. Nirgends fanden sich diese so bald zu Hause, nirgends nährten sie eine so warme Anhänglichkeit an das Land ihrer Adoption. Als ich nach der Anwesenheit Deutscher in England in vergangenen Jahrhunderten forschte, so erstaunte ich über ihre Zahl, so schrack ich zurück vor meiner mir vorgenommenen Arbeit.

Was ist es denn aber, das die Deutschen so an England fesselte und fesselt? Es ist nicht leicht diese Anhänglichkeit zu erklären. In erster Reihe sind es wohl der germanische Charakter, die echt germanischen Sitten, Gebräuche und Institutionen Englands. Es ist ohne Zweifel die Stammesverwandtschaft, in Folge deren der Deutsche in England, wie auch in den Vereinigten Staaten, sich nicht als Fremder, sich sofort zu Hause fühlt, Land und Leute so rasch versteht. Der schon erwähnte James Howell sagt 1642 in seinen: „Instructions for Forreine Travell“ (Section XII): „Betrachte einen Engländer von Kopf bis zu Fuss, so ist jeder Zoll von ihm Deutsch!“ Auf der andern Seite ist unter allen in England lebenden Europäern der Deutsche, mit dem Schweizer, Niederländer und Skandinavier im Allgemeinen dem Engländer wohl am seelenverwandtesten und wurden viele unserer Landsleute daselbst, wie ich in vorhergehender Skizze genügend bewiesen, zu hohen Stellungen in allen Berufsarten gezogen.

Nebst der Stammverwandtschaft haben aber noch viele andere Umstände ihren Einfluss auf die rasche gesellschaftliche Acclimatisation der Deutschen in England. Das starke Nationalgefühl des Engländers, die unbeschränkte, von keinerlei Polizeizwang belästigte politische Freiheit, welche dem Einzelnen eine hohe Selbständigkeit verleiht, das überaus mannichfaltige und vielseitige Volksleben, welches auf dem Kontinente mehr gleichförmig, monoton ist, die unbegrenzte Selbstregierung des Volkes, ohne Leitung von oben, die man nur verstehen und schätzen kann, wenn man längere Zeit in England gelebt, die Selbsthilfe der Gesellschaft, welche ohne Staatsmittel und Staatskontrole, die grössten Institutionen ins Leben gerufen, die offene, aufrichtige, ohne Förmlichkeit solchen Fremden gebotene Gastfreundschaft, welche der Engländer schätzen gelernt, die Anerkennung der Fremden in fast allen Berufsarten trotz sehr starken englischen Nationalstolzes, die Freiheit des gesellschaftlichen Lebens, wo im Ganzen mehr der innere Werth des Mannes als Würden und Stellung, wo weder Ehren-Titel noch Orden, deren es keine gibt, empfehlen, die geraden, offenen, von Steifheit oder Dünkel fernen Umgangsformen, die Toleranz gegen Andersdenkende, und in Folge dieser die Ausschliessung von principiellen Diskussionen aus gesellschaftlichen Kreisen, der häusliche Komfort, das ruhige, gesellige Familienleben, welches besonders deutsche Frauen zu warmen Anhängerinnen Englands macht — dieses Alles und noch viele andere Umstände tragen dazu bei England für Deutsche eine besondere Anziehungskraft zu verleihen, und erklärt die grosse Zahl derselben, welche heutzutage wie schon seit Jahrhunderten die gastlichen Ufer Albions aufsuchten, ihr Zelt dort aufzuschlagen.

Aber nicht nur in England, sondern auch in Deutschland bewährte sich das alte Stammesgefühl beider Völker, unter den Plantagenets, zur Zeit der Reformation und spätere Jahrhunderte hindurch. Auf vielen Schlachtfeldern standen Deutschland und England Schulter an Schulter zusammen, fochten sie zusammen gegen die Weltherrschaftspläne von Louis XIV. und Napoleon. So weisen gemeinsame Abstammung und geschichtliche Tradition. Jahrhunderte von politischen, religiösen, wissenschaftlichen und kommerciellen Beziehungen beide Völker auf gegenseitige Freundschaft an. Es gibt in der Welt keine zwei Nationen, welche so darauf angewiesen sind zusammenzustehen, als England und Deutschland.

Die Franzosen reden und träumen von einem Bund der „Lateinischen Rassen“. Es gibt aber keine lateinischen

Rassen. Frankreich, Italien und Spanien sind nicht nur von von einander verschiedenen Rassen[1] bewohnt, besitzen ganz verschiedene Charakter-Eigenschaften, ja selbst einzeln genommen bestehen sie aus verschiedenen Rassen. Es sind nur ihre Sprachen, welche, in Folge der römischen Herrschaft, lateinischen Ursprungs sind.

In Russland redet und träumt man von Vereinigung aller Völker slavischer Rasse, von Pan-Slavismus. Und doch sind in Russland selbst, nebst den Polen. nur die Klein-Russen Slaven, die grosse Mehrheit der Bewohner des europäischen Russlands aber sind finnisch-mongolischen, tartarischen Ursprungs, welche vor noch nicht langer Zeit mongolische Dialekte sprachen. Auch die Bulgaren sind mit den Türken stammverwandt und haben erst zur Zeit ihrer Bekehrung zum Christenthum ihre heutige slavische Sprache angenommen.

Aber die Pan-Latinisten und Pan-Slavisten verlangen nicht nur respektive Verbrüderung der sogen. lateinischen und slavischen Rassen. Die ersteren verlangen über die lateinische Sprachgrenze hinüberzugehen, sie wollen — und dies verlangten selbst spanische und italienische Republikaner! — nicht nur das deutsche Elsass, sondern die deutsche Schweiz, das deutsche Rheinthal, die Niederlande, Flandern, Südtirol bis an den Brenner, Triest u. s. w. Und die Pan-Slavisten gar! Nicht nur dass sie gar nicht daran denken, das schwedische Finnland, die deutsch-lettisch-esthischen Ostseeprovinzen aufzugeben, von Kaukasien und andern südrussischen nicht slavischen Ländern gar nicht zu reden, so wollen sie die Türkei, Oesterreich, selbst ein Stück Deutschland bis an die Elbe haben. „Welches wird die Hauptstadt des künftigen Slavenreiches sein?“ fragte der verstorbene Panslavist mit deutschem Namen, Alexander Herzen, in einem Artikel in dem, in den fünfziger Jahren auf der Insel Jersey publicirten, französischen Blatte Exilirter, „l'Homme“, „wird es Moskau, Berlin, Wien oder Konstantinopel sein?“

[1] In Frankreich sind folgende Nationalitäten repräsentirt: Kelten, Germanen (Franken, Burgunder, Gothen, Normannen, Flamländer), Araber,

Das Rheinthal und Tirol bis an den Brenner im Besitz des sogen. lateinischen Bundes, Nordost-Deutschland, Böhmen als ein Theil des slavischen Bundes, was bliebe da noch von unserm armen Deutschland übrig? Doch trösten wir uns mit dem Gedanken, dass selbst die sogen. lateinischen und slavischen Rassen nichts mit einander gemein haben können noch wollen. Als im Jahre 1848 ein sogen. Slavenkongress in Prag abgehalten wurde, wo Delegirte von Russland. Polen, Serbien, Ungarn etc. sich einfanden, mussten diese unter sich die deutsche Sprache anwenden, um sich bei ihren Unterhandlungen zu verstehen. Im April dieses Jahres wurde in Russland eine Feier zur Ehre der slavischen Apostel Cyrillus und Methodius gehalten, wo wieder Abgeordnete von mehreren Slavenländern sich einfanden. Als Repräsentant der Serben erschien der serbische Ex-Minister-Präsident Ristitch, der in der slavischen Versammlung eine französische Ansprache hielt, worin er die „möglichst grösste Einheit der slavischen Welt herzustellen empfahl". Was würden die Pan-Latinisten und Pan-Slavisten sagen, wenn in einem Pan-Germanisten-Kongresse die Abgeordneten französisch oder gar russisch sprächen, um sich zu verstehen?

Mit viel mehr Recht könnten wir von Pan-Germanismus sprechen, von einem Bunde von Deutschland, Oesterreich, der Schweiz, Flandern, den Niederlanden, Dänemark, Schweden, den russischen Ostseeprovinzen, England und Schottland, den Vereinigten Staaten, Australien, Neuseeland, Süd-Afrika. Denn die Bewohner aller dieser Länder sind fast ausschliesslich germanischer Rasse und sprechen germanische Sprachen. Es besteht zudem zwischen ihnen eine viel grössere Charakterähnlichkeit, als zwischen Franzosen, Italienern und Spaniern einerseits, und zwischen Moskowiten, Polen, Serben,

---

Griechen, Basken etc. In Italien folgende: Kelten, Etrusker, Latiner, Griechen, Longobarden, Gothen, Normannen, Venden, Araber etc. In Spanien folgende: Kelten, Iberer (Basken), Araber, Germanen (Gothen, Alanen) etc.

Bulgaren etc. andrerseits. Die politischen und socialen Institutionen, die Sitten, Gebräuche, der Genius der Literatur in obigen germanischen Ländern, sind dieselben, was man von den panlateinischen und panslavischen Völkern nicht sagen kann, wenn überhaupt bei letzteren von literarischem Genius die Rede sein kann. Ich will damit keinen Pan-Germanismus predigen. Pan-Latinismus und Pan-Slavismus beruhen auf der Idee der Oberherrschaft einer Rasse über die anderen, sie sind nur eine andere Form der ehemaligen Pläne einer Universal-Monarchie. Wie letztere sind auch sie dem Fortschritte der Menschheit zuwider. Nicht gewaltthätige Unterjochung andrer Rassen, sondern friedliche Entwicklung einer jeden sollte die Aufgabe unserer Zeit sein. Eine jede besitzt Eigenschaften, Gaben, welche den andern abgehen und welche zum Fortschritte der Menschheit beitragen. Es wird allerdings eine Zeit kommen, sie ist aber wohl noch ferne, wo die europäischen Rassen sich allmählig und nach freier Wahl in ein europäisches Volk verschmelzen, gegenseitig in einander aufgehen werden. Die gemeinschaftliche Abstammung der Engländer, Deutschen und der andern germanischen Völker sollte aber für die nächste Zukunft in allen Fällen zur Eintracht in der grossen germanischen Familie hinweisen, sollte, wie ehedem England und Deutschland den Weltherrschaftsplänen eines Louis XIV. und Napoleon entgegentraten, sie veranlassen den ähnlichen Plänen der Pan-Latinisten und Pan-Slavisten ein Halt zuzurufen.

Wir erstaunen, wenn wir bedenken wie viele tüchtige deutsche Männer im Verlauf von Jahrhunderten fremden Staaten mit deutscher Treue gedient, an ihrer Entwicklung mit Erfolg mitgearbeitet. Es ist aber zugleich betrübend, wenn man sich vorstellt, was Viele von ihnen für ihr Vaterland hätten thun können, was dieses bei Vielen einbüsste. Hat ihr Adoptivvaterland ihre Verdienste um dasselbe immer anerkannt? Wie viel haben die Deutschen zur Civilisation, zur Entwicklung und Grösse Russlands beigetragen und welchen Dank ernteten und ernten sie dafür? Seit Jahrhunderten flossen Ströme deutschen

Blutes zur Vertheidigung, Grösse und zum Ruhme Frankreichs, und welchen Dank haben die Deutschen dort dafür geerntet? Vor zwanzig Jahren haben über hunderttausend Deutsche das Schwert für die Abschaffung der Sklaverei in den Vereinigten Staaten ergriffen und in diesem so denkwürdigen, für die Civilisation der Menschheit so wichtigen Krieg, den Ausschlag zu Gunsten der Freiheit gegeben. Welchen Dank hatten sie dafür? Wenn man an die zahllosen Dienste denkt, welche seit undenklichen Zeiten Deutsche fremden Ländern geleistet, so fällt einem unwillkürlich die Frage ein, welche Dienste haben denn Fremde Deutschland geleistet? Welche? —

Aber wie kam es denn, dass während die Deutschen in Schaaren in fast aller Herren Länder dienten, Deutschland selbst — wenn man die nicht freiwillig eingewanderten Hugenotten ausnimmt — so wenig von Fremden zum Feld ihrer Thätigkeit gewählt ward, von solchen so wenig Dienste erhielt? Man vergleiche die Zahl der Deutschen in England, Frankreich, Russland und der Fremden in Deutschland, Vergnügungsreisende natürlich ausgeschlossen. Verfolgungen, erst religiöser, später politischer Art. nationale Zerrissenheit, nationales Elend, Abhandenkommen des deutschen Nationalbewusstseins, kleinliche ökonomische Verhältnisse, Mangel an einem Felde der Thätigkeit, haben Tausende in die Fremde getrieben. Es gab ja kein Deutschland. Das Land war in viele Gemeinwesen zerrissen, mit einer Masse kleiner, üppiger, französisirter Höfe, wo nur Französisch gesprochen wurde, wo französische Abenteurer die erste Rolle spielten. Schlagbäume und Zollgrenzen schlossen die deutschen Länder von einander ab, Nachbarstaat hasste Nachbarstaat jenseits des Schlagbaumes, ein Hass der heute noch nicht ganz erloschen, und kämpfte lieber mit dem Landesfeind gegen ihn, als mit ihm. Industrie und Handel konnten da nicht aufkommen und endlich kam es soweit, dass die Heimat der Hansa sich zur See, ja das grosse Deutschland selbst zu Lande vom kleinen Dänemark dominiren lassen musste. Die Nachbarstaaten warfen längst ihre gierigen Blicke auf die ersterbende Germania, um sich ein Stück von ihrem Leibe abzureissen, nicht zufrieden mit dem, was sie schon geraubt: der Russe lauerte von Osten, der Franzose von Westen [1], der Däne von Norden, der Ialiener von Süden. Manche, selbst Deutsche, waren der Ansicht, dass Deutschland nur geeignet wäre, andern Staaten zum Kitt zu dienen, und ungeeignet ein eigenes, grosses, weltcivilisirendes Staatswesen zu bilden.

Darf man sich daher wundern, dass wie in der Heimat, so auch im Auslande der Deutsche jedes Nationalgefühles baar war? Aufgewachsen unter einem kleinlichen Kantönli-Geiste zu Hause, gingen die Deutschen im Auslande rasch in der fremden Nationalität unter, schämten sie sich leider nur zu oft ihres Mutterlandes und verleugneten es. Sie waren eben wie ihre Brüder in der Heimat. Unter allen Fremden im Ausland besass der Deutsche am wenigsten Nationalgefühl. Eine grosse ja die grösste Schuld an der Unterdrückung jedes Nationalgefühles in Deutschlad trugen die deutschen Regierungen. In ihren Augen war ehedem ein solches Gefühl ein Verbrechen, das schwer zu strafen war und gestraft ward. Nachdem der erwachte Volksgeist der napoleon'schen Herrschaft und dem französischen Vasallenthum seiner Fürsten ein Ende gemacht, wurde jedwedes nationale Gefühl mit Gewalt wieder unterdrückt und nur an den Universitäten lebte es noch fort. Aber auch hier suchten die Regierungen es mit Stumpf und Stiel wieder auszurotten. Die politischen Verfolgungen der 20er und 30er Jahre betrafen nur die Studirenden. Das Volk blieb gleichgültig. Die politischen Exilirten von damals fanden daher ihre Landsleute im Auslande ebenso undeutsch, ja noch undeutscher als die in der Heimat. Der seiner Zeit bekannte deutsche Flüchtling Harro Harring, welcher, aus Frankreich verwiesen, im Jahre 1834 nach London kam, und 1835 daselbst eine Gedichte-Sammlung „die Möwe" betitelt herausgab, widmete auch

[1] Die Franzosen, die Deutschland ehedem als es durch den 30jährigen Krieg entkräftet war, das Elsass entrissen, nennen heute die Zurückeroberung dieses selben deutschen Landes: „Démembrement de la France".

seinen Londoner Landsleuten ein Gedicht, von dem ich hier einige Strophen anführen will, nicht wegen ihres poetischen Werthes, der gering ist, sondern weil sie ein Bild der Deutschen jener Jahre entwerfen:

„Ein Spanier, Franzose, Britte,
Trägt Volksthum in männlicher Brust,
Ein Pol' ist bei jeglichem Schritte,
Der Würde des Volk's sich bewusst;
Ein Ungar, ob fern seinem Lande,
Fühlt immer mit Recht seinen Werth,
Den Stolz aller heiligen Bande,
Wodurch er sein Vaterland ehrt!"

„Ein Deutscher im Ausland', gar ehrlich,
Gar sprichwörtlich bieder und brav;
Der findet das Volksthum beschwerlich,
Und ist im Bewusstsein gar schlaff.
Sich als Deutschen zu zeigen mit Ehren,
Von Vaterlandsliebe durchglüht,
Das würd' im Geschäft ihn ja stören,
Und brächte wohl wenig Profit!"

„Ein Deutscher muss erst sich besinnen,
Wess Volkes er eigentlich sei?
Und nennt sich, um Geld zu gewinnen,
Aus Lappland und aus der Türkei!
Will Engländer sein au Toilette,
Durchaus nach dem Mode-Journal;
Denkt mehr an Cravatt' und Manschette,
Als an seines Vaterlands Fall." u. s. w.

Von grossem Einfluss auf das Erwachen des deutschen Nationalgefühls, auf die Entwicklung des deutschen Lebens in England waren die Jahre 1848/49. Die Bewegungen dieser Jahre hatten nicht wie ehedem nur die Universitäten, sondern das ganze deutsche Volk ergriffen. Aber während es den deutschen Regierungen wieder gelang, die Bestrebungen des Volkes nach Einheit und Freiheit zu unterdrücken, wurden in Folge heimatlicher Reaktion der Londoner deutschen Kolonie Elemente zugeführt, welche ein neues, nationales, ein deutsches Leben in ihre Adern gossen. Es waren gerade die Verbannten von 48 und 49, welche in England unter ihren Landsleuten zuerst das deutsche Bewusstsein weckten. Es geschah dies besonders durch das grossartige Schillerfest am 10. November 1859 im Krystall-Palast, wo sich die gesammte deutsche Kolonie Londons — zum ersten Male seitdem es Deutsche in London gibt — in den riesigen Räumen vereinigt fand. Dieses Fest weckte unter den Deutschen Londons das Gefühl der Zusammengehörigkeit und rief eine grosse Anzahl deutscher Vereine ins Leben. Dieses Fest aber wurde von Verbannten vorgeschlagen, organisirt und geleitet. Gottfried Kinkel hielt die Festrede, Ferdinand Freiligrath dichtete die Festkantate, Karl Blind schrieb eine biographische Skizze von Schiller zur Vertheilung. Von der Heimat verjagt, erweckten die Exilirten zuerst unter den Deutschen Londons das Gefühl für die Heimat. Wie gewaltig sich dieses Gefühl von da an entwickelte und stärkte, zeigte sich zur Zeit des deutsch-dänischen und später des deutsch-französischen Krieges, wo wieder die Verbannten in der ersten Reihe der Patrioten standen und ihre Kräfte der Heimat widmeten.

Bis vor Kurzem war es Theorie unter den leitenden Nationen Europas, dass der Beruf der Deutschen ausschliesslich im Bereiche des Geistes läge. Man liess ihrer Gelehrsamkeit alle Ehre widerfahren, aber auf dem Felde der politischen Aktion galten sie nichts und Manche unter den Deutschen selbst theilten diese Ansicht. Der berühmte Ungar Ludwig Kossuth nannte einst in einem Vortrage in London „England den Arm, Frankreich das Herz und Deutschland den Kopf der Menschheit“. Idealist, Schwärmer für Humanität, Weltbürgerthum rühmten die Fremden an den Deutschen, ohne es selbst sein zu wollen. Man vergass, dass in alten Zeiten der Deutsche ein äusserst reges und freies Municipalwesen gehabt, dass einst seine Hansa grossen politischen Sinn gezeigt, dass gerade die politische Reife und der Gemeinsinn des Engländers ein rein germanischer Charakterzug ist, und dass das Abhandenkommen derselben Eigenschaft die Folge von geschichtlichen und partikularistischen Einflüssen war. Nationalsinn, politischer Eifer und Gemeinsinn konnten in einem Lande nicht gedeihen. wo noch in der ersten Hälfte dieses Jahrhunderts solche als Verbrechen bestraft wurden.

Aber obige Eigenschaften, die fremde Völker dem Deutschen herablassend zugesprochen, eignen ihn gerade zu einer weit höheren, erhabeneren Rolle in der Entwicklung der Menschheit als diejenigen Nationen, denen solche abgehen. Eine Nation, welche sich für die Quintessenz der Menschheit betrachtet, welche andere Völker missachtet oder gar verachtet, kann wohl unterjochen aber nie Trägerin der Humanität werden.

Das deutsche Volk ist mehr universalistisch angelegt als alle anderen Nationen. Seine Privattugenden, die selbst die Fremden an ihm rühmen: Ehrbarkeit, Fleiss, Treue, Wahrheit, Pflichtgefühl sind Eigenschaften, die den guten Menschen und Bürger ausmachen. Sein politisches Streben ist weltbürgerlich, der Menschheit zugerichtet. Der Deutsche hasst kein anderes Volk. hält sein Volk in überschwänglichem Nationalhochmuthe nicht für die „Central-Sonne der Menschheit“, sagt nicht dass „wenn Deutschland zufrieden ist, ist die Welt ruhig“, liebt nicht ausschliesslich sein Vaterland. sondern auch andere Völker und es gibt kein fremdes Land der Welt, dem nicht Deutsche mit deutscher Treue gedient und ihm Arm, Kopf und Herz, und oft ihr Herzblut gewidmet. Nur ein deutscher Dichter konnte ausrufen: „Seid umschlungen Millionen, diesen Kuss der ganzen Welt!“ und dieser Dichter ist in Deutschland der populärste. Die nationalen Schranken des Deutschthums liegen daher nicht an der Grenze Deutschlands, wie in andern Staaten, sondern an der des Menschenthums. Der Deutsche versteht und erfasst daher andere Völker leichter, findet sich leichter unter ihnen zurecht, übersetzt selbst ihre Geistesprodukte mit Beibehaltung der ursprünglichen Charakterzüge. Die einseitige Entwicklung dieser universalistischen Anlage, in Folge systematischer Unterdrückung politischen Gemeinsinns und Nationalsinns, erklärt beim Deutschen sein bisher leichtes Aufgehen in eine fremde scharf ausgeprägte Nationalität. Er fühlte sich nicht als Deutscher, sondern als Mensch und suchte oft in der Fremde einen Nationalsinn, den er zu Hause nicht fand. Hingebung an die höchsten Ideale der Menschheit, Verehrung alles Schönen, Guten und Wahren, heiliger Eifer für die Menschheit — dies war und ist die Tendenz auch der deutschen Literatur, wie des Volkes, welche in vielen Werken, wie im Nathan, im Faust, das Gepräge des Universalistischen, Weltbürgerlichen, Humanen trägt.

Aber zu diesen schönen Gaben fehlte dem Deutschen eine andere, ohne die sie an Werth verlieren. Um ein guter Weltbürger zu sein, muss man erst ein guter Bürger seines eigenen Staates sein. Wer auf die Menschheit einwirken will, muss darin etwas gelten. Andern Nationen huldigen und das eigene Volk vergessen ist kein Kosmopolitismus. Wer die Seinigen nicht ehrt und liebt, ist der wahren Liebe zu Andern unfähig. Zu seinem Weltbürgerthum fehlte dem Deutschen das eigene Bürgerthum, das deutsche Bewusstsein, anstatt des badischen, hessischen, würtembergischen, bairischen, preussischen Bewusstseins und Partikular-Patriotismus. Nur ein starkes und einiges Deutschland kann seine Mission unter den Völkern der Erde erfüllen, kann Einfluss im Rathe der Völker besitzen, sich Achtung und wenn nöthig Autorität erzwingen. Hätten England und Frankreich ihre grossen, weltgeschichtlichen Rollen spielen können, wenn sie schwach, uneinig und einflusslos wie Deutschland gewesen wären?

Das deutsche Nationalgefühl, das die deutsche Literatur, das die deutschen Universitäten allmählig aus seinem Schlummer geweckt, hat das Jahr 1848/49 entflammt und das Jahr 1870 ausgebildet und gekräftigt, ohne das humane Gefühl zu unterdrücken. Hoffen wir, dass das deutsche Nationalgefühl im Herzen unseres Volkes feste Wurzeln schlage. Keine Gefahr, dass durch Erstarkung dieses Nationalgefühles die humane Richtung des Deutschen leide! Der ideale Charakterzug des Deutschen wird seinem Wesen nie abhanden kommen, er wurzelt zu fest in ihm, er wird nie, wie bei andern Völkern, im beschränkten Nationalsinne untergehen. Weil er stark ist, wird der Deutsche die anderen Völker nicht weniger achten. Aber er wird nun auch von den Anderen geachtet und sein Einfluss und seine Bildung werden um so mehr wirken, je kräftiger der Arm und Wille sind, die sie tragen.

Deutschlands Lage ist die wichtigste in Europa. Im Herzen desselben gelegen ist es dessen berufener Schiedsrichter. So lange es schwach war, war es dessen Wahlplatz. Stark hält es die Gegner auseinander, getrennt. Ein starkes Deutschland ist daher nöthig im Interesse der ganzen Menschheit, des allgemeinen Friedens. Welch grosse Zukunft steht Deutschland bevor, wenn einmal der ganze Osten Europas und Asien mit Eisenbahnen überzogen sind! Es wird dann der Knotenpunkt der europäischen Welt sein. Doch unter den schönen Bildern, die wir im Geiste voraussehen, vergessen wir der Gegenwart nicht, welche die Mutter der Zukunft ist. Um seine Existenz gegen Osten und Westen zu sichern, um seine Rolle in der Menschheitsentwicklung mit Ehren auszuführen, sei Deutschlands Wahlspruch:

einig, stark, frei.

Nicht zu Eroberung einige und kräftige sich Deutschland, nicht zu seiner Erhebung auf den Thron der Nationen. Fern sei von ihm solch falscher gefährlicher Glanz! Frieden, Freiheit, Bildung und Wohlstand unter den Völkern der Erde, das sei sein höchstes Ziel.

Zur Zeit des entsetzlichen 30jährigen Krieges ertönte in unserm Vaterlande folgender Ruf, der, obwohl Deutschland einig und stark dasteht, wohl heute uns noch als gute Lehre dienen kann: „Deutschland kann nur durch Deutschland wiedergeboren werden. Nicht Katholiken oder Unkatholiken, nicht Römische oder Lutherische sollen uns davon abhalten; sondern als Glieder eines Leibes, eines Staates, als Brüder müssen sich alle Deutsche umfassen und mit allen Kräften und Tugenden heldenmüthig jenem grossen Ziele nachstreben, das Vaterland schützen, vertheidigen, erhalten; dazu ist Jeder, dazu sind Alle verbunden".

[Paraenesis ad Germanos, 1647.]

Auf diesen Mahnruf hat der bekannte politische Dichter und Verfolgte, Professor Hoffmann von Fallersleben sein schönes Gedicht „Eins und Alles" gegründet, aus welchem ich folgende Strophe anführe:

„Deutschland erst in sich vereint!
Lasset Alles, Alles schwinden,
Was ihr wünschet, hofft und meint!
Alles andre wird sich finden".

Deutschlands nächstes Ziel aber ist, nebst Kräftigung seiner Einheit und Stärkung seiner nationalen Macht, die Benutzung seiner nationalen Kräfte, die Verwerthung seiner eigenen Kinder, wie es in anderen grossen Staaten der Fall ist. Immer noch ziehen Schaaren Deutscher nach England und Frankreich, um sich in der Fremde eine Existenz zu suchen, die sie in der Heimat nicht fanden, während die Landeskinder obiger Länder Deutschland zu ähnlichem Zwecke selten aufsuchen. Es ist dieses ein Symptom eines nicht gesunden Staatszustandes. Es ist daher zu hoffen, dass die allmählige Entfaltung eines konsolidirten, kräftigen, sichern, einheitlichen Staatslebens, zugleich mit Gründung neuer, mit dem Mutterlande verbundener Kolonien, kurz das Schaffen neuer Felder für die nationale Thätigkeit, für den nationalen Unternehmungsgeist, es dahin bringen werden, dass Deutschlands Kräfte zu Deutschlands Nutzen verwerthet werden können. Und dann schliesst die Geschichte der Deutschen in England.

Es ist noch nicht lange, dass England den Deutschen oft *in Allem* als Vorbild hingehalten worden ist. Heute sind Viele in Deutschland zu sehr geneigt, England *in Allem* zu unterschätzen. In beiden Fällen ging und geht man zu weit. Wer aber glaubt, dass Englands Stern am Untergehen ist, der kennt das Land nicht. Kein europäischer Staat ist so lebensfähig als der englische. Uns Deutschen aber könnte England trotz mancher Fehler, die es, wie jedes Volk besitzt, noch heute in vielen Dingen als Vorbild dienen, könnten wir von ihm gar Manches lernen. Von nachahmungswerthen National-Eigenschaften des englischen Volkes, will ich meinen Landsleuten zum Schlusse noch einige hier hervorheben.

In nationalen Fragen, in auswärtiger Politik, wo es sich um Sicherheit des Staates, um die Grösse, Machtstellung und Erweiterung des Einflusses von England handelt, gibt es da keine Parteien, verstummt jede Opposition und stehen die Parteien, die sich sonst in heimischen Parteifragen auf's Heftigste bekämpfen. Schulter an Schulter, bilden Konservative, Liberale, Radikale, Protestanten, Katholiken eine geschlossene Phalanx. Beim Engländer geht die Wohlfahrt des Staates allen andern Fragen vor und dem Patriotismus ordnen sich alle politischen und religiösen Fragen unter.

Die Engländer schaaren sich leichter als die Deutschen um die Standarte eines anerkannten Führers, dem sie unbedingt folgen. Sie opfern bereitwilliger ihre persönliche Meinung für das allgemeine Beste, zerklüften sich nicht in kleine politische Sekten, lassen sich nicht durch Detailfragen beim Verfolgen eines grossen politischen Zieles aufhalten, welches sie unverwandt vor Augen behalten. Unter ihnen gibt es keine Streite „um des Kaisers Bart", keine „Querelles d'Allemand", die Redensart „den Wald vor lauter Bäumen nicht sehen" gibt es da nicht. Bei den Deutschen verlieren Manche im Parteizwist das gemeinsame Vaterland aus den Augen, bei Manchen werden die politischen Kämpfe nicht durch Patriotismus, nicht durch Gemeingeist, sondern durch Oppositionsgeist geleitet und so zerschellen sie in unfruchtbare Einzelheiten. „Wählt nicht Polemik, sondern Thetik", ruft Jean Paul Richter den Deutschen zu, „nicht Streitlehre, sondern Satzlehre. Befördert, erhebt, ernährt, wenn ihr etwas Gutes säen wollt, nur das vaterländische Edle, den Eifer für Wahrheit“.

Eine lange politische Erziehung lehrte den Engländer, dass mit eigensinnigem Festhalten an politischen Ansichten nichts zu gewinnen ist. England ist daher das Land politischer Kompromisse unter den Parteien. Darin liegt die Erklärung der ruhigen, politischen Evolution des Landes, der allmähligen aber sicheren Entwicklung politischer Rechte und Freiheiten seit dem Anfang des vergangenen Jahrhunderts. So wurden die grossen Wahlreformen durchgeführt und die Folge war stets, dass im Laufe der Zeit die konservative Partei die Vertheidigerin derselben Reform wurde, welche ehedem die liberale vorgeschlagen und durchgebracht. In England gelten in der Politik der Grundsatz „Alles oder Nichts“ sowie politische halsstarrige Principienreiterei für politische Kurzsichtigkeit, womit keine politische Partei eine nützliche Wirksamkeit entfalten kann. In England gilt nicht „Princip“, sondern „Zweckmässigkeit“ (Expediency).

In vielen Dingen, in politischen und socialen Reformen, ergreift in England das Volk die Initiative und die Regierung folgt so zu sagen der öffentlichen Meinung, leitet sie, aber sie macht sie nicht. In Deutschland überlässt man gern die Initiative in vielen wichtigen Fragen der Regierung und ihren Beamten, wobei das Volk passiv bleibt.

Der Engländer ist seit langer Zeit an Selbstregierung gewöhnt. In Gemeindeangelegenheiten ist er vollständig unabhängig von der Regierung und „hilf dir selbst“ gilt von der Gemeinde sowohl als von dem Individuum. Hierin liegt die Erklärung seines grossen Erfolges als Kolonist, als Gründer neuer Staaten und die Folge davon ist wohl auch die grosse Zahl origineller, starker, ganz besonders englischer Charaktermänner, der stark ausgeprägte Individualismus, die vielen sogen. Self-made-men, i. e. Autodidakten, welche selbst hohe Stellungen sich in der Wissenschaft errungen, wie unter vielen Andern ein Faraday.

Zwei schöne Eigenschaften des Engländers, auch die Frucht der Selbstregierung, sind sein Wohlthätigkeitssinn und Gemeinsinn, die sich in zahllosen öffentlichen Stiftungen kund geben. Die grossartigen öffentlichen Hospitäler, die Universitäten, die Sekundärschulen, Blindeninstitute, Asyle für Arme, kurz alle Wohlthätigkeitsanstalten, ferner Parkanlagen und Museen in Provinzialstädten etc. sind alle durch Gaben von Individuen in's Leben gerufen worden und werden durch solche noch theilweise erhalten, ohne einen Heller aus der Staatskasse zu ziehen.

Im Privatleben ist der Engländer politisch-toleranter als der Deutsche. Das Recht freier politischer individueller Meinung ist eines jeden Engländers Geburtsrecht. Männer der verschiedensten Parteien, die sich im Parlamente, in Volksversammlungen auf's Energischste bekämpfen, sind sehr oft im Privatleben intime Freunde. Eifrige Meinungsdiskussionen sind daher in Privatgesellschaften entweder ausgeschlossen oder werden mit Toleranz angehört und erwidert. In Deutschland heisst es oft, wer nicht denkt wie ich, ist nicht nur mein politischer, sondern auch mein socialer Gegner, mit welchem jedweder Umgang zu vermeiden ist. Der bittere Parteikampf wird da ins Privatleben übertragen.

Aber trotz der angeführten grossen Charaktereigenschaften des englischen Volkes muss selbst der aufrichtigste Verehrer Englands zugeben, dass auch es, wie die andern modernen Staaten, an manchen Gebrechen, an vielen Missbräuchen und nationalen Vorurtheilen und Fehlern leidet. Während der Engländer als Individuum beim Umgang mit Fremden nichts weniger als hochfahrend ist, ja selbst viel weniger als der Deutsche, so besitzt er einen übermässigen Nationalstolz, der oft mit Unterschätzung fremder Nationen als solche verbunden ist. Thackeray hat diesen Nationalstolz in seinem „Book of Snobs" (Chapter XXII.) gegeisselt, über den schon die alten fremden Reisenden klagten, der aber heutzutage, wie gesagt, nur national und nicht individuell ist. Der Nationalstolz des Engländers geht aus seiner Stärke, aus seinen grossen nationalen Erfolgen hervor und es sind wohl alle starken civilisirten Nationen in Europa und Amerika damit behaftet. Der Franzose ist es in erster Reihe und während bis vor Kurzem der Deutsche keinerlei Nationalstolz besass, so hat sich bei ihm der Gelehrten-, Würden- und Titelstolz in einem Masse entwickelt, wie bei keinem andern Volke. Die nachtheilige Folge des übermässigen englischen Nationalstolzes ist oft Unterschätzung des Gegners, die zuweilen zu unangenehmen und unvortheilhaften Kollisionen und zu dem Wahne führt, dass England Vieles zu thun berechtigt ist, was bei Andern nicht zulässig ist. Uebrigens gesteht der Engländer stets offen, dass er bei seinem eigenmächtigen Vorgehen in seinem Interesse handelt, während der Franzose wohl dasselbe thut und denkt, aber sein Vorgehen als im „Namen der Civilisation der Menschheit, im Interesse einer grossen Idee" ausposaunt. Als „Vorposten der Civilisation" verwüstet, zerreist und plündert er Deutschland, während er es für eine Barbarei erklärt, Frankreich zu bekriegen, „die steinerne Bibel der Menschheit", Paris, zu belagern. Man wirft dem Engländer nationalen Egoismus mit Recht vor. Aber welcher starke Staat ist nicht egoistisch?

Wenn aber Fremde, wenn Deutsche berechtigt sind die Nationalfehler Englands hervorzuheben und zu geisseln, so ist es tadelhaft, die grossen Eigenschaften, die ganz eigenartige grossartige Entwicklung des englischen Volkes, so verschieden von kontinentalen Staaten und so unendlich mannichfaltig, zu ignoriren oder gering zu schätzen. England bietet dem intelligenten, vorurtheilslosen deutschen Beobachter viele und grosse Lehren dar, welche der Berücksichtigung und Nachahmung wohl werth sind. Ich bin keiner der Anglomanen, die England in Allem als ein vollendetes Musterbild empfehlen, ich weiss aus eigener Anschauung, dass Deutschland ihm in vielen Dingen voraus ist, auf der andern Seite aber muss ich die Geringschätzung der Anglophoben, wie es deren heute leider viele gibt, durchaus verwerfen, da sie auf völliger Unkenntniss des Landes und Volkes beruht. So hat man oft in Deutschland einen ganz falschen Begriff von der offensiven sowohl als defensiven Wehrkraft Englands zur See sowohl als zu Lande. Als vor einigen Jahren ein hochgestellter französischer Generalstabsoffizier die Royal Military Academy in Woolwich besuchte, erklärte er einem mir befreundeten Franzosen unter Anderm Folgendes: „Eine Allianz mit England wäre allein schon wegen seiner vortrefflichen und mächtigen Artillerie von grossem Vortheil für Frankreich, ohne seine allgewaltige Flotte in Betracht zu ziehen". So urtheilte eine französische Autorität! Manche Deutsche unterschätzen die Wehrkraft Englands in Folge der wankenden, kurzsichtigen, erfolglosen und schwachen Politik seiner bisherigen Regierung, welche aber keineswegs die Volksstimmung vertrat. In England treten aber, wie wir dieser Tage gesehen, totale Regierungswechsel und -Systeme rascher ein als bei uns und ein solcher Wechsel dürfte plötzlich ein anderes Bild darbieten, gerade wie ein Blick in die Vergangenheit dieses Landes. England im Verfall? Dies kann nur Einer sagen der das Land und das Volk nicht kennt. Es gibt viel mehr Elemente der Auflösung in Russland, Oesterreich und Frankreich. Und ist unser Vaterland frei von solchen?

Ahmen wir aber England vor Allem in einer seiner grossen Eigenschaften nach, die ihm selbst die Anglophoben nicht absprechen können, und die wir Deutsche noch lange nicht in dem Grade besitzen: seinen Patriotismus, seinen Nationalgeist.

Fühlen wir uns nicht zu sicher. Ueberschätzung der eigenen, wenn auch grossen Kraft ist gefährlich. Es sind in Deutschland noch offene und geheime antinationale Einflüsse thätig, die uns wohl im Augenblick nicht beängstigen, welche aber im Falle auswärtiger Verwicklungen eine grosse Gefahr werden könnten. Vergessen wir nicht dass wir, trotz der augenblicklichen Ruhe, von Feinden umringt sind, bereit bei einer günstigen Gelegenheit über uns herzufallen, dass unser Bundesgenosse Oesterreich, unter dem Einfluss des Slavismus und Jesuitismus, im Augenblicke unserer Noth durch innere Kämpfe gelähmt werden dürfte, ja dass es selbst unter dem Einflusse der dortigen deutsch-feindlichen Elemente, sich gegen uns kehren könnte. Es gibt nur ein Land in Europa das, trotz kürzlicher Zwistigkeiten und Erkaltung, uns wirklich gut will und dessen Freundschaft uns daher von grossem Werth sein müsste und sollte und dies ist das stammverwandte England. Ein jeder gute Deutsche hat daher ein freundschaftliches Einvernehmen mit diesem Lande zu wünschen, zu befürworten und zu befördern, ohne damit Deutschlands Ehre und Interessen zu opfern. Sehen wir uns doch bei unsern guten Nachbarn um. Wie nahmen diese den kürzlichen englisch-deutschen Zwist auf? Sie freuten sich darüber. Die Russen bereiteten dadurch ermuthigt ihren Vormarsch in Asien vor und unsere westlichen Nachbarn waren wüthend als England Deutschland die Hand der Versöhnung bot und warfen ersterem Feigheit vor — einzig nur weil sie kein gutes Einvernehmen zwischen Deutschland und England wünschen. Und warum sollten sie ein solches nicht wünschen? Weil sie bei der ersten günstigen Gelegenheit über Deutschland herzufallen denken, wobei sie, wenn nicht auf Englands Hilfe, doch auf eine freundliche Neutralität desselben hoffen. Und da gab es kurzsichtige Deutsche, welche in das französische Horn bliesen, die, anstatt sich über die Versöhnung zu freuen, dem, der ihnen die Hand der Versöhnung bot, Feigling zuriefen. Wenn sie die Geschichte Englands kennten, würden sie wissen, dass Feigheit in diesem germanischen Lande nicht zu finden ist. Während der letzten Spannung zwischen Deutschland und England fragte ich mich: Wie wäre die Stellung der Deutschen in Russland oder gar Frankreich unter ähnlichen Umständen gewesen? Wie hätte man da die Vertreter der deutschen Presse behandelt? In England hingegen hat der Zwist nicht den geringsten Einfluss auf die Stellung und die Aufnahme der zahlreichen Deutschen daselbst gehabt, wurden sie nach wie vor gastfreundlich behandelt. Es ist dies ein Beweis, dass das Volk an dem Regierungsstreite beider Länder keinerlei Antheil nahm, dass vereinzelte Stimmen in der englischen Presse nicht als Volksstimmen zu betrachten sind und dass das englische Volk gegen Deutschland nur Gefühle der Freundschaft hegt.

Es herrschte bis vor Kurzem unter den Fremden die Ansicht, die ein Freundschaftsbruch mit England allerdings bestätigen würde, dass den Deutschen politische Einsicht und Fernsicht, politischer Takt, kurz politischer Verstand fehle. Ich selbst hörte dieses Urtheil oft aus dem Munde vieler hochstehender Fremder in Paris und London. Der alte Geiler von Kaisersberg sprach vor vierhundert Jahren dieselbe Ansicht von seinen Landsleuten der damaligen Zeit in folgenden Worten aus: „Die Franzosen sind wizig vor der Sach'; die Wälschen in der Sach': die Diutschen nach der Sach'!" Es wächst indess unter dem Einflusse der politischen Einigung Deutschlands eine Generation heran, welche „wizig vor und in der Sach' zu sein verspricht. Die Anglophoben aber möchte ich fragen, würde denn eine Besiegung des freien Englands selbst in Asien durch das despotische Russland und dadurch Hebung und Stärkung des letztern in Europa Deutschland nutzen oder schaden? Wer kann noch an den unserm Lande fatalen Folgen einer solchen Niederlage zweifeln? Sehen wir doch in die Vergangenheit zurück. Wer stand bei uns zur Zeit als wir von Louis XIV. und Napoleon zu Boden geschmettert lagen? Und wenn, was von Frankreich in letzter Zeit angestrebt wurde, Russland und Frankreich sich die Hände reichen, mit Dänemark als Dritten im Bunde? Wäre unter solchen Umständen eine Lahmlegung Englands uns zum Vortheil? Wenn gar die von panslavistischen Agenten und Jesuiten beeinflusste slavische Bevölkerung Oesterreichs die helfende Hand dieses Bundesgenossen lähmte? Wenn in Mitte unseres Landes die reichsfeindlichen Elemente sich mit dem Auslande, wie sie es in unserer Geschichte wiederholt gethan, verbündeten? Wenn Deutschland im Innern einig und stark ist, kann es wohl allen Gefahren von Aussen widerstehen. Aber selbst der stärkste Mann verschmäht die Freundschaft eines starken Bruders nicht, er weiss dass sie ihn stärker macht.

„Bewärter Friund und gestanden Swert,
Die zwei sind grosses Guets wert".

Liste der in diesem Buche benutzten und konsultirten Werke, mit Angabe der darauf bezüglichen Kapitel.

Da diese Arbeit kein gelehrtes Werk zu sein beansprucht, nicht für Geschichtsforscher, sondern für einen weiteren Leserkreis meiner Landsleute geschrieben ist, so wollte ich mich nicht an den entsprechenden Stellen auf die jedesmal von mir benutzten Werke berufen. Es hätte dieses das Werk mit einer Masse von Anmerkungen und Citaten belastet, welche den meisten Lesern gleichgültig wären. Solchen, welche die Belege meiner Angaben näher kennen zu lernen wünschen, wird es nicht schwer sein, dieselben in den folgenden Werken aufzufinden. Die im Buche benutzten englischen Werke sind fast alle mit einem guten alphabetischen Namen- und Sach-Index versehen, mit welchem es leicht sein wird, die von mir gegebenen Citate oder gemachten Angaben zu verificiren. Aus klassischen Schriftstellern allein folgen hier einige Belege.

Kapitel I. Auf einige Angaben in § 1 des ersten Kapitels, die frühe Anwesenheit von Germanen in Britannien betreffend, wurde ich zuerst durch zwei Artikel aufmerksam gemacht, welche schon am 28. März 1863 im Londoner deutschen Blatte „Hermann“ unter dem Titel erschienen: „Sind die Engländer Dänen?“ Die Ansicht, dass die Engländer von den nordischen Seehelden abstammen, wurde früher, wie heute noch, sehr oft von vielen Engländern aufgestellt, besonders aber zur Zeit der Heirath des Prinzen von Wales. Man machte damals aus der rein deutschen Prinzessin Alexandra von Dänemark eine Skandinavierin und selbst der Laureat Alfred Tennyson besang sie als der „Seekönige Tochter und die dänische Rose“. Die Heirath fand am 10. März 1863 statt und am 28. desselben Monats erschienen die beiden oben genannten Artikel anonym, die einen gelehrten Landsmann Namens Bodenheim zum Verfasser haben sollen. Bald darauf, 1863, erschienen in der Einleitung zu einer deutschen Literaturgeschichte für Engländer, betitelt: „Diutiska“ von Professor Gustav Solling, einem recht verdienstvollen Werke, die im „Hermann“ aufgestellten Ansichten wiederholt.

Aber im Blatte „Hermann“ und in Solling's „Diutiska“ sind manche Berufungen auf klassische Schriftsteller nicht mit Anführung der darauf bezüglichen Stellen, in einigen Fällen selbst nicht mit Anführung der bezüglichen Kapitel etc. unterstützt. Da einige im Kapitel I § 1 befindlichen Ansichten über die Einwanderungen der Germanen in Britannien manchen bestehenden Ansichten besonders in England zuwiderlaufen, so hielt ich es für wünschenswerth eine obwohl nicht erschöpfende Auswahl von klassischen Citaten mit deutscher Uebersetzung als Anhang folgen zu lassen. Es war mir nicht möglich zur Zeit der Vorbereitung zum Drucke dieser Arbeit, noch mehr solcher „Pièces Justificatives“ aufzusuchen, ich hoffe aber mich noch in den Besitz von mehr solcher zu setzen und würde deutschen Gelehrten für Mittheilungen solcher sehr dankbar sein. Ich zog vor folgende Citate als Anhang zu geben, da ich befürchtete, dass der Leser eines populären Werkes, wie das meinige, durch Anführung klassischer Belege abgeschreckt werden möchte.

I Klassische Quellen zu § 1.

1. *Ammiani Marcellini „rerum gestarum“* liber XXIX, cap. 4 (anno 371). „[Valentinianus] in Macriani locum Bucino-

bantibus, quae contra Mogontiacum gens est Alamanna, regem Fraomarium ordinavit, quem paullo postea, quoniam recens excursus eumdem penitus vastaverat pagum, in Brittannos translatum potestate tribuni Alamannorum praefecerat numero, multitudine viribusque ea tempestate florenti".

Buch XXIX von des *Ammianus Marcellinus „Geschichte"* im 4. Kapitel (im Jahr 371 n. Chr.) (A. M. lebte von 330—400 n. Chr.). „[Valentinian] setzte an Stelle des Macrianus über die Bucinobanten, einen alamannischen Volksstamm in der Nähe von Mainz, den Fraomarius als König, den er bald darauf. als ein neuer Einfall eben dasselbe Gebiet vollständig verwüstet hatte, nach Britannien hinüberrief und mit dem Range eines Tribunen der Abtheilung der Alamannen vorsetzte, die sich damals durch die grosse Anzahl von Kriegern und durch Kraft auszeichnete".

2. *Tacitus „Julii Agrippae vita"*, cap. 36 (n. Chr. 84.) „Agricola [in pugna adversus Britannos ad montem Grampium] Batavorum cohortes tres ac Tungrorum duas cohortatus est, ut rem ad mucrones ac manus adducerent: quod et ipsis vetustate militiae exercitatum, et hostibus inhabile parva scuta et enormes gladios gerentibus".

Tacitus „Leben des Julius Agricola", Kap. 36 (84 n. Chr.) (Tacitus lebte von 55—119 n. Chr.). „Agricola forderte (in der Schlacht am Grampischen Berge gegen die Britannier) drei Cohorten der Bataver und zwei der Tungrer auf, es auf einen Nahkampf und die Spitzen ihrer Schwerter ankommen zu lassen: da sie selbst infolge langen Kriegsdienstes daran gewöhnt waren, es den Feinden aber, die kleine Schilde und überlange [mit keiner Spitze versehene] Schwerter führten, sehr unbequem war".

3. *C. Julii Caesaris „Commentarii de bello Gallico"*, liber V, 12. „Britanniae pars interior ab iis incolitur, quos natos in insula ipsi memoria proditum dicunt: maritima pars ab iis, qui praedae ac belli inferendi caussa ex Belgio transierant, (qui omnes fere iis nominibus civitatum appellantur, quibus orti

ex civitatibus eo pervenerunt) et bello illato ibi permanserunt, atque agros colere coeperunt".

Des C. Julius Cäsar Memoiren „Ueber den gallischen Krieg". im fünften Buch. Kapitel 12 (J. C. lebte von 100—44 v. Chr.) „Das Innere Britanniens bewohnen die Völker, welche selbst von sich nach mündlicher Ueberlieferung behaupten Ureinwohner zu sein: die Meerküste die, welche um dort Beute zu machen oder Krieg zu führen, aus dem [gegenüber liegenden] Belgien dorthin gezogen waren (sie behielten fast alle den Namen der Völkerschaft bei, von der sie einst ausgezogen) und nach dem Kriege dort [in Britannien] blieben und das Land zu bebauen anfingen".

4. *Tacitus „Agricola"*, cap. XXVIII. „Eadem aestate cohors Usipiorum, per Germanias conscripta et in Britanniam transmissa, magnum ac memorabile facinus ausa est".

Des *Tacitus „Agricola"*, Kap. 28 (im 6. Jahr seines Amtes). „Noch in demselben Sommer vollführte eine Cohorte der Usipier, die in Germanien ausgehoben und nach Britannien hinübergeschickt war, eine grosse und denkwürdige That".

5. *Eumenii „Panegyricus Constantio Caesari"* cap. XVII. „Enimvero,Caesar invicte,tanto Deorum immortalium tibi est addicta consensu victoria omnium quidem quos adortus fueris hostium, sed praecipue internecio Francorum, et illi quoque milites vestri qui per errorem nebulosi maris abjuncti ad oppidum Londiniense pervenerant, quidquid ex mercenaria illa multitudine barbarorum proelio superfuerat, cum direpta civitate fugam capessere cogitarent, passim tota urbe confecerunt, et non solum provincialibus vestris in caede hostium dederunt salutem, sed etiam in spectaculo voluptatem. O victoria multi juga et innumerabilium triumphorum, qua Britanniae restitutae, qua gentes Francorum penitus excisae sunt!"

Lobrede des „Eumenius auf den Kaiser Constantius". (Kaiser C. Chlorus lebte von 250—306) Kap. 17. „Denn Dir, o unbesiegter Kaiser, ist nach dem Willen der unsterblichen Götter der Sieg über alle Feinde zuertheilt, die Du je angegriffen hast, besonders aber der Untergang der Franken, und auch Deine Krieger, die infolge trügerischen Nebels zur See nach der Stadt London verschlagen waren, haben all die Reste der Söldnermasse [der Franken in London], die nach ihrer Besiegung noch übrig waren, — da sie die Stadt auszuplündern und dann zu entfliehen gedachten, — in der ganzen Stadt umher getödtet und so Deinen Unterthanen dieser Provinz nicht nur Sicherheit durch die Vernichtung der Feinde, sondern auch Vergnügen durch solches Schauspiel gewährt. O vielfacher und triumphreicher Sieg, wodurch Britannien dem Reiche zurückgegeben und der Stamm der Franken [in Britannien] völlig ausgerottet worden ist!"

6. *P. Orosii „Historiarum"* liber VII. 25. „Deinde Carausius quidam, genere quidem infimus, sed consilio et manu promptus, . . . ad observanda Oceani littora, quae tunc Franci et Saxones infestabant, positus . . . . . . a Maximiano jussus occidi, purpuram sumpsit ac Britannias occupavit".

Buch VII, Kap. 25 der *„Geschichte" des P. Orosius* (Orosius lebte im 5. Jahrh.). „Darauf machte sich ein gewisser Carausius, ein Mann aus niedrigem Geschlecht, aber tüchtig im Rath und That der zur Bewachung der Küsten des Oceans beordert war, welche damals Franken und Sachsen beunruhigten, ... da Maximian Befehl zu seiner Tödtung [dies war ihm hinterbracht] gegeben, zum Kaiser und besetzte Britannien".

7. *S. Aurelius Victor „De Caesaribus"*, cap. 39 § 20. „Quo bello Carausius, Menapiae civis, factis promptioribus enituit; eoque eum, simul quia gubernandi (quo officio adolescentiam mercede exercuerat) guarus habebatur, parandae classi ac propulsandis Germanis, maria infestantibus, praefecere. Hoc elatior, cum parum multos opprimeret, neque praedae omnia in aerarium referret, Herculii metu, a quo se caedi jussum compererat, Britanniam hausto imperio capessivit".

S. Aurelius Victor „Ueber die Kaiser", Kap. 39 (A. V lebte im 4. Jahrh.). „In diesem Kriege zeichnete sich Carausius, ein [germanischer] Menapier durch Heldenthaten aus; deshalb und weil man ihn auch für einen tüchtigen Seemann hielt (ein Geschäft, das er in seiner Jugend erwerbsmässig getrieben), erhielt er den Auftrag, eine Flotte auszurüsten und die Germanen, welche die Meere unsicher machten, zurückzuschlagen. Nachdem er nun nur wenige [Germanen] vernichtet und auch nicht die sämmtliche Beute in den Staatsschatz abgegeben, besetzte er in seinem Dünkel nach dem Sturz des kaiserlichen Statthalters Britannien aus Furcht vor Herculius, der wie er erfahren, beauftragt war, ihn zu ermorden".

8. *Eutropii Breviarium Historiae Romanae* lib. IX, 21. „Per haec tempora etiam Carausius, qui vilissime natus, strenuae militiae ordine famam egregiam fuerat consecutus, cum apud Bononiam per tractum Belgicae et Armoricae pacandum mare accepisset, quod Franci et Saxones infestabant, multis barbaris saepe captis, ... a Maximiano iussus occidi purpuram, sumpsit et Britannias occupavit".

Kurzer Abriss der römischen Geschichte des Eutrop, Buch IX, Kap. 21. (E. lebte im 4. Jahrh. n. Chr.). „Um diese Zeit besetzte auch Carausius Britannien, ein Mann von niedriger Herkunft aber hochberühmt wegen seiner vorzüglichen Kriegsdienste, der, obgleich er bei Bononia [Boulogne-sur-mer] den Befehl erhalten hatte, das Meer an der Küste Belgiens und Armoricas [der Bretagne], welches die Franken und Sachsen unsicher machten, von ihnen zu säubern, zwar oft viele Barbaren gefangen nahm, ... da Maximian Befehl zu seiner Tödtung gegeben, sich zum Kaiser machte und Britannien besetzte.

9. *Ammiani Marcellini* liber XXVII „*Rerum Gestarum*" cap. 8, 5. „Illud tamen sufficiet dici, quod eo tempore Picti in duas gentes divisi Dicalydonas et Verturiones, itidemque Attacotti bellicosa hominum natio et Scotti per diversa vagantes multa populabantur. Gallicanos vero tractus Franci et Saxones iisdem confines, quo quisque erumpere potuit terra vel mari, praedis acerbis incendiisque et captivorum funeribus hominum violabant".

Buch 27 der *Geschichte des Ammianus Marcellinus* Kap. 8, 5. „Es genügt jedoch zu sagen, dass zu jener Zeit die Pikten, welche in zwei Volksstämme, die Dikalydonier und Verturioner getheilt waren, auch die Attakotten, ein kriegerisches Volk, und die Skotten [Schotten], überallhin [in Britannien] Streifzüge machten und Verwüstungen anrichteten. Den Landstrich an der Gallischen Küste aber verwüsteten die Franken und die ihnen benachbarten Sachsen, die zu Land und See, wie es ging, einfielen, durch schreckliche Beutezüge, durch Niedersengung der Wohnungen und Niedermetzelung der Gefangenen".

10. *Taciti „vita Julii Agricolae"*, cap. XI. „Ceterum, Britanniam qui mortales initio coluerint, indigenae an advecti, ut inter barbaros, parum compertum. Habitus corporum varii, atque ex eo argumenta, namque rutilae Caledoniam habitantium comae, magni artus, Germanicam originem adseverant".

„Leben des J. Agricola" von Tacitus, Kap. 11. „Ob übrigens die ersten Bewohner Britanniens Eingeborene oder Ankömmlinge waren, ist wie meist bei Barbaren, zu wenig bekannt. An Körperbeschaffenheit sind sie verschieden, und daraus lassen sich Schlüsse ziehen. Die rothen Haare und grossen Gliedmassen der Bewohner Caledoniens verrathen ihre Germanische Abkunft.

11. *Ptolemaei Alexandrini Geographiae* libri VIII. lib. II, 2: *„Μετὰ τοὺς Ῥοβογδίους Δαρῖνοι, ὑφ' οὓς Οὐολούντιοι, εἶτα Ἐβλάνιοι, εἶτα Καῦκοι, ὑφ' οὓς Μανάπιοι, εἶτα Κοριονδοι ὑπὲρ τοὺς Βρίγαντας"*.

„Geographie des Ptolemaeus Alexandrinus" in 8 Büchern. Zweites Buch, Kap. 2 (Pt. lebte in der Mitte des 2. Jahrh. n. Chr.). [Auf der Ostseite Hibernias — Irlands — wohnen folgende Völker:] „Hinter den Robogdiern die Dariner; unterhalb dieser die Voluntier; dann die Eblanier; darauf die Cauken [auch Cauchen, Chauken], und unterhalb dieser die Manapier [ein Nebenstamm der im alten Belgien am Rhein bis über die Maas sitzenden Menapier]; dann folgen die Koriondier über die Briganter hinaus".

12. *Notitia Dignitatum in partibus occidentis.* Cap. XXVIII. Edidit Seeck. [*Comes Litoris Saxonici per Britanniam*]. Sub Dispositione viri spectabilis comitis litoris Saxonici per Britanniam: 1. Praepositus numeri Fortensium Othonae: 2. Praepositus militum Tungrecanorum Dubris: 3. Praepositus numeri Turnacensium Lemannis: 4. Praepositus equitum Dalmatarum Branodunensium Branoduno: 5. Praepositus equitum Stablesianorum Gariannonensium Gariannonor; 6. Tribunus cohortis primae Baetasiorum Regulbio; 7. Praefectus legionis secundae Augustae Rutupis: 8. Praepositus numeri Abulcorum Anderidos; 9. Praepositus numeri exploratorum Portum Adurni.

Handbuch der Würden [*des römischen Reiches*] *in den westlichen Provinzen.* Kap. 28 in der Ausgabe von Seeck. [*Der Graf der sächsischen Küste Britanniens* [Gallien gegenüber]. *Unter dem Befehl des erlauchten Grafen der sächsischen Küste Britanniens standen*: 1. Der Führer der [selbstständigen, zu keiner Legion gehörigen] Mannschaft der Fortenser im Quartier zu Othona [vielleicht das spätere Hastings]: 2. Der Führer der Tungrecaner [von dem germanischen Volk der Tungrer] in Dover; 3. Der Führer der Turnacenser [von der belgischen Stadt Tournay im Hennegau] zu Lemannae [Lymne. Lympne, Limne]: 4. Der Führer der dalmatischen Reiter in Branodunum [Brancaster]: 5. Der Führer der Stablesianischen Reiter zu Gariannonor [vielleicht Yarmouth in Suffolk]; 6. Der Tribun der 1. Cohorte der Baetasier zu Regulbium [Reculver in Kent, zwischen Margate und Canterbury: die Baetasier oder Vetasier wohnten nach Plinius und Tacitus an der Schelde neben den Nerviern und Tungrern]; 7. Der Anführer der 2. von Augustus gegründeten Legion zu Rutupiae [jetzt Richborough in Kent]; 8. Der Anführer der Abulcer [Leichtbewaffneter] zu Anderidos [Newenden in Kent]; 9. Der Führer der Abtheilung Kundschafter im Hafen von Adurnum [Ederington — Portslade].

13. Ib. Cap. XL. *Dux Britanniarum.* Sub dispositione viri spectabilis ducis Britanniarum: . . . . Tribunus Cohortis

Primae Batavorum Procolitia. Tribunus Cohortis Primae Tungrorum Borcovicio etc.

Ebenda Kap. 40. *Herzog der Provinz Britannien* [im 4. Jahrhundert]. Unter seinem Befehl stand: Der Tribun der 1. Cohorte der Bataver in Procolitia. Der Tribun der 1. Cohorte der Tungrer zu Borcovicium [jetzt House-steads in Northumberland] u. s. w.

14. *Apollinaris Sidonii Opera* [lebte 430—488]. Edidit Eugène Baret. Carmen IV: Panegyricus Avito Augusto Socero dictus v. 88 sq. . . . . . „victricia Caesar | Signa Caledonios transvexit adusque Britannos; | Fuderit et quamquam Scotum et cum Saxone Pictum, | Hostes quaesivit“ . . . . .

Der Kaiser hat die siegreichen Feldzeichen bis zu den Caledonischen Britten getragen; und obgleich er die Schotten und die Picten sammt den Sachsen zu Boden geworfen, so hat er neue Feinde aufgesucht . . . . .

Ib. v. 370 sq. „Quin et Aremoricus piratam Saxona tractus | Sperabat, cui pelle salum sulcare Britannum | Ludus“ . . . .

„Ja auch das Gebiet von Armorica [die Bretagne] war gewärtig des räuberischen Sachsen, dem es ein Leichtes, das britannische Meer mit fellbedecktem Schiff zu durchfahren“. . . .

II. Andere in Kapitel I benutzte oder konsultirte Werke:

„*Essai Sur L'Organisation De La Tribu dans L'Antiquité*“, par M. Koutorga, Docteur ès Lettres, Professeur d'Histoire Universelle à la faculté des Lettres de l'Université Impériale de Saint-Pétersbourg. Traduit du Russe par M. Chopin. Paris, Firmin Didot Frères. 1839.

„*Etymology of Local Names*“, by R. Morris.

„*De Anglorum Gentis Origine*“ von Robert Sheringham 1670.

„*Biographia Britannica Literaria*“, Anglo-Saxon and Anglo-Norman Period. By Thomas Wright. M. A. London 1842. 2 vol.

„*Notes in Illustration of the Runic Monuments of Kent*“. By the Rev. Daniel H. Haigh. Archaeologia Cantiana. Vol. VIII.

„*Glossarium Saxo-Gothico-Latinum*“. F. Lye.

„*Bedae: Historia Ecclesiastica*“. I. 25.

„*Deutsche Mythologie*“ von Jakob Grimm. 1875.

„*Diutiska, an Historical and Critical Survey of the Literature of Germany*“ by Gustav Solling. London, Trübner u. Comp. 1863.

„*Macmillan's Magazine*“. E. A. Freeman. Aug. 1875.

„*Relatione Dell' Isola D'Inghilterra etc.*“ wahrscheinlich vom Sekretär des venedischen Gesandten Francesco Capello, geschrieben etwa 1500, veröffentlicht 1847 von der Camden Society.

Kapitel II.

„*Bilder aus Alt-England*“, von Reinhold Pauli. 1860.

„*English Gilds*“, by Toulmin Smith. London 1870. Published for the Early English Text Society.

„*History of the Hanse Towns*“ by Dr. Lappenberg.

„*Hamburgische Geschichten und Sagen*“ von Dr. Otto Beneke. 1854.

„*Liber Albus of the City of London of 1419*“. Edited by H. T. Riley, M. A. 1861.

„*Critical and Historical Tracts. Agincourt*“. By Hunter. 1850.

„*Speculum Stultorum*“ von Nigellus Wirecker. (12. Jahrhundert.)

Giraldus Cambrensis: „*Speculum Ecclesiae*“. Siehe: J. S. Brewer's Ausgabe von Giraldus Cambrensis. London 1873. Seite 213.

Kapitel III.

„*Original Letters relative to the English Reformation*". Edited for the Parker Society, by the Rev. Hastings Robinson D. D. Cambridge. 1846. 4 volumes.

„*Church History of England*". By John A. Baxter, M. A. London. 1849.

„*The History of England under Henry VIII.*" By Edward Lord Herbert of Cherbury. 1643. Reprint 1870.

„*Athenae Oxonienses et Fasti Oxonienses*" by Anthony Wood, edited by Phil. Bliss. London 1813. 4 vol.

„*Athenae Cantabrigienses*". By Cooper. Cambridge 1858. 2 vol.

„*Travels of Nicander Nucius*", edited by J. A. Cramer. Camden Society. 1841.

„*Biographical Dictionary*". London 1784. 12 vol.

Kapitel IV.

„*Original Letters relative to the English Reformation*" etc. (v. Kapitel III).

„*Church History of England*", by Baxter (v. Kapitel III).

„*Athenae et Fasti Oxonienses etc.*" (v. Kapitel III).

„*Athenae Cantabrigienses etc.*" (v. Kapitel III).

Kapitel V.

„*Original Letters relative to the English Reformation etc.*" (v. Kapitel III).

„*Church History of England*" by Baxter (v. Kapitel III).

„*The Correspondence of Sir Philip Sidney and Hubert Languet*". By Steuart A. Pears M. A. London 1845.

„*A Memoir of Sir Philip Sidney*". By H. R. Fox Bourne. 1862.

„*Athenae et Fasti Oxonienses etc.*" (v. Kapitel III).

„*Athenae Cantabrigienses etc.*" (v. Kapitel III).

„*Foire de Francfort*", by Henri Estienne, 1574. Edité par Isidore Lisieux. Paris 1875.

„*A Picture of England*" by Archenholz. 1789.

Kapitel VI.

„*History of the Royal Society*". By Charles Richard Weld. London 1848. 2 vol.

„*The Roll of the Royal College of Physicians of London*". By D. Munk. 1861. 2 vol.

„*Leben und Briefwechsel des Landgrafen von Hessen-Darmstadt*. Von Heinrich Künzel. 1859.

„*Church History of England*". by Baxter (v. Kapitel III).

„*Relations between England and Germany, at the Commencement of the 30 Years War*". Edited by S. R. Gardiner, for the Camden Society. London 1865 and 1868. 2 vol.

„*Athenae et Fasti Oxonienses etc.*" (v. Kapitel III).

„*Foreign Protestants and Aliens in England 1618—1688*". London. Camden Society. 1862.

„*Evelyns Diary and Correspondence*". Edited by William Bray. London 1818.

„*Pepy's Memoirs and Diary*". Edited by Lord Braybrooke. London 1825.

„*The Town*". By Leigh Hunt. London 1867.

„*A Biographical Memoir of Samuel Hartlib*". By H. Dircks. London 1865.

„*Samuel Hartlib, ein deutsch-englisches Charakterbild*" von Friedrich Althaus. 1883.

„*Germania Princeps*" von J. Peter von Ludewig mit „*Das Buch vom ganzen pfälzischen Hause*" von D. H. Finsterwald. 1746.

„*A Brief Account of some Travels in divers parts of Europe: Through a great part of Germany*", by Edward Brown, Med. Dr. 1685.

„*Merrie England in the Olden Time*", by George Daniel. 1841.

Kapitel VII.

„*England as seen by Foreigners*". By William Brenchley Rye, of the British Museum. London 1865.

„*Travels on Foot through England*". By Charles P. Moritz of Berlin. English Translation. London 1795.

„*A Picture of England*". by J. W. von Archenholz. Translation from the French. London 1789. 2 vol.

„*Travels of Nicander Nucius*". Edited by J. A. Cramer D. D. for the Camden Society. 1841.

„*A Relation of the Island of England*". Translated from the Italian, of about 1500, by Charlotte Augusta Sneyd. Camden Society. 1847.

„*Neuve Archontologia Cosmica*". das ist Beschreibung aller Kayserthumben, Königreichen und Republiken der gantzen Welt etc. durch Johann Ludwig Gottfried. 1638.

„*Itinerarium Germaniae, Galliae, Angliae, Italiae*" etc. von Paul Hentzner, J. G. von Brandenburg, Rath des Herzogs Karl von Münsterberg und Oels. Nürnberg 1612.

„*A Voyage to England; containing many Things relating to the State of Learning, Religion and other Curiosities of that Kingdom*". by Monsieur Sorbière. Englische Uebersetzung des französischen Originals. London 1709.

Kapitel VIII.

„*History of the Royal Society*". By C. R. Weld. 1848. 2 vol.

„*Encyclopädie des philologischen Studiums der neueren Sprachen*" von Dr. Bern. Schmitz. Greifswald 1859.

„*Promptorium Parvulorum sive Clericorum, Dictionarius Anglo-Latinus Princeps, Auctore Fratre Galfrido Grammatico Dicto, etc.*" Circa 1440. Herausgegeben für die Camden Society von Albert Way, A. M. 1865.

„*Instructions for Forreine Travell*". by James Howell. B. A. 1642.

„*Beiträge zur Geschichte der deutschen Colonie in England*". Von Friedrich Althaus. In „Unsere Zeit", VIII. Heft. 15. April 1873.

„Festgabe für die erste Säcular-Feier der Pilgerloge in London“, am 1. October 1879. Von Karl Bergmann. London, Aug. Siegle. 1879.

„The Troubadours“. By John Rutherford. London 1873.

Kapitel IX.

„Records of the Royal Military Academy Woolwich“. 1851.

„Geschichte der deutschen evangelischen Kirchen in England“, von Dr. Karl Schoell. Stuttgart. J. F. Steinkopf. 1852. [benutzt auf Seite 368 bis 371].

Kapitel X.

„Memoirs of Bartholomew Fair“, by Henry Morley. London S. D.

„Merrie England in the Olden Time“. By George Daniel. London 1841.

„Travels through England“. By C. P. Moritz. 1795.

„A Picture of England“. By J. W. von Archenholz. 1789.

Kapitel III, IV, V, VI, IX, X.

„Biographical Dictionary“. London 1784. 12 vol.

„The Imperial Dictionary of Universal Biography“. London. William Mackenzie. 1862. 3 vol. fol.

„Conversations-Lexicon“ von F. A. Brockhaus. 1817. 14 Bände.